Literatur – Kultur – Ge

Studien zur Literatur-
Kulturgeschichte

In Verbindung mit
Jost Hermand, Gert Mattenklott,
Klaus R. Scherpe und Lutz Winckler

herausgegeben von
Inge Stephan und Sigrid Weigel

Große Reihe
Band 27

Yahya Elsaghe

Thomas Mann und die kleinen Unterschiede

Zur erzählerischen Imagination des Anderen

2004
BÖHLAU VERLAG KÖLN WEIMAR WIEN

Publiziert mit Unterstützung des Schweizerischen Natinalfonds
zur Förderung der wissenschaftlichen Forschung

Bibliografische Information der Deutschen Bibliothek:
Die Deutsche Bibliothek verzeichnet diese Publikation in der
Deutschen Nationalbibliografie; detaillierte bibliografische Daten
sind im Internet über http://dnb.ddb.de abrufbar.

Umschlagabbildung:

Aus dem Manuskript des *Doktor Faustus*;
mit freundlicher Genehmigung des S. Fischer Verlags
(Foto: © Keystone/Thomas Mann-Archiv)

Ursulaplatz 1, D-50668 Köln
Tel. (0221) 913 90-0, Fax (0221) 913 90-11
info@boehlau.de

Satz: RPS Satzstudio, Düsseldorf
Druck und Bindung: MVR Druck GmbH, Brühl
Gedruckt auf chlor- und säurefreiem Papier
Printed in Germany

ISBN 3-412-02203-9

Michael Böhler
zum 17. August 2004

Inhalt

Juden und Jüdinnen

Schriftstellerinnen

Anhang

Einleitung

Es geht hier um den Versuch, Thomas Manns Erzählwerk einer ideologiekritischen Relektüre zu unterziehen. Oder genauer gesagt geht es um die Fortsetzung solch eines Versuchs. Nachdem zunächst die Anatomie sozusagen der nationalen Identität wenigstens in einigen Grundzügen schon untersucht wurde,[1] soll nun die *Alterität* bei Thomas Mann im Zentrum des Frageinteresses stehen. Sofern die Vorstellungen aber von Alterität und Identität sich gegenseitig bedingen und ermöglichen, handelt es sich dabei selbstverständlich nur um Nuancierungen und Abschattungen einer und derselben Erscheinung, um verschiedene Fokalisierungen eines und desselben Problems. Gewisse Redundanzen und Überschneidungen sind daher unvermeidlich, vor allem auch in Hinblick auf das Korpus der zu untersuchenden Primärtexte. Dieses ist einerseits durch die Eigenart der Texte selbst und andererseits durch deren Rezeptionsgeschichte festgelegt.

Zum einen ergibt sich das Primärkorpus aus dem Verhältnis der je erzählten Zeit zum Jahr 1871. Wenn man vom abschließenden Exkurs und dem dort behandelten Roman einmal absieht, *Lotte in Weimar*, da dieser sich einer derartigen Klassifikation genuin widersetzt,[2] besteht das Untersuchungskorpus zunächst und im wesentlichen aus solchen Erzählungen und Romanen, deren Handlung die Existenz eines deutschen Nationalstaats ganz oder teilweise, mehr oder weniger deutlich voraussetzt. Die erzählte Zeit kommt jeweils also entweder ganz hinter den Zeitpunkt zu liegen oder reicht jedenfalls über den Zeitpunkt hinaus, von dem die im nationalstaatlich verengten Sinn ›deutsche‹ Identität datiert und von dem damit eine neue Möglichkeit oder auch ein neuer Zwang sich herschreibt, Alterität zu markieren oder abzuwerten.

Zum andern ist das Korpus durch die Popularität und Kanonizität seiner Hauptbestandteile bestimmt. Das Untersuchungsinteresse gilt besonders solchen Texten, deren Rezeptionskarriere darauf schließen läßt, daß die Imaginationsangebote, welche sie ihrer Leserschaft machten, dieser offenbar besonders gelegen kamen, für sie besonders überzeugend und attraktiv gewesen sein müssen.

---

1 Vgl. Yahya Elsaghe, Die imaginäre Nation. Thomas Mann und das ›Deutsche‹, München: Fink, 2000.

2 Vgl. Bernd Hamacher, Die literarische Konstruktion nationaler Identität. Thomas Mann für die Gebildeten unter seinen Verächtern, in: IASLonline, http://www.iasl.uni-muenchen.de/rezensio/liste/hamache2.html, 24. April 2001 [Rezension von: Elsaghe, Die imaginäre Nation].

Diese beiden Kriterien lassen sich indessen nur theoretisch auseinanderhalten. In praxi ergäben sie, je für sich in Anschlag gebracht, zwei Korpora, die sich weitgehend deckten. Und diese tendenzielle Konvergenz scheint kein Zufall, sondern selbst Teil und Ausdruck des hier interessierenden Problems zu sein. Die Rezeptionsgeschichte scheint mit den Datierungen der je erzählten Zeit untergründig zu kommunizieren.

Die kanonischsten unter Thomas Manns Texten stehen allesamt in unmittelbarem, oft auch tiefsinnigem, aber im Kanonisierungsvorgang sehr bemerkenswerterweise gerade nicht mitreflektiertem, wenn nicht geradezu geleugnetem Zusammenhang zur nationalstaatlichen Etablierung deutscher Identität. Zum Beginn des neuen Jahrhunderts hat zum Beispiel Marcel Reich-Ranicki wieder einmal mit dem Gestus wahrhaft literaturpäpstlicher Unfehlbarkeit im *Spiegel* den deutschen Literaturkanon definiert und dabei »von allen Romanen« Thomas Manns ausgerechnet und »bloß die ›Buddenbrooks‹« zur Pflichtlektüre verordnet.[3] Und auch in einer noch jüngeren, dem Autor und seiner Familie sehr breiten Raum widmenden Ausgabe des *Spiegel* werden unter allen Texten Thomas Manns allein die *Buddenbrooks* eigens vorgestellt. Die *Buddenbrooks* aber sind – oder wären wenigstens bei etwas genauerer Lektüre – erstaunlich eng auf die Geschichte und die Weiterungen der kleindeutschen Einigung bezogen. Sie reagieren zum Beispiel auch auf die mit der Einigung de iure verbundene Emanzipation der deutschen Juden. Und sie partizipieren de facto sogar an der aus der Judenemanzipation wiederum resultierenden Transformation eines kulturalistischen Antijudaismus in einen pseudoanthropologischen Antisemitismus.[4] Aber nach Reflexen darauf oder Reflexionen darüber sucht man auch in jenem jüngsten Werkportrait des *Spiegel* ganz vergeblich. Obwohl es im Lead Blicke hinter die »populäre[ ] Fassade« und auf die wenig »gemütliche[n]« Seiten des Romans verspricht, figurieren die jüdischen Konkurrenten der Buddenbrooks hier einfach als »Emporkömmlinge (›das Geschmeiß‹)«,[5] ohne daß die entschieden antisemitischen Implikationen solcher Konkurrenz oder auch schon der nur eben zitierten Tiermetapher mit einer einzigen Silbe berührt würden. Und diese Gleichgültigkeit einem »kulturellen Code«[6] gegen-

3 [Interview mit:] Marcel Reich-Ranicki, Arche Noah der Bücher, in: Der Spiegel 25, 18. Juni 2001, S. 206–223, hier S. 216.

4 Vgl. Rolf Thiede, Stereotypen vom Juden. Die frühen Schriften von Heinrich und Thomas Mann. Zum antisemitischen Diskurs der Moderne und dem Versuch seiner Überwindung, Berlin: Metropol, 1998 (Dokumente – Texte – Materialien, Bd. 23), S. 81–100; Elsaghe, Die imaginäre Nation, S. 157–205.

5 Elke Schmitter, Die blauen Schatten der Depression, in: Der Spiegel 51, 17. Dezember 2001, S. 184 f., hier S. 185.

6 Shulamit Volkov, Antisemitismus als kultureller Code, in: Shulamit Volkov, Jüdisches Leben und Antisemitismus im 19. und 20. Jahrhundert, München: Beck, 1990, S. 13–36, 197–202, hier v. a. S. 23.

über, den zu den »Randaspekten«[7] der germanistischen Literaturwissenschaft zu zählen ans Indiskutable nicht mehr nur grenzt, blieb bis heute symptomatisch auch für den ›mainstream‹ der wissenschaftlichen *Buddenbrooks*-Rezeption. So fehlt im Kommentarband der eben erst erscheinenden Großen kommentierten Frankfurter Ausgabe,[8] selbst in der Bibliographie der für den Kommentar »verwendeten Sekundärliteratur«[9] jeder auch noch so flüchtige Hinweis auf die erste hier nun wirklich sehr einschlägige Arbeit, das wichtige Kapitel, das Rolf Thiede in seinem Buch über »[d]ie frühen Schriften von Heinrich und Thomas Mann« den *Buddenbrooks* gewidmet hat. –

Oder ein anderes Beispiel: In einer der letzten *Gazetten* der Schweizerischen Urheberrechtsgesellschaft, in einem Beitrag zu den *Bekenntnissen des Hochstaplers Felix Krull* als einer »merkurischen Altersapotheose«, unter massiver Mobilisierung also des Topos vom letzten Wort und seiner ultimativen Autorität,[10] konnte Daniel Binswanger Thomas Mann als *den*, als den »*einen* Repräsentanten der deutschen Literatur des zwanzigsten Jahrhunderts« paradieren lassen und dabei das »Welt-Schelmentum« des Hochstaplers »über« allen »Ländergrenzen« situieren.[11] Dieser Hochstapler allerdings beginnt seine Lebensgeschichte damit, daß er seine Geburt in nahezu annalistisch direkte Beziehung zur Entstehung des »Deutschen Reiches« bringt,[12] auf dessen Gründungsjahr die Geburt des Helden sogar einmal hätte fallen sollen.[13] Wie sich

7 Frank Illing, Falsche Fragen, in: http://mitglied.lycos.de/rdlkultur/Sach55.htm, 22. Februar 2002 [Rezension von: Elsaghe, Die imaginäre Nation].

8 Thomas Mann, Große kommentierte Frankfurter Ausgabe. Werke – Briefe – Tagebücher, hg. v. Heinrich Detering, Eckhard Heftrich, Hermann Kurzke, Terence J. Reed, Thomas Sprecher, Hans R. Vaget und Ruprecht Wimmer, Frankfurt a. M.: Fischer, 2002 ff.

9 Vgl. Thomas Mann, Buddenbrooks. Verfall einer Familie, Kommentar v. Eckhard Heftrich und Stephan Stachorski, Frankfurt a. M.: Fischer, 2002 (Große kommentierte Frankfurter Ausgabe, Bd. 1.2), S. 697–711.

10 Vgl. Karl S. Guthke, Last Words. Variations on a Theme in Cultural History, Princeton: Princeton University Press, 1992.

11 Daniel Binswanger, Der Schriftsteller als Bürger und Hochstapler. Thomas Manns letzte Grenzüberschreitungen, in: Gazzetta 1, 2001, S. 86–89, hier S. 86, 88; Hervorhebung des Originals.

12 Zitiert wird nach: Thomas Mann, Gesammelte Werke, Frankfurt a. M.: Fischer, [2]1974; hier Bd. 7, S. 266. Zitate aus dem Nachlaß werden nicht weiter nachgewiesen und erfolgen mit freundlicher Erlaubnis des Thomas Mann-Archivs der Eidgenössischen Technischen Hochschule, Zürich.

13 Vgl. Hans Wysling, Narzißmus und illusionäre Existenzform. Zu den *Bekenntnissen des Hochstaplers Felix Krull*, Frankfurt a. M.: Klostermann, [2]1995 (Thomas Mann-Studien, Bd. 5), S. 36 f.; ders. und Yvonne Schmidlin, Thomas Mann. Ein Leben in Bildern, Frankfurt a. M.: Fischer, 1997, S. 189, wo das ältere Geburtsdatum, 1871, als »Heinrich Manns Geburtsjahr« interpretiert wird. Bei solch einer Interpretation anhand eines biographischen ›Modells‹ läge es freilich ungleich näher, das Jahr auf die Lebensgeschichte Georges Manolescus zu beziehen, der ebenfalls 1871 geboren wurde.

indessen seine Ontogenese zur Phylogenese der Nation verhält und in welcher Beziehung seine individuellen Hoch- und Tiefstapeleien zu den kollektiven Legitimitätsnöten stehen, diese so naheliegenden wie faszinierenden Fragen blieben bisher dennoch nicht eigentlich offen, sondern sie wurden gar nicht erst gestellt. Sie bilden in der einschlägigen Forschungsliteratur, trotz ihres sehr beträchtlichen Umfangs, weiterhin eine zwar sehr bedauerliche, aber eben auch sehr verräterische Lücke.

Den bis heute kanonischen Status gerade der *Buddenbrooks* und der *Bekenntnisse des Hochstaplers Felix Krull* gibt auch und vielleicht besonders schlagend die Filmgeschichte zu erkennen. Ausgerechnet diese beiden Romane wurden schon mehrmals verfilmt.[14] Wie etwa *Der Zauberberg*[15] und der *Doktor Faustus*[16] oder wie die »drei oder vier Erzählungen«, die Reich-Ranicki dem Kanon zugeschlagen haben möchte[17] (»am besten ›Tonio Kröger‹,[18] ›Tristan‹,[19] ›Der Tod in Venedig‹[20] und ›Mario und der Zauberer‹«[21]), vermochten die *Buddenbrooks* und der *Felix Krull* angesichts also nur schon ihrer Verfilmungskarrieren eine ungleich höhere Popularität zu erlangen als Texte wie *Joseph und seine Brüder*, *Der Erwählte* oder *Die vertauschten Köpfe*: und das heißt doch wohl Texte, die jenen anderen nach den meisten verfügbaren Wertungstheorien an literarischer Qualität um gar nichts nachstünden, die aber allesamt keinen direkten[22] Bezug zu den Fragen und Problemen national deutscher Selbstvergewisserung haben.

Dies alles legt die Vermutung nahe, daß Thomas Manns rezeptionsgeschichtliche Bedeutung aufs engste mit den Bedürfnissen kollektiver Identitätsbildung und den reziproken Vorstellungen von Alterität zusammenhängt. Was noch zum eigentlichen Kanon gehören darf und was nicht mehr, scheint hier einmal mehr von einem außerliterarischen, nationalgeschichtlichen oder gruppendynamischen Kriterium abzuhängen. Wirksam ist hier offenbar das, was Emil Staiger, kaum zufällig in den Sechzigerjahren und explizit gegen die marxisti-

---

14 Um nur die deutschen bzw. unter deutscher Beteiligung entstandenen Verfilmungen aufzuführen: Die Buddenbrooks (Gerhard Lamprecht, D 1923), Buddenbrooks (Alfred Weidenmann, BRD 1959), Buddenbrooks (Franz Peter Wirth, BRD 1978); Bekenntnisse des Hochstaplers Felix Krull (Kurt Hoffmann, BRD 1957), Bekenntnisse des Hochstaplers Felix Krull (Bernhard Sinkel, BRD/A 1982).

15 Der Zauberberg (Hans W. Geißendörfer, BRD/F/I 1982).

16 Doktor Faustus (Franz Seitz, BRD 1982).

17 Reich-Ranicki, S. 216.

18 Tonio Kröger (Rolf Thiele, BRD/F 1964).

19 Tristan (Herbert Ballmann, BRD 1975).

20 Morte a Venezia (Luchino Visconti, I/F 1971).

21 Mario und der Zauberer (Klaus Maria Brandauer, A/F/D 1994).

22 Vgl. Herbert Lehnert, [Rezension von:] Yahya Elsaghe, Die imaginäre Nation: Thomas Mann und das ›Deutsche‹; Jochen Strobel, Entzauberung der Nation: Die Repräsentation Deutschlands im Werk Thomas Manns, in: German Quarterly 75.3, 2002, S. 316–318, hier S. 318.

sche Theorie gerichtet, als »die *gemeinschaftsbildende Macht* der Dichtung«[23] beschworen hat.

Wie in einem ›klassischen‹ Korpus das je ›andere‹ »Eine[r] Gemeinschaft!«[24] dazu dienen kann, ihre Gruppenidentität zu gewinnen, zu stabilisieren und zu konsolidieren, soll nun in einer Reihe ideologiekritisch ausgerichteter Figurenanalysen exemplarisch an vier Formen von ›otherness‹ studiert werden: erstens an einer nationalen, zweitens an der konfessionellen, drittens an einer ethnischen und viertens an der sexuellen Differenz, welche die anderen drei freilich auf immer wieder neue Weise ›durchqueren‹, ›durchdringen‹ oder gleichsam anstecken.[25] Dabei richtet sich der Fokus des Erkenntnisinteresses jeweils auf den Merkmalssatz solcher Figuren, welche die je thematische Differenz möglichst minim und isoliert verkörpern. Sie versprechen so die triftigsten Antworten auf die hier leitende Frage, weil sie eben die Identität der sie als ›anders‹ definierenden Instanz am gründlichsten gefährden. Den Gegenstand des Interesses bilden also eigentlich fast schon die Schwundstufen, die Grenzwerte sozusagen des Andersseins. In allererster Linie interessiert hier ein minimaler Grad von Alterität, den man in Anlehnung an Sigmund Freuds Theorem vom »Narzißmus der kleinen Differenzen«[26] als Alterität der kleinen Differenz bezeichnen kann.

Es wird daher um Figuren nicht irgendeines oder gar eines vom deutschen Standpunkt aus als besonders fremd erfahrbaren Auslands gehen dürfen, auch nicht nur um die Imagination von Bewohnern des unmittelbar angrenzenden Auslands, noch aber auch einfach um Schweizer Figuren; sondern um die Repräsentation von *Deutsch*schweizern wird es gehen, die als solche die Selbstverständlichkeit einer im national engen Sinn deutschen Identität ganz besonders schwer stören mußten. Nicht um die Repräsentation irgendwelcher oder gar eindeutig fremder, sondern *deutscher* Katholiken und Katholikinnen wird es gehen müssen, weil diese einer preußisch-protestantischen Vorstellung ›des‹ monolithisch Deutschen nicht integrierbar waren. Um die Repräsentation *deutscher* und nicht etwa solcher Juden und Jüdinnen wird es gehen, die im

23 Emil Staiger, Einige Gedanken zur Fragwürdigkeit des Wertproblems, in: Norbert Mecklenburg (Hg.), Literarische Wertung. Texte zur Entwicklung der Wertungsdiskussion in der Literaturwissenschaft, München: Deutscher Taschenbuch Verlag, und Tübingen: Niemeyer, 1977 (Deutsche Texte, Bd. 43), S. 103–118, hier S. 113; Hervorhebung des Originals.

24 Ebd.

25 Vgl. Kati Röttger und Heike Paul, Einleitung, in: Kati Röttger und Heike Paul (Hgg.), Differenzen in der Geschlechterdifferenz – Differences within Gender Studies. Aktuelle Perspektiven der Geschlechterforschung, Berlin: Schmidt, 1999 (Geschlechterdifferenz & Literatur, Bd. 10), S. 11–26, hier S. 12 f.

26 Sigmund Freud, Gesammelte Werke. Chronologisch geordnet, hg. v. Anna Freud, Edward Bibring und Ernst Kris, London: Imago, und Frankfurt a. M.: Fischer, 1940–1968 (Nachdruck Frankfurt a. M.: Fischer, 1999), Bd. 12, S. 169; Bd. 13, S. 111; Bd. 14, S. 473 f.

rechtlich konkreten Sinn als Fremde wahrnehmbar gewesen wären. Und schon gar nicht wird es um solche Gestaltungen ›des‹ Jüdischen gehen können, wie sie in den Josephsromanen erscheinen und wie sie bei Apologien von Thomas Manns »Opus Magnus [sic!]«,[27] bei der Diskussion seiner Verstrickung in den nun einmal ubiquitären Antisemitismus seiner Lebenswelt, geradezu regelmäßig als ultima ratio dafür berufen werden, daß nicht sein kann, was nicht sein darf:[28] Als ob die Notwendigkeit, die Juden der Patriarchenzeit ganz anders zu bewerten und so ihre Bedeutung für das ›christliche‹ Abendland zu balancieren, ein übersehenes Problem wäre, das im rassistischen Antisemitismus bei seiner Affinität zu Evolutions- und Degenerationstheorien ›ungelöst‹ hätte bleiben können; und als ob die Konfrontation der ›alten‹ mit den modernen Juden nicht selber schon wieder zu den topischen Argumentationsfiguren aus dem ›Archiv‹ der antisemitischen ›Dispositive‹ gehörte.

Und schließlich wird es nicht um beliebige weibliche oder gar solche Figuren gehen, die in einem irgendwie dezidierten Sinn ›weiblich‹ sind; sondern Gegenstand der exemplarischen Analyse werden ausschließlich solche Frauenfiguren sein, die ein, die *das* entscheidende Merkmal mit dem schreibenden und sie ausphantasierenden Subjekt teilen. Analysiert werden soll die Repräsentation *schreibender* Frauen, welche die Identität des Autors als einer, wie gegebenen Orts zu zeigen, entschieden ›männlichen‹ zwangsläufig irritierten.

Diese *Identität* endlich soll zum Schluß nicht mehr nur negativ und indirekt aus Thomas Manns Repräsentationen von Alterität suppliert, sondern eben ganz unmittelbar und anhand eines Texts thematisch werden, der sich dafür geradezu aufdrängt. In einem Exkurs zu *Lotte in Weimar* wird die zu allen ›anderen‹ sozusagen komplementäre Position ausgelotet, von der aus Alterität bei Thomas Mann sich als solche überhaupt konstituieren kann und zu deren Behauptung vice versa die Stigmatisierung des Differenten dienen muß. Als ›Mann‹ eben und ›deutscher‹ Autor im bedenklich prägnanten Sinn des Worts, in dem nationale, konfessionelle und ethnische Identität mit der sexuellen zu einer intrikaten Symbiose zusammenfinden, aspirierte Thomas Mann von einem bestimmten Zeitpunkt an[29] auf den Status *des* Nationalschriftstellers schlechthin. Er hatte es damit auf eine Stelle in der nationalen Kultur abgesehen,

---

27 Julia Schöll, Dekonstruktionen. Zu Yahya Elsaghes Studie über Thomas Mann und das ›Deutsche‹, in: literaturkritik.de, http://www.literaturkritik.de/public/rezension.php?rez_id=1668, 23. Oktober 2000 [Rezension von: Elsaghe, Die imaginäre Nation].

28 Vgl. Schöll und die Kritik dazu bei Hamacher, Anm. 10; Thomas Sprecher, Im Zwielicht. Antisemitische Tendenzen in Thomas Manns Werk?, in: Neue Zürcher Zeitung, 7. September 2001, S. 66; Jochen Strobel, [Rezension von:] Yahya Elsaghe, Die imaginäre Nation. Thomas Mann und das ›Deutsche‹, in: Arbitrium 19.1, 2001, S. 105–110, hier S. 109; Wolfgang Schneider, Man spürt nichts als Kultur. Blüthenzweig und Co.: Die Juden im Werk Thomas Manns – Eine Bestandesaufnahme vor der Tagung der Thomas Mann-Gesellschaft, in: Frankfurter Allgemeine Zeitung, 27. August 2002, S. 36.

29 Vgl. Elsaghe, Die imaginäre Nation, S. 350–356.

die durch Goethe schon besetzt war und es vielleicht noch immer ist.[30] Das ›ödipale‹ Aspirationsdrama gleichsam oder der Kampf mit Goethe und um die Stelle des Nationalschriftstellers, nachdem ihn Peter von Matt in einer wegweisenden Arbeit bereits am *Tod in Venedig* untersucht hat,[31] soll nun noch an dem Roman vorgeführt werden, der sich dazu wie gesagt ganz von selbst anbietet.

Dieser Roman entstand bekanntlich als erster im Exil. Und mit dem Beginn des Exils darf man biographisch, aber wohl doch sehr sinnvollerweise Thomas Manns Spätwerk ansetzen. Weil der erste Exiltext also auch den Anfang des so definierten Spätwerks bezeichnen kann, ist gerade *Lotte in Weimar* von Belang noch für ein anderes, übergreifendes, sozusagen werkgeschichtliches Untersuchungsinteresse. Dieses gilt der besonderen Stellung, die dem Spätwerk innerhalb des Gesamtwerks zukommt:

Die grundsätzliche Gefahr systematisch angelegter Studien wie der hier riskierten und ein prinzipieller Einwand gegen sie besteht natürlich darin, daß man bei thematisch-paradigmatischer Befragung eines Gesamtwerks gewissermaßen den Verführungen verfällt und den Totalitätsphantasmen sozusagen aufsitzt, die im Kompositum ›Gesamtwerk‹ immer schon bereitliegen. Immer schon droht ›das‹ Gesamtwerk als solches zu einer homogenen, harmonisch-stimmigen und in sich vollkommen geschlossenen Einheit hypostasiert zu werden. Die sehr beachtlichen Entwicklungen, die gerade auch Thomas Manns Werk im Lauf eines langen und bewegten produktiven Lebens durchlaufen hat, können dabei leicht, aber dürfen keinesfalls aus dem Blickfeld fallen. Denn dieses Leben umfaßte ja etliche historische und insbesondere solche Zäsuren der deutschen und der ›Welt‹-Geschichte, die für die hier verhandelte Problematik von einiger Wichtigkeit waren. Sie sind letztlich mit eine Ursache dafür, daß Fragen nach ›identity‹ und ›otherness‹ auch und gerade in den ›German Studies‹ überhaupt zum Problem werden mußten, daß Sensorien dafür und kritische Distanzen dazu überhaupt entstehen konnten.

Die Entstehung solch einer Sensibilität läßt sich nicht zuletzt auch an Thomas Manns ›Gesamtwerk‹ ablesen und bei entsprechend differenziert geführter Analyse en détail aufzeigen. Die dafür wichtigsten Orientierungsdaten sind, wie teils schon angedeutet und wie andernteils zu erwarten, historisch die Jahre 1933 und 1945, biographisch der Beginn des Exils beziehungsweise die sukzessive Rückkehr nach Europa. Es ist zu vermuten oder versteht sich von selbst, daß auch bei Thomas Mann in den diesseits solcher Zäsuren entstandenen

30 Vgl. Joachim Kaiser et al., Der deutsche Literatur-Kanon, in: Die Zeit, 23. Mai 1997, S. 42.

31 Peter von Matt, Zur Psychologie des deutschen Nationalschriftstellers. Die paradigmatische Bedeutung der Hinrichtung und Verklärung Goethes durch Thomas Mann, in: Sebastian Goeppert (Hg.), Perspektiven psychoanalytischer Literaturkritik, Freiburg i. Br.: Rombach, 1978 (Rombach Hochschul Paperback, Bd. 92), S. 82–100.

Texten das Phänomen der Alterität anders sich darstellt als zu Zeiten des wilhelminischen Kaiserreichs oder auch noch der Weimarer Republik.

Die Befunde sprechen denn auch fast schon für sich: In den späteren und späten Erzähltexten können Deutschschweizer oder Katholiken vorkommen, die weder lächerlich noch ekelhaft noch sonstwie negativ besetzt, sondern moralisch integer und vor allem auch hygienisch makellos sind, also einer Sympathielenkung ad bonam partem zu unterliegen scheinen. Hier darf sogar eine Frau »wohlgesetzte[ ], [...] stilistisch nach den besten Mustern eines älteren, humanistischen Deutschland geformte[ ]« Texte verfassen.[32] Und in den nach 1945 konzipierten Werken, um auch schon diesen vielleicht gespenstischsten Befund vorwegzunehmen, sucht man in Thomas Manns Werk nach jüdischen Figuren ganz umsonst.

Brüche und Widersprüche, die zwischen seinen verschiedenen Repräsentationen des ›anderen‹ sich abzeichnen und auftun, hat Thomas Mann zwar weder je explizit konzessioniert noch vielleicht auch nur sich selber eingestanden. Mit keiner Silbe antizipierte er das »politische Bußritual«, das Hermann Lübbe als Säkularisat eines christlichen »Schuldbekenntniseifers« interpretiert hat.[33] Aber Thomas Manns späte literarische Texte reflektieren dennoch sehr wohl gewisse Vorbehalte gegenüber seiner ehedem um einiges unbekümmerteren Praxis, das ›andere‹ als solches wahrzunehmen und zu markieren beziehungsweise zu stigmatisieren. Aus leicht nachvollziehbaren Gründen betreffen solche Vorbehalte besonders stark die Repräsentation ethnischer, aber auch nationaler und konfessioneller Alterität, während die Vorstellungen der sexuellen Differenz so gut wie stabil zu bleiben scheinen.

Die Brüche, Widersprüche und impliziten Revokationen einfach herauszupräparieren, ihrer verschieden starken Ausprägung nach zu differenzieren und es damit schon bewenden zu lassen, zum »tröstliche[n] Beweis dafür, daß [...] Menschen [...] dazulernen und sich wandeln können«,[34] hätte aber etwas Fragwürdiges; hieße es doch in bedrückende Nähe zu einer Form oder auch nur Geste von »Vergangenheitspolitik«[35] und ›Vergangenheitsbewältigung‹ zu geraten, die zumindest in der Literaturgeschichtsschreibung mit dem Schlagwort von der ›Stunde Null‹ hinlänglich bezeichnet und viel zu verdächtig ist, um sich nicht selbst zu diskreditieren. Eine ›Stunde Null‹ wäre natürlich ontogenetisch und werkgeschichtlich erst recht eine reine Chimäre. Die wirklich interessanten oder jedenfalls in diesem Untersuchungszusammenhang haupt-

32 Bd. 6, S. 417 f.

33 Hermann Lübbe, ›Ich entschuldige mich‹. Das neue politische Bußritual, Berlin: Siedler, 2001, S. 13 f., 23.

34 Jost Hermand, Das Vorbild Zola. Heinrich Mann und die Dreyfus-Affaire, in: Jost Hermand, Judentum und deutsche Kultur. Beispiele einer schmerzhaften Symbiose, Köln, Weimar und Wien: Böhlau, 1996, S. 85–98, hier S. 97. Vgl. Thiede, S. 16.

35 Norbert Frei, Vergangenheitspolitik. Die Anfänge der Bundesrepublik und die NS-Vergangenheit, München: Beck, [2]1997.

sächlich interessierenden Fragestellungen zielen daher genau auf das schwer austarierbare Verhältnis der, um es plakativ zu formulieren: der Dauer zum Wechsel. Sie zielen auf die Art und Weise ab, wie die älteren, repressiven und aggressiven Attitüden gegenüber der Alterität in die neue Toleranz gewissermaßen verschleppt sind und in ihr verdeckt, verschoben und vielleicht um so perfider fortwirken.

Auf die oben gegebenen Beispiele bezogen, können die hieraus resultierenden Fragen etwa so lauten: Warum ist es nicht irgendein Deutschschweizer oder gar, wie vom Gesamtwerk her eigentlich geradezu zu erwarten, warum kein Zürcher, der im Spätwerk so außerordentlich positiv besetzt erscheint? Und wie verhält sich diese Besetzung zur erzählten Zeit seiner Einführung? Wie verhält sich die in demselben Spätwerk gleichfalls sehr positive Besetzung eines katholischen Erzählers zur Devotion, die dieser seinem Gegenstand, der Biographie eines sehr dezidiert protestantischen Protagonisten entgegenbringt? Oder warum bricht das Manuskript einmal genau dort ab, wo er vordem seine eigene römisch-katholische Konfession zum reaktionären Katholizismus eines Romantikers hätte in Beziehung setzen sollen? Weshalb *redet* die Autorin jener »ausgezeichneten«, »sprachlich gewissenhaft«[36] verfaßten Texte lauter Unsinn? Und wieso hat sie auf einer Maschine zu schreiben? Oder warum wird ausgerechnet diese eine Autorin als »Jüdin«[37] schon eingeführt?

Solche Fragen gelten wie gesagt dem Verhältnis des Spätwerks zum Gesamtwerk, den Verschiebungen in Thomas Manns Positionen dem je ›anderen‹ gegenüber. Aber sie gelten eben auch und in eins damit den mitunter unheimlichen Konstanten, die sich im Gesamtwerk letztlich doch nachweisen lassen oder sich in der der vorliegenden vorangegangenen Untersuchung vielleicht zum Teil auch schon wirklich nachweisen ließen.[38] Daß sie dort den einen »arg verstörten«[39] und die andere »nicht überzeugen« konnten,[40] hat möglicherweise auch wieder mit der Rolle zu tun, die Thomas Mann, zumal der »exilierte[ ] und zum Weltbürger gereifte[ ] Thomas Mann der späten Jahre«,[41] bei der deutschen Selbstvergewisserung nach wie vor zu spielen scheint, und wird jedenfalls mit ein Grund und Anlaß dafür sein, gerade diesen Aspekt immer wieder ins Zentrum des Frageinteresses zu rücken.

36 Bd. 6, S. 417 f.

37 Bd. 6, S. 417.

38 Vgl. Elsaghe, Die imaginäre Nation, v. a. S. 260–296.

39 Albert von Schirnding, Der verräterische Buchstabe B., in: Süddeutsche Zeitung, 20. Februar 2001, S. 17 [Rezension von: Elsaghe, Die imaginäre Nation; und: Jochen Strobel, Entzauberung der Nation. Die Repräsentation Deutschlands im Werk Thomas Manns].

40 Schöll.

41 Ebd.

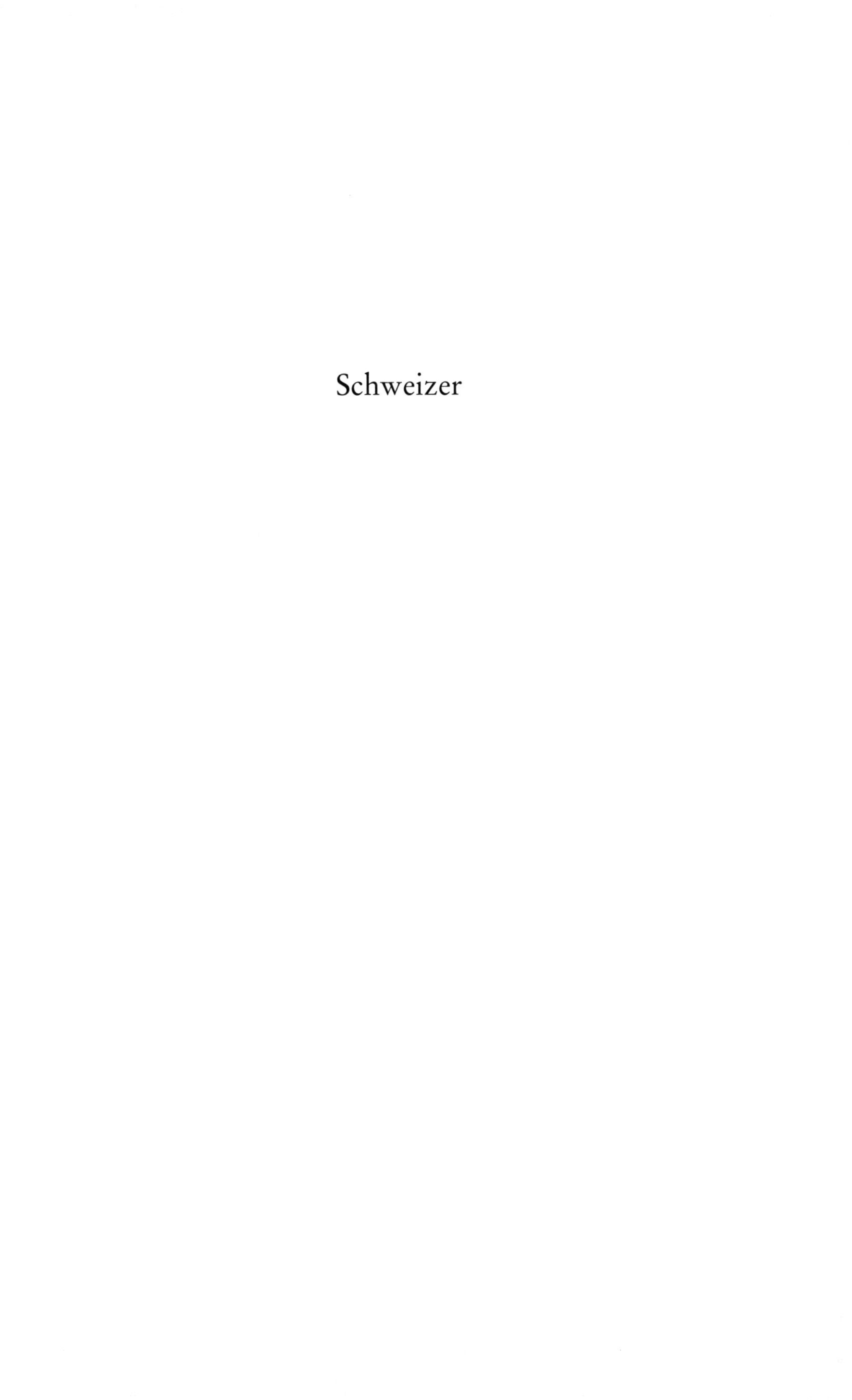

Schweizer

Isaak Stürzli, »das Rhinozeros«

Als Thomas Mann in den Fünfzigerjahren die Arbeit an den *Bekenntnissen des Hochstaplers Felix Krull* ganz »einfach wieder«[1] auf- und zu diesem Zweck seine schon gegen ein halbes Jahrhundert alten Notizen wieder hervornahm, strich er aus diesen eine Eintragung, die vermutlich im Zusammenhang mit einem in den Notizbüchern erwogenen Plan gestanden hatte, Felix Krull »Kellner bei Baur au lac«[2] werden zu lassen: »*In der Schweiz:* Widerwille gegen die Bevölkerung. Seine Talente kommen diesen Flegeln gegenüber nicht zur Geltung.«[3]

Den Plan, Krull in einem Zürcher Luxushotel Kellner werden zu lassen, hat Thomas Mann bekanntlich durch eine Kellnerkarriere im Pariser Hotel Saint James and Albany ersetzt. Aber ein Fossil gleichsam der älteren Konzeption scheint sich doch auch in der endgültigen Form des Romans zu finden. Der Direktor nämlich des Pariser Hotels ist Schweizer:

---

1 Thomas Mann nach: Georg Gerster, Thomas Mann an der Arbeit, in: Die Weltwoche, 3. Dezember 1954, S. 21.

2 Thomas Mann, Notizbücher, hg. v. Hans Wysling und Yvonne Schmidlin, Frankfurt a. M.: Fischer, 1991 f., Bd. 2, S. 184.

3 Vgl. Wysling, Narzißmus und illusionäre Existenzform, S. 416. Vgl. dazu Georges Manolescu, Ein Fürst der Diebe. Memoiren, Berlin: Langenscheidt, o. J. [1905], S. 102: »[...] die [...] Dame bemerkte [...], daß man in der Schweiz nicht gewöhnt wäre Gefälligkeiten zu erhalten. Ich antwortete darauf, daß ich nicht Schweizer, sondern Rumäne wäre [...].« Dieses Schweizer Gespräch ist allerdings nicht in Zürich situiert (wohin Thomas und Katia Mann, und zwar ins Hotel Baur au Lac, ihre Hochzeitsreise geführt hatte; zur selbstidentifikatorischen Bedeutsamkeit dieses Reiseziels vgl. Hans Rudolf Vaget, Im Schatten Wagners, in: Im Schatten Wagners. Thomas Mann über Richard Wagner. Texte und Zeugnisse 1895–1955, hg. v. Hans Rudolf Vaget, Frankfurt a. M.: Fischer, 1999 [Forum Wissenschaft, Literatur und Kunst], S. 301–335, hier S. 320), das der Schwerkriminelle Manolescu geflissentlich mied (ebd., S. 139 f.): »Mit Rücksicht auf die in der Schweiz und besonders in Zürich und Genf sich aufhaltenden zahlreichen politischen Verbrecher [sic!] werden nämlich von den verschiedenen Regierungen an den bezeichneten Plätzen Detektivs ersten Ranges unterhalten, damit diese ihre Landsleute beobachten.« Die in diesem Zusammenhang aufgestellte Behauptung übrigens, *»daß Zürich eine ausgezeichnete Fremdenpolizei besaß«* (ebd., S. 139; Hervorhebung des besagten Bibliotheksexemplars), hat Manolescu im einzigen in Zürich zugänglichen Exemplar seiner Memoiren mehrere Lesespuren von verschiedener Hand eingetragen: »???«; »Du bischt en Humorischt!!«

»Wie kommt es denn, daß das Rhinozeros dich selber sprechen will?« fragte mich der Bursche.

»Sie meinen Herrn Stürzli? Beziehungen. Persönliche Verbindungen«, warf ich hin. »Warum nennen Sie ihn übrigens Rhinozeros?«

»C'est son sobriquet. Pardon, ich habe ihn nicht erfunden.«

»Aber bitte, ich bin dankbar für jede Information«, erwiderte ich. [...]

Das Privatbureau des Generaldirektors lag hinter der Réception, an einem Gange, dessen andere Türen, der seinen gegenüber, zu Billard- und Leseräumen führten, wie ich sah. Mein Führer klopfte behutsam, öffnete uns auf ein Grunzen im Innern und lieferte mich, die Mütze am Schenkel, mit einer Verbeugung ein.

Herr Stürzli, ein Mann von ungewöhnlicher Körperfülle, mit grauem Spitzbärtchen, das an seinem wulstigen Doppelkinn kein rechtes Unterkommen fand, saß, Papiere durchblätternd, an seinem Schreibtisch, ohne mir vorläufig Beachtung zu schenken. Seine Erscheinung machte mir den Spottnamen, den er beim Personal führte, wohl begreiflich, denn nicht nur, daß sein Rücken überaus massig gewölbt, sein Nacken äußerst speckig gedrungen war, so wies tatsächlich der vordere Teil seiner Nase auch eine hornartig erhabene Warze auf, die die Berechtigung des Namens vollendete. Dabei waren seine Hände, mit denen er die durchgesehenen Papiere der Länge und Breite nach zu einem ordentlichen Haufen zusammenstieß, erstaunlich klein und zierlich im Verhältnis zu seiner Gesamtmasse, die aber überhaupt nichts Unbeholfenes hatte, sondern, wie das zuweilen bei den korpulentesten Leuten vorkommt, eine gewisse elegante Tournure zu bewahren wußte.

»Sie sind also dann«, sagte er in schweizerisch gefärbtem Deutsch, noch mit dem Zurechtstoßen der Papiere beschäftigt, »der mir von befreundeter Seite empfohlene junge Mann – Krull, wenn ich nicht irre – c'est ça –, der den Wunsch hat, bei uns zu arbeiten?«

»Ganz wie Sie sagen, Herr Generaldirektor«, erwiderte ich, indem ich, wenn auch mit Zurückhaltung, etwas näher herantrat, – und hatte dabei, nicht zum ersten noch letzten Mal, Gelegenheit, ein seltsames Phänomen zu beobachten. Denn da er mich ins Auge faßte, verzerrte sich sein Gesicht zu einem gewissen eklen Ausdruck, der, wie ich genau verstand, auf nichts anders als auf meine damalige Jugendschöne zurückzuführen war. Männer nämlich, denen der Sinn ganz und gar nach dem Weiblichen steht, wie es bei Herrn Stürzli mit seinem unternehmenden Spitzbärtchen und seinem galanten Embonpoint zweifellos der Fall war, erleiden, wenn ihnen das sinnlich Gewinnende in Gestalt ihres eigenen Geschlechtes entgegentritt, oft eine eigentümliche Beklemmung ihrer Instinkte, welche damit zusammenhängt, daß die Grenze zwischen dem Sinnlichen in seiner allgemeinsten und in seiner engeren Bedeutung nicht so ganz leicht zu ziehen ist, die Konstitution aber dem Mitsprechen dieser engeren Bedeutung und ihrer Gedankenverbindungen lebhaft widerstrebt, wodurch eben jene Reflexwirkung eklen Grimassierens sich ergibt.[4]

Die erste und »dankbar« gewürdigte »Information« besteht darin, daß Stürzli »Rhinozeros« heißt. Der »Spottname[], den er beim Personal führt[]«, ist »nicht erfunden«, also schon insofern ein gewissermaßen ›wahrer‹ Name. Als solcher organisiert er das Portrait, dem die »Information« voransteht. Angesichts des so Benannten erweist sich der »Spottname[]« als sehr »wohl begreif-

4 Bd. 7, S. 410–412.

lich«. Besondere »Berechtigung« erhält er durch Stürzlis »Grunzen«, seine »ungewöhnliche[] Körperfülle«, sein »wulstige[s] Doppelkinn«, seinen »überaus massig gewölbt[en]« Rücken, seinen »äußerst speckig gedrungen[en]« Nacken und »eine hornartig erhabene Warze« auf dem »vordere[n] Teil seiner Nase«. »Dabei«, fügt Krull eigens und offenbar nicht mehr um der ›Begreiflichkeit‹ des »Spottnamen[s]« willen hinzu (es sei denn, was nicht wahrscheinlich, aber von den Josephsromanen her doch nicht ganz auszuschließen ist, »das Rhinoz*eros*« sei hier unterschwellig mit dem Terminus ›Hippopotamus‹ beziehungsweise mit der ähnlich exotischen Vorstellung ›Nil‹- oder ›Fluß*pferd*‹ etwas durcheinandergeraten), – »[d]abei« sind »seine Hände, mit denen er [...] Papiere« ordnet, »erstaunlich klein und zierlich im Verhältnis zu seiner Gesamtmasse, die aber [...], wie das zuweilen bei den korpulentesten Leuten vorkommt, eine gewisse elegante Tournure zu bewahren« weiß.

Der eingehend legitimierte »Spott«- läßt sich zum eigentlichen Namen des Direktors in eine untergründige Beziehung setzen. Legt der typisch schweizerische Nachname wenigstens die ursprüngliche Nationalität Stürzlis fest – denn mittlerweile soll »Herr Stürzli [...] längst« »Franzose« geworden sein[5] –, so ist mit dem Vornamen, den man schon bei der erstbesten Gelegenheit erfährt,[6] zugleich oder vielmehr zuallererst eine weitere, ganz andere Alterität in Isaak Stürzlis Merkmalssatz eingetragen. »Isaak« war seinerzeit der nach »Isidor« am häufigsten abgewählte, und das muß heißen: ein unter antisemitischen Druck geratener Vorname.[7] Neben dessen stigmatische Qualität gehalten, erinnert auch der Name »Rhinozeros« an einen Typus spezifisch jüdischer Namengebung, nicht nur an die von den Gebrüdern Mann ebenfalls aufgegriffenen Tiernamen (»Iltis« im *Zauberberg*,[8] »Doktor Bär« im *Schlaraffenland*[9]); sondern »Rhinozeros« erinnert vor allem an den sehr berüchtigten Namentypus, der sich zur Generierung literarischer Namenwitze wie »Doktor Thunichgut«[10] oder »Verleger Gernreich«[11] vorzüglich eignet. Solch ein Name

5 Bd. 7, S. 412 f.

6 Bd. 7, S. 333.

7 Vgl. Dietz Bering, Der Name als Stigma. Antisemitismus im deutschen Alltag 1812–1933, Stuttgart: Klett-Cotta, ²1988, S. 238.

8 Bd. 3, S. 27, 31, 75, 99, 121, 270, 324, 377, 400, 417, 455, 576, 586, 699.

9 Heinrich Mann, Im Schlaraffenland. Ein Roman unter feinen Leuten, Berlin: Aufbau, 1951 (Ausgewählte Werke in Einzelausgaben, hg. v. Alfred Kantorowicz, Bd. 1), S. 11.

10 Ebd.

11 Ingeborg Bachmann, Werke, hg. v. Christine Koschel, Inge von Weidenbaum und Clemens Münster, München und Zürich: Piper, ²1982, Bd. 3: Todesarten: Malina und unvollendete Romane, S. 528. – Zum Namenswitz als antisemitischem Appell in der politischen Auseinandersetzung der österreichischen Gegenwart (v. a. durch just den Politiker, unter und wegen dessen Landeshauptmannschaft der einst nach Ingeborg Bachmann benannte Literaturpreis diesen Namen verlor) vgl. Doron Rabinovici, Politik als Volksbrauch, in: German Quarterly 75.1, 2002, S. 1–8, hier S. 1, 5 f.

kommt denn zusammen mit einer genau einschlägigen Herkunftsbezeichnung schon in einer frühen Figurenskizze Thomas Manns vor (und wenn in dessen Werk der hier ausgeheckte Ekelname doch nirgends erscheint, dann vielleicht nur deshalb, weil ihn Heinrich Mann im *Schlaraffenland* als Ironym für den jüdischen Magnaten James L. Türkheimer aufgriff[12] und seinem Bruder so zuvorkam):

> Comerzienrat Moritz Ausspuckseles
> aus Galizien Wohnhaft Berlin W Tier
> gartenstraße.
> Gemahl. geb. Ausgieße
> les
> aus Frankfurt

In einer vermutlich authentischen Liste solcher Ekel- und Spottnamen, wie sie denjenigen westgalizischen Juden aufgezwungen worden zu sein scheinen, welche für unverfänglichere Familiennamen nicht bezahlen konnten oder wollten, führt Karl Emil Franzos ein wörtliches Äquivalent, die Übersetzung geradezu von Stürzlis »sobriquet«, nämlich einen Nachnamen »Nashorn« auf.[13]

Die Symbiose von Juden- und Deutschschweizertum, die Thomas Mann dem Namen des Hoteldirektors noch vor dem Ersten Weltkrieg eingeschrieben hatte, spielt auch nach dem Ende des Zweiten, bei der erst in den Fünfzigerjahren entstandenen Einführung der Figur, gerade nach der inzwischen heikel gewordenen Seite hin eine erhebliche Rolle. Die Einführung des Direktors liest sich wie ein Katalog von Stereotypen, deren Herkunft aus dem Arsenal der landläufigen Antisemitismen im einzelnen zwar vielleicht noch je diskutabel sein mag, die aber in dieser Häufung, noch dazu unter solch einem Vornamen, unmöglich als harmloser Zufall erklärt oder beschönigt werden können: die ausgeprägte Polyglossie, die kosmopolitisch oszillierende Nationalität, der Umstand, daß Stürzli als Schriftmensch und Schreibtischexistenz mit »erstaunlich klein[en]«, zu manueller Arbeit untauglichen Händen eingeführt wird, und wohl auch seine Entstellung zu einem grotesk häßlichen Tier. Denn weit über Tiernamen wie »Iltis« oder Adressen wie »Tiergartenstraße« hinaus haben solche Vertierungen jüdischer Menschen bei Thomas (wie übrigens auch wieder bei Heinrich[14]) Mann Methode. Juden werden in seinen Texten nahezu regel-

---

12 Heinrich Mann, Im Schlaraffenland, S. 95, 396.

13 Karl Emil Franzos, Namensstudien, in: Karl Emil Franzos, Halb-Asien. Land und Leute des östlichen Europa, Bd. 5: Aus der großen Ebene I, Stuttgart: Adolf Bonz, 1888, S. 125–149, hier S. 131.

14 Vgl. z. B. Heinrich Mann, Die Göttinnen oder Die drei Romane der Herzogin von Assy. Diana, Berlin: Aufbau, 1957, S. 76.

mäßig zu Tieren metaphorisiert:[15] zu Pferden[16] und Vieh,[17] zu Katern[18] und Seehunden,[19] zu Käuzen,[20] Uhus[21] und anderen Raubvögeln[22] oder gar, mit virtueller Ausfällung aller Empathie und letzter Aggressions- und Tötungshemmungen, zu Läusen[23] und Geschmeiß,[24] zu Kröten[25] und Würmern.[26]

Auch die für die »Berechtigung« seines Tiernamens angeführten Merkmale teilt Stürzli mit stereotyp jüdischen Gestalten des Gesamtwerks. Seine Statur teilt er etwa mit Hermann Hagenström oder mit Saul Fitelberg. Und sofern man in der besonders ekelhaften Warze auf der Gesichtsextremität der Nase nicht einfach nur einen gleichsam fossilen Rest der vor der Akkulturation topisch schlechten Haut des stereotypen Juden[27] sieht, sondern eine generelle Tendenz des jüdischen Körpers, über seine Grenzen hinauszutreten, entspricht dieses Merkmal des »Rhinozeros« zum Beispiel der »poröse[n] Oberlippe« Detlev Spinells;[28] den »feuchten Lippen« Ada von Steins;[29] den »vor Vergnügen« »feucht[en]« Augen und dem überschüssig-hinuntergeschluckten Speichel der Geschwister Hagenström;[30] den Schweißhänden der Geschwister Aarenhold;[31] der Neigung ihres Vaters, »Luft aufzubringen«;[32] dem »mächtigen«, unmöglich zu »säubern[den]« Bartwuchs Siegmund Aarenholds oder Iwan Herzls (der sich »dabei [...] jedoch« auch noch schminkt);[33] vielleicht auch den »lückenhafte[n] Zähne[n]«[34] Moritz Hagenströms; den durchbrochenen Sandalen Doktor Krokowskis oder dem überfeinerten Geruchssinn M. Blüthenzweigs, der in *Gladius Dei* die »Kauffähigkeit« seiner Kunden förmlich

15 Bd. 8, S. 386, 394.
16 Bd. 8, S. 216.
17 Bd. 1, S. 598.
18 Ebd.
19 Bd. 1, S. 622.
20 Bd. 8, S. 220, 231. Vgl. Hartmut M. Kaiser, Intertextuelles Spiel mit Wagner-Analogien: Thomas Manns Burleske *Tristan* und *Der Ring des Nibelungen*, in: Thomas Mann-Jahrbuch 14, 2001, S. 189–211, hier S. 194.
21 Bd. 6, S. 527.
22 Bd. 8, S. 381.
23 Bd. 8, S. 385.
24 Bd. 1, S. 239, 266, 522.
25 Thomas Mann, Tagebücher, hg. v. Peter de Mendelssohn und Inge Jens, Frankfurt a. M.: Fischer, 1977–1995, hier Tagebücher 1951–1952, S. 805 [Dokument 32].
26 Bd. 8, S. 385.
27 Vgl. Sander L. Gilman, Franz Kafka, the Jewish Patient, New York und London: Routledge, 1995, S. 45.
28 Bd. 8, S. 223.
29 Bd. 8, S. 48.
30 Bd. 1, S. 63 f.
31 Bd. 8, S. 382, 386.
32 Bd. 8, S. 383.
33 Bd. 8, S. 390, 637.
34 Bd. 1, S. 239.

auszuwittern vermag,[35] und natürlich wieder der »Feistheit«[36] Hermann Hagenströms, Saul Fitelbergs oder Stürzlis selbst.

In seiner starken Beleibtheit, bei deren Beschreibung ja eigens auf andere »korpulenteste[] Leute[]« verwiesen wird, gleicht Stürzli aber auch einer als solche sehr fadenscheinigen Autoritätsperson ausgerechnet der Josephstetralogie; und in der Kombination seiner Beleibtheit mit seinen im Gegensatz dazu »erstaunlich klein[en]« Händen gleicht Stürzli sogar *nur* dieser einen Figur aus *Joseph in Ägypten*. In den Josephsromanen dürfen bekanntlich die Juden wenigstens der Patriarchenzeit für einmal die Subjektposition einnehmen. Etliche der Merkmale, die sonst im Gesamtwerk den modernen Juden zugewiesen werden, müssen hier dafür die verweichlichten, abergläubischen und bürokratisch schriftbesessenen Ägypter tragen. Die Ägypter aber (natürlich immer schon eng mit dem Nil assoziiert) scheinen von allem Anfang an auch ein bißchen Schweizer zu sein. Denn im Ersten Hauptstück des zweiten Romans, *Die Reise hinab*, hat Thomas Mann die Einreise nach Ägypten als Gelegenheit wahrgenommen, in Gestalt der ägyptischen Graphomanie mit der Schweizer Bürokratie abzurechnen.

Stürzlis Beschreibung nun stimmt bis in den Wortlaut mit dem Portrait des Ägypters Potiphar überein. Potiphars ebenfalls »lebhaft« wendige »Leibesmassigkeit« aber und seine ihrerseits »kleine[] Hand«, besonders auch den »kurzen [...] Stab« darin, »der sich vorn knollenartig verdickt[]«, »eine Art von verfeinerter Keule, [...] dies elegante [...] Überbleibsel einer wilden Waffe«, hat man natürlich nicht eben nur als »Zeichen« einer bloß gespielten Martialität und »Befehlshaberschaft« zu lesen.[37] Wie der unmittelbar folgende Vergleich mit Ruben vollends verrät, Josephs »heldische[m]« und allzu potentem Bruder, dem »Behemoth und [...] Flußpferd«,[38] bei dem die körperliche Imposanz schon dieser Beschimpfung nach[39] eine »ganz andere[] Art« hat als bei Potiphar,[40] ist dessen ›Massigkeit‹ ein Index, die »kleine[] Hand« ein Symbol und das »leichte[] Zeichen« des »Stab[s]« darin ein Ikon der Kastration.

Den leisen Zweifeln indessen, die von der ausgesprochenen Ähnlichkeit mit dem ägyptischen Kastraten auf die Männlichkeit auch Stürzlis zurückfallen können, scheint in dessen Portrait ein indexikalisches, freilich etwas prekäres »Zeichen« des Geschlechts gegenüberzustehen. Stürzli trägt ja ein »graue[s] Spitzbärtchen«. Seine besondere Gesichtsbehaarung hat dieser letzte übrigens

35 Bd. 8, S. 207.

36 Bd. 6, S. 529.

37 Bd. 4, S. 807.

38 Bd. 4, S. 86.

39 Vgl. Hiob 40, 10; Die heiligen Schriften des Alten und Neuen Bundes deutsch von Martin Luther, München und Leipzig: Georg Müller, o. J., Bd. 2, S. 336 (Thomas Manns Hervorhebungen): »*Siehe da der Behemoth*, [...] *seine Kraft ist in seinen Lenden* [...]. *Sein Schwanz strecket sich wie eine Ceder, die Adern seiner Scham starren wie ein Ast.*«

40 Bd. 4, S. 807.

mit dem ersten mutmaßlichen Juden des Gesamtwerks gemeinsam, dessen Körper einer rassenbiologischen Lektüre ausgesetzt wird: »ein [...] Herr mit [...] *grauem Spitzbart*«.[41] Die Markierungen der beiden »Herr[en]« und ihrer sekundären Geschlechtsmerkmale weisen also einen jedenfalls grammatischen, aber zugleich wohl auch referentiellen Unterschied auf. Im einen Fall, bei Stürzli, erscheint das indexikalische Attribut immer nur im Deminutiv: ein »graue[s] Spitzbärt*chen*, das« – noch dazu – »an seinem wulstigen Doppelkinn kein rechtes Unterkommen« findet.

Obwohl es also gegen die eunuchenhafte »Körperfülle« nicht »recht[ ]« aufzukommen vermag, schließt Krull aus dem ›Bärtchen‹ doch auf Stürzlis sexuelle Orientierung. Er rechnet ihn ausdrücklich den »Männer[n]« zu, »denen der Sinn ganz und gar nach dem Weiblichen steht, wie es« eben »bei Herrn Stürzli mit seinem unternehmenden Spitzbärtchen [...] der Fall« zu sein scheint. Wie weit die ›Unternehmungen‹ des ergrauten Stürzli indessen gehen, ist damit allerdings noch nicht gesagt. Und vor allem geschieht diese Festlegung seiner sexuellen Orientierung in einem gleichsam konzessiven Erzählzusammenhang. Sie steht im Zusammenhang mit der »Beklemmung«, in welche Stürzlis »Instinkte« in dem Moment geraten, da ihm »das sinnlich Gewinnende« in Krulls, eben in Gestalt des »eigenen Geschlechtes entgegentritt«.

Aus dieser Irritabilität seiner männlichen »Instinkte« erklärt sich auch, »tiefer hinabgesehen«,[42] Stürzlis verbal, in Form einer scheinbar unmotivierten Anzüglichkeit zur Schau getragene Fixierung auf »hübsche[ ] Frauen«. Ohne jede äußere Veranlassung spielt Stürzli auf Krulls »Anstelligkeit«[43] bei solchen »Frauen« an. Und prompt bekommt er diesen plötzlichen Appell an die männliche Heterosexualität von Krull retourniert, und zwar in eins mit einer Anerkennung seiner sozialen Überlegenheit: Er, Krull, »stehe [...] auf diesem Gebiet, wie auf jedem anderen, weit hinter [...] Herr[n] Generaldirektor zurück«.[44]

Mit seiner Frivolität vergewissert sich Stürzli einer Männlichkeit, die gerade dieser ständige Vergewisserungszwang in Frage stellen kann. Dem Mechanismus entsprechend, den Eve Kosofsky Sedgwick unter dem Titel »male homosocial desire« theoretisch konzeptualisiert hat,[45] stellt die anzügliche Rede über die »hübsche Frau« hier über die Klassen- und Generationsgrenzen hinweg ein Bündnis der »Männer« her. Sie transformiert deren unterdrückte Homosexualität in eine sexuell normgerechte Aggression gegen die zum kollektiven Sexualobjekt herabgesetzte »jolie femme«.[46]

---

41 Bd. 8, S. 49; im Original keine Hervorhebung.

42 Bd. 7, S. 413.

43 Bd. 7, S. 412.

44 Bd. 7, S. 412 f.

45 Eve Kosofsky Sedgwick, Between Men. English Literature and Male Homosocial Desire, New York: Columbia University Press, 1985 (Gender and Culture).

46 Bd. 7, S. 413.

Jakob Nägli, Herr Reiff und Heinrich Meyer

Seine sexuell also trotz »unternehmende[m] Spitzbärtchen« etwas zweifelhafte Identität teilt der mutmaßliche Zürcher Isaak Stürzli mit den drei ausdrücklich als solche markierten Zürchern in Thomas Manns Romanen. Von diesen ist nur einer ebenso frei erfunden wie Stürzli: der »kleine[ ] Jakob Nägli«[1] im *Doktor Faustus*. Die Fiktivität des »kleinen Jakob Nägli« erweist schon dessen in Zürich nicht belegbarer Name. Über die Motive der besonderen Namengebung oder gleichsam über die generative Grammatik, die ihre Kombination und Form hervorgebracht hat, läßt sich immerhin spekulieren.

Näglis Name endet zunächst wie »Stürz*li*« auf das in schweizerdeutschen Phantasienamen stereotypische Deminutivsuffix. Aber darüber hinaus beglaubigt der Träger des deminuierten Namens dessen appellativische Bedeutung. Der »kleine[ ] Jakob Nägli« löst diese Bedeutung sozusagen mit der ›Kleinheit‹ seines Körpers eben auch leibhaftig ein.

Der offenbar frei gewählte Vorname »Jakob« kann zumindest unterschwellig seinerseits wieder durch die Kleinheit des so Benannten motiviert sein. Er könnte mit motiviert sein durch eine prominente Stelle des Markusevangeliums, nämlich durch das Epitheton des in der Lutherbibel »kleinen Jacobs«.[2] Vor allem aber liegt er, vom ›*Alten*‹ Testament her gesehen, mit geradezu patrilinear-genealogischer Stringenz auf der Linie des Namens »*Isaak* Stürzli«. Auch ›Jakob‹ war nach Ausweis dokumentierter Namensfluchten ein jüdisch markierter Vorname.[3]

Der Nachname hingegen scheint am ehesten durch den eines einst berühmten Zürchers inspiriert zu sein. Dieser war noch ein Jahr nach Thomas Manns Tod im kollektiven Gedächtnis gegenwärtig genug, um eine Medaille nach ihm zu benennen: der Musikologe, Musikpädagoge und Liederkomponist Hans Georg Nägeli (»Freut euch des Lebens...«).

Die *Form* aber des Nachnamens, »Nägli«, ist so in Zürich nicht nachgewiesen.[4] Sie läßt etwas von Thomas Manns eher oberflächlicher Kenntnis des Schweizer- und des Zürichdeutschen erkennen (während etwa W. G. Sebald

1 Bd. 6, S. 246.

2 Markus 15, 40; Biblia [...], Wittenberg: Hans Lufft, 1545 (Nachdruck Stuttgart: Deutsche Bibelgesellschaft, ²1980), Bl. CCLXXV recto.

3 Vgl. Bering, Der Name als Stigma, S. 238, 305, 363, 409 (Anm. 43), 474 (Anm. 60).

4 Freundliche Auskunft des Stadtarchivs Zürich vom 4. Mai 1999.

einem Berner Oberländer Bergführer, den er kurz vor Ausbruch des Ersten Weltkriegs sterben ließ, richtig den Namen »Johannes Naegeli« verlieh[5]).

Die Namensform »Nägli« ist wohl nur als Pseudohelvetizismus zu erklären, als Kontamination zweier verschiedener oberdeutscher Namensformen: zürichdeutsch ›Nägeli‹ und bairisch-österreichisch ›Nagl‹. Der Kontaminierung des Zürcherischen mit dem Bairisch-Österreichischen, sofern das auch heißen kann: des Reformierten mit dem Katholischen, entspricht der Kontext, in dem Nägli erscheint. Nägli erscheint im Zusammenhang mit einer Komposition, bei der Adrian Leverkühn, »geprägt von einem Reformationsdeutschtum« (so eine Lesart der Handschrift), sich »mit den [...] Sprachträumereien« eines »Romantikers« einläßt,[6] »dem binnen kurzem der katholischen Kirche in die Arme zu sinken bestimmt war« (um nochmals aus der Handschrift zu zitieren).

Jakob Nägli soll »1922 [...] in der Tonhalle von Zürich« bei der Aufführung von Leverkühns Brentano-»Cyklus« mitgewirkt haben, wie sie einem »vorgedruckten Vermerk« zufolge »nur im Ganzen, bei Vorführung aller dreizehn Stücke gestattet sei«.[7] Innerhalb der »dreizehn Stücke«, deren ›böse‹ Zahl der Vermerk eigens noch festschreibt, fällt Nägli eine Partie aus den *Lustigen Musikanten* zu. Nägli singt »die Partie des Knaben, der ›früh das Bein gebrochen‹«.[8] Das Besondere an Näglis »unbeschreiblich zu Herzen gehender«[9] Interpretation dieser Partie rührt daher, daß die Person des Interpreten ganz in dessen Rolle aufgeht. Der »kleine[ ] Jakob Nägli«, ein »an einem Krückchen gehende[s] Kind[ ]«, ist »leider wirklich verkrüppelt[ ]«.[10] Dieses Merkmal eines »wirklich[en]« Defekts hat Nägli mit dem anderen Zürcher des *Faustus*-Romans gemeinsam:

> Es war das in der Mythenstraße, nahe dem See gelegene Heim des Herrn und der Frau Reiff, eines reichen, kinderlosen und kunstfreundlichen, schon betagten Ehepaars, das sich von jeher ein Vergnügen daraus machte, durchreisenden Künstlern von Rang ein gepflegtes Asyl zu bieten und sie gesellschaftlich zu unterhalten. Der Mann, ein von den Geschäften ausruhender ehemaliger Seiden-Industrieller und Schweizer von alt-demokratischem Schrot und Korn, hatte ein Glasauge, das seinen bärtigen Zügen eine gewisse Starrheit verlieh, – ein täuschender Eindruck, denn er war einem liberalen Frohsinn zugetan und liebte nichts mehr, als mit Damen des Theaters, Heroinen oder Soubretten, in seinem Salon zu scharmutzieren. Auch ließ er sich bei seinen Empfängen zuweilen nicht übel auf dem Cello hören, pianistisch begleitet von seiner Frau, die aus dem Reiche stammte und einst dem Gesang obgelegen hatte.[11]

---

5 W. G. Sebald, Die Ausgewanderten. Vier lange Erzählungen, Frankfurt a. M.: Fischer, 2002, S. 23.
6 Bd. 6, S. 246.
7 Bd. 6, S. 245 f.
8 Bd. 6, S. 246.
9 Ebd.
10 Ebd.
11 Bd. 6, S. 554.

»[D]as [...] Heim des Herrn und der Frau Reiff« (die ja ausdrücklich nicht aus der Schweiz »stammte«) gab es wirklich. Thomas Mann selber gehörte zu den Habitués des »gepflegte[n] Asyl[s]« an der »Mythen«-, heute Genferstraße. Dennoch tendiert sein Portrait des Hausherrn ins Fiktive und ›Mythen‹-hafte. Nur gerade ein markantes Merkmal »des Herrn [...] Reiff« scheint nicht erfunden zu sein: Der historische Hermann Reiff – so sein volksetymologisch doppelt ›männlicher‹ und ›herrlicher‹, sein auch besonders ›deutscher‹, weil über den ›Cherusker‹ nationalmythologisch schwer chargierter Vorname, der im Roman allerdings ausgespart bleibt –, Hermann Reiff also spielte tatsächlich Cello (was in Thomas Manns Romanen sonst, und zwar auf je ziemlich suspekte und sexuell anzügliche Art, nur »autochthon[e] [M]ünchner[ ]«,[12] Rheinländer und Katholiken tun, Konrad Knöterich und René Maria von Throta, dessen Vornamen in eins mit der Konfession bezeichnenderweise auch Frankophilie und Feminität konnotieren).

Aber das »Ehepaar[ ]« Reiff war nicht »kinderlos[ ]«. Und nach Versicherung seines eigenen Sohns hatte Hermann Reiff weder einen Bart noch ein Glasauge.[13] Gerade das Merkmal der körperlichen Behinderung also, das die demnach nur cum grano salis aus der Zürcher Realität einmontierte mit der ganz frei erfundenen Zürcher Figur teilt, ist gegen Thomas Manns bessere Kenntnis dieser Realität gesucht und gewollt. Es verdient deshalb besondere Beachtung:

Erwähnt wird das erfundene Detail im Zusammenhang mit einer »gewisse[n] Starrheit« der angeblich »bärtigen Züge[ ]« und dem irritierenden Gegensatz, in dem diese »Starrheit« zu Reiffs Neigung steht, »mit Damen [...] zu scharmutzieren«. Diese »Neigung« wiederum läßt sich zu jenem anderen erfundenen Merkmal der Kinderlosigkeit in Beziehung setzen, nicht nur in eine adversative, sondern auch in eine isotopische. Das Verb »scharmutzieren« nämlich und das ihm zugrundeliegende Deminutiv, ›Scharmützel‹, ›*kleines* Gefecht‹, schließen keineswegs aus, was mit der erfundenen Kinderlosigkeit und symbolisch auch mit der ebenfalls erfundenen Einäugigkeit insinuiert sein kann. Denn ob es nun die Stichhaltigkeit der psychoanalytischen Symboldeutung erweist oder nur von Thomas Manns genauer Kenntnis derselben und insbesondere der zentralen Rolle zeugt, welche der sogenannten »Augenangst« darin vom Ödipus-Mythos her zukommt,[14] – vor diesem Thomas Mann seinerzeit ziemlich sicher präsenten Hintergrund der psychoanalytisch-sexualsymbolischen Interpretation von Augenlicht und Blendung[15] jedenfalls sind Reiffs Einäugigkeit, die

12 Bd. 6, S. 264.

13 Freundliche Auskunft vom 6. Oktober 1999.

14 Freud, Bd. 12, S. 243 f.

15 Vgl. Hans Wysling, Thomas Manns Rezeption der Psychoanalyse, in: Benjamin Bennett, Anton Kaes und William J. Lillyman (Hgg.), Probleme der Moderne. Studien zur deutschen Literatur von Nietzsche bis Brecht. Festschrift für Walter Sokel, Tübingen: Niemeyer, 1983, S. 201–222; Manfred Dierks, Der Wahn und die Träume in *Der Tod in Venedig*. Thomas Manns folgenreiche Freud-Lektüre im Jahr 1911, in: Psyche 44, 1990,

Unfruchtbarkeit seiner Ehe und das Deminutivisch-Halbherzige seiner Salonscharmützel durchaus harmonisierbar. Das erfundene Glasauge und die ebenso erfundene Kinderlosigkeit lassen sich über den gemeinsamen Nenner einer verkürzten Männlichkeit stellen; so wie andererseits, auch abgesehen von psychoanalytisch einschlägigen Deutungsangeboten für Verkrüppelung und Beinbruch, von einer dezidiert sexuellen Identität bei »dem kleinen Jakob Nägli« ja noch gar keine, nicht einmal grammatisch und noch weniger die Rede sein kann als bei dem »Knaben«, dessen Part er singt. Der Erzähler bezeichnet Nägli nicht so, als »Knaben«, sondern nur eben neutral als »Kind[ ]«.

Das Moment der körperlichen Verkürzung und Deminuierung, im handfest konkreten wie im subliminal spezifischen Sinn, findet sich auch im Merkmals›set‹ des Zürchers aus *Lotte in Weimar* wieder. Dieser wird aus einer denkbar bösartigen, nämlich aus der Perspektive seines Leidensgenossen, aber auch oder gerade deshalb seines Rivalen Friedrich Wilhelm Riemer eingeführt. »Kunscht-Meyer«,[16] wie ihn Riemer anläßlich dieser maliziösen Einführung mit einem – übrigens authentischen[17] – Spottnamen nennt, indem er also die Zürcher Identität von Anfang an als eine lächerliche aufs Korn nimmt,[18] wird bei seinem Auftritt gleich mehrfach er-niedrigt. Ohne daß dies durch Thomas Manns Quellen, geschweige denn durch die Abbildungen darin gedeckt wäre, soll Heinrich Meyer ein »*gebückter* Fünfziger« mit »*geneigt[em]*« Kopf sein.[19] Und über diese schlechte Haltung hinaus schrumpft sein Körpervolumen besonders augenfällig dadurch, daß er in Goethes Haus »statt des Cylinders« »ein samtenes Käppchen auf[ ]setzt«, dessen Lächerlichkeit der Erzähler eigens notiert.[20]

Diese Selbstverkleinerung und Selbstentstellung in Goethes Nähe fordert ihrerseits wieder eine psychoanalytische Deutung heraus: Auf der einen Seite der Zylinder, der auch hier ausdrücklich so genannte »hohe[ ]«[21] und besonders steife Hut. Auf der anderen die schlappe Kappe ohne Krempe und Volumen, die in einem insofern sehr präzisen Sinn als Kastrationssymbol interpretierbar

---

S. 240–267; ders., Traumzeit und Verdichtung. Der Einfluß der Psychoanalyse auf Thomas Manns Erzählweise, in: Eckhard Heftrich und Helmut Koopmann (Hgg.), Thomas Mann und seine Quellen. Festschrift für Hans Wysling, Frankfurt a. M.: Klostermann, 1991, S. 111–137; Thomas Anz und Christine Kanz, Psychoanalyse in der literarischen Moderne. Eine Dokumentation, Bamberg: Universität Bamberg, 1998, S. 177–202.

16 Bd. 2, S. 429.

17 Vgl. Johann Wolfgang von Goethe, Gespräche, hg. v. Woldemar von Biedermann, Leipzig: von Biedermann, 1889–1896, Bd. 6, S. 203 (von Thomas Mann angestrichen); Bd. 5, S. 242.

18 Bd. 2, S. 429.

19 Bd. 2, S. 703, 709; im Original keine Hervorhebung.

20 Bd. 2, S. 708 f.

21 Bd. 2, S. 703.

ist, als Freud gerade aus ungleichen Hutkrempen im Traum einer Analysandin den phallischen Symbolwert der Hüte entwickelt hatte.[22]

Der maximale Abstand zwischen Zylinder und Käppchen stimmt so gesehen ganz genau zu einer bedrückenden Vorstellung, die Riemer zuvor von Goethes Verhältnis zu seiner männlichen Entourage vermittelt hat: Goethe, dessen erstes Erscheinen im Roman im Zeichen einer Erektion stehen wird und dessen allererste Worte solch »hohen Prachten« seiner Potenz gelten werden,[23] erzwinge von den ihn umgebenden, ihm ergebenen Männern (deren Ehen er denn zum Beispiel nach eigenem Gutdünken arrangiert) ein »Mannesopfer«. Er nötige sie zur »Aufgabe des Mannes-Ich« und der »Mannesehre«.[24]

22 Freud, Bd. 2/3, S. 365 f.

23 Bd. 2, S. 617; vgl. Thomas Mann, Lotte in Weimar, Frankfurt a. M.: Fischer, 1997, S. 252: »Prächten«; Jacob Grimm und Wilhelm Grimm et al., Deutsches Wörterbuch, Leipzig: Hirzel, 1854–1971 (Nachdruck München: Deutscher Taschenbuch Verlag, 1984), Bd. 2, Sp. 285 f., s. v. ›Bracht‹, v. a. den durch den Reim gesicherten Beleg ohne Umlaut aus Goethes *Tagebuch*, auf das im Roman explizit Bezug genommen wird (Bd. 2, S. 601).

24 Bd. 2, S. 413, 433 f.

Die Deutschschweizer im Verhältnis zu den Reichsdeutschen

Der Katalog der Schweizer in Thomas Manns Erzählwerk ließe sich durchaus noch verlängern; so etwa um die einschlägigen Details in der Karikatur eines so häßlichen wie devoten »Jünger[s] aus der Schweiz«,[1] der »[b]eim Propheten« dessen Manifest verliest. Aber die Belegdichte ist wohl auch so schon hoch genug, um endlich die zwei Fragen zu stellen, die sich aus diesem Katalog ganz von selbst aufdrängen: Warum, erstens, erscheinen Thomas Manns Zürcher immer nur als Mangelwesen? Und warum scheint der Mangel, zweitens, regelmäßig ihre sexuelle Identität zu betreffen?

Eine erste Antwort auf diese Fragen ergibt sich aus dem besonderen Status aller Schweizer Figuren in Thomas Manns Werk (einschließlich derjenigen, deren Nationalität man ex nomine oder aus den historischen Fakten nur supplieren darf, wie etwa bei einem »Professor Zumsteg«[2] oder bei »Dr. Volkmar Andreae«[3]). Schweizer und Schweizerinnen, und dafür kann gerade der subalterne »Jünger aus der Schweiz« als besonders triftiges Beispiel dienen, kommen bei Thomas Mann nur in Nebenrollen vor. Zum Teil sind sie so marginal, daß sie, wie dieser »Jünger« des »Propheten«, wie Felix Krulls oder Klaus Heinrichs Kindermädchen oder wie »der schweizerische Liftführer« in Venedig,[4] noch nicht einmal Namen erhalten. Das Zentrum, auf das die Schweizer als periphere Figuren bezogen sind, ist immer von Deutschen besetzt. Bei diesen, wie Goethes Alterspotenz drastisch zeigt, unterliegt das »Mannes-Ich« durchaus nicht den Zweifeln, in welche die sexuelle Identität der Zürcher gezogen wird.

Abgesehen vom speziellen, weil durch die historischen Fakten weitgehend vorgegebenen und dem völlig freien Phantasieren entzogenen Fall Goethes, konstituiert sich die im spezifisch sexuellen Sinn männliche Identität der deutschen Helden immer wieder in interkulturellen Begegnungen. Thomas Manns deutsche Romanhelden penetrieren oder ›erobern‹ regelmäßig landesfremde Frauen: Gerda Buddenbrook-Arnoldsen aus den Niederlanden (ursprünglich aus Belgien[5]); Imma Spoelmann aus den USA; Clawdia Chauchat aus Daghe-

1 Bd. 8, S. 366, 368; vgl. S. 364, 369.

2 Bd. 8, S. 879.

3 Bd. 6, S. 246.

4 Bd. 8, S. 485, 468.

5 Vgl. Peter de Mendelssohn, Der Zauberer. Das Leben des deutschen Schriftstellers Thomas Mann, Frankfurt a. M.: Fischer, [2]1996, Bd. 1, S. 435.

stan; Rozsa aus Ungarn; Diane Houpflé aus dem Elsaß (zur Zeit, als die betreffenden *Krull*-Kapitel geschrieben wurden, wieder französisch); Suzanna und Maria Pia Kuckuck aus Portugal; die unbestimmt, aber ethnisch so fremde Hetaera Esmeralda, daß Hans Wysling ihr »Vor-Bild[ ]« in Dürers Portrait einer Schwarzafrikanerin gefunden zu haben glauben konnte.[6] Daß solche ›Eroberungen‹ fremder Frauen fast immer mit ›Abstechern‹ ins Ausland verbunden sind, braucht man sich wohl gar nicht auch noch zu vergegenwärtigen, um zu erraten, worum eigentlich es hier jeweils geht. Es geht natürlich um das, was Homi Bhabha »collusion between racism and sexism«[7] genannt hat und was man auch als Fortsetzung des Imperialismus mit anderen Mitteln verstehen könnte oder vielleicht als phantasmatische Kompensation eines für die deutsche Außenpolitik nach Bismarck charakteristischen Inferioritätskomplexes.

Deutschland also erscheint in Thomas Manns Werk als männlich-aktiv, das Ausland als weiblich-passiv imaginiert. Wie bei anderen sexuellen Imaginationen des Eigenen und des Fremden – etwa bei der suggestiven Weiblichkeit »der katholischen Kirche«, welcher »in die Arme zu sinken« jenem »Romantiker[ ]« »bestimmt war« – scheint die Sexualisierung von In- und Ausland Herrschaftsansprüche zu legitimieren beziehungsweise deren Legitimationsdefizite aufzuwiegen. Denn Thomas Manns Helden sind ja meist in dem sehr prekären Sinn deutsch, welcher erst kurz vor der Geburt des Autors und, worauf der Erzähler Krull eigens hinweist,[8] auch etlicher dieser Helden so festgelegt wurde. Die Ersetzung der Kulturnation (auf die sich Thomas Mann bezeichnenderweise erst in seinem ersten Exilroman wieder besann) durch den Nationalstaat brachte eine Peripherie hervor, die zuvor irgendwie oder irgendwann einmal deutsch war, aber aus dem neugegründeten Deutschland ausgeschlossen blieb. Diese Peripherie, als Erinnerung gleichsam an die Geschichtslosigkeit des Nationalstaats und an die Arbitrarität seiner Grenzen, hatte das Potential, die Selbstverständlichkeit der im nationalistisch engen Verständnis deutschen Identität zu gefährden.

Besonders virulent, ›virulent‹ auch in dem ganz konkreten Sinn von Ansteckungs- und Todesängsten, der etwas von der Rolle erkennen läßt, welche die Infektionsprävention bei der Konsolidierung europäischer Nationalterritorien und -grenzen spielte,[9] sind hier konsequenterweise Österreich und die Österreicher mit ihren diversen ansteckenden Krankheiten: Der »deutsche[ ] Tonsetzer[ ] Adrian Leverkühn« steckt sich nicht im Deutschen Reich an der

6 Hans Wysling, Thomas Manns Deskriptionstechnik, in: Hans Wysling, Thomas Mann heute. Sieben Vorträge, Bern und München: Francke, 1976, S. 64–84, 122–125, hier S. 68, 72.

7 Homi K. Bhabha, The Location of Culture, London und New York: Routledge, 1994, S. 69.

8 Bd. 7, S. 266.

9 Vgl. Peter Baldwin, Contagion and the State in Europe, 1830–1930, Cambridge, New York und Melbourne: Cambridge University Press, 1999.

syphilitischen Prostituierten an; sondern er muß ihr dazu in einer aufwendigen (und übrigens anachronistischen) Verschlingung der ›story‹ und ihres ›emplotment‹ nach Österreich-Ungarn nachreisen. Dahin ist sie »verschlagen worden, da sie ihren vorigen« – deutschen – »Gewerbsplatz um einer Hospitalbehandlung willen hatte verlassen müssen«[10] (wie sie in Deutschland faktisch erst zwei gute Jahrzehnte später routinemäßig durchgeführt werden sollte[11]). Die eine Figur aus Österreich-Ungarn, die in den Pariser Kapiteln des *Felix Krull* auftritt, der mit assoziativ-volksetymologisch sprechendem Namen benannte Stanko, laboriert an einer Grippe.[12] Der erste Cholera-Fall, der im *Tod in Venedig* in die deutschsprachigen Zeitungen gelangt und es den »deutschen Familie[n]«[13] erlaubt, sich vor der Seuche in Sicherheit zu bringen, trifft einen »Mann aus der österreichischen Provinz«.[14] Und unter den Tuberkulose-Patienten des *Zauberberg* stirbt sozusagen unter Hans Castorps und den Augen des Erzählers als erster ein Kärntner Herrenreiter (ein in sexualibus und homoeroticis natürlich nicht ganz unverfänglicher Titel), dessen Witwe ein »schleppende[s]« Deutsch spricht,[15] genau wie der ziemlich schwer tuberkulöse Leo Naphta[16] – in Galizien geboren und in Feldkirch erzogen – oder wie im *Doktor Faustus* der erotomane, der Syphilis »*noch* [...] davongekommen[e]« Österreicher Leo Zink.[17] Über die deutsche Sprache aber, deren österreichische Abweichungen von der im wesentlichen norddeutschen Norm der ›Hochlautung‹ die konstant somatische Metapher ›schleppend‹ als letztlich organische Behinderung erscheinen läßt, sind auch die Schweiz und Zürich in jenes Legitimationsdilemma unmittelbar involviert und in die Versuche seiner Bewältigung verstrickt.

Die Ambivalenz der Schweizer, daß diese also noch deutsch reden können und doch schon zu den Ausländern gehören müssen, wird in Thomas Manns Erzähltexten durch eine besondere Stilisierung des Schweizerischen aufs Ausländische hin vereindeutigt. Die Differenz Deutschlands zur Schweiz konvergiert hier tendenziell mit der germanisch-romanischen, das heißt einer echten Sprachgrenze, der Grenze sogar zweier Sprach*familien*, und zugleich mit der deutsch-französischen ›Erbfeindschaft‹. Mit dem Französischen, als einer zwar auch schweizerischen, aber doch entschieden fremden und obendrein eben der Sprache eines ›Erbfeinds‹, werden bei Thomas Mann nicht nur so gut wie alle Schweizer*innen*, sondern auch die *Deutsch*schweiz und insbesondere schon die ersten Deutschschweizer und Zürcher des Gesamtwerks assoziiert: Das Zür-

10 Bd. 6, S. 205.
11 Vgl. Baldwin, S. 479.
12 Bd. 7, S. 401.
13 Bd. 8, S. 499.
14 Bd. 8, S. 512 f.
15 Bd. 3, S. 406–408.
16 Bd. 3, S. 519.
17 Bd. 6, S. 264, 309; im Original keine Hervorhebung.

cher Hotel, in das es Krull nach jenem älteren Plan hätte verschlagen sollen, trägt einen französischen Namen. Der »längst« zum Franzosen gewordene Stürzli durchsetzt sein Deutsch häufig mit französischen Parenthesen. Und in Meyers Sprache scheint sich »etwas Bieder-Altdeutsches mit *ausländisch-halbfranzösischen Accenten* zu mischen«.[18]

Gegenläufig zu dieser assoziativen Vergrößerung der deutsch-deutschschweizerischen Varietätendifferenz zu einer Differenz zwischen Sprachfamilien und ›Erbfeinden‹ insistiert Thomas Mann bei seinen Verfremdungen des Schweizerdeutschen andererseits aber gerade auch auf der kleinen Differenz als solcher, auf der denkbar kleinsten Sprachdifferenz. Denn nur gelegentlich wird die eigentliche Fremdheit der dem Norddeutschen erwiesenermaßen unverständlichen[19] Schweizer Dialekte herausgestellt: wenn zum Beispiel der Erzähler des *Erwählten* aus der Sprache der »Helvetien bewohnenden Alamannen« das Wort »Löli« in seinen aktiven Wortschatz übernimmt (indem er übrigens buchstäblich die Stelle eines Schweizers und Sankt Gallers usurpiert, eines »Löli[s]« im etymologischen Sinn des onomatopoetisch ›lallenden‹ Worts,[20] »Notker[s] de[s] *Stammler[s]*«, wie er gewöhnlich zur Unterscheidung von Notker ›dem *Deutschen*‹ genannt wird).[21]

In erster Linie wird vielmehr das Schweizer*hoch*deutsch verfremdet. Als Hans Feist etwa *Lotte in Weimar* zu dramatisieren versuchte, sperrte sich Thomas Mann gegen Feists Einfall, Heinrich Meyer, wie er mit wieder bezeichnenderweise klischeehaft unvollständiger Transkription schrieb: »Schwyzer*d*ütsch sprechen zu lassen« (richtiger wäre so etwas wie ›Schwyzertüütsch‹); und er bestand auf einem nur »leichte[n] Anflug des Akzentes [...] wie im Buch«.[22] In diesem »Buch« aber wie auch anderwärts wird vor allem aufs Korn genommen, wie die Deutschschweizer mit der deutschen Standardsprache sich abmühen und wie es ihnen eben nicht gelingt, sie sich ganz und ohne einen mehr oder weniger großen Rest von Helvetizismen anzueignen.

Daß Reiff etwa »mit schweizerisch gewichtigen Worten«[23] sprechen soll, war für Thomas Mann bedeutsam genug, um es nachträglich in die Handschrift einzufügen. Und bei aller Polyglossie hat Isaak Stürzli ausdrücklich »in schweizerisch gefärbtem Deutsch« zu reden. Die Eigenart seines »Deutsch« wird

18 Bd. 2, S. 704; im Original keine Hervorhebung.

19 Vgl. Thomas Sprecher, Thomas Mann in Zürich, Zürich: Neue Zürcher Zeitung, 1992, S. 123, 125.

20 Vgl. Schweizerisches Idiotikon. Wörterbuch der schweizerdeutschen Sprache, Bd. 3, Frauenfeld: Huber, 1895, Sp. 1260, s. v. ›Lol‹, ›Löli‹; Andreas Lötscher, Lappi, Lööli, blööde Siech, Aarau, Frankfurt a. M. und Salzburg: Sauerländer, 1993 (Lebendige Mundart, Bd. 6), S. 118.

21 Bd. 7, S. 10, 14, 20; im Original keine Hervorhebung.

22 Brief vom 1. Januar 1949 an Hans Feist, in: Thomas Mann, Briefe, hg. v. Erika Mann, Frankfurt a. M.: Fischer, 1961–1965, Bd. 3: 1948–1955 und Nachlese, S. 67–69, hier S. 67; im Original keine Hervorhebung.

23 Bd. 6, S. 558.

sozusagen vorweggenommen, noch bevor der Erzähler Krull Gelegenheit bekommt, sie metasprachlich zu kommunizieren und in die Inquit-Formel mit aufzunehmen. Denn schon den Anfang der »schweizerisch gefärbte[n]« Rede bildet eine typisch helvetizistische Kombination von Partikeln, die Thomas Mann dem Schweizerhochdeutschen ziemlich genau abgehört zu haben scheint: »Sie sind also *dann*« (noch wahrscheinlicher wäre freilich wohl eine Sequenz wie ›sind dann also‹).

Auch in *Lotte in Weimar*, nachdem »Kunscht-Meyer« schon unter dem ins Lächerliche gezogenen Aspekt seiner differenten Sprache eingeführt worden ist, muß denn immer wieder der Abstand exponiert werden, in den diese Sprache durch den »leichte[n] Anflug« von Fremdheit zu den Normen der Standardsprache gerät, wie sie ziemlich bald nach der Reichsgründung im *Duden* definiert wurden. Meyer »sagt[ ] ›das Beschte‹«. Er läßt »in dem bedächtig staccierten Tonfall seiner Heimat« »gleichmäßig stockend[ ]« »jeder Silbe [...] geruhig ihr Recht widerfahren«. Und er »betont[ ] das französische Wort« »expérience« – trotz seiner sonst angeblich »französische[n] Accente[ ]« – »auf der ersten«.[24]

»[B]edächtig«, »geruhig«, »gewichtig[ ]«, »stockend[ ]«, »stacciert[ ]«: Solche Charakterisierungen, und wohl nicht zufällig, erinnern an das regelmäßig ›Schleppende‹ in der österreichischen Sprechweise. Wie diese insistieren sie mit fast schon zwanghafter Beharrlichkeit auf dem tieferen Sprechtempo des außerhalb Deutschlands gesprochenen Deutsch. Sie lassen das Schweizerhochdeutsche im Verhältnis zum reichsdeutsch gesetzten Standard virtuell als ›Gestammel‹ und Defekt erscheinen. Insofern passen sie genau zu den patenten Behinderungen eines Reiff oder Nägli und zu dem lädierten »Mannes-Ich« aller Zürcher, die zwar männliches Geschlecht haben, aber nicht in der sexuell prägnanten und aggressiven Weise Krulls oder Leverkühns, sondern nur gerade in dem gleichsam negativen Sinn, daß sie keine Frauen sind. Dagegen, wie eben schon angedeutet, werden alle Figuren, die aus der *französischen* Schweiz kommen, dezidiert auf ihr weibliches Geschlecht festgelegt. Offenbar brauchen sie deswegen durchaus keine Defekte und nichts Lächerliches aufzuweisen, weil sie überhaupt schon unzweifelhaft ins Ausland gehören und ihre Existenz die nationaldeutsche Identität nicht mehr zu irritieren vermag: von Marie Godeau und Isabeau Ferblantier über die diversen Kindermädchen bis zurück zur einen der beiden überhaupt ersten Frauen, die in Thomas Manns Romanen auftreten, Antoinette Buddenbrook, geborene Duchamps, die ursprünglich übrigens aus einer schlechtweg »französischen Emigrantenfamilie« stammen sollte[25] – die Änderung ist offenbar auch in der vorliegenden Romanfassung noch nicht ganz konsequent durchgeführt[26] –, deren ›Vorbild‹ hingegen Elisabeth Marty hieß und aus einer *Deutsch*schweizer Familie kam.

24 Bd. 2, S. 704, 709.
25 Vgl. Große kommentierte Frankfurter Ausgabe, Bd. 1.2, S. 501, Apparat zu Z. 14 f.
26 Vgl. Bd. 1, S. 27 f.

Die körperliche Versehrtheit also der Zürcher folgt geradezu zwangsläufig aus der Sexualisierung von In- und Ausland. Sie stellt sich auf den ersten Blick als Funktion eines »Narzißmus der kleinen Differenzen« dar. Die kleine Differenz zwischen Deutschland und der Deutschschweiz muß vergrößert und diese muß herabgesetzt werden, um einen fragilen deutschen Nationalnarzißmus zu konsolidieren. Verrät sich dieser gegenüber dem eindeutig als solches definierten Ausland gerne in dessen weiblicher, zur Eroberung einladender Imagination und vice versa im sehr männlichen Geschlecht der deutschen Helden und Eroberer, so scheint die dubiose Männlichkeit der Zürcher auf einen ambivalenten Status der Deutschschweiz zu weisen. Offenbar läßt sich diese in der simplen Binäropposition von In- und Ausland (beziehungsweise ›männlich‹ versus ›weiblich‹) nicht ohne Rest unterbringen.

Thomas Manns Zürcher, so kann man den Befund vorläufig zusammenfassen, sind deswegen immer irgendwie an ihrer männlichen Identität beschädigt, weil sie als Angehörige einer gleichsam exterritorial deutschen Sprachgemeinschaft die Assoziationskonglomerate durchkreuzen, in denen Thomas Manns Imagination dessen organisiert gewesen zu sein scheint, was ›deutsch‹ war und was nicht. Die tendenziell negativen bis lächerlichen Darstellungen der Zürcher bilden die Aporie einer in einem nationalstaatlichen Sinn deutschen Identitätskonstruktion ab oder helfen sie auch zu bewältigen. Sie widerspiegeln oder prozessieren einerseits natürlich ganz unmittelbar die Schwierigkeit, das in diesem engen Sinn ›Deutsche‹ nach außen abzuschließen.

Andererseits aber reflektieren oder ›verhandeln‹ sie möglicherweise indirekt auch die tour de force, welche die Vorstellung eines in sich geschlossenen ›Deutschen‹ nach innen bedeutete. Bei der imaginären Ausschließung des innerhalb des eigenen Territoriums Heterogenen scheinen die Zürcher, weil sie offenbar in ähnlicher, sozusagen reziproker Weise ambivalent sind, als Projektionsfläche für dieses Heterogene dienen zu können (wie es in *Unordnung und frühes Leid* etwa in der Figur Iwan Herzls kumuliert ist: im femininen Habitus und den stereotyp jüdischen Körpermerkmalen, im ›zionistisch‹-jüdischen Nachnamen und in der typisch bairischen Namensendung Herz*l*, während der Vorname ›Iwan‹ – das mutmaßliche ›Vorbild‹ hieß *Albert* Fischel[27] – bereits entschieden ins Fremde und kaum noch Europäische weist).

So jedenfalls ließe sich erklären, warum Thomas Mann seine Zürcher wiederholt mit dem assoziierte, was sich auch und gerade innerhalb der deutschen Nationalgrenzen der Vorstellung eines monolithisch ›Deutschen‹, Preußisch-Deutschen widersetzte: Jakob Nägli trägt einen jüdisch markierten Vor- und einen halb bairisch-österreichischen Nachnamen. Er muß den Text ausgerechnet eines deutschen Katholiken singen (an dessen Herkunft und Naturell für

27 Vgl. Fredric Kroll und Klaus Täubert, 1906–1927. Unordnung und früher Ruhm, Wiesbaden: Blahak, 1977 (Klaus Mann-Schriftenreihe, Bd. 2), S. 122 f., 191 (Anm. 245).

Thomas Mann außerdem »das *italienische* Element wichtig« war[28]). Und obgleich in der Deutschschweiz seinerzeit absolut und relativ sehr viel weniger Juden als im Deutschen Reich lebten,[29] findet im Namen Isaak Stürzlis bei aller Klischiertheit und Stereotypizität seiner beiden Bestandteile eine mutmaßliche Zürcher mit einer jüdischen Identität zu einem so also nicht allzu selbstverständlichen Merkmalssyndrom zusammen.

28 Hermann Todsen, Zur Einführung, in: Clemens Brentano, Gedichte, hg. v. Hermann Todsen, München: Beck, 1907 (Statuen deutscher Kultur, Bd. 10), S. 9; Thomas Manns Hervorhebung.

29 Vgl. Statistisches Jahrbuch der Schweiz, hg. v. Bundesamt für Statistik, Bern und Basel: Birkhäuser, und Zürich: Neue Zürcher Zeitung, Jg. 3 (1893), S. 28; Jg. 19 (1910), S. 8 f.; Thomas Nipperdey, Deutsche Geschichte 1866–1918, Bd. 1: Arbeitswelt und Bürgergeist, München: Beck, 1990, S. 397 f.

Die Aufwertung des Schweizer-Stereotyps im Spätwerk

Auf einen zweiten Blick jedoch hält solch eine Lektüre der Probe aufs Exempel, namentlich auf zwei Exempel des Spätwerks nicht stand. Die zwei späten Exempel entkräften den Ausschließlichkeitsanspruch des vorgeführten Arguments; und sie widerlegen dieses gleich in seinen beiden Hälften. Weder nimmt Deutschland in allen und jeden Konfigurationen immer die männliche Position ein; noch auch erscheinen ausnahmslos alle Deutschschweizer in ihrem Verhältnis zu Deutschland als virtuell kastriert.

Zum einen findet sich in Thomas Manns überhaupt letztem vollendeten Erzähltext eine gegenüber dem bisher gültigen Imaginationsschema genau umgekehrte Sexualisierung von In- und Ausländern. In der Novelle *Die Betrogene*, unter etlichen anderen Besonderheiten – zum Beispiel stirbt die Protagonistin nicht mehr an einer Infektion, sondern an Krebs –, wird für einmal nicht ein deutscher Held mit Ausland und Ausländerinnen konfrontiert; sondern hier, mit dem vielsagenden Wort des Texts: hier ›erobert‹[1] ein amerikanischer Kriegsveteran reihenweise deutsche Frauen, wenn auch ›nur‹ Rheinländerinnen und mutmaßliche Katholikinnen.

Und zum anderen gibt es im selben Altersroman, in dem die Zürcher Reiff und Nägli vorkommen, einen noch in extenso zu analysierenden Deutschschweizer, auf dessen imposante Männlichkeit der Autor nicht den allergeringsten Anflug eines Zweifels kommen läßt und der schon durch seinen Beruf – Optiker – und seine ausdrücklich »[g]ute[n] Augen«[2] vom einäugig-fidelen Greis am Zürichsee gleichweit entfernt ist wie als »großer, schöner [...] Mann im blonden Bart«[3] vom »verkrüppelten [...] Kinde«[4] Jakob Nägli. Johannes Schneidewein, schon in der ältesten einschlägigen Notiz »aus Bern« (im Roman »aus Berner Bauernblut«) und »durch irgendwelche Fügung ins Reich verschlagen«[5] – in den Notizen nach »Vaduz, Liechtenstein« –, führt die fruchtbarste Ehe des ganzen Romans. »[I]m September 1910«[6] heiratet er Adrian

1 Bd. 8, S. 932.
2 Bd. 6, S. 249.
3 Bd. 6, S. 635.
4 Bd. 6, S. 246.
5 Bd. 6, S. 247.
6 Bd. 6, S. 246. Zur musikologischen Bedeutsamkeit dieses Datums, der Uraufführung von Gustav Mahlers Achter Symphonie, bei der Thomas Mann Mahler übrigens auch per-

Leverkühns Schwester, um in zunächst kürzestmöglichen Abständen, »Jahr für Jahr, 1911, 12 und 13«,[7] Vater von vier Kindern und gleich drei Söhnen zu werden (während sonst im Roman nur Töchter zur Welt kommen und die von nun an auftretenden Deutschen nur noch, wie Helmut Institoris, »Männchen«[8] oder, wie Rudi Schwerdtfeger, »Knaben«, »Jungen« und »Jünglinge«[9] sind).

Die kleine Differenz zwischen Deutschland und Deutschschweiz gestaltet sich hier also offenbar nicht mehr einfach aus einer »collusion between racism and sexism«. Ihre Imagination läßt sich nicht mehr als Synergie von Virilitätswahn und Nationalstolz bestimmen. Und diese Bestimmung muß also entweder revidiert oder zumindest für das Spätwerk modifiziert werden, eben auf die beiden späten Ausnahmen von der sonst gültigen Regel hin, daß ›das‹ Deutsche auf Thomas Manns ›mental map‹ als männlich und alles nicht beziehungsweise nicht mehr oder nicht ganz ›Deutsche‹ als unmännlich oder nichtmännlich, entweder weiblich oder aber kastriert erscheint.

Die beiden Ausnahmen von der Regel weisen ihrerseits wieder eine Regelmäßigkeit auf. Zu den teils schon erwähnten Eigenheiten des einen einschlägigen Texts gehört insbesondere auch die Zeit seiner Handlung. »Handlung spielt um 1925«, steht in den Notizen zur *Betrogenen.* Keinen anderen seiner literarischen Texte hat Thomas Mann mit derselben Ausschließlichkeit dieser Zeit gewidmet und auch nur einen einzigen anderen den deutschen Zwanzigerjahren, nämlich die Erzählung *Unordnung und frühes Leid.* Zu genau der Zeit entstanden, in der die »Handlung« der *Betrogenen* »spielt«, muß *Unordnung und frühes Leid* der erzählten Zeit nach einige, aber sehr entscheidende Monate früher situiert sein. Um es so genau zu sagen, wie es die wiederholten Anspielungen auf den hyperinflationären Wertesturz erlauben, muß die erzählte Zeit irgendwo zwischen August 1922 und November 1923 liegen. Für seine erste literarisch direkte Auseinandersetzung mit *dem* Jahrzehnt der Weimarer Republik wählte sich Thomas Mann also deren volkswirtschaftlich tiefste Krise, obwohl diese zur Zeit der Auseinandersetzung schon bewältigt war. Und obendrein wählte er einen Ort – München als eine Stadt mit überproportional vielen Rentnern[10] –, den die

---

sönlich kennenlernte, vgl. Michael Maar, Der Teufel in Palestrina. Neues zum *Doktor Faustus* und zur Position Gustav Mahlers im Werk Thomas Manns, in: Literaturwissenschaftliches Jahrbuch, Neue Folge, 30, 1989, S. 211–247, hier S. 219–221; Ernst Osterkamp, »Apokalypsis cum figuris«. Komposition als Erzählung, in: Werner Röcke (Hg.), Thomas Mann, *Doktor Faustus*, 1947–1997, Bern, Berlin, Bruxelles, Frankfurt a. M., New York, Oxford und Wien: Lang, 2001 (Publikationen zur Zeitschrift für Germanistik, Bd. 3), S. 321–343, hier S. 321 f.

7 Bd. 6, S. 609.

8 Bd. 6, S. 384, 439; vgl. S. 383, 388, 395, 435, 511, 598.

9 Bd. 6, S. 386 f., 395, 442; vgl. S. 394, 553.

10 Vgl. Wolfgang Frühwald, Eine Kindheit in München. Die Familie Mann und das Genre der Inflationsliteratur, in: Andreas Kablitz und Ulrich Schulz-Buschhaus (Hgg.), Literarhistorische Begegnungen. Festschrift für Bernhard König, Tübingen: Narr, 1993, S. 43–56, hier S. 43, Anm.

außer Rand und Band geratene Inflation besonders schlimm getroffen hatte. Schon allein die Wahl ausgerechnet solcher zeitlicher und räumlicher Parameter läßt etwas von Thomas Manns eingefleischter Skepsis gegenüber dem erkennen, wovon die von ihm so genannte »Inflationsgeschichte«[11] *eigentlich* handelt.

Denn dieser Benennung zum Trotz handelt die ›Geschichte‹ von mehr und anderem als von »jener betrunken zum Himmel kletternden Währungsinflation«.[12] Sie handelt auch nicht einfach vom Leid eines frühreifen Mädchens. Wie etwa auch in Heinrich Manns zur selben Zeit spielenden Novelle *Der Gläubiger* oder so, wie im *Doktor Faustus* »der Milliarden-Rausch« und »Bombast der Misere« bereits etwas »von der monströsen Unglaubwürdigkeit, der Exzentrizität, dem nie für möglich Gehaltenen« der beiden folgenden Jahrzehnte vorwegnimmt,[13] geht es in *Unordnung und frühes Leid* um den Verfall nicht allein und nicht eigentlich der nur monetären, sondern so ziemlich aller ästhetischer, moralischer und sozialer Werte. Es geht kurzum um den Niedergang der bürgerlichen ›Ordnung‹ und um den Untergang des bürgerlichen Zeitalters schlechthin. Dieses freilich fiel in Thomas Manns nostalgischem ›Gedächtnis‹ und gerade auch in der Selbstbesinnung auf seine »bürgerlich[e]« Herkunft mit der Verläßlichkeit solider Wechselkurse und letztlich mit der Unverbrüchlichkeit eines ›eigentlichen‹, gleichsam »gottgewollt[en]«[14] Geldwerts nahezu zusammen:

> Wer kein Goldgeld in Händen gehabt hat, der hat die aurea aetas der Bürgerlichkeit nicht gekannt, und ich bin angeschauert von der Tiefe meines Alters, wenn ich gedenke, daß ich mein erstes Autorenhonorar noch in Form von drei goldenen Zehnmarkstücken empfangen habe.[15]

Der umfassende und »ungeheuere Werteverlust«[16] aber, dessen Darstellung Thomas Mann also sehr naheliegenderweise mit dem Sturz der monetären Werte engführte, hielt, ganz anders als dieser, auch nach der Währungsreform und zur Entstehungszeit der »Inflationsgeschichte« unvermindert an. Thomas Manns bildungsbürgerliche Widerstände dagegen, gegen die Klassen-, Geschlechter- und Jugendemanzipation, gegen die nach traditionellen Maßstäben völlig *Verkehrte Welt*, um es auf die hierfür sehr sprechende Titelformel einer bezeichnenderweise auf das München der ersten Kriegs- und Nachkriegszeit fokalisierten Studie über »Revolution, Inflation und Moderne« zu bringen,[17]

---

11 Brief vom 3. März 1926 an Hans Heinrich Borcherdt, in: Hans Wysling (Hg.), Thomas Mann, München: Heimeran, 1975–1981 (Dichter über ihre Dichtungen, Bd. 14/I–III), Bd. 14/II: 1918–1943, S. 63.

12 Bd. 6, S. 514.

13 Ebd.

14 Bd. 11, S. 309.

15 Ebd.

16 Bd. 6, S. 484.

17 Martin H. Geyer, Verkehrte Welt. Revolution, Inflation und Moderne, München 1914–1924, Göttingen: Vandenhoeck & Ruprecht, 1998 (Kritische Studien zur Geschichtswissenschaft, Bd. 128).

kurz gegen all die Traditionsbrüche und Modernisierungsschübe, welche sich unter den für Deutschland ganz neuen politischen Verhältnissen vollzogen, – diese Widerstände reichten vermutlich tief unter die Bewußtseinsschwelle. Und jedenfalls reichten sie tiefer, als Thomas Manns ziemlich unverzüglich abgelegtes Bekenntnis zu »Deutscher Republik«[18] auch nur ahnen läßt.

Von denselben Widerständen und Vorbehalten des eben noch ganz ›Unpolitischen‹ (»unpolitisch, das heißt undemokratisch«[19]) sollte auch drei Jahrzehnte später noch *Die Betrogene* zeugen, wenngleich sehr viel dezenter oder hinterhältiger als die »Inflationsgeschichte«. Denn die »Handlung spielt« hier ja schon wieder zu einer Zeit ökonomischer Rekonsolidierung. Die Protagonistin darf selbst als Kriegswitwe »in bequemen [...] Verhältnissen« leben.[20]

Die »Schwäche«[21] der Düsseldorferinnen für den amerikanischen Eindringling, die im Verhältnis zur lange gültigen Sexualisierung der deutschen Grenze und zur Verteilung der aktiven und der passiven ›Diathese‹ auf In- und Ausland als im Wortsinn ›pervers‹ erscheint, fällt nicht einfach nur zeitlich in die Mitte des bisher einzigen republikanischen Jahrzehnts. Die »Rolle«, welche schon in den Notizen der hier doppelt unterstrichenen »politische[n] Atmosphäre« und der, wie sie in diesen Notizen zwischen sehr verräterischen Anführungszeichen genannt wird: der »›Freiheit‹ unter der Republik« zugedacht ist, nimmt in der Novelle die Form einer mehr als bloß ›atmosphärischen‹, nämlich einer geradezu kausalen oder konsekutiven Beziehung an. Mit der »unter der Republik« liberaleren Sexualmoral rechtfertigt die ›Betrogene‹ ihre Leidenschaft für den Jahrzehnte jüngeren Ausländer.[22] Wegen der republikanisch gelockerten Bekleidungssitten wird sie von dieser Leidenschaft überwältigt.[23] Dieser verleiht sie in einem *verfallenden* Schloß der Hohenzollern verbalen und körperlichen Ausdruck.[24] Und andererseits findet sie in einer in Reinschrift erhaltenen Variante an einem obstinaten Repräsentanten der vorrepublikanischen Zeit, Hofrat Oberloskamp, gerade seinen monarchistischen Titel »lächerlich«. Sie schlägt in dieser Variante Oberloskamps ärztlichen Rat aus,[25] und das *könnte* zumindest heißen: eine Heilung von ihrer Krankheit und der möglicherweise durch diese hormonell verursachten Leidenschaft. Der »Erreger«[26] schließlich der Leidenschaft ist nach Deutschland erst in der Folge des Weltkriegs eingedrungen, dessen Ausbruch Thomas Mann tutti quanti mit dem Ende der wilhelminischen Ära gleichsetzte.[27]

18 Bd. 11, S. 811.
19 Bd. 12, S. 302.
20 Bd. 8, S. 877.
21 Bd. 8, S. 932.
22 Bd. 8, S. 927.
23 Bd. 8, S. 901 f.
24 Bd. 8, S. 945 f.
25 Tagebücher 1953–1955, S. 797–800 [Dokument 3].
26 Tagebucheintrag vom 11. Juli 1950; Tagebücher 1949–1950, S. 214–216, hier S. 215.
27 Bd. 11, S. 824.

Die Umkehrung der sonst gültigen Sexualisierung von In- und Ausland ist in der *Betrogenen* also an eine bestimmte Verfassung des Inlands gebunden. Der Amerikaner penetriert nur das republikanische und nicht dasselbe Deutschland, von dem aus Thomas Manns Romanhelden sonst Ausland und Ausländerinnen erobern. Die ›Kollusion‹ zwischen »racism« und »sexism« wird damit durch einen dritten Faktor kompliziert. Die sexuelle Imagination von In- und Ausland wird überlagert von einer Sexualisierung auch der Verfassungstypen.

Diese und vor allem die weibliche Sexuierung der Demokratie scheint insbesondere zur Topik der antifranzösischen Polemik gehört zu haben. Wilhelm II. etwa, in seinen Auslassungen über ›das Geschlecht der Nationen‹, in denen er sich auf Leo Frobenius und Oswald Spengler berief, setzte die für ihn erwiesene Weiblichkeit der Franzosen in Beziehung zu deren also geradezu naturgesetzlicher Vorliebe für den Parlamentarismus, zur ›instinktiven‹ Herrschaft der ›Massen‹ und der ›öffentlichen Meinung‹ (während in einer so männlichen und rationalen Kultur wie der deutschen die Macht von einzelnen ›Führer‹-Persönlichkeiten ausgehe).[28] Ganz ähnlich klingt es in den *Betrachtungen eines Unpolitischen*. So heißt es im Kapitel *Politik*, worin sich Thomas Mann besonders aggressiv gegen Frankreich richtet (das er seinerzeit auch im Selbstgespräch seines Tagebuchs als rundheraus »ekelhaft«[29] taxierte):

> Man versteht sich kaum auf die Demokratie, wenn man sich auf ihren femininen Einschlag nicht versteht. »Die Freiheit und eine Hure sind die kosmopolitischsten Dinge unter der Sonne.«[30]

So unverfroren-explizite Worte hat Thomas Mann später natürlich nicht mehr gefunden, nachdem der Kaiser und das Establishment einmal abgedankt hatten, denen sie nach dem Mund geredet waren. Dennoch wirkte die Synergie von Xenophobie, Misogynie und Antirepublikanismus auch nach dem Krieg fort. Einen guten Beleg dafür enthält ein »Brief« ausgerechnet über »die Schweiz«, datiert Mitte September und gegen Ende Oktober 1923 veröffentlicht.[31] Der *Brief über die Schweiz* stammt also aus der allerschlimmsten Inflationszeit; und die ›harten‹ Franken, mit denen er honoriert wurde, müssen damals für deutsche Verhältnisse ganz besonders kaufkräftig gewesen sein. In dieser also sehr gut bezahlten Huldigung würdigte Thomas Mann die Schweiz als »einen historisch gesonderten Teil deutschen Volkstums [...], dem Demokratie [...] natür-

28 Wilhelm II., The Sex of Nations. Of Special Importance to the United States, in: Century Magazine 116.2, Juni 1928, S. 129–139, hier S. 131 f.

29 Tagebucheintrag vom 16. Januar 1919; Tagebücher 1918–1921, S. 135 f., hier S. 136.

30 Bd. 12, S. 307.

31 Der *Brief über die Schweiz* wurde ursprünglich wirklich als Brief, nämlich an den Schweizer »Herr[n] Redaktor!« der Zürcher Zeitschrift *Wissen und Leben* verfaßt und war in dieser ursprünglichen Form mit »München, den 15. 9. 1923« datiert: Thomas Mann, Die Schweiz im Spiegel, in: Wissen und Leben 17.2, 20. Oktober 1923, S. 77–82, hier S. 77.

liche Lebensluft ist, ohne daß es [sic!] darum eine einzige Eigenschaft der germanischen Art [...] verleugnete«. Als erstes und einziges »Beispiel« aber solch germanischer Eigenschaften führte Thomas Mann *»Männlichkeit«* auf, um dann endlich doch zu gestehen, wie »schwer« es »dem Deutschen« in ihm falle, sich eine »Vereinigung« von »Demokratie und Männlichkeit« »vorzustellen«.[32]

Im literarischen Reflex solcher Schwierigkeit wird »diese Vereinigung« nirgends im Gesamtwerk hergestellt. Auch in dessen letztem Text darf nur das republikanische Deutschland – und noch dazu nur an seinem katholischen Rand – als weiblich, passiv und todkrank erscheinen, so wie umgekehrt immer nur das alte, monarchistische Reich als ein männlich-vitales und imperialistisch potentes erschienen war.

Von hier aus läßt sich nun auch der gleichmäßige Abstand verstehen, in dem Leverkühns Berner Schwager einerseits zu den übrigen Deutschschweizern des Gesamtwerks und andererseits zu den deutschen »Männchen« und »[S]öhnchen«[33] des *Doktor Faustus* gehalten bleibt. Die um diese gruppierten Episoden nämlich fielen schon in den Notizen und fallen noch im Roman jedenfalls dann ganz in die postwilhelminische Zeit, wenn man deren Anfang mit Thomas Mann beim *Ausbruch* des Weltkriegs ansetzt. Im »Frühjahr 1915« beziehungsweise »nur wenige Monate« später und »bis gegen Ende des Jahrzehnts«[34] bekommt »de[r] kleine[ ] Institoris« von Ines Rodde »Hörner« aufgesetzt.[35] Sie »sind ausschließlich ihr Werk«.[36] In ihrem außerehelichen Verhältnis, schon weil dieses ausdrücklich als Vertauschung der Geschlechterrollen charakterisiert wird,[37] effeminiert die Ehebrecherin gewissermaßen auch ihren Geliebten. Und in blutiger Konsequenz des verkehrten »Besitzverlangen[s]«[38] ermordet sie ihn endlich in dem Moment, da er sich ihren Ansprüchen zu entziehen versucht.

Der Mord und damit das Ende des außerehelich-›perversen‹ Verhältnisses fällt ins Jahr 1925. Die auch in sexualibus ›verkehrte Welt‹ also ist akkurat auf

32 Bd. 13, S. 51; Hervorhebung des Originals. Die natürlich leicht als Freudsche Fehlleistung interpretierbare Lesart »es« wird wenigstens durch den Erstdruck – die Handschrift ist offenbar nicht erhalten – beglaubigt: Die Schweiz im Spiegel, S. 79 (im Exemplar des Thomas Mann-Archivs mit handschriftlichen Bemerkungen Thomas Manns, welche aber die hier einschlägige Stelle nicht monieren); ebenso durch die erste Buchpublikation: Thomas Mann, Brief über die Schweiz, in: Thomas Mann, Bemühungen. Neue Folge der Gesammelten Abhandlungen und kleinen Aufsätze, Berlin: Fischer, 1925, S. 324–330, hier S. 326.

33 Bd. 6, S. 506.

34 Bd. 6, S. 430, 440.

35 Vgl. dazu die ganz andere Interpretation aufgrund des Nibelungenlieds bei Ulrich Hübner, Das *»Ach«* der Rosenstiel und andere Reflexe des Josephromans, in: Euphorion 80, 1986, S. 211–218, hier S. 213 f.

36 Bd. 6, S. 465.

37 Bd. 6, S. 465 f.

38 Bd. 6, S. 444.

das Jahrzehnt zwischen 1915 und 1925 festgelegt. Und dieses Jahrzehnt beginnt nicht zufällig mit der Uraufführung von Leverkühns Oper *Love's Labour's Lost*. »Das Shakespeare-Stück gehört zur ›Sache‹«, steht sogar expressis verbis in der *Entstehung des Doktor Faustus*.[39] Was die »Sache« oder was die Emphase meint, welche die Anführungszeichen der »›Sache‹« verleihen, versteht sich fast schon von selbst. Denn in gerade diesem einen »Shakespeare-Stück« haben ja die Frauen das Sagen und das letzte Wort, geht die Komik ganz ausschließlich auf Kosten der Männer und kann keine der von den Männern betriebenen Paarbildungen zustandekommen.

Die Schneideweins dagegen schließen »die glücklichste«[40] Ehe des Romans »1910«. Deren unverzügliche Fruchtbarkeit erweist sich, wie Thomas Mann nachträglich eigens in die Handschrift einfügte: »1911, 12 und 13«, also noch unter der Hohenzollern-Monarchie. Und nach Ausweis jener Notiz, der zufolge Leverkühns Schwager nach »Liechtenstein« hätte emigrieren sollen, erwog Thomas Mann sogar, den mustergültigen Familienvater und »die ›Freiheit‹ unter der Republik« vollständig zu dissoziieren.

Aus der Distanz, auf welche Schneidewein auch im Roman noch zur Republik gebracht wird, erklärt sich auf der anderen Seite ebenso die von allem Anfang an in seinen Merkmalssatz eingetragene Herkunft »aus Bern«. Bern kannte Thomas Mann nur von ein paar sporadischen Besuchen her. Wie flüchtig seine Kenntnisse waren, zeigt sich schon daran, daß er nicht einmal die markanteren unter den phonetisch-morphologischen Eigenarten des Berner Dialekts registrierte. Er legte den Angehörigen der angeblichen Berner Familie Schneidewein kurzerhand das ihm vertrautere Zürichdeutsch in den Mund: »es bitzli«,[41] nicht ›bitz*e*li‹. Zu dem wenigen aber, was Thomas Mann von Bern nachweislich wußte, gehörten die spezifischen politischen Verhältnisse. Diese sind oder waren jedenfalls die längste Zeit durch ein Stadtpatriziat geprägt, wie es Thomas Mann übrigens auch in der »konservative[n] Luft« Basels »täuschend« an das Lübeck seiner Jugend erinnerte.[42]

Am »kosmopolitische[n] Zürich« hingegen nahm Thomas Mann besonders eine »demokratische Internationalität« wahr;[43] – nur daß das Republikanisch-»[L]iberale[ ]« hier in keine nostalgische Opposition zu einer vordemokratisch-heileren Vergangenheit gerückt werden konnte und selbst schon Tradition hatte: in der Gestalt »von alt-demokratischem Schrot und Korn«. In solcher Gestalt paßt es volksetymologisch-assoziativ zwar verlockend genau zu dem einsinnig abfälligen Wort von den »Flegeln«, denen gegenüber die Talente eines wilhelminischen Untertanen ihre Geltung eingebüßt hätten. Aber dennoch hat Thomas Mann dieser vierschrötigen und »alt-demokratisch[ ]« körnigen Gestalt

39 Bd. 11, S. 163.
40 Bd. 6, S. 405.
41 Bd. 6, S. 612.
42 Bd. 13, S. 50.
43 Bd. 13, S. 49 f.

seine Irritation buchstäblich ins Gesicht geschrieben. Denn dieses vereinigt zwei gleichermaßen erfundene, doch geschlechtssemantisch auseinanderlaufende Merkmale, wenn anders die Sexualsymbolik des Glasauges in eine ganz andere Richtung zeigt als der Virilitätsindex des Barts.

Daß Krulls einst vermutlich just in Zürich lokalisierte Konfrontation mit »diesen Flegeln« durch eine Auswanderung nach Paris ersetzt wurde und also vielleicht um klarerer Verhältnisse willen ersetzt werden *mußte*, wirft ein Licht auf die besondere Gemeinsamkeit der beiden Orte, die der mutmaßliche Zürcher und naturalisierte Franzose Stürzli handgreiflich verkörpert. Diese Gemeinsamkeit reicht entschieden und entscheidend über das einfach nur »[K]osmopolitische« der beiden Städte und Hotels hinaus. Vor dem Hintergrund »*demokratische[r]* Internationalität«, wie sie Thomas Mann an Zürich stärker wahrnahm als sonstwo »[i]n der Schweiz«, erweist sich Krulls Emigration nach Paris und die Einführung dieses neuen Bestimmungsorts als desto sinniger.

Nachdem der Emigrant dem neuen Plan gemäß die deutsch-*französische* Grenze überquert, bei diesem Grenzübertritt erstmals in großem Stil gestohlen und sich damit das in seine Hochstaplerkarriere zu investierende Kapital beschafft hat, kommt er endlich in Paris an. Anders aber als zu erwarten und anders auch als in der einschlägigen Quellenliteratur Thomas Manns unmißverständlich vorgegeben, die dieser hier nach Ausweis seiner Lesespuren ganz genau zur Kenntnis genommen hatte, kommt Krull nicht am *»Ostbahnhof«* an;[44] sondern am »Bahnhof des Nordens« soll er ankommen.[45] Die Verlegung der Ankunft von der Gare de l'Est an die Gare du Nord fällt referentiell natürlich überhaupt nicht ins Gewicht. Die beiden Bahnhöfe liegen ja keinen Büchsenschuß voneinander entfernt. Die Ersetzung des einen durch den anderen Zielbahnhof verdient also schon deshalb besonderes Interesse und deutet schon deswegen auf eine potentiell hohe Symbolwertigkeit, weil sie auf Kosten der geographisch-faktualen Plausibiltät und eben auch gegen das bessere Wissen des Autors erfolgte.

Der symbolische Gehalt der Manipulation ist schnell und leicht ermittelt. Denn durch die vorgebliche Ankunft an einer ›nördlichen‹ Tangente des Reiseziels insinuiert der Text nun notwendig einen ganz bestimmten Reiseverlauf. Die Reise scheint jetzt unversehens von Norden nach Süden verlaufen zu sein. In dieser Insinuation einer Bewegung nach »unten auf der Landkarte«[46] schlägt gewissermaßen die ältere Konzeption des Romans durch. Oder jedenfalls wirkt darin etwas von deren spezifischer Symbolik fort. Die symbolisch belastete Abwärts- und ›Sturz‹-Bewegung der ursprünglichen Route nach Zürich bleibt so gewissermaßen auch bei der Pariser Reise erhalten.

44 Walther Siegfried, Paris vor dem Krieg, in: Süddeutsche Monatshefte, April 1916, S. 47–76, hier S. 47; Thomas Manns Hervorhebung.

45 Bd. 7, S. 390.

46 Bd. 8, S. 275.

Auf dem Weg vom also bedeutsamen Nordbahnhof zum eigentlichen Reiseziel vermittelt Krull seine allerersten Eindrücke von der französischen Hauptstadt, indem er die »Namen« notiert, die der »Conducteur« auf der Busfahrt zum Hotel »anmeldet[ ]«: »›Place de la Bourse‹, ›Rue du Quatre Septembre‹, ›Boulevard des Capucines‹«.[47] Nach ›der Börse‹ und vor ›den Kapuziner*innen*‹, zwischen Hinweisen also auf eine besonders eng mit dem ›jüdischen‹ Geschäftssinn assoziierte Institution des Kapitalismus[48] und auf die hier ungebrochene Macht der eigens wieder weiblich sexualisierten »katholischen Kirche«, fixiert die zweite Haltestelle das Gründungsdatum der Dritten Republik. Die Haltestelle »Rue du Quatre Septembre« kennzeichnet den ideologischen Gegensatz des Reiseziels zum wilhelminischen Kaiserreich, das Krull immer schon verlassen mußte, um seine kriminelle Karriere antreten zu können.

---

47 Bd. 7, S. 392.

48 Vgl. z. B. Ludwig Börnes 72. Brief aus Paris, in: Ludwig Börne, Sämtliche Schiften, hg. v. Inge Rippmann und Peter Rippmann, Düsseldorf: Melzer, 1964–1968, Bd. 3, S. 482; Adolf Stoecker, Das moderne Judenthum in Deutschland, besonders in Berlin. Zwei Reden in der christlich-socialen Arbeiterpartei, Berlin: Wiegandt und Grieben, 1880, S. 9; Theodor Fritsch, Zwei Grundübel: Boden-Wucher und Börse. Eine gemein-verständliche Darstellung der brennendsten Zeitfragen, Leipzig: Herm[ann] Beyer, 1894, S. 14, 212–234; Werner Sombart, Die Juden und das Wirtschaftsleben, München und Leipzig: Duncker & Humblot, o. A. 1920, S. 94–118; Theodor Fritsch [alias F. Roderich-Stoltheim], Die Juden im Handel und das Geheimnis ihres Erfolges. Zugleich eine Antwort und Ergänzung zu Sombarts Buch: *Die Juden und das Wirtschaftsleben*, Steglitz: Peter Hobbing, 1913, S. 75, 81.

Johannes Schneidewein

Im zweiundzwanzigsten Kapitel des *Doktor Faustus*, und gemäß einer »[t]echnische[n] Bemerkung«, die Thomas Mann ursprünglich für die »Rückseite des Titelblattes« vorgesehen hatte, sollte das einmal heißen: am Anfang des dritten von insgesamt sechs »sogenannte[n] Bücher[n]«, in die »[d]er [...] Verfasser [...] sein Werk nachträglich« einzuteilen einst »in dem Wunsch« erwog, »größere Übersichtlichkeit damit zu erzielen«, – an dieser vordem also einigermaßen profilierten Romanstelle macht Adrian Leverkühn bei seinem Umzug von Leipzig nach München einen Umweg über seine »Heimat [...], um an seiner Schwester Hochzeit teilzunehmen«:[1]

> Ursula, nun zwanzigjährig, vermählte sich dem Optiker Johannes Schneidewein von Langensalza, einem vortrefflichen Mann, dessen Bekanntschaft sie bei dem Besuch einer Freundin in dem reizenden Salza-Städtchen, nahe Erfurt, gemacht hatte. Schneidewein, zehn oder zwölf Jahre älter als seine Braut, war Schweizer von Geburt, aus Berner Bauernblut. Sein Handwerk, die Brillenschleiferei, hatte er in der Heimat erlernt, war aber durch irgendwelche Fügung ins Reich verschlagen worden und hatte an jenem Platz ein Ladengeschäft mit Augengläsern und optischen Apparaten aller Art erworben, das er mit Glück betrieb. Er war von sehr gutem Aussehen und hatte sich seine angenehm zu hörende, bedächtig-würdige, mit stehengeblieben-altdeutschen Ausdrücken von eigentümlich feierlichem Klange durchsetzte schweizerische Redeweise bewahrt, die Ursel Leverkühn schon jetzt von ihm anzunehmen begann. Auch sie, obgleich keine Schönheit, war eine anziehende Erscheinung, in den Gesichtszügen dem Vater, nach der Art sich zu geben der Mutter ähnlicher, braunäugig, schlank und von natürlicher Freundlichkeit. So gaben die beiden ein Paar, auf dem mit Beifall das Auge weilte. In den Jahren von 1911 bis 23 hatten sie vier Kinder miteinander: Rosa, Ezechiel, Raimund und Nepomuk, schmucke Geschöpfe allesamt; der Jüngste aber, Nepomuk, war ein Engel.[2]

Leverkühns Schwager weist ein innerhalb von Thomas Manns Typen- und Stereotypenbildung einmaliges ›set‹ von Merkmalen auf: Er ist der einzige Schweizer, der »sehr gut[ ]« oder auch nur ausdrücklich »gut[ ]« aussieht. Er ist der einzige Berner. Und er ist der einzige Optiker, wie er auch selber »[g]ute Augen« hat. An den »[g]ute[n] Augen« scheint Leverkühn Schneideweins genetische, moralische und hygienische Integrität geradezu ablesen zu können, wenn er urteilt, übrigens mit von Migräne getrübtem Blick und indem er seltsamerweise in die eigentlich schon beim Umzug von Halle nach Leipzig aufgegebene Identität eines »Theologen« zurückfällt (in sprachlich entspre-

---

1 Bd. 6, S. 246 f.

2 Bd. 6, S. 247.

chend feierlichen Tönen, deren Atavismus der Wortlaut selber sozusagen eingesteht, da das Verb »begehren« nur an einer Stelle archaisch mit Genetiv,[3] dann aber doch wieder zeitgemäß mit Akkusativ konstruiert wird):

> »Gute Augen«, [...] »gute Rasse, ein braver, intakter, sauberer Mann. Er durfte um sie werben, durfte sie anschauen, ihrer zu begehren, – sie zum christlichen Weib zu begehren, wie wir Theologen sagen, mit berechtigtem Stolz darauf, daß wir dem Teufel die fleischliche Vermischung weggepascht haben, indem wir ein Sakrament, das Sakrament der christlichen Ehe draus machten [...].«[4]

Hiermit sind die drei Teilfragen vorgegeben, die bisher nur partiell und nur eben flüchtig berührt wurden und die jetzt das übergeordnete Frageinteresse leiten sollen, das Interesse an den ideologischen Implikationen eines Texts, in dem solch ein Fremdbild ›des‹ Schweizers erscheinen kann: Warum, erstens, wird Schneidewein so positiv besetzt? Warum stammt er zweitens von Berner Bauern ab, und wie verhält sich seine Abstammung zum Kontext des Romans? Warum ist er als Optiker drittens mit Licht und Sehen assoziiert?

Diese Assoziation erscheint um so erklärungsbedürftiger, als sie einen bestimmten Preis hat. Ihr Preis besteht in einem seinerseits wieder auffälligen Unterschied zwischen Schneidewein und den anderen Schweizer Emigranten des Gesamtwerks. Diese gelangen nämlich typischer- und plausiblerweise als Gouvernanten, Hoteliers, Liftboys ins Ausland. Schneideweins singuläre Assoziation mit dem Augenlicht muß im Unterschied dazu erkauft werden mit einer im Text selbst als unfüllbare gekennzeichneten Leerstelle, die sein für seine Nationalität ausnahmsweise nicht als typisch geltender Beruf hinterläßt: »durch *irgendwelche Fügung* ins Reich *verschlagen*«. Erklärungsbedürftig ist diese Leerstelle deswegen, weil Thomas Mann sie offenbar um des ›symbolischen Codes‹[5] willen bewußt in Kauf genommen hat. Denn in der zweiten von drei Notizen, in denen er Schneidewein zum »Optiker« bereits bestimmt hatte, ersetzte er »Optiker« durch »Uhrmacher«, das schlechthin typischste Schweizer »Handwerk« und ein triftiges Emigrationsmotiv; bei der Niederschrift des Romantexts substituierte er dann aber »Uhrmacher« doch wieder durch »Optiker«, restituierte also die innerhalb des ›hermeneutischen Codes‹[6] schwächere und als solche auf ihren hohen Symbolwert deutende Entstehungsvariante.

---

3 Vgl. Grimm, Bd. 1, Sp. 1288–1290, s. v. ›begehren‹, v. a. Sp. 1288: »übergang aus dem gen. in den acc.« schon bei Goethe.

4 Bd. 6, S. 249.

5 Vgl. Roland Barthes, S/Z, Frankfurt a. M.: Suhrkamp, 1987, S. 23 f.

6 Ebd.

Der Schweizer als besserer Deutscher

Abgesehen von den beiden Romanwerken, deren erzählte Zeit *vor* die Gründung der Eidgenossenschaft fällt, oder auch noch nicht einmal abgesehen von diesen – denn die Josephstetralogie enthält im Kapitel *Die Feste Zel* bekanntlich eine Abrechnung mit der Schweizer Immigrationsbürokratie, und im *Erwählten* waltet »der Geist der Erzählung« ja unter anderen in der Sprache der »Helvetien bewohnenden Alamannen« und von »der Bibliothek des Klosters Sankt Gallen im Alamannenlande« aus, »wo einst Notker der Stammler saß«,[7] mit dem sich dieser Erzähler so innig identifiziert (und eben nicht etwa mit dem ›*deutschen*‹ Notker), – in so ziemlich allen Romanen Thomas Manns also kommen Schweizerinnen und Schweizer vor. Die Schweizer*innen* stammen wie bereits gesehen in aller Regel aus dem französischen Teil des Lands: von jener ersten Frau, die in einem Roman auftritt, »Madame Antoinette Buddenbrook, geborene Duchamps, [...] aus einer französisch-schweizerischen Familie«;[8] über Klaus Heinrichs und Felix Krulls Kindermädchen, »Madame aus der Schweiz«, »eine calvinistische Pfarrerswitwe«,[9] und »ein[] Fräulein[] aus Vevey«,[10] »une charmante demoiselle de Vevey – Vevey en Suisse«;[11] bis zu Marie Godeau und Isabeau Ferblantier aus »Nyon am Genfersee«[12] (mit für Thomas Mann nachweislich je stereotypischen, stereotypisch fremden bis sogar außermenschlichen Namen: Gaudeau heißt in Igor Strawinskys *Erinnerungen* ein Pariser Klarinettist;[13] Ferblantier wird in den *Bekenntnissen des Hochstaplers Felix Krull* ein luxemburgischer Koch heißen;[14] Isabeau hieß in *Königliche Hoheit* die Stute der Gräfin Löwenjoul[15]).

7 Bd. 7, S. 10, 14.

8 Bd. 1, S. 10.

9 Bd. 2, S. 52.

10 Bd. 7, S. 265.

11 Bd. 7, S. 414.

12 Bd. 6, S. 557. Zur intertextuellen Assoziiertheit zwar nicht der Stadt, aber doch des Sees, an dem sie liegt, auch »Rudi« Schwerdtfegers, seines Tanzes, seines Jägerkostüms u. s. w. bis zu den Modalitäten seiner Ermordung, mit Hans Christian Andersens Märchen von der Eisjungfrau (das seinerseits an der und über die Sprachgrenze zwischen Berner Oberland und Wallis spielt) vgl. Michael Maar, Geister und Kunst. Neuigkeiten aus dem Zauberberg, Frankfurt a. M.: Fischer, 1997 (Kultur & Medien), S. 140–143 (dazu z. B. Bd. 6, S. 585, das Motiv des »Vogelnest[s]« oder den Kapitelanfang Bd. 6, S. 553: »Armer Rudi!«, ein wörtliches Zitat eines Abschnittsanfangs in: Hans Christian Andersen, Die Eisjungfer, in: H[ans] C[hristian] Andersen, Märchen. Gesamt-Ausgabe, Halle a. d. S.: Hendel, o. J. [1888], S. 472–518, hier S. 488).

13 Igor Strawinsky, Erinnerungen, Zürich und Berlin: Atlantis, 1937, S. 132, 141, 146, 199; S. 199 in Thomas Manns Exemplar unterstrichen.

14 Bd. 7, S. 520.

15 Bd. 2, S. 147 f.

Bei den Schweiz*ern* dagegen können bekanntlich schon schweizerdeutsche Namensformen auf ihre Herkunft aus dem deutschsprachigen Landesteil weisen: bei Heinrich Meyer, »*Kunscht*-Meyer«; bei Isaak *Stürzli*, dem »Rhinozeros«; beim »kleinen« und »verkrüppelten« Jakob *Nägli* – mit demselben Deminutivsuffix übrigens, das Thomas Mann in den Notizen zum *Doktor Faustus* einmal für einen Münchner Salon erwogen hatte und bezeichnenderweise dann doch verwerfen sollte: »Salon Schwäbeli«, um so die ›schwäbische‹, also diejenige innerdeutsche Alterität zu markieren, die der deutsch-deutschschweizerischen Differenz am allernächsten kommt, oder sie eben dann gerade doch nicht zu markieren, gewissermaßen zu vertuschen, und die deutsch-deutschschweizerische Differenz damit desto schärfer hervortreten zu lassen. Denn der endlich für den »Salon« gewählte Name, »Schlaginhaufen«, und obwohl »Dr. Schlaginhaufen« tatsächlich »schwäbel[t]«,[16] nimmt sich ja weder schwäbisch noch bairisch noch sonstwie süddeutsch aus. Nicht umsonst gelangte er aus Luthers Korrespondenz in den *Doktor Faustus*.[17] Diese nämlich hat Thomas Mann bei seiner Arbeit am Roman als Fundgrube für ausgefallene, doch gerade in ihrer Auffälligkeit erzdeutsch anmutende Personennamen buchstäblich ausgeschlachtet. Hier fand er zum Beispiel Namen wie »Ölhafen«[18] oder auch – »Schneidewein«: nämlich in einem Brief Luthers an eine »Ursula Schneidewein in Stolberg« (genau so taucht der Name unter der Rubrik *»Deutsche Namen«* in den Notizen auf), die sich offenbar gegen die von Luther betriebene Verheiratung ihres Sohns Johann sträubte.[19] Der Name also, der mit gleich zwei neuhochdeutschen Diphthongierungen (›Schn*ei*dew*ei*n‹) und ohne Apokope des Fugenvokals und des auslautenden Alveolarnasals (›Schneid*e*wei*n*‹) sowieso wenig ›schweizerisch‹ klingt und der Johannes »Schneidewein« von vornherein sehr gründlich von den anderen Deutschschweizern des Gesamtwerks unterscheidet, war offenbar als echt und unzweideutig ›deutscher‹ immer schon intendiert. –

Daß die strukturell konsequente Verteilung der Schweizerinnen und Schweizer auf den romanischen und den germanischen Landesteil kein Zufall sein kann, sondern Methode und vor allem einen ganz bestimmten Sinn haben muß, beweist schon der produktionsgeschichtlich erste Fall, der bereits mehrfach

16 Bd. 6, S. 367.

17 Martin Luther, Briefe, hg. v. Reinhard Buchwald, Leipzig: Insel, 1909, Bd. 2, S. 121; »Johann Schlaginhaufen« von Thomas Mann unterstrichen.

18 Luther, Briefe, Bd. 2, S. 158, 162 f.: »Sixtus Ölhafen« (von Thomas Mann je unterstrichen). Vgl. z. B. auch Bd. 2, S. 144, 146: »Johann von Riedesel«; Bd. 2, S. 135: »Gereon Sailer«; Bd. 2, S. 151: »Heinrich Bullinger«; Bd. 2, S. 85: »Kaspar von Teutleben« (von Thomas Mann unterstrichen); Bd. 1, S. 29, 38: »Scheurl«; Bd. 1, S. 139; Bd. 2, S. 93, 107 f.: »Lazarus Spengler« (von Thomas Mann an der zweiten und dritten Stelle unterstrichen); Bd. 2, S. 85: »Thomas Zink« (von Thomas Mann unterstrichen); Bd. 1, S. 139: »Pfeffinger« (von Thomas Mann unterstrichen).

19 Luther, Briefe, Bd. 2, S. 159 f.

erwähnte der geborenen Duchamps. Denn die weibliche Besetzung der französischen Schweiz hat der Autor dort ja gewollt, mit Manipulationen an den offenkundig zugrundegelegten Vorgaben seiner eigenen Familiengeschichte gesucht und gewissermaßen erzwungen. In dieser findet sich bekanntlich an einer jener Antoinette Buddenbrook-Duchamps entsprechenden Stelle des Stammbaums zwar wirklich eine Frau mit Schweizer Vorfahren, Elisabeth Mann; aber Elisabeth Mann-Marty entstammte wie schon gesagt durchaus keiner »*französisch*-schweizerischen«, sondern einer Glarner Familie (und ein literarischer Reflex dieser genealogisch-biographischen Affinität zur *Deutsch*schweiz könnte in den *Bekenntnissen des Hochstaplers Felix Krull* vorliegen, in der »Reihe« nämlich der »Gestellungspflichtigen«, die unmittelbar vor »Krull« aufgeboten werden – der Name erscheint in dieser und ähnlicher Form unter Thomas Manns Vorfahren[20] –, genauer gesagt in der literaturgeschichtlichen Assoziierbarkeit der »*Kammacher*, *Keller*männer« mit dem berühmtesten Deutschschweizer Autor und einer seiner berühmten Novellen[21]).

Die also forciert strikte Sexualisierung der durch die Schweiz verlaufenden Sprachgrenze folgt der Assoziationsmechanik, die bei Thomas Mann sonst die Vorstellung der deutschen Reichsgrenze bestimmt. Diese Mechanik, deren kulturelle Bedingungen George L. Mosse unter der Formel »Nationalism and Sexuality« analysiert hat,[22] hilft Thomas Mann jeweils seine oder die nationale Identität seiner Leserschaft zu konsolidieren. Daß Deutschland bei Thomas Mann regelmäßig als männlich, das Ausland ebenso regelmäßig als weiblich imaginiert erscheint, die reguläre Konvergenz also von Territorialgrenze und Geschlechterdifferenz, der innere Zusammenhang auch von Nationalismus und Infektionsangst, regiert, um dieses besonders sinnfällige Beispiel zu wiederholen, die Paarbildungen. Wenn ein Deutscher das Reich verläßt, um jenseits der Grenze auf eine ›femme fatale‹, eine wegen ernsthafter Ansteckungsgefahr auch im Wortsinn fatale Frau zu treffen (Clawdia Chauchat etwa oder die Hetaera Esmeralda), können daraus nur labile Verhältnisse entstehen. Stabile und fruchtbare Beziehungen hingegen kommen umgekehrt nach einer anthropologisch wohlbekannten ›Struktur‹ als patrilokale Einverleibungen des ›anderen‹ und Fremden, eben dadurch zustande, daß die Bräute von außen einheiraten: Gerda Buddenbrook aus Amsterdam (ursprünglich wie ihr ›Vorbild‹ Anna Philippsen aus Antwerpen,[23] wo sich auch nach der Druckfassung einst wenigstens noch ihr

20 Vgl. de Mendelssohn, Bd. 1, S. 31.

21 Bd. 7, S. 353 f.; im Original keine Hervorhebung.

22 George L. Mosse, Nationalism and Sexuality. Respectability and Abnormal Sexuality in Modern Europe, New York: Fertig, 1985, passim.

23 De Mendelssohn, Bd. 1, S. 435; Britta Dittmann und Elke Steinwand, »Sei glöcklich, du gutes Kend«. Frauenfiguren in *Buddenbrooks*, in: Manfred Eickhölter und Hans Wißkirchen (Hgg.), *Buddenbrooks.* Neue Blicke in ein altes Buch. Begleitband zur neuen ständigen Ausstellung »Die *Buddenbrooks* – ein Jahrhundertroman«, Lübeck: Dräger, 2000, S. 176–193, hier S. 182–184.

Schwiegervater, Johann Buddenbrook junior, »[s]einen Prinzipalinnen [...] angenehm zu machen« wußte[24]); Imma Spoelmann jedenfalls »aus Amerika!«, wahrscheinlich aus »Neuyork«;[25] Consuelo Kröger vermutlich aus Südamerika; Gustav Aschenbachs Mutter aus Böhmen und so weiter. Dieses bei Thomas Mann wie schon gesehen geradezu zwanghaft repetierte Schema durchbricht – auch mit seiner ausgesprochenen Sauberkeit – nur gerade wieder Johannes Schneidewein von Langensalza, nachdem ihn Thomas Mann in den älteren Notizen zunächst bis »Kaisersaschern (oder Merseburg)« hatte emigrieren lassen (Merseburg als diejenige Stadt, die am meisten Merkmale mit dem fiktiven Kaisersaschern teilt), dann aber in einer schon einmal zitierten Korrektur des bisher Beispiellosen einstweilen nur noch nach »Vaduz, Liechtenstein«.

Wenn sich nun die Sexualisierung von In- und Ausland im Verhältnis der Deutsch- zur französischen Schweiz fortsetzt, die deutsche Schweiz also metonym oder metaphorisch für Deutschland stehen kann und die Suisse Romande synekdochisch für alles ›Ausland‹, dann bildet das Verhältnis Deutschlands zur Deutschschweiz in diesem System eben eine notwendig blinde Stelle. Wie nach dem Theorem vom »Narzißmus der kleinen Differenzen« zu vermuten, das hier anzusetzen ja schon der defiziente Körper des Züricher Sängers Nägli oder die deminuierten Namen »Näg*li*« und »Stürz*li*« nahelegten, werden Deutschschweiz und Deutschschweizer in diesem Verhältnis herabgesetzt und lächerlich gemacht. Jene Notiz *»In der Schweiz«*, die bekanntlich in den Umkreis des früh erwogenen Plans zu gehören scheint, Felix Krulls Bildungsgang über das Züricher Hotel »Baur au lac« zu führen, brachte diese Verächtlichkeit der Schweizer »Flegel[ ]« und den »Widerwille[n] gegen die« Schweizer »Bevölkerung« denn ja auch zu ganz unverblümtem Ausdruck.

Um die hierfür einschlägigen Figurenanalysen zu rekapitulieren: Der Schweizer Vorgesetzte, welcher Krull auch in Paris erhalten geblieben ist und dessen outrierte Männlichkeit durch den deutschen Emigranten wiederholtermaßen irritiert wird, trägt außer dem stereotyp jüdischen Vornamen ›Isaak‹ den seinerseits jüdisch assoziierbaren Spottnamen »das Rhinozeros«. Und »auf ein Grunzen im Innern« des »Privatbureau[s]« eingetreten, konstatiert der Erzähler eigens noch »die Berechtigung« dieses Namens, so daß also die kleine Differenz zwischen Deutschem und Deutschschweizer sich über eine seinerzeit sehr erhebliche Rassendifferenz virtuell bis zum Unterschied von Mensch und Tiermonstrum auswächst. Ins Komische verzerrt erscheint das Äußere ›des‹ Schweizers auch »in Weimar«. Heinrich Meyer, »gebückt[ ]« und »geneigt«, trägt dort zwar wie auf einer Thomas Mann nachweislich bekannten Zeichnung[26] jenes »Käppchen«, das

24 Bd. 1, S. 175; ohne Hervorhebung des Originals.

25 Bd. 2, S. 149, 187.

26 Vgl. Rudolf Payer-Thurn, Goethe. Ein Bilderbuch. Sein Leben und Schaffen in 444 Bildern erläutert, Leipzig: Schulz, o. J., Abb. 107; mit einer handschriftlichen Kalkulation von Meyers Alter zur im Roman erzählten Zeit; Ludwig Geiger, Goethe und die Seinen. Quellenmäßige Darstellungen über Goethes Haus, Leipzig: Voigtländer, 1908, Bl. 320/321 recto.

einer Kippah von fern und vielleicht nicht von ungefähr gleicht – gerade auch vor dem Hintergrund der Freudschen Sexualsymbolik und der daraus resultierenden ›Kastriertheit‹ der typischen Kopfbedeckung des jüdischen Mannes[27] –; anders aber als auf jenem Portrait, einem Brustbild, und also nicht mehr gedeckt durch die ›Quellen‹, hat Meyer das »Käppchen« in *Lotte in Weimar* in lächerlichem Kontrast »zu dem Frack« zu tragen und dabei auch noch »in seinen breiten Stiefeln« zu »schlurf[en]« wie »in Filzpantoffeln«.[28]

Parallel zu solchen Körperkarikaturen wird die Sprache der Deutschschweizer, das heißt genau das, was sonst die Deutschschweiz in ihrem Verhältnis zur Suisse Romande als Metonymie oder Metapher Deutschlands funktionieren läßt, nicht eben nur zum ›Stammeln‹ und »Grunzen« entstellt, sondern in einem engeren Sinn verfremdet. Das Züricher Hotel, in dessen Umgebung die Talente des deutschen Kellners nicht zur Geltung gekommen wären, trägt bekanntlich einen französischen Namen. Das »schweizerisch gefärbte[ ] Deutsch« des polyglotten Hoteliers Stürzli ist mit französischen Floskeln und Sätzen gespickt (»c'est ça«, »[e]h bien«, »[n]e me corrigez pas!«, »[c]'est bien, c'est bien«); und daß er selber »längst« »Franzose« geworden sei, wird im Zusammenhang mit seiner Art zu reden notiert.[29] Dem Französischen nähert Thomas Mann dann auch die Redeweise Heinrich Meyers an, den in der Dramatisierung von *Lotte in Weimar* geradezu »Schwyzerdütsch sprechen zu lassen« er ja entschieden »*nicht* richtig« fand.[30] Im Roman weist Meyers Schweizer*hoch*deutsch erst in zweiter Linie oder jedenfalls nicht *nur* typische Merkmale auf: Seinem Spitznamen gemäß dissimiliert »Kunscht-Meyer« wie gesehen ›st‹ auch am Wortende und im Wortinneren – »er sagt[ ] ›das Beschte‹« –; er läßt, wie ebenfalls schon gesehen, »jeder Silbe [...] ihr Recht widerfahren«; und »[e]r betont[ ] das französische Wort« »expérience« »auf der ersten«, um auch das dritte und damit ein besonders verdächtiges Sprachstereotyp nochmals zu zitieren. Denn in merkwürdigem Gegensatz zu diesem letzten und zur Klischiertheit aller drei Merkmale scheint sich ja doch »in dem bedächtig staccierten Tonfall seiner Heimat [...] etwas Bieder-Altdeutsches mit *ausländisch-halbfranzösischen Accenten* zu mischen«, obwohl eine solche Behauptung weder durch die verfügbaren Zeugnisse belegt noch aus Meyers Lebenslauf suppliert noch auch aufgrund »seiner Heimat«, »von Stäfa am Zürichsee«[31] her plausibel erklärt werden könnte. Daß sich im »Dialekt vom Zürichsee«[32] »halbfranzösische[ ]« und dem Deutschen ganz fremde »Accente[ ] [...] mischen« (»Accente[ ]« nota bene, nicht etwa einfach nur Lexeme), hat der Autor offenbar hören *wollen*.

27 Vgl. Sander L. Gilman, Jewish Self-Hatred. Anti-Semitism and the Hidden Language of the Jews, Baltimore und London: Johns Hopkins University Press, 1986, S. 38.

28 Bd. 2, S. 709.

29 Bd. 7, S. 411–418.

30 Brief vom 1. Januar 1949 an Hans Feist; Briefe, Bd. 3, S. 67–69, hier S. 67.

31 Bd. 2, S. 709.

32 Bd. 2, S. 429.

Scheint das in seiner Wahrnehmung »sprachlich [...] selbst in Zürich schon [...] stark einschlägig[e]« »Französische«,[33] mit dem Thomas Mann seinerseits wieder die Sprache seiner Deutschschweizer Figuren regelmäßig oder doch mit nur einer Ausnahme versetzt, der nationalen Selbstvergewisserung zu dienen, nämlich die deutsche Reichs- an einem besonders heiklen und prekären Abschnitt als Sprachgrenze zu legitimieren, so ist die eine Ausnahme von der Regel desto bezeichnender: der Berner eben, der einen so ›deutschen‹ Namen trägt. Johannes Schneideweins Sprache bleibt von allem Fremden ›rein‹- und freigehalten (obgleich das »Französische« in Bern aus historischen und geographischen Gründen sehr viel stärker »einschlägig« wäre als in Zürich). In ihrer Chronolektalität erscheint sie ihrerseits als ganz besonders deutsch, um bei seinem Sohn Nepomuk geradezu ins echt und regelrecht »Mittelhochdeutsche[ ]«[34] überzugehen. Und in eins mit dieser »eigentümlich« ›deutschen‹ und »angenehm zu hörende[n]« Sprache wird der Körper des sie Sprechenden und an seinen Sohn ›Vererbenden‹[35] bis zur letzten sich dafür bietenden Gelegenheit entschieden positiv besetzt: »Johannes Schneidewein, ein großer, schöner, schlichter Mann im blonden Bart, mit den blauen Augen Nepomuks und von der bieder-bedeutsamen Sprechweise, die Ursula früh von ihm angenommen [...] hatte[ ]«.[36]

Blauäugig und »im blonden Bart«, trägt *Jo*hannes Schneidewein die äußeren Merkmale seines Schwiegervaters *Jo*nathan Leverkühn. Somit aber trägt Schneidewein die Merkmale und Züge des »besten deutschen Schlages«. Dem »besten deutschen Schlag[ ]« nämlich rechnet der Erzähler Jonathan Leverkühn bei der ersten Gelegenheit zu. Beim Portrait Jonathan Leverkühns setzt er dessen »Physiognomie« zum »ländlich[en]« Milieu in eine eher vage Beziehung – »gleichsam« –, stellt sie aber in sehr entschiedenen Gegensatz zu den modernen »Städten« (und er befindet sich damit, mit der seinerzeit offenbar selbstverständlich postulierbaren Auswirkung der Großstadt auf die Physiognomien ihrer Bewohner, in der guten Gesellschaft zum Beispiel eines Alfred Döblin, Ernst Jünger oder Walter Benjamin[37]):

> Jonathan Leverkühn war ein Mann besten deutschen Schlages, ein Typ, wie er in unseren Städten kaum noch begegnet und gewiß nicht unter denen zu finden ist, die heute unser Menschentum mit oft denn doch beklemmendem Ungestüm gegen die Welt vertreten, –

33 Bd. 11, S. 445.
34 Bd. 6, S. 622.
35 Bd. 6, S. 612.
36 Bd. 6, S. 635.
37 Vgl. Wolfgang Brückle, Kein Portrait mehr? Physiognomik in der deutschen Bildnisphotographie um 1930, in: Claudia Schmölders und Sander L. Gilman (Hgg.), Gesichter der Weimarer Republik. Eine physiognomische Kulturgeschichte, Köln: DuMont, 2000, S. 131–155, hier S. 136; Uwe Puschner, Die völkische Bewegung im wilhelminischen Kaiserreich. Sprache – Rasse – Religion, Darmstadt: Wissenschaftliche Buchgesellschaft, 2001, S. 115–119.

eine Physiognomie, wie geprägt von vergangenen Zeiten, gleichsam ländlich aufgespart und herübergebracht aus deutschen Tagen von vor dem Dreißigjährigen Kriege. Das war mein Gedanke, wenn ich ihn, heranwachsend, mit schon halbwegs zum Sehen gebildetem Auge betrachtete. Wenig geordnetes asch*blondes* Haar fiel in eine gewölbte, stark zweigeteilte Stirn mit vortretenden Schläfenadern, hing unmodisch lang und dick aufliegend in den Nacken und ging am wohlgebildeten, kleinen Ohr in den gekrausten *Bart* über, der *blond* die Kinnbacken, das Kinn und die Vertiefung unter der Lippe bewuchs. Diese, die Unterlippe, trat ziemlich stark und geründet unter dem kurzen, leicht abwärts hängenden Schnurrbart hervor, mit einem Lächeln, das außerordentlich anziehend mit dem etwas angestrengten, aber ebenfalls halb lächelnden, in leichter Scheuheit vertieften Blick der *blauen* Augen übereinstimmte. Die Nase war dünnrükkig und fein gebogen, die unbebartete Wangenpartie unter den Backenknochen schattig vertieft und selbst etwas hager. Den sehnigen Hals trug er meist offen und liebte nicht städtische Allerweltskleidung, die auch seiner Erscheinung nicht wohltat, besonders nicht zu seinen Händen paßte, dieser kräftigen, gebräunten und trockenen, leicht sommersprossigen Hand, mit der er die Stockkrücke umfaßte, wenn er ins Dorf zum Gemeinderat ging.[38]

Die dreifache Negation, unter die Serenus Zeitblom hier den deutschen Schlag stellt (als laudator temporis acti, in einem antiurbanistischen Reflex und mit Verachtung »denen« gegenüber), die nostalgische Präsentation also des »besten deutschen« als eines so gut wie untergegangenen Typs – auch Jonathan Leverkühn wird in der erzählten Zeit sterben – bildet das genaue Komplement zur Tatsache, daß die Merkmale »besten deutschen Schlages« nun auf die »gute Rasse« des Berners Schneidewein überwechseln. Als »großer, schöner«, aber auch schon nur als *»Mann«* überragt Schneidewein alle von nun an im Roman auftretenden männlichen Figuren.

Diese sind auffällig oft physisch klein und grammatisch deminuiert, »knabenhaft«[39] und »boyish«,[40] konstitutionell gebrechlich und geschlagen mit Asthma oder Tuberkulose, mit irreparabel schlechten Zähnen[41] und »nicht ganz harmlos[en]« »Darmkatarrhe[n]«,[42] von allerbestenfalls gespielter Sportlichkeit und nur namensetymologisch erweisbarer Ritterlichkeit wie bei Rüdiger Schildknapp. Seinen ironisch-martialischen Namen hat Schildknapp obendrein von einem Vater oder, mit dem geschlechtslosen Wort des Texts: von einem »Familienhaupt[ ]«, dessen »soziale[s] Inferioritätsleiden« er selber zusammen mit einer »Art von seelischem Knacks« abbekommen haben will.[43] Und »[s]ein[ ] Glück bei Frauen« nutzt er lediglich zu schmarotzerhaft provozierten Geschenken, unbeschadet seines offenen Antisemitismus besonders

38 Bd. 6, S. 20 f.; im Original keine Hervorhebung.

39 Bd. 6, S. 265, 347, 440.

40 Bd. 6, S. 224, 602. Vgl. Heinz Gildhoff, Thomas Mann und die englische Sprache, in: Thomas Mann-Jahrbuch 14, 2001, S. 143–167, hier S. 152.

41 Bd. 6, S. 601 f.

42 Bd. 6, S. 225.

43 Bd. 6, S. 223.

bei »jüdischen Verlegersfrauen und Bankiersdamen [...] mit der tiefgefühlten Bewunderung ihrer Rasse für deutsches Herrenblut und lange Beine«.[44]

Oder, um nur das dankbarste Beispiel aus dem Katalog all der »Männchen«[45] und »[S]öhnchen«[46] nochmals in Erinnerung zu rufen: Helmut Institoris. Bei und trotz allem zur Schau getragenen Renaissancismus, den er an den Namen wenigstens noch des ersten seiner »Töchterchen« weitergibt: »Lukrezia«[47] (das ›Vorbild‹ trug im Gegensatz dazu die religiös devoten Vornamen ›Eva Maria‹), ist Institoris ein »Schwachmatikus«[48] und »Mann [...] in Männchengestalt«,[49] »klein[ ]«,[50] »zierlich[ ]«[51] und »mäßig«.[52] Rein »körperlich« ist er »durchaus unherrlich[ ]«.[53] Und als »Bräutigam« und »Gemahl« Ines Roddes ist er schlechterdings »ungenügend[ ]«.[54] Unter seinen »von niemandem hoch veranschlagten Liebkosungen«[55] empfängt Ines ihre drei Töchter Lukrezia, Ännchen und Riekchen, so das schauderhaft eindringliche Bild des Erzählers, »abgewandten Gesichtes«.[56] Und von allem Anfang ihrer Ehe an oder doch »nur wenige Monate nach« deren Schließung,[57] ja in gewissem, weniger handfestem Sinn des Verbs schon gleich nach der »Vor- und Probeverlobung«[58] betrügt sie ihn. Der aber, mit dem sie diese fade Ehe bricht, hat seinerseits nur »mangelhafte[n] Ersatz« zu bieten (so eine Notiz): der »kindische[ ]«[59] und wiederum »kleine«[60] »Jüngling«,[61] »Junge[ ]«[62] und »Knabe[ ]«[63] Rudi Schwerdtfeger.

---

44 Bd. 6, S. 225–227. Zu einem möglichen biographischen Substrat in Thomas Manns Rivalitätsverhältnis zu Hans Reisiger vgl. Michael Maar, Im Schatten des Calamus. Autobiographisches in Thomas Manns indischer Novelle *Die vertauschten Köpfe*, in: Merkur 55.8, 2001, S. 678–685, hier S. 684 f.

45 Bd. 6, S. 384.

46 Bd. 6, S. 506.

47 Bd. 6, S. 437.

48 Bd. 6, S. 388.

49 Bd. 6, S. 439.

50 Bd. 6, S. 435, 598.

51 Bd. 6, S. 511.

52 Bd. 6, S. 395.

53 Bd. 6, S. 383.

54 Bd. 6, S. 395, 511.

55 Bd. 6, S. 440.

56 Bd. 6, S. 439.

57 Bd. 6, S. 440.

58 Bd. 6, S. 382–398.

59 Bd. 6, S. 553.

60 Bd. 6, S. 394.

61 Bd. 6, S. 387.

62 Bd. 6, S. 395, 442.

63 Bd. 6, S. 386.

Schwerdtfeger ist physisch »[ ]defekt«.[64] Wie jenem amerikanischen Geliebten der »Betrogene[n]«[65] fehlt ihm eine Niere. Das und in eins damit die wieder, die ganz besonders starke Ironie der martialisch sprechenden Namensgebung, daß Schwerdtfeger nämlich seiner »Nieren«-»Resektion«[66] wegen zum ›Dienst‹ nicht ›taugt‹, stellt sich beim Ernstfall der Mobilmachung und Konskription heraus. Das vielleicht auch kastrationssymbolisch bedeutsame Detail[67] erscheint so im Zusammenhang ausgerechnet mit der Institution der Armee, der anzugehören beziehungsweise aus der ausgeschlossen zu bleiben seinerzeit, im wilhelminischen Kaiserreich, eine, wenn nicht sogar *die* ›Kodierung‹ von ›Männlichkeit‹ bildete: Selbst noch ein so dubioser, aber de facto ganz unzweifelhaft wehrtauglicher ›Held‹ wie Felix Krull darf durch den militärischen Männlichkeitscode nur unter der Kautele ausgegrenzt werden, daß er in einer pseudoaristokratischen Auflehnung seiner Individualität gegen die gleichmacherischen Ansprüche der Gesellschaft diese Ausgrenzung als Simulant vorsätzlich sucht, sie mit Lug und Trug provoziert. –

Im Vergleich also mit der früheren Strukturierung des deutsch-deutschschweizerischen Verhältnisses liegt hier eine genau umgekehrte Hierarchie vor. Schneidewein erscheint nicht als verkürzter, sondern ganz im Gegenteil als *besserer* Deutscher, als das, was die Deutschen einmal *waren*; und die *Deutschen* erscheinen nun als lächerlich, ekelhaft oder ›kastriert‹. Die Umkehrung eines fast lebenslang gültigen und gerade auch noch in dieser Modifikation sein Beharrungsvermögen behauptenden Imaginationsschemas ist bezeichnend. Bezeichnend ist sie natürlich deshalb, weil sie in einem Roman auftaucht, der wie kein zweiter des Autors die deutsche Identität problematisiert und welcher zum Ausdruck bringt, was Luther an einer von Thomas Mann angestrichenen und mit Ausrufezeichen versehenen Stelle diesem offenbar aus dem Herzen sprach: »Deutschland ist gewesen und wird nie wieder werden, was es war.«[68]

»Bern« und »Bauernblut«

Schneideweins Ähnlichkeit mit dem Bauern Jonathan Leverkühn erklärt seine Herkunft »aus Berner Bauernblut« erst zur zweiten, etwas jüngeren Hälfte: In der ältesten einschlägigen Notiz »ist« Schneidewein einfach »Schweizer«, in der nächstjüngeren dann aber schon »aus Bern gebürtig«. Diese erste, regionale, also ältere Hälfte der Herkunftsbestimmung, »aus *Berner* Bauernblut«, erscheint um so erklärungsbedürftiger, als Schneideweins »schweizerische Rede-

64 Bd. 6, S. 444.
65 Bd. 8, S. 898, 914.
66 Bd. 6, S. 403, 444.
67 Vgl. Paul Felder, *Die Betrogene*, »Unverkennbar von mir«, in: Thomas Mann-Jahrbuch 3, 1990, S. 118–138, hier S. 125.
68 Luther, Briefe, Bd. 2, S. 181.

weise«, die seine Frau von ihm annimmt, gar kein Berndeutsch ist, jedenfalls das nicht, was davon an »Dialekthafte[m]« zu direkter Rede gelangt, das nämlich, was später Nepomuk Schneidewein »vom Vater ererbt[ ] und von der Mutter [...] übernommen[ ]« haben soll.[69] Wie schon zitiert sagt Nepomuk ja zum Beispiel »›es bitzli‹ statt ›ein bißchen‹«:[70] »es bitzli später«,[71] während es doch berndeutsch, wenn schon, ohne Elision ›es bitz*e*li‹ heißen müßte (ganz zu schweigen davon, daß ›es bitzeli‹ für ›native speakers‹ einen konkret teilbaren Gegenstand voraussetzt und daß daher die Kombination mit dem Zeitadverb idiomatisch unwahrscheinlich wäre). Wenn Nepomuk keinen Berner, sondern den Züricher Dialekt seines »Vorbild[s]« Frido Mann spricht, wie diesen auch Hermann Kurzke in seiner 1999 erschienenen Monographie wieder bezeichnet,[72] dann läßt das natürlich erkennen, welch oberflächliche Vorstellungen von »Berner Bauernblut« Thomas Mann gehabt haben muß.

Thomas Mann war nur gerade »das amtliche Bern mit seinen herrlichen Patrizierhäusern [...] nicht fremd«.[73] Was er sich unter »Berner Bauernblut« vorstellte, kann also kaum auf direkter Anschauung beruht haben. Es muß folglich irgendwie vermittelt worden sein. Nach einer möglichen Quelle solcher Vermittlung braucht man nicht lange zu suchen. Was für ein Korpus und welcher Autorname bei »Berner Bauernblut« am nächsten liegt, versteht und verstünde sich auch dann von selbst, wenn Thomas Mann nicht ausdrücklich und mehrfach ein entsprechendes, »von jung auf«[74] prägendes Lektüreerlebnis bezeugt hätte.[75] Um vorsätzlich »[m]it großer Epik Fühlung zu halten«,[76] hat er während der Arbeit am *Doktor Faustus*, aber noch bevor er den Berner darin einführte, die Uli-Romane wiedergelesen.[77]

Diese Relektüre erklärt vermutlich, warum der Vorname des Berners Johan*nes* Schneidewein (wie derjenige des Berner Oberländer Bergführers) um die eine Endsilbe länger ist als beim Sohn jener renitenten Ursula Schneidewein in Stolberg, *Johann*. Johannes Schneidewein erinnert in seiner Rechtschaffenheit, aber eben auch ex nomine sehr an Jeremias Gotthelfs ebenso positiv besetzten ›Bodenbauern‹ Johannes, dessen Name als überhaupt erster des Uli-Korpus

69 Bd. 6, S. 612.

70 Ebd.

71 Bd. 6, S. 621.

72 Hermann Kurzke, Thomas Mann. Das Leben als Kunstwerk. Eine Biographie, München: Beck, 1999, S. 503.

73 Bd. 13, S. 50.

74 Bd. 11, S. 443.

75 Vgl. Bd. 10, S. 360 f.; Bd. 13, S. 50, 216; Brief vom 18. Februar 1955 an Hans Josef Mundt; Briefe, Bd. 3, S. 377–379, hier S. 378; Volkmar Hansen und Gert Heine (Hgg.), Frage und Antwort. Interviews mit Thomas Mann. 1909–1955, Hamburg: Knaus, 1983, S. 278.

76 Bd. 11, S. 186.

77 Vgl. Tagebucheinträge vom 8. Oktober bis 2. Dezember 1943; Tagebücher 1940–1943, S. 636–652.

schon im ersten Satz und an syntaktisch wie interpunktorisch profilierter Stelle fällt: »wo eine Stimme gedämpft zu wiederholten Malen ›Johannes!‹« ›ruft‹.[78]

Der ›Saubermann‹ Schneidewein teilt jedenfalls mit Gotthelfs Idealfigur und Lichtgestalt nicht nur das eine Merkmal seines »Berner Bauernblut[s]«. Als Männer stehen beide dem vor, was Thomas Mann in seinem Beitrag zu einem *Ehe-Buch* im »epische[n] Begriff des ›Hauswesens‹« so selbstverständlich mit dem »Homerische[n]« wie das Homerische sonst mit Gotthelf verband und was er dort mit der offenbar sehr irritierenden Bewegung konfrontierte, die damals, 1925, in den Geschlechter- und Klassendiskurs geraten war.[79]

Die Ehe der Schneideweins, »die glücklichste« Ehe, wie sie ja schlechtweg klassiert wird, ist mit einem Wort noch »patriarchalisch[ ]«.[80] »[P]atriarchalisch[ ]« ist sie in dem doppelten, die patria potestas auf das Verhältnis von Mann und Frau wie von Herr und Knecht ausweitenden Sinn, den Thomas Mann diesem Wort in seinem offenen Brief *Über die Ehe* gegeben hatte. In solchem Sinn ›patriarchalisch‹ ist der Altersunterschied von einer halben Generation, »zehn oder zwölf Jahre« (die Auslassung der ›bösen‹ Zahl Elf erscheint für die christliche Gottgefälligkeit der Ehe um so bezeichnender, als in den anderen Zusammenhängen des *Doktor Faustus* die Wendung »zehn *oder elf*«[81] belegt und andererseits ein Wissen um die theologisch schlimme Bedeutung der Elf ziemlich stringent nachweisbar ist[82]). ›Patriarchalisch‹ ist der Umstand, daß die Sprache des Manns und Vaters die Muttersprache der Frau »früh« und »schon jetzt«, bei der Eheschließung, verdrängt (nachdem der Verdrängungsvorgang in der Handschrift erst »mit der Zeit mehr und mehr« hätte statthaben sollen). Und ›patriarchalisch‹ ist die im Roman ganz einmalige Fruchtbarkeit der Ehe, aus der in zunächst kürzestmöglichen, wie schon gesagt in einer handschriftlichen Einfügung eigens so festgelegten Abständen (»1911, 12 und 13«) eine Tochter und gleich drei Söhne hervorgehen, von denen der eine noch im Lauf der erzählten Zeit ins väterliche Geschäft eintreten, also die moderne Differenzierung von Familie und Ökonomie, Vater und Meister unterlaufen

78 Jeremias Gotthelf, Wie Uli der Knecht glücklich wird. Eine Gabe für Dienstboten und Meisterleute, in: Jeremias Gotthelf, Werke, hg. v. Walter Muschg, Bd. 4, Basel: Birkhäuser, 1948 (Birkhäuser-Klassiker, Bd. 55), S. 3.

79 Bd. 10, S. 192 f.

80 Bd. 10, S. 192.

81 Bd. 6, S. 585; im Original keine Hervorhebung. Vgl. dagegen die offensichtlich wieder aufgrund der biblischen Symbolhaltigkeit motivierte Auslassung Bd. 8, S. 878: »mit [...] zehn oder zwölf Hausfreunden«.

82 Außer der »Klaviersonate opus 111« (z. B. Bd. 6, S. 71) und dem Elf-Uhr-Nachtzug, der Leverkühn an die ›Welt‹ der Großstadt anbindet (z. B. Bd. 6, S. 441), ist v. a. auf dessen in den Notizen für die Zeit der Weimarer Republik vorgemerkte *»Ragtime«*-Komposition für »11 Instrumente« zu verweisen (vgl. dazu Strawinsky, S. 102; in Thomas Manns Ausgabe angestrichen). Vgl. z. B. auch Bd. 8, S. 694, 942; dazu Dietz-Rüdiger Moser, Elf als Zahl der Narren. Zur Funktion der Zahlenallegorese im Fastnachtsbrauch, in: Jahrbuch für Volksliedforschung 27/28: Festschrift für Lutz Röhrich, 1982/1983, S. 346–363.

wird; und das war Thomas Mann wichtig genug, um es schon früh in den Notizen festzuhalten, zusammen mit der numerisch-alternativen Bestimmung des zahlensymbolisch bedeutsamen Altersunterschieds und dem Überwiegen der männlichen Nachkommen: Noch bevor entschieden wird, wieviele Kinder die Schneideweins insgesamt haben sollen, ist immer nur von *einer* Tochter die Rede, gelegentlich in erkennbar konzessiver Form und a limine in Hinblick auf ihre ökonomische Integrierbarkeit ins »patriarchalische« »Hauswesen[ ]«:

> Das ältere [Kind] mag eine Tochter sein, die schon dem Vater den Haushalt führt, während der Krankheit der Mutter.

Schlägt diese »Mutter« in ihrer »Art sich zu geben« ihrerseits schon ihrer eigenen »Mutter« nach – seit der Differenzierung einer älteren Textschicht des Portraits, in der Ursula noch rundum »dem Vater ähnlicher als der Mutter« hätte sein sollen –, so wäre nach einem in einer anderen Notiz erwogenen Plan die eine Tochter der Schneideweins dem ›role model‹ ihrer Mutter sogar bis zu dem Punkt entlanggeführt worden, an dem diese selbst unmittelbar in die Reproduktion der patriarchalen Ordnung einbezogen wird: »Rosa Schn.[eidewein] kann einmal Gereon Schw.[eigestill] heiraten«. In Gereon Schweigestill hätte sie ihrerseits einen wieder erheblich älteren Mann geheiratet; und dieser wäre obendrein die genaue »Entsprechung«[83] von Adrians älterem Bruder mit dem sprechenden Namen Georg gewesen: ›der Bauer‹.

Wie Georg als »Agronom« den Hof des Vaters »ohne Zweifel« übernehmen wird,[84] so heiratet die »in dem gleichen Abstande«[85] jüngere Schwester einen Handwerker »aus [...] Bauernblut«. Trotz oder gerade wegen ihrer Exogamie in das »Städtchen« Langensalza, »Kaisersaschern (oder Merseburg)« hält sie damit dem »väterlichen« Erbe eine Treue, die, auch noch in ihrem nachträglich differenzierten Portrait, selbst ihren »Gesichtszügen« immer schon und je länger, desto »stärker« eingeprägt ist[86] (»während Adrians Physis mehr von seiner Mutter hat[ ]«[87]). Ihre also geradezu ›physische‹ Treue zum väterlichen Ursprung bewährt sich bei ihrer Verheiratung in sozialer und regionaler, konfessioneller und politisch-geographischer Hinsicht. Als Frau eines Optikers bleibt die Bauerntochter dem »Geschlecht von *gehobenen Handwerkern* und Landwirten« treu.[88] »[I]n dem reizenden Salza-Städtchen, *nahe Erfurt*«, von »Kaisersaschern (oder Merseburg)« ganz zu schweigen, verharrt sie im »Heimatbezirk der Reformation«.[89] Treu ist sie in Langensalza der preußischen Provinz. Und treu bleibt sie »in dem *reizenden* Salza-*Städtchen*« der provinziellen Sphäre, noch ganz unberührt von den zeittypischen Modernitäts- und Vergroßstädterungserscheinungen.

83 Bd. 6, S. 273, 520, 670.
84 Bd. 6, S. 19, 247.
85 Bd. 6, S. 19.
86 Bd. 6, S. 247, 635.
87 Bd. 6, S. 34.
88 Bd. 6, S. 19; im Original keine Hervorhebung.
89 Bd. 6, S. 15.

Als auch in diesem Sinn patriarchales Ritual markiert die Verheiratung der Schwester an Schneidewein die Fallhöhe des einsinnigen, nur gerade um der Teilnahme an der Hochzeit willen diskontinuierlichen Verlaufs, den Leverkühns Leben auch allein schon innerhalb der Reichsgrenzen bisher genommen hat und den es weiter zu nehmen eben im Begriff steht: Aus dem »*Ober*stock des Buchelhauses«[90] und vom väterlichen »Hofe Buchel«[91] beziehungsweise von der »Dorfgemeinde *Ober*weiler«[92] kommt Leverkühn ins fiktive Kaisersaschern, das »atmosphärisch wie schon im äußeren Bilde etwas stark Mittelalterliches bewahrt hat[]«, »ein Bahnknotenpunkt« immerhin, sonst aber eine Kleinstadt von »27 000 Einwohnern« und von »altertümlich[]er Unterteuftheit«.[93] Von Kaisersaschern gerät er nach »Halle [...], wenn auch keine Großstadt, so doch eine große Stadt von mehr als zweihunderttausend Einwohnern, aber trotz allen neuzeitlichen Massenbetriebs verleugnet[] es, wenigstens im Stadtkern, [...] nicht den Stempel hoher Alterswürde«.[94] Von Halle geht es weiter nach Leipzig, wo »ein ziemlich groß Volk [...] versammlet ist, mehr als siebenhunderttausend«.[95] Und von Leipzig, das er von allem Anfang an als alttestamentliches Ninive, als Ort des Teufels und der Sünde erlebt, gelangt Leverkühn endlich in eine wahre »Hauptstadt«, die ihrerseits »längst [...] von modernem Massenbetrieb« »korrumpiert« ist,[96] nach München.

Alles in allem legt dieser Lebenslauf damit im und durch den Raum des Deutschen Reichs eine recht eindeutig lesbare Spur: Sie zieht Leverkühn ziemlich konstant von Norden ›hinab‹ nach Süden.[97] Sie führt ihn aus einem ländlichen Milieu in

---

90 Bd. 6, S. 19; im Original keine Hervorhebung.

91 Ebd. Vgl. Jakob Sprenger und Heinrich Institoris, Der Hexenhammer (Malleus maleficarum), hg. v. J. W. R. Schmidt, Berlin: Barsdorf, 1906 (Nachdruck München: Deutscher Taschenbuch Verlag, [2]1983), Bd. 2, S. 40: »auf dem Gute Buchel«; von Thomas Mann angestrichen.

92 Bd. 6, S. 50; im Original keine Hervorhebung. Vgl. Sprenger und Institoris, Bd. 2, S. 39 (Thomas Manns Hervorhebung): »in einem Dorfe am Rheine mit Namen *Oberweiler*«.

93 Bd. 6, S. 50–52.

94 Bd. 6, S. 214 f.

95 Bd. 6, S. 186.

96 Bd. 6, S. 270.

97 Der Ausgangspunkt der Bewegung, d. h. der »zur Dorfgemeinde Oberweiler gehörige[] Hof[] Buchel, nahe Weißenfels, [...] wohin man von Kaisersaschern in dreiviertelstündiger Bahnfahrt gelangt[]« (Bd. 6, S. 19), rückt im Lauf der Entstehungs- und Textgeschichte tendenziell nach Norden: In den Notizen kam Kaisersaschern noch nicht nur »etwas« (Bd. 6, S. 50), sondern einfach und entschieden »südlich von Halle« zu liegen (wie Merseburg oder, von Nietzsches Biographie her, Naumburg); und für »die Städtenamen«, welche die Lage von Kaisersaschern und auch von Oberweiler und Buchel »umschreiben«: »Eisleben, Wittenberg, Quedlinburg, auch Grimma, Wolfenbüttel und Eisenach« (Bd. 6, S. 15) – die beiden so definierbaren Dreiecke schneiden sich in einem trapezförmigen Raum *nordwestlich* von Halle, der übrigens auch die dem erfundenen Ortsnamen »Kaisersaschern« am nächsten kommende Stadt Aschersleben umschließt –, finden sich in der Handschrift ältere Entstehungsvarianten, deren gemein-

immer größere Städte, zuletzt aus der damals am weitaus schnellsten wachsenden – von der Reichsgründung bis zu Leverkühns Wegzug hatte sich die Bevölkerung Leipzigs fast versiebenfacht[98] – in eine nach dem Zeugnis zum Beispiel auch von Tony Buddenbrooks Münchner Briefen[99] hygienisch lange sehr verrufene.[100] Sie bringt ihn »mitten«[101] aus dem »Heimatbezirk der Reformation« in den katholischsten aller Reichsteile. Sie verschlägt ihn aus der preußischen Provinz in die Zentren der im Deutschen Krieg gegen Preußen verbündeten Staaten.

Der Entfremdungsvorgang aber, als welcher dieser Lebenslauf nach bestimmten Kriterien deutscher Identitätskonstruktionen überdeterminiert ist, unterliegt derselben sexuellen Polarität, die schon das Verhältnis von In- und Ausland oder von Deutsch- und Westschweiz prägte. Leverkühns Leben beschreibt eine Bewegung aus der männlich-patriarchalen Sphäre hinaus. Diese Sphäre und ihre Beheimatung im deutschen Wesen versinnbildlicht am Ausgangspunkt der ganzen Bewegung ein Lindenbaum.

Der Lindenbaum ist vom weiteren Kontext des Gesamtwerks her immer schon »›bedeutend‹«.[102] Er ist »Ausdruck und Exponent [...] einer ganzen Gefühls- und Gesinnungswelt«.[103] Das Gefühl und die Gesinnung, deren sozusagen totaler Ausdruck er ist, besteht in einem Heimweh und einer Nostalgie, deren unwiederbringlich verlorenen Bezugspunkt er darstellt. Diese Bedeutung jedenfalls haben ihm Wilhelm Müller und Franz Schubert gegeben. Und auf dessen berühmtes Lied, wofür hier allerdings eben wiederholt die Metonymie »Lindenbaum« eintritt – oder auch, und gegen Müllers Textvorlage, »der *alte* ›Lindenbaum‹« –, auf »Schuberts ›Lindenbaum‹« also nimmt der *Zauberberg* im Kapitel *Fülle des Wohllauts* Bezug.[104] In eins damit oder sogar vor allem anderen nimmt das Romankapitel dabei aber auch auf die Nationalkultur Bezug, als deren Teil und »Ausdruck« dieser »›Lindenbaum‹« eingeführt wird: als »etwas [...] besonders und exemplarisch Deutsches«.[105]

---

samer Nenner darin besteht, daß die betreffenden Städte weiter »unten auf der Landkarte«, alle »südlich von Halle« liegen: »*Eisenach*, Wittenberg, Quedlinburg«; »*Apolda, Sondershausen* und Eisenach«.

98 Vgl. Jürgen Reulecke, Geschichte der Urbanisierung in Deutschland, Frankfurt a. M.: Suhrkamp, 1985 (Neue Historische Bibliothek), S. 203.

99 Bd. 1, S. 307.

100 Vgl. Stefan Winkle, Geißeln der Menschheit. Kulturgeschichte der Seuchen, Düsseldorf und Zürich: Artemis & Winkler, 1997, S. 407–409.

101 Bd. 6, S. 15.

102 Bd. 3, S. 903.

103 Bd. 3, S. 904.

104 Bd. 3, S. 903 f.; im Original keine Hervorhebung.

105 Bd. 3, S. 903. Vgl. Stefan Bodo Würffel, Vom *Lindenbaum* zu *Doktor Fausti Weheklag*: Thomas Mann und die deutsche Krankheit zum Tode, in: Thomas Sprecher (Hg.), Vom *Zauberberg* zum *Doktor Faustus*. Krankheit und Literatur. Die Davoser Literaturtage 1998, Frankfurt a. M.: Klostermann, 2000 (Thomas Mann-Studien, Bd. 23), S. 157–184, hier S. 171.

Erscheint der »Lindenbaum« im *Zauberberg* bereits als gewissermaßen deutschester aller Bäume, so wird die Linde im *Doktor Faustus* darüber hinaus noch zu einem Emblem geradezu des Patriarchalen und alles dessen, was sich in Thomas Manns Vorstellung damit verband. Eine so prägnante Bedeutung kommt dem Lindenbaum auf Hof Buchel deshalb zu, weil »stets der Erbsohn in jungen Jahren seine Beseitigung aus praktischen Gründen gegen den Vater verfocht, um ihn eines Tages, als Herr des Hofes, gegen das Ansinnen des eigenen Sohnes in Schutz zu nehmen«.[106] Mit anderen Worten: Die deutsche Linde ›steht‹ an Leverkühns Geburtsort für die ewige Macht der Herren und Väter über die Söhne. Sie steht für deren »stets« nur *gewollte* Revolte.

»[D]er schöne Baum«, der selbstverständlich auch die endlich stattgehabte Übernahme des Hofs durch den »Agronom[en]« Georg Leverkühn überdauert, den »Erbsohn« und »schon« zweifachen Vater,[107] »mag« als patriarchales Sinnbild bereits »den frühkindlichen Tagesschlummer und die Spiele des kleinen Adrian beschattet haben«.[108] In Kaisersaschern sodann wohnt Adrian genau wie im Volksbuch der »Bauren Sohn« Johann Faust noch im Haushalt seines kinderlosen »Vetter[s]«,[109] und zwar wie dessen »eigene[r] Sohn«.[110] Und wie schon die Notizen zeigen, war in Thomas Manns Wortschatz die genaue Bedeutung der alten Verwandtschaftsbezeichnung, »Vetter«, deren etymologische Nähe zum ›Vater‹ durchaus lebendig:

> seines Onkels väterlicherseits, also ebenfalls Leverkühn [...], der seinerseits (Optiker) sein mag, *besser* vielleicht *Instrumenten- oder Waffenhändler*

Nachdem er bei diesem ›Vetter‹ aber noch ein expresso verbo ›patriarchalisches‹ Hauswesen »familiär vervollständigte«[111] – *»patriarchalischerweise«* ißt der »Pflegevater« mit seinem Personal am selben Tisch[112] –, kommt Leverkühn immer nur in weiblich dominierte Haushalte: In Halle ist er »Untermieter einer [...] Beamtenwitwe«;[113] in Leipzig einer »dicken, teuflisch redenden Vermieterin«.[114] In München, wo er etwa auch bei »Madame Scheurl« und »ihren drei Töchtern« verkehrt,[115] ist er »Untermieter« und in der »Rolle des Haussohnes« bei der »Senatorswitwe [...] Rodde« und »ihren beiden Töchtern«,[116] Ines eben

106 Bd. 6, S. 19. Freundlicher Hinweis von Christoph Neuenstein, Bern, vom 17. April 2002.

107 Bd. 6, S. 674.

108 Bd. 6, S. 19.

109 Historia von D. Johann Fausten [...], hg. v. Richard Benz, Stuttgart: Reclam, 1964, S. 6.

110 Bd. 6, S. 56.

111 Ebd.

112 Bd. 6, S. 56 f., 67; im Original keine Hervorhebung.

113 Bd. 6, S. 125.

114 Bd. 6, S. 187.

115 Bd. 6, S. 268.

116 Bd. 6, S. 260 f.

und Clarissa, die sich wegen eines »Familien[...]söhnchen[s]« umbringen wird; und zwar noch vor ihrer Verlobung mit diesem »Liebling seiner Mutter«.[117] In Italien ist er Gast bei »›Mutter Manardi‹, ›Mère Manardi‹«,[118] einer Witwe und »stattliche[n] Matrone« (ein in der Handschrift auch der Witwe Rodde verliehenes Prädikat), Herrin über eine wahrhaft unheimlich überdimensionierte »Küche«.[119] In Ungarn ist er Gast auf dem Gut der Frau von Tolna, einer ausdrücklich so bezeichneten »Mutter-Figur[ ]«.[120] In Pfeiffering »betreuen« ihn außer seiner »hôtesse maternelle et vigoureuse«[121] schon in den Notizen noch andere »[w]eibliche Wesen«. Am Ende des letzten Kapitels haben sich diese, »einige Frauen«, »gleichsam schützend« vor ihn »geschart«: »Kunigunde Rosenstiel, Meta Nackedey und Jeannette Scheurl, diese drei.«[122]

Auf das hier subtextuell leitende Korpus deuten wohl schon die Worte »diese drei«. Es handelt sich dabei um ein Zitat aus dem Haupttext der Lehre von den drei göttlichen oder theologischen Tugenden, und das heißt aus einer so berühmten Bibelstelle, daß sich jede Frage nach der Faktizität des Zitatcharakters erübrigen würde oder aber sich in der unentscheidbaren Alternative erschöpfen müßte, ob die Reminiszenz an das Neue Testament hier bewußt und intendiert sei oder nicht. Als solches eindeutig kenntlich ist das Zitat an seiner syntaktischen Profilierung. Der Satzausgang (»diese drei.«) entspricht genau der betreffenden Stelle im Ersten Korintherbrief (τὰ τρία ταῦτα·[123]) beziehungsweise in dessen Lutherscher Übersetzung (»diese drei;«[124]).

»Kunigunde Rosenstiel, Meta Nackedey und Jeannette Scheurl« entsprechen natürlich den drei Frauen oder ›Weibern‹ am Kreuz, die zwei der Synoptiker namentlich aufzählen und herausgreifen (darunter die Mutter jenes gerade hier, bei Matthäus, so genannten ›kleinen Jakob‹).[125] Wenn aber Else Schweigestill erst noch »in der Entfernung« bleibt,[126] um dann allerdings Leverkühns »Oberkörper in mütterlichen Armen« zu halten,[127] so rückt sie in die Position der vierten Frau und damit der biblischen Mutter schlechthin ein, die im Johannes-Evangelium an der berühmten Stelle »stabat [...] mater« hinzukommt, der Mutter Christi eben. Genau darauf weist ja mit sozusagen choreographischer Anschaulichkeit ihre Refiguration der Pietà (wie sie be-

117 Bd. 6, S. 506.
118 Bd. 6, S. 520.
119 Bd. 6, S. 282.
120 Bd. 6, S. 521.
121 Bd. 6, S. 530.
122 Bd. 6, S. 665.
123 1. Korinther 13, 13; Novum Testamentum Graece, hg. v. Kurt Aland, Mathew Black, Carlo M. Martini, Bruce M. Metzger und Allen Wikgren, Stuttgart: Deutsche Bibelgesellschaft, [26]1979, S. 463.
124 1. Korinther 13, 13; Die heiligen Schriften des Alten und Neuen Bundes, Bd. 4, S. 324.
125 Matthäus 27, 55; Markus 16, 40; vgl. Lukas 23, 49.
126 Bd. 6, S. 665.
127 Bd. 6, S. 667.

reits im *Zauberberg* »[g]rotesk[ ]«, »häßlich« und bis zum ›Sadistischen‹[128] »schrecklich« erscheint[129]).

In »Pfeiffering (oder Pfeffering [...])«,[130] und die alternative »Schreibweise«[131] des Ortsnamens hat Michael Maar über Hans Christian Andersens Märchen von der *Nachtmütze des Hagestolzen* mit Leverkühns ewigem Junggesellentum in Beziehung gebracht,[132] – in »Pfeffering« also lebt der ›Hagestolz‹ bei dieser mehrfach so genannten »Mutter Else« oder »Mutter Schweigestill« und ihrer Tochter.[133] Der Mann und Vater ist mit jenem Gereon schon bei der ersten Inspektion der späteren Wohnung außer Haus. Und bis zu seinem Tod, den er in den Zwanzigerjahren simultan mit Jonathan Leverkühn sterben wird, läßt er sich kein einziges Mal blicken. Er bleibt im ganzen so vollständig entbehrlich, daß Else Schweigestill in Franz Seitz' Verfilmung bezeichnenderweise als Witwe schon eingeführt werden konnte.

Zuletzt aber gelangt Leverkühn von dieser *einen* zu *der* Mutter zurück. Er kommt von der Witwe Else Schweigestill, die er »Mutter und Sie«, zurück zur Witwe Elsbeth Leverkühn, »die er Mutter und Du« nennt. Hinzu kommt auch noch, daß sie der Erzähler bei dieser Gelegenheit wiederholt mit dem »Mütterliche[n]« schlechthin gleichsetzt.[134]

Leverkühn, dessen eigener Eheplan halb vorsätzlich scheitern wird, im Unterschied zu Thomas Manns einschlägigem Volksbuch-Exzerpt, aber in Anlehnung an die Bio- und Psychographie Nietzsches,[135] an die übrigens auch der Umstand erinnert, daß dieser Plan in der Schweiz entstand, im aus der Züricher Realität einmontierten Haus jenes einäugigen Musikmäzens, – Leverkühn vermag offensichtlich genau den Schritt nicht zu tun, dessen ritueller Absegnung er bei der Heirat der Schneideweins zu einer Zeit beiwohnt, da er sich schon mit der musikalischen Aktualisierung von *Love's Labour's Lost* beschäftigt: ausgerechnet derjenigen Komödie Shakespeares, in der dieser das ›happy ending‹ ad Kalendas Graecas stundet und die, wie schon gesagt, dadurch gegen die Gattungskonvention verstößt, daß keine einzige der in ihr angebahnten Paarbildungen zustandekommt.

Das alles läßt sich sehr leicht auf einen psychologischen Terminus bringen. Dazu braucht man nur den Vornamen der zur Ehefrau Begehrten, aus deren Körper »wirklich« »die Stimme von Adrians Mutter« zu dringen scheint (»ein

128 Martin Swales, Mann. *Der Zauberberg*, London: Grant & Cutler, 2000 (Critical Guides to German Texts), S. 27.

129 Bd. 3, S. 544 f.

130 Bd. 6, S. 68.

131 Ebd.

132 Maar, Geister und Kunst, S. 68.

133 Bd. 6, S. 337, 459, 631.

134 Bd. 6, S. 671–673.

135 Hellmut Walther Brann, Nietzsche und die Frauen, Leipzig: Meiner, 1931, S. 151; von Thomas Mann angestrichen.

›*Mater*ial‹ zweifellos«),[136] *Marie* Godeau, neben das gesucht »Christushafte [ ]«[137] im Äußeren Leverkühns zu halten, welcher kurz zuvor auch noch das Puppenspiel *Gesta Romanorum* komponiert hat: Dessen mittelalterliche Textgrundlage verkürzt der Erzähler ganz einseitig auf eine »Kasuistik von *Elternmord*, Ehebruch und kompliziertem *Inzest*«.[138]

In der vorliegenden Fassung des Romans greift er unter all den »Fabeln von [...] wallenden Rittern, buhlerischen Eheweibern, verschmitzten Kupplerinnen und der schwarzen Magie ergebenen Klerikern« nur eben noch eine Geschichte vom »Ehebruch« einer »Ehefrau« heraus, um dann allein das »Kernstück« der Komposition ausführlich zu referieren.[139] Das »eigentliche[ ] Kernstück der Suite« soll die »Geschichte ›Von der Geburt des seligen Papstes Gregor‹« sein.[140] »[E]igentliche[s] Kernstück« ist damit eine »Nachbildung«, wie es in einem von Thomas Mann angestrichenen Kommentar heißt, »der Geschichte des Oedipus«,[141] eine »mittelalterliche Ödipus-Legende«, wie er selber in einem Brief an Hermann Hesse schrieb,[142] und ein Äquivalent des Oratoriums *Oedipus Rex* aus den Zwanzigerjahren, auf das er nach Ausweis seiner Notizen und seiner Anstreichungen in Strawinskys Memoiren ganz besonders aufmerksam geworden war.

Die »Nachbildung« und Äquivalenz erstreckt sich nun nota bene nur noch auf die eine Hälfte des *Oedipus Rex*, den »Inzest« mit der Mutter. Auch die andere Hälfte, den »Elternmord«, hätte »Leverkühns Opernspiel« einmal, nach einer Version noch des Typoskripts, einholen sollen. Denn in dem ausgeschiedenen »Stück [...] ›Von der Sünden Vergebung‹« hätte einer, wieder und hier sogar expresso nomine »in den Spuren des Ödipus«, nämlich der Heilige Julian (›Hospitator‹) zwar immerhin eine »Witwe« geheiratet, aber gerade nicht seine Mutter, sondern diese vielmehr, in einem wahren »*Eltern*mord«, zusammen mit seinem Vater unwissentlich erschlagen.

Daß Thomas Mann dieses »Stück« dann doch verwarf, wirkt sich natürlich auf das Psychogramm des Komponisten aus. Thomas Mann hat die Reminiszenzen an den Ödipus-Mythos so um dessen eine, aggressive Hälfte gekürzt und auf die andere, libidinöse Hälfte zugespitzt. Stehengeblieben sind Reminiszenzen nur noch an den »Inzest« und das von Thomas Mann selber so genannte »Mutter-Motiv«.[143]

136 Bd. 6, S. 558; im Original keine Hervorhebung.

137 Bd. 6, S. 640.

138 Bd. 6, S. 420; im Original keine Hervorhebung.

139 Bd. 6, S. 420–422.

140 Bd. 6, S. 422.

141 Johann Georg Theodor Gräße, [Kommentar zu:] Gesta Romanorum, Leipzig: Löffler, 1905, Bd. 2, S. 264.

142 Brief vom 1. Juni 1948 an Hermann Hesse, in: Thomas Mann, Selbstkommentare: *Der Erwählte*, hg. v. Hans Wysling, Frankfurt a. M.: Fischer, 1989 (Informationen und Materialien zur Literatur), S. 18.

143 Bd. 11, S. 191.

Damit scheinen die *Gesta* zunächst dieselbe Diagnose anzubieten, welche sich unter etlichem anderen mehr eben auch für die eigens emphatisierte Namengebung aufdrängt: »Marie *(dies der Vorname der Godeau)*«.[144] Leverkühn ist als Sohn nicht nur ein Dulder und eine Postfiguration des ›Schmerzensmanns‹; sondern er erscheint auch als ein Sohn, der begehrt.

In Leverkühns doppelter Stilisierung konvergieren damit zwei grundsätzlich verschiedene Familienmodelle. Geistesgeschichtlich gesehen reflektiert diese Konvergenz einen tiefgreifenden Paradigmenwechsel, der sich während Thomas Manns Lebens- und Schaffenszeit durchsetzte. Oder vielmehr reflektiert sie, *daß* er sich eben erst durchgesetzt hatte. In der einen, janusartigen Sohnesgestalt Leverkühns scheint das alte Modell der Heiligen Familie ›aufgehoben‹ und überlagert zu sein durch den modernen ›plot‹ eines Familiendramas, mit dem Freud das christliche Familienmodell so wirkungsvoll und folgenreich überschrieben hat.[145]

Gerade aufgrund der staunenswerten Nachhaltigkeit der Freudschen Familientheorie liegt die Antwort auf die Fragen, welche Leverkühns erotische Biographie aufwirft, gewissermaßen immer schon bereit. Leverkühn scheint einfach (oder eben auch gerade noch nicht ›einfach‹) an einem unbewältigten Ödipuskomplex zu leiden. – Dieser Erklärung widersetzt sich nun aber bereits die »Überzeugung« des Erzählers, daß »das Mütterliche« dem »Jammer« gescheiterter »Mannesabenteuer« »Genugtuung« und »Zufriedenheit« abgewinnt.[146] Das ›ödipale‹ Verhältnis zwingt die Mutter ihrem Sohn förmlich auf, und zwar ausdrücklich gegen dessen »Grauen vor dieser sanften Erniedrigung, ein[en] instinktive[n] Unwille[n] dagegen«.[147] »Für diese triebhafte Empörung und den Drang zur Flucht vor der Mutter« spreche zweierlei: erstens »ein[ ] von niemandem erwartete[r]« »Zornesausbruch des Sohnes gegen die Mutter«,[148] ein »Wutanfall«, wie er auch für den kranken Nietzsche bezeugt ist;[149] zweitens, und nun allerdings ganz ohne Entsprechung in Nietzsches Pathographie, ein zu Zeitbloms kaum verhohlenem Bedauern mißlungener »Selbstmordversuch«, den der Sohn auf die Nachricht von der bevorstehenden Ankunft der Mutter hin begeht.[150]

Die Demütigung, vor der Leverkühn vergeblich in den Tod zu fliehen versucht, und die Befriedigung, welche den mütterlichen Gewinnanteil an der Krankheit des reinfantilisierten Sohns ausmacht, hat Zeitblom in einer hand-

144 Bd. 6, S. 555; im Original keine Hervorhebung.

145 Vgl. Albrecht Koschorke, Die Heilige Familie und ihre Folgen. Ein Versuch, Frankfurt a. M.: Fischer, ^{2}2000 (Forum Wissenschaft, Kultur & Medien), S. 210–215.

146 Bd. 6, S. 671.

147 Ebd.

148 Bd. 6, S. 673.

149 Vgl. Erich F. Podach, Nietzsches Zusammenbruch. Beiträge zu einer Biographie auf Grund unveröffentlichter Dokumente, Heidelberg: Kampmann, 1930, S. 115 f.

150 Bd. 6, S. 671–673.

schriftlich überlieferten Version der Roman-»Nachschrift« ausführlich dargestellt:

> Es sind sonderbare Gefühle, mit denen meinesgleichen jene gewisse sachliche Nüchternheit wahrnimmt, mit der schlichte Naturen, wie diese Frau, ihr Amt als Schmerzensmutter versehen, und ohne welche sie seelisch wohl garnicht tüchtig dafür wären. So nahm Elsbeth Leverkühn ihren geistig abgeschiedenen Sohn wohl mit sich nach Dorf Oberweiler oder selbst nach Kaisersaschern in die Stadt, wenn sie etwa dort zu einem Kaffeekränzchen eingeladen war, und wußte sich seiner dann auf sehr probate Art zu entledigen. Irgendwo nämlich, bei der Postmeisterin im Dorf oder bei den Freundinnen in der Stadt, gab es gewiß ein Klavier. Darauf ging sie zu, öffnete es und schlug einen Dreiklang an, worauf er sich schrittweise näherte und, vorläufig noch im Stehen, ihrem Beispiel folgte. Dann drückte sie ihn, mehr oder weniger energisch, an den Schultern auf den Sessel nieder, sprach: »Da bleibst du, mein Junge!« und wußte, daß er eine Stunde und länger mit dem Aufsuchen und Verbinden von Akkorden beschäftigt sein würde, indeß sie sich dem Genuß von Geplauder und Kaffeetrinken überlassen mochte. Man weiß nicht, was für ein Gesicht man dazu machen soll: Die mater dolorosa, die den großen, ihr wieder zugefallenen Sohn resolut aufs Klavier-Bänkchen drückt, damit sie in Ruhe nebenan ihr Kränzchen halten könne!

Die Irritationen, mit deren Artikulation dieser Passus beginnt und endet, resultieren wieder und hier ganz offensichtlich aus der Konkurrenz, welche die Heilige Familie und insbesondere die danach modellierte Beziehung von Mutter und Sohn in der modern-psychologischen Erzählbarkeit des ›Familienromans‹ erhalten hat. Die Verdoppelung des Beziehungsmodells wird nun aber nicht mehr nur vom ›receiving end‹ des Sohns her kenntlich, dessen mythischer Platzhalter dem ›Ödipuskomplex‹ seinen Namen gab; sondern sie erscheint hier eben auf der Seite der Mutter. Denn Zeitbloms Ratlosigkeit hat ja unmittelbar damit zu tun, daß er die egoistischen Anteile in der mütterlichen Wiederbemächtigung mit psychologisch geschärftem Blick erkennen muß und sie im tradierten Schema der »mater dolorosa« nicht mehr unterbringen kann.

Doch selbst wenn man den Ödipus- sozusagen in einen Iokastekomplex modifizierte, bliebe zum einen noch immer der Vorname der Mutter (beziehungsweise der Mütter) als unerklärter Rest stehen: »Elsbeth« (beziehungsweise »Else«). Denn er stimmt ausgerechnet mit demjenigen Elisabeth ›Lisbeth‹ Försters überein: der *Schwester* des hinter Leverkühn so leicht erkennbaren ›Vorbilds‹, über dessen »Schwesterkomplex« Thomas Mann ebenso Bescheid wußte wie über die komplementär »schreckliche[] Bemutterungssucht [...] der geliebten Schwester«.[151]

Zum anderen entzieht sich einer Deutung Leverkühns als eines ewigen »Muttersohn[s]«[152] oder entzöge sich zumindest dem Ausschließlichkeitsan-

151 Brann, S. 52–80; in Thomas Manns Ausgabe mehrere Anstreichungen (ebenso wie in Erich F. Podach, Gestalten um Nietzsche. Mit unveröffentlichten Dokumenten zur Geschichte seines Lebens und seines Werks, Weimar: Erich Lichtenstein, 1932, S. 128, einer Polemik gegen »irgendwelche Schwester- und andere ›Komplexe‹«).

152 Bd. 5, S. 1176.

spruch solch einer individualpsychologischen Interpretation schon nur die eine thematische Bestimmung der *Gesta Romanorum* als »komplizierte[r]«, in der Handschrift zunächst sogar »kompliziertestefr] Inzest«. Das Kernstück der Komposition gilt nämlich einem wirklich »komplizierte[n] Inzest«, einem Inzest erst von Bruder und Schwester, dann von Mutter und Sohn. Dabei aber ist die eigentliche »Geschichte ›Von der *Geburt* des [...] Papstes Gregor‹« die Geschichte vom Inzest eines »*Geschwister*paars«.[153]

Die Komposition der *Gesta* gibt so nicht einfach nur etwas von den sexuellen Phantasien des Komponisten zu erkennen, welchen an der Hochzeit seiner Schwester Kopfschmerzen befallen, hinter denen der Erzähler selber eine »psychische Ursache« vermutet,[154] und welcher im Wahnsinn glaubt, der Teufel habe ihm eine »Schwester und süße Braut« als »Schlafweib« zugeführt.[155] Gerade die – auf eine nachträgliche Einfügung zurückgehende – Kombination von »*Ehebruch* und [...] Inzest« paßt sehr viel genauer noch zum Kontext der Komposition.

Deren Beschreibung folgt dem dreißigsten Kapitel, mit dem einmal das vierte ›Buch‹, und das hätte geheißen: die zweite Hälfte des Romans beginnen sollte. Die erzählte Zeit dieses Kapitels schließt an den »Fasching von 1914« an, den »letzte[n] vor Eintritt des vierjährigen Krieges«,[156] und setzt bei den »ersten glühenden August-Tage[n] 1914« ein[157] (so daß die »6 Kapitelgruppen« des Romans also um den Ausbruch des Ersten Weltkriegs herum organisiert, regelrecht darauf kon-zentriert gewesen wären und die ältere Gliederung formal etwas von der wirklich entscheidenden Bedeutung umgesetzt hätte, welche in Thomas Manns Geschichtsverständnis dieser einen »Zeitenwende«[158] zukommt; läuft auf deren »historische[n] Donnerschlag«[159] doch der *Zauberberg* so und in derselben apokalyptischen[160] Metaphorik zu wie der *Doktor Faustus* »unter den Donnern der Geschichte«[161] auf das *Ende* des *Zweiten* Weltkriegs).

---

153 Bd. 6, S. 422; im Original keine Hervorhebung.

154 Bd. 6, S. 248. Vgl. dagegen Inken Steen, Parodie und parodistische Schreibweise in Thomas Manns *Doktor Faustus*, Tübingen: Niemeyer, 2001 (Untersuchungen zur deutschen Literaturgeschichte, Bd. 105), S. 156, die im Zusammenhang mit dem Verhältnis der Arbeit an der Oper *Love's Labour's Lost* zur Romanhandlung aufgestellte Behauptung, Leverkühn bleibe von der Hochzeit »ungerührt«.

155 Bd. 6, S. 663.

156 Bd. 6, S. 378.

157 Bd. 6, S. 398.

158 Bd. 6, S. 366.

159 Bd. 3, S. 985; vgl. S. 981, 989. Vgl. Hans Rudolf Vaget, »Ein Traum von Liebe«. Musik, Homosexualität und Wagner in Thomas Manns *Der Zauberberg*, in: Thomas Sprecher (Hg.), Auf dem Weg zum *Zauberberg*. Die Davoser Literaturtage 1996, Frankfurt a. M.: Klostermann, 1997 (Thomas Mann-Studien, Bd. 16), S. 111–141.

160 Vgl. Maar, Geister und Kunst, S. 222 f.

161 Bd. 6, S. 669.

Vor allem aber geht die Beschreibung des Puppenspiels dem Kapitel unmittelbar voraus, für das der Erzähler im Manuskript einmal den Titel »Die Schwestern« hätte erwägen sollen. Es handelt vom fortgesetzten »Ehebruch«,[162] den Helmut Institoris' in der Tat »buhlerische[s] Eheweib[ ]« mit Rudi Schwerdtfeger begeht. Wie indessen schon jener einst erwogene Zwischentitel anzuzeigen geeignet gewesen wäre, hat dieser »Ehebruch« seinerseits wieder seine inzestuöse Note. Auf Clarissas »Kommando« »Rudolf, hopp!«[163] (»›Na, hopp!‹ sagt[ ] sie auch zu Institoris«[164]) entsteht die Affäre der »Schwester[ ]« mit Schwerdtfeger aus »einer Art von brüderlichem«,[165] einem »geschwisterlich-kameradschaftliche[n] Verhältnis«,[166] aus »brüderlicher Zärtlichkeit«[167] und »immer nur brüderlich-kameradschaftliche[n] Empfindungen«,[168] einer »schwesterliche[n] Beziehung« und »halbgeschwisterliche[n] Gefühle[n]«.[169] Solche Gefühle für ihn teilt Ines ausdrücklich mit ihrer Schwester (»wie ihre Schwester«[170]). Und am anderen Ende der ganzen Affäre könnte die eine Schwester die andere als Rächerin ihrer sozusagen doppelten und auch doppelt verratenen Liebe abgelöst haben. Noch kurz bevor der Autor die Anbahnung des Ehebruchs niederzuschreiben begann, blieb offenbar ungewiß, wer von den beiden »Schwestern« den untreu Gewordenen ermorden sollte.[171]

162 Bd. 6, S. 440.
163 Bd. 6, S. 387, 439.
164 Bd. 6, S. 387.
165 Bd. 6, S. 389.
166 Bd. 6, S. 393 f.
167 Bd. 6, S. 432.
168 Bd. 6, S. 465.
169 Bd. 6, S. 395.
170 Bd. 6, S. 389.
171 Vgl. Maar, Geister und Kunst, S. 142. Der Tagebucheintrag vom 13. Oktober 1944, auf den sich Maar stützt, ist allerdings nicht bündig auf diesen Sinn zu bringen (Tagebücher 1944–1946, S. 112): »Zweifel, ob Gertrud Institoris oder Therese Rodde (Lula) die Mörderin Schwerdtfegers sein soll./Kompositionell das Zweite vorzuziehen. Führt aber ab und widerspricht älterer Konzeption.« »Gertrud Institoris« (ein im Zusammenhang mit Ehebruch und Inzest von der *Hamlet*-Tragödie und deren Freudscher Deutung her natürlich sehr sprechender Vorname) und »Therese Rodde« mit Ines Institoris und Clarissa Rodde gleichzusetzen, liegt zwar sehr nahe und um so näher, als die »ältere[ ] Konzeption« auf einem unter den Notizen überlieferten Figurenkatalog so festgehalten ist: »Eugen Institoris [alias ›Osiander‹ alias ›Agricola‹] und seine Frau Gertrud, geb. Rhegius aus Dresden, die *Mörderin Schwerdtfegers*.« *Gegen* eine Identifikation von »Ines« und »Gertrud« scheint im Tagebuch aber der Zusatz »(Lula)« zu sprechen, der seltsamerweise hinter »Therese Rodde« zu stehen kommt. Es handelt sich dabei bekanntlich um die unter den Geschwistern Mann offensichtlich üblich gebliebene Lallform des Namens ›Julia‹. Julia war die *ältere* Schwester, deren Züge Thomas Mann nun gerade *nicht* Clarissa Rodde verliehen hat, sondern eben der Frau des Helmut bzw. Eugen Institoris.

Wie sich Rudi also gewissermaßen auf beide »Schwestern« einläßt, so ist er andererseits und darüber hinaus »dem Flirt mit [...] jungen Mädchen sowohl wie reiferen Frauen [...] hingegeben«.[172] Insbesondere verkehrt er auch mit der Mutter der »Schwestern« unter der »lüsterne[n] Halb-Bohème ihres Salons«[173] »auf einem sehr scherzhaften, das Mutter-Sohn-Verhältnis neckisch travestierenden Fuß«.[174] Das untergründig Inzestuöse scheint hier demnach Teil und Ausdruck einer virtuell totalen Promiskuität zu sein. Den maximalen Abstand dazu aber wie zu all den nicht zustandekommenden, gebrochenen oder im Zeichen des »Fasching[s]« und des mundus inversus stehenden Ehen[175] markieren die Heirat der Schneideweins und der christlich-patriarchale Wesensgrund ihres Eheglücks, wie ihn Schneideweins »Berner Bauernblut« von den Uli-Romanen her in Thomas Manns Vorstellung konnotierte.

Licht und Sehen

An einem »außerordentlich helle[n], blausonnige[n] und schneeglitzernde[n] Januartag des Jahres 1919«, aber doch oder eben gerade deshalb »bei herrschender Nacht«, im »Schonungsdunkel« eines »mit Läden und Vorhängen so vollständig gegen das Licht gesperrt[en]« Raums, daß darin »vollkommene Nacht« »die Augen« »deckt[ ]«:[176] das heißt unter Umständen, die Licht und Sehen in ähnlicher Weise ›ausschließen‹ wie die Augenaffektion, mit der Leverkühn seinen Neffen Nepomuk förmlich anstecken und in der dessen Meningitis ihr »[s]chrecklichste[s]« Symptom haben wird;[177] – in einer für den weiteren Handlungsverlauf verhängnisvollen Szene also, die John Newman bei seinem Versuch, den *Doktor Faustus* auf dem Hypotext des Märchens von Amor und Psyche zu lesen, vielleicht nicht zufällig entgangen ist,[178] trotz der mythologisch einschlägigen Epitheta constantia des »knabenhaften« und »möpslich[en]«[179] »Flatterer[s]« und »Flirt-Kopf[s]« Schwerdtfeger,[180] bringt dieser die Verkehrung des Patriarchalen auf genau *den* Nenner:

> Es *verkehre* irgendwie das Besitzverhältnis und führe zu einem unerfreulichen Übergewicht der Frau in der Liebe, so, daß er sagen müsse, Ines gehe mit seiner Person, seinem Körper um, wie eigentlich und richtigerweise der Mann umgehe mit dem einer Frau, –

172 Bd. 6, S. 265.
173 Bd. 6, S. 380.
174 Bd. 6, S. 431.
175 Bd. 6, S. 379, 436.
176 Bd. 6, S. 463 f.
177 Bd. 6, S. 630.
178 John Kevin Newman, The Classical Epic Tradition, Madison (Wisconsin): University of Wisconsin Press, 1986 (Wisconsin Studies in Classics), S. 495–497.
179 Bd. 6, S. 266, 395.
180 Bd. 6, S. 591.

wozu noch ihre krankhafte und krampfhafte, dabei ganz ungerechtfertigte Eifersucht komme auf den Alleinbesitz seiner Person [...].[181]

Das hier »unter vier Augen« oder eben, wie sich der Erzähler eigens verbessert, gerade nicht unter vier *Augen*[182] inkriminierte Übergewicht und die »Überlegenheit«[183] dieser einen »Frau«, die sich schon im Incipit ihres einzigen zitierten »Poem[s]« »unterderhand« das lyrische »Ich« eines ›Manns‹ und Penetrators zulegt (»Ich bin ein Bergmann in der Seele Schacht«),[184] entspricht der »Wucht« und der »Macht« auch anderer Frauen, so etwa der »heroische[n]« Sopranistin Tanja Orlanda, die nicht von ungefähr als »eine gewaltige Frau« eingeführt wird.[185] Um die Bedeutsamkeit solcher weiblicher »Wucht«, »Macht« und ›Gewalt‹ ganz goutieren zu können, sollte man sich einige Details aus dem unmittelbaren Kontext der erzählten Zeit vergegenwärtigen.

Zu den hierfür einschlägigen Details gehört sicherlich einmal das dazu komplementäre ›Ungenügen‹ der Männer und die ebenso notorische Abwesenheit der Väter. Hierher gehört aber vielleicht auch schon der ungewöhnliche, letztlich vorderorientalisch-archaische Vorname der »Witwe«[186] Isabeau Ferblantier[187] oder jedenfalls die Häufung der Witwen[188] und Matronen überhaupt. Hierher gehört die Apostrophierung der Witwe von Tolna als »Schutzgöttin« und »Egeria«.[189] Hierher gehört die ganze Geschichte um die Tochter eines »kleine[n] hohe[n] Beamte[n]« und dessen uneheliche Enkelin; die sexuelle Initiative, welche diese Tochter über die Klassengrenze hinweg und hinab ergreift, indem sie einen Angestellten des »hohe[n]«, aber eben doch auch »kleine[n]« Staatsdieners verführt, dessen Chauffeur, der noch dazu »gar nichts

181 Bd. 6, S. 465 f.; im Original keine Hervorhebung.

182 Bd. 6, S. 463.

183 Bd. 6, S. 439.

184 Bd. 6, S. 263.

185 Bd. 6, S. 368 f.

186 Bd. 6, S. 591.

187 Vgl. Wilfried Seibicke, Historisches deutsches Vornamenbuch, Berlin und New York: de Gruyter, 1998, Bd. 2, S. 483, s. v. ›Isabel‹. Zur Geläufigkeit der Gleichsetzung von »Isabeau« mit der alttestamentlichen Königswitwe Jesabel vgl. z. B. Friedrich Schiller, Die Jungfrau von Orleans, v. a. V. 245 f. mit 2. Könige, 9, 30 f.: Friedrich Schiller, Die Jungfrau von Orleans, in: Friedrich Schiller, Werke. Nationalausgabe, hg. v. Julius Petersen et al., Bd. 9: Maria Stuart; Die Jungfrau von Orleans, hg. v. Benno von Wiese und Lieselotte Blumenthal, Weimar: Böhlau, 1948, S. 175; Leopold von Sacher-Masoch, Venus im Pelz. Mit einer Studie über den Masochismus von Gilles Deleuze, Frankfurt a. M. und Leipzig: Insel, 1997, S. 46.

188 Vgl. Johann Jakob Bachofen, Gesammelte Werke, hg. v. Karl Meuli, Basel: Schwabe, 1943–1967, Bd. 2, S. 253, 472.

189 Bd. 6, S. 521. Vgl. Bachofen, Gesammelte Werke, Bd. 6, S. 339.

Besonderes, nur gerade schmuck« gewesen sein soll.[190] Hierher gehören des weiteren die »Moorstimmungen« eines Pfeifferinger Landschaftsmalers[191] oder auch schon die Regelmäßigkeit, daß die Wohnräume von einem bestimmten Moment an nur noch »zu ebener Erde«[192] gelegen sind oder sogar »modrig riechen[ ]«.[193]

Und vor allem anderen gehört hierher ein »Abend«[194] im Salon des Fabrikanten Bullinger, an dem dieser auf seinem Grammophon eine Mezzosopranarie technisch reproduziert, unter »Ästheten« mit asthmatisch pfeifendem »Atem«, welche ihre »tiefste [E]rgriffen[heit]« durch die »animalische[ ] Schwermut sinnlicher Schönheit« in das Prädikat »Blödsinnig schön!« kleiden, das aber »hier ganz exakt und nach dem Wortsinn am Platz« ist.[195] Reproduziert wird »die Des-Dur-Arie der Delila aus ›Samson‹ von Saint-Saëns«: »›Mon cœur s'ouvre à ta voix‹ und dann« versteht man »kaum noch etwas«.[196]

Es geht hier also »zufällig« oder eben auch gerade ganz und gar »nicht ›zufällig‹«[197] um eine Verführungsszene, in der die traditionellen Geschlechterrollen wieder so konsequent vertauscht sind wie etwa im Mythos von Herkules und Omphale. Die Frau, von den Philistern freilich dafür bezahlt wie eine ›Hetäre‹, ergreift hier die sexuelle Initiative. Sie macht den ›Helden‹ seiner ›männlichen‹ Bestimmung, dem Kampf für seine und die Freiheit seines ›Volks‹ abspenstig. Und in der Folge ihrer immer wieder erfolgreichen Verführung nimmt sie ihm mehrfach »seine Kraft«. Sie ›kastriert‹, ja sie ›penetriert‹ ihn, und zwar – das zeigt besonders ›eindringlich‹ die Rezeption durch Rembrandt[198] –

190 Bd. 6, S. 278–280. Vgl. z. B. zum Detail der Schildkröte Johann Jakob Bachofen, Urreligion und antike Symbole. Systematisch angeordnete Auswahl aus seinen Werken [...], hg. v. Carl Albrecht Bernoulli, Leipzig: Reclam, 1926, Bd. 2, S. 38; in Thomas Manns Ausgabe angestrichen; Bd. 1, S. 502.

191 Bd. 6, S. 274 f. Ungeklärt scheint zu bleiben, was es mit dem »Waldshuter Moor« und der angeblich bei Pfeiffering befindlichen Stadt Waldshut auf sich hat. Eine Verwechslung mit Landshut ist wenig wahrscheinlich. Wie andere Orts- und Personennamen (z. B. Langensalza oder Nepomuk) könnte Landshut immerhin auf die Biographie Clemens Brentanos und die Rolle verweisen, die diese Stadt bei Brentanos Rückkehr zum katholischen Glauben spielte, nämlich auf den Landshuter Theologen Johann Michael Sailer und auf Johann Nepomuk Ringeis, den Brentano in Landshut kennenlernte.

192 Bd. 6, S. 187, 260, 282, 434.

193 Bd. 6, S. 341; vgl. S. 39.

194 Bd. 6, S. 546.

195 Bd. 6, S. 548 f.

196 Bd. 6, S. 548.

197 Ebd.

198 Vgl. Bernhard Greiner, Das Bild und die Schriften der ›Blendung‹: Über den biblischen Grund von Canettis Schreiben, in: Franz Link (Hg.), Paradeigmata. Literarische Typologie des Alten Testaments, Berlin: Duncker & Humblot, 1989 (Schriften zur Literaturwissenschaft, Bd. 5), S. 543–562, hier S. 548 f.

in einer fast schon nicht mehr übertragenen Bedeutung dieser Verben: Erst läßt »sie [...] ihn [...] entschlafen auf ihrem Schoß«. Dann ruft »sie einem, der ihm die sieben Locken seines Hauptes abschöre«. Dann spricht »sie zu ihm: Philister über dir«. Und so endlich stechen »die Philister [...] ihm die Augen aus«.[199]

Wie selbstverständlich man Samson und Delila als Urszene eines in dem Sinn per-versen Geschlechterverhältnisses abrufen konnte, daß die Frau den Mann dominiert, zeigt schon ein Blick in einen mit jener Oper etwa zeitgleichen Trivialtext, nach dessen Verfasser, Leopold von Sacher-Masoch, Richard Freiherr von Krafft-Ebing die masochistische Ausprägung solcher Perversität benannte (genauer gesagt und nicht von ungefähr nach der mütterlich-weiblichen, slawisch-exotischen Hälfte des Autornamens[200]). In genau dem Moment, da sich Severin von Kusiemski seiner »Venus im Pelz« mit Haut und Haar verschreibt – übrigens nach dem immer wieder evozierten Muster des Faustischen Teufelspakts[201] –, fällt ihm »der durchaus unhistorische Charakter« eines »Deckengemäldes« und dessen »geradezu unheimliches Gepräge« ins Auge.[202] Das also gleichsam zeitlos unheimliche und folgerichtig auch ganz zuletzt nochmals explizit erwähnte Bild, ›unter‹ dessen Signatur der Pakt steht und dessen Choreographie all die Fesselungsszenen und anderen Demütigungen des Manns reinszenieren,[203] stellt, wie könnte es anders sein, »Simson zu Delilas Füßen« dar:[204] wie »Delila« sich »lächelnd zu Simson herab[beugt]« und wie »ihr Auge [...] jenem Simsons« »begegnet«, »das noch im letzten Blicke [...] an dem ihren hängt«.[205]

Die also leicht erschließbare Wertigkeit der »[b]lödsinnig schön[en]« Opernarie komplettiert somit den Katalog all der kleinen und versehrten Männer und andrerseits der Witwen, Matronen und sonstwie selbständigen Frauenfiguren. Das alles, insbesondere auch das zusehends ›chthonisch‹ abgesenkte Milieu der Handlungsorte, deren Abstand und Kontrast zum »Oberstock des Buchelhauses« bei »Oberweiler« als dem Ausgangspunkt einer kontinuierlichen Sturz- und Verfallsbewegung, wie sie auch diesem einst zum ›Parsifal‹ und letzten bestimmten Roman des Autors nicht anders als schon dessen erstem einbeschrieben ist, – das alles zusammen und noch sehr vieles andere mehr weist zuletzt wieder auf einen Schweizer. Es weist auf die Kulturtheorie des Baslers Johann Jakob Bachofen.

199 Richter 16, 19–21; Die heiligen Schriften des Alten und Neuen Bundes, Bd. 1, S. 444.

200 Vgl. Albrecht Koschorke, Leopold von Sacher-Masoch. Die Inszenierung einer Perversion, München und Zürich: Piper, 1988, S. 16, 62.

201 Von Sacher-Masoch, z. B. S. 42 (»Meine Stube glich [...] jener des Doktor Faust«), 69 (»Heute ließ sie mich die Szene zwischen Faust und Mephistopheles lesen«), 75 (»meine Seele dem Teufel verschrieben«), 103, 112, 136.

202 Von Sacher-Masoch, S. 88.

203 Vgl. z. B. von Sacher-Masoch, S. 99, 134.

204 Von Sacher-Masoch, S. 135.

205 Von Sacher-Masoch, S. 88.

Bachofen, der in der Folge wohl seiner Rezeption durch Friedrich Engels, August Bebel und Otto Gross hin und wieder, doch ganz zu Unrecht als Propagator der Frauenemanzipation herumgeboten wird und von dem selbst ein so genauer Kenner wie Frederick A. Lubich im Bann dieser Rezeptionskarriere behaupten kann, daß sein »Herz für das Matriarchat schlug«,[206] führte den Kulturgang nicht simplistisch auf eine Binäropposition von Matri- und Patriarchat zurück (eine bei ihm offenbar gar nicht belegbare Terminologie); sondern er entwarf ihn in mehreren, grob gesagt in drei ›Stufen‹. Deren Abfolge ist dem Grad nach bestimmt, in welchem die Ungewißheit der Vaterschaft sukzessive ausgefällt wird, um endlich im ›Vaterrecht‹ minimiert zu werden, im ›Vaterrecht‹ als der deshalb »höchsten« aller Kulturstufen – ein Superlativ, den Thomas Mann unterstrichen und mit einer wirklich Bände sprechenden Marginalie versehen hat: »also doch«.[207]

Das ›Vaterrecht‹ ist nun eben nicht so einfach, wie es diese Terminologie suggeriert, auf ein ›Mutterrecht‹ bezogen; sondern die vorvaterrechtliche Zeit zerfällt ihrerseits wieder in *zwei* Makroepochen. Die erste und tiefste Stufe, einen Zustand völliger Promiskuität, in dem es Väter gar nicht geben *kann* und für den an einer von Thomas Mann wieder angestrichenen Stelle Inzest-Mythen charakteristisch sein sollen,[208] bezeichnete Bachofen mit einem befremdlichen, schon von Engels[209] monierten Ausdruck als ›Hetärismus‹. Und das als Titel- und Schlagwort geläufige ›Mutterrecht‹ meint bei Bachofen strenggenommen nur die mittlere Stufe, deren wesentliche Errungenschaft in der Etablierung der monogamen Ehe bestehen soll, wobei die Identität der daraus hervorgehenden Kinder aber noch über den Körper der Mutter definiert bleibt.

Mit vertretbarer Ungenauigkeit könnte man daher von Bachofens spekulativer Kulturgeschichte bildlich sagen, sie sei eine einzige Erzählung vom Licht, das nach und nach ins Dunkel der väterlichen Abstammung gefallen sein soll oder wohl wirklich einmal gefallen sein muß. Solch eine Metaphorik aber liegt nicht einfach deswegen so handgreiflich nahe, weil sie zufällig auf die optische Isotopieebene des *Doktor Faustus* und hierin zum Beispiel wieder zu Samsons Blendung, zu Reiffs Einäugigkeit oder auch zu Schneideweins »[g]ute[n] Augen« zurückführte. Vielmehr scheinen die optischen Isotopien des Romans ihrerseits schon zu einem wesentlichen Teil durch Bachofens eigene Metaphernbildung bedingt oder von ihr inspiriert zu sein.

Denn die Leitmetaphern, anhand derer Bachofen seine drei Kulturstufen je mit einem ›Himmelskörper‹ assoziierte (um den astronomischen Begriff in

---

206 Frederick Alfred Lubich, Bachofens *Mutterrecht*, Hesses *Demian* und der Verfall der Vatermacht, in: Germanic Review 65.4, 1990, S. 150–158, hier S. 157, Anm. 20.

207 Bachofen, Urreligion und antike Symbole, Bd. 1, S. 89.

208 Bachofen, Urreligion und antike Symbole, Bd. 1, S. 386.

209 Friedrich Engels, Der Ursprung der Familie, des Privateigentums und des Staats, in: Karl Marx und Friedrich Engels, Werke, Berlin: Dietz, 1959–1971, Bd. 21, S. 25–173, hier S. 39, Anm.

Ermangelung eines besseren etwas zu dehnen), sie nämlich als ›solarische‹, ›lunarische‹ und ›tellurische‹ organisierte, sind letztlich die des Lichts. Das zeigt sich nicht erst am berühmten und heute fast allein rezipierten ›Hauptwerk‹; sondern die Lichtmetaphorik ist bereits zwei Jahre vor dem *Mutterrecht*, 1859, auch schon und gerade auch in der Abhandlung vollkommen ausgebildet, die der Verfasser mit bemerkenswert martialischer Verve als »Sturmbock« seiner Lehre verstanden wissen wollte und mit der er »Breschen« in die »Granitmauern« des klassisch-philologischen Establishments »zu schießen« sich vorgenommen hatte:[210] im *Versuch über die Gräbersymbolik der Alten*. Hier wurde Bachofen übrigens auch schon auf den »Mythus von Delila und Samson« aufmerksam (um ihn im Spätwerk dann zum »Vorbild des gesunkenen« und »in Weibesgewand Omphale dienend[en]« Herakles-Sandon in Beziehung zu setzen).[211]

Daß die ›Einspielung‹ auch dieses biblischen »Mythus« und der »Arie der Delila« im *Doktor Faustus* letztlich und zumindest unterschwellig über Bachofen vermittelt gewesen sein könnte, darauf deutet möglicherweise bereits die Form, die der Frauenname hier annimmt. Denn obwohl die Rolle des Mezzosopran nach dem Libretto des »›Samson‹ von Saint-Saëns« »D*A*LILA« geschrieben sein müßte,[212] entspricht Thomas Manns Vokalisierung, »D*e*lila«, ja derjenigen Bachofens und eben gerade nicht der Oper, aus der der Erzähler eigentlich zu zitieren scheint. Und außerdem bricht dieses Zitat aus der dritten Szene des ersten Akts abrupt, aber gerade noch rechtzeitig und genau so ab, daß der Wortlaut der Verführungsarie an die Bildlichkeit der Bachofenschen Kulturstufentheorie anschließbar bleibt: »Man verstand das ›Mon cœur s'ouvre à ta voix‹ und dann kaum noch etwas [...].«[213]

Was nämlich »dann« dem Arienlibretto nach folgen müßte und was hier wegen des vorgeschützten ›Rauschens‹ im ›Kanal‹ nicht mehr zitiert zu werden braucht, wäre ein Lichtvergleich und das Bild eines Sonnenaufgangs. Und solch eine Lichtisotopie im ›gynaikokratisch‹ gefährlichen Verführungstext der Dalila widerspräche nicht nur der Symbolik der abendlichen Tageszeit, auf welche die Reproduktion der Arie eigens situiert wird; sondern sie wäre eben zugleich auch nicht mehr in Einklang zu bringen mit Bachofens systematischer Metaphorisierung der ›Himmelskörper‹ und mit seiner Assoziation von Dunkelheit

---

210 Bachofen, Brief vom 5. Dezember 1854 an Heinrich Meyer-Ochsner; Bachofen, Gesammelte Werke, Bd. 10, S. 140 f., hier S. 140.

211 Bachofen, Urreligion und antike Symbole, Bd. 1, S. 379; Bd. 2, S. 148 f.; Lesespuren Thomas Manns im je unmittelbaren Kontext. Vgl. Bachofen, Gesammelte Werke, Bd. 6, S. 138, 171.

212 Ferdinand Lemaire, [Libretto zu:] Samson et Dalila. Opéra en 3 actes. Poème de Ferdinand Lemaire, musique de Camille Saint-Saëns, Paris: Durand, o. J. [1948], S. 4; im Original keine Hervorhebung.

213 Bd. 6, S. 548.

und Gynaikokratie: »Mon cœur s'ouvre à ta voix *comme s'ouvrent les fleurs / Aux baisers de l'aurore!*«[214]

Anhand dieser, der Metaphorik von Tageslicht, Kunstlicht und Finsternis unterzog Bachofen in seinem ersten und im vollen Wortsinn ›einschlägigen‹ *Versuch* insbesondere auch das Märchen von Amor und Psyche einer Auslegung, von der sich in Thomas Manns Bibliothek umfangreiche Auszüge in gleich drei Exemplaren finden und in zweien davon Lesespuren aufweisen.[215] Wie der zwar nicht authentische, aber vom Herausgeber dieser beiden Exemplare gut erfundene Titel vorwegnimmt, »Die Lampe und ihr Öl im Mythus von Amor und Psyche«, zentrierte Bachofen seine Interpretation des Märchens auf dessen ohnehin berühmteste Situation (deren kunst- und literaturgeschichtlich reiche Rezeptionsgeschichte[216] immer wieder in ›gender troubles‹ geraten war: in den *Wanderjahren* etwa oder in der *Verlobung in St. Domingo*; am eindrucksvollsten in den nicht mehr einfach nur androgynen, sondern geradezu athletisch virilen Zügen, welche Johann Heinrich Füßli seiner Psyche verlieh[217]). Den im Kunstlicht der Lampe ermöglichten Blick der Frau auf den schlafenden Gott, durch den erst Psyche auf diesen einen, desto stärker begehrten, inniger geliebten und »in all seiner Herrlichkeit erkannten« Gatten fixiert bleiben kann,[218] interpretierte Bachofen als den Vollzug des Durchbruchs aus der ›Sumpfstufe‹ des ›Hetärismus‹ zum ›Mutterrecht‹.

Vor diesem Hintergrund einer optisch-optimistischen Märchendeutung, der Thomas Mann seit der Arbeit an den Josephsromanen[219] ganz genau bekannt war, dürfte man die künstlich verdunkelte Szene, in der Schwerdtfeger das sexuell verkehrte »Besitzverhältnis« beklagt, nicht mehr eigentlich als Reminiszenz verstehen; sondern man könnte sie ihrerseits nur noch als Verkehrung lesen, als Widerruf des Märchens oder jedenfalls des fortschrittsgläubigen Kerygmas, das Bachofen diesem eingeschrieben hatte. Der Sinn dieser Revokation

---

214 Lemaire, S. 34; im Original keine Hervorhebung.

215 Bachofen, Urreligion und antike Symbole, Bd. 1, S. 312–321; Johann Jakob Bachofen, Der Mythus von Orient und Occident. Eine Metaphysik der alten Welt. Aus den Werken von J. J. Bachofen. Mit einer Einleitung von Alfred Baeumler, hg. v. Manfred Schröter, München: Beck, 1926, S. 610–612.

216 Jane Davidson Reid, Classical Mythology in the Arts, 1300–1990s, Oxford und New York: Oxford University Press, 1993, Bd. 2, S. 940–955.

217 Abgebildet in: Paul Lang et al., Ein Blick auf Amor und Psyche um 1800. Kunsthaus Zürich 20. Mai – 17. Juli 1994, Zürich: Schweizerisches Institut für Kunstwissenschaft, 1994, S. 35.

218 Bachofen, Urreligion und antike Symbole, Bd. 1, S. 316 f.

219 Vgl. Manfred Dierks, Studien zu Mythos und Psychologie bei Thomas Mann. An seinem Nachlaß orientierte Untersuchungen zum *Tod in Venedig*, zum *Zauberberg* und zur *Joseph*-Tetralogie, Bern und München: Francke, 1972 (Thomas Mann-Studien, Bd. 2), S. 169–206; Elisabeth Galvan, Zur Bachofen-Rezeption in Thomas Manns *Joseph*-Roman, Frankfurt a. M.: Klostermann, 1996 (Thomas Mann-Studien, Bd. 12), S. 62–76.

ergibt sich aus den ideologischen Voraussetzungen der Bachofenschen Kulturstufentheorie.

Daß Bachofen im Deutschland der Zwanzigerjahre neu in Mode kommen konnte, hat nämlich nicht nur mit den auch in jenem *Ehe-Buch* bezeugten Irritationen zu tun, die zum Beispiel vom Frauenwahlrecht für »ein[en] ›verdammte[n] alte[n] Anti-Feministe[n]‹« ausgehen mußten, wie Hedwig Dohm Thomas Mann einmal nannte.[220] Ideologiekritisch gelesen, läßt Bachofens Theorie nicht einfach nur Männerphantasien und Männer*ängste*, sondern in eins damit auch etwas von der *sozialen* Identität des Autors erkennen, welcher als Privatgelehrter und Angehöriger des Basler ›Deig‹ das fast Zweihundertfache dessen bezog, was diejenigen verdienen konnten, die solchen Reichtum erarbeiten mußten.[221] Aus einer sehr tief sitzenden Revolutionsangst scheint schon die Grundvoraussetzung der Bachofenschen Kulturstufenlehre gespeist zu sein:

> Jeder Wendepunkt in der Entwicklung des Geschlechterverhältnisses ist von blutigen Ereignissen umgeben, die allmähliche friedliche Fortbildung viel seltener als der gewaltsame Umsturz.[222]

Den im Rahmen dieser Katastrophentheorie scharf eingrenzbaren Kulturepochen setzte Bachofen bestimmte Staatsformen gleich. Das ›Vaterrecht‹ identifizierte er zum Beispiel und hauptsächlich mit dem römischen Kaisertum. Dem ›Hetärismus‹ dagegen mit seiner *»Abwesenheit jedes Eigentums«*[223] und mit seiner »allgemeine[n] Brüderlichkeit aller Menschen«[224] ordnete er den »Fluch der Demokratie« zu.[225] Und durch den prägnant politischen Sinn, den er gerade auch dem ›Hetärismus‹, also ganz wörtlich der ›Hurerei‹ verlieh, konnte Bachofen zum Gewährsmann jenes Vorbehalts gegen das »feminine[ ]« Wesen der »Demokratie« und der »Freiheit« werden, zu dessen Rechtfertigung sich Thomas Mann in den *Betrachtungen eines Unpolitischen* noch faute de mieux auf den deutschen Revolutionär Georg Büchner respektive auf dessen Gestaltung des französischen Revolutionärs Georges Danton berufen mußte: »Die Freiheit *und eine Hure*«...

Solche Gleichungen von Kulturstufen und politischen Verfaßtheiten aber, insbesondere die eine Gleichung von ›Hurerei‹, Primitivität und »Demokratie«,

---

220 Bd. 11, S. 470.

221 Philipp Sarasin, Basel – Zur Sozialgeschichte der Stadt Bachofens, in: Johann Jakob Bachofen (1815–1887). Eine Begleitpublikation zur Ausstellung im Historischen Museum Basel 1987, o. O. u. J., S. 28–39, hier S. 37.

222 Bachofen, Der Mythus von Orient und Occident, S. 29; von Thomas Mann angestrichen.

223 Bachofen, Der Mythus von Orient und Occident, S. 284; Thomas Manns Hervorhebung.

224 Bachofen, Der Mythus von Orient und Occident, S. 15; von Thomas Mann angestrichen.

225 Bachofen, Urreligion und antike Symbole, Bd. 3, S. 37.

wenn man sie mit den Zeichen der Zeit zusammenhielt – Bachofen und Karl Marx gehörten ja einer und derselben Generation an –, drohten das ganze Konzept der Stufenlehre zu widerlegen. Sie unterliefen die optimistische Vorstellung eines im ganzen irreversiblen »*Fortschritt[s]*«[226] vom ›Hetärismus‹ zum Prinzipat der Patriarchen und Patrizier. Den Widerspruch zwischen den Tendenzen der Zeitgeschichte und seiner Kulturtheorie bewältigte Bachofen, indem er den für diese Theorie grundlegenden Fortschrittsgedanken gegebenen Orts und an von Thomas Mann wieder angestrichener Stelle kurzerhand durch die fatalistische Konzeption eines zyklischen Geschichtsverlaufs ersetzte:[227]

> Das Ende der staatlichen Entwicklung gleicht dem Beginn des menschlichen Daseins. Die ursprüngliche Gleichheit aller kehrt zuletzt wieder. Das mütterlich-stoffliche Prinzip des Daseins eröffnet und schließt den Kreislauf der menschlichen Dinge.[228]

Zu derselben Verbindung finden republikanische »Gleichheit« und Wiederkehr des weiblichen »Prinzip[s]« auch und gerade beim späteren und späten Thomas Mann regelmäßig zusammen. Wie gesehen ist die sexuelle Initiative der Frau, die hier übrigens den Geruch gegenüber dem Augensinn privilegiert und sich noch dazu dem »Tageslicht« der Vernunft verweigert,[229] in der *Betrogenen* geradezu ursächlich an die Weimarer Republik (und zuletzt konkret auch ans Dunkel eines verfallenden Adelssitzes) gebunden.[230] Diane Houpflé, die in ihrer »Verkehrtheit!« den Mann zum »Knecht« (»petit esclave stupide«) erniedrigt – zuletzt nota bene wieder im Dunkeln: »ich will dich nicht sehen. Ich lösche dieses Licht« –,[231] erscheint von exakt dem Moment der Romanhandlung an, da Felix Krull das Kaiserreich verläßt und in die Republik Frankreich einreist. Und im *Doktor Faustus* zeigt sich die ideologische Formation von Gynophobie und Antirepublikanismus nur schon dann, wenn man zum Beispiel den symbolträchtigen »Abend« zu datieren versucht, an dem der Fabrikant Bullinger bei seiner Salongesellschaft die Verführungsarie der Delila so »[b]lödsinnig schön« findet.

---

226 Bachofen, Urreligion und antike Symbole, Bd. 2, S. 134; Thomas Manns Hervorhebung.

227 Zu den familien- und geschlechtertheoretischen Implikationen vgl. Walter Erhart, Familienmänner. Über den literarischen Ursprung moderner Männlichkeit, München: Fink, 2001, S. 75 f.

228 Bachofen, Der Mythus von Orient und Occident, S. 247 f.

229 Bd. 8, S. 886 f., 913.

230 Vgl. Yahya A. Elsaghe, »Vom Moschusgeruch des Exkrementhaufens«. Mythos und Ideologie in Thomas Manns *Die Betrogene*, in: Deutsche Vierteljahrsschrift für Literaturwissenschaft und Geistesgeschichte 73.4, 1999, S. 692–709.

231 Bd. 7, S. 438–449. Vgl. Werner Frizen, Zaubertrank der Metaphysik. Quellenkritische Überlegungen im Umkreis der Schopenhauer-Rezeption Thomas Manns, Frankfurt a. M., Bern und Cirencester: Lang, 1980 (Europäische Hochschulschriften, I, Bd. 342), S. 403.

Der Abend muß auf die Jahre 1923 oder 1924 fallen.[232] Er fällt mitten in *das* Jahrzehnt der ersten deutschen Republik. Deren Assoziation mit der Angst vor der »Macht« der Frau verrät aber deutlicher als dies und alles andere bereits der Moment, in dem Schwerdtfeger die ›Verkehrung‹ der »Besitzverhältnis[se]« auf den Begriff bringt: ein »Januartag des Jahres 1919«. Bezeichnend ist diese genaue Datierung, obwohl oder gerade weil das historische Datum scheinbar wenig zur Sache tut und »man« »die abenteuerliche politische Lage, die Kämpfe in der Reichshauptstadt« im Gespräch nur eben »streift[ ]«;[233] und auch das erst seit einer nachträglichen Umformulierung des handschriftlichen Texts. Infolge der Sofortkorrektur eines beliebigen »Winter«- zu einem »*Januar*tag des Jahres 1919« ist die Inversion des dem Märchen von Amor und Psyche eingeschriebenen Fortschritts annalistisch exakt auf eine Epoche festgelegt, die Bachofen als Regression in den ›Hetärismus‹ verstanden und in seiner Terminologie mit einem Wort als *»Rückschlag«*[234] bezeichnet hätte, das tale quale in Thomas Manns Notizen wiederholt auftaucht. Und die Katastrophen, die sich in der Folge der mythologisch ex negativo bedeutsamen Szene ereignen werden, sind von den ältesten Notizen an mit dieser Epoche verknüpft:

> *Clarissa Rodde* [...] geht in den ersten Jahren der Republik, um das Jahr 1920, [...] zugrunde. [...] Ihre Schwester Ines heiratet in dieser Zeit.

Die zweite Hälfte dieser Notiz wurde dann allerdings durch eine nachträgliche Einfügung modifiziert: »(schon früher, während des Krieges)«. Und demgemäß ist im Roman die »Vermählung« auf »Frühjahr 1915« datiert – die Geburten »Ende 1915« beziehungsweise »[z]wei Jahre später«[235] –, also genaugenommen noch auf die vorrepublikanische Zeit; – nur daß es Thomas Mann so genau eben gerade nicht nahm. In seiner Rede *Von Deutscher Republik* ließ er, wenn hier auch in einer vordergründig apologetischen Volte und als diplomatische Konzession an die »junge[n] Leute« zur Rechten, »die Republik als innere Tatsache« expressis verbis mit dem *Anfang* des Ersten Weltkriegs zusammenfallen:

> [E]s ist, um das streitbar zu wiederholen, keineswegs und durchaus nicht wahr, daß die Republik als innere Tatsache (ich rede jetzt nicht von staatsrechtlichen Fixierungen) ein Geschöpf der Niederlage und der Schande ist. Sie ist eines der Erhebung und der Ehre. Sie ist, junge Leute, das Geschöpf eben der Stunde, die ihr nicht verleugnet und mit schlechtem Hohne geschändet wissen wollt, der Stunde begeistert todbereiten Aufbruchs – damals stellte sie in euerer Brust sich her.[236]

Dieser expliziten Vordatierung der »innere[n]« Epochenschwelle auf den August 1914 entspricht es nun wiederum sehr genau, wenn im *Doktor Faustus* die

232 Vgl. Bd. 6, S. 526, 542.

233 Bd. 6, S. 464.

234 Bachofen, Der Mythus von Orient und Occident, S. 37; Thomas Manns Hervorhebung.

235 Bd. 6, S. 437.

236 Bd. 11, S. 824.

Uraufführung jener (übrigens außerhalb des Kaiserreichs ausgearbeiteten) Oper *Love's Labour's Lost* »schon nach Kriegsausbruch« stattfindet;[237] wenn »um« diese »Zeitenwende« die »gewaltige Frau« Tanja Orlanda als Isolde ausgerechnet dem Licht abschwört: »Die Fackel[238] [...] zu löschen zag' ich nicht«;[239] oder wenn anderwärts der Tod einer Vaterfigur »ganz zu Anfang des Krieges«[240] erfolgt sein soll: in der *Betrogenen* nämlich, welche dem *Faustus*-Roman eben auch und gerade in der über Bachofen vermittelten Skepsis gegenüber der Weimarer Republik als einer von Grund aus ›verkehrten Welt‹ sehr nahe steht.

Die Bedeutsamkeit dieser historischen Fixierungen ergibt sich schon nur aus einem Vergleich mit den vielleicht etwas irreführenderweise so genannten ›Vorbildern‹. Thomas Manns ältere Schwester, Julia Löhr, ging ihre unglückliche Ehe unter denselben Umständen wie Ines Institoris ein und bekam zum Beispiel ebenfalls drei Töchter, deren zweite und dritte ebenfalls Zwillinge waren und ebenfalls zwillingshaft ähnliche Namen erhielten (Rose-Marie und Ilse-Marie): – aber nicht »in den ersten Jahren der Republik« und auch nicht »1915« oder »[z]wei Jahre später«, sondern im Jahr 1900 (beziehungsweise 1901 und 1907). Und die jüngere Schwester, Carla Mann, brachte sich auf dieselbe Art und offenbar aus denselben Gründen um wie Clarissa Rodde: – aber nicht »um das Jahr 1920«, sondern makabrerweise just in dem Jahr, auf das im Roman die vorbildlich patriarchale Heirat der Schneideweins fällt, 1910.

Bei der Trauerarbeit also, die er im *Doktor Faustus* unverkennbar leistete, hat Thomas Mann die Vernunftehe der einen und den Suizid der anderen Schwester so aufdatiert, daß sich diese beiden wie noch etliche andere als Phänomenologie einer vaterlos gewordenen Gesellschaft interpretierbare Ereignisse der Bachofenschen Gleichsetzung von Kulturstufen und Verfassungen fügen. Den nach Bachofens Muster so durchgehaltenen Assoziationen der Demokratie mit dem ›Hetärismus‹ und des ›Hetärismus‹ mit dem Dunkel steht Schneidewein als lichte Kontrastfigur diametral gegenüber: als Optiker, der als solcher bereits in der ältesten Notiz von Berufs wegen mit dem Licht assoziiert wird; als Vater der vier Kinder und drei Söhne, die gemäß der literarisch vermittelten Vorstellung von »Berner Bauernblut« aus seiner patriarchalen, noch unter dem wilhelminischen Kaiserreich geschlossenen Ehe hervorgehen und deren einem er zum Zeichen seiner paternitas certissima bis zur Identität gleicht (»mit den blauen Augen *Nepomuks*«); – aber auch allein schon als Berner, aufgrund seiner

237 Bd. 6, S. 349.

238 »Die Fackel« ist wohl aus dem Gedächtnis zitiert – im Original steht »Die Leuchte« (freundlicher Hinweis von Albert von Schirnding, Harmating, vom 2. März 2000) – und gelangte vermutlich aus Brangänes Part, auf den Isolde hier repliziert, oder auch aus den diese Replik umgebenden Regieanweisungen in den Text: Richard Wagner, Sämtliche Schriften und Dichtungen. Volks-Ausgabe, Leipzig: Siegel, [6]o. J., Bd. 7, S. 35.

239 Bd. 6, S. 369.

240 Bd. 8, S. 877.

in den Notizen zunächst nur so spezifizierten Herkunft »aus Bern«. Nicht umsonst soll er sein »mit Glück betrieb[enes]« »Handwerk« ausdrücklich »in der Heimat erlernt« haben; und nicht von ungefähr wird dieses »optische[ ]« »Handwerk« also ausdrücklich mit »Bern« verbunden:

Gerade als Berner nimmt der Optiker und Patriarch den Deutschen einer ganz bestimmten historischen Periode gegenüber die Position ein, welche die Deutschen sonst gegenüber dem Ausland behaupteten; aber wiederum nur die wilhelminischen Untertanen, wie zum Beispiel der Reichsdeutsche Krull gegenüber dem gebürtigen Schweizer, jedoch »längst« zum Franzosen gewordenen Stürzli. Stürzlis angenommene Staatsangehörigkeit vereindeutigt die Deutschschweizer Identität ähnlich wie, doch auch ganz anders als Schneideweins Herkunft »aus Bern«. Beide Spezifikationen der nationalen Identität beseitigen eine der Stereotypisierung gegenüber robuste Ambivalenz, die sich bei jenem einäugigen Züricher Mäzen vielleicht bis in die Isotopie von Licht und Sehen fortsetzt. Dessen Portrait jedenfalls ist gerade hierin bekanntlich keine Montage mehr. Bekanntlich hatte Hermann Reiff gar kein Glasauge. Die so bis in die erfundene Einäugigkeit hineinreichende Ambivalenz der Deutschschweizer hatte Thomas Mann denn ja auch selber schon auf ihre beiden Begriffe gebracht, als er in seinem *Brief über die Schweiz* gestand, es falle ihm als »Deutsche[m] schwer, sich« eine »Vereinigung« von »Demokratie und Männlichkeit [...] vorzustellen«.

Stürzli ist Bürger eines Staats geworden, der in den *Betrachtungen eines Unpolitischen* das Paradebeispiel für das Syndrom von Demokratie und Verweiblichung abgibt[241] und auf dessen entschieden republikanisches Selbstverständnis unmittelbar nach Krulls Einreise ja schon der Name einer Bushaltestelle hinweist, »Rue du Quatre Septembre«. Andererseits und gegenläufig dazu ließ Thomas Mann den »Schweizer« Schneidewein in ein noch monarchistisches »Reich« auswandern, beziehungsweise sogar einmal in die Hauptstadt der letzten Monarchie, die zur Entstehungszeit des Romans im deutschen Sprachraum noch bestand und nach wie vor besteht: »Vaduz, Liechtenstein«, und zwar auch dorthin schon »aus Bern«: Das heißt aus einer in seinen Augen gerade nicht egalitären, nur cum grano salis demokratischen Gesellschaft, für die ihn genau dieses Gran Salz eingenommen zu haben scheint. Denn es waren ja die »*Patrizier*häuser[ ]«, die ihm aus Bern in so guter Erinnerung blieben, oder auch der Umstand, daß man dort in ihm »nicht den ›Republikaner‹ oder ›Demokraten‹ [...] sah«,[242] wie er ausgerechnet an Otto Basler schrieb, ein mögliches ›Vorbild‹ der Schneidewein-Figur[243] (welcher allerdings weder Basler noch Berner, sondern Aargauer war). Wie schon Bachofens Vaterstadt »durch konservative Luft und breites Familienleben [...] hanseatische Jugend-

241 Bd. 12, S. 307.
242 Zitiert nach: Sprecher, Thomas Mann in Zürich, S. 128.
243 Vgl. Sprecher, S. 85.

eindrücke täuschend erneuerte«,[244] so schien auch Bern für Thomas Mann etwas von dem Ständisch-Patrizischen seiner eigenen, vorrepublikanischen Herkunft bewahrt zu haben, dessen Verlust er als Kastration empfinden mußte, solange »Demokratie und Männlichkeit« sich gegenseitig ausschlossen.

244 Bd. 13, S. 50.

Katholiken und Katholikinnen

Katholische Erzähler

Thomas Mann, der das literaturhistorische Theorem von der »Säkularisation als sprachbildende[r] Kraft«[1] antizipierte, indem er unter die Vorfahren seines alter ego Gustav Aschenbach einen »Priester« setzte, behauptete einmal wie Hans Castorp[2] von sich selber, er hätte »ganz gut Geistlicher werden können«.[3] Jedenfalls war er noch ziemlich stark von der Religiosität des neunzehnten Jahrhunderts geprägt. Davon zeugt vielleicht auch schon die a limine auf einen explizit »christlichen« Nenner gebrachte Vorbildlichkeit im späten Figurenportrait des einen, ausnahmsweise so vorteilhaft gezeichneten Schweizers. Thomas Manns evangelisch-christliches Erbe zeigt sich aber nicht nur an seinen Novellen und seinen Romanen,[4] deren erster bekanntlich mit dem wörtlichen Zitat eines lutherischen Katechismus beginnt[5] und vermutlich mit einem freien Zitat daraus auch endet;[6] sondern dieses Erbe bestimmte auch sein außerliterarisch-ephemeres Schreiben. So führte Thomas Mann sein Tagebuch ganz offensichtlich in der Tradition des protestantischen Rechenschaftsberichts. In dieses Tagebuch notierte er denn auch gewissenhaft ein paar Einzelheiten der Spezialaudienz, welche ihm der später sehr umstrittene[7] Papst Pius XII. 1953 »gegen gewisse Widerstände aus seiner Umgebung«[8] gewährt hatte:

---

1 Albrecht Schöne, Säkularisation als sprachbildende Kraft. Studien zur Dichtung deutscher Pfarrersöhne, Göttingen: Vandenhoeck & Ruprecht, [2]1968 (Palaestra, Bd. 226).

2 Bd. 3, S. 266. Zu Castorps ›Liebäugelei‹ mit dem Beruf »auch« eines Arzts vgl. den Brief vom 5. Juli 1919 an Gustav Blume; Briefe, Bd. 1: 1889–1936, S. 164–166, hier S. 165.

3 Brief vom 29. März 1917 an Lilli Diekmann; Briefe, Bd. 1, S. 134.

4 Vgl. z. B. Werner Wienand, Größe und Gnade. Grundlagen und Entfaltung des Gnadenbegriffs bei Thomas Mann, Würzburg: Königshausen & Neumann, 2001 (Studien zur Literatur- und Kulturgeschichte, Bd. 15).

5 Vgl. Ada Kadelbach, »Was ist das?« Ein neuer Blick auf einen berühmten Romananfang und die Lübecker Katechismen, in: Manfred Eickhölter und Hans Wißkirchen (Hgg.), *Buddenbrooks.* Neue Blicke in ein altes Buch. Begleitband zur neuen ständigen Ausstellung »Die *Buddenbrooks* – ein Jahrhundertroman«, Lübeck: Dräger, 2000, S. 36–47.

6 Vgl. Eberhard Lämmert, Thomas Mann. *Buddenbrooks*, in: Benno von Wiese (Hg.), Der deutsche Roman vom Barock bis zur Gegenwart. Struktur und Geschichte, Bd. 2: Vom Realismus bis zur Gegenwart, Düsseldorf: Bagel, 1963, S. 190–233, hier S. 191.

7 Vgl. z. B. John Cornwell, Hitler's Pope. The Secret History of Pius XII, London, New York, Ringwood, Toronto und Auckland: Viking, 1999.

8 Tagebücher 1953–1955, S. 432, Anm. 5 [Kommentar].

> Am *Mittwoch den 29. April Spezial-Audienz bei Pius XII*, rührendstes und stärkstes Erlebnis, das seltsam tief in mir fortwirkt. In den rotausgeschlagenen Vorzimmern Begegnung mit Hutchins und Mortimer Adler, die auf meinen Allein-Empfang warten mußten. Dieser im Stehen. Die weiße Gestalt des Papstes vor mich tretend. Bewegte Kniebeugung und Dank für die Gnade. Hielt lange meine Hand. Über den Anlaß meines römischen Besuches und meinen Eindruck von der Stadt, wo man in Jahrhunderten wandelt. Über Deutschland, offenbar seine glücklichste Zeit, und die auf die Dauer zu erwartende Wiedervereinigung. Die Wartburg, sein Wort darüber und die Einheit der religiösen Welt. Kniete nicht vor einem Menschen und Politiker, sondern vor einem weißen geistlich milden Idol, das 2 abendländische Jahrtausende vergegenwärtigt.[9]

»Über Deutschland [...] und die auf die Dauer zu erwartende Wiedervereinigung. Die Wartburg [...] und die Einheit der religiösen Welt.« – Was diese beiden Satzellipsen zusammenhält und was jedenfalls ihr unmittelbarer, asyndetischer Kontakt evoziert, ist die unausgesprochene Voraussetzung einer Homologie zwischen der politischen und »der religiösen Welt«. Aus der doppelten Ellipse spricht so ein Glaube daran, daß sich »auf die Dauer« die »Einheit« in beiden Sphären durchzusetzen vermag: sowohl gegenüber politischer Teilung und ideologischer Konfrontation (»Deutschland«) als auch gegenüber religiöser und konfessioneller Spaltung (»Wartburg«).

»Einheit« und Spaltung, politische und »religiöse[] Welt«, die Thomas Mann hier zwei Jahre vor seinem Lebensende also im Sinne eines fortschrittsoptimistisch-harmonisierenden Kerygmas notierte, waren zwei Jahre vor seiner Geburt gerade in »Deutschland« in eine ganz andere, durch und durch antagonistische Konfiguration geraten. In dieser gefährdete letztlich die Spaltung »der religiösen Welt« die »Einheit« des eben erst zu einer nationalstaatlichen Realität gewordenen »Deutschland«, nachdem schon die Vorgeschichte der ›zweiten‹ Reichsgründung jahrhundertelang durch die »Grundtatsache« der Glaubensspaltung geprägt war.[10]

Die Frage liegt daher nahe, ob der im sogenannten Kulturkampf offen ausgebrochene und in Thomas Manns formativen Lebensjahren weiterschwelende Konfessionskonflikt in seinen literarischen Repräsentationen des Katholizismus und der Katholiken und gegebenenfalls *welche* Spuren er darin hinterlassen habe; ob daran nicht auch etwas vom lübisch-protestantischen Ressentiment einer Tony Buddenbrook auszumachen sei, die unbeirrt »an dem Glauben ihrer Väter festhält und die unevangelischen Schnurrpfeifereien verabscheut«: »der Katholizismus; ich hasse ihn [...], ich halte gar nichts davon...«.[11]

Zu diesem Bekenntnis veranlaßt sieht sich Tony anläßlich ihrer Reise zu ihrer Jugendfreundin, »der kleinen Eva Ewers«, jetzt Eva Niederpaur, »deren Vater, ein Kunstschwärmer [...], sich in München angesiedelt hat[]«.[12] Tonys anti-

---

9 Tagebucheintrag vom 1. Mai 1953; Tagebücher 1953–1955, S. 53–55, hier S. 53 f.

10 Heinrich August Winkler, Der lange Schatten des Reiches. Eine Bilanz deutscher Geschichte, in: Merkur 56, 2002, S. 221–233, hier S. 222.

11 Bd. 1, S. 308.

12 Bd. 1, S. 89.

katholisches Bekenntnis gehört somit in die Vorgeschichte ihrer zweiten, ganz in München lokalisierten Ehe. Die Diözesanhauptstadt erscheint dabei aus Tonys protestantisch-skeptischer Sicht von allem Anfang an in religiöser und moralischer Hinsicht kompromittiert. Vor der Mariensäule »knien [...] und beten« »Leute aus dem Volke mit Rosenkränzen [...], was ja recht hübsch aussieht, aber es steht geschrieben: Gehe in dein Kämmerlein«. Die »Mönche auf der Straße [...] sehen recht ehrwürdig aus«; »[a]ber [...] ein höherer Kirchenmann [...], vielleicht [...] der Erzbischof, ein älterer Herr« und »Suitier von einem Kirchenfürsten«, »wirft« ihr »aus dem Fenster« »seiner Kutsche« einen Blick zu »wie ein Gardelieutenant«. Und überhaupt findet sie »den Ton« »in der Gesellschaft« »ziemlich équivoque«.[13]

Was Tony Buddenbrook am katholisch-›schwärmerischen‹ München unverzüglich registriert und kritisiert, reaktiviert ganz augenscheinlich die ältesten, lutherisch-theologischen Antikatholizismen. Deutlich erkennbar wird die theologische Katholizismuskritik natürlich an der Stelle aufgerufen, an der Tony die »hübsch« arrangierte Marienverehrung mit dem Wortlaut der Bergpredigt konfrontiert. Die katholische Glaubenspraxis wird hier in ihrem Widerspruch zu diesem Kerntext des Christentums als eine letztlich heidnische hingestellt. Aber die alten Register der Katholizismuskritik werden wohl auch dort wieder gezogen, wo Tony sich über die schamlose Selbstdarstellung der Kirche und die allzu sichtbaren Schwächen ihrer Vertreter empört, den chevaleresk anzüglichen Blick aus der »Kutsche« des »Kirchenfürsten«; oder wo sie jeweils auf all dem insistiert, was alles in München an spezifisch Katholischem »ehrwürdig« oder eben »hübsch *aussieht*«, zur Schau gestellt und inszeniert ist und im Fall der Mariensäule an Idolatrie zumindest grenzt.

Dagegen nun aber scheint Thomas Mann selber ganz im Gegenteil mit dem über solchen ›Haß‹ und ›Abscheu‹ nur »lachen[den]« Thomas Buddenbrook, der diese »in Frankreich und Italien gefaßt« haben soll, »eine[ ] kleine[ ] Neigung zum Katholizismus«[14] und »eine gewisse Sympathie für die päpstliche Kirche«[15] zu teilen. So jedenfalls stellt sich der Befund zunächst auch und vor allem in seinem literarischen Werk dar, also ganz abgesehen von jenem späten Tagebucheintrag. Solch ein Befund ergibt sich wenigstens auf einen ersten, sozusagen erzähltheoretischen Blick auf dieses Werk.

Denn eine persönliche »Neigung zum Katholizismus« oder doch »eine gewisse« Affinität Thomas Manns zu den Katholiken zeigt sich schon an den Erzählerfiguren seiner Romane. Sie zeigt sich an den Romanerzählern, die sich der ersten Person bedienen, also die ›perzeptible‹ Gestalt eines eigentlichen ›Charakters‹ annehmen[16] und insofern am leichtesten mit dem realen Autor

---

13 Bd. 1, S. 308 f.

14 Bd. 1, S. 653.

15 Bd. 1, S. 308.

16 Vgl. Mieke Bal, Narratology. Introduction to the Theory of Narrative, Toronto, Buffalo und London: University of Toronto Press, ²1997, S. 27, 48.

verwechselbar sind. Die fiktiven Autoren also aller drei in ›Ich-Form‹[17] geschriebenen Romane sind ausnahmslos katholisch: Felix Krull; Serenus Zeitblom; Morhold alias Clemens der Ire. Unter diesen dreien sind natürlich vor allem die ersten beiden, die Katholiken in dem nachreformatorisch prägnanten Sinn von Interesse, der hier primär ins Gewicht fällt.

Die beiden in diesem neuzeitlichen Sinn katholischen Erzähler, Krull und Zeitblom, deren »innere Verwandtschaft« Thomas Mann in der *Entstehung des Doktor Faustus* eigens konstatierte,[18] sind entschieden »sympathisch«, um es auf ein ihnen gemeinsames Prädikat zu bringen. Schon auf der ersten Manuskriptseite der *Bekenntnisse des Hochstaplers Felix Krull* wird deren Erzähler oder wurde er immerhin in einer älteren Lesart der Handschrift über die Materialität seiner Geständnisse, nämlich graphologisch über seine »saubere[ ] und sympathische[ ]«, später: »gefällige[ ] Handschrift« charakterisiert. Und in Serenus Zeitblom sah Thomas Mann sogar die einzige »wirklich sympathisch[e]« unter den männlichen Figuren des Romans.[19]

Zeitbloms Konfession wird allerdings eher flüchtig und nur am Anfang, dann aber nirgends mehr thematisch – jedenfalls nicht in der vorliegenden Gestalt des Romans. Denn in der älteren Fassung des Texts findet sich eine zweite Selbstreflexion Zeitbloms über seinen Katholizismus. Sie steht in einem gestrichenen Passus des Manuskripts und gehört in den Umkreis jener jetzt so eng mit Zürich assoziierten Lieder, deren Uraufführung (»1922 [...], nicht in Adrians Gegenwart«[20]) einst »[z]wei Jahre« früher und nota bene in einer entschieden katholischen Stadt hätte stattfinden sollen, nämlich in Köln (und zwar so, daß die jetzt eigens vermerkte Absenz des Komponisten hier schon aus technischen Gründen sich ganz von selbst verstand): »~~1920 brachte der Kölner Rundfunk sie lobenswert zu Gehör. Zwei Jahre später~~«.

Die Textgrundlage des Zyklus, eine »hübsche Original-Ausgabe von Clemens Brentano's Gedichten« (denselben Vornamen hat Thomas Manns nächster katholischer Romanerzähler ausdrücklich zum »Zeichen« seiner »Ergebenheit für Rom« angenommen[21]), ist auch in der Publikationsfassung des Texts ein Geschenk des fiktiven Autors. In der älteren Fassung nutzte dieser jedoch »logischerweise« die Gelegenheit, um seine »nüchterne[ ]«, »männlich-vernunftgebundene[ ] [...] Geistesform, Sittlichkeit und Bildung« mit Brentanos Wesen zu konfrontieren, das er hier noch unter die Signatur der Rückkehr zum Katholizismus stellte. Er konfrontierte sich und seine Konfession mit »den überall aus dem Kindlich-Volksklanglichen ins Geisterhafte entschwebenden, um nicht zu sagen: entartenden Sprachträumereien des Romantikers,

17 Vgl. Jürgen H. Petersen, Kategorien des Erzählens. Zur systematischen Deskription epischer Texte, in: Poetica 9, 1977, S. 167–195, hier S. 171–179.

18 Bd. 11, S. 159; vgl. S. 164.

19 Brief vom 7. September 1948 an Agnes E. Meyer; Briefe, Bd. 3, S. 48 f., hier S. 49.

20 Bd. 6, S. 246.

21 Bd. 7, S. 13.

dem binnen kurzem der katholischen Kirche in die Arme zu sinken bestimmt war«.

In der endgültigen Fassung indessen erwähnt Zeitblom seinen Katholizismus nur im Kontext seiner Vorstellung und seiner Herkunft. Heimat der Zeitbloms hätte ursprünglich vermutlich die aufs allerengste mit der Geschichte der Reformation verbundene Stadt Torgau sein sollen. Jetzt ist es das zwar fiktive, aber konkret im »Herzen der Luther-Gegend« und »im Heimatbezirk der Reformation« situierte Kaisersaschern. Als Katholiken sind die Zeitbloms Teil einer ausdrücklich »*kleinen* katholischen Gemeinde dieser Stadt, deren Bevölkerungsmehrheit *natürlich* dem lutherischen Bekenntnis angehört[ ]«.[22]

Dieser Minderheitsstatus der Zeitbloms ist kein bloß denomineller. Zeitblom stammt aus einer nicht nur denominell katholischen Familie; sondern er kommt aus einem zumindest zur einen Hälfte wirklich gläubigen und praktizierenden Haus, worin – »was in protestantischen Häusern nicht leicht möglich gewesen wäre« – »neben« dem »Pfarrer, Geistl. Rat Zwilling« (in den Notizen: »Gabriel Zwilling, Pfarrer in Torgau«), »auch der Rabbiner der Stadt, Dr. Carlebach mit Namen, [...] verkehrte«.[23] (Ein »Knäbchen« und »Rabbinersöhnchen« dieses »Namen[s]«, »wenn auch eben sehr reinlich nicht«, kam schon ein Vierteljahrhundert früher in einer autobiographischen Erinnerung Thomas Manns vor.[24])

»[N]amentlich« Zeitbloms namenlose »Mutter war eine fromme Tochter der Kirche«.[25] Sein Vater, Wolgemut Zeitblom – zunächst »Urban«, dann etymologisch anheimelnd »Wohlgemut« geschrieben –, hielt zwar »seinen Kultgenossen« »die Gruppen-Solidarität [...], die ja auch ihre politische Tragweite hatte«.[26] Aber in der Erfüllung seiner »religiösen Pflichten«, der Preisgabe des katholisch konnotierten Vornamens »Urban« und den zeitgenössischen Geschlechterrollen[27] entsprechend, war er »laxer« als seine Frau.[28] Über die Gründe solcher ›Laxheit‹ kann selbst sein eigener Sohn nur spekulieren. Schon die Worte allerdings, die dieser seiner Spekulation verleiht: »*wahrscheinlich schon* aus Zeitmangel«,[29] verraten deren Unzulänglichkeit. Sie deuten auf tiefere, wesentlichere, aber ungenannte Ursachen für Wolgemut Zeitbloms religiöse Halbherzigkeit hin. –

Genau umgekehrt gestalten sich die geo- und demographischen Verhältnisse im *Felix Krull*, die in den frühesten Kapiteln des Fragments festgelegt wurden

22 Bd. 6, S. 15; im Original keine Hervorhebung.
23 Bd. 6, S. 14.
24 Bd. 13, S. 467. Vgl. die Briefe vom 18. Februar 1947 an Cilly Neuhaus; Briefe, Bd. 2: 1937–1947, S. 526, und vom 26. September 1947 an Henry N. Carlebach (Thomas Mann-Archiv).
25 Bd. 6, S. 14.
26 Ebd.
27 Vgl. Nipperdey, Bd. 1, S. 437.
28 Bd. 6, S. 14.
29 Ebd.; im Original keine Hervorhebung.

und deshalb in ihrer Differenz zum *Doktor Faustus* den Spätwerkscharakter dieses Romans hervortreten lassen. »[D]as ehrwürdige Städtchen, in dem« Krull, »wenige Jahre nur nach der glorreichen Gründung des Deutschen Reiches, das Licht der Welt erblickte«, wird zwar im Roman nicht namentlich identifiziert. Es ist aber realiter über die im Romantext gegebenen Bestimmungen doch identifizierbar: »Hauptanlegeplatz«, »Schaumweinfabrikation«, »gegen viertausend Einwohner«, »sehr nahe [...] die Taunusbäder«, »[e]in wenig westlich des Knies [...], welches der Rhein bei Mainz beschreibt«;[30] und vollends über eine nachträgliche Einfügung ins Manuskript: »Gemäuer der rheinwärts gelegenen, weiland erzbischöflichen Burg«.[31] Dies alles weist auf eine in den Vorarbeiten so auch notierte und kartographisch eingezeichnete Stadt. Deren Randlage, wie sie schon aus ihrem deutsch-französischen Doppelnamen beziehungsweise aus ihrem in diesen Vorarbeiten rein französischen Namen spricht: »Eltville« oder Elfeld (ein in der Familiengeschichte der Manns schwer belasteter Name[32]), markiert einen maximalen Abstand zu Kaisersaschern und namentlich zur Metapher des »Herzen[s]«, welche der Erzähler des *Doktor Faustus* bei der konkreten Verortung seiner fiktiven Vaterstadt aufbietet.

Eltville, zum Erzbistum und Erzstift Mainz gehörig, war von jeher, blieb auch nach Auflösung des alten Reichs und ist noch immer stark überwiegend katholisch.[33] Als Geburtsort des Hochstaplers, Lügners und Kriminellen und zur Heimat seiner Familie – der Vater Bankrotteur und Selbstmörder, »Mutter und Schwester«[34] ›Nymphomaninnen‹ – wählte Thomas Mann also eine ›erz‹-katholische Ortschaft, die »weiland«, daher der Hinweis auf die »erzbischöfliche Burg«, ein strategisches Zentrum katholischer Macht war. Sie steht zu den konfessionsdemographischen Verhältnissen der fiktiven Stadt Kaisersaschern in diametralem Gegensatz. Von denen des realen Kaiserreichs bildet sie eine beispielhafte Ausnahme.

Die eigentümlichen konfessionellen Mehrheitsverhältnisse des »Städtchen[s]« werden im Text selbst jedoch nirgends zum Thema. Stillschweigend und als selbstverständlich vorausgesetzt wird lediglich, daß »der Stadtpfarrer, Geistliche[r] Rat Chateau«, ein katholischer zu sein hat.[35] Von diesem und in eins damit von der Konfession der Krulls erfährt man erst im zweiten von insgesamt drei ›Büchern‹. Und der religiösen Tradition zum Trotz, die der Buchtitel aufruft, spielt die katholische ›Konfession‹ dessen, der die *Bekenntnisse* ablegt, darin so gut wie gar keine Rolle. Seinen Katholizismus reduziert Krull, ohne

30 Bd. 7, S. 266.

31 Bd. 7, S. 297.

32 Vgl. Julia Mann [jr.], Tante Elisabeth [1.–8. September 1897 an Thomas Mann], in: Sinn und Form 15, 1963, S. 482–496, hier S. 488.

33 Freundliche Auskunft von Rolf Decot, Mainz, vom 9. Oktober 2000.

34 Bd. 7. S. 278 f., 324, 334.

35 Bd. 7, S. 324.

jedes sensu stricto religiöse Interesse, auf seinen »von Natur« konservativen, »erhaltenden Sinn[ ]«. Er führt seine Denomination auf seine ausdrücklich »*freie* Anhänglichkeit« zurück, die er »wohltuend überlieferten Formen [...] gegenüber den Anmaßungen eines platten Fortschritts bewahrt habe«.[36] Schon diese Veräußerlichung der katholischen Herkunft verböte es, deren Koinzidenz mit dem so ausgeprägt »sympathisch[en]« Charakter der Figur in dem Sinn zu strapazieren, den die entsprechende Koinzidenz im *Doktor Faustus* als einem Spät- und Alterswerk annehmen wird.

Daß man von Krulls Konfession erst im zweiten Buch seiner *Bekenntnisse* und sonst kaum etwas erfährt, hat also offenbar einen inneren Grund. Während »Mutter und Schwester« »der Leute wegen und aus Neigung zur Bigotterie« beide »eifrige Katholikinnen« sind (in der Handschrift zunächst nur: »aus Empfindsamkeit«),[37] kommt Felix dem »zuständigen Stadtpfarrer«[38] erst zu Gesicht, als er ihn nach und trotz dem Suizid seines Vaters um »kirchliche[n] Beistand[ ]« und »geistlichen Segen« ersucht. Diesen gewährt der Geistliche in komplizenhaftem Einverständnis mit Krulls Lügengeschichte; »und zwar«, wie Thomas Mann eigens in die Handschrift einfügte, »aus Politik (denn die Kirche muß in so schlechten Zeiten wohl froh [in der Handschrift gestrichen: ›und geschmeichelt‹] sein, wenn man sich, sei es auch lügnerischerweise, um ihre Gaben bewirbt)«.[39]

Genauer gesagt kommt Krull dem Geistlichen wie später einer elsässisch-französischen ›Nymphomanin‹[40] weniger ›zu Gesicht‹ als vielmehr zu *Gehör*. Denn der »Geistliche[ ] Rat Chateau«, »ein eleganter Priester, welcher den Adel [...] seiner Kirche persönlich aufs überzeugendste vertr[it]t«: »unter seiner aus feinem seidig-schwarzen Tuch gefertigten Soutane schwarzseidene Strümpfe und Lackschuhe« – indem er sich zwar davon distanziert, fügt Krull das »böswillige[ ] Gerede« hinzu, daß Chateau sich »dieser letzteren [...] so ausschließlich« »bediene [...], weil er an riechendem Fußschweiß leide« –, der Geistliche Rat also »möchte« an Krull »insonderheit« die »Stimme loben«; oder, in Krulls ausführlicher Paraphrase und Würdigung dieses Lobs: »den inneren Adel« seines »Stimmklanges«, den zu beurteilen Krull dem Geistlichen in zwei »klaren Gedanken« zugesteht. »Erstens« bilde »die Zugehörigkeit zu einer ehrwürdigen Stufenfolge, wie der katholische Klerus sie darstellt, den Sinn für menschliche Rangordnung viel feiner aus, als ein Leben auf der bürgerlichen Ebene das vermag«. Und zum anderen sei »die katholische Form der Verehrung diejenige, welche [...] auf die Sinnlichkeit vorzüglich rechnet und wirkt, ihr auf den erdenklichsten Wegen Vorschub leistet«. Im Zeichen seiner »Sinnlichkeit« steht übrigens auch schon die Einführung des »heitersinnlichen Kleriker[s]«.

36 Ebd.; im Original keine Hervorhebung.
37 Ebd.
38 Ebd.
39 Bd. 7, S. 325.
40 Bd. 7, S. 437.

Denn Krull trifft ihn »bei [...] einer Kräuteromelette und einer Bouteille Liebfrauenmilch [in der Handschrift zunächst: ›Rheinwein‹]«.[41]

41 Bd. 7, S. 324–327, 437.

Katholizismus als Glaubenspraxis

Vom eigentlichen »Begängnis[ ]« und den katholischen »Funeralien«, von »Beisetzung und Exequien«, um deren »Übernahme« es bei Krulls Besuch geht und um derentwillen der Geistliche überhaupt eingeführt wird,[1] ist dann jedoch kaum mehr die Rede. Überhaupt rückt das eigentlich ›Katholische‹, der Katholizismus als Glaubenspraxis und in seiner dogmatischen oder rituellen Differenz zum Protestantismus bei Thomas Mann kaum je in den Blick; oder dann nur sehr flüchtig und mehr oder weniger entstellt und verfremdet. Dabei gehen die Verfremdungen auffällig oft, einer im *Zauberberg* explizit konstatierten Affinität gemäß,[2] mit Verbindungen von Katholischem und Jüdischem einher.

Erstens: Das junge, in der Geschichte des innerdeutschen Konfessionsstreits[3] sehr wichtige »Dogma von der unbefleckten Empfängnis« kommt in *Gladius Dei*, der Erzählung von einer Auseinandersetzung eines jüdischen Kunsthändlers mit einem ›fundamentalistisch‹-katholischen Eiferer namens Hieronymus, im Zusammenhang mit einer erotischen bis pornographischen Darstellung der Madonna vor (vermutlich der an sich schon berüchtigten Maria lactans), die der Jude ausstellt und vertreibt, im doppelten Wortsinn ›prostituiert‹. Die Muttergottes soll hier »einen ziemlich berührten Eindruck...« machen und junge Münchner »am Dogma« »irre« werden lassen.[4] Das »Dogma« erscheint damit in einem Kontext, der bis in die Interpunktion (»berührte[r] Eindruck...«) der conceptio immaculata eine ganz andere als die im Mariendogma von 1854 gemeinte Bedeutung zumindest suggestiv unterlegt, wenn er nicht geradezu verrät, daß Thomas Mann selber das Wort von der »unbefleckten Empfängnis« im landläufigen, natürlich durch Ejakulationsphantasien begünstigten Sinn mißverstanden und die ›Unbeflecktheit‹ der Muttergottes von der Erbsünde mit deren jungfräulicher Mutterschaft verwechselt und gleichgesetzt hat.

Zweitens: Der einzige ›kultische‹ Akt, welchen die erste ausdrücklich als katholisch markierte Figur des Gesamtwerks an einer exponierten Stelle, am Ende eines ersten Kapitels vollzieht, ist weder ein katholischer noch überhaupt

1 Bd. 7, S. 324–326.

2 Bd. 3, S. 614.

3 Vgl. August-Hermann Leugers, Latente Kulturkampfstimmung im Wilhelminischen Kaiserreich. Konfessionelle Polemik als konfessions- und innenpolitisches Machtmittel, in: Johannes Horstmann (Hg.), Die Verschränkung von Innen-, Konfessions- und Kolonialpolitik im Deutschen Reich vor 1914, Schwerte: Katholische Akademie, 1987 (Akademie-Vorträge, Bd. 29), S. 13–38, hier S. 14.

4 Bd. 8, S. 203.

ein christlicher, sondern ein heidnischer. Nachdem Elisabeth Buddenbrook gestorben ist, muß ausgerechnet eine »Graue[ ] Schwester[ ]« »den Toilettenspiegel mit einem Tuche« verhängen:[5] »Schwester Leandra« – in einer *Schwester Leandra* betitelten Novelle sollte Heinrich Mann etwas später eine Nonne zur Prostituierten werden lassen –, eine katholische Namensvetterin Doktor Leanders, eines jüdischen Arztes aus *Tristan*. Ihr Auftritt ist hier übrigens, anders als ihre Wiederkehr zum nächsten Todesfall vom »Januar 1875«,[6] um den Preis eines leichten Anachronismus erkauft. Denn die Kongregation der Grauen Schwestern von der Heiligen Elisabeth nahm ihre Arbeit in Lübeck erst 1874, drei Jahre nach dem für Elisabeth Buddenbrooks Tod anzusetzenden Datum auf;[7] von den noch älteren »Zahnkrämpfe[n]« ganz zu schweigen, bei denen »Schwester Leandra« Hanno Buddenbrook schon beigestanden haben soll.[8]

Die Bedeutung der ›abergläubischen‹, durchaus auch auf protestantischem Gebiet bezeugten Praxis[9] scheint der Erzähler als allgemein bekannt voraussetzen zu können und die anderen Romanfiguren als selbstverständlich, allgemein üblich und akzeptabel hinnehmen lassen zu dürfen. Den Vollzug aber des quasi heidnischen Rituals muß er offenbar doch der einen Katholikin und Grauen Schwester gewissermaßen anlasten, wie er sie auch im *Gesang vom Kindchen* wieder mit dem »[V]orchristlich«-Paganen assoziierte und von der bestehenden bürgerlichen Ordnung vollkommen *dis*soziierte: »Sie stand ganz außer aller Gesellschaft«.[10]

Drittens: Die Differenz zwischen protestantischer und katholischer Trauung wird in *Wälsungenblut* allein vom vollständig veräußerlichten Gesichtspunkt eines Juden aus thematisch. Der Vater der Braut, »Herr Aarenhold«, steht der »kirchliche[n] Trauung [...] kühl gegenüber, da von Beckerath«, sein bis in die fast schon ›starckdeutsche‹ Orthographie des Namens gutdeutscher Schwiegersohn in spe, leider nicht »dem katholischen Bekenntnis angehört«: »Eine protestantische Trauung sei ohne Schönheitswert.«[11] Wenigstens geht die Hochzeits*reise* von Berlin »nach Spanien«.[12] Sie führt also in ein erzkatholisches Land, sehr ähnlich wie Felix Krulls Reiseroute (über Paris nach Lissabon und dort endlich in die Arme einer ausdrücklich »iberischen« Frau,[13] deren so be-

5 Bd. 1, S. 568.

6 Bd. 1, S. 672, 683–685.

7 Vgl. Gustav Lindtke, Die Stadt der Buddenbrooks. Lübecker Bürgerkultur im 19. Jahrhundert, Lübeck: Schmidt-Römhild, [2]1981, S. 45.

8 Bd. 1, S. 560.

9 Vgl. Hanns Bächtold-Stäubli (Hg.), Handwörterbuch des deutschen Aberglaubens, Berlin: de Gruyter 1927–1942 (Nachdruck Berlin und New York: de Gruyter, 1987), Bd. 9, Nachträge, Sp. 567 f., s. v. ›Spiegel‹.

10 Bd. 8, S. 1081. Vgl. den Tagebucheintrag vom 25. Januar 1919; Tagebücher 1918–1921, S. 139.

11 Bd. 8, S. 385.

12 Ebd.

13 Bd. 7, S. 661.

stimmte ethnische Identität die ohnehin vergleichsweise minime Differenz zum Reiseziel der von Beckeraths oder vielmehr der Aarenholds sozusagen synekdochal suspendiert), aber ganz anders als die Hochzeitsreise Katia und Thomas Manns, der sich mit *Wälsungenblut* möglicherweise auch an seinem jüdischen Schwiegervater für die in seinem Fall ganz unterbliebene »kirchliche Trauung« schadlos hielt:[14] Die Hochzeitsreise der Manns brachte das Paar wie eine bekanntlich für Felix Krull einmal konzipierte, dann aber bezeichnenderweise fallengelassene Route ins zwinglianische Zürich.

Viertens: Die Letzte Ölung »der kleinen Hujus, einer Katholischen, Barbara Hujus«, ›deren‹ lächerlich lateinischer Nachname bei seiner appellativischen Bedeutung genommen gerade kein ›Name‹, sondern nur ein *Pro*nomen ist und damit die Repräsentativität der katholischen Figur auf Kosten ihrer Individualität gewissermaßen maximiert, – die Letzte Ölung also »ein[es] junge[n] Mädchen[s]« erscheint im *Zauberberg* unter dem Gesichtswinkel eines im Grunde unzulässigen Blicks. Einen solchen wirft der davon betont peinlich berührte Protestant und Militarist Joachim Ziemßen »hinter die Kulissen«, welche die Patientenschaft des Sanatoriums eigentlich vom Ernst des Lebens und Sterbens abschirmen sollen. Und noch dazu wirft er den verbotenen Blick auf eine ganz besondere, zwischen Komik und Tragik beklemmend schillernde Sterbeszene. In dieser Szene wehrt die Katholikin sich gegen das »Allerheiligste[ ]« ihrer Kirche buchstäblich mit Händen und Füßen, indem sie nämlich, »unter die Decke gekrochen«, »als eine formlose Masse [...] bettelt[ ] und grauenhaft protestiert[ ] und mit den Beinen strampelt[ ]«.[15]

Fünftens: Die einzige Messe, die Thomas Mann je beschrieben hat, ›fokalisierte‹ er aus der Perspektive Gustav von Aschenbachs, der seinem väterlicherseits militärisch-protestantischen Erbe um einer päderastischen Leidenschaft willen untreu wird. Und er situierte sie nicht im deutschen Kulturraum und tendenziell auch nicht mehr im ›christlichen Abendland‹; sondern in Venedig oder sogar in einem virtuellen Orient lokalisierte er sie. Ist in den *Vertauschten Köpfen*, bei der Parodie hinduistischer Religiosität als einer in Bachofens Sinn exotisch-vorpatriarchalen, diese dem Katholizismus angenähert – wenn der Erzähler zum Beispiel vom rituellen Flußbad als »Kommunion« oder bei der Satire aufs Einsiedlertum von »Observanzen« und »strengen Observanzen« spricht[16] –,

14 Vgl. Kurzke, Thomas Mann. Das Leben als Kunstwerk, S. 169; Albert von Schirnding, Thomas Mann, seine Schwiegereltern Pringsheim und Richard Wagner, in: Dirk Heißerer (Hg.), Themengewebe. Thomas Mann und die Musik. Zwei Vorträge von Albert von Schirnding und Joachim Kaiser, München: Thomas Mann-Förderkreis, 2001 (Publikationen des Thomas Mann-Förderkreis [sic!] München, Bd. 1), S. 7–22, hier S. 8–17; dagegen Hans Rudolf Vaget, »Von hoffnungsloser Art«. Thomas Manns *Wälsungenblut* im Lichte unserer Erfahrungen, in: Manfred Dierks und Ruprecht Wimmer (Hgg.), Thomas Mann und das Judentum, Frankfurt a. M.: Klostermann (Thomas Mann-Studien) [im Druck].

15 Bd. 3, S. 78–80.

16 Bd. 8, S. 716, 774, 784.

so wird im *Tod in Venedig* ganz genau gegenläufig dazu die Messe zu einem außerchristlich-orientalischen ›Kult‹ verfremdet. Venedig wird eine »[a]rabische«[17] Stadt. San Marco wird zu einem »morgenländischen Tempel[ ]«, wo »der schwergeschmückte Priester« ›singend‹ in der »goldene[n] Dämmerung des Heiligtums«, »inmitten« des vor »Betpult[en]« »knienden, murmelnden, kreuzschlagenden Volkes«, mit »Weihrauch [...] kraftlose[ ] Flämmchen« im »Dunst« »umnebelt[ ]« und wo »in den dumpf-süßen Opferduft [...] der Geruch der erkrankten Stadt« sich mischt.[18] Diese erheblich jüngere Schilderung der, wie es im *Felix Krull* heißt: der »Kultstätte« und ihres »Dunstkreise[s]«[19] stimmt doch bis in den Wortlaut mit Thomas Manns überhaupt erster Beschreibung eines katholischen Kircheninneren in *Gladius Dei* überein:

> In der geweihten *Dämmerung*, kühl, *dumpfig* und mit *Opferrauch* geschwängert, war irgendwo fern ein *schwaches*, rötliches Glühen bemerkbar. Ein altes Weib mit blutigen Augen erhob sich von einer *Betbank* und schleppte sich an Krücken zwischen den Säulen hindurch.[20]

17 Bd. 8, S. 502.
18 Bd. 8, S. 501 f.
19 Bd. 7, S. 327.
20 Bd. 8, S. 201; im Original keine Hervorhebung.

Katholische Konfession und politische Geographie

Die im *Tod in Venedig* insinuierte Affinität des katholischen mit dem nicht eben nur romanischen, ›ultramontanen‹, seine suggestive Subsumption unter einen überhaupt nicht mehr ›abendländischen‹ Raum, der als »erkrankte[r]«, aber auch sexualisierter und effeminierender den preußisch-deutschen Helden existentiell bedroht, hat bei Thomas Mann Methode und System. Die Verfremdung des Katholischen erfolgt hier im Rahmen eines ganz bestimmten Bewegungsschemas, wie es zum Grundbestand von Thomas Manns Erzählmustern gehört. Dieses Schema führt die Bewegung regelmäßig aus protestantischem in eindeutig oder zumindest mutmaßlich katholisches, nämlich süddeutsches, und auch über dieses oder selbst über europäisches Gebiet hinaus, dann allenfalls wieder in eindeutig oder mutmaßlich katholisch-deutsches zurück, aber ohne daß solch eine ›Heimkehr‹ etwas an der negativen Besetzung der Bewegung änderte.

Im *Tod in Venedig* liegt der Bewegungsschematismus in einer verhältnismäßig einfachen Variante vor (wie sie zum Beispiel auch in jener Seltsamkeit durchschlägt, daß Felix Krulls Reisezug in den Pariser *Nord*bahnhof einlaufen soll). Aschenbachs Leben beschreibt eine ganz einsinnige Nord-Süd-Bewegung. Diese läuft zielstrebig aus dem protestantischen in den katholischen Raum: aus der preußischen »Provinz Schlesien«[1] nach München und von München nach Venedig (wobei diese zweite Teilbewegung genau genommen bei einem »byzantinische[n] Bauwerk«[2] beginnt, also virtuell schon außerhalb des ›christlichen Abendlands‹, an der europäisch-asiatischen Grenze, welche in Gestalt einer Darstellung des »Goldene[n] Horn[s] mit dem Blick auf Galata«[3] auch die Kulisse abgibt für all die Monate, die Adrian Leverkühn in München, und für fünfzehn der achtzehn Jahre, die er in Pfeiffering, das heißt für so gut wie die ganze Zeit, die er auf *katholisch*-deutschem Boden verbringt).

Das spatiale Schema liegt hier wie sehr oft, ja fast immer einer irritierenden und bedrohlichen Handlung zugrunde. Die Bedrohung entsteht in aller Regel aus sexuellen Begegnungen oder – und oft in eins damit – aus hygienisch gefährlichen Konfrontationen deutscher Männer mit dem Ausland. In diesem ist die Herkunft sowohl lebensgefährlicher Infektionskrankheiten (Cholera, Tuberkulose, Syphilis) als auch der jeweils begehrten, entweder weiblichen oder dann »vormännlich[en]«[4] Körper situiert.

1 Bd. 8, S. 450.
2 Bd. 8, S. 445.
3 Bd. 6, S. 261, 434.
4 Bd. 8, S. 478. Vgl. z. B. Bd. 2, S. 681.

Die Regel, solch problematische Handlungen aus dem protestantischen Raum südwärts, und zwar zunächst eben in deutsch-katholisches Gebiet zu führen, auf dem das ›Ausland‹ und alles, was sich damit an ›Unheimlichem‹ verbindet, gewissermaßen vorschatten kann, scheint Thomas Mann nur gerade zwei-, dreimal verletzt zu haben: im *Zauberberg*, in der *Betrogenen* und in den *Bekenntnissen des Hochstaplers Felix Krull*. Im *Zauberberg* führt die Handlung aus einer zwar wieder norddeutsch-protestantischen Stadt in ein indessen konfessionell nicht eindeutig zuweisbares Gebiet der Schweiz. In der *Betrogenen* setzt die ihrerseits fatale Bewegung auf katholischem Gebiet schon ein. In den *Bekenntnissen des Hochstaplers Felix Krull* bleibt sie auf katholisches Gebiet immerhin zum größten und um so größeren Teil beschränkt, als Thomas Mann wie gesagt den früheren Plan, Krull in einen nun eindeutig reformierten Teil »der Schweiz« reisen und in Zürich »Kellner« werden zu lassen, aufgegeben und durch eine Kellnerkarriere unter dem zwar noch immer »schweizerisch[en]«[5] und mutmaßlich jüdischen Hoteldirektor Isaak Stürzli in Paris ersetzt hat: also wieder, worauf ja bereits einer der allerersten Ortsnamen, jene Bushaltestelle »Boulevard des Capucines« verweist, in einer sehr katholischen Stadt.

Der zweite und der dritte Fall, *Die Betrogene* und die *Bekenntnisse des Hochstaplers Felix Krull*, die beiden eindeutigen und krassesten Verstöße gegen die Regel, verletzen nicht von ungefähr auch andere Regelmäßigkeiten. So ist unter allen Romanhelden Thomas Manns Felix Krull der einzige Katholik. Und unter allen Hauptfiguren des Erzählwerks ist die Hauptfigur der *Betrogenen*, ihrerseits eine mutmaßliche[6] Katholikin, weit und breit die einzige Frau (ganz zu schweigen von der besonderen Krankheit, der sie erliegt, und von der ebenfalls schon diskutierten Besonderheit der »Zeit«, zu der die »Handlung spielt«, um nochmals Thomas Manns Entwurfsnotiz zu zitieren, obgleich sie sowohl das im Wortsinn ›Passive‹ als auch den Ernst des Geschehens eigentümlich verfehlt).

Gerade durch die auffällige Kumulation von Unregelmäßigkeiten scheinen *Felix Krull* und *Die Betrogene* die Regel zu bestätigen, die sie unterlaufen. Oder genauer gesagt erlauben sie es wieder, diese Regel zu präzisieren. Denn die eine entschiedene Ausnahme davon bildet der überhaupt letzte Erzähltext, den der Autor vollendete; und die andere bildet der Roman, über dem er starb. Die Abweichungen vom sonst regelmäßigen konfessionsgeographischen Bewegungsschema scheinen somit Teil und Ausdruck der Verschiebungen und Verwerfungen zu sein, die sich innerhalb des Spätwerks bereits abzuzeichnen begannen und immer wieder abzeichnen werden. Nur für dieses Spätwerk hat jenes Bewegungsschema keine oder lediglich eingeschränkte Geltung.

---

5 Bd. 7, S. 411.

6 Vgl. die Schließung der Leerstelle bei Jochen Strobel, Entzauberung der Nation. Die Repräsentation Deutschlands im Werk Thomas Manns, Dresden: Thelem, 2000 (Arbeiten zur Neueren deutschen Literaturwissenschaft, Bd. 1), S. 315.

Die eigentliche Handlung dagegen schon der »erste[n] Novelle«[7] exponiert das Schema mit wünschbarer Klarheit. Es handelt sich hier, in *Gefallen*, um eine Aitiologie der »spöttische[n]« und »bitteren« Physiognomie eines früh gealterten »Dr. med. Selten«[8] (ein übrigens wie etwa auch ›Jacob-y‹[9] wieder jüdisch konnotierbarer Name,[10] auch abgesehen vom Doktorat in Medizin, das ebenso stereotyp sein kann wie der freie Beruf des »Rechtsanwalts Jacoby«[11] in *Luischen* oder »Dr. M. Hagenström[s]« in den *Buddenbrooks* beziehungsweise unter deren Vorarbeiten:[12] Seltens Haar ist lockig und schwarz; seine Augen sind braun;[13] und vor allem anderen »macht[ ]« er sich »beständig in seiner scharfen Weise« über einen »Kirchenstuhl lustig«, auf dem er sitzt[14]). – Wie Rechtsanwalt Jacoby ist Selten das Opfer einer sexuellen Demütigung durch eine Frau geworden, ein »Fräulein Weltner«[15] und ein Säkularisat natürlich der allegorischen ›Frau Welt‹.

Die ›story‹ aber fängt in *Gefallen* damit an, daß Selten von »seinem norddeutschen Heimatort« in »eine [...] Stadt Süddeutschlands« zieht, wo ihn dann erst sein heilloses Unglück ereilen kann.[16] Paolo Hofmann, dessen ebenfalls enttäuschter »Wille zum Glück« in der gleichnamigen Novelle in den Tod führt, reist von »Norddeutschland« über Karlsruhe nach München, wo auch er seine femme fatale kennenlernt (eine Jüdin übrigens). Dann führt ihn sein Weg nach Rom[17] und weiter bis nach Nordafrika, von dort aus aber endlich wieder nach München zurück. Hier stirbt er, »beinahe in der Hochzeitsnacht«, buchstäblich an der Münchner femme ›fatale‹ und der weiblichen, seine Konstitution überfordernden Sexualität.[18] – Gabriele Klöterjahn aus Bremen kommt

---

7 Thomas Mann, Aufsätze; Reden; Essays, Bd. 1: 1893–1913, hg. v. Harry Matter, Berlin und Weimar: Aufbau, 1983, S. 52.

8 Bd. 8, S. 11 f.

9 Zur seinerzeit hohen Signifikanz des Ypsilon vs. ›Jacob*i*‹ vgl. Bering, Der Name als Stigma, S. 144 f.

10 Vgl. z. B. Jüdisches Adreßbuch für Groß-Berlin, Berlin: Goedega, 1931 (Nachdruck Berlin: Arani, 1994), S. 380, s. v. ›Selten‹ (14 Einträge); Verzeichnis jüdischer Autoren. Vorläufige Zusammenstellung der Reichsstelle zur Förderung des deutschen Schrifttums, 6. Lieferung, [Berlin: Masch.] 1939, S. 15, s. v. ›Selten‹ (2 Einträge); Konrad Krause, Die jüdische Namenswelt, Essen: Essener Verlagsanstalt, 1943, S. 77; Heinrich W. Guggenheimer und Eva H. Guggenheimer, Jewish Family Names and Their Origins. An Etymological Dictionary, o. O.: Ktav, 1992, S. 687.

11 Bd. 8, S. 168 f., 171, 181, 185.

12 Große kommentierte Frankfurter Ausgabe, Bd. 1.2, S. 452.

13 Bd. 8, S. 14.

14 Bd. 8, S. 11, 14. Zur Assoziiertheit des Adjektivs in Thomas Manns Vokabular vgl. die »scharfe[n] Judenjungen« Bd. 11, S. 826, 839.

15 Bd. 8, S. 14.

16 Ebd.

17 Bd. 8, S. 43–45.

18 Bd. 8, S. 61.

in *Tristan* von Lübeck in vermutlich altbayerisches, vielleicht auch österreichisches, also jedenfalls katholisches Gebiet. Hier (verführt übrigens von einem Juden) holt sie sich den Tod...; und so weiter bis zu Adrian Leverkühns Weg aus dem »Heimatbezirk der Reformation« nach München und Italien und von dort nach Bayern zurück.

Daß in diesen Bewegungen konfessionelle Spannungen ausagiert werden und daß es sich dabei nicht einfach um eine zufällige oder unvermeidliche Koinzidenz des deutschen Nord-Süd- und des damit natürlich verquickten Konfessionskonflikts handelt, läßt sich an dem einen Fall aufzeigen, in dem diese beiden Konflikte ausnahms- und übrigens nicht sehr plausiblerweise dissoziiert sind. Dissoziiert sind sie nämlich in jenem Münchner Brief, in dem Tony Buddenbrook ihrem blanken ›Haß‹ auf den Katholizismus offenen Ausdruck verleiht. Unter Tony Buddenbrooks von der ersten an durchnumerierten Ehen ist die zweite, süddeutsche, in deren Vorgeschichte der Münchner Brief gehört und über die sich Autor und Leserschaft in konspirativem Einverständnis auf Kosten eines Bayern belustigen, wesentlich weniger schlimm als die erste, in Hamburg situierte. Alois Permaneder, die einzige ganz frei erfundene Figur des Romans,[19] deren Position ursprünglich ein Berliner hätte besetzen sollen[20] und für die Thomas Mann auch den Namen »Oberhof«[21] oder »Oberhofe«[22] erwog, ist der weitaus gutmütigere und moralisch bessere der beiden Ehemänner. Er ist ein »angenehmer Mann«[23] und ein expressis verbis »guter Mensch«.[24] Er hat ein »gutes Herz«. Er weint beim Tod seines neugeborenen »kleine[n] Mädchen[s]« »aufrichtig erschüttert [...] dicke Tränen«.[25] Er gratuliert lange nach der Scheidung den Buddenbrooks zum hundertjährigen Firmenjubiläum. Und er läßt im ganzen keinen Zweifel daran, daß er sich aufrichtig um Tony bemüht hat und nicht um ihrer »Mitgift« willen. Zu deren »sofortige[r] Restituierung« erklärt er sich denn mit allem schuldigen ›Respekt‹ und »herzlich[em]« Bedauern »[a]usdrücklich« bereit.[26] Er hält sich damit an die gesetzlichen Vorschriften schon des Römischen Rechts.[27] Hierin ganz besonders unterscheidet er sich vom zwar »wohlerzogene[n] und weltläufige[n]«, aber nur geheuchelt »christliche[n]« und »angenehme[n]«, in Wahrheit betrügerischen »Pastorssohn« Bendix Grünlich,[28] welcher von der ›Christlichkeit‹ seines und des Namens seiner Vorfahren

---

19 Vgl. de Mendelssohn, Bd. 1, S. 502.
20 Vgl. de Mendelssohn, Bd. 1, S. 435, 452.
21 Vgl. de Mendelssohn, Bd. 1, S. 476.
22 Notizbücher, Bd. 1, S. 81.
23 Bd. 1, S. 333.
24 Bd. 1, S. 483.
25 Bd. 1, S. 369.
26 Bd. 1, S. 392 f.
27 Vgl. Max Kaser, Römisches Privatrecht. Ein Studienbuch, München: Beck, [16]1992, S. 272–274; Bruno Huwiler, Textbuch zum Römischen Privatrecht einschliesslich einer Auswahl von Texten und Materialien zum ZGB und OR, Lachen: Dike, 1998, S. 120 f.
28 Bd. 1, S. 94, 100.

so verdächtig viel Aufhebens macht[29] (und offenbar um so mehr machen muß, als ›Bendix‹ ein unter deutschen Juden ziemlich häufiger, vor allem häufig abgewählter,[30] also unter schweren antisemitischen Druck geratener Vorname war und als die im jetzigen Nachnamen – ursprünglich sollte er »Kaufmann Conradi«[31] oder »*Banquier* Conradi«[32] heißen – gleichsam pastellierte Farbbezeichnung bekanntlich einen ›jüdischen‹ Namen beziehungsweise das erste Kompositionsglied etlicher ›jüdischer‹ Wunschnamen bildet[33]).

Tony Buddenbrooks zweites Ehedebakel ist zwar in München lokalisiert; und die katholische Stadt wird dabei schon in der Vorgeschichte nicht nur in religiöser, sondern wie gesehen in eins damit auch in sexueller und darüber hinaus noch oder eigentlich vor allem anderen in hygienischer Hinsicht schwer belastet. Denn daß »das Wasser nicht ganz gesund ist«,[34] erwähnt Tony gleich nach ihrer gegenteiligen, doch etwas fadenscheinigen Beteuerung, daß ihr »München [...] ganz ausnehmend« gefalle, mit der sie »bei Leib und Gesundheit« die Schilderung der »équivoque[n]« Verhältnisse auch beschließt und die sie von diesen durch eine adversative Konjunktion absetzt: »*Aber* es gefällt mir sehr gut, das *kann* ich sagen [...].«[35]

Ihr Hinweis auf die zweifelhafte Wasserqualität kommt so unmittelbar vor ihre religiösen Bedenken und ihre sittliche Empörung über jenen »Kirchenfürsten« zu stehen. Wegen solch unmittelbarer Nachbarschaft des einen und des anderen kann die zuerst erwähnte Rückständigkeit der Stadt in hygienicis den danach fokalisierten Katholizismus nach einem in der antikatholischen Topik der Zeit offenbar gar nicht unüblichen Assoziationsmuster[36] gewissermaßen infizieren (übrigens wieder leicht anachronistischerweise: zur Zeit, aus der Tony Grünlich-Buddenbrooks erster Münchner Brief datiert, »d. 2. April 1857«,[37] das heißt drei Jahre nachdem die hygienisch prekären Verhältnisse Therese von Sachsen-Hildburghausen, die bayerische Königinmutter, das Leben gekostet und das der sich hier aufhaltenden deutschen Könige bedroht hatten, war München in der

29 Bd. 1, S. 98.

30 Bering, Der Name als Stigma, S. 58 f., 240, 416, Anm. 35.

31 Vgl. de Mendelssohn, Bd. 1, S. 435.

32 Vgl. Paul Scherrer und Hans Wysling, Quellenkritische Studien zum Werk Thomas Manns, Bern und München: Francke, 1967 (Thomas Mann-Studien, Bd. 1), S. 8 mit 325, Anm. 5; Notizbücher, Bd. 1, S. 91; Hervorhebung des Originals.

33 Zur quellenkritischen Herleitung vgl. James N. Bade, In Search of Morten: Literary Precursors of a Character in Thomas Mann's *Buddenbrooks*, in: Journal of the Australasian Universities Language and Literature Association 97, 2002, S. 39–50, hier S. 41 f.

34 Bd. 1, S. 307.

35 Bd. 1, S. 307, 309 f.; im Original keine Hervorhebung.

36 Vgl. David Blackbourn, Volksfrömmigkeit und Fortschrittsglaube im Kulturkampf, Stuttgart: Franz Steiner, 1988 (Vorträge des Instituts für Europäische Geschichte Mainz, Heft 81), S. 20.

37 Bd. 1, S. 307.

Folge dieser Ereignisse bereits auf dem Weg zu der sanitarisch vorbildlichen Stadt,[38] als die es auch Thomas Mann kennengelernt haben wird).

Doch ausgenommen von Münchens zwielichtiger Atmosphäre und »demoralisierte[r] Luft«[39] ist ausgerechnet Alois Permaneder. Seine Einführung und allererste Erwähnung steht gerade im Zeichen dieser Ausnahme vom »équivoque[n]« Ton der »Gesellschaft«. Gegen diese ist er als Figur aufgebaut und als Charakter profiliert.

Zwar wird die Figur Permaneders mit den Stereotypen des Münchners und Oberbayern förmlich überhäuft. Nicht umsonst findet sich unter den Notizen zu den *Buddenbrooks* die Karikatur eines Biertrinkers, unter die Thomas Mann »Herr Permaneder« geschrieben hat. So wird »Herr[n] Permaneder« eine sehr stark typisierte Sprache in den Mund gelegt. Auch hat er einen typischen Vor- und einen ebenso typischen Nachnamen zu tragen. Und dieser Nachname, erst kursiv beziehungsweise gesperrt gesetzt und dann eigens nochmals emphatisiert – »daß jemand so heißen könnte«[40] –, ist ein sprechender, Lateinisch sprechender. Er spricht Lateinisch ganz in dem Sinn und mit der Bedeutung, wie in der klassischen Komödientheorie schulbeispielhaft der typische Namen des treu›bleibenden‹ Dieners ›Parmeno‹ Griechisch spricht.

»Permaneder« konnotiert volksetymologisch-lateinisch vielleicht sogar die Tugend der constantia. Oder wenigstens konnotiert der Name eine gewisse stabilitas loci seines Trägers. Und dieses Konnotat nimmt eine unbedenklichere Färbung an als die nicht eben nur ›solide‹, sondern anderenteils sozusagen auch ›stagnierende‹ Bedeutung des Namens »Budden*brook*«, der in seiner Opposition zu der Fließmetaphorik des Namens »Hagen*ström*« seinerseits zusehends zu sprechen beginnt, und zwar nachweislich mit dem vollen Wissen des Autors. (»Bruch = Sumpfland. / (brôk)« steht in den Notizbüchern,[41] und im Roman stellt »ein Medaillon mit dem Wappen der Familie [...] ein flaches Moorland« dar.[42])

Wie bei den Buddenbrooks aber manifestiert sich die dem Namen eingeschriebene Stabilität bei Permaneder als Treue zum ›Boden‹, zu einer bestimmten Stadt. Sie zeigt sich nota bene als Anhänglichkeit an München (»*mei* München«[43]) oder auch als Widerstand gegen die »Hetz« einer »Hochzeitsreise«[44] und insbesondere gegen die Absichten seines in der Tat weniger bairisch

38 Vgl. Winkle, S. 408 f.

39 Bd. 1, S. 368.

40 Bd. 1, S. 309.

41 Notizbücher, Bd. 1, S. 117. Vgl. auch den Brief vom 7. März 1950 an Heinrich von Buddenbrook, zitiert bei: Karl Ernst Laage, Theodor Storm – ein literarischer Vorfahre von Thomas Manns *Buddenbrooks*?, in: Thomas Mann-Jahrbuch 15, 2002, S. 15–33, hier S. 22.

42 Bd. 1, S. 76.

43 Bd. 1, S. 331; im Original keine Hervorhebung.

44 Bd. 1, S. 356.

benannten »Kompagnon[s]« Noppe, der »allweil nach Nürnberg g'wollt« habe.[45]

Aber trotz dieser und aller anderen Stereotypien in seinem Portrait als gemütlicher, zuweilen auch grober Biertrinker und Hopfenhändler ohne Ambitionen darf Permaneder kein durch und durch echter Münchner sein. Permaneder ist genauer besehen gerade nicht die »überdrehte Karikatur eines Oberbayern«,[46] als die man ihn bis heute rezipiert und nach deren Schema ihn wahrzunehmen die gehäuften Stereotypen so nahe legen. »Herr Permaneder« soll aus keiner wirklich münchnerischen und auch keiner ›oberbayerischen‹ Familie stammen. »[O]bgleich er ein guter Münchener Bürger ist, stammt seine Familie« dennoch auch wieder nicht aus München.[47] Sie stammt ausgerechnet aus der fränkischen Stadt, in die überzusiedeln er keine zwei Dutzend Seiten weiter hinten »allweil« sich gesträubt haben will. Die Permaneders sollen »aus Nürnberg« stammen.[48]

Bedingt sind diese leichten Inkonzinnitäten der Figur ganz offensichtlich durch die Notwendigkeit, die Beziehung zwischen Tony Buddenbrook und Alois Permaneder über die gemeinsame Konfession anzubahnen. Denn als angeblicher Abkömmling einer Nürnberger Familie und als Mitglied »eine[r] kleine[n] lutherische[n] Gemeinde« »inmitten von lauter Katholiken«[49] kann Permaneder zugleich Bayer *und* mit Tony den »Anfechtungen [...] unter lauter Papisten ausgesetzt sein«.[50] Der früheren Besetzung seiner Rolle mit einem Berliner genau entsprechend und in gewissem Unterschied auch zum etwas fadenscheinigen Christentum seines Vorgängers Grünlich ist er »der einzige Protestant in der Gesellschaft«.[51]

Wie der einzige moralisch passable Mensch in der Münchner »Gesellschaft«, der einzige im emphatischen Sinn »*gute[]* Münchener« hier ein in dieser »Gesellschaft« konfessionell fremder ist, so kommt das sexualmoralisch Bedenkliche umgekehrt in katholischer Gestalt ins protestantische Haus der Buddenbrooks. Nur am Rand sei daran erinnert, daß Gerda Arnoldsen ursprünglich nicht aus Amsterdam und aus den appellativisch-vertikalistisch symbolträchtigen, aber konfessionell unverdächtigen *Nieder*landen in den ›inner circle‹ der Buddenbrooks gelangen sollte; sondern ursprünglich hätte sie ja aus einem vergleichsweise sehr homogen katholischen Raum, eben aus Belgien kommen

45 Bd. 1, S. 331.

46 Burkhard Müller, Der Fluch des Allerliebsten. Eine Neulektüre der *Buddenbrooks* nach fünfundzwanzig Jahren, in: Neue Rundschau 112.3, 2001, S. 11–21, hier S. 21.

47 Bd. 1, S. 309.

48 Ebd.

49 Bd. 1, S. 397.

50 Bd. 1, S. 332.

51 Bd. 1, S. 309.

sollen,[52] und hier wieder aus einer eindeutig katholischen Stadt: Denn wie in Thomas Manns Konversationslexikon sowohl unter »Belgien« als auch unter »Antwerpen« notiert steht, ist »die Bevölkerung« hier »wie dort fast ausschließlich römisch-katholisch«.[53]

In der endgültigen Handlungsführung des Romans gerät das sexualmoralisch Fragwürdige in Gestalt des Secondeleutnant René Maria von Throta ins Eheleben der Buddenbrooks und zwischen die jetzt beiderseits protestantischen Eheleute. Von Throta ist »aus den Rheinlanden gebürtig«.[54] Sein ›middle name‹, abgesehen vom als solcher konventionalisierten Doppelnamen Jean *Jacques* Hoffstedes der einzige des Romans, markiert ihn ja ganz eindeutig als Katholiken. Und »unbeliebt bei seinen Kameraden«, ein »unangenehme[r] und extravagante[r] Sonderling«,[55] hält er seinen konfessionell-kollektiven Minderheitsstatus innerhalb des preußischen Offizierskorps gewissermaßen auch auf privater Ebene durch.

Die Ehe des Lübecker Senators Thomas Buddenbrook, dem der reale Autor seinen eigenen Vornamen und ein Faible für die Literatur verliehen hat, zum Zeichen einer auch an der erzählerischen Sympathielenkung unverkennbar hohen Affinität – Thomas Mann wußte, daß der ihm und seinem »Doppelgänger«[56] gemeinsame Vorname nichts anderes als ›Zwilling‹ bedeutet[57] –, diese protestantische Ehe bedroht beziehungsweise entweiht der rheinländische Katholik mit »Klavier, Geige, Bratsche, Violoncell und Flöte«, ›vor allem‹ aber mit dem einen Streichinstrument, welches ihn »im voraus an[ ]kündigt, dadurch,

52 Brockhaus' Konversations-Lexikon, Bd. 2, Leipzig, Berlin und Wien: Brockhaus, [14]1896, S. 669, s. v. ›Belgien‹; Der Große Brockhaus in zwölf Bänden, Bd. 2, Wiesbaden: Brockhaus, [18]1978, S. 20; Theologische Realenzyklopädie, hg. v. Gerhard Krause und Gerhard Müller, Berlin und New York: de Gruyter, 1976–2002, Bd. 5, S. 519, s. v. ›Belgien‹; Bd. 24, S. 492, s. v. ›Niederlande‹. Vgl. Horst Thomé, Autonomes Ich und ›Inneres Ausland‹. Studien über Realismus, Tiefenpsychologie und Psychiatrie in deutschen Erzähltexten (1848–1914), Tübingen: Niemeyer, 1993 (Hermaea, Neue Folge, Bd. 70), S. 285, wo, unter der These, daß im späten 19. Jahrhundert nur ›extreme‹ Beziehungen als sinnlich anregend erscheinen (wie z. B. die zwischen Thomas Buddenbrook und dem »kleine[n] Blumenmädchen mit dem malaischen Gesichtstypus« [Bd. 1, S. 235; vgl. S. 168, 689]), ohne Rücksicht auf diese früher mutmaßlich katholische Herkunft – und desto triftigererweise – »[d]ie skandalöse Erotik Gerdas« neben die erotische Konfrontation von katholischem und protestantischem Milieu bei Fontane gehalten wird.

53 Meyers Konversations-Lexikon, Leipzig und Wien: Bibliographisches Institut, [5]1895–1900, Bd. 1, S. 695, s. v. ›Antwerpen‹; Bd. 2, S. 719, s. v. ›Belgien‹.

54 Bd. 1, S. 644.

55 Bd. 1, S. 645.

56 Bd. 12, S. 72.

57 Vgl. Notizbücher, Bd. 1, S. 131; Meyers Konversations-Lexikon, Bd. 16, S. 833, s. v. ›Thomas‹; Maar, Geister und Kunst, S. 238.

daß Herr von Throta's Bursche, den *Cellokasten* auf dem Rücken schleppend, [...] im Hause« erscheint.[58] Seine und Gerda Buddenbrooks Duos – sie bekanntlich spielt »nicht Klavier«, wie zeit- und geschlechtstypisch, »sondern« die sehr viel ›physischere‹ »Geige«, was »einen sehr harten Ausdruck der Verurteilung«[59] provoziert –, diese Duos sind für den Eheherrn ein »schimpfliche[s] Rätsel« und »mysteriöse[r] Skandal«. Sie demütigen ihn »qualvoll«; sei es sozusagen metonymisch als ›Vorspiel‹ eines »[h]andgreifliche[n]« oder sei es ›nur‹ als gleichsam metaphorisches Äquivalent solch eines flagrant-eigentlichen Ehebruchs.[60] Das bleibt offen, macht aber für den düpierten Ehemann ausdrücklich keinen wirklichen Unterschied mehr und würde auch nicht »die singenden und abgründig stillen Dinge beim Namen nennen, die sich dort oben« – in wie noch zu zeigen konsistenter Vertikalität – ab-›spielen‹.[61]

Einen ähnlich sexuellen Valeur erhält die Instrumentalmusik übrigens auch wieder und noch im *Doktor Faustus.* Dort hat der »tuberkulös[e]«[62] Konrad Knöterich die *»Begier«*, »sich *schnaubend* auf dem Cello vernehmen zu lassen«.[63] Knöterich, im Unterschied zum angeblichen Franken und erklärten Protestanten Permaneder, ist mutmaßlicher Katholik. Und jedenfalls ist er »autochthon münchnerisch, dem Ansehen nach einem alten Germanen, Sugambier oder Ubier gleich«.[64] Auch später nennt ihn Zeitblom einmal abschätzig »De[n] Sugambier«.[65] Knöterichs katholisch ›Münchnerisches‹ wird so konsequent ins »autochthon« ›Germanische‹, Vorchristlich-Heidnische hinübergespielt. In eins damit wird es imaginär ziemlich genau in die ›Lande‹ situiert, aus denen René Maria von Throta »gebürtig« ist; und zwar mit der ganzen Ambivalenz, welche den im Wortsinn dubiosen Rhein-Landen innerhalb der politischen Geographie und der darin imaginativ so wichtigen Rolle des Rheins als natürlicher Grenze zukommt: waren dort doch Ubier und Sugamb*er*, wie das Lemma auch in Thomas Manns Konversationslexikon hieß, erst rechts, dann, von den Römern zwangsumgesiedelt, links des Rheins ansässig und gingen endlich beide »in den Franken auf«.[66]

58 Bd. 1, S. 646; im Original keine Hervorhebung.
59 Bd. 1, S. 88 f.
60 Bd. 1, S. 647 f.
61 Bd. 1, S. 647.
62 Bd. 6, S. 403.
63 Bd. 6, S. 367; im Original keine Hervorhebung.
64 Bd. 6, S. 264.
65 Bd. 6, S. 403.
66 Meyers Konversations-Lexikon, Bd. 15, S. 1017, s. v. ›Sigámber (Sugamber)‹; Bd. 17, S. 31, s. v. ›Ubier‹.

Antikatholische Stereotype

Auf einen zweiten Blick also tendieren Thomas Manns Katholiken und Katholikinnen ins Negative, die mutmaßlichen und die eigens als solche markierten, von den wirklich gläubigen ganz zu schweigen: Abgesehen von Zeitbloms Mutter, deren nicht weiter denunzierte Gläubigkeit für den Spätwerkscharakter des *Doktor Faustus* neuerlich symptomatisch ist, erscheinen die praktizierenden Katholiken und Katholikinnen, die es nicht einfach »der Leute wegen und aus Neigung zur Bigotterie« sind wie Krulls »Mutter und Schwester«, und erscheinen insbesondere die strenggläubigen Katholik*en* als unsympathische, unleidig-intolerante Fanatiker: Leo Naphta im *Zauberberg*, Jesuit, Jude, Kommunist und Selbstmörder, ist ein doppelt und drei-, ja vierfaches Schreckgespenst normaldeutscher Bürgerlichkeit. Er ist eine genaue Wahrnahme und die buchstäbliche Verkörperung des in Thomas Manns Geburtsjahr kreierten Schlagworts vom ›Juda-Jesuitismus‹.[1] Und Hieronymus in *Gladius Dei*, »Mosen gleich« mit »blöde[r] Zunge«,[2] verweist durch seinen Vornamen und seine Physiognomie auf Savonarola, dessen Fanatismus, Kunst- und Lebensfeindlichkeit den Gegenstand von Thomas Manns einzigem Drama abgeben sollte (so wie die Lebensbejahung des deutschen Reformators denjenigen des allerletzten Werks hätte abgeben sollen, der Komödie *Luthers Hochzeit*).

Daß ein protestantischer Deutscher sie konzipiert hat, verraten Thomas Manns katholische Figuren allein schon mit ihren betont mickrigen Körpern: zum Beispiel die epitheto constante »*kleine[ ]* Hujus«; der »*klein[e]*«[3] Chateau; der mit seinerseits stehendem Epitheton »häßliche Naphta«, ein vor allem anderen »*kleiner*, magerer Mann [...] von [...] scharfer, man möchte sagen: ätzender Häßlichkeit«.[4] Und ebenso verräterisch für die konfessionelle Identität des Autors, die sie so ex negativo erkennen lassen, sind die zurück- und

1 Vgl. Eda Sagarra, Intertextualität als Zeitkommentar. Theodor Fontane, Gustav Freytag und Thomas Mann oder: Juden und Jesuiten, in: Eckhard Heftrich, Helmuth Nürnberger, Thomas Sprecher und Ruprecht Wimmer (Hgg.), Theodor Fontane und Thomas Mann. Die Vorträge des Internationalen Kolloquiums in Lübeck 1997, Frankfurt a. M.: Klostermann, 1998 (Thomas Mann-Studien, Bd. 18), S. 25–47, hier S. 34. Vgl. z. B. auch Niklaus Largier, Die Kunst des Weinens und die Kontrolle der Imagination, in: Querelles 7, 2002: Kulturen der Gefühle in Mittelalter und Früher Neuzeit, S. 171–186, hier S. 171 f., 184.

2 Bd. 8, S. 205.

3 Bd. 7, S. 324; im Original keine Hervorhebung.

4 Bd. 3, S. 517, 541; im Original keine Hervorhebung.

herabsetzenden Namen und Titel, die dieser seinen katholischen Figuren gab: »*Seconde*leutnant« von Throta; »Monsignore *Hinter*pförtner«[5] oder »Pater[ ] *Unter*pertinger«;[6] die *Nieder*paurs in ihrem Gegensatz zum vordem erwogenen, ebenfalls gleichsam vertikalistischen Namen einer Figur, die erst aus Berlin und endlich aus Nürnberg stammen, also eh und je evangelisch sein sollte: »*Ober*hof«, »*Ober*hofe«.

Bei der Konstruktion seiner Identität scheint Thomas Manns Konfessionszugehörigkeit offenbar einen insofern integralen Bestandteil zu bilden, als sie sich mit anderen Identitätskonstituenten zu einem unentwirrbaren Assoziationskonglomerat zusammenschließt. Denn im Verhältnis zum realen Autor, seinem Selbstverständnis und seinen Selbststilisierungen verkörpern die Katholiken seiner Erzähltexte ja längst nicht nur das konfessionell andere; sondern das konfessionell andere verbindet sich regelmäßig mit verschiedenen, aber regelmäßig solchen Merkmalen, die ihrerseits zur Identität des realen Autors in einem Ausschließungsverhältnis stehen: zu Thomas Manns politischer Identität als lübisch-norddeutscher Bürger; zu seiner sexuellen Identität als Mann, insbesondere als der normgerecht heterosexuelle Mann und Familienvater, als der er sich die längste Zeit seines Lebens gerierte; aber auch nur schon zur Identität des Autors als solcher.

Während vor der Münchner Mariensäule, in der venezianischen Messe oder bei Brentanos ›kindlich-volksklanglicher‹ Lyrik das Katholische ähnlich wie etwa bei Theodor Fontane[7] mit dem »Volk« assoziiert, tendenziell also, und übrigens wieder den antikatholischen Topoi der Zeit gemäß,[8] unterhalb des Bürgertums angesiedelt wird, ist dem Namen René Maria *von* Throtas in eins mit seinem Katholizismus zugleich auch etwas im entgegengesetzten und in einem genaueren Sinn Unbürgerliches eingeschrieben. Der Name des Katholiken zeigt zugleich einen nach Ausweis der archaisierenden Schreibung »von *Th*rota« besonders alten und ›echten‹ Adel an. Dessen Signifikanz übrigens belegt in der Rezeptionsgeschichte mit ex negativo mustergültiger Deutlichkeit ein Film; und Thomas Manns herbe Kritik an diesem »gleichgültige[n] Kaufmannsdrama« griff eben noch entschieden zu kurz, als er sagte, vom Roman sei darin wenig mehr als »die Personennamen« übriggeblieben:[9] Denn in seiner »strohdumme[n]«[10] Verfilmung von 1923 kassierte Gerhard Lamprecht ›René Throtas‹ Adelstitel zusammen mit dem typisch katholischen ›middle name‹ ›Maria‹ (so wie der bestimmte Artikel des Filmtitels »*Die* Buddenbrooks« aufs Bürgerliche vereindeutigte, deren Name und ›Stand‹ im Romantitel ähnlich

5 Bd. 6, S. 230, 233; im Original keine Hervorhebung.
6 Bd. 3, S. 612; im Original keine Hervorhebung.
7 Vgl. Sagarra, S. 34.
8 Vgl. Blackbourn, S. 45.
9 Bd. 10, S. 901.
10 Brief vom 21. Februar 1923 an Ernst Bertram; Dichter über ihre Dichtungen, Bd. 14/I: 1889–1917, S. 65.

wie, aber auch anders als an den Fundstellen in Theodor Fontanes *Effi Briest*[11] schillert und in seiner standesgesellschaftlichen Zweiwertigkeit, dem pseudofeudalen Selbstverständnis der Patrizierfamilie natürlich genau angemessen, sogar einmal hätte thematisch werden sollen: »*Morten*, als er von *Tonys Adel* spricht [sic!] bemerkt nebenbei, dass es den Namen B. als Adelsnamen giebt.«[12])

Die Sphäre des Adels konnotiert über seine appellativische Bedeutung auch der Name des »Geistlichen Rat[s] *Chateau*«. Und dieses Konnotat aktualisiert der unmittelbare Kontext insofern, als Felix Krull, der später selber die Identität des luxemburgischen, also so gut wie sicher noch immer katholischen Marquis de Venosta annehmen wird, Chateaus »Kirche« ja mit dem Wort »Adel« bedenkt und sein, Chateaus, »feine[s]« Sensorium für »Stufenfolge«, »Rangordnung« und »inneren Adel« gegen die »*bürgerliche[ ]* Ebene« ausspielt. Über die »bürgerliche[ ]« und in eine virtuell adlige »Ebene« erhebt die katholische Kirche nicht zuletzt auch der Vergleich jenes Münchner »Kirchen*fürsten*« in der »Kutsche« mit einem »Gardelieutenant«; mußte doch die Charge eines Gardeleutnants, da sie dem höchsten Adel ganz besonders nahe stand, immer und selbstverständlich ein Adliger besetzen.[13]

Erscheint der katholische »Kirchenmann« also in Tony Buddenbrooks Wahrnehmung gleichsam nobilitiert und zugleich martialisch verfremdet, so hebt der Erzähler am adligen *Unter*leutnant – in den wirklich hohen Rängen der Armee waren die Katholiken deutlich unterproportional vertreten[14] –, am Soldaten »wider Willen« René Maria von Throta genau umgekehrt dessen wiederholtermaßen »äußerst unmilitärische[s]« Wesen hervor.[15] Allein schon dieses müßte es verbieten, von Throtas Affaire mit Gerda Buddenbrook als mythologische Reminiszenz des Ehebruchs von Ares und Aphrodite zu lesen und »demnach [...] Ares zu identifizieren mit dem Leutnant von Throta«.[16] Der Romantext selbst führt geradezu vor, wie solch eine Identifikation zu kurz greift oder ins Leere stößt: Thomas Buddenbrook versucht ausdrücklich, den »beständig mit geringschätziger Betonung« so genannten »Leutnant« auf das Feindbild der »abenteuerlustigen, leichtfertigen und geschäftlich unsicheren Kriegerkaste« festzulegen; »und [...] fühlt[ ]« nur »allzu gut, daß dieser Titel

11 Theodor Fontane, Effi Briest. Roman, in: Theodor Fontane, Große Brandenburger Ausgabe, hg. v. Gotthard Erler, Das erzählerische Werk, Bd. 15, hg. v. Christine Hehle, Berlin: Aufbau, 1998, S. 283, 285.

12 Notizbücher, Bd. 1, S. 139.

13 Freundliche Auskunft von Albert A. Stahel, Zürich, vom 14. Juli 2000.

14 Vgl. Sagarra, S. 40.

15 Bd. 1, S. 644 f.

16 Helmut Koopmann, Mythenkonstitution in einer zerfallenden Welt. Zu Thomas Manns *Buddenbrooks* und Heinrich Manns *Im Schlaraffenland* und *Professor Unrat*, in: Rolf Grimmiger und Iris Hermann (Hgg.), Mythos im Text. Zur Literatur des 20. Jahrhunderts, Bielefeld: Aisthesis, 1998 (Bielefelder Schriften zu Linguistik und Literaturwissenschaft, Bd. 10), S. 217–234, hier S. 224.

nach allen *am schlechtesten* geeignet« ist, »das Wesen dieses jungen Mannes auszudrücken...«, und daß »Ehebruch« ja gerade nicht das treffende Wort ist, »um die [...] Dinge beim Namen zu nennen«.[17]

Eine mythologische Lektüre der Figur also, wie sie Helmut Koopmann unternommen hat, indem er bezeichnenderweise den Begriff der »Anspielung« semantisch bis zur Bedeutung des »Gegenteil[s]« und »Gegenbild[s]« dehnen mußte,[18] treibt ungewollt das durch und durch Un-›Martialische‹ an der Artung des Katholiken heraus. Dieses schlägt sich hier und anderwärts[19] in einer ausgeprägten, und zwar ihrerseits ganz und gar »unmilitärischen« Musikalität nieder. Es steht so im Gegensatz zum quasi wesenhaften Militarismus des Protestanten Joachim Ziemßen (den als solchen übrigens schon sein typisch märkischer[20] Vorname ausweist). Das »unmilitärisch[ ]« Sensible aber, mit Ziemßens (oder etwa auch Diederich Heßlings[21]) dafür einschlägigem Wort: das ›Schlappe‹[22] an von Throta, der denn auch keinen vollwertigen Bartwuchs hat, sondern bloß ein »Jünglings-Schnurrbärtchen« trägt,[23] liegt mit seinem ersten Vornamen »René« auf einer und derselben Isotopieebene. Nicht von ungefähr nannte sich René Maria Rilke erst dann ›Rainer‹, als ihn Lou Andreas-Salomé zum ›Mann‹ gemacht hatte.[24] Der Name ›René‹ ist nur geschrieben als männlicher identifizierbar und sonst sexuell ambivalent. So *kon*notiert er zumindest die Feminität seines ›Trägers‹. Und Feminität natürlich *de*notiert geradezu just dasjenige Namensglied, welches René *Maria* von Throta als Katholiken allein und eindeutig kennzeichnet.

Das in René Maria von Throtas Namen nahezu patente Syndrom von »Adel« und Verweiblichung spielt vielleicht bereits in den immer schon »inneren« und endlich sogar äußerlich angenommenen Adel und in die Androgynität des Katholiken Krull hinein, der so das Begehren »abseits wandelnde[r] Herren« elizitiert.[25] Ganz augenfällig ist es jedenfalls in der konkreten Gestaltung eines solchen »Herr[ ]n« umgesetzt: Nectan *Lord* Kilmarnock stammt nota bene aus

---

17 Bd. 1, S. 647; im Original keine Hervorhebung.

18 Koopmann, Mythenkonstitution in einer zerfallenden Welt, S. 219–225.

19 Vgl. z. B. Sándor Márai, Die Glut, München und Zürich: Piper, [11]2000, S. 50, 182 f.

20 Vgl. Heinz Sauereßig, Die Entstehung des Romans *Der Zauberberg*, in: Heinz Sauereßig (Hg.), Besichtigung des Zauberbergs, Biberach a. d. Riss: Wege und Gestalten, 1974, S. 5–53, hier S. 16.

21 Heinrich Mann, Der Untertan, Berlin: Aufbau, 1951 (Ausgewählte Werke in Einzelausgaben, hg. v. Alfred Kantorowicz, Bd. 4), z. B. S. 350, 354.

22 Bd. 3, S. 72, 80 f., 107, 410, 689, 699, 829.

23 Bd. 1, S. 645.

24 Vgl. Lou Andreas-Salomé, Lebensrückblick. Grundriß einiger Lebenserinnerungen, hg. v. Ernst Pfeiffer, Frankfurt a. M. und Leipzig: Insel, [5]o. J., S. 113; Rainer Maria Rilke, Briefe vom 9. Juni und 5. September 1897 an Lou Andreas-Salomé, in: Rainer Maria Rilke und Lou Andreas-Salomé, Briefwechsel, hg. v. Ernst Pfeiffer, Frankfurt a. M.: Insel, 1975, S. 21, 26.

25 Bd. 7, S. 374.

Schottland als der entschieden katholischeren Hälfte Britanniens,[26] während andererseits ein »Brite«, welcher im *Tod in Venedig* als einziger genug Anstand hat, »die Wahrheit« zu sagen, ausdrücklich »Engländer« sein muß.[27]

Die in Thomas Manns formativen Lebensjahren ubiquitäre Assoziierbarkeit des Adligen mit ›Schlappheit‹, Verweiblichung oder Homosexualität,[28] wie sie im Skandal um Philipp Fürst zu Eulenburg ihren wohl sprechendsten Ausdruck fand, das heißt kurz vor der Niederschrift der ersten zwölf Kapitel des *Felix Krull*, kehrt in diesen insbesondere auch an der ›noblen‹ Figur des »Geistlichen Rat[s] Chateau« wieder: Trägt Chateau doch »unter seiner aus feinem seidigschwarzen Tuch gefertigten Soutane schwarzseidene Strümpfe«; und die hier doppeldeutige Präposition läßt es offen, ob der Blick des in diesem Fall außensichtig-perspektivischen[29] Erzählers einfach nur vertikal abwärts gleitet oder ob ein all- oder mehrwissender Erzähler zugleich insinuiert, daß der Geistliche »unter« seinem an sich schon verdächtig »feine[n]« Amtsgewand wirklich nichts anderes trägt als die gegebenenfalls, so ausschließlich und statt einer Hose getragen, entschieden unmännlichen »Strümpfe«. Und etwas in derselben, aber noch spezielleren, noch anzüglicheren Weise Unmännliches, passiv Homosexuelles ist endlich in der obszönen Konnotierbarkeit des ›katholischen‹ Namens »Hinterpförtner« enthalten, wie auch *von* Aschenbachs explizit als solche wahrgenommene Entmännlichung[30] zum Liebhaber des sehr wahrscheinlich adligen Katholiken Tadzio auf sehr katholischem Gebiet situiert ist.

Aber selbst abgesehen von solchen vielleicht überspitzten und zugegebenermaßen bestreitbaren Interpretationen, sozusagen auf der Ebene des Literalsinns, sind Thomas Manns katholische Figuren auffallend häufig unmännlich, nichtmännlich, einfach weiblich. Sie entsprechen darin der protestantischen Propaganda vom Katholizismus als einer ›weibischen‹ Religion:[31] Schwester Leandra; das »alte[ ] Weib« aus *Gladius Dei*; Barbara Hujus; die Mutter und die drei[32] Schwestern des »vormännlich[en]« Tadzio; die in je eigens hervorgehobenem Unterschied zu ihren männlichen Verwandten »eifrig« praktizierenden Katholikinnen in der Familie Zeitblom und der Familie Krull, die in dieser sogar von allzu eindeutiger, geradezu ›nymphomanischer‹ Weiblichkeit und auf die weibliche Leiblichkeit sogar quantifikatorisch versessen sind. In einer offenbar auch für Heinrich Mann so eindringlichen, sinnträchtigen und stimmigen Szene, daß diese, so scheint es, als einzige Reminiszenz an die *Bekenntnisse*

26 Bd. 7, S. 481.

27 Bd. 8, S. 511 f.

28 Vgl. z. B. Freud, Bd. 5, S. 131.

29 Vgl. Petersen, S. 181–185.

30 Bd. 8, S. 522.

31 Vgl. Blackbourn, S. 20, 22; Nipperdey, Bd. 1, S. 437.

32 Vgl. Gilbert Adair, Adzio und Tadzio. Wladyslaw Moes, Thomas Mann, Luchino Visconti: *Der Tod in Venedig*, Zürich: Edition Epoca, 2002, S. 15, 34, mit Elsaghe, Die imaginäre Nation, S. 28, Anm. 9.

in die Zeichnungsskizzen seiner angeblichen Kindheitserinnerungen geraten konnte,[33] mißt »die Ältere mit einem Meterbande den Oberschenkel der Jüngeren nach seinem Umfange«.[34] Durch deren ›Fleischlichkeit‹ und »dumpfe Vergnügungssucht«[35] wird die »Gesundheit« ihres Bräutigams schwer »[ge]schädigt[ ]« und »völlig zerstört«, des »Secondeleutnant Übel vom Zweiten Nassauischen Infanterieregiment Nr. 88«.[36] (Die ›Schnapszahl‹, der wieder zurücksetzende Titel und der einmal mehr ad malam partem sprechende Personennamen sind den negativen Assoziationen angemessen, die dem »Nassauischen« vom Deutschen Krieg her zukommen.[37])

Weiblich und mütterlich, und zwar gerne auch in einem problematischen, inzestuös-regressiven, kurz im Sinn Bachofenscher Matriarchatsphantasien und Matriarchatsphobien mütterlich assoziiert sind jedoch vor allem die katholischen Institutionen: Weiblich sind die Kapuziner*innen*, deren »Boulevard« Felix Krull an der katholischen Stadt Paris bekanntlich unter seinen allerersten Eindrücken notiert. »[V]on berückender Weiblichkeit«[38] ist das erotisierte Bild der Gottesmutter und mutmaßlichen Maria lactans in *Gladius Dei*, an die und an deren inzestuösen Valeur auch noch die »Liebfrauenmilch« des »Geistlichen Rat[s] Chateau« erinnern mag (wie gesehen an die Stelle des denotativ bedeutungsgleichen, aber konnotativ unverfänglichen »Rheinwein[s]« in die Handschrift korrigiert). Mütterlich-weiblich erscheint in *Gladius Dei* die *»geschwängert[e]«* Atmosphäre des Kircheninneren. Und dessen mütterlich-weibliche Metaphorisierung kehrt in der Bildlichkeit der »katholischen Kirche« wieder, deren »Tochter« Zeitbloms Mutter ist und welcher Brentano »in die Arme zu sinken bestimmt war«. –

Brentanos Rückkehr in den ›Schoß‹ des katholischen Glaubens, die Robert Walser schon 1910 in der *Neuen Rundschau* als eine Form der Selbstaufgabe allegorisiert hatte,[39] ist mitgemeint und als Eskapismus diskreditiert in dem Auftrittsmonolog, den in *Lotte in Weimar* Goethe halten darf: *der* »›große[ ] Mann‹ deutscher Nation«, ›role model‹ Thomas Manns und natürlich wie die anderen beiden der »drei Gewaltigen« protestantisch, wie dieser mit einem seinerseits schon bezeichnenden *Faust*-Zitat »Luther, Goethe und Bismarck« einmal nannte.[40] Goethe also sagt in *Lotte in Weimar* von der »welthistori-

33 Heinrich Mann, Die ersten zwanzig Jahre. Fünfunddreißig Zeichnungen, Berlin und Weimar: Aufbau, ²1984, S. 11.

34 Bd. 7, S. 277.

35 Bd. 7, S. 276.

36 Bd. 7, S. 316.

37 Vgl. Elsaghe, Die imaginäre Nation, S. 179 f.

38 Bd. 8, S. 202.

39 Robert Walser, Das Gesamtwerk, hg. v. Jochen Greven, Bd. 1: Fritz Kochers Aufsätze; Geschichten; Aufsätze, Genf und Hamburg: Helmut Kossodo, 1972, S. 319–324.

40 Bd. 10, S. 375–377. Vgl. Peter Sprengel, Von Luther zu Bismarck. Kulturkampf und nationale Identität bei Theodor Fontane, Conrad Ferdinand Meyer und Gerhart Hauptmann, Bielefeld: Aisthesis, 1999, S. 10, 81 f.

sche[n] Richtung« seines Zeitalters, es »schenk[e]« einem wie ihm selber »Jahrtausendgeist [...], den andern mach[e] es katholisch«.[41]

Der Katholik Brentano markiert einen maximalen Abstand auch zu Thomas Mann und dessen, das Wort im vollen, etymologisch-religiösen Sinn genommen: ›beruflicher‹ Identität. Als der Lyriker, als der er im *Doktor Faustus* allein in den Blick rückt – auf Kosten seiner sehr beachtlichen Prosa –, vertritt Brentano in schlechthin extremer Weise eine Gattung, die dem ›Romancier‹ und ›Novellisten‹ Thomas Mann, wie später noch an den sexuellen und ethnischen Isotopien der Erzählung *Beim Propheten* zu zeigen, ohnehin eher fremd und im Grund suspekt war. Brentanos »Sprachträumereien« »entschweben[ ]« immer schon ins Vorliterarisch-Liedhafte des »Kindlich-Volksklanglichen«. Seine Lyrik wartet sozusagen nur auf ihre Vertonung: »die Musik, die in diesen Versen in so leichtem Schlummer liegt, daß die leiseste Berührung von berufener Hand genügt[ ], sie zu erwecken«.[42]

Brentanos »entartende[ ]«, rausch-, ›traum‹- und »[g]eisterhafte«, gleichsam delirierende und nachtwandlerische Autorschaft bildet so natürlich einen Gegensatz zu Thomas Manns eigener, »männlich-vernunftgebundene[r]« und »nüchterne[r]« Existenz als Schriftsteller und asketischer ›Diener‹ des ›Worts‹. Sie bildet den geradezu quintessentiellen Gegensatz besonders zu Thomas Manns soldatischen Stilisierungen seiner selbst wie etwa auch des noch nicht »entartenden« Aschenbach (der seinerseits keine Lyrik geschrieben haben soll).[43]

In ähnlichem Gegensatz zu solch einem Verständnis von Autorschaft als Sprach*beherrschung* steht etwa schon die »blöde Zunge« jenes katholischen Fanatikers; das in der venetianischen Messe unartikulierte, sozusagen ins Vorsprachliche zurückgleitende Gewirr von »Laute[n]«[44] des um den ›singenden‹ »Priester« »murmelnden [...] Volkes«; und vollends natürlich die *Instrumental*musik, die Wortlosigkeit also der musikalischen, aber auch der zwischenein völlig und »abgründig stillen« Kommunikation René Maria von Throtas und Gerda Buddenbrooks. Der eine redet im ganzen Roman kein einziges Wort. Und der Musikalität der anderen hat Thomas Buddenbrook, unmusikalisch wie »die meisten Buddenbrooks und alle Krögers«,[45] von Anfang an nichts als seine Beschlagenheit »in der Literatur«[46] entgegenzusetzen. So wird dann auch wieder der Literat Settembrini »die Literatur« und »das Wort« als »Träger des Geistes« der Musik gegenüberstellen: »Musik... sie ist das halb Artikulierte, das Zweifelhafte, das Unverantwortliche, das Indifferente.«[47]

41 Bd. 2, S. 644.
42 Bd. 6, S. 246.
43 Bd. 8, S. 453, 504.
44 Bd. 8, S. 458, 463 f., 469, 499.
45 Bd. 1, S. 88.
46 Bd. 1, S. 288.
47 Bd. 3, S. 160 f.

Sprachverlust und gleichsam reine, sinn- und inhaltslose Phonizität, wie sie innerhalb der konfessionellen Differenz sich auch dort dem Katholischen zuordnet, wo Chateau über den erlogenen Inhalt der Worte ganz hinwegsehen kann und dafür wie jene elsässisch-französische, also mutmaßlich katholische ›Nymphomanin‹ »insonderheit« Krulls »Stimme« und »Stimmklang[ ]« »loben« »möchte«, – diese ganz besondere Sprachlosigkeit und Aphasie ist Teil und Ausdruck, das legt schon die Unterleiblichkeit sozusagen des von René Maria von Throta wie von Konrad Knöterich gespielten Cello nahe, einer konfessionellen Besetzung der für Thomas Manns Gesamtwerk[48] grundlegenden Opposition. Sie gehört oder gerät in die Opposition von Intellekt und Körper, ›Geist‹ und ›Natur‹, Spiritualität und Sensualität. Die »eifrige[n] Katholikinnen« sind »außerordentlich fleischlich gesinnt[ ]«.[49] Sie entwickeln aus solch »außerordentlich fleischlich[er]« ›Gesinnung‹ wie gesehen einen geradezu sportlichen Ehrgeiz, wenn die Frau dem ›Fräulein‹ Krull am Oberschenkel Maß nimmt. Schlechtweg auf den Begriff der »Sinnlichkeit« bringt Felix Krull bei der Einführung ihres »zuständigen Stadtpfarrer[s]« die Eigenart der katholischen Kirche. Und wenn Thomas Mann deren Vertreter und den katholischen Ritus in den ›Blick‹ nimmt, läßt er dabei die körpernahen Sinne tendenziell immer wieder die Oberhand gewinnen.

Bei seiner Reflexion über »die Sinnlichkeit« und die Fähigkeit des »Stadtpfarrer[s]«, seinen, Krulls, »inneren Adel« zu ästimieren, nennt Krull an erster Stelle das »Ohr«,[50] ein im Verhältnis zum »gewalttätigen Phallizismus des Blicks«[51] »passivere[s]«, quasi wieder »weibliche[s]«[52] Organ. Den ›sechsten Sinn‹ spielt er als »höheren Tastsinn[ ]« metaphorisch in einen wieder besonders körpernahen hinüber oder hinab. Und vor allem spekuliert er damit, daß das katholische »Geruchsorgan« besonders geeignet sei, »die [...] körperliche Ausdünstung eines Glücks- und Sonntagskindes« förmlich auszuwittern.[53] An diesen ›primitiven‹ Elementarsinn appellieren bei den Beschreibungen des katholischen Ritus ja auch ›Rauch‹, ›Duft‹ und eben »Geruch« immer wieder, genau gegenläufig zu den Abdunkelungen des Visuellen. Den Geruchssinn sprechen bei der Einführung Chateaus dessen ausdrücklich und eigentlich

48 Vgl. Peter Szondi, Versuch über Thomas Mann, in: Neue Rundschau 1956, S. 557–563, hier S. 559.

49 Bd. 7, S. 276.

50 Bd. 7, S. 327.

51 Albrecht Koschorke, Die zwei Körper der Frau, in: Barbara Vinken (Hg.), Die nackte Wahrheit. Zur Pornographie und zur Rolle des Obszönen in der Gegenwart, München: Deutscher Taschenbuch Verlag, 1997, S. 66–91, hier S. 86; ohne Hervorhebung des Originals.

52 Aleida Assmann, Frauenbilder im Männergedächtnis bei Pater, Proust und Joyce, in: Gerhard Neumann und Sigrid Weigel (Hgg.), Lesbarkeit der Kultur. Literaturwissenschaften zwischen Kulturtechnik und Ethnographie, München: Fink, 2000, S. 291–303, hier S. 302.

53 Bd. 7, S. 327.

redundanterweise *»riechende[n]«* Schweißfüße an; oder vielmehr schrecken sie ihn ab. Sie schrecken ihn in ähnlicher, aber noch weniger sublimer Weise ab, wie im *Doktor Faustus* die unterschwellig anale Assoziation im Namen jenes anderen katholischen Würdenträgers, »Hinterpförtner«, diesen einen Sinn besonders stark abstößt. Und an Geruchssinn und Geruchs*ekel* ›appelliert‹ auch wieder in einer Figurenskizze, die unter den Notizen zum *Faustus*-Roman nur gerade bis zur Namengebung gediehen ist, die ihrerseits fäkale Bedeutung des ersten Kompositionsglieds im Nachnamen: »Hieronymus Dungersheim«. Thomas Mann kombinierte den sprechenden oder eben gewissermaßen stinkenden Namen »Dungersheim« hier also mit einem katholischen Heiligennamen und zugleich mit seinem sozusagen allerkatholischsten Vornamen. Denn als der katholischste unter allen Vornamen des Gesamtwerks darf »Hieronymus« insofern gelten, als Thomas Mann so den katholischen Erzähler desselben Romans zu nennen erwog[54] und so schon jenen fanatischen Katholiken aus *Gladius Dei* benannt hatte.

Die regelmäßigen Assoziationen der Katholiken mit den körpernahen Sinnen, besonders mit dem Geruch, und ihre reziproken Dissoziationen vom Distanzorgan des Auges erinnern übrigens frappant und nicht zufällig an *Die Betrogene*. Denn wie schon angedeutet werden in der *Betrogenen* »Düfte[ ]« und Gerüche konsequent auf Kosten des Lichts und der »Farben« privilegiert.[55] Oder umgekehrt ist es kein Zufall, wenn die Handlung dieser letzten Novelle auf seit alters katholischem Gebiet sich abspielt, im äußersten Westen des deutschen Territoriums, am sozusagen französischen Rand des deutschen Sprachraums, wie schon die Schreibung der weiblichen – nur der weiblichen – Vornamen verrät (»Am*é*lie Lützenkirchen oder L*ou*ise Pfingsten«[56]). Und nicht von ungefähr spielt hier und nur hier eine Protagonist*in* die Hauptrolle.

Nicht von ungefähr weist gerade *Die Betrogene*, besonders in der Motivpaarung von Dunkel und Licht, Dunkel *versus* Licht, eine stupende Fülle von Reminiszenzen an Bachofens kulturgeschichtliche Spekulationen über die verschiedenen Erscheinungsformen der Frau und Mutter auf.[57] Denn Bachofens

54 Zu einem möglichen Motiv dieser Benennung vgl. Jürgen Eder, Die Geburt des *Zauberbergs* aus dem Geiste der Verwirrung. Thomas Mann und der Erste Weltkrieg, in: Uwe Schneider und Andreas Schumann (Hgg.), Krieg der Geister. Erster Weltkrieg und literarische Moderne, Würzburg: Königshausen & Neumann, 2000, S. 171–187, hier S. 171.

55 Bd. 8, S. 886 f. Vgl. Elsaghe, »Vom Moschusgeruch des Exkrementhaufens«, S. 699 f.

56 Bd. 8, S. 932 f.; im Original keine Hervorhebung. Den einen der beiden Nachnamen, nämlich den Namen eines Schauspielers am Münchner Residenztheater, *Matthieu* Lützenkirchen, scheint Thomas Mann in Kombination mit einem zwar schon französischen, aber eben *männlichen* Vornamen kennengerlernt zu haben. Vgl. den Brief vom 2. Oktober 1907 an Heinrich Mann, in: Thomas Mann und Heinrich Mann, Briefwechsel 1900–1949, hg. v. Hans Wysling, Frankfurt a. M.: Fischer, [3]1995, S. 128 f., hier S. 129, und den Kommentar S. 454.

57 Vgl. Elsaghe, »Vom Moschusgeruch des Exkrementhaufens«, S. 700–709; ders., Die imaginäre Nation, S. 230–237, 245–247.

Spekulationen sind eine einzige Fundgrube für die traditionellen Metaphorisierungen von Licht und Materie, von Geist und Körper. Auf diese ›abendländische‹ Kardinalopposition, Geist versus Körper, laufen ja etwa auch schon Thomas Manns Opponierungen von Sprachmächtigkeit und Sprachlosigkeit hinaus, die ihm als erzählerisches Dispositiv dafür dienen, den Katholiken die jeweils inferiore Position zuzuspielen.

Vermöge einer Jahrtausende alten, von der griechischen Philosophie[58] bis in die Psychoanalyse[59] gültigen Sexuierung von Geist und Körper, als deren Kronzeuge gerade Bachofen füglich gelten kann, konvergieren solche und ähnliche Oppositionen letztlich mit der Geschlechterdifferenz. Gerade auch bei Thomas Manns katholischen Figuren nehmen sie allenthalben diese sexualisierte Form an. Am krassesten zeigt sich das vielleicht an der Körperbetontheit der Frau und des ›Fräulein‹ Krull.

Dessen nachträglich im Manuskript eigens geänderter Vorname lautet jetzt Olympia beziehungsweise »Lympchen«,[60] sprich ›Lümpchen‹. Einmal abgesehen von der damit gegebenen Möglichkeit, das Deminutiv so der Bedeutung ›Lappen‹ oder gar ›Schuft‹ anzunähern, ist die späte Namensänderung primär sicherlich über eine literarische Figur zu erklären. Der neue Name weist auf E. T. A. Hoffmanns *Sandmann* oder eigentlich vielmehr auf Jacques Offenbachs *Hoffmanns Erzählungen*. (Dafür spricht schon die Schreibung mit Ypsilon – Hoffmann schrieb »Ol*i*mpia« –; und vor allem soll Olympia, mit Hilfe übrigens eines »Sally Meerschaum«, dessen Name so jüdisch markiert ist wie derjenige Isaak Stürzlis, »nicht ohne Beifall die Operettenbühne beschritt[en]« haben.[61]) Doch ganz gleichgültig, ob man ihn direkt oder nur mittelbar aus dem *Sandmann* herleitet, deutet der literarisch befrachtete Name des »Fräulein[s]« Olympia seinerseits schon auf die minderwertige und seellose Materialität dieses »Gegenstand[s]« einer »krankhaften Gier«.[62]

Solch eine Konjunktur aber von Materialität und Weiblichkeit erscheint zum Beispiel wohl auch noch an der »Sinnlichkeit« des effeminierten »Stadtpfarrer[s]« mit dem nicht von ungefähr französischen Nachnamen. Denn »Chateau« ist qua französischer insofern auch ein ›weibischer‹ Name, als in einer für Thomas Mann wiederum sehr maßgeblichen Tradition die franzö-

---

58 Vgl. Aristoteles, Physica, hg. v. W. D. Ross, London und New York: Typographeum Clarendonianum, 1950 (Scriptorum Classicorum Bibliotheca Oxoniensis), 192a [keine Paginierung]: [...] τοῦτ' ἔστιν ἡ ὕλη, ὥσπερ ἂν εἰ θῆλυ ἄρρενος [...]; ›so verhält sich die Materie wie das Weibliche zum Männlichen‹. Vgl. dazu Luce Irigaray, Das Geschlecht, das nicht eins ist, Berlin: Merve, 1979, S. 76–79.

59 Vgl. z. B. Freud, Bd. 2/3, S. 360.

60 Bd. 7, S. 332.

61 Bd. 7, S. 276, 316, 332.

62 Bd. 7, S. 316.

sisch-deutschen Differenzen ja in genau analoger Weise sexuiert und ontologisiert wurden.[63]

Chateaus französischer Nachname, der französische Vorname *René* Maria von Throtas und der im Romantext freilich ausgesparte, aber eindeutig erschließbare Ortsname »Eltville« bewegen das Katholische auf das ›weibische‹ Land par excellence zu, an das eben auch der Schauplatz der *Betrogenen* unmittelbar angrenzt. Das Katholische wird gerade auch bei seinen effeminierenden Diffamierungen dem ›Erbfeind‹ der deutschen ›*Herren*nation‹[64] wenn nicht gleichgesetzt, so doch angenähert. Wie etliche weitere fremdsprachliche, besonders – übrigens auch bei den Klischeekatholiken noch anderer deutscher Autoren[65] – gerne lateinische Namen und Titel bringen »René« und »Chateau« den Katholizismus mit dem ›ultramontan‹-romanischen Ausland in assoziative und suggestive Verbindung: »Monsignore«, »Pater«, »Naphta«, »Hujus«, »Barbara«, »Hieronymus«, »Felix«, »Serenus«, »Urban«, »Bartholomäus« und, für Thomas Mann seinerzeit wahrscheinlich mit besonderen antiklerikalen Ressentiments besetzt,[66] »Clemens«.

In diesem ultramontanen beziehungsweise dem immerhin schon ›montanen‹ Ausland werden denn ja auch, wo überhaupt je thematisch, die katholischen Sakramente erteilt: die Messe in Venedig und die Letzte Ölung in Davos. Und von dorther stammen de facto auffallend viele Katholiken Thomas Manns. Naphtas Lehrer Unterpertinger kommt aus Feldkirch. Naphta selbst »stammt[ ] aus einem kleinen Ort in der Nähe der galizisch-wolhynischen Grenze«,[67] also aus Österreich-Ungarn (nachdem seine Position zuvor ›nur‹ mit einem protestantischen Pastor besetzt war, der noch den sehr ›deutschen‹ Namen »Bunge« tragen durfte[68]). Tadzio und seine Familie sind Polen. Clemens *heißt* schon »der Ire«. Felix Krull, der von einer Urgroßmutter her »französisches Blut ererbt« hat,[69] stammt vom äußersten Westrand

63 Vgl. Ruth Florack, »Weiber sind wie Franzosen geborne Weltleute«. Zum Verhältnis von Geschlechter-Klischees und nationalen Wahrnehmungsmustern, in: Ruth Florack (Hg.), Nation als Stereotyp. Fremdwahrnehmung und Identität in deutscher und französischer Literatur, Tübingen: Niemeyer, 2000 (Studien und Texte zur Sozialgeschichte der Literatur, Bd. 76), S. 319–338, hier v. a. S. 319 f.

64 Vgl. Helmut Walser Smith, German Nationalism and Religious Conflict. Culture, Ideology, Politics, 1870–1914, Princeton: Princeton University Press, 1995, S. 36, 54.

65 Vgl. Sagarra, S. 40.

66 Vgl. Bd. 12, S. 953, die Invektive gegen den »unbelehrbare[n] Geistliche[n]« Bischof und späteren Kardinal Clemens August Graf von Galen.

67 Bd. 3, S. 608.

68 Vgl. Anthony Grenville, »Linke Leute von rechts«: Thomas Mann's Naphta and the Ideological Confluence of Radical Right and Radical Left in the Early Years of the Weimar Republic, in: Deutsche Vierteljahrsschrift für Literaturwissenschaft und Geistesgeschichte 59, 1985, S. 651–675, hier S. 655, 659.

69 Bd. 7, S. 265 f.

des Reichs, fast schon aus Frankreich. Und selbst wenn seine Familie oder das, was davon übriggeblieben ist, zunächst ostwärts und ins Reichsinnere zieht, dann eben doch ›nur‹ nach *Frank*furt. So gesehen ist es auch nicht nur, nicht wirklich hochgestapelt, oder jedenfalls ist es sehr sinnreich, wenn er sich die Identität erst eines ›halben‹ Franzosen[70] und zuletzt eines luxemburgisch-linksrheinischen Adligen zulegt.

All diese Verfremdungen der Katholiken stimmen ihrerseits wieder zu deren Assoziation mit der Nobilität, sofern eben auch der Adel eine wesentlich vornationale Größe darstellt und Loyalitäten über die nationalen Grenzen hinaus hat. Und natürlich entspricht die konsistente Verfremdung alles Katholischen auch der Assoziation, die im ›Juda-Jesuiten‹ Naphta auf ihre beiden Begriffe gebracht ist: der Assoziation des Katholizismus mit dem Judentum als einer ebenfalls übernationalen Gemeinschaft, die ihrerseits die Phantasie einer monolithisch und geschlossen deutschen Nation irritieren mußte. Gerade dieses Assoziationsmuster, in der gründerzeitlichen Polemik geradezu topisch[71] und übrigens auch bei Heinrich Mann leicht aufweisbar,[72] ist ja an Thomas Manns Repräsentationen des katholischen ›Deutschland‹ in häufigen, wenngleich sehr diffusen und losen Verbindungen zu greifen:

Die süddeutsch-katholischen Städte und Räume sind auffällig oft mit jüdischem Personal bevölkert. Schwester Leandra ist einem jüdischen Arzt namensverwandt. Der Münchner Glaubensfanatiker wird mit »Mosen« verglichen. Der diesen katexochen jüdischen Namen ›Moses‹ (oder den ebenso ›jüdisch‹ belasteten Gleichklangnamen ›Moritz‹) wirklich zu tragen oder vielmehr zu verstecken scheint, der Kontrahent des katholischen Eiferers, M. Blüthenzweig, firmiert seinerseits in München und bringt dort die Madonna unter die Leute. Die Berliner Juden hegen eine – historisch nicht besonders plausible[73] – Vorliebe für das »katholische[] Bekenntnis«. Gemeinsam verkehren der Geistliche Rat Zwilling und der Rabbiner Carlebach in ein und demselben katholischen Haus (was im protestantischen Milieu ausdrücklich undenkbar wäre). Und nur am Rand sei noch erwähnt, daß Houston Stewart Chamberlain in seiner *Goethe*-Monographie, einem von Thomas Mann incredibile dictu für »groß[]«[74] befundenen und seinerzeit selbst in Freuds Zeitschrift *Imago* als Autorität der Goethe-Forschung zitierbaren Buch,[75] das

70 Bd. 7, S. 389.

71 Vgl. Sagarra, v. a. S. 31–34.

72 Vgl. z. B. Heinrich Mann, Die Göttinnen, v. a. *Diana* und das Ende von *Venus*.

73 Vgl. Monika Richarz, Die Entwicklung der jüdischen Bevölkerung, in: Michael A. Meyer (Hg.), Deutsch-jüdische Geschichte in der Neuzeit, Bd. 3: Umstrittene Integration 1871–1918, München: Beck, 1997, S. 13–38, 388, hier S. 20 f.

74 Bd. 12, S. 562.

75 Vgl. Eduard Hitschmann, Psychoanalytisches zur Persönlichkeit Goethes, in: Imago 18.1, 1932, S. 42–66, hier S. 48.

zählebige Gerücht kolportierte,[76] die Brentanos seien eine »syrosemitische[] Bastardfamilie«.[77]

76 Vgl. Peter Küpper, Bettine Brentano – 1936, in: Euphorion 61, 1967, S. 175–186; Reinhard Mayer, Fremdlinge im eigenen Haus. Clemens Brentano als Vorbild für Adrian Leverkühn und Clemens der Ire [sic!] in den Romanen *Doktor Faustus* und *Der Erwählte* von Thomas Mann, New York, Washington, Baltimore, Bern, Frankfurt a. M., Berlin, Wien und Paris: Lang, 1996 (Literature and the Sciences of Man, Bd. 8), S. 99–101.

77 Houston Stewart Chamberlain, Goethe, München: Bruckmann, 1912, S. 691; vgl. S. 119 f.

Die Legitimations- und Entlastungsfunktion der antikatholischen Stereotype

Thomas Manns Repräsentationen des Katholizismus, mit anderen Worten, weisen näher besehen sehr nachdrücklich auf dessen »politische Tragweite«. Seine einschlägigen Erzähltexte geben zu erkennen, daß ein protestantischer Autor sie verfaßt hat, der »das Licht der Welt« seinerseits »wenige Jahre [...] nach der [...] Gründung des Deutschen Reiches [...] erblickte«. Als solcher, als Deutscher der ersten Generation nach 1871 und als Angehöriger der protestantischen Majorität, scheint er es nötig gehabt zu haben, sich seiner Zugehörigkeit zur normaldeutschen Mehrheit oder diese ihrer Übermacht mit schlechterdings zwanghafter Regelmäßigkeit zu vergewissern. Solch ein Zwang zu affirmativer Selbstvergewisserung und zur ›sekundären‹[1] oder ›negativen Integration‹[2] alles irgendwie anderen, um es auf eine hierfür sehr griffige Formel aus der Sozialgeschichte des Deutschen Kaiserreichs zu bringen, verrät natürlich das Legitimationsdefizit der ›imagined community‹.[3]

Deren Legitimationsbedürftigkeit zeigt sich auch und gerade schon an jener phantasmatischen Bedrohung männlicher deutscher Helden durch ein als weiblich und durchseucht imaginiertes Ausland, mit dem Thomas Mann die literarische Repräsentation des Katholischen immer wieder verhängt hat. Denn nicht genug damit, daß die konfessionelle Differenz auffallend häufig im Wortsinn ver-fremdet, also tendenziell und »aus Politik« mit der Opposition von In- und Ausland zum Konvergieren gebracht wird; selbst dort, wo die national deutsche Identität katholischer Figuren keinem Zweifel unterliegt, lagern diese die sonst stereotypischen Merkmale des Auslands an. Sie sind weiblich, weibisch, unmännlich. Und vor allem sind sie unreinlich, hygienisch bedrohlich. Sie erhalten so immer wieder das Merkmal, das bei Thomas Mann vielleicht wie kein anderes Fremd- und Selbstimagination bestimmt; und sie unterliegen damit einem vermutlich sehr alten Ausgrenzungsphantasma (wie es Mary Douglas

1 Wolfgang Sauer, Das Problem des deutschen Nationalstaates, in: Hans-Ulrich Wehler (Hg.), Moderne deutsche Sozialgeschichte, Köln und Berlin: Kiepenheuer & Witsch, 1966 (Neue Wissenschaftliche Bibliothek, Bd. 10), S. 407–436, hier S. 430 f., 435.

2 Hans-Ulrich Wehler, Das Deutsche Kaiserreich 1871–1918, Göttingen: Vandenhoeck & Ruprecht, [4]1980 (Deutsche Geschichte, hg. v. Joachim Leuschner, Bd. 9), S. 96 f.

3 Benedict Anderson, Imagined Communities. Reflections on the Origin and Spread of Nationalism, London und New York: Verso, [2]1991.

in *Purity and Danger* am ›Alten Testament‹ vorgeführt[4] und der spätere Thomas Mann in *Das Gesetz* selber als Basis der Mosaischen Vorschriften identifiziert hat). Der hierfür einschlägige Katalog erstreckt sich von der anachronistischen und gleichsam metonymischen Assoziation der katholischen Kirche und Religiosität mit sanitär prekären Großstadtverhältnissen über die ebenfalls anachronistisch forcierte Einführung der Schwester Leandra im Zeichen von »Zahnkrämpfe[n]«, Krankheit und Sterben bis zu den »blutigen Augen« jenes »alte[n]«, sich »an Krücken« »schlepp[enden]« »Weib[s]«; von den Leichen der Selbstmörder Krull und Naphta über die Darstellung der katholischen Sakramente unter der Signatur von Tod und tödlicher Infektion bis zur Tuberkulose des »schnaubend[en]« Knöterich; vom anzüglich sprechenden Namen Monsignore Hinterpförtners über den »riechende[n] Fußschweiß« des einen bis zur Assoziation des anderen Geistlichen Rats mit einem Rabbiner, dessen Name in Thomas Manns Erinnerung »nicht« »sehr reinlich« konnotiert war.

Das Katholische also, so läßt sich summarisch sagen, bildet bei Thomas Mann ein Paradigma der Alienität unter anderen, mit denen es aber regelmäßig gleichsam konspiriert, wenn es assoziative Verbindungen mit grundsätzlich allem eingehen kann, was aus der Subjektsposition des Autors ausgeschlossen oder verdrängt bleibt. Solche Assoziationen in alteram und zugleich immer auch in malam partem helfen die Selbstdefinition der eigenen Identität zu konsolidieren. Von dieser Entlastungswirkung ›negativer Integration‹ her läßt sich nun auch ein Zugang zu dem erzähltheoretischen Phänomen gewinnen, das zu den auf der Inhaltsebene des jeweils Erzählten negativen Stilisierungen katholischer Gestalten in nur scheinbarem Widerspruch steht: daß eben ausnahmslos alle Romanerzähler katholisch sind, welche in der ›Ich-Form‹ ›perzeptible‹ Gestalt annehmen.

Um den vermeintlichen Widerspruch aufzulösen, braucht man sich nur die entstehungschronologischen Verhältnisse zu vergegenwärtigen. Bei den drei betreffenden Romanen, *Doktor Faustus*, *Der Erwählte*, *Bekenntnisse des Hochstaplers Felix Krull*, handelt es sich zugleich auch um die drei letzten des Autors. Oder genauer gesagt handelt es sich um die beiden letzten vollendeten Romane und um das Roman*fragment* des *Hochstaplers*, das ein solches aber nicht notwendigerweise geblieben ist. Fragment blieben die *Bekenntnisse* natürlich wegen Thomas Manns Tod. Zuvor allerdings, vor ihrer späten Wiederaufnahme in den Fünfzigerjahren, konnten sie offenbar aus inneren Gründen in ihrer

4 Mary Douglas, Reinheit und Gefährdung. Eine Studie zu Vorstellungen von Verunreinigung und Tabu, Frankfurt a. M.: Suhrkamp, 1988, v. a. S. 60–78. Das Krankheits- und Ansteckungstabu scheint übrigens auch umgekehrt in der antiprotestantischen Polemik seine Rolle gespielt zu haben. Vgl. z. B. das nicht weiter nachgewiesene Zitat in: Karl von Hase, Handbuch der Protestantischen Polemik gegen die Römisch-Katholische Kirche, Leipzig: Breitkopf und Härtel, [5]1891, S. VI: »Der Protestantismus ist in religiöser Hinsicht was in natürlicher Hinsicht die Pest [...].«

besonderen Erzählform lange nicht weiter gedeihen und keiner Vollendung zugeführt werden.

Man könnte die Koinzidenz von Erzählform und Werkchronologie, daß also die Einsetzung katholischer Erzähler auf die Altersromane fällt, zunächst begütigend auf eine bestimmte Vorstellung vom Spätwerkscharakter zurückführen. ›Spätwerk‹ wären die drei in ›Ich-Form‹ gehaltenen Romane dann in einem tieferen, verheißungsvollen Sinn des Worts, in dem dieses die Möglichkeit mit einschließt, das lebenslang Gültige zu relativieren und es sub specie mortis zu revidieren. Als so verstandene Alterswerke wären *Doktor Faustus*, *Der Erwählte* und die *Bekenntnisse des Hochstaplers Felix Krull* Ausdruck einer neu gewonnenen Aufgeschlossenheit, welche besonders auch aus der singulär und nachweislich gewollt »sympathisch[en]« Person des ersten dieser Erzähler oder fast mehr noch aus dem Umstand spricht, daß seine praktizierend katholische Mutter ganz ausnahmsweise nicht weiter herabgesetzt wird. Die katholischen ›Ich-Erzähler‹ in den späten, je im erst erzwungenen und dann selbstgewählten Exil entstandenen Romanen Thomas Manns reflektierten damit letztlich dessen mittlerweile gewonnenen Abstand zu den frühen Phantasmen deutscher Identität; hatte er diese doch selbst de iure durch seine »nationale Exkommunikation«[5] verloren (eine von ihm wiederholt gebrauchte, hier freilich nicht gerade unverfängliche Metapher) und während der Arbeit am ersten der drei letzten Romane mit der amerikanischen Staatsbürgerschaft gewissermaßen überschrieben.

Die Geltung solch einer versöhnlichen Interpretation aber relativieren schon nur die Selbstkommentare des Autors zu diesem ersten einschlägigen Roman. In der *Entstehung des Doktor Faustus* bestimmte Thomas Mann die besondere Funktion des ›Ich-Erzählers‹ Zeitblom, den er übrigens gerade bei der Gelegenheit wieder mit Felix Krull verglich. Dabei brachte er die Erzählerfiktion auf die Begriffe der ›Entlastung‹, der ›Komik‹ und der ›Travestie‹:

> Zu welchem Zeitpunkt ich den Beschluß faßte, das Medium des ›Freundes‹ zwischen mich und den Gegenstand zu schalten, also das Leben Adrian Leverkühns nicht selbst zu erzählen, sondern es erzählen zu lassen, folglich keinen Roman, sondern eine Biographie mit allen Charakteristiken einer solchen zu schreiben, geht aus den Aufzeichnungen von damals nicht hervor. Gewiß hatte die Erinnerung an die parodistische Autobiographie Felix Krulls dabei mitgewirkt, und überdies war die Maßnahme bitter notwendig, um eine gewisse Durchheiterung des düsteren Stoffes zu erzielen und mir selbst, wie dem Leser, seine Schrecknisse erträglich zu machen. Das Dämonische durch ein exemplarisch undämonisches Mittel gehen zu lassen, eine humanistisch fromme und schlichte, liebend verschreckte Seele mit seiner Darstellung zu beauftragen, war an sich eine komische Idee, entlastend gewissermaßen, denn es erlaubte mir, die Erregung durch alles Direkte, Persönliche, Bekenntnishafte, das der unheimlichen Konzeption zugrunde lag, ins Indirekte zu schieben und sie in der Verwirrung, dem Händezittern jener bangen Seele travestierend sich malen zu lassen.[6]

---

5 Bd. 13, S. 91; Bd. 12, S. 789.

6 Bd. 11, S. 164.

Die »an sich [...] komische« Travestie, die mit dem Medium des ›Ich-Erzählers‹ veranstaltet wird, betrifft ganz unmittelbar den sprachlichen Duktus des Romans oder eben der »Biographie«. Deren Purismen und stilistische Spreizungen beginnen buchstäblich mit den ersten Worten des Texts, nämlich im Titel: »Das Leben des deutschen *Tonsetzers* Adrian Leverkühn erzählt von einem Freunde«. Dieser »Freund[ ]« und altväterische ›Ich-Erzähler‹ kann sich noch nicht einmal vorstellen, ohne sich scheinbar ungewollt selber zu ironisieren:[7] »Mein Name ist Dr. phil.« – »Dr. phil.« wurde nachträglich ins Manuskript eingefügt – »Serenus Zeitblom«.[8] So flektiert er auch, um nur noch ein Beispiel für seine Archaismen zu geben, die das Komische immer wieder streifen, den Vornamen des »Tonsetzers« wiederholt zu »Adrianen«.[9]

Noch einschlägiger vielleicht für solche Selbstdemontagen der Erzählinstanz wäre wohl die berühmte Verballhornung auktorialen Erzählens, welche der nächste Romanerzähler am Anfang des *Erwählten* als »Geist der Erzählung« zu erdulden hat.[10] Das alles läßt ganz offensichtlich darauf schließen, daß Thomas Manns später und im Romanwerk konsequenter Wechsel aus der zeitlebens stark bevorzugten ›Er-‹ in die ›Ich-Form‹ auf einem literatur-, kultur- und geistesgeschichtlichen Hintergrund zu sehen und zu verstehen ist. Dieser spricht nicht zuletzt aus dem Titel des letzten, Fragment gebliebenen Romans. Schon in dessen allerersten Worten oder eben wieder gewissermaßen noch vor dem ersten Wort denunziert die Berufsbezeichnung des »Hochstaplers« und fiktiven Autors die wesenhafte, aber gerade vom katholischen Geistlichen tolerierte Verlogenheit dieses Erzählers. Der Text weist so immer schon autoreferentiell seine eigene Rollenmaskerade aus.

Den Sinn und Zweck solchen maskierten Erzählens kann man bereits aus dem Roman erschließen, der dem *Doktor Faustus* als dem ersten in ›Ich-Form‹ zu Ende erzählten nahezu unmittelbar voranging: *Lotte in Weimar* (dazwischen liegt nur die Vollendung, nämlich der vierte und letzte Teil des *Joseph*). Nicht zufällig wurde *Lotte in Weimar* unverzüglich und immer wieder mit James Joyces' *Ulysses* als einem genuin avantgardistischen Werk verglichen.[11] *Lotte in Weimar* ist Thomas Manns modernster oder eigentlich sein einzig wirklich und ›von Grund aus moderner‹[12] Text. Thomas Mann hat hier seinen radikalsten oder einzig radikalen Versuch gewagt, mit den traditionellen Erzählformen zu

---

7 Vgl. Walter Schomers, Serenus Zeitblom und die Ideen von 1914. Zur Rezeption der *Betrachtungen eines Unpolitischen* im *Doktor Faustus*, in: Walter Schomers, Serenus Zeitblom und die Ideen von 1914. Versuche zu Thomas Mann, Würzburg: Königshausen & Neumann, 2002, S. 47–78, hier S. 51.

8 Bd. 6, S. 13.

9 Z. B. Bd. 6, S. 345, 371.

10 Bd. 7, S. 10.

11 Vgl. z. B. Hans Rudolf Vaget, Thomas Mann und James Joyce. Zur Frage der Modernisierung im *Doktor Faustus*, in: Thomas Mann-Jahrbuch 2, 1989, S. 121–150, hier S. 148 f.

12 Hayden White, Introduction, in: Thomas Mann, Lotte in Weimar. The Beloved Returns, Berkeley: University of California Press, 1990, S. v–xi, hier S. v.

brechen. Handgreiflich ist dieser Traditionsbruch etwa in der multiplen Perspektive besonders der ersten zwei Romandrittel oder, noch deutlicher, im inneren Monolog des *Siebenten Kapitels*, im hier unternommenen Versuch, das ›stream of consciousness‹ literarisch umzusetzen.

Vor allem aber überzeichnet *Lotte in Weimar* ironisch die Antiquiertheit und Epigonalität von Thomas Manns eigener, im wesentlichen dem neunzehnten Jahrhundert verpflichteter und als solche im Lauf des zwanzigsten zusehends zum Fossil gewordener Sprache. Nicht umsonst erkannte Thomas Mann im »Besuch[ ] der alten Lotte Buff-Kestner in Weimar« von Anfang an einen »Theaterstoff«.[13] Nicht von ungefähr beabsichtigte er zunächst ernstlich, daraus eine Komödie zu machen.[14] Und vielleicht ist es auch kein Zufall, wenn sich Thomas Mann ganz am Ende seines Lebens mit *Luthers Hochzeit* noch einmal in der Gattung der Komödie versuchte.

Salva venia, das heißt aus dieser konzeptions- und vielleicht eben auch lebensgeschichtlich bedingten Affinität zum Drama und zur Komödie heraus, wird in *Lotte in Weimar* auktoriale durch zitierte und chronolektal verfremdete Rede tendenziell verdrängt. Und in der Konsequenz der gleitenden Perspektivik wird selbst die eigentlich auktoriale Sprache bis in Wortwahl und Orthographie von der »Excentricität«[15] und den »Curiositäten«[16] des ›älteren Neuhochdeutschen‹[17] gleichsam angesteckt. *Lotte in Weimar* antizipiert so die theatralische Strategie, durch die Thomas Mann in seinen folgenden Romanen die Überholtheit seiner »Bügelfaltenprosa«[18] sozusagen exorziert.

Er exorziert sie, indem er die Verantwortung dafür gewissermaßen delegiert. Er überschreibt die auktoriale Rede der Erzählerstimme durch eine Figurenrede. Diese wächst sich im Grunde genommen zu einem einzigen Komödienmonolog aus. Denn ihre Eigenart dient immer auch der Charakterisierung der redenden Figur; und ihre Befremdlichkeiten und Atavismen kann man nicht mehr einer auktorialen Instanz anlasten.

Seine drei letzten Romane legte Thomas Mann nun bezeichnenderweise einem je konservativen oder aber ohnehin der Vergangenheit angehörigen ›Ich-Erzähler‹ in den Mund: dem *Alt*philologen Zeitblom; der mittelalterlich-»mön-

13 Tagebucheintrag vom 19. November 1933; Tagebücher 1933–1934, S. 250 f., hier S. 251.

14 Brief vom 11. Dezember 1940 an Gertrude Howard, in: Thomas Mann, Selbstkommentare: *Lotte in Weimar*, hg. v. Hans Wysling, Frankfurt a. M.: Fischer, 1996 (Informationen und Materialien zur Literatur), S. 65.

15 Lotte in Weimar, S. 341; vgl. Bd. 2, S. 707: »Excentrizität«.

16 Bd. 2, S. 745.

17 Vgl. Stefan Sonderegger, Grundzüge deutscher Sprachgeschichte. Diachronie des Sprachsystems, Bd. 1: Einführung; Genealogie; Konstanten, Berlin und New York: de Gruyter, 1979, S. 174–181.

18 Alfred Döblin, Autobiographische Schriften und letzte Aufzeichnungen, hg. v. Edgar Päßler, Olten und Freiburg i. Br.: Walter, 1977 (Jubiläums-Sonderausgabe), S. 576. Vgl. Bd. 11, S. 310.

chischen Person«[19] Clemens; dem auch sprachlich hoch-stapelnden Krull. Krull ist »von *Natur* erhaltenden Sinnes«. Sein Erzählstil, wie ihn der *reale* Autor in einem sehr späten Interview noch ganz präzise bestimmte, »suchte« von allem Anfang »ganz bewußt und absichtlich [...] einen hochparodistischen Ton, nicht wahr, der auf die Autobiographie des 18. Jahrhunderts ging«.[20] Und wenn Thomas Mann in demselben Interview auch zu Protokoll gab, er habe in den späten Kapiteln den »hochparodistischen Ton« nur *»zunächst«* wiederaufgenommen, sei dann aber »in eine kurrentere Erzählweise hinüber[gewechselt]«,[21] so ist der angebliche Stilbruch beim Lesen doch nicht ohne weiteres oder vielleicht auch gar nicht spürbar. Auch stünde eine wahrhaft »kurrente[ ] Erzählweise« in den Fünfzigerjahren per se schon und ganz anders als die alten Romanteile in einem gewissen Anachronismus zur fiktiven Autorschaft des Erzählers, die ja fast ein halbes Jahrhundert früher, nämlich bald einmal nach der Jahrhundertwende anzusetzen wäre.[22]

Bei den drei ›Ich-Erzählern‹ des *Doktor Faustus*, des *Erwählten* und der *Bekenntnisse des Hochstaplers Felix Krull* artikuliert sich ein ›natürlicher‹ Konservativismus zuerst und zuletzt sprachlich. Er manifestiert sich in einem sozusagen reaktionären Schreibstil, den der reale Autor über seinen eigenen hinaustreiben und unter der angenommenen Maske der ›Ich-Form‹ ironisieren kann. Die katholischen ›Ich-Erzähler‹ in Thomas Manns Romanen sind also je in einem ähnlichen Sinn dessen alter ego, wie es Gustav von Aschenbach insofern ist, als er für eine problematische Seite des Autors steht oder immerhin für eine Seite zu büßen hat, die der Autor an sich als problematisch wahrnahm. Sie sind Projektionsfiguren nicht gerade eines Selbsthasses, aber doch eines gewissen Selbstzweifels. Sie verkörpern in extremis, was Thomas Mann an sich selber als einem traditionellen Romancier zusehends fragwürdig finden mußte. So, als Personifikationen des *alter* ego, des an der eigenen Existenz problematisch Gewordenen, übernehmen die Romanerzähler des Spätwerks bei der hier allerdings sehr defensiven Identitätsgewinnung dieselbe Funktion wie sonst die katholischen Figuren etwa bei der homophob-heterosexuellen Selbstverleugnung des Autors und vor allem bei dessen Imagination der kollektivnationalen Identität als einer bürgerlichen, männlichen oder sauberen und nicht zuletzt eben auch protestantischen.

---

19 Bd. 7, S. 13.

20 Gerster, S. 21.

21 Ebd.; im Original keine Hervorhebung.

22 Bd. 7, S. 270.

Zum Spätwerkscharakter des *Doktor Faustus*

Das Spät- im Verhältnis zum Gesamtwerk

Thomas Manns Romane und Erzählungen, von denen denn auch nach seiner Spezialaudienz beim Heiligen Vater strittig blieb, ob gute und rechtgläubige Katholiken sie lesen dürfen,[1] geben wie gesehen immer wieder zu erkennen, wer sie geschrieben hat: Einer, der zum Beispiel an noch so »verdumm[ten]« Menschen gegebenenfalls deren »Stellung gegen die katholische Kirche« als »[d]as einzige Positivum« durchaus zu würdigen wußte;[2] ein Protestant eben, der »wenige Jahre nur nach der glorreichen Gründung des Deutschen Reiches« zur Welt kam. Den konfessionellen Spannungen, wie sie ihrerseits »wenige Jahre [...] nach der glorreichen Gründung« im sogenannten Kulturkampf offen ausbrachen und die Kohärenz »des Deutschen Reiches« gefährdeten, mochte der Autor auch privatim, genealogisch und lebensgeschichtlich besonders empfindlich ausgesetzt sein: genealogisch wegen der ursprünglich katholischen Konfession seiner nicht bloß ›ultramontan‹, sondern gar transatlantisch fremden Mutter; lebensgeschichtlich wegen des frühen, mit dem Tod des Vaters verbundenen Umzugs aus »dem protestantischen Lübeck«[3] nach München, in die überhaupt katholischste aller deutschen Hauptstädte, und wegen der daran anschließenden Aufenthalte in Italien und in der ›Heiligen‹, *der* katholischen Stadt und Hauptstadt schlechthin.

Protestantische Dominanzansprüche und antikatholische Ressentiments sind wie gezeigt allenthalben in Thomas Manns Romanen und Erzählungen greifbar und übrigens nicht nur in diesen: Im Epyllion *Gesang vom Kindchen*, wo Katholiken allem Anschein nach schlechtweg »Ketzer« sind,[4] wird das Oberhaupt der katholischen Kirche mit einem infantilen Täufling verglichen,[5] trotz und wegen der senilen »Schwäche« und schon totenhaft »wächserne[n] Hand« des »Greis[es]«.[6] Einen ebenso todkranken, sagenhaft häßlichen und korrupten

1 Vgl. R.H., Die verschleierte Fremde, in: Neue Deutsche Hefte 55, Februar 1959, S. 1055f., hier S. 1055; Austin J. App, Thomas Mann, Christian Novelist, in: Magnificat 64.3, 1939, S. 110–118, hier S. 118.

2 Tagebucheintrag vom 21. März 1951; Tagebücher 1951–1952, S. 37f., hier S. 37.

3 Bd. 11, S. 1130.

4 Bd. 8, S. 1093.

5 Ebd.

6 Ebd. Der zur Entstehungszeit des *Gesangs vom Kindchen* amtierende Papst, körperlich behindert und infolge Frühgeburt von schwächlicher Konstitution, hatte seinerzeit noch knapp drei Jahre zu leben: Vgl. John F. Pollard, The Unknown Pope. Benedict XV

Papst hatte Thomas Mann bereits in seinem Drama *Fiorenza* auf die Bühne gebracht. So morti- und mumifiziert, wird der Papst im *Gesang vom Kindchen* gegen die »Würde«[7] eines konstant so genannten »Jünglings«[8] der »Lutherkirche«[9] ausgespielt. Diesen überschüttet der Erzähler zu diesem Zweck förmlich mit positiven Attributen. Dabei kehrt er an ihm nicht so sehr allgemeine oder speziell »geistliche« Vorzüge hervor (»klug«, »würdig«, »buchgelehrt[ ]«, »vortrefflich«, »[g]ar nicht übel«);[10] sondern wichtig scheint ihm vielmehr die Vitalität und Reinlichkeit des so nicht gerade sehr ›geistlich‹ wirkenden »Jünglings« zu sein: »jung«, »jugendlich«, »frisch[ ]«, »gereinigt«, »gerötet die Wangen«.[11]

Die Komödie *Luthers Hochzeit*, Thomas Manns ja überhaupt letztes Werkprojekt, hätte dem deutschen Protestanten par excellence gelten sollen. Und deutsche Protestanten, soweit die erzählte Zeit jeweils hinter die Reformation zu liegen kommt, sind die Helden aller seiner vollendeten und mit nur einer Ausnahme überhaupt aller seiner Romane. Die Ausnahme wie gesehen bildet eben Felix Krull, der im Unterschied zu »Mutter und Schwester« immerhin kein praktizierender Katholik ist. Und selbst auf solch einen lauen Katholizismus übrigens wurde Krull vielleicht erst im Verlauf der Entstehungs- und Konzeptionsgeschichte definitiv festgelegt. Denn einen »*Protestantismus* des Hochstaplers« notierte sich Thomas Mann auf einer der allerersten erhaltenen Tagebuchseiten,[12] das heißt allerdings zu einer Zeit, 1918, da der Anfang des zweiten ›Buchs‹ schon vorlag, der mit der Erzählung vom Begräbnis des Vaters den unmittelbaren Anlaß zu Krulls Bekenntnis zur katholischen Kirche gibt.

Ob man den merkwürdigen Tagebucheintrag nun sozusagen wörtlich nimmt und als Erinnerung gleichsam an einen älteren Merkmalssatz der Figur versteht oder ob man »den Protestantismus des Hochstaplers« nur als Metapher für dessen »Gnadenaristokratismus«[13] auffaßt und so den Widerspruch zwischen dem Tagebuch und dem Romantext bereinigt: Jedenfalls ist dieser »Hochstapler[ ]« als Berufskrimineller und Drückeberger in militaribus weder ein wirklicher ›Held‹ noch aber auch ein echtbürtiger Deutscher; soll er ja doch eine

(1914–1922) and the Pursuit of Peace, London und New York: Geoffrey Chapman, 1999, S. 2. Vermutlich reflektiert die betreffende Schilderung aber die Eindrücke, die Thomas Mann auf seinen frühen Italienreisen (1895–1898), und das hieße von einem damals wirklich hochbetagten Papst, Leo XIII. (geboren 1810), empfangen hatte.

7 Bd. 8, S. 1099.

8 Bd. 8, S. 1092, 1098–1100.

9 Bd. 8, S. 1092.

10 Bd. 8, S. 1092, 1094, 1098 f.

11 Bd. 8, S. 1092, 1094.

12 Tagebucheintrag vom 14. September 1918; Tagebücher 1918–1921, S. 5 f., hier S. 5; im Original keine Hervorhebung.

13 Max Weber, Die protestantische Ethik und der Geist des Kapitalismus, in: Max Weber, Die protestantische Ethik, Bd. 1: Eine Aufsatzsammlung, hg. v. Johannes Winckelmann, Gütersloh: Gerd Mohn, [9]1991, S. 27–277, hier S. 148.

französische Urgroßmutter haben[14] und aus einem »Städtchen« stammen, das bekanntlich den erschließbaren Namen »Eltville« trägt und unter diesem, nicht etwa dem deutschen, ›Elfeld‹, in den Vorarbeiten zu den *Bekenntnissen* erscheint, auf Thomas Manns kartographischer Skizze des »Rheingau[s]«, wo sonst nur noch deutsche Ortsnamen verzeichnet sind. Nicht umsonst leugnet Krull sein Deutschtum im Moment seiner Ausreise aus dem »Deutschen Reich[ ]« ›zur Hälfte‹ und auf Französisch (»A moitié – à demi«).[15] Nicht umsonst ersetzt er seinen deutschen Namen in Paris mit »größte[r] Freude« durch einen französischen, »Armand«.[16] Und nicht umsonst nimmt er bei seiner Hochstapelei als Marquis de Venosta eine luxemburgische Identität an.

Abgesehen von dem also etwas schwieriger gelagerten Fall des Felix Krull, und das ist in der Forschung gründlich genug übersehen worden, um es in gebotener Kürze zu wiederholen, abgesehen also von diesem in gewissem Sinn letzten ›Ich-Erzähler‹ kommen Katholiken und vor allem auch Katholik*innen* bei Thomas Mann im allgemeinen eher schlecht weg. Sie sind, so hat sich gezeigt, abstoßend wie die mutmaßlichen Schweißfüße in den »Lackschuhe[n]« und »schwarzseidene[n] Strümpfe[n]« des »Geistlichen Rat[s] Chateau« (bei deren Erwähnung sich Krull auf »Freimaurer und Antipapisten«[17] beruft und in denen vielleicht wirklich ein ›antipapistischer‹ Topos fortwirkt, wie er seinen literarisch unverschämtesten Ausdruck in Christian Reuters *Schelmuffsky* gefunden hat, in den »stinckichten« Füßen unter den »Peltz-Strümpffe[n]« »Ihrer Heiligkeit«[18]). Sie sind bürgerlich verächtlich bis beängstigend wie der Bankrotteur und Selbstmörder Engelbert Krull oder die werkchronologisch etwa ein Jahrzehnt jüngere Figur des gleichfalls selbstmörderischen Jesuiten und Kommunisten Leo Naphta. Sie sind unleidlich und intolerant wie dieser oder, in *Gladius Dei*, die wiederum zehn beziehungsweise zwanzig Jahre ältere Gestalt des mit einer »blöde[n] Zunge« geschlagenen Fundamentalisten Hieronymus. Sie werden sensu pleno erniedrigt wie die »kleine[ ]« Barbara Hujus, der »klein[e]« Chateau oder auch wieder der »kleine[ ]« und »häßliche Naphta«. Sie werden über die appellativische Bedeutung ihrer oft sprechenden Namen und Titel zurückgesetzt wie Monsignore *Hinter*pförtner, Pater *Unter*pertinger oder »*Seconde*leutnant«[19] René Maria von Throta (in den Notizen erst nur »Lieutenant von Throta«). Sie sind von zweifelhafter Männlichkeit wie dieser Rivale des ganz im Sinne Max Webers protestantischen Kapitalisten Thomas Buddenbrook (nach Ausweis sowohl seines im Wortsinn pubertären »Schnurrbärtchen[s]« als auch schon seiner

14 Bd. 7, S. 265 f.

15 Bd. 7, S. 389.

16 Bd. 7, S. 416.

17 Bd. 7, S. 325.

18 Christian Reuter, Schelmuffskys wahrhaftige / curiöse und sehr gefährliche Reisebeschreibung zu Wasser und Lande, hg. v. Peter von Polenz, Tübingen: Niemeyer, 1956 (Neudrucke deutscher Literaturwerke), S. 114 f.

19 Bd. 1, S. 644; im Original keine Hervorhebung.

sexuell im ersten Teil ambivalenten und zum anderen, genuin katholischen Teil effeminierenden Vornamen, die er zusammen mit dem sprechenden und vergleichsweise sehr tiefen Dienstgrad eines »Seconde«- und ›Unterleutnants‹ erhielt). Und dubios erscheint die sexuelle Identität auch beim »Geistlichen Rat Chateau« mit den »schwarzseidene[n] Strümpfen« unter seiner »feine[n] seidigschwarze[n] [...] Soutane«. Das jetzt lächerliche Portrait des Zölibatärs ist übrigens Resultat eines in der Handschrift wenigstens teilweise dokumentierbaren Prozesses. Ehedem hätte es sehr viel vorteilhafter ausfallen sollen:

> Sein [Chateaus] wohlgenährtes Gesicht war stets rosig wie die genau kreisförmige Priesterplatte, zu der sein silberweißes, kurzgeschnittenes Haar sorgfältig ausrasiert war, sein Mund klein und schön, mit weißen, ebenmäßig [sic!] Zähnen gefüllt.

Thomas Manns Katholiken erscheinen demnach immer wieder in assoziativem Kontakt zu allerhand hygienisch Prekärem oder sexuell, ethnisch und nicht zuletzt auch national ›anderem‹: Naphta ist galizischer Jude. Chateau ist wenigstens dem Namen nach Franzose. Und Franzosen sind teils sogar iure sanguinis die Krulls. Besonders diese Affinität der Katholiken zum ›ultramontan‹ und im national, nationalistisch prägnanten Sinn Fremden ließ einmal mehr auf die spezifisch politische Funktion der Imaginationsangebote zurückschließen, die Thomas Mann der Lesegemeinschaft machte, als die Benedict Anderson die ›imagined community‹ der Nation beschrieben und zu erklären versucht hat.[20] Die tendenziös-negativen und tendenziell ausgrenzenden Präsentationen katholischer Figuren helfen die Vorstellung oder das Phantasma einer auch konfessionell monolithischen, eben monolithisch protestantischen Identität »des Deutschen Reiches« zu konsolidieren. Sie reflektieren so die Legitimationsbedürftigkeit der nationalen Identität. Deren Arbitrarität wagte Thomas Mann denn auch nur gerade und ausgerechnet an der ohnehin stark schillernden Figur seines katholischen Altersgenossen auszuphantasieren. Und auch dort wagte er es nur unter gleich dreifachem Vorbehalt.

Denn erstens leugnet Felix Krull sein Deutschtum nie vollständig. Auf seiner toponomastisch sinnigen ›Fahrt‹ von Frank-furt nach Frank-reich, hier muß man Jochen Strobels übertriebene Formulierung unbedingt richtigstellen oder sozusagen um die Hälfte zurücknehmen, »geriert er sich« gerade *nicht* »als vollendeter Franzose«.[21] Er maßt sich eine zunächst expressis verbis nur ›halb‹ oder ›beinahe‹ französische Identität an (»A peu près. A moitié – à demi«).[22] Sein angenommener französischer Vorname, »Armand«, ist ein etymologisch deutscher, als solcher übrigens dezidiert männlicher, ›Hart*mann*‹.[23] *Volks*etymologisch kann Krulls französisches Pseudonym sogar den nationalmythisch

20 Anderson, S. 22–36.

21 Strobel, Entzauberung der Nation, S. 316.

22 Bd. 7, S. 389.

23 Vgl. Marie-Thérèse Morlet, Dictionnaire étymologique des noms de famille, Paris: Perrin, 1991, S. 48, s. v. ›Armand‹; S. 499, s. v. ›Harmand‹.

am überhaupt schwersten befrachteten Namen evozieren, ›Arminius‹ (wie *Hermann* Reiff oder vielmehr gerade *nicht* wie dieser zwar ›wahre‹, den Lesern des *Doktor Faustus* aber vorenthaltene Vorname »des Herrn [...] Reiff«). Und selbst als luxemburgischer Marquis de Venosta behält Krull eine Mutter von nach wie vor rein »[d]eutscher Herkunft«.[24] Zweitens hat sein Anspruch zumindest auf eine französische Identität dem ius sanguinis nach ja eine gewisse innere Berechtigung, so wie derjenige auf eine halb luxemburgisch-linksrheinische hier iure soli, vom »Rheingau« aus, wenigstens im ganz wörtlichen Sinn des Verbs sehr ›naheliegt‹. Und drittens schließlich gehen seine willkürlichen Anmaßungen nationaler Identitäten mit der grundsätzlichen Neigung einher und gehen sie in dieser idiosynkratisch-berufsmäßigen Disposition gewissermaßen unter, sich auch andere Identitäten ad libitum anzueignen und insbesondere eben die soziale Identität hochstaplerisch zu wechseln (nie aber die konfessionelle; bleibt er doch, ja wird er bei alledem noch eindeutiger katholisch, als Franzose sowohl wie als Luxemburger mit dem Titel und dem halben Namen eines italienisch-›ultramontanen‹ Ministers aus der Zeit des Kulturkampfs, des Marchese Emilio di Visconti-Venosta).

Vor allem jedoch kommen die also an sich schon sozusagen mehrfach geschützten Experimente der katholisch-deutschen Romanfigur mit ihrer Nationalidentität entstehungsgeschichtlich in die spätesten Teile des Fragments zu liegen. Sie liegen hinter der historischen Zäsur des Kriegsendes, die im ›Westen‹ Deutschlands nicht zuletzt eine neue Hauptstadt und besonders ein neuer Typ Kanzler markierten oder wenigstens markieren sollten. Der Zeit und ›Ära‹, der die späten Kapitel des *Felix Krull* angehören, gab ihren Namen nicht von ungefähr ein praktizierender Katholik, welcher der Hochstaplerfigur auch altersmäßig und schon herkunftsregional verblüffend nahesteht.

Andererseits, und genau reziprok zur Ausnahmestellung dieser späten Kapitel, die somit die lediglich geringfügig zu modifizierende Regel nur wieder *erhärten*, stehen die patent ›antipapistischen‹ Momente des Romans in dessen älteren Textschichten. In diese gehören etwa die Portraits des »Geistlichen Rat[s] Chateau« oder von Krulls »Mutter und Schwester«. Und überhaupt stammen ausnahmslos alle ›schlagenden‹ Belege für Thomas Manns Antikatholizismus, zum Beispiel Gestalten wie Hieronymus oder Naphta, aus den frühen und mittleren Schaffensperioden, im wesentlichen aus der Zeit des wilhelminisch-preußischen Kaiserreichs.

Bestätigen die älteren Werke damit die These vom Protestantismus als »Reichsgründungsreligion«,[25] so reflektiert das Spätwerk vice versa eine jetzt zutiefst skeptische Haltung dem »unheilige[n] Deutsche[n] Reich preußischer Nation« gegenüber, wie es Thomas Mann in seiner im amerikanischen Exil, in der Library of Congress und auf englisch gehaltenen Rede über *Deutschland und die Deutschen* nannte.[26] Gerade in der Behandlung des Konfessionskon-

24 Bd. 7, S. 596.
25 Sprengel, S. 10.
26 Bd. 11, S. 1144.

flikts läßt das Spätwerk erkennen, in welch tiefe Krise Thomas Manns Verhältnis zu seiner deutschen Identität später geriet, die er als Exulant ja selbst de iure ablegen und nie wieder annehmen sollte. Dazu stimmt recht genau die Überlieferung, wonach er sich dann auch um jene römische Spezialaudienz selber und hartnäckig bemüht haben soll.[27]

Auf eine schwere Krise deutscher Selbstgewißheit und auf einen prinzipiellen Zweifel an der Bedeutsamkeit »politischer Grenzen«, wie er ihn in *Deutschland und die Deutschen* anmeldete,[28] weist wohl nicht nur Thomas Manns Bereitschaft, an einem und demselben ›Helden‹ verschiedene nationale Identitäten quasi durchzudeklinieren und so deren Beliebigkeit trotz aller Kautelen, unter denen das geschieht, wenn nicht geradezu vorzuführen, so nolens volens doch einzuräumen; sondern signifikant könnte in diesem Zusammenhang auch sein, daß Thomas Mann nach Ende des Zweiten Weltkriegs die für fast drei Jahrzehnte unterbrochene Arbeit an den *Bekenntnissen* des ganz ausnahmsweise katholischen ›Helden‹ überhaupt wiederaufnahm und daß diese dann nicht mehr so ins Stocken geriet wie noch vor Ausbruch und unmittelbar nach Ende des Ersten.[29] Und nicht nur, daß sich bei diesem späten Thomas Mann dann keine patenten Antikatholizismen mehr ausmachen lassen und für einmal ein Katholik die Stelle des – wenn auch dubiosen – ›Helden‹ besetzen darf; Katholiken und Katholikinnen nehmen im Alterswerk überhaupt ganz neue, zum Besseren und Guten veränderte Positionen ein. Als Mitglieder einer gesellschaftlichen Gruppe, deren vollständige Integration im Kaiserreich nicht wirklich gelang und welche die Fiktion nationaler Homogeneität vom Moment seiner »glorreichen Gründung« an störte,[30] sich hernach aber auch als »sehr viel« resistenter gegen die »nationalsozialistische[ ] Verführung« erwies denn der »protestantische Volksteil«,[31] verkörpern sie noch immer gerade nicht das im normaldeutschen, nun jedoch zutiefst problematischen, ja pessimistischen Sinn Typische und Stereotype; sondern sie repräsentieren nach wie vor in bestimmter Weise just dessen Gegenteil und Restmenge. Im Schema der »zwei Deutschland«-Theorie stünden sie jetzt für »das ›gute Deutschland‹«.[32]

27 Tagebücher 1953–1955, S. 432 f., Anm. 5 [Kommentar].

28 Bd. 11, S. 1147.

29 Tagebucheinträge vom 6. und 7. Februar 1919; Tagebücher 1918–1921, S. 145 f., hier S. 146.

30 Vgl. Volker Sellin, Nationalbewußtsein und Partikularismus in Deutschland im 19. Jahrhundert, in: Jan Assmann und Tonio Hölscher (Hgg.), Kultur und Gedächtnis, Frankfurt a. M.: Suhrkamp, 1988, S. 241–264, hier S. 259 f.

31 Hans-Peter Schwarz, Adenauer, Bd. 1: Der Aufstieg. 1876–1952, Stuttgart: Deutsche Verlags-Anstalt, [2]1986, S. 488. Vgl. Volkov, S. 16; Saul Friedländer, Das Dritte Reich und die Juden, Bd. 1: Die Jahre der Verfolgung 1933–1939, München: Beck, 1998, S. 145, 256 f.

32 Bd. 11, S. 1128, 1146.

Serenus Zeitbloms positive Besetzung

Dem in Thomas Manns frühen Erzähltexten gegebenen Zusammenhang von Antikatholizismus und nationaler Selbstvergewisserung entspricht es ex negativo ganz genau, wenn deutsche Katholiken als Repräsentanten eines anderen, besseren, aber unterlegenen, politisch und historisch nicht maßgeblichen Deutschland einem aus demjenigen Spätwerk am entschiedensten entgegentreten, welches die Krise oder sogar eine Katastrophe des deutschen Nationalbewußtseins geradezu zum Gegenstand hat. Eine nunmehr zutiefst skeptische Haltung ›dem‹ Deutschen, dem Normaldeutschen gegenüber, wie es einst so unverhohlen an die Lesersympathie appellierende Protestanten wie Thomas Buddenbrook oder Klaus Heinrich, Hans Castorp und Joachim Ziemßen verkörperten, schlägt sich beim *Doktor Faustus* ganz unmittelbar darin nieder, daß die einzigen, jedenfalls die einzigen nach der Intention des Autors positiv besetzten Deutschen unerhörter- und eben für den Spätwerkscharakter des Romans symptomatischerweise katholisch sind.

Selbstverständlich, möchte man angesichts des Gesamtwerks fast sagen, ist der eigentliche Held auch des *Doktor Faustus* Protestant. In gewissem Sinn ist er sogar ganz besonders protestantisch. Adrian Leverkühn stammt bekanntlich aus dem »Heimatbezirk der Reformation«. Er kommt aus dem »Herzen der Luther-Gegend«. Er »[ ]gehört[ ]« mit »deren Bevölkerungsmehrheit natürlich dem lutherischen Bekenntnis« an.

Nun ist dieser Held und »Lutheraner[ ]«,[33] zutiefst »geprägt von einem Reformationsdeutschtum«, anders als jener allerletzte, ausnahmsweise katholische, zwar mit eindeutig heroischen und selbst unverkennbar martyrischen Merkmalen, ja wie gesehen geradezu christologischen Zügen ausgestattet. Aber trotzdem wirkt er gerade nicht sympathisch. Oder jedenfalls sollte er zumindest nach dem selbstbezeugten Willen des Autors, den in *Deutschland und die Deutschen* das »spezifisch Lutherische« überhaupt, »das Separatistisch-Antirömische, Anti-Europäische befremdet und ängstigt«,[34] nie ›sympathisch‹ wirken (in wieder genauem Gegensatz zum zweifelhaften ›Helden‹ Felix Krull: bestand doch in ausgerechnet diesem Adjektiv ein erstes Attribut, das Krull über die Prädikation seiner einst »sauberen *und sympathischen* Handschrift« hätte erhalten sollen).

»[S]ympathisch«, so Thomas Mann in einem schon einmal herangezogenen Brief an Agnes Meyer, sind im *Doktor Faustus* »eigentlich nur Frau Schweigestill und Serenus Zeitblom«.[35] Sympathisch ist also einerseits eine ziemlich

33 Bd. 6, S. 15.

34 Bd. 11, S. 1133. Der Text der eigentlichen, nämlich auf englisch gehaltenen Rede hat hier eine etwas andere Interpunktion und Bedeutungsnuancierung: »the *Separatist, Anti-Roman*, Anti-European shocks me and frightens me« (Thomas Mann, Germany and the Germans, Washington: Library of Congress, 1945, S. 6; im Original keine Hervorhebung).

35 Brief vom 7. September 1948 an Agnes E. Meyer; Briefe, Bd. 3, S. 48 f., hier S. 49.

randständige Nebenfigur, welcher der Erzähler indessen das letzte Wort überläßt, wenn man es am Ende des letzten Kapitels ansetzt. Und sympathisch ist andererseits dieser Erzähler selber, der das allerletzte, das heißt das letzte Wort der »Nachschrift« behält und dessen Konfession Thomas Mann übrigens schon in einer frühen Figurenskizze notiert hatte: »(Ist von Hause aus katholisch)«.

»[W]irklich sympathisch« sind oder sollen wenigstens nach dem Selbstzeugnis des Autors mithin nur ein explizit und immer schon als solcher markierter Katholik und eine Katholikin sein, deren Konfession man aus ihrem bayerischen Dialekt und Lebensraum sehr leicht supplieren kann. Selbst daß Thomas Mann in diesem Zeugnis die im Roman am stärksten positiv besetzte Figur mitzuzählen vergaß und jenen »große[n], schöne[n] [...] Mann« »Johannes Schneidewein von Langensalza« übersah oder unterschlug, scheint für die Aufwertung des Katholisch-Deutschen noch bezeichnend zu sein: Denn »Schweizer von Geburt« und »aus Berner Bauernblut«, als Ausländer und mutmaßlicher Protestant müßte Schneidewein eigentlich solch eine Aufwertung des *Katholisch*-Deutschen und des Katholisch-*Deutschen* doppelt durchkreuzen.

Serenus Zeitblom, von buchstäblich engelshafter Artung[36] und schutzengelshafter Güte,[37] in der Tat immun gegen die »nationalsozialistische[ ] Verführung« und dank einer also wohl signifikanten Ungenauigkeit denn zum einzig »wirklich sympathisch[en]« *Mann* des Romans erklärt, weist mit Thomas Manns früheren Katholiken so gut wie gar keine gemeinsamen Merkmale auf. So spielt Zeitblom zwar wie der erste prominent katholische Mann des Gesamtwerks, der ehebrecherische und feminine von Throta, ein Streichinstrument, aber kein so suggestiv und anzüglich am Unterleib und zwischen den Schenkeln liegendes wie das Cello; sondern wie Thomas Mann selber spielt er ›nur‹ die Geige oder genauer gesagt die »Viola *d'amore*«:[38] Das Genetiv-Attribut vereindeutigt das Instrument zum ›Lieblichen‹ und »Schönen«[39] hin und hält es von dem diabolischen Konnotat frei,[40] wie es der Violine zum Beispiel von der Legende um

36 Vgl. Irmela von der Lühe, »Es wird mein ›Parsifal‹«: Thomas Manns *Doktor Faustus* zwischen mythischem Erzählen und intellektueller Biographie, in: Werner Röcke (Hg.), Thomas Mann, *Doktor Faustus*, 1947–1997, Bern, Berlin, Bruxelles, Frankfurt a. M., New York, Oxford und Wien: Lang, 2001 (Publikationen zur Zeitschrift für Germanistik, Bd. 3), S. 275–292, hier S. 288, Anm. 38.

37 Vgl. Dolf Sternberger, Deutschland im *Doktor Faustus* und *Doktor Faustus* in Deutschland, in: Beatrix Bludau, Eckhard Heftrich und Helmut Koopmann (Hgg.), Thomas Mann 1875–1975. Vorträge in München – Zürich – Lübeck, Frankfurt a. M.: Fischer, 1977, S. 155–172, hier S. 160.

38 Bd. 6, S. 10; im Original keine Hervorhebung.

39 Ebd.

40 Vgl. Tobias Plebuch, Vom Musikalisch-Bösen. Eine musikgeschichtliche Annäherung an das Diabolische in Thomas Manns *Doktor Faustus*, in: Werner Röcke (Hg.), Thomas Mann, *Doktor Faustus*, 1947–1997, Bern, Berlin, Bruxelles, Frankfurt a. M., New York, Oxford und Wien: Lang, 2001 (Publikationen zur Zeitschrift für Germanistik, Bd. 3), S. 207–262, hier S. 232–235.

»Tartini's Teufelstriller-Sonate« her zukommt und wie es Leverkühn durch deren »Zitat« in dem »Violinkonzert« denn auch wirklich aufruft, das er Rudi Schwerdtfeger, dem Rivalen Zeitbloms, »auf den Leib geschrieben« hat.[41]

Als beredter Erzähler von gegen siebenhundert Druckseiten und als promovierter Philologe ist Zeitblom ein schlechterdings professioneller ›Freund des Wortes‹. Er steht zu von Throta, der ja in den ganzen *Buddenbrooks* kein einziges Wort spricht und nur auf seinem Instrument mit Gerda Buddenbrook zu kommunizieren scheint, in der gleichen beredten Distanz wie zur »blöde[n] Zunge« des Fundamentalisten Hieronymus. Und in dieser ungewöhnlich positiven Besetzung gleicht Serenus Zeitblom nicht zufällig dem »sympathischen« Katholiken Felix Krull.

Denn verbunden oder vielleicht auch erkauft ist die positive Bewertung einer katholischen Figur auch hier wieder damit, daß die Konfessionalität in deren Merkmalssatz eine wenig und sehr viel weniger profilierte Rolle spielt als besonders bei den entschieden widerwärtigen unter den früheren Katholiken. Über Zeitbloms Katholizismus erfährt man in der vorliegenden Fassung des Romans bekanntlich nur dies wenige: Zeitbloms Familie gehörte einer ausdrücklich »kleinen katholischen Gemeinde« an. Die »Mutter war eine fromme Tochter der Kirche«. Wolgemut alias »Wohlgemut« alias »Urban« Zeitblom hielt »die Gruppen-Solidarität mit seinen Kultgenossen«; und diese hatte »auch ihre politische Tragweite«. In der Erfüllung seiner »religiösen Pflichten« war er aus nicht wirklich genannten Gründen »laxer« als seine Frau.

Daß der Sohn, offenbar seinerseits nur *»von Hause aus* katholisch«, solche Gründe gewissermaßen ostentativ verschweigt, sie stillschweigend zu teilen oder sich jedenfalls auf sie zu verstehen scheint, kann man mit einer ausgeschiedenen Partie des Typoskripts zusammenbringen, in der er von sich selber geradeheraus bekennt, »kein frommer Mann« zu sein. In der gegenwärtigen Form des Romantexts aber, unmittelbar nach der Erwähnung der »[b]emerkenswert[en]« Toleranz der »kleinen katholischen Gemeinde« gegenüber der noch kleineren jüdischen, hebt Zeitblom in Hinblick auf seine eigene Person, seinen »inneren Menschen«, an seiner »katholische[n] Herkunft« nur eben deren Kohärenz mit seiner »humanistischen« beziehungsweise,[42] in einer älteren Textschicht der Handschrift, seiner »wissenschaftlichen Weltanschauung« hervor. Er rückt die »von der Kirchenspaltung unberührt gebliebene christkatholische Überlieferung heiterer Bildungsliebe« in die Nähe zum Altertum.[43] Den Protestantismus aber und die Reformation, die in *Deutschland und die Deutschen* geradezu als »ein ausgemachtes Unglück« erscheint, bei welchem sogar »der Teufel [...] seine Hand im Spiel hatte«,[44] assoziiert er mit »Mittel-

41 Bd. 6, S. 542–544.

42 Bd. 6, S. 14 f.

43 Bd. 6, S. 15.

44 Bd. 11, S. 1142.

alter« und allem, was landläufig an Finsterem, Unheimlichem und Rückständigem in dem Wort konnotativ mitschwingt.[45]

Außer diesem wenigen erfährt man nichts mehr von Zeitbloms Konfession – zumindest nicht in der vorliegenden Gestalt des Romans. Aber schon dieses wenige und im vorliegenden Romantext wie gesagt einzige weist wieder nachdrücklich auf den Abstand des Altersromans von den älteren Teilen des Gesamtwerks. Die Katholiken werden nicht im geringsten negativ besetzt. Die Erscheinung ihrer Körper zum Beispiel fällt entweder unter die Unbestimmtheitsstellen des Texts; oder sie ist sogar, beim »Geistl. Rat Zwilling« und dem expressis verbis »bessere[n] Aussehen« dieses »Mannes der römischen Kirche«,[46] eine ausdrücklich ›gute‹. Auf jeden Fall aber ist sie weder tendenziell lächerlich wie beim »Geistlichen Rat Chateau« noch explizit oder auch nur implizit häßlich wie bei Naphta oder Hieronymus. Im Gegensatz insbesondere zu diesen beiden Fanatikern erscheinen die Katholiken des *Doktor Faustus*, die amtlichen Repräsentanten »der römischen Kirche« mit eingeschlossen, als sehr tolerant und – dieser Unterschied zu den »protestantischen Häusern« wird ja eigens markiert – als erheblich toleranter denn die »Bevölkerungsmehrheit«.

In den ›urbanen‹ und ›wohlgemut‹-»heitere[n]« Konturen gesehen, welche Zeitblom seiner Konfession verleiht, deckt sich diese also ziemlich genau mit den appellativischen Denotaten, die dem älteren ›Namen des Vaters‹ beziehungsweise dessen älterer Schreibung eingeprägt waren und die noch immer aus dem jüngeren, jetzt ›durchheiterten‹ Vornamen des Sohns sprechen, »Serenus«. Für »Serenus« übrigens hatte Thomas Mann in den Notizen vordem unter anderen ebenfalls jenen ›städtischen‹ Namen etlicher Päpste erwogen, »Urban«, nach den Namen eines Heiligen, »Hieronymus«, und zuerst eines Apostels, »Bartholomäus«. Mit diesem kombiniert fand er den Geschlechtsnamen »Zeitblom« in dem Werk schon überliefert, das ihm neben dem *Hexenhammer* und neben Luthers Korrespondenz als ergiebigste Fundgrube für die ›deutschen‹ Personennamen des Romans diente,[47] in einem Buch nämlich ausgerechnet über den Künstler, der seinerzeit mit ›dem‹ Deutschen schlechthin am engsten assoziiert war:[48] in Wilhelm Waetzoldts *Dürer und seine Zeit*.[49] Und zwar fand er den Maler »Bartholomäus Zeitblom« dort jeweils in einem und demselben

45 Bd. 6, S. 15.

46 Bd. 6, S. 14.

47 Wilhelm Waetzoldt, Dürer und seine Zeit. Große illustrierte Phaidon-Ausgabe, London: Phaidon, 1935, z. B. S. 25: »Christoph Scheurl«.

48 Vgl. Jan Bialostocki, Dürer and His Critics, 1500–1971. Chapters in the History of Ideas. Including a Collection of Texts, Baden-Baden: Valentin Koerner, 1986 (Saecula Spiritalia, Bd. 7), S. 212–249; Elsaghe, Die imaginäre Nation, S. 72–75.

49 Vgl. Jürgen Jung, Altes und Neues zu Thomas Manns Roman *Doktor Faustus*. Quellen und Modelle. Mythos, Psychologie, Musik, Theo-Dämonologie, Faschismus, Frankfurt a. M., Bern und New York: Lang, 1985 (Europäische Hochschulschriften, I, Bd. 821), S. 123, Anm. a; S. 434, Anm. 30.

Kontext mit Dürers Lehrer »Michael Wolgemut«.[50] Dessen Nachname, an der ersten und vermutlich entscheidenden Stelle freilich als solcher nicht wirklich erkenn- und als Vorname mißinterpretierbar,[51] sollte dann ja endlich in derselben Schreibung (ohne Dehnungs-›h‹) zum Vornamen des älteren Zeitblom werden. – Daß aber dieser Nachname, »Zeitblom«, ganz anders als die also mehrfach wechselnden und zuletzt so angenehm sprechenden Vornamen, immer stabil blieb, scheint eine besondere Bedeutung zu haben. Diese steht zur positiven Besetzung der Vornamen in bemerkenswertem Widerspruch:

Antikatholische Reste in Serenus Zeitbloms Merkmalssatz

Um auch noch so oberflächliche Berührungen zwischen den späten und Thomas Manns früheren Repräsentationen des Katholischen zu finden, müßte man lange suchen und die Interpretation sehr pressen. So wären etwa katholische Gläubigkeit und Glaubenspraxis in Zeitbloms Familie ähnlich wie bei den Krulls (und letztlich auch den Manns) asymmetrisch verteilt und in solcher Asymmetrie sexuiert: die Mutter »eine fromme Tochter der Kirche«; Vater und Sohn »laxer« respektive »kein[e] fromme[n] M[ä]nn[er]«; der Vater namentlich der Minderheit »seine[r] Kultgenossen« offenbar hauptsächlich um der »politische[n] Tragweite« willen die leicht, aber absichtlich tautologische »Gruppen-Solidarität« haltend (denn »Gruppen-Solidarität« hat Thomas Mann nachträglich aus »Solidarität« korrigiert). Doch sind Krulls »Mutter und Schwester« ihrerseits nur um der »Gruppe[ ]«, nämlich »der Leute wegen [...] eifrige Katholikinnen«. Und daß der Sohn und Bruder in seinem »erhaltenden Sinn[ ]« den »wohltuend [im Manuskript: ›wohlthuend‹] überlieferten Formen« der katholischen Kirche »eine freie Anhänglichkeit [...] bewahrt«,[52] hat zwar seinerseits nur einen außerreligiös-»politische[n]« Grund; aber dieser liegt gerade nicht in der »Solidarität« mit einer Minderheit (Eltville war und ist ja stark mehrheitlich katholisch); sondern der »erhaltende[ ] Sinn[ ]« steht ganz im Gegenteil mit den im »Städtchen« herrschenden Verhältnissen in ›wohlthuender‹ und so vollkommener Übereinstimmung, wie ein »Protestantismus des Hochstaplers« mit den auf nationaler Ebene gegebenen Zuständen übereingestimmt hätte. Der so Gesinnte, konservativ und bloß pro forma katholisch, wird durch seine Konfession gerade nicht in eine Minderheitsposition und Oppositionsrolle gedrängt.

Die Zeitbloms geraten hingegen in einen fast schon diametralen Abstand zu all dem, was in den älteren Texten an antikatholischen Klischees zu einer ebenso stabilen wie suggestiven Symbiose zusammenfand: an moralisch »Illoyale[m]«[53]

50 Waetzoldt, S. 26 f., 90 f. mit Glossen (»Wolgemut«, »Bartholo-/mäus / Zeitblom«).

51 Waetzoldt, S. 26: »ob nicht Wolgemut dem Bruder Hans [scil. Albrecht Dürers Bruder] Arbeit [...] geben könne«.

52 Bd. 7, S. 324.

53 Bd. 9, S. 243.

und hygienisch Abstoßendem; an Dämmersüchtigem, Selbstmörderischem und Leichenhaftem; an Irrationalem und im weiteren wie in dem eigentlichen, besonders in der Instrumentalmusik gegebenen Sinn A-logischem, auf den Thomas Mann in *Deutschland und die Deutschen* seine Skepsis gegenüber der »Tiefe« deutscher »Musikalität« zuspitzt.[54] Den genauen Gegensatz zu solchem Irrationalismus bilden »Dr. phil. Serenus Zeitblom[s]« Philologentum, ›Wortliebe‹ und Eloquenz.

Solch eine jetzt also nahezu maximale Abständigkeit des späten Romans hat man zunächst als Resultat einer Selbstüberwindung zu werten und als Ertrag einer Revisionsleistung zu würdigen. Diese aber – und selbst hieran noch läßt sich ermessen, daß sie sehr tief greift und wie schwer sie dem Autor gefallen sein muß – glückte auch im *Doktor Faustus* nicht ohne Rest.

Ein solcher Rest besteht wie schon gezeigt darin, daß Thomas Mann seine späten ›Ich-Erzähler‹ und vor allem eben auch Serenus Zeitblom literaturpolitisch funktionalisiert. Er hält sich an diesem katholischen Erzähler gewissermaßen schadlos. Er bindet ihn in die Strategie eines stilistischen ›scapegoating‹ ein. Über die Maske des vorgeschobenen Erzählers exkulpiert und exorziert der Autor den literargeschichtlichen Anachronismus seiner eigenen Schreibweise.

Einen anderen Rest der früher antikatholischen Attitüde kann man zum Beispiel schon in der Gestalt jenes im Brief an Agnes Meyer bezeichnenderweise übergangenen Deutschschweizers sehen. Denn dessen vorteilhafte Stilisierung markiert zwar wieder bereits den Spätwerkscharakter und die Skepsis des Romans gegenüber dem im national strikten Sinn Deutschen. Aber als mutmaßlicher Protestant und nicht zuletzt wegen seiner Affinität zu einer Gotthelfschen Idealfigur entspricht der in ein so günstiges Licht gerückte »große[ ] [...] Mann« doch auch wieder – oder eben noch – der ehedem konstanten Kombination von Protestantismus und allen möglichen Positiva.

Der dritte, besonders augenfällige Rest der alten Privilegierung der protestantischen vor den katholischen Deutschen hat sich in der Erzählerfiktion des Romans erhalten. Dessen ganze Erzählsituation beruht auf einem Arrangement, das in letztlich altbekannter Weise auf eine nach wie vor eindeutige Suprematie der Protestanten über die katholischen »Kultgenossen« hinausläuft – ein vielleicht an sich schon verräterisches, jedenfalls im ersten, heiklen Glied sehr gewähltes Kompositum: setzte Thomas Mann doch erst zum weniger ausgefallenen und weniger verfänglichen, von allen heidnischen Konnotaten freigehaltenen Wort »Glau[bensgenossen]« an; so wie er an einer schon zitierten Stelle der *Bekenntnisse des Hochstaplers Felix Krull* für »Kultstätte« erst »heilige[ ] Orte« geschrieben hatte.

Die Erzählsituation (das Wort selbstverständlich in allgemeinem und nicht im technisch engen Sinn genommen, den ihm Franz K. Stanzel verliehen hat[55]) ist im

54 Bd. 11, S. 1132.

55 Franz Stanzel, Die typischen Erzählsituationen im Roman. Dargestellt an *Tom Jones*, *Moby-Dick*, *The Ambassadors*, *Ulysses* u. a., Wien und Stuttgart: Wilhelm Braumüller, 1955 (Wiener Beiträge zur englischen Philologie, Bd. 63).

Doktor Faustus eine völlig andere als etwa im *Felix Krull*. Krull ist ja nicht nur wie Zeitblom ein Erzähler, sondern auch, und eben ganz anders als Zeitblom, der alleinige und eigentliche Gegenstand seiner selbstverliebten Erzählung. Diese Differenz der Biographie zur Autobiographie, die kategorische Verschiedenheit von Erzähler und Erzähltem ist unabdingbar, um Zeitbloms ›Erzählverhalten‹ (in einem nun auch narratologisch präzisen Sinn[56]) adäquat zu beschreiben.

Das »Indirekte« in der »Darstellung« des *Doktor Faustus* resultiert bekanntlich aus dem »Beschluß« und der »Maßnahme«, der Dämonie des Erzählten das »exemplarisch undämonische[ ] Mittel« einer »humanistisch fromme[n] und schlichte[n], liebend verschreckte[n] Seele« diametral gegenüberzustellen. Zeitbloms fiktive Biographie beruht auf einer ganz und gar einseitigen Faszination des Biographen durch seinen »Gegenstand«. Der Aufzeichnung der protestantischen Lebensgeschichte liegt eine bedingungslose, in dieser hingebungsvollen Form unerwiderte ›Liebe‹ zu Leverkühn zugrunde.

Zeitblom schreibt aus einer freiwilligen Selbstbescheidung heraus. Voraussetzung seines Schreibens ist seine Selbstdefinition als, gemessen am ›kühn‹ verstiegenen »Leben des deutschen Tonsetzers«, belanglose, uninteressante, völlig mittelmäßige Person. Deren Existenz kommt nur als Beglaubigungsinstanz und als »Medium« der Überlieferung in Betracht.

Aus dem ganzen Roman spricht also Seite für Seite immer auch und immer schon die willige Unterordnung des katholischen »Freunde[s]« unter den genialischen, ihm so haushoch und ganz anerkanntermaßen überlegenen Protestanten. Und genau diese vielsagende Hierarchie, die einen nicht von ungefähr an jenen »Jünger aus der Schweiz« und den deutschen »Propheten« erinnern kann, hat Thomas Mann von allem Anfang an bereits den Namen des »Tonsetzers« und seines Biographen eingeschrieben. Dessen Nachname scheint ja immer schon festgestanden zu haben, während der Vorname bekanntlich zwischen »Urban«, »Bartholomäus« und »Hieronymus«, also recht stark oszillierte: »Z-eitblom« versus »A-drian« – beziehungsweise »*A*ndreas« oder »*A*nselm«:[57] Daß zwar auch Leverkühns Vorname zunächst schwankte, seine Initiale dabei aber so stabil blieb wie der sprechende Nachname (eine Übersetzung sozusagen des faschistisch-nietzscheanischen Slogans ›vivere pericolosamente‹[58]), bezeugt

---

56 Vgl. Petersen, S. 186–192.

57 Bd. 11, S. 163; im Original keine Hervorhebung. Im Notizenkonvolut schon zu den *Buddenbrooks*, also ein halbes Jahrhundert vor dem ja stark autobiographisch eingefärbten *Doktor Faustus*, geht übrigens in einer Federprobe der Schriftzug »Thomas Mann« unversehens in »Anselm« über. Zur intertextuellen Beziehbarkeit der beiden Vorsilben, »An«-, auch des Namen »*A*dria*n*«, zu den diversen *An*t*on*-Figuren des Gesamtwerks und über diese zu Andersens *Nachtmütze des Hagestolzen* vgl. Maar, Geister und Kunst, S. 46–55.

58 Freundlicher Hinweis von Egon Schwarz, St. Louis, vom 10. September 2002. Zur positivistischen Herleitbarkeit des Namens vgl. de Mendelssohn, Bd. 1, S. 192 f., 203; Klaus Harpprecht, Thomas Mann. Eine Biographie, o. O. [Reinbek b. Hamburg]: Rowohlt, 1995, S. 1100, 1330.

natürlich vollends das alphabetische Strukturierungsmoment, das die Namengebung zu Gunsten des Protestanten leitete.

Serenus Zeitbloms Katholizismus im entstehungsgeschichtlichen und textkritischen Aufriß

Die Spuren der also auch in der vorliegenden Gestalt des Romans noch immer nicht vollständigen Überwindungsarbeit lassen sich entstehungsgeschichtlich an den Notizen und textkritisch im Manuskript noch weiter, wenigstens noch ein Stück weit zurückverfolgen. Solch eine Spur liegt zum Beispiel in der Genese des in bonam partem sprechenden Erzählernamens vor, der das ›wohlgemut‹ Aufgeräumte und ›Heitere‹ seines katholischen Trägers nahezu denotiert. Denn mit »Serenus« hat Thomas Mann ja neben einem (von Urban VIII. her) vergleichsweise berüchtigten Papstnamen auch den Namen »Hieronymus« gleichsam überschrieben: das aber heißt einen Namen, der wie gesehen aus dem Gesamtwerk, über den Girolamo Savonarola der *Fiorenza* und den diesen antizipierenden Fanatiker Hieronymus aus *Gladius Dei*, nicht eben nur katholisch konnotiert war; sondern er war in eins damit und gerade als katholischer extrem negativ besetzt und mit Angstreflexen überfrachtet. Er mußte im Autor unweigerlich antikatholische Aversionen auslösen respektive bei seiner ›impliziten‹ Leserschaft an solche Aversionen appellieren.

Vor allem aber findet sich im Manuskript eine weitere Selbstreflexion Zeitbloms über seinen Katholizismus. Oder genauer gesagt findet sich dort der Ansatz zu solch einer Selbstreflexion. Darin wäre die hier zu klärende Frage ganz direkt gestellt worden oder hätte diese intrikate Frage sogar beantwortet werden sollen, wie sich nämlich Zeitbloms »humanistisch[ ]«-aufgeklärter Katholizismus zu den stereotypen Vorstellungen verhält, die aus den Antikatholizismen der früheren Romane und Erzählungen sprechen.

Es handelt sich dabei um einen im Zusammenhang mit Leverkühns »Reformationsdeutschtum« und den »Arme[n]« der »katholischen Kirche« bereits verschiedentlich anzitierten Passus, der oder dessen eine Hälfte in der erhaltenen Handschrift jetzt gestrichen ist. Er befindet sich am Seitenende und bricht dort mitten im Satz ab. Seine Fortsetzung stand also wohl einmal auf einem ausgesonderten und offenbar unwiderruflich verlorenen Blatt.

Der Passus steht oder stand am Ende des einundzwanzigsten Kapitels; und das sollte bekanntlich einmal heißen: am Ende einer als solche markierten Kapitelgruppe, eben des zweiten der sechs »Bücher«, in die Zeitblom, seiner schon einmal erwähnten »[t]echnische[n] Bemerkung« am Anfang des Manuskripts zufolge »immer auf Schonung des Lesers bedacht[ ], um dessen Geduld besorgt[ ]«, seine ›Erzählung‹ vom »Leben des deutschen Tonsetzers« ursprünglich um ihrer »Übersichtlichkeit« willen hätte unterteilen sollen. Der Passus, mit einem Wort, befindet oder befand sich an einer seinerzeit einigermaßen exponierten Stelle des Manuskripts; und er verdient schon dieser rein formalen Exponiertheit wegen besondere Beachtung.

Thematisch gehört der Passus in den Kontext der Komposition jenes ursprünglich vom »Kölner Rundfunk [...] zu Gehör« gebrachten und auch jetzt noch im ebenso katholischen Mainz verlegten Zyklus von immer schon und fatalerweise »dreizehn [...] Gesänge[n]«[59] (deren zahlensymbolische Bedeutsamkeit sich bereits aus der Differenz zu Gustav Mahlers zwölf Liedern aus *Des Knaben Wunderhorn* ergibt, welchen Leverkühns Komposition entspricht[60] oder hierin eben gerade nicht entspricht). Leverkühn »stützte« sich »bei seiner Arbeit« daran auf den Text einer »hübsche[n] Original-Ausgabe von Clemens Brentano's Gedichten«: »Übrigens und ganz nebenbei« – »Übrigens« ist jüngere Lesart für »Schließlich«, und »Schließlich und ganz nebenbei« jüngere Lesart für »Ganz nebenbei«: die Redundanz der die Unerheblichkeit des Gesagten kodierenden Formel ist demnach nachweislich gesucht und gewollt und verleiht diesem dadurch um so schwereren Nachdruck –, »*[ü]brigens und ganz nebenbei* gesagt, war« die Ausgabe »ein Geschenk« des Erzählers:

> Übrigens und ganz nebenbei gesagt, war die hübsche Original-Ausgabe von Clemens Brentano's Gedichten, auf die Adrian sich bei seiner Arbeit stützte, ein Geschenk von mir: aus Naumburg hatte ich ihm das Bändchen nach Leipzig mitgebracht. [...] – Ein unstimmiges Geschenk, so wird der Leser finden; denn was hatte ich, was hatte meine Sittlichkeit und Bildung wohl eigentlich mit den überall aus dem Kindlich-Volksklanglichen ins Geisterhafte entschwebenden, um nicht zu sagen: entartenden Sprachträumereien des Romantikers zu schaffen? Es war die Musik, kann ich darauf nur antworten, die mich zu der Gabe vermochte, – die Musik, die in diesen Versen in so

59 Bd. 6, S. 243. Schon in der älteren Fassung hätte der Zyklus offenbar aus »dreizehn Stücke[n]« (Bd. 6, S. 246) bestehen sollen, wenn in der »ungekürzte[n] Fassung« des Manuskripts (vgl. Bd. 11, S. 282) de facto auch nur zwölf verschiedene Gedichte aufgezählt sind (eine für einen »Cyklus« immerhin gar nicht abwegige Zahl). Die Aufzählung ist jedoch so gehalten, als ob es sich um dreizehn »Stücke« handelte, indem nämlich der »Gesang des Jägers an den Hirten« zweimal gezählt und diese also offenbar unbemerkte Verdoppelung als solche nicht ausgewiesen wird: Notizbücher, Bd. 2, S. 204–208, Anm. 2 (im Original keine Hervorhebung): »›O lieb Mädel‹ [...], wie ferner die ›Hymne‹, die ›Lustigen Musikanten‹, ›*Der Jäger an den Hirten*‹ und andere [...], von dem [...] ›Eingang‹ [...] bis zu dem [...] Schlußstück: ›Einen kenne ich .... Tod so heißt er‹ [...]. Und doch zögere ich, ihm die Palme zu reichen unter den dreizehn [...]. Da ist [...] ›Als ich in tiefen Leiden‹ [...]. Dazu [...] ›Frühlingsschrei eines Knechtes aus der Tiefe‹ [...], und so will ich auch die *fünf* noch nicht bezeichneten Lieder des Cyklus [...] anklingen lassen [...]. ›Großmutter Schlangenköchin‹ [...]. Ein andres das [...] ›Wiegenlied‹ [...]. Ein wieder anderes [...] das [...] Stück aus den ›Nachklängen Beethovenscher Musik‹ [...]. Mir *bleiben noch zwei* [...], und ich weiß nicht, welchem den Vortritt geben: dem [...] *Gesang des Jägers an den Hirten* [...] oder dem [...] ›Sprich aus der Ferne, heimliche Welt‹ [...].«

60 Vgl. Gunilla Bergsten, Thomas Manns *Doktor Faustus*. Untersuchungen zu den Quellen und zur Struktur des Romans, Tübingen: Niemeyer, ^{2}1974, S. 111 f. mit Anm. 6; Maar, Der Teufel in Palestrina, S. 239 f.

> leichtem Schlummer liegt, daß die leiseste Berührung von berufener Hand genügte, sie zu erwecken.[61]

Ursprünglich hätte Zeitblom das Unpassende seines Geschenks schon ein klein wenig früher zu bedenken geben sollen, noch bevor er dessen nicht weiter motivierte Herkunft aus Naumburg notierte und ihr doppelt, syntaktisch und durch die Interpunktion Emphase verlieh – durch ihre Position an der Satzspitze und durch den vorangestellten Doppelpunkt: »ein Geschenk von mir*: aus Naumburg* [...]« –, ja vielleicht sogar *anstatt* das Geschenk so mit einem im Grunde seltsamen Ort zu verbinden. Denn seltsamerweise ist dieser ja aufs engste mit dem für die Leverkühn-Figur leitenden ›Modell‹, dem Pastorssohn Friedrich Nietzsche und über Nietzsches Biographie mit dem Erzprotestantismus assoziiert. Der gestrichene Passus, an dessen Stelle diese Assoziation also möglicherweise trat, lautet:

> Ganz nebenbei gesagt war die ~~übrigens wohlfeile Ausgabe~~ hübsche Original-Ausgabe von Clemens Brentano's Gedichten, aus ~~denen~~ der sich Adrian die 13 Gesänge ~~stammen~~ erlas, ein Geschenk von mir an ~~Adrian~~ ihn. Das könnte wundernehmen, denn logischerweise sollte Fremdheit bestehen zwischen einer männlich-vernunftgebundenen, wenn man so will: nüchternen Geistesform, ~~und~~ Sittlichkeit und Bildung, wie ich sie als mein Teil zu betrachten habe, und den überall aus dem Kindlich-Volks~~tümlichen~~ klanglichen ins Geisterhafte entschwebenden, um nicht zu sagen: entartenden ~~Wo~~ Sprachträumereien des Romantikers, dem binnen kurzem der katholischen Kirche in die Arme zu sinken bestimmt war. Katholisch freilich nun gerade war ich geboren, und habe meinen Humanismus stets als eine Form des Katholizismus betrachtet; Leverkühn dagegen war der Protestant, geprägt von einem Reformationsdeutschtum, in welchem Charakter zum Schicksal wurde, und dem in unsterblicher Freundschaft anzuhangen mein Schicksal war. Wird ja doch einmal in diesen Gedichten sogar Jesu süßes Blut angerufen, was garnicht nach meinem

Ähnlich wie im endgültigen Text statuierte der Erzähler hier einen Gegensatz zwischen seiner eigenen, »männlich-vernunftgebundenen, [...] nüchternen Geistesform« und der, wie man daraus supplieren darf: irrational-rauschhaften und weiblich-weibischen ›Geisterhaftigkeit‹ des Romantikers. Der Gegensatz gestaltete sich hier aber ungleich komplexer. Vom »Romantiker[ ]« wurde hier noch eigens vermerkt, daß ihm »binnen kurzem der katholischen Kirche in die Arme zu sinken bestimmt war«. In eins mit der Epoche, der er zugehört, war an dem »Romantiker[ ]« also seine später dann doch wieder ganz übergangene Konversion oder besser ›Reversion‹[62] interessant.

Wenn Brentanos »Gedichte[ ]« zunächst ganz unter der Signatur seiner »binnen kurzem« erfolgenden Reversion zum Katholizismus erschienen, dann konnte solch eine Beziehung zwischen Werk und innerer Biographie bemerkenswerterweise nur um den Preis stipuliert werden, daß dabei die biographischen

61 Bd. 6, S. 246.

62 Vgl. Hartwig Schultz, Schwarzer Schmetterling. Zwanzig Kapitel aus dem Leben des romantischen Dichters Clemens Brentano, Berlin: Berlin, 2000, S. 361, 378 f.

und entstehungschronologischen Verhältnisse außer Acht geraten mußten. Denn unter den vierzehn Gedichten, die sich Thomas Mann in seiner Brentano-Ausgabe vormerkte,[63] wie auch unter den zwölf Gedichten, die auf ausgeschiedenen Seiten des Typoskripts teils wörtlich zitiert sind, oder selbst unter den sechs Gedichten, die im Romantext jetzt noch namentlich genannt werden,[64] entstanden einige in Tat und Wahrheit *nach* der Generalbeichte von 1817 und andere wiederum *lange* zuvor. Trotzdem scheint die Rekatholisierung pauschal *»in diesen Gedichten«* vorzuschatten.

Das eine und einzige Beispiel, das Zeitblom aus »diesen Gedichten« zitiert, um die für sie insgesamt behauptete poetische Antizipation des glaubensbiographischen Ereignisses zu exemplifizieren, ist, wenn auch nicht frei erfunden, so jedenfalls doch nicht belegbar. »Jesu süßes Blut« wird nirgends bei Brentano »angerufen«. Allem Anschein nach handelt es sich hier um eine aus dem Gedächtnis zitierte und mit einer anderen kontaminierte Stelle. Zitiert soll offenbar aus einem Gedicht werden, das Brentano nun tatsächlich »kurz[ ]« vor seiner Generalbeichte schrieb. Zitiert oder eben auch nicht wirklich zitiert wird genau gesagt ein Vers aus der letzten Strophe des *Frühlingsschreis eines Knechtes aus der Tiefe*. Diese Strophe steht übrigens vollständig und wortwörtlich korrekt auch schon auf den ausgeschiedenen Typoskriptseiten, in jener ausgeschiedenen Partie, in der Zeitblom einmal sein quasi areligiöses Bekenntnis ablegte, »kein frommer Mann« zu sein:

Daß des Lichtes Quelle wieder
rein und heilig in mir flute,
träufle einen Tropfen nieder,
Jesus, mir von deinem *Blute*![65]

Kontaminiert ist diese eine Stelle offensichtlich mit zwei Strophen eines ganz anderen Gedichts, das Brentano etliche Jahre früher und durchaus nicht mehr *»kurz[ ]«* vor seiner Generalbeichte schrieb (*Rückblick in die Jahre der Kindheit*):

[...] *des süßen Jesus* schwere[ ] Leiden,
[...]

Da focht ich [...] gen die Heiden
und sah ihr *Blut* [...]. –[66]

63 Brentano, S. 10 (*Eingang*), 39 (*Die lustigen Musikanten*), 27 (*Hymne*), 37 (*Sprich aus der Ferne*), 43 (*Großmutter Schlangenköchin*), 59 (*Abendständchen*), 66 [im Inhaltsverzeichnis »70«] (*Der Jäger an den Hirten*), 77 (*O lieb Mädel, wie schlecht bist du*), 81 (*Am Rhein, am Rhein*), 87 (*Wiegenlied*), 101 (*Frühlingsschrei eines Knechtes aus der Tiefe*), 104 (*Aus den Nachklängen Beethovenscher Musik*), 113 (*Als ich in tiefen Leiden*), 123 (*Der Feind*).

64 Bd. 6, S. 243 f.

65 Brentano, S. 104; im Original keine Hervorhebung.

66 Brentano, S. 92; im Original keine Hervorhebung.

Das Bild »des Romantikers«, wie es also auch auf Kosten der Authentizität und Zitatstreue in der Blutmystik der ›Anrufung‹ entfaltet wird, in der sich die Rekatholisierung für Zeitblom anzukündigen scheint, bleibt ganz auf das biographische Faktum dieser Rekatholisierung fokussiert, welches alles andere gleichsam imprägniert. Darin stimmt das hier entworfene Bild »des Romantikers« sehr genau mit anderweitigen, älteren Charakterisierungen Brentanos überein. In Thomas Manns Lessing-Rede hatte Brentano als Repräsentant für das »Illoyale[ ]« »der katholisierenden Romantik« und als »das einzige Beispiel dafür« herzuhalten, »daß die Reaktion Geist besitzen kann«.[67] Solch ein romantischer Katholizismus ist bei all seinem ausnahmsweise vorhandenen »Geist« von Zeitbloms eigener »Weltanschauung« so weit entfernt wie alles und jedes, was dieser bei seiner ersten und nunmehr einzigen Reflexion über seine »katholische Herkunft« mit Protestantismus und »Mittelalter« assoziierte und was sich sehr gut auf die Worte bringen ließe, die in *Deutschland und die Deutschen* zur Kennzeichnung der »deutsche[n] Romantik« dienen:

> [...] woran ich denke, wenn ich von deutscher Romantik spreche. Es ist [...] eine gewisse dunkle Mächtigkeit und Frömmigkeit, man könnte auch sagen: Altertümlichkeit der Seele, welche sich den chthonischen, irrationalen und dämonischen Kräften [...] nahe fühlt [...].[68]

Brentanos ›reaktionärer‹ Katholizismus bildete den eigentlichen Anlaß zu Zeitbloms neuerlicher, seiner einzigen tiefer schürfenden Besinnung auf seine Konfession. An dieser, wie bei der allerersten sich bietenden Gelegenheit, hob Zeitblom auch hier wieder in einem Atemzug die Übereinstimmung mit seinem »Humanismus« hervor; so buchstäblich im selben Atemzug, daß er das beidem gemeinsame Subjekt gleichsam verschluckte und das Satzgefüge die Grenze des Grammatischen zumindest streifte: »Katholisch freilich nun gerade war ich geboren, *und habe* meinen Humanismus stets als eine Form des Katholizismus betrachtet«.

»Humanismus« und »Katholizismus« bringt Zeitblom also in eine geradezu synekdochale, eine virtuelle und grammatisch-stilistisch eben gewissermaßen sogar ganz realisierte Identitätsbeziehung. Das Verhältnis solch eines »humanistisch[ ]« und »wissenschaftlich[ ]« aufgeschlossenen Katholizismus zum Katholizismus »des Romantikers« hätte vermutlich den Gegenstand des nur noch fragmentarisch erhaltenen Nebensatzes und des ihm möglicherweise Folgenden abgeben sollen. Allem Anschein nach wäre die Bestimmung dieses Verhältnisses auf einen totalen Gegensatz und Antagonismus hinausgelaufen. Solches aus dem fragmentarischen Text zu extrapolieren, legt die darin noch enthaltene Negationspartikel schon fast unabweisbar nahe: »Wird ja doch einmal in diesen Gedichten sogar Jesu süßes Blut angerufen, was *garnicht* nach meinem«.

---

67 Bd. 9, S. 243.

68 Bd. 11, S. 1142 f.

Es mag ein – dann allerdings sehr, sehr sinniger – Zufall sein, wenn der Text genau hier und gerade dort abbricht, wo die beiden »Form[en]« einer und derselben oder eben ganz und »garnicht« ›derselben‹ Konfession offenbar aneinander hätten vermittelt werden sollen. Wie auch immer solch eine Bewältigung ihrer totalen Gegensätzlichkeit hätte ausfallen können und ob sie nun überhaupt zu leisten gewesen wäre oder nicht: Immerhin scheint es doch innere Gründe dafür gegeben zu haben, daß Thomas Mann die betreffende Partie möglicherweise gar nicht zu Ende schrieb oder jedenfalls endlich schon die bloße Erwähnung von Brentanos Rückkehr zur katholischen Kirche strich; und zwar vollzog sich die Tilgung sozusagen konzentrisch. Zunächst nämlich strich Thomas Mann den Satz von Zeitbloms Katholizismus und seinem Verhältnis zu Leverkühns »Reformationsdeutschtum«, dann erst den ganzen Passus. Stattdessen hat er das »Geschenk« der Brentano-Ausgabe nun im Gegenteil an einen protestantisch besetzten Herkunftsort zurückgebunden. Er hat dadurch den aus Frankfurt stammenden Autor Brentano vom Katholizismus vollständig freigehalten, nachdem zuvor nur die Autorschaft der vertonten Gedichte – und wie gesagt nicht ganz korrekterweise – noch hart diesseits der Reversion, in Brentanos vorkatholischer Lebenshälfte situiert worden war.

Mit alledem hat Thomas Mann die Notwendigkeit beseitigt, das Verhältnis zwischen Zeitbloms und einer ganz anderen »Form« des Katholizismus zu klären, die dessen zuvor, in dem gegenüber ›dem‹ Deutschen affirmativeren Teil des Gesamtwerks, noch stark negativer Stilisierung sehr nahekommt oder sich geradezu mit ihr deckt. Obwohl also Zeitbloms Katholizismus zumindest der Tendenz nach auf eine radikale Umwertung hinausläuft, auf einen Widerruf nicht nur der früher negativen Stilisierungen alles Katholischen, sondern auch der darin enthaltenen nationalideologischen Implikationen, zeichnen sich in solch anregendem Sinn spätwerkshafte Lineaturen des Romans eben doch bloß ab und unterbleibt auch nur der Ansatz ihrer Reflexion. In dieser nur eben stattgehabten, aber als solche unausgewiesenen Selbstkorrektur ist der *Doktor Faustus* doppelt symptomatisch.

Symptomatisch ist er einmal für die Adaptabilität und das dabei sozusagen immer gute Gewissen des sich zumindest in dieser Hinsicht treu bleibenden Autors. Denn ganz ähnlich wie die letzte Krise seines deutschen Selbstverständnisses hatte Thomas Mann auch schon die erste nationalgeschichtliche Zäsur bewältigt, die in seine produktive Zeit fiel. Den Untergang des wilhelminischen Kaiserreichs und die Installierung der Republik vollzog er kurzerhand einfach mit einer halb eingestandenermaßen »sophistisch[en]« Kapriole nach: »Ich habe vielleicht meine Gedanken geändert, – nicht meinen Sinn«.[69] Die Radikalität und Erklärungsbedürftigkeit seiner prompten und im Grunde spektakulären, wenn nicht schlechterdings opportunistischen Metamorphose vom scheinbar »Unpolitischen« zum Festredner »Deutscher Republik« gestand er mit keiner Silbe ein.

69 Bd. 11, S. 809.

Doch im unmittelbaren historischen Kontext des Romans und seiner zeitgenössischen Rezeption gesehen, scheinen Thomas Manns Widerstände dagegen, seine Sinnes- oder eben die ›Änderungen‹ »vielleicht« allein seiner »Gedanken« als solche ernsthaft zu reflektieren, auch wieder nur Teil einer allgemeineren Verfaßtheit zu sein. Sie erscheinen unter diesem Gesichtswinkel als symptomatologisch aufschlußreicher Ausdruck einer deutschen Nachkriegsmentalität. Denn sie entsprechen ja bedenklich genau der »Vergangenheitspolitik«, welche seinerzeit unter jenem ausnahms-, aber bezeichnenderweise katholischen Bundeskanzler betrieben werden sollte.

Juden und Jüdinnen

Zur Semiotik der Handschrift

Zur selben Zeit wie der eben erst zwanzigjährige Ludwig Klages kam auch der Teenager Thomas Mann nach München; und von nun an sollten sich die Lebenswege der beiden immer wieder kreuzen und endlich in Kilchberg gewissermaßen zusammenlaufen, wo sie heute sozusagen nebeneinander tot sind. Dennoch scheint Thomas Mann weder diesen prominentesten noch sonst einen Theoretiker oder Praktiker der ›wissenschaftlichen‹ Graphologie rezipiert zu haben.[1] Daß er sich trotzdem für die Semantisierbarkeit des Schriftbilds lebhaft interessierte, unterliegt keinem und unterläge auch dann keinem Zweifel, wenn sich in seinem Nachlaß keine graphologischen Begutachtungen seiner Handschrift erhalten hätten.[2] Und wenn sich in seinen literarischen Texten immer wieder graphologische Aperçus finden, dann braucht das nicht unbedingt von einer gezielten Rezeption der seinerzeit noch ganz jungen ›Wissenschaft‹ herzurühren – der von Jean Hippolyte Michon geprägte Begriff ›Graphologie‹ ist genau gleich alt wie Thomas Mann selber[3] – und auf keinen bloß noch nicht aufgearbeiteten Aneignungsvorgang zu deuten. Vielmehr könnte es auch einfach von einem »atmosphärischen Einfluß«[4] zeugen, um es auf eine Metaphorik zu bringen, mit der Thomas Mann solche diffusen, »mysteriös[en]«,[5] schwer zu konzeptualisierenden Rezeptionszusammenhänge wiederholt ins Bild zu fassen versuchte und die natürlich schon als solche und in ihrer Wiederholung die Schwierigkeit verrät, diese Zusammenhänge adäquat zu beschreiben. Anders,

---

1 Der einzige Graphologie-Titel in der Nachlaßbibliothek ist erst wenige Jahre vor Thomas Manns Tod erschienen und weist keine Lesespuren auf: Ania Teillard, Handschriftendeutung auf tiefenpsychologischer Grundlage, Bern: Francke, 1952.

2 Im Nachlaß sind mindestens drei offenbar von Thomas Mann selbst in Auftrag gegebene graphologische Gutachten erhalten: eines von Artur Holz, Wien, vom 28. Oktober 1932; ein anonymes (das Begleitschreiben ist von M. Stossberg, Detmold, gezeichnet) vom 3. Dezember 1949; ein undatiertes von Otto Fanta, Prag.

3 Vgl. Angelika Seibt, Schriftpsychologie. Theorien, Forschungsergebnisse, wissenschaftliche Grundlagen, München und Wien: Profil, 1994, S. 36.

4 Interview vom 13. Juni 1953, in: Hansen und Heine, S. 359–362, hier S. 361.

5 Thomas Mann, Essays, hg. v. Hermann Kurzke und Stephan Stachorski, Frankfurt a. M.: Fischer, 1993–1997, Bd. 3: Ein Appell an die Vernunft. 1926–1933, S. 148. Die ganze Partie über die »Beeinflussung [...] atmosphärischer [...] Natur« hat Thomas Mann in den späteren Drucken von *Die Stellung Freuds in der modernen Geistesgeschichte* getilgt. Vgl. Wolfgang F. Michael, Thomas Mann auf dem Wege zu Freud, in: Modern Language Notes 65, 1950, S. 165–171.

doch mit einer wieder ›atmosphärischen‹, ›sphärisch‹-klimatologischen ›Einfluß‹-Metapher gesagt, welche Thomas Mann einst auf einen anderen, aber ziemlich genau und kaum zufällig gleich alten Fall münzte, nämlich auf die Psychoanalyse – also ebenfalls eine Hermeneutik unwillkürlicher, der Kontrolle des sie hervorbringenden Subjekts entzogener Zeichen –, lassen die einschlägigen Stellen seines Erzählwerks wohl darauf zurückschließen, wie sehr die Graphologie damals ›in der Luft‹ lag: »one could be influenced in this sphere without any direct contact [...], because [...] the air had been filled with the thoughts and results of the psychoanalytic school«.[6]

Die genealogische Bedeutung der Handschrift

Schon die *Buddenbrooks* kann man als graphologischen Roman lesen. Der »Verfall einer Familie« ist an den Handschriften ihrer Mitglieder ablesbar. Nicht zufällig erscheint das Motiv der Schrift, der Handschrift und deren Identifikationsfunktion bereits auf den ersten paar Seiten im Zusammenhang mit Gotthold Buddenbrook. Gotthold Buddenbrook, in die zweite der insgesamt vier Generationen gehörig, über die sich die erzählte Zeit erstreckt, ist eine, die in dieser Zeit erste »Mesalliance« eingegangen; und zur Strafe hierfür, wenn nicht eigentlich dafür, daß seine Geburt seiner Mutter das Leben kostete, hat ihn sein Vater, Johann Buddenbrook, zugunsten seines Halbbruders, Konsul Johann Buddenbrooks junior, nicht gerade »enterb[t]«, aber doch entschieden schlechter »abgefertigt«.[7] Dieses erste schwarze Schaf also der Familie tritt im ›Ersten Teil‹ des Romans in dessen Handlung durch seine Handschrift allein ein. Die Handschrift nämlich verrät dem bevorzugten Halbbruder den Absender eines an den Vater gerichteten Briefs:

> »Es ist, um kurz zu sein, ein Brief von Gotthold gekommen«, sagte er rasch und leise, indem er [...] das gefaltete und versiegelte Papier aus der Tasche zog. »Das ist seine Handschrift... Es ist das dritte Schreiben, und nur das erste hat Papa ihm beantwortet [...].«[8]

Auf eine für den frühen Thomas Mann überaus charakteristische Weise verleihen die Auslassungszeichen hinter »Handschrift« dieser »Handschrift...« eine gewisse Emphase. Es ist im Grunde die gleiche oder eine sehr ähnliche Emphase wie die, die Johann Buddenbrook junior seinen Worten paradoxerweise dadurch gibt, daß er sie »rasch und leise« ausspricht. Die Emphase wird im letzten Kapitel desselben ›Ersten Teils‹ sozusagen ein- und aufgelöst, wo der »Brief von Gotthold« und »das dritte Schreiben« endlich zitiert, dieses aber nochmals bei der ganz handfest konkreten Bedeutung des Worts genommen ist.

6 Brief vom 27. Januar 1944 an Frederick Hoffman (Thomas Mann-Archiv).
7 Bd. 1, S. 49.
8 Bd. 1, S. 20.

Denn was in dem »Schreiben« und »miserable[n] Geschreibsel«[9] eigentlich steht, wird auch hier nicht geradeheraus wiedergegeben. Zuvor muß eigens noch notiert werden, *wie* es darin geschrieben steht:

> Selbst in dieser Handschrift schien Abtrünnigkeit und Rebellion zu liegen, denn während die Zeilen der Buddenbrooks sonst winzig, leicht und schräge über das Papier eilten, waren diese Buchstaben hoch, steil und mit plötzlichem Drucke versehen; viele Wörter waren mit einem raschen, gebogenen Federzug unterstrichen.[10]

Unter dem allerdings floskelhaften oder dann nur sehr leisen Vorbehalt, der dem ersten Hauptverb eingeschrieben ist, daß es sich also bei alledem um ›Schein‹ und ›Anschein‹ handeln kann und daß man dessen Interpretation und Interpretierbarkeit folglich auch grundsätzlich bestreiten darf, wird hier doch, ein Jahrzehnt vor Klages' *Problemen der Graphologie* und *Prinzipien der Charakterologie*, die graphologische Analysierbarkeit eines, hier ›rebellischen‹, Charakters vorgeführt. Das Schriftbild wird dabei weniger oder erst in zweiter Linie absolut auf die reine Individualität und Persönlichkeit des Charakters hin interpretiert. Es wird vor allem anderen relational in Hinblick auf das Verhältnis ausgelegt, in dem dieser, hier eben ›abtrünnige‹, zu den in der Familie etablierten Normen steht. Deren Verbindlichkeit und Kontinuität zeigt sich gerade und »[s]elbst« daran, daß sich »die Zeilen der Buddenbrooks sonst« pauschal bestimmen lassen, unter Abstraktion von einzelnen Individuen oder Generationen der Familie.

Die Ideal- oder Normalschrift sozusagen »der Buddenbrooks« wird bei dieser Gelegenheit scheinbar ein für allemal festgelegt: »winzig« – »leicht« – »schräge« – »eilten«. Die scheinbar immergültige Festlegung der für ›die‹ Buddenbrooks »sonst« verbindlichen Normen erfolgt indessen mindestens zu drei Vierteln auf die dadurch profilierbare Ausnahme hin, die Gottholds Schrift von der Regel macht. Denn neben die Beschreibungen des Familienbuchs »der Buddenbrooks« gehalten, welches wie nichts anderes die Behauptung durch die Generationen »der Buddenbrooks« konsistenter ›Eindruckscharaktere‹ zu bestätigen geeignet wäre, scheinen diese ganz hinter die kulturellen Differenzen und epochenspezifischen Varietäten zurückzutreten.

Nur gerade Gottholds Halbbruder schreibt darin »in seiner dünnen, winzig dahineilenden Schrift«.[11] Nur Johann Buddenbrook junior genügt somit der Regelmäßigkeit, von der sich die Handschrift des in der Familie schwarzen Schafs abhebt und anhand derer dessen Aus- und Entartung graphologisch stipuliert wird. Schon in der nächstälteren Generation, an der Handschrift Johann Buddenbrooks senior, an den »paar Notizen in seiner etwas schnörkeligen Handschrift«,[12] scheint kein einziges der zuerst festgehaltenen Merkmale

9 Bd. 1, S. 48.
10 Bd. 1, S. 46.
11 Bd. 1, S. 52.
12 Bd. 1, S. 56.

mehr erwähnenswert ausgeprägt zu sein. Ist die Handschrift des Älteren immerhin nur »*etwas* schnörkelig[ ]« und weist die des Jüngeren nur »*hie und da* einen [...] Schnörkel« auf, so hat schon »der alte Johan Buddenbrook, der Vater des Vaters, [...] in *weitläufigen* Schnörkeln« geschrieben, ja nicht einmal durchaus ›geschrieben‹, sondern »sorgfältig in hoher gotischer Schrift gemalt«.[13]

In der Familienchronik also legen die »Schnörkel« die Generationen hinauf an ›Weitläufigkeit‹ zu. Schon am Anfang der Chronik steht eine, wie dann wieder bei Gotthold, »hohe[ ] [...] Schrift«. Die zuvor aufgestellte Behauptung einer für ›die‹ Buddenbrooks schlechthin typischen Handschrift, eben eines »winzig[en]«, »leicht[en]« und »schräge« ›eilenden‹ Duktus, widerlegt der an der Familienchronik ablesbare Befund damit auf ganzer Linie. Oder dann widerlegt er sie doch immerhin bis auf ein einziges Merkmal, die »schräge« Lage der »Buchstaben«, wenn anders nämlich dieses eine Kriterium bei der Beschreibung der Familienchronik nicht unter die prinzipiell füllbaren ›Leerstellen‹ des Texts fällt und wenn das betreffende Merkmal also hier nicht seinerseits durch die ›Höhe‹ der »gotische[n] Schrift« sozusagen kassiert wird.

Die drei- und vierfache Regel, von welcher Gotthold Buddenbrooks Handschrift bereits abweicht, welche eben sehr bezeichnenderweise aus Anlaß gerade dieser Abweichung formuliert wird und welche je weiter den Stammbaum hinauf, desto weniger einer Probe aufs Exempel standhält, bestätigt dieser Stammbaum andererseits wenigstens bis hinab auf Gottholds Neffen Thomas Buddenbrook. Dessen Handschrift scheint nachhaltig von »Solidität« und »bürgerliche[r] Arbeitsakkuratesse« zu zeugen, »wie sie« der Autor auch in Richard Wagners »höchst sorgfältig-reinlichen Partituren [ge]spiegelt« sah: »– derjenigen seines entrücktesten Werkes zumal«, das der für die Belange der Graphologie, wie gleich noch zu zeigen, aufschlußreichsten Novelle ihren Namen gab und dessen Titel Thomas Mann in seiner großen und folgenreichen Wagner-Rede auf dieselbe erste, männliche Hälfte verkürzt hat wie in dem entsprechenden Novellentitel: »der *Tristan*partitur, einem Musterbild klarer, penibler Kalligraphie«.[14]

Thomas Buddenbrooks ihrerseits ›musterbildliche‹ Handschrift und damit die letzte Bestätigung der Regel, daß »die Zeilen der Buddenbrooks sonst winzig, leicht und schräge über das Papier eil[ ]en«, rückt, wieder sehr bezeichnenderweise, im Zusammenhang mit einem Ereignis in den Blick, welches die Regel in Frage stellt. Oder genauer gesagt stellt der Ereigniszusammenhang das in Frage, wofür diese Regel letztlich steht, die »Solidität« eben und das kontinuierliche Gedeihen der Kaufmannsdynastie. Er antizipiert ›buchstäblich‹ den Fluchtpunkt der ganzen Verfallsbewegung. Hanno Buddenbrook, in dem diese in Gottholds »Abtrünnigkeit« erst leise vorschattende Bewegung endlich voll durchbricht, zieht in einer unschwer als divinatorische entzifferbaren Geste »auf dem zierlichen Nußholzschreibtisch seiner Mutter« und »mit Mamas

13 Bd. 1, S. 53, 57 f.; im Original keine Hervorhebung.
14 Bd. 9, S. 411; im Original keine Hervorhebung.

Federhalter« den Schlußstrich unter den »ganze[n] Stammbaum der Buddenbrooks«. An diesem wird wieder zuallererst das Schriftbild der »Handschriften« fixiert:

> Das Buch war an jener Stelle aufgeschlagen, wo, in den Handschriften mehrerer seiner Vorfahren und zuletzt in der seines Vaters, der ganze Stammbaum der Buddenbrooks mit Klammern und Rubriken in übersichtlichen Daten geordnet war. Mit einem Bein auf dem Schreibsessel kniend, das weichgewellte hellbraune Haar in die flache Hand gestützt, musterte Hanno das Manuskript ein wenig von der Seite, mit dem mattkritischen und ein bißchen verächtlichen Ernste einer vollkommenen Gleichgültigkeit, und ließ seine freie Hand mit Mamas Federhalter spielen, der halb aus Gold und halb aus Ebenholz bestand. Seine Augen wanderten über all diese männlichen und weiblichen Namen hin, die hier unter- und nebeneinander standen, zum Teile in altmodisch verschnörkelter Schrift mit weit ausladenden Schleifen, in gelblich verblaßter oder stark aufgetragener schwarzer Tinte, an der Reste von Goldstreusand klebten... Er las auch, ganz zuletzt, in Papas winziger, geschwind über das Papier eilender Schrift, [...] seinen eigenen Namen – Justus, *Johann*, Kaspar, geb. d. 15. April 1861 –, [...] nahm mit nachlässigen Bewegungen Lineal und Feder zur Hand, legte das Lineal unter seinen Namen, ließ seine Augen noch einmal über das ganze genealogische Gewimmel hingleiten: und hierauf, mit stiller Miene und gedankenloser Sorgfalt, mechanisch und verträumt, zog er mit der Goldfeder einen schönen, sauberen Doppelstrich quer über das ganze Blatt hinüber, die obere Linie ein wenig stärker als die untere, so, wie er jede Seite seines Rechenheftes verzieren mußte...[15]

Was aus Anlaß dieses wahrhaft summarischen Schreib- oder eben Rechenakts an der »Schrift« des letzten »Vaters« hervorgehoben wird, deckt sich vollkommen mit jener generellen Bestimmung der »Zeilen der Buddenbrooks«, ja wiederholt sie zum Teil sogar wortwörtlich: »winzig«; »leicht [...] über das Papier eil[ ]en« oder eben »geschwind über das Papier eilend[ ]«. Das einzige an Thomas Buddenbrooks Handschrift fehlende oder immerhin unter die Leerstellen fallende Charakteristikum, daß »die Zeilen der Buddenbrooks sonst [...] *schräge* über das Papier eilten«, erscheint dafür um so ausgeprägter an der Handschrift seiner Schwester Antonie. Und zwar erscheint es ausgerechnet dort, wo Tony ihre erste Verlobung in »die [...] Genealogie der Buddenbrooks« einträgt, ja in einem performativen Schreibakt »mit den Federstrichen, die sie der Familiengeschichte hinzu[ ]fügt«,[16] recht eigentlich vollzieht:

> Sie blätterte zurück bis ans Ende des großen Heftes, wo auf einem rauhen Foliobogen die ganze Genealogie der Buddenbrooks mit Klammern und Rubriken in übersichtlichen Daten von des Konsuls Hand resümiert worden war: Von der Eheschließung des frühesten Stammhalters mit der Predigerstochter Brigitta Schuren bis zu der Heirat des Konsuls Johann Buddenbrook mit Elisabeth Kröger im Jahre 1825. Aus dieser Ehe, so hieß es, entsprossen vier Kinder... worauf mit den Geburtsjahren und -tagen die Taufnamen untereinander aufgeführt waren; hinter demjenigen des älteren Sohnes aber war

15 Bd. 1, S. 522 f.
16 Bd. 1, S. 162.

bereits verzeichnet, daß er Ostern 1842 in das väterliche Geschäft als Lehrling eingetreten sei.

Tony blickte lange Zeit auf ihren Namen und auf den freien Raum dahinter. Und dann, plötzlich, mit einem Ruck, mit einem nervösen und eifrigen Mienenspiel – sie schluckte hinunter, und ihre Lippen bewegten sich einen Augenblick ganz schnell aneinander – ergriff sie die Feder, tauchte sie nicht, sondern stieß sie in das Tintenfaß und schrieb mit gekrümmtem Zeigefinger und tief auf die Schulter geneigtem, hitzigem Kopf, in ihrer ungelenken und schräg von links nach rechts emporfliegenden Schrift: »...Verlobte sich am 22. September 1845 mit Herrn Bendix Grünlich, Kaufmann zu Hamburg.«[17]

Das eine Charakteristikum, das Thomas Buddenbrooks Handschrift zu fehlen scheint und das zugleich an den »Zeilen der Buddenbrooks« moniert werden könnte, wenn man sie den Kriterien und Standards »bürgerliche[r] Arbeitsakkuratesse« unterwürfe, ist hier, bei Tony Buddenbrook, nicht nur einfach registriert; sondern dieses eine Charakteristikum ist insofern auch überhellt, als die anderen Schriftcharakteristika – das ›Leichte‹, ›Winzige‹ – ausgespart bleiben und ein weiteres, das ›Eilende‹, hier nur implicite in der »von links nach rechts empor*fliegenden*« Zeilenführung erscheint (beziehungsweise vielleicht auch noch »vier Jahre[ ]« später, wenn sie »unter die« hier zitierten »Zeilen« die Auflösung der damit angekündigten Ehe »*emsig* und stolz« einträgt[18]).

Die Verteilung der graphologischen Familiencharakteristika auf Bruder und Schwester läuft damit auf eine Abwertung weiblichen Schreibens hinaus. Nicht umsonst verbindet sich in Tonys Handschrift das eine, tendenziell negative Charakteristikum mit einem diese eindeutig abwertenden Merkmal, das ihm sogar vorangeht: »in ihrer *ungelenken und* schräg von links nach rechts emporfliegenden Schrift«. Der »ungelenke[ ]« Duktus scheint in derselben Beschreibungsisotopie zu liegen wie der »gekrümmte[ ] Zeigefinger« und die graphologische Auswirkung dieser kinderhaften Haltung zu sein. Obwohl durchaus nicht typisch für die Familie, ist diese Haltung, wie weiter hinten noch en détail aufzuzeigen, doch auch keine wirklich individuelle. Sie wird als *geschlechts*spezifische wiederkehren. Tony Buddenbrook teilt sie mit einer, mit *der* Frauengestalt aus *Königliche Hoheit*. Imma Spoelmanns »krause[ ], kindlich dick aufgetragene[ ] Schrift« gibt ihrerseits eine »besondere Federhaltung« zu »erkennen«; und diese besteht ihrerseits in einem »durchgedrückte[n] Zeigefinger«, mit dem sie »den Füllfederhalter führt[ ]«.[19] Ebenso kindlich »langsam«, »mit fast kindlicher Sorgfalt« wird *die* Frau aus *Lotte in Weimar* »ihre Buchstaben« ›ziehen‹ und übrigens auch wieder »ungeschickt«, wenn sie einen »Metallständer« bei ihrem geistesabwesenden Versuch umschmeißt, einen daran arretierten »Griffel [...] auf die Tischplatte [zu] legen«.[20] Und selbst wenn

17 Bd. 1, S. 160 f.

18 Bd. 1, S. 235; im Original keine Hervorhebung.

19 Bd. 2, S. 241 f.

20 Bd. 2, S. 372 f.

sie am Ende desselben ersten Kapitels wie eine Buddenbrook »mit eilender Hand« schreiben wird, muß sie auch so noch mit einem »nickende[n] Zittern ihres Nackens« eine potentielle, nun freilich gar nicht mehr ›kindliche‹ Störung des Schriftbilds durch den Körper »bemerkbar« werden lassen.[21]

Die religiöse Bedeutung des Schriftflusses

Die »Worte«, die Lotte endlich »mit eilender Hand«, aber »leicht zitterndem Kopfe« schreibt, sind ausdrücklich »vorbereitete[ ]«.[22] Ihre »innere[ ] Vorbereitung« und daß sich dieser allein ihre »Form verdankt«, ist dem Erzähler wichtig genug, um im letzten Kapitel eigens nochmals darauf hin- und zurückzuweisen.[23] Und der Adressat des »wohl geschrieben[en]« »Brief*chen[s]*«, Goethe höchstpersönlich, muß seinem Sohn auf dessen Anerkennung solcher »Zucht und Cultur« mit der Frage entgegnen, die sehr bezeichnenderweise als solche gar nicht mehr interpungiert zu werden braucht und in der er ebenso bezeichnenderweise auch noch die »Billetschreiberin« selber ins Deminutiv herabsetzt: »Was meinst du, wie lange das Seel*chen* daran gesponnen.«[24]

Schon durch solchen Mangel an Spontaneität, durch die Dissoziation der ›inventio‹ vom Schreibakt, in dessen Nachträglichkeit und Uneigentlichkeit unterscheidet sich Charlottes weibliche Schrift wesentlich von der großen, ›männlichen‹ Schreibszene der *Buddenbrooks*. Diese verdient schon aus formalen Gründen alles Interesse, nämlich wegen des stark exponierten Orts, an dem sie steht.

Sie steht am Anfang des ›Zweiten Teils‹. Dieser beginnt auf dem Niveau der erzählten Zeit zwei, drei Jahre nach dem Ende des ›Ersten Teils‹. Die Grenze zwischen den ersten beiden ›Teilen‹, ähnlich wie dann auch wieder die zwischen dem zweiten und dem dritten ›Teil‹ (Tonys »glückliche[r] Jugendzeit«[25] und dem ersten Auftritt Bendix Grünlichs), scheint mehrfach motiviert zu sein.

Der erste ›Teil‹ endete tief in einer regnerisch-windigen Herbstnacht (»Oktober 1835«)[26] und weist so dunkel auf das endliche Aussterben der Familie voraus; der zweite fängt mit einem »milde[n]« Frühlingsmorgen an, »den 14. April 1838«, und mit der Geburt eines Kindes. Der erste schloß nach einem weltlichen Fest, der Einweihung des in ironischem Kontrast zum unheimlichen Binnenende so genannten Hauses »Dominus providebit«; der zweite beginnt vor einer liturgischen Feier. Sein erstes Kapitel setzt »[u]m neun Uhr, eines Sonntagmorgens« ein und endet eine Stunde später mit dem Gang »zur Kirche«.[27]

---

21 Bd. 2, S. 372, 387.
22 Bd. 2, S. 387.
23 Bd. 2, S. 751.
24 Bd. 2, S. 693; im Original keine Hervorhebung.
25 Bd. 1, S. 92.
26 Bd. 1, S. 34; vgl. S. 43, 51.
27 Bd. 1, S. 52 f., 60.

Die Emphase, welche also schon kompositorisch-immanent auf die Sakralität des Datums »14. April 1838« zu liegen kommt, ließe sich übrigens sogar noch referentiell oder vielmehr an der Unmöglichkeit erweisen, dieses Datum referentiell zu lesen, es zum Beispiel, was in der *Buddenbrooks*- und Thomas Mann-Forschung am nächsten läge, aus der Familiengeschichte des Autors herzuleiten (der übrigens selber an einem Frühlingsmorgen und, womit er mitunter zu kokettieren wußte, an einem Sonntag zur Welt kam[28]): Der »14. April 1838« fiel auf gar keinen Sonn-, sondern auf den Karsamstag.[29]

Über die zweieinhalb so übersprungenen Jahre der erzählten Zeit hinweg kommt Johann Buddenbrooks des Jüngeren Eintragung ins Familienbuch unmittelbar, oder abgesetzt eben nur durch die äußere Strukturation der Erzählzeit, hinter das am Ende des ›Ersten Teils‹ zitierte »dritte Schreiben« zu stehen, worin der schon und vor allem anderen an seiner Handschrift erkennbar mißratene Sohn Gotthold »mit dem ganzen Rechtssinn des *Christen* und des *Geschäftsmannes*« gegen seine Behandlung durch seinen Vater *»protestier[t]«*.[30] Gegen den klagenden, laut anklagenden Ton seines Briefs, aber wieder vor allem auch gegen dessen ›abtrünniges und rebellisches‹ Erscheinungsbild ist die Eintragung Johann Buddenbrooks junior in ihrerseits maximalem Abstand gehalten.

Abgesehen von der Existenz seines insurgenten Halbbruders und abgesehen wohl auch von seinem schon »beinahe leidenden Ausdruck«[31] oder seiner verdächtig hingebungsvollen, bis zur Tränenseligkeit sentimentalen Lektüre in den »alten Aufzeichnungen und Papiere[n]« aus der »Vergangenheit der Familie«, wofür sein Vater, »mit beiden Beinen in der Gegenwart«, bezeichnend »wenig Sinn« aufbringt[32] – bezeichnend für solch beidbeinigen Realitätssinn und vor dem Hintergrund namentlich von Nietzsches ›Unzeitgemäßer Betrachtung‹ *Vom Nutzen und Nachtheil der Historie für das Leben* –, unter gewissen Vorbehalten und mit bestimmten Abstrichen also legt die Schreibszene am Anfang des ›Zweiten Teils‹ die Fallhöhe des »Verfall[s] einer Familie« fest, der in den hiermit eröffneten zehn verbleibenden Romanteilen statthaben wird. Diese Fallhöhe markiert bereits der unmittelbare Anlaß der Schreibszene. Den Anlaß für diese bildet die zwar schon schwierige, aber doch »aufs glücklichste« überstandene Geburt eines freilich schon letzten Kinds und freilich ›nur‹ einer »Tochter«, der schon hier unansehnlichen[33] Clara Buddenbrook. Clara Buddenbrook bekommt bei dieser Gelegenheit eine »Police« überschrieben, zu

28 Vgl. z.B. Bd. 11, S. 450.

29 Vgl. Hermann Grotefend, Taschenbuch der Zeitrechnung des deutschen Mittelalters und der Neuzeit, Hannover: Hahn, [12]1982, S. 192.

30 Bd. 1, S. 47; Hervorhebung des Originals.

31 Bd. 1, S. 53.

32 Bd. 1, S. 56. Vgl. z.B. auch die antagonistischen Vorstellungen von Gartenästhetik, Bd. 1, S. 32.

33 Bd. 1, S. 59.

deren fast Dreihundertfachem (»Hundert-sieben-und-zwanzig-tausend-fünfhundert Kurantmark!«) sie ein ›gutes‹ Vierteljahrhundert später mit ihren »letzten Zeilen« dem »Erbschleicher!« Sievert Tiburtius verhelfen wird,[34] indem sie, zum Zeichen des mittlerweile weit fortgeschrittenen »Verfall[s]«, ihrer Mutter heimlich »sehr unsicher mit Bleistift«, »von ihrem Sterbebette aus... mit Bleistift... mit zitternder Hand« schreibt.[35]

Um neun Uhr, eines Sonntagmorgens, saß der Konsul im Frühstückszimmer vor dem großen, braunen Sekretär, der am Fenster stand [...]. Eine dicke Ledermappe, gefüllt mit Papieren, lag vor ihm; aber er hatte ein Heft mit gepreßtem Umschlage und Goldschnitt herausgenommen und schrieb, eifrig darüber gebeugt, in seiner dünnen, winzig dahineilenden Schrift, – emsig und ohne Aufenthalt, es sei denn, daß er die Gänsefeder in das schwere Metalltintenfaß tauchte...

Die beiden Fenster standen offen, und vom Garten her, wo eine milde Sonne die ersten Knospen beschien und wo ein paar kleine Vogelstimmen einander kecke Antworten gaben, wehte voll frischer und zarter Würze die Frühlingsluft herein und trieb dann und wann sacht und geräuschlos die Gardinen ein wenig empor. [...]

Konsul Buddenbrook warf kaum einen Blick in das Nebenzimmer, so sehr war er von seiner Arbeit in Anspruch genommen. Sein Gesicht trug einen ernsten und vor Andacht beinahe leidenden Ausdruck. Sein Mund war leicht geöffnet, er ließ das Kinn ein wenig hängen, und seine Augen verschleierten sich dann und wann. Er schrieb:

»Heute, den 14. April 1838, morgens um 6 Uhr, ward meine liebe Frau Elisabeth, geb. Kröger, mit Gottes gnädiger Hilfe aufs glücklichste von einem Töchterchen entbunden, welches in der hl. Taufe den Namen Clara empfangen soll. Ja, so gnädig half ihr der Herr, obgleich [...] die Geburt um etwas zu früh eintrat und sich vordem nicht alles zum besten verhielt und Bethsy große Schmerzen gelitten hat. Ach, wo ist doch ein solcher Gott, wie du bist, du Herr Zebaoth, der du hilfst in allen Nöten und Gefahren und uns lehrst, deinen Willen recht zu erkennen, damit wir dich fürchten und in deinem Willen und Geboten treu mögen erfunden werden! Ach Herr, leite und führe uns alle, solange wir leben auf Erden...« – Die Feder eilte weiter, glatt, behende und indem sie hie und da einen kaufmännischen Schnörkel ausführte, und redete Zeile für Zeile zu Gott. Zwei Seiten weiter hieß es:

»Ich habe meiner jüngsten Tochter eine Police von 150 Kuranttalern ausgeschrieben. Führe du sie, ach Herr! auf deinen Wegen, und schenke du ihr ein reines Herz, auf daß sie einstmals eingehe in die Wohnungen des ewigen Friedens. Denn wir wissen wohl, wie schwer es sei, von ganzer Seele zu glauben, daß der ganze liebe süße Jesus mein sei, weil unser irdisches kleines schwaches Herz...« Nach drei Seiten schrieb der Konsul ein »Amen«, allein die Feder glitt weiter, sie glitt mit feinem Geräusch noch über manches Blatt, sie schrieb von der köstlichen Quelle, die den müden Wandersmann labt, von des Seligmachers heiligen, bluttriefenden Wunden, vom engen und vom breiten Wege und von Gottes großer Herrlichkeit. Es kann nicht geleugnet werden, daß der Konsul nach diesem oder jenem Satze die Neigung verspürte, es nun genug sein zu lassen, die Feder fortzulegen, hinein zu seiner Gattin zu gehen oder sich ins Kontor zu begeben. Wie

34 Bd. 1, S. 433 f. Zum Verhältnis von »Kuranttalern« und »Kurantmark« vgl. Georg Potempa, Über das Vermögen der Buddenbrooks. Vortrag, gehalten am 17. Januar 1995 in Oldenburg (Manuskript, Thomas Mann-Archiv), S. 10.

35 Bd. 1, S. 428, 433 f.

aber! Wurde er es so bald müde, sich mit seinem Schöpfer und Erhalter zu bereden? Welch ein Raub an Ihm, dem Herrn, schon jetzt einzuhalten mit Schreiben ... Nein, nein, als Züchtigung gerade für sein unfrommes Gelüste zitierte er noch längere Abschnitte aus den heiligen Schriften, betete für seine Eltern, seine Frau, seine Kinder und sich selbst, betete auch für seinen Bruder Gotthold, – und endlich, nach einem letzten Bibelspruch und einem letzten, dreimaligen Amen, streute er Goldsand auf die Schrift und lehnte sich aufatmend zurück.

Ein Bein über das andere geschlagen, blätterte er langsam in dem Hefte zurück, um hie und da einen Abschnitt der Daten und Betrachtungen zu lesen, [...] und schrieb hinter sein letztes Amen: »Ja, Herr, ich will dich loben ewiglich!«[36]

Zwar »kann nicht geleugnet werden«, daß diese größte Schreibszene der *Buddenbrooks* zuweilen in einen gewissen Gegensatz zu Johann Buddenbrooks »Neigung« zu stehen kommt, »sich ins Kontor zu begeben«, und daß sein feierliches »Schreiben« selbst zu einer Form der Selbstbestrafung für diese Neigung gerät. Aber über die räumlich konkret so säuberliche Trennung der Sphären hinweg scheinen die mit »Goldsand« geweihte »Schrift« religiös-erbaulicher »Andacht«, die nicht umsonst auch »Arbeit« genannt wird, und das »Kontor« als Ort eines ganz profanen Schreibens und ›Arbeitens‹ insgeheim zu kommunizieren. Ihre untergründige Kommunikation erhärtet geradezu beispielhaft den inneren Zusammenhang zweier auseinanderdifferenzierter Identitäten, den Gotthold auf das Syndeton »des *Christen* und des *Geschäftsmannes*« gebracht hatte. Sie beglaubigt das Theorem von der ›protestantischen Ethik‹ und dem ›Geist des Kapitalismus‹, das ein paar Jahre nach den *Buddenbrooks* Max Weber und Werner Sombart formulierten (und Thomas Mann selber hat die Interferenzen zwischen Literatur und soziologischer Theoriebildung hier ganz genau gesehen[37]).

Nicht nur daß hier, inhaltlich gesehen, die finanzielle Seite der verzeichneten Geburt (»150 Kuranttaler[ ]«) ganz unvermittelt nach den ersten »[z]wei Seiten« Gotteslob notiert wird und daß der ökonomischen Notiz ebenso unmittelbar weitere »drei Seiten« folgen und »manches Blatt [...] von Gottes großer Herrlichkeit« samt »längere[n]« Zitaten aus den »heiligen Schriften«, wie sie zum Zeichen einer noch tiefen Verwurzelung in der Religion mit ihrem alten, altehrwürdigen Plural heißen: Auch und vor allem medial finden hier in wachsenden Gliedern über »[z]wei Seiten«, »drei Seiten«, »manches Blatt« die religiöse und die profane Sphäre zu einer Symbiose zusammen. Medium dieser Symbiose ist – im Unterschied zu jenem ›weiblichen‹ Federhalter »aus Gold und [...] Ebenholz«, mit dem Hanno den Schlußstrich ziehen wird – die ›männliche‹ und sozusagen puritanisch schlichte, seinerzeit übrigens auch nicht mehr ganz selbstverständliche[38] »Gänsefeder«, welche der Schreibende »in das

36 Bd. 1, S. 52–55.

37 Bd. 12, S. 145 f.

38 Vgl. Fritz Verdenhalven, Die deutsche Schrift. The German Script. Ein Übungsbuch, Neustadt a. d. Aisch: Degener, 1989, S. 8.

schwere Metalltintenfaß taucht[ ]...« (nicht etwa ›stößt‹ wie seine ältere, zum Zeichen des stattgehabten »Verfall[s]«[39] schon sehr »nervöse[ ]« Tochter Tony, die nicht von ungefähr an München eigens eine dort angeblich »nervenstärkend[e]« »Luft« zu schätzen weiß[40] und deren »nervöse[ ] Magenschwäche«[41] auch dort nur für den »Augenblick« nachläßt[42]).

Bis auf den nachträglich gestreuten »Goldsand« ist die »Schrift« dieser »Feder«, darauf weisen die »hie und da« ausdrücklich »*kaufmännischen* Schnörkel« eigens noch hin, dieselbe wie im Kontor. Für die dennoch oder gerade deswegen besonderen Weihen von Feder und Schrift ist schon ein rein sprachlicher Befund symptomatisch. Grammatisch verdrängt »die Feder« tendenziell das persönliche Subjekt des »Konsul[s]«. »[D]ie Feder« substituiert den »Konsul«, indem sie immer wieder die syntaktische Subjektposition einnimmt: »*Die Feder* eilte weiter, [...] indem *sie* hie und da einen kaufmännischen Schnörkel ausführte, und *redete* [...] zu Gott. [...] *die Feder* glitt weiter, *sie* glitt mit feinem Geräusch [...], *sie schrieb* [...].«

Diese syntaktische Verselbständigung darf man nicht einfach über ein rhetorisches Manöver auflösen, als synekdochische oder metonymische Ersetzung eines ›eigentlich‹ schreibenden Subjekts. Denn das ›eigentliche‹ Subjekt, dem das ›nur‹ grammatische nach solch einem rhetorischen Erklärungsversuch äquivalent sein müßte, »der Konsul«, kann mit der »Feder« geradezu in Konflikt geraten. Ein solcher Konflikt liegt eindeutig dort vor, wo »der Konsul ein ›Amen‹« setzt, zum ersten, in paradoxaler Annullierung jedoch dieses eo ipso ultimativen Schreibakts längst nicht zum »letzten« Mal, die Feder aber, »*allein* die Feder«, »weiter« schreibt. Dem persönlichen Subjekt entgleitet hier scheinbar oder entgleitet nach dem Wortlaut des Texts tatsächlich die Kontrolle über seine Körpermotorik. Der Körper verliert die Kontrolle über »die Feder«.

Spätestens diese Überwältigung des autonomen Subjektwillens durch das, man kann kaum noch sagen: das ›Medium‹ der »Feder«, läßt etwas von einer biblischen Urszene erkennbar werden, die, und sei es auch subliminal, dem besonderen Schreibakt vom »14. April 1838« zugrundeliegt, in ihm aktualisiert ist oder durch ihn ›säkularisiert‹ wird. Dieselbe Urszene könnte sehr wohl auch schon jene ›sonntägliche‹ Sakralität mit motiviert haben, die Thomas Mann dem ganzen Schreibakt a limine verlieh, jene angesichts der Inkompatibilität von Wochentag und Kalenderdatum offensichtlich gesuchte und gegen die historisch reale Chronographie gewollte Weihe der Zeitangaben: »eines Sonntagmorgens [...], den 14. April 1838«.

Anders als der reale Kalender des Jahres 1838 vermuten lassen dürfte, in dem ja am »14. April« Ostern unmittelbar bevorgestanden hätte, hat als untergrün-

---

39 Vgl. Joachim Radkau, Neugier der Nerven. Thomas Mann als Interpret des »nervösen Zeitalters«, in: Thomas Mann-Jahrbuch 9, 1996, S. 29–53, hier S. 32–37; Thomé, S. 618.

40 Bd. 1, S. 307.

41 Bd. 1, S. 241; vgl. S. 144, 379, 382, 524.

42 Bd. 1, S. 307.

diges Modell für die Schreibszene nicht dieses Festdatum des Kirchenjahrs gedient; sondern als Modell scheint ein auf Ostern freilich eng bezogenes, das fünfzig Tage später anzusetzende Ereignis der Apostelgeschichte gedient zu haben, an dem Thomas Mann ex professo, als einem Autor und ›Dichter‹, sehr gelegen sein mußte und dessen kirchliche Feier ihm auch ganz persönlich besonders nahestand, nämlich wiederholt mit dem säkularen Datum seines Geburtstags zusammenfiel. Und »Pfingsten« bildet übrigens auch den Fixpunkt in derjenigen Eintragung in die Papiere der eigenen Familie, die Thomas Mann am deutlichsten und ausführlichsten in die Familienchronik der Buddenbrooks übernommen hat.[43]

Die eigentliche, die *Verbal*inspiration des Pfingstereignisses geht hier freilich verloren. Oder aber dessen ursprüngliche, wesentlich orale Qualität bleibt doch wenigstens nur spurenhaft erhalten, wenn anders die »mit feinem Geräusch« gleitende »Feder [...] *redet[]*«. Das Pfingstereignis erscheint hier gleichsam ›reformiert‹. Seine Re-formation geschieht im Zeichen eines evangelischen »Buchstabenglaube[ns]«.[44] Es ist ins genuin protestantische Medium der Schrift umgesetzt. Die pfingstliche Glossolalie hat sozusagen zur Kalamographie mutiert.

Die pfingstereignishafte Unmittelbarkeit und Authentizität, mit der »die Feder« gewissermaßen die offenbar vakant gewordene Stelle einer mit dem »Herr[n] Zebaoth« Zwiesprache haltenden ›Seele‹ einnimmt, hat nun aber graphologische Implikationen. Weil »die Feder« so ganz aus der willentlichen Kontrolle des Subjekts ›gleitet‹, tragen die derart beschriebenen Seiten und Blätter denkbar beste Schriftproben. Aus ihnen kann einem ganz unverstellt, ganz ohne Trübung durch irgendein willentliches Zutun, der individuelle ›Charakter‹ des Konsuls entgegentreten (eine letztlich ja graphologische Metapher). In eins aber mit dem individuellen Charakter spricht aus diesen graphologisch optimalen Proben vor allem auch der vorab schon für die ganze Familie reklamierte Schrift-›Charakter‹. In ihm geht diese eine Schrift nahezu auf. Auf seine anderweitigen Bestimmungen weist sie nicht umsonst wortwörtlich zurück und voraus (so »emsig« wie Tonys Auflösung ihrer ersten Ehe). Und bis auf die eine, einzig problematisierbare Eigenschaft der ›Schrägheit‹ ist sie sein beispielhafter, sein schlechtweg vor- oder eben ›musterbildlicher‹ Ausdruck.

Gerade in solch vollkommener Konformität mit den Familientraditionen, wie sie sich außerhalb des rein medialen Aspekts in einem unbeirrbaren Festhalten am »Glauben« der »Väter« ausspricht, kennzeichnet die so authentische Schrift des Konsuls am »14. April 1838« die Fallhöhe des in den folgenden Jahrzehnten statthabenden beziehungsweise, in der Gestalt seines Halbbruders, des jetzt bereits einsetzenden »Verfall[s] [s]einer Familie«. Wie indessen der »Verfall«, der das ›predicament‹ der folgenden zehn Romanteile abgibt, antiklimaktisch gegenläufig zum Aufstieg einer ganz anderen, der »Familie« Ha-

43 Vgl. Große kommentierte Frankfurter Ausgabe, Bd. 1.2, S. 585–588.
44 Bd. 1, S. 652.

genström fortschreitet, so hat auch diese Schreibszene selber zwar nicht im Roman, wohl aber in einem Kollateraltext sozusagen des Frühwerks ihr exaktes Gegenstück. Das Gegenstück steht in der »Burleske«[45] *Tristan*, hinter deren ›Helden‹, dem Titel zum Trotz, Hartmut M. Kaiser unter anderen ausgerechnet den Hagen der *Nibelungen*-Tetralogie nachweisen konnte:[46] das aber heißt genau diejenige Wagner-Figur, deren Niedertracht und Minderwertigkeit Thomas Mann offenbar dazu inspirierten, eine vordem ganz einfach »Kohn«[47] heißende Familie in »*Hagen*ström« umzubenennen und ihr also einen Namen zu verleihen, welcher erst auf den zweiten Blick, vor dem Hintergrund der *Götterdämmerung*, aber dann um so eindringlicher zu sprechen beginnt.[48]

Die rassenbiologische Bedeutung des Schriftbilds

In der Titelnovelle des *Tristan*-Zyklus, die Thomas Mann vermutlich im Erscheinungsjahr der *Buddenbrooks* schrieb,[49] besteht der ganze zehnte von insgesamt zwölf arabisch durchnumerierten Abschnitten wieder aus einer einzigen Schreibszene. Diese spielt wieder im Frühjahr[50] und an einem »Schreibtisch [...] in der Nähe des Fensters«. »[D]er Romancier« und »Schriftsteller« Detlev Spinell »bedeckt[ ]« »[e]in[en] große[n], starke[n] Bogen [...], in dessen linkem oberen Winkel unter einer verzwickt gezeichneten Landschaft der Name Detlev Spinell in völlig neuartigen Lettern zu lesen« ist, »mit einer kleinen, sorgfältig gemalten und überaus reinlichen Handschrift«.[51]

Spinells »*sorgfältig* gemalte[ ] und *überaus reinliche[ ]* Handschrift« erinnert nicht von ungefähr und nicht nur an die »*höchst sorgfältig-reinliche[ ]* Partitur[ ]« des »Werkes«, das der Novelle den Titel gab. Schon auf einen ersten Blick scheint Spinells »Handschrift« auch derjenigen der Buddenbrooks bona parte immerhin sehr zu gleichen oder sie sogar an positiv vermerkbaren Zügen »bürgerliche[r] Arbeitsakkuratesse« zu übertreffen. Die Handschrift der Bud-

45 Brief vom 13. Februar 1901 an Heinrich Mann; Thomas Mann und Heinrich Mann, Briefwechsel 1900–1949, S. 70 f., hier S. 71. Vgl. Hartmut M. Kaiser, S. 189–192.

46 Hartmut M. Kaiser, S. 194; vgl. S. 200–205, 209 f., 207, Anm. 37.

47 Vgl. de Mendelssohn, Bd. 1, S. 447. Nach dieser Ersetzung, die Thiede, S. 88, bei seiner Argumentation ganz außer Acht läßt, bleibt »[d]ie Frage nach der Herkunft Hinrich Hagenströms« doch wohl gerade nicht mehr »offen«.

48 Vgl. Thiede, S. 86–88; Elsaghe, Die imaginäre Nation, S. 188–190. Zu anderen Wagner-Reminiszenzen in den *Buddenbrooks* vgl. Hans Rudolf Vaget, Thomas Mann und Wagner. Zur Funktion des Leitmotivs in *Der Ring des Nibelungen* und *Buddenbrooks*, in: Steven Paul Scher (Hg.), Literatur und Musik. Ein Handbuch zur Theorie und Praxis eines komparatistischen Grenzgebietes, Berlin: Schmidt, 1984, S. 326–347.

49 Vgl. Hans Rudolf Vaget, Thomas Mann. Kommentar zu sämtlichen Erzählungen, München: Winkler, 1984, S. 84.

50 Bd. 8, S. 256.

51 Bd. 8, S. 250 f.

denbrooks ist ja ihrerseits »klein[ ]«[52] oder eben »winzig«. Und man darf wohl supplieren, daß sie auch »reinlich[ ]« sein muß. Nur wird einerseits dieser Zug an Spinells Schrift eben expliziert, klimaktisch hervorgetrieben (»*überaus* reinlich[ ]«) und am Anfang des nächsten Abschnitts auch noch gleich zweimal wiederholt (»einen großen, *reinlich* beschriebenen Bogen«; »den großen, *reinlich* beschriebenen Bogen«...[53]). Und das eine, potentiell inkriminierbare und denn in jener ersten, großen Schreibszene übergangene oder ausgelassene Merkmal »schräge[r]« »Zeilen« fehlt andererseits bei Spinell offenbar wirklich ganz. Es fällt hier, graphologisch gesprochen, unter die ›signes négatifs‹.

Anders aber als die zwei auffallend ähnlichen Handschriften selbst unterscheiden sich die entsprechenden beiden Schreib*szenen* sehr erheblich. Das zeigt sich schon an ihren ihrerseits noch bis in den Wortlaut übereinstimmenden Parametern. Beide Szenen spielen sich zwar im Frühjahr und an einem »großen« beziehungsweise »geräumige[n]«[54] »Sekretär[ ]« ab, »der am Fenster« beziehungsweise »in der Nähe des Fensters« ›steht‹. Aber den bis in die Wortwahl identischen Orts- und Zeitangaben wird je eine ganz andere Wendung gegeben. Die Nähe zum Licht und zum sich regenerierenden Leben wird im einen Fall begrüßt und gesucht, im anderen offenbar als irritierend empfunden. Während Johann Buddenbrook schreibt, stehen »beide[ ] Fenster [...] offen«. Sie bringen ihn so in direkten Kontakt mit der »milde[n] Sonne« und den »ersten Knospen« des »Garten[s]«, mit den »Vogelstimmen« und der »Frühlingsluft«, die »voll frischer und zarter Würze [...] dann und wann« sogar auch noch »die Gardinen« öffnet. Spinell hingegen, den solche »Frühlingsluft [...] matt und zur Verzweiflung geneigt macht[ ]«,[55] hat »vor« das »Fenster[ ]« eigens noch »einen gelben Vorhang gezogen [...], wahrscheinlich, um sich innerlicher zu machen«.[56]

In denkbar schärfstem Gegensatz zu Johann Buddenbrooks andächtiger Fixierung freudiger Ereignisse innerhalb der eigenen Familie und erst recht zu seinen schriftlichen Dank- und Preisgebeten steht auf Spinells »große[m], reinlich beschriebene[m] Bogen« eine einzige Haßtirade: Was dasteht, ist eine Attacke eines zu kurz gekommenen, wahrscheinlich auch impotenten[57] »Jammermensch[en]«, der dazu nur »schriftlich« den »Mut« hat,[58] gegen seinen in eroticis und in oeconomicis erfolgsgesegneten Rivalen. Es ist ein in hilflosem Ressentiment verzweifelter Anschlag auf dessen Lebens- und Familienglück.

52 Bd. 1, S. 160.
53 Bd. 8, S. 255; im Original keine Hervorhebung.
54 Bd. 8, S. 250.
55 Bd. 8, S. 256.
56 Bd. 8, S. 250.
57 Vgl. Henry Olsen, Der Patient Spinell, in: Orbis Litterarum 20, 1965, S. 217–221, hier S. 221.
58 Bd. 8, S. 257 f.

Zwar schreibt hier wieder einer, der auch sonst, von »Beruf[s]« wegen,[59] mit der Schrift zu tun hat, jedoch kein Kaufmann, sondern ein »Schriftsteller«. Ein lübischer Kaufmann ist diesmal nicht Verfasser, sondern Adressat des Geschriebenen. Dessen Textsorte ist eine wesentlich andere: kein Eintrag in eine Familienchronik, der sich an eine unbestimmt und unabsehbar zukünftige Leserschaft oder aber unmittelbar an »Gott« richtet, sondern ein ganz gewöhnlicher oder besser gesagt ein ganz ungewöhnlicher »Brief«.

Denn nicht nur daß dieses »Schriftstück«[60] über keine zeitliche Distanz an künftige Geschlechter oder gar über die ontologisch denkbar größte Differenz hinweg an »Gott« gerichtet ist; es überbrückt nicht einmal den minimalen *räumlichen* Abstand, welcher die Textsorte des Briefs üblicherweise konstituiert. »[D]er Brief« »[ ]macht« »die wunderliche«, wunderlich zirkuläre »Reise von ›Einfried‹ nach ›Einfried‹«. Er gelangt zu einem »Adressaten«, der mit dem Absender in ein und demselben Sanatorium sich aufhält und der diesem »die Antwort« denn auch »mündlich geben« wird; »und zwar in Anbetracht des« dreimal bei diesem sehr deutlichen Prädikatsnomen genannten und mit Ausrufe- und dreifachem Auslassungszeichen emphatisierten »Umstandes«, daß es »blödsinnig« wäre, »jemandem, den man stündlich sprechen kann, seitenlange Briefe zu schreiben...« – »...blödsinnig...« – »Blödsinnig!«[61]

Die also auch mediale Gegensätzlichkeit zwischen Detlev Spinells und Johann Buddenbrooks Schreibakt steht in seltsamem und erklärungsbedürftigem Widerspruch zu der mit *einem* Blick konstatierbaren Ähnlichkeit ihrer beiden Handschriften. Die Antwort auf die Frage, welche dieser Widerspruch aufwirft, enthalten schon die Worte, die Spinells »Handschrift« derjenigen der Buddenbrooks nämlich nur auf den *ersten* Blick und nur bei oberflächlicher Lektüre so frappant angleichen. Spinells »Handschrift« ist nicht einfach »klein[ ]« wie die der Buddenbrooks und darüber hinaus auch noch so »überaus reinlich[ ]« wie Wagners »höchst [...] reinliche[s] [...] Musterbild klarer, penibler Kalligraphie«; sondern sie ist »gemalt[ ]«. Sie ist ›kalli*graphisch*‹ in einem allzu wörtlichen, das heißt in dem doppelten Sinn, den das griechische Verb γράφειν annehmen kann, ›schreiben‹ *und* ›malen‹.[62]

---

59 Bd. 8, S. 251, 253, 257.

60 Bd. 8, S. 255.

61 Bd. 8, S. 255 f.

62 Vgl. Henry George Liddell und Robert Scott, Greek-English Lexicon. Revised and Augmented Throughout by Henry Stuart Jones, London, Glasgow, New York, Toronto, Delhi, Bombay, Calcutta, Madras, Karachi, Kuala Lumpur, Singapore, Hong Kong, Tokyo, Nairobi, Dar es Salaam, Cape Town, Melbourne und Auckland: Oxford University Press, [9]1982, S. 360 f., s. v. γράφω. Die Vorgängigkeit der Bedeutung ›ritzen‹, ›zeichnen‹, ›malen‹ spielte übrigens eine literatur- und wissenschaftsgeschichtlich wichtige Rolle in Friedrich August Wolfs Begründung der sogenannten Homer-Analyse, als Argument dafür, daß Schrift und Schreiben in den Homerischen Epen noch nicht vorkommen: Fridericus Augustus Wolfius, Prolegomena ad Homerum sive de operum Homericorum prisca et genuina forma variisque mutationibus et probabili ratione emendandi, Halle a. d. Saale: Libraria orphanotrophei, 1795, S. 83 f.

In der »gemalten [...] Handschrift« radikalisiert sich ein semiotisches Problem. Dieses kann man schon in Spinells Briefkopf berührt sehen oder auch in dem einen »Buch«, das er »veröffentlicht« haben soll und dessen generische Klassifikation in der direkten Rede Doktor Leanders ebenso mit einer Verschweigungsformel und einem diese sozusagen interpunktorisch verdoppelnden Auslassungszeichen versehen ist wie Spinells adverbiell eigens noch abgewertete Herkunft (»*bloß* aus Lemberg gebürtig, soviel ich weiß...«; »eine Art Roman, ich weiß wirklich nicht...«):[63]

> Beständig lag auf seinem Tische, für jeden sichtbar, der sein Zimmer betrat, das Buch, das er geschrieben hatte. Es war ein Roman von mäßigem Umfange, mit einer vollkommen verwirrenden Umschlagzeichnung versehen und gedruckt auf einer Art von Kaffeesiebpapier mit Buchstaben, von denen ein jeder aussah wie eine gotische Kathedrale. Fräulein von Osterloh hatte es in einer müßigen Viertelstunde gelesen und fand es »raffiniert«, was ihre Form war, das Urteil »unmenschlich langweilig« zu umschreiben. Es spielte in mondänen Salons, in üppigen Frauengemächern, die voller erlesener Gegenstände waren, voll von Gobelins, uralten Meubles, köstlichem Porzellan, unbezahlbaren Stoffen und künstlerischen Kleinodien aller Art. Auf die Schilderung dieser Dinge war der liebevollste Wert gelegt, und beständig sah man dabei Herrn Spinell, wie er die Nase kraus zog und sagte: »Wie schön! Gott, sehen Sie, wie schön!«... Übrigens mußte es wundernehmen, daß er noch nicht mehr Bücher verfaßt hatte als dieses eine, denn augenscheinlich schrieb er mit Leidenschaft. Er verbrachte den größeren Teil des Tages schreibend auf seinem Zimmer und ließ außerordentlich viele Briefe zur Post befördern, fast täglich einen oder zwei, – wobei es nur als befremdend und belustigend auffiel, daß er seinerseits höchst selten welche empfing...[64]

Die »Umschlagzeichnung« des »Buch[s]« »verwirr[t]« einen offenbar so »vollkommen«, daß nicht mehr festzustehen scheint oder jedenfalls nicht mehr kommuniziert wird, was sie eigentlich abbildet oder wonach das Gezeichnete eigentlich aussieht. »[W]ie eine gotische Kathedrale« ›sehen‹ dafür die »Buchstaben [...] aus[ ]«. Sie sind also offenbar, wenn ihr ›Aussehen‹ nämlich nicht nur von der besonderen Papierqualität herrührt, in Fraktur gesetzt oder doch in einer der Hybriden, wie sie seinerzeit »[i]n dem Kampfe um eine einheitliche Schriftart«[65] der Fraktur nachempfunden wurden;[66] war deren handschriftliche Vorform doch die ›gotische‹ Minuskel und kann ›Fraktur‹ jedenfalls auf englisch schlechtweg ›Gothic‹ heißen, anscheinend aber auch noch zu Thomas Manns Zeit und selbst im Gegenwartsdeutsch unter

63 Bd. 8, S. 225; im Original keine Hervorhebung.

64 Bd. 8, S. 224.

65 Bd. 13, S. 247.

66 Vgl. Yvonne Schwemer-Scheddin, Broken Images: Blackletter between Faith and Mysticism, in: Peter Bain und Paul Shaw (Hgg.), Blackletter: Type and National Identity, New York: Princeton Architectural Press, 1998, S. 50–67, hier S. 53; Hans Peter Willberg, Fraktur and Nationalism, ebd., S. 40–49, hier S. 40.

»gotische[r] Schrift«,[67] »gotischen Lettern«,[68] »gotischen Buchstaben«[69] verstanden werden.

»Umschlagzeichnung« und »Buchstaben« des »Roman[s]« bedrohen so dieselbe typologische Differenz zweier Zeichensysteme wie die »verzwickt gezeichnete Landschaft« und die »völlig neuartigen Lettern« in Spinells Briefkopf. Das »verzwickt [G]ezeichnete[ ]« und die »völlig neuartigen Lettern« bewegen sich sozusagen typologisch aufeinander zu und irritieren so die Unterscheidbarkeit von digitaler und analoger Medialität. Als »*verzwickt* gezeichnete[ ]« trägt die »Landschaft« wie die »*vollkommen verwirrende[ ]* Umschlagzeichnung« ihren Zeichencharakter zur Schau. Sie erschwert in eins damit ihre ikonische Rezipierbarkeit und kann in ein ›pittoreskes‹ Ideogramm umschlagen, um es auf ein Wort zu bringen, welches in der Handschrift das allererste Attribut des hier eben noch nicht »exzentrische[n] Mensch[en]« und »Schriftsteller[s]«[70] abgab[71] (und welches nach Ausweis dieser Ersetzung und wohl durch semantische Interferenz gleich endender Adjektive in Thomas Manns Wortschatz offensichtlich die im gegebenen Zusammenhang genau passende Bedeutungsnote des Grotesken, ›Exzentrischen‹, schwer Zuweisbaren annahm).

Andererseits und genau umgekehrt unterlaufen die »Lettern«, als »*völlig* neuartige[ ]«, virtuell die minimale Konventionalität, welche die Fungibilität und Lesbarkeit jeder auch noch so hybriden Schrift zu garantieren hat. Sie drohen ihrerseits ins nur noch Kryptogrammatische auszuarten und statt der verlorenen symbolischen eine ikonische Zeichenfunktion zu übernehmen, genau wie »Buchstaben, von denen ein jeder« *›aussieht‹ »wie eine gothische Kathedrale«.*

Zwischen ›Letter‹ und ›Zeichnung‹, digitalem und analogem Medium flottiert nun aber auch und erst recht die »gemalte[ ]«, »*sorgfältig* gemalte[ ] [...] Handschrift« unter dem »Name[n] Detlev Spinell«. Das Adverb, die explizit ausgewiesene ›Sorgfalt‹, mit der Spinell das Schriftbild seines Briefs gestaltet, legt die Bedeutung des Partizips »gemalt[ ]« auf das hier entscheidende Moment der Intentionalität fest. Dessen besondere Weiterungen ergeben sich auch schon aus einem Parallelstellenvergleich. Denn das Verb ›malen‹ erscheint bei Thomas Mann im Zusammenhang mit Handschriften immer nur dort, wo diese Handschriften ganz besonderen Zwecken dienen. »[G]emalt[ ]« wird »Handschrift« bei Thomas Mann immer nur dann, wenn sie bewußter Selbstdarstellung dient oder aber gar eine vorsätzliche Fälschung bezweckt.

Der überhaupt letzte, außerliterarische, halb mündliche und nicht sehr interpretationsbedürftige Beleg für ›gemalte Schrift‹ scheint sich in einem Interview

67 M[artin] Bormann, Rundschreiben vom 3. Januar 1941 [zur Abschaffung der Fraktur, die »in Wirklichkeit [...] aus [...] Judenlettern« bestehe], in: Willberg, S. 48.

68 Günter Grass, Im Krebsgang. Eine Novelle, Göttingen: Steidl, 2002, S. 8.

69 W. G. Sebald, Austerlitz, München und Wien: Hanser, 2001, S. 33.

70 Bd. 8, S. 217.

71 Faksimiliert in: Hanns Martin Elster (Hg.), Thomas Mann, Dresden: Lehmann, 1920 (Deutsche Dichterhandschriften, Bd. 1) [ohne Paginierung].

zu finden, das Thomas Mann Ende 1954 der Züricher *Weltwoche* gab. Auf die Frage, ob er wirklich, wie der Interviewer, Georg Gerster, »zu wissen« »glaub-[t]e«, »über zwei Handschriften« »verfüg[e]«, antwortete Thomas Mann:

> Das trifft zu. Da ist die Manuskriptschrift, die ich von jeher geschrieben habe, meine angestammte Hand, im Prinzip ist es deutsche Schrift, untermischt mit einzelnen lateinischen Buchstaben. Ein kürzlich faksimiliertes Novellenmanuskript ›Die Betrogene‹ zeigt diese meine Handschrift. Daneben habe ich mir in Amerika angewöhnt, Briefe, Dinge, auf deren Leserlichkeit ich Wert lege, in lateinischer Schrift abzufassen. Doch ist das nicht geschrieben – das ist gemalt. Wenn ich bei den Empfängern auf Verständnis rechnen darf, bediene ich mich auch bei epistolärer Gelegenheit lieber und geläufiger meiner persönlichen Mischschrift. Sie liegt mir näher am Herzen.[72]

»[N]icht geschrieben – [...] gemalt«: »[G]emalt« und »geschrieben« geraten hier in ein verbatim expliziertes Oppositionsverhältnis, das obendrein noch ein Gedankenstrich bekräftigt, wie er in den außerliterarischen Texten des späten Thomas Mann, so Michael Maar, zu den »Ausdrucksträgern obersten Rangs« zählt.[73] Die »geschrieben[e]« Schrift ist die »persönliche[ ]«. Sie ist »geläufiger« und »lieber«. Sie »liegt [...] näher am Herzen«. Sie ist die »von jeher [...] angestammte«. Es ist »im Prinzip [...] deutsche Schrift«. Vor allem anderen aber, das bezeugt das eben erschienene Faksimile, ist es die »Manuskriptschrift«. Es ist die Schrift der literarischen Produktivität.

Was dagegen »gemalt[e]« Schrift bedeutet und wofür »das [...] [G]emalt[e]« steht, kann man dem Text des Interviews entweder direkt entnehmen oder aber aus alledem leicht supplieren. ›Gemalte Schrift‹ muß ›unpersönlich‹, weniger ›lieb‹, affektiv weniger besetzt sein. Sie ist sekundär, sehr spät (»in Amerika«) hinzugekommen. Die fremden, »lateinischen Buchstaben« verdrängen darin die »deutsche[n]« vollständig. Sie findet, ganz genau wie ein halbes Jahrhundert zuvor im *Tristan*, in »Briefe[n]« Verwendung, und selbst »bei epistolärer Gelegenheit« nur dann, »[w]enn [...] bei den Empfängern auf Verständnis« sonst nicht zu »rechnen« wäre.

Die Verbindung von ›malen‹ und ›Schrift‹, die Thomas Mann hier mit wünschbarer Deutlichkeit und überhaupt nur hier gegen ein ›eigentliches‹ Schreiben abgesetzt hat, erscheint auch hier und hier noch in einem ganz besonderen Zusammenhang. Die ›gemalte Schrift‹ dient einem besonderen, wenn auch noch so löblichen Zweck. Sie dient dazu, die »Leserlichkeit« wichtiger »Dinge« unter gewissermaßen hybriden Umständen, eben außerhalb des deutschen Kulturraums zu garantieren.

Im *literarischen* Werk des Autors treten die besonderen Zwecke »gemalte[r] [...] Handschrift« am deutlichsten an zwei Parallelstellen des *Felix Krull* hervor. Dort *»malt[ ]«* Louis de Venosta je seine »volle[ ]« und seine private

72 Gerster, S. 21.

73 Michael Maar, Truthähne in der Götterdämmerung. Marginalien zu Mann, in: Michael Maar, Die Feuer- und die Wasserprobe. Essays zur Literatur, Frankfurt a. M.: Suhrkamp, 1997, S. 190–197, hier S. 192.

Unterschrift, mit jeweils »plustrige[r]« beziehungsweise »*zeichnerisch* aufgeplusterte[r]« Initiale.[74] Daß diese Unterschrift ausdrücklich »angestammt[ ]« oder »[v]ererbt« sein soll – »Papa macht es geradeso. Nur nicht so gut«[75] –, daß es also bei diesem im literarischen Werk letzten Beleg für ›gemalte Schrift‹ nicht nur um die individuelle Selbstdarstellung eines Adligen, sondern zugleich auch einer Familie und Familientradition geht, stimmt genau zum ersten dafür einschlägigen Beleg des Gesamtwerks.

›Gemalt‹, und zwar wiederum »sorgfältig [...] gemalt«: »sorgfältig in hoher gotischer Schrift gemalt« hat auf den allerersten Seiten der Familienchronik schon »Johan Buddenbrook, der Vater des Vaters«. Gerade qua ›gemalte‹ erscheint die »hohe[ ] [...] Schrift« hier, anders als bei Gotthold, charakterologisch unverdächtig und graphologisch irrelevant. Bedeutsam ist sie nicht als Äußerung eines individuellen ›Charakters‹, sondern einer historischen Epoche. Denn die »hohe[ ] gotische[ ] Schrift«, wenn anders sie auf den einstmals weniger spitzen Neigungswinkel der Handschrift verweist und dadurch den Eindruck einer gewissen Statarik oder eben Gemaltheit erweckt, ist Ausdruck einer unwiderruflichen Vergangenheit und der mit dieser assoziierten halbfeudalen oder frühkapitalistischen Gemächlichkeit. Und angesichts solcher gesellschaftlich bedingter Verzögerung des Schriftflusses zum Gemäldehaften scheint sich die Analysierbarkeit dieser »Schrift« als einer spontanen Artikulation von Individualität zu erübrigen.

›Gemalt‹ hat der Firmengründer Johan Buddenbrook namentlich seinen Sinnspruch, dessen »gotische[r]« Schrifttypus an sich schon das so tradierte Prinzip geschäftlicher Redlichkeit konnotiert (»Ehrlich währt am längsten« hat sich denn auch James Louis Türkheimer ironischerweise in »gotische[n] Lettern« in den Teppich seines Privatkontors wirken lassen,[76] um dieses Prinzip seinerseits immerzu förmlich mit Füßen zu treten): »Mein Sohn, sey mit Lust bey den Geschäften am Tage, aber mache nur solche, daß wir bey Nacht ruhig schlafen können.«[77] Die »sorgfältig [...] gemalt[e]« Geschäftsmaxime wird denn auch wirklich ein Vater seinem Sohn gegenüber verbatim zitieren können. Und zwar erscheint sie, mit einem Ausrufezeichen beschwert, in einem Brief Johann Buddenbrooks junior an seinen älteren Sohn Thomas vom 2. August 1846. Sie erscheint damit in einem Kontext, in dem sich der Vater seinem Sohn auch sonst als dessen ›role model‹ präsentiert, so zum Beispiel mit dem Hinweis auf den »Vorteil« und die »Annehmlichkeit«, welche ihm einst jene Anstelligkeit bei seinen »Prinzipalinnen« in Antwerpen eingebracht habe (also an dem Ort, wo ursprünglich, zum Zeichen der hier eben noch gewahrten Familientraditionalität, auch Thomas Buddenbrook sich einmal Gerda Arnoldsen hätte »angenehm [...] machen« sollen).[78]

---

74 Bd. 7, S. 518 f.; im Original keine Hervorhebung.

75 Bd. 7, S. 518.

76 Heinrich Mann, Im Schlaraffenland, S. 230 f.

77 Bd. 1, S. 58.

78 Bd. 1, S. 175.

Die Geschäftsmaxime bildet so etwas wie das weltliche Gegenstück zu der ihr unmittelbar folgenden Anweisung, »die alte, zu Wittenberg gedruckte Bibel« jeweils immer weiter vom »Erstgeborenen [...] wiederum auf dessen Ältesten übergehen« zu lassen.[79] Wie hier die religiöse, so ist dort im Sinnspruch »des Gründers« die geschäftliche Kontinuität ans Medium der Schrift gebunden. Diese hat ›der Gründer‹ zu solchem Zweck eigens markiert und aus ihrem Kontext gebrochen. Er hat sie »umrahmt«[80] und sie schon durch die ›Rahmung‹ gewissermaßen einem Gemälde angenähert.

Daß diese »sorgfältig [...] gemalt[e]« Schrift einem ganz besonderen Zweck dient, eben das in ihr Fixierte von »Sohn« zu »Sohn« zu überliefern, daß sie also als Kalligramm und virtuelles Gemälde zur Kopie potentiell immer schon bestimmt war, erweist sich dann etliche hundert Seiten weiter hinten. Dort freilich ist der Urenkel »des Gründers« ironischerweise gar nicht mehr »mit Lust bey den Geschäften«. Beim hundertjährigen Firmenjubiläum, zur eigentlichen Feier der geschäftlichen Kontinuität, welche der nicht nur dem eigenen »Sohn«, sondern ausdrücklich den »Nachkommen«[81] überhaupt tradierte »Spruch« begründen sollte, wird dieser tatsächlich talis qualis kopiert. Die Kopie der schon im Original »gemalt[en] und umrahmt[en]« Schrift wird noch weiter und fast bis zur Ununterscheidbarkeit einem Gemälde angeglichen. Von einem »schwere[n], geschnitzte[n] Nußholzrahmen umspannt[ ] [...], welcher [...] die Porträts der vier Inhaber der Firma ›Johann Buddenbrook‹ zeigt[ ]«, steht »[z]u Häupten des Ganzen [...] in hohen gotischen Lettern und in der Schreibart dessen, der ihn seinen Nachfahren überliefert, der Spruch zu lesen: ›Mein Sohn [...].‹«[82]

Indem hier die Beschreibung des Originals erst wörtlich wiederholt und dann auch noch explicite das ikonisch-akkurate Abbildungsverhältnis von Original und Dublette notiert wird (»in hohen gotischen Lettern und in der Schreibart dessen, der [...]«), ist die leichte Kopierbarkeit ›gemalter‹ Schrift doppelt hervorgehoben. Der mit alledem suggerierte Anschein äußerer Kontinuität aber rückt in scharfen Gegensatz zum tatsächlich schon in vollem »Verfall« begriffenen Schicksal der »Firma ›Johann Buddenbrook‹«, von der die Ironie dieses Schicksals auch noch will, daß sie gerade während der Jubiläumsfeier einen schweren Verlust erleidet. Die Kopierbarkeit »gemalt[er]« Schrift also hat hier ihr zumindest leicht und leise Bedenkliches.

In ähnlich bedenklichem Zusammenhang stehen die beiden Unterschriften des Marquis de Venosta. Denn dieser »malt[ ]« sie geradezu zum Zweck ihrer Kopie und Fälschung. Kopiert und gefälscht wird sie durch Felix Krull, der damit seine im Fragment letzte Identität annimmt. Kraft ›gemalter‹ und ›gezeichneter‹ Schrift und Unterschrift vermochte Felix schon zum allerersten Mal

79 Bd. 1, S. 58.
80 Ebd.
81 Ebd.
82 Bd. 1, S. 481 f.

in seinem Leben ›hochstaplerisch‹ sich eine juristisch falsche Identität anzumaßen; mag diese Anmaßung immerhin noch insoweit legitim gewesen sein, als auch die Unterschrift des Marquis nicht nur auf dessen eigene, sondern auf die Identität zugleich des Vaters verweist (und ja bereits die Handschrift der Buddenbrooks einen weniger individuellen als vielmehr familientypischen ›Charakter‹ hat). Denn seine »lange spielerische Übung, die Handschrift [s]eines Vaters nachzuahmen«, und seine Selbstidentifikation mit diesem, sein »Traum«, »so rasch und geschäftlich leicht die Stahlfeder zu führen« wie er, befähigte den Schulschwänzer dazu, durch gemalte, ›gezeichnete‹ Unterschriften eine neue, ›scheinbare‹ Identität anzunehmen und sich im Namen des Vaters von »dem Schuldienst« und »der Knechtschaft« »dies[es] feindselige[n] Institut[s]«[83] zu dispensieren (wobei die performativen Verben, mit denen er seine lügnerischen Schreibakte zu besiegeln pflegte, jeweils einen autoreferentiellen Nebensinn mit sich führten und auf dessen doppeltem Boden gewissermaßen doch auch wieder die Wahrheit sagten: »was mit Bedauern be*schein*igt – E. Krull. [...] Es *zeichnet* mit Hochachtung – E. Krull.«[84])

Das Problematische, das sich in den *Buddenbrooks* und im *Felix Krull* an der Kopier- und Fälschbarkeit ›gemalter Schrift‹ bei zugegebenermaßen vielleicht etwas spitzfindiger Interpretationsarbeit freilegen läßt, liegt jedenfalls schon als Literalsinn und diesseits aller Deutungsversuche an der einen Parallelstelle offen zutage, die sich im selben Zyklus findet wie die Novelle *Tristan.* Die betreffende Szene spielt nicht zufällig wie ein Großteil des *Krull*-Fragments oder des *Tods in Venedig* in einem Hotel. Das Hotel – beziehungsweise, im *Tristan* und im *Zauberberg*, das Sanatorium – gibt natürlich eh und je den Ort ab, an dem Identität abgestoßen, gewechselt, neu verhandelt werden kann wie nirgendwo sonst.

In seinem Hotel versucht denn auch Tonio Kröger seine persönliche Identität loszuwerden und dem ›Namen des Vaters‹ zu entkommen. Dem melancholisch-resignativen Tenor der Erzählung gemäß scheitert dieser Versuch hier allerdings aufs kläglichste. Oder vielmehr schießt er weit übers Ziel hinaus. Denn die Vollstrecker und Helfershelfer der kleinstädtischen Bürokratie lasten dem »Hoch«-[85] oder Tiefstapler Kröger infolge seines Selbstverleugnungsversuchs tatsächlich eine andere Identität an, nun aber die Identität eines polizeilich gesuchten »Individium[s] [sic!]«, mit dem »nicht identisch zu sein« der incognito Heimgekehrte seinem Incognito zum Trotz gestehen und beweisen muß; und zwar erbringt er diesen Beweis seiner wahren und in eins damit seiner beruflichen Identität, »sein[es] Gewerbe[s]«, über das Medium der ›stereotypen‹ Schrift, nämlich mit den Druckfahnen einer »Novelle«.[86]

83 Bd. 7, S. 295 f.

84 Bd. 7, S. 297; im Original keine Hervorhebung.

85 Bd. 8, S. 317.

86 Bd. 8, S. 316 f.

Wie er hier, in der einst »Litteratur« betitelten Künstlernovelle,[87] über den Besitz gedruckter Schrift, die ja auch bei den Buddenbrooks die Identität des »Stammhalters« definiert, seine Identität wieder annimmt, so versucht er im Schriftmedium des »Meldezettel[s]«[88] diese Identität erst abzulegen. Deren Stabilität aber bekräftigt der Text selber immerzu und gerade auch hier wieder durch die eigentlich vollkommen redundanten Nennungen des jeweils vollen Namens: »und *Tonio Kröger* malte mit seitwärts geneigtem Kopfe etwas darauf, das aussah wie Name, Stand und Herkunft«[89] (»mit seitwärts geneigtem Kopfe«: Wie bei Heinrich Meyers »zur Seite geneigt[em]« und bei Gustav von Aschenbachs »leidend seitwärts geneigte[m] Haupt«[90] insistiert die Evangelienreminiszenz auf einem geradezu passionsmäßigen Leiden an der eigenen Existenz.)

Was Tonio Kröger mit »seitwärts geneigtem Kopfe« »malt[ ]«, ist also eine ver- und entstellte, zum Zweck der ›Vertuschung‹ seiner Identität erfundene Schrift. An dieser heben die verwandten Verben noch dazu einen nicht-digitalen, ikonisch-analogen Charakter hervor: »Tonio Kröger *malte*«, und er »malte [...] etwas [...], das *aussah wie*« (mit denselben Worten heißt es ja auch von den »Buchstaben« in Spinells Roman, daß »ein jeder *aussah wie*«).

Der Bedeutungswert einer intentional falschen und irreführenden Selbstdarstellung, welchen das Idiom der ›gemalten Schrift‹ in *Tonio Kröger* und damit wie gesagt im selben Novellenzyklus ganz offensichtlich annimmt, gehört zunächst notwendig und immer schon zumindest ins Konnotat der betreffenden Stelle des *Tristan*, wenn anders sich das Konnotat aus den Bedeutungen konstituiert, die ein gegebener Ausdruck aus allen seinen potentiellen Kontexten anlagert. Diese eine Bedeutungskomponente gibt nun aber das entscheidende Interpretament dafür her, Detlev Spinells »kleine[ ], sorgfältig gemalte[ ] und überaus reinliche[ ] Handschrift« in ihrem Verhältnis zu den anderen Handschriften zu verstehen, welchen sie prima facie so frappant gleicht, der »winzig[en]« Schrift der Buddenbrooks oder auch Felix Krulls »*saubere[r]* und gefällige[r] Handschrift«,[91] und von welchen sie sich eben nur dadurch unterscheidet, daß sie »sorgfältig gemalt[ ]« ist.

Die beiden vom literarischen Gesamtwerk her so positiv besetzten Attribute, »klein[ ]« und »reinlich[ ]« beziehungsweise »winzig[ ]« und »sauber[ ]«, sind dort zugleich auch ganz unwillkürlicher Ausdruck eines Familien- beziehungsweise eines individuellen ›Charakters‹. Bei den Buddenbrooks wird dieses

87 Vgl. Hans Wysling, Dokumente zur Entstehung des *Tonio Kröger*. Archivalisches aus der Nach-Buddenbrooks-Zeit, in: Paul Scherrer und Hans Wysling, Quellenkritische Studien zum Werk Thomas Manns, Bern und München: Francke, 1967 (Thomas Mann-Studien, Bd. 1), S. 48–63, hier S. 50.

88 Bd. 8, S. 309.

89 Ebd.; im Original keine Hervorhebung.

90 Bd. 2, S. 709; Bd. 8, S. 457.

91 Bd. 7, S. 265; im Original keine Hervorhebung.

Moment des Unwillkürlichen, Ungewollten, einfach mit Unterlaufenden zumindest impliziert in der mehrfach wiederholten Bestimmung, daß ihre Schrift »*geschwind* über das Papier *eil[t]*«, »dahineil[t]«, »emporflieg[t]«, kurz alles andere als »gemalt[ ]«, geschweige denn »sorgfältig gemalt[ ]« ist. Und dem Lügnerparadox des Epimenides entsprechend, das schon der Buchtitel vorgibt, »*Bekenntnisse* des *Hochstaplers*«, beglaubigt dieser Hochstapler zuallererst in bezug auf seine »saubere[ ] [...] Handschrift« den Wahrhaftigkeitsanspruch, den das erste Wort des Titels aus dessen ehrwürdiger Tradition erhebt. Denn schon im ersten Satz weist der Hochstapler und Schriftfälscher die Authentizität und Echtheit wenigstens der »Handschrift« aus, in der er seine »Geständnisse [...] dem geduldigen Papier anzuvertrauen« eben erst begonnen hat: »in der sauberen und gefälligen Handschrift, die mir *eigen* ist«.[92]

Die in einem ursprünglichen Sinn ›kalligraphische‹ ›Sorgfalt‹ hingegen, die Detlev Spinell auf die Gestaltung und das ›Gemälde‹ des Schrift*bilds* verwendet, beraubt dieses seiner ›Eigentlichkeit‹. Spinells »sorgfältig gemalte[ ]« Schrift ist in einem sehr genauen Sinn keine »persönliche[ ]«. Sie scheint sich gegenüber der wahren ›Person‹ des Schreibers indifferent zu verhalten. Sie scheint kurzum keine graphologische Aussagekraft zu besitzen, während ja genau umgekehrt Johann Buddenbrooks Handschrift, als pfingsthaft unwillkürliche, »Zeile für Zeile« für Wahrhaftigkeit und graphologische Zuverlässigkeit bürgt und während noch nicht einmal bei jenem »höchst sorgfältig-reinlichen [...] Muster*bild* klarer, penibler Kalligraphie« das Verb ›malen‹ erscheint, wo es doch wohl, bei Notenschrift und »Partituren«, am ehesten zu erwarten und am Platz wäre.

Mit seiner bewußten Gestaltung des Schriftbilds, das diesen Namen in dem allzu wörtlichen Sinn eines ›Gemäldes‹ verdient, berührt Spinells Brief selbstverständlich den wunden Punkt aller Graphologie. Dieser Punkt ist in der Geschichte der Theoriebildung schon von allem Anfang an samt der ganzen Aporetik auszumachen, deren Zentrum er bildet.

Wenn man von flüchtigen und vereinzelten Beobachtungen absieht, wie sie Sueton in seiner *Vita Caesarum* über das ›imperiale‹ »chirographum« des Augustus anstellt oder Antonio Averlino Filarete über die Eigentümlichkeit einer jeden Handschrift,[93] fängt die Geschichte der Graphologie 1622 in Bologna mit Camillo Baldi an. Baldi übrigens war von Haus aus und wohl kaum zufällig Arzt. Denn ausgebildete Mediziner waren auch etliche andere, ja ganz auffällig viele derjenigen, die unwillkürlich produzierte Kulturzeichen so zu entziffern begannen, als seien es Körpersymptome: Giulio Mancini, der Baldis

92 Ebd.; im Original keine Hervorhebung.

93 C. Suetonius Tranquillus, Opera, Bd. 1: De vita Caesarum libri VIII, hg. v. Maximilian Ihm, Stuttgart: Teubner, 1978, S. 97 f.; Antonio Averlino Filarete, Tractat über die Baukunst nebst seinen Büchern von der Zeichenkunst und den Bauten der Medici, hg. v. Wolfgang von Oettingen, Wien: Carl Graeser, 1890 (Quellenschriften für Kunstgeschichte und Kunsttechnik des Mittelalters und der Neuzeit, Neue Folge, Bd. 3; Nachdruck Hildesheim und New York: Georg Olms, 1974), S. 57 f.

Theorie in die Gemäldeanalyse übernommen zu haben scheint; Giovanni Morelli alias Ivan Lermolieff alias Johannes Schwarze, der Mancinis Ansatz zu der nach ihm benannten Indizienmethode systematisierte; Sigmund Freud, dem die Morelli-Methode, das hat Carlo Ginzburg beeindruckend stringent dargetan, wiederum für das psychoanalytische Verfahren Modell stand – womit also ein entschieden mehr als bloß »atmosphärische[r]«, allerdings ein nur indirekter, eben über die hippokratische Symptomatologie führender Entstehungszusammenhang von Psychoanalyse und Graphologie erwiesen wäre.[94]

Als Gründungstext der neuzeitlichen Graphologie gilt gemeinhin Baldis Traktat *Come da una lettera missiva si conoscano la natura e qualità dello scrittore* (lateinisch *De ratione cognoscendi mores, & qualitates scribentis ex ipsius Epistola missiua*). Wie also schon der Titel verrät, widmete sich dieser erste bekannte und am hier interessierenden Spezialfall bereits deutlich gescheiterte Versuch, aus einer beliebigen Handschrift unzweifelhaft die Eigenart ihres Schreibers zu supplieren, derselben Textsorte, in deren Form das Problem des Spezialfalls im *Tristan* wiederkehrt beziehungsweise eben als unlösbares bestehen bleibt: der »Epistola«, der »lettera«, dem Brief.

Diese Textsorte ist graphologisch natürlich darum besonders heikel, weil sich hier die Frage nach einer sinnvollen Auswahl der Schriftproben noch eindringlicher stellt als sonst. Auf diese Frage kommt Baldi denn auch eigens zu sprechen, und zwar im sechsten Kapitel: »Quali siano le significationi che nella figura del carattere si possano prendere« (»Quænam sint significationes quæ ex figura Characteris conijci [sic!] possint«). Am Ende des Kapitels aber stellt Baldi alle Antworten auf die in dessen Rubrik gestellte Frage unter einen grundsätzlichen Vorbehalt. ›Die Natur und Qualität‹ einer Schrift, so Baldi, könne man nur an einem solchen ›Brief‹ ›erkennen‹, dessen ›Schreiber‹ es nicht von vornherein »arte« auf seine Selbstdarstellung abgesehen habe: »Animaduertendum tamen est quod illi [›characteres‹] non sint arte [...] formati [...].«[95]

Das hermeneutische Dilemma, das hieraus eigentlich notwendig resultiert, läßt Baldi mit einem praktischen Postulat bewenden. Er rät einfach dazu, die Schriftproben entsprechend sorgfältig zu wählen. Schuldig bleibt er die Antwort auf die Frage, woran man denn einer Probe ansehen könne, ob sie ›künstlich‹ durchgeformt sei oder nicht. Indem Baldi diese Frage nicht offenläßt,

94 Carlo Ginzburg, Spurensicherung. Der Jäger entziffert die Fährte, Sherlock Holmes nimmt die Lupe, Freud liest Morelli – Die Wissenschaft auf der Suche nach sich selbst, in: Carlo Ginzburg, Spurensicherung. Die Wissenschaft auf der Suche nach sich selbst, Berlin: Wagenbach, 1995 (Kleine Kulturwissenschaftliche Bibliothek, Bd. 50), S. 7–44.

95 Camillo Baldi, De humanarum propensionum ex temperamento praenotionibus; De naturalibus ex unguium inspectione praesagiis et De ratione cognoscendi mores, & qualitates scribentis ex ipsius Epistola missiua. Nunc primum in latinum sermonem prodiens, Bologna: Ducci (Buccius), 1664, S. 224, 226. Vgl. Camillo Baldi, Come da una lettera missiva si conoscano la natura e qualità dello scrittore, Pordenone: Edizioni Studio Tesi, 1992 [1622], S. 26.

sondern gar nicht erst stellt, zeigt er selbstverständlich mit desto schwererem Nachdruck auf den blinden Fleck seiner und jeder graphologischen Theorie.

Daß sich Spinells Buchstaben »klein[ ]« und vor allem daß sie sich »überaus reinlich[ ]« ausnehmen, hat deshalb keinen Aussagewert, weil sie »arte [...] formati« oder eben, mit anderen und doch den selben Worten: weil sie »sorgfältig gemalt[ ]« sind. Oder jedenfalls haben die Merkmale »klein[ ]« und »reinlich« wegen der darauf verwandten ›Sorgfalt‹ und ›ars‹ hier einen ganz anderen Aussagewert als bei Richard Wagner, Felix Krull oder einem Buddenbrook. Diesen Bedeutungsvaleur läßt der Autor eine seiner Figuren sogar explizieren. Denn einer von demselben »Gewerbe« wie die Buddenbrooks und aus derselben »Vaterstadt, dort oben am Ostseestrande«,[96] Anton Klöterjahn – schon von den *Buddenbrooks* her konnotieren Namen wie »Kloot« und »Klötermann« lübische Heimatlichkeit[97] –, jener Adressat des »sorgfältig gemalten« Briefs, stellt diesem und dem Absender »mündlich« ins Gesicht eine graphologische Diagnose, welche ein Schlaglicht auf die nicht nur psychogrammatische und charakterologische, sondern ganz handfest ökonomische Relevanz des Schriftbilds wirft:[98]

> »Sie schreiben eine Hand, die miserabel ist, mein Lieber; ich möchte Sie nicht in meinem Kontor beschäftigen. Auf den ersten Blick scheint es ganz sauber, aber bei Licht besehen ist es voller Lücken und Zittrigkeiten. Aber das ist Ihre Sache und geht mich nichts an. [...]«[99]

Unter dem »Blick« des Kaufmanns und im »Licht« des »Kontor[s]« wird damit vollends deutlich, in welchem Verhältnis die verschiedenen Bestimmungen zueinander stehen, die Spinells Schrift zuvor durch den scheinbar weit weniger scharfsichtigen Erzähler erfahren hat. Diese Schrift unterliegt einer Differenz zum ›Realen‹, wie es etwa Leverkühns »saubere[m]« Schwager unmittelbar und untrüglich aus dem Gesicht sprechen wird. Spinells »Handschrift« ist nicht wirklich »reinlich[ ]«. *Sie soll es nur sein.* Der mehrfach wiederholte, eindeutig positive Zug der ›Sauberkeit‹ erweist sich dem geschulten und professionell skeptischen Auge endlich als Effekt einer kalkulierten Täuschung und »Schauspielerei«.[100] Spinells »Handschrift« scheint nur auf einen »ersten Blick« und sie *»scheint«* nur »ganz sauber« oder »überaus reinlich[ ]«. Ihre ›malerische‹, ›pittoreske‹ oder eben ›kalligraphische‹ Reinlichkeit ist das nur scheinhafte

96 Bd. 8, S. 221.

97 Bd. 1, S. 176.

98 Vgl. z. B. F. K. Fleischhack, Bewerbungs-Frontkampf. Eine graphologische Massensichtung und erfolgspädagogische Studie, Leipzig: Wissenschaftliche Eignungsprüfung, 1935; Michael Hau und Mitchell G. Ash, Der normale Körper, seelisch erblickt, in: Claudia Schmölders und Sander L. Gilman (Hgg.), Gesichter der Weimarer Republik. Eine physiognomische Kulturgeschichte, Köln: DuMont, 2000, S. 12–31, hier S. 26 f.

99 Bd. 8, S. 257.

100 Fleischhack [ohne Paginierung].

Resultat der in sie investierten Sorgfalt. Mit anderen Worten – nicht von ungefähr hat Baldi ein Jahr nach jenem graphologischen Kapitel einen Traktat *Delle mentite* veröffentlicht[101] –, die »sorgfältig«, aber mala fide »gemalte[ ]« Handschrift lügt ›wie gedruckt‹.

Wie der Erzähler der *Buddenbrooks* die graphologisch problematische Eigenart von Gottholds Schrift fixiert, noch bevor er auch nur ein Wort des so problematisch Geschriebenen wiedergibt und bevor Gottholds Vater »dieses *miserable* Geschreibsel« endlich mit demselben Epitheton bedenkt wie Klöterjahn Spinells »Hand, die *miserabel* ist«, so läßt der Erzähler also auch des *Tristan* noch vor dem ersten Zitat aus Spinells Brief und erst recht vor dessen expliziter Schriftanalyse durch den Adressaten die Verlogenheit der »kleinen [...] und überaus reinlichen Handschrift« wenigstens dezent schon durchblikken. Dieser sozusagen medialen Lüge entspricht aber eine doppelte, sowohl stilistische wie inhaltliche Verlogenheit auch des Geschriebenen selbst, die zu registrieren der Erzähler dessen Zitat eigens unterbricht. Er denunziert die Lüge auch hier wieder ziemlich dezent, nämlich unter der scheinheiligen Kautele einer streng außensichtigen und quasi personalen Erzählperspektive, aus der heraus er »*Herrn* Spinell« auch nur bei solch einem ironisch ehrerbietigen Titel zu nennen wagt. Unter dieser Perspektive auf eine Schreibszene, die von allem Anfang an wieder ganz unter die Signatur der Absurdität und Verschrobenheit einer einseitigen Kommunikation zu stehen kommt – man könnte mit Hayden White auch sagen: eines ›medialen‹, zwangsneurotischen und genuin modernen Schreibens[102] –, unter der gegebenen Erzählperspektive also können »Herrn Spinell[s]« innere Beweggründe allenfalls Gegenstand erzählerischer Spekulationen werden (»*wahrscheinlich*, um sich innerlicher zu machen«). Letztlich aber muß hier einem allwissenden »Gott« allein anheimgestellt bleiben, warum eigentlich »Herr Spinell« lügt:

> Ein geräumiger Schreibtisch stand in der Nähe des Fensters, vor welches der Romancier einen gelben Vorhang gezogen hatte, wahrscheinlich, um sich innerlicher zu machen.
>
> In gelblicher Dämmerung saß er über die Platte des Sekretärs gebeugt und schrieb, – schrieb an einem jener zahlreichen Briefe, die er allwöchentlich zur Post befördern ließ, und auf die er belustigenderweise meistens gar keine Antwort erhielt. Ein großer, starker Bogen lag vor ihm, in dessen linkem oberen Winkel unter einer verzwickt gezeichneten Landschaft der Name Detlev Spinell in völlig neuartigen Lettern zu lesen war, und den er mit einer kleinen, sorgfältig gemalten und überaus reinlichen Handschrift bedeckte.
>
> »Mein Herr!« stand dort. »Ich richte die folgenden Zeilen an Sie, weil ich nicht anders kann, weil das, was ich Ihnen zu sagen habe, mich erfüllt, mich quält und zittern macht, weil mir die Worte mit einer solchen Heftigkeit zuströmen, daß ich an ihnen ersticken würde, dürfte ich mich ihrer nicht in diesem Briefe entlasten...«

---

101 Camillo Baldi, Delle mentite et offese di parole come possino accomodarsi, Bologna: Mascheroni & Ferroni, 1623.

102 Hayden White, Schreiben im Medium, in: Hans Ulrich Gumbrecht und K. Ludwig Pfeiffer (Hgg.), Schrift, München: Fink, 1993 (Materialität der Zeichen, A, Bd. 12), S. 311–318, hier S. 315 f.

Der Wahrheit die Ehre zu geben, so war dies mit dem »Zuströmen« ganz einfach nicht der Fall, und Gott wußte, aus was für eitlen Gründen Herr Spinell es behauptete. Die Worte schienen ihm durchaus nicht zuzuströmen; für einen, dessen bürgerlicher Beruf das Schreiben ist, kam er jämmerlich langsam von der Stelle, und wer ihn sah, mußte zu der Anschauung gelangen, daß ein Schriftsteller ein Mann ist, dem das Schreiben schwerer fällt als allen anderen Leuten.

Mit zwei Fingerspitzen hielt er eins der sonderbaren Flaumhärchen an seiner Wange erfaßt und drehte Viertelstunden lang daran, indem er ins Leere starrte und nicht um eine Zeile vorwärtsrückte, schrieb dann ein paar zierliche Wörter und stockte aufs neue. Andererseits muß man zugeben, daß das, was schließlich zustande kam, den Eindruck der Glätte und Lebhaftigkeit erweckte [...].[103]

Der stilistische »Eindruck der Glätte und Lebhaftigkeit«, den der Erzähler auch nur widerwillig konzediert, »zugeben« *»muß«*, steht als solcher, als »Eindruck« eben, in einem Ausschließungsverhältnis zur »Wahrheit«, daß das Geschriebene nur unter mühseligen Stockungen »zustande kam«. Vor allem anderen aber notiert der Erzähler im Namen und zur »Ehre« der »Wahrheit« die sachliche Unstimmigkeit, daß eben »dies mit dem ›Zuströmen‹ ganz einfach nicht der Fall« und kurzum gelogen sei; mag er die »Gründe[ ]« dafür auch aussparen, im nächsten Satz wieder auf die ganz strenge Außensicht sich zurückziehen und bei seiner Denunziation nur noch so weit gehen, daß »[d]ie Worte« Spinell »durchaus nicht zuzuströmen« *»schienen«*.

Die also a limine entlarvte Selbststilisierung eines solchen, »dessen bürgerlicher Beruf das Schreiben ist«, seine vorgetäuschte Inspiriertheit, auch die dazu aufgebotene Fließmetaphorik samt ihren traditionell phallizistischen Konnotationen,[104] die zur ausgerechnet hier wieder hervorgekehrten Zweifelhaftigkeit von Spinells Sexualität so denkbar schlecht stimmen, den pubertären »Flaumhärchen« und der masturbatorischen Selbstbeschäftigung damit (der von fern auch die Merkwürdigkeit entspricht, daß er einmal »in seinem eigenen Roman« lesend eingeführt wird[105]), – all das markiert einen maximalen Abstand dieser einen zur wie gesagt nur wenig älteren Schreibszene der *Buddenbrooks*. Spinells nur prätendierter Schrift-›Fluß‹ und vorgeblich ›entlastender‹ Wort-›Strom‹, seine tatsächlich aber gleichsam obstipierte und von Grund aus verdächtige Schreibarbeit stellt den diametralen Gegensatz zu Johann Buddenbrooks wahrhaft ›strömender‹ Schrift dar; ›strömt‹ die Schrift dort doch aus christlich-gottgefälliger Dankbarkeit, aber auch aus echter Vaterfreude. Sie ›strömt‹ nicht zuletzt aus Freude an der phallischen Eindeutigkeit der eigenen sexuellen Identität. Denn an Johann Buddenbrooks Vaterschaft bestehen ja so wenig Zweifel wie bei einem Johannes Schneidewein oder Jonathan Leverkühn oder wie bei Anton Klöterjahn, dem die Virilität in den obszön sprechenden

103 Bd. 8, S. 250 f.

104 Vgl. Albrecht Koschorke, Körperströme und Schriftverkehr. Mediologie des 18. Jahrhunderts, München: Fink, 1999, S. 211–218.

105 Bd. 8, S. 255.

*Geschlechts*namen und dessen Paternität seinem Sohn in den Vornamen wie auch noch ins Gesicht geschrieben steht: Vater und Sohn sehen sich »so [...] ähnlich«[106] wie *Sieg*mund und *Sieg*fried im *Ring des Nibelungen*[107] und tragen, wiederum in eine Familientradition der Buddenbrooks hineingerückt (die ihrerseits auf Wagners Wälsungen durchsichtig sind), den hinten *und* vorne identischen Namen »Anton Klöterjahn«.

Die von vornherein fixierte mediale Verstellung der »zierliche[n] Wörter« setzt sich also in einer sowohl stilistisch hybriden als auch inhaltlich lügenhaften Schreibweise fort. Die »eitlen Gründe[ ]« dieser bodenlosen Falschheit läßt der Erzähler explizit und in »Gott[es]« Namen ganz offen (oder jedenfalls offen bis auf die ethische Qualifizierung ihrer ›Eitelkeit‹), um so desto eindringlicher zu Spekulationen darüber einzuladen. –

Einen Anhalts- und Ansatzpunkt für solche Spekulationen kann man aus dem anderen, romaninternen Gegensatz gewinnen, in dem die ›christliche‹ Schreibszene der *Buddenbrooks* oder besser gesagt die durch sie festgelegte Fallhöhe des »Verfall[s]« dieser »eine[n] Familie« zum dazu gegenläufigen Aufstieg jener anderen Familie steht. Die Hagenströms sind zur Zeit der Schreibszene bereits »jüdisch versippt«.[108] Und jüdisch markiert ist von allem Anfang an natürlich auch Detlev Spinell. Markiert ist er lange bevor seine Herkunft der erfolgreicher assimilierte Westjude Leander unter dem scheinheiligen Vorwand preisgibt, nur gerade »soviel« zu wissen, daß er, Spinell, »aus Lemberg gebürtig [...] ...« sei. Markiert wird er sogar noch bevor auch nur sein Name fällt: »ein Schriftsteller [...], der den Namen irgendeines Minerals oder Edelsteines führt und hier dem Herrgott die Tage stiehlt...«.[109]

Stereotyp jüdisch klingt sein hier noch ausgesparter, durch die Aussparung und obendrein wieder einmal durch Auslassungszeichen emphatisierter, übrigens gar nicht belegbarer Nachname. Dessen Nennung zögert der Erzähler so lange hinaus wie Wagner in der *Walküre* denjenigen Siegmunds,[110] um ihn dadurch verdächtig und auf ein generatives Prinzip jüdischer Selbstbenennungen transparent zu machen (Edelstein- als Wunsch- oder Handelswarenname) und auch noch gleich herabzusetzen und abzuwerten. Denn wie Thomas Mann aus seinem Konversationslexikon[111] exzerpiert hatte und wie der Novellentext mit der Alternative »Mineral[ ] oder Edelstein[ ]« zu bedenken gibt, ist »Spinell, ein Mineral«, ja nur »*event[uell]* edel«.[112]

106 Bd. 8, S. 236.

107 Vgl. Hartmut M. Kaiser, S. 205.

108 Egon Schwarz, Die jüdischen Gestalten in *Doktor Faustus*, in: Thomas Mann-Jahrbuch 2, 1989, S. 79–101, hier S. 87.

109 Bd. 8, S. 217.

110 Vgl. Hartmut M. Kaiser, S. 207, Anm. 37.

111 Vgl. Meyers Konversations-Lexikon, Bd. 16, S. 228 f., s. v. ›Spinell‹.

112 Notizbücher, Bd. 2, S. 28; im Original keine Hervorhebung.

Und aus einem ganzen Katalog jüdischer Körperstereotype besteht Spinells Portrait, das der endlich genannte Name eröffnet und für welches er von vornherein gleichsam die Leseanweisung liefert: »blanke[ ] Augen« (wie bei anderen jüdischen Figuren Thomas Manns[113] eine Sublimation der stereotyp jüdischen Triefäugigkeit[114]); »Nase gedrungen und ein wenig zu fleischig« (ein bei Thomas Mann wie noch zu zeigen konstantes, konstant scheinheiliges ›understatement‹[115]); »poröse Oberlippe« (eine Schwundstufe vielleicht der ›scabies iudaica‹); »große«, zum Zeichen körperlicher Degeneration »kariöse Zähne«[116] und vermutlich die stereotypen Plattfüße,[117] nämlich »Füße von seltenem Umfange«.[118]

Trotz oder gerade wegen solch redundant eindeutiger Markierungen kommt »[d]as Wort ›Jude, jüdisch‹ [...] nicht vor«.[119] Wie bei den Hagenströms oder, in demselben Novellenzyklus *Tristan*, bei M. Blüthenzweig in *Gladius Dei* oder auch, weitere zwei Jahre später, bei den Aarenholds in *Wälsungenblut* bleibt das eigentliche Stigma »vermieden, umschrieben, verhüllt«.[120] Mit solch deutlichen Worten, indem er sie in seinem Selbstkommentar allerdings nur auf diese eine »Judengeschichte« münzte,[121] glaubte Thomas Mann seine Leerstellentechnik seinem Bruder Heinrich gegenüber eigens darlegen zu müssen, obwohl sie in dessen *Schlaraffenland* schon vorgegeben war, wenn sie nicht sogar davon inspiriert wurde: Ohne daß auch nur ein einziges Mal »[d]as Wort« fiele, werden in Heinrich Manns »Roman unter feinen Leuten« die »feinen Leute[ ]« von »Berlin W«[122] über Hunderte von Seiten mit allen, aber auch wirklich allen

---

113 Vgl. Bd. 1, S. 62; Bd. 8, S. 206, 381.

114 Vgl. z. B. Sander L. Gilman, »Die Rasse ist nicht schön« – »Nein, wir Juden sind keine hübsche Rasse!« Der schöne und der häßliche Jude, in: Sander L. Gilman, Robert Jütte und Gabriele Kohlbauer-Fritz (Hgg.), »Der schejne Jid«. Das Bild des »jüdischen Körpers« in Mythos und Ritual, Wien: Picus, 1998, S. 57–74, hier S. 57; Martin Gubser, Literarischer Antisemitismus. Untersuchungen zu Gustav Freytag und anderen bürgerlichen Schriftstellern des 19. Jahrhunderts, Göttingen: Wallstein, 1998, S. 73.

115 Vgl. Bd. 1, S. 64, 409, 489; Bd. 8, S. 206, 381, 408.

116 Vgl. z. B. Otmar Verschuer, Leitfaden der Rassenhygiene, Leipzig: Georg Thieme, 1941, S. 138 f.

117 Vgl. Sander L. Gilman, Der jüdische Körper. Eine Fuß-Note, in: Sander L. Gilman, Rasse, Sexualität und Seuche. Stereotypen aus der Innenwelt der westlichen Kultur, Reinbek b. Hamburg: Rowohlt, 1992, S. 181–204.

118 Bd. 8, S. 223.

119 Brief vom 5. Dezember 1905 an Heinrich Mann; Thomas Mann und Heinrich Mann, Briefwechsel 1900–1949, S. 111–113, hier S. 111.

120 Ebd.

121 Brief vom 20. November 1905 an Heinrich Mann; Dichter über ihre Dichtungen, Bd. 14/I, S. 224 f., hier S. 224.

122 Josef Ettlinger, Ein satirischer Roman, in: Das litterarische Echo. Halbmonatsschrift für Litteraturfreunde 3.5, Dezember 1900, Sp. 334–336, hier Sp. 335; Eugen Kalkschmidt, Ein Roman unter feinen Leuten, in: Der Lotse. Hamburgische Wochenschrift für Deutsche Kultur 1.17, 25. Januar 1902, S. 526–530, hier S. 526; ders., Eine Berliner

einschlägigen Stereotypen förmlich überhäuft (und dieser Kunstgriff sollte der Rezeptionskarriere des *Schlaraffenlands* gleich doppelt förderlich sein: Einerseits wußten die Rezensenten der antisemitisch gesinnten Presse daran erst gerade die konsequente Ironie zu schätzen;[123] und andererseits erlaubte er es dann den deutschen Literaturwissenschaftlern der Nachkriegszeit wiederum, den Roman zu akklamieren, und ermöglichte er es ihnen, dessen durch und durch antisemitische Tendenz bis in die Gegenwart hinein ebenso konsequent zu übersehen oder doch zu übergehen.[124])

Mit der systematischen Unterdrückung des »Wort[s]« bei sonst stark überdeterminiert jüdischer Markierung appelliert der Text des *Tristan* an eine ganz bestimmte Leserschaft. Er lädt sie dazu ein, fordert sie dazu auf, zwingt sie dazu, die stigmatische Vokabel selber in die Leerstelle einzutragen. Diese »Leerstelle« in einem prägnanteren Sinn, als ihn Wolfgang Iser seiner Begriffsprägung ursprünglich verliehen hat,[125] hält der Text mit einer Vorsätzlichkeit offen, deren außersprachlichen, aber dennoch textuellen, eben rein graphischen Anhaltspunkt oder deren gewissermaßen drei Anhaltspunkte jeweils unfehlbar die Zeichensetzung mit den hier gehäuften Auslassungszeichen liefert. Für *solche* Auslassungszeichen trifft durchaus nicht und gerade nicht zu, was Adorno über die Entstehungszeit des *Tristan* geschrieben hat (oder wenigstens zum weitaus größten Teil nicht, nämlich abgesehen allein von den Zitaten aus Spinells Brief und von dessen allenfalls wirklich prätentiösen ›Ellipsen‹):

> Die drei Punkte, mit denen man in der Zeit des zur Stimmung kommerzialisierten Impressionismus Sätze bedeutungsvoll offenzulassen liebte, suggerieren Unendlichkeit von Gedanken und Assoziation, die eben der Schmock nicht hat, der sich darauf verlassen muß, durchs Schriftbild sie vorzuspiegeln.[126]

Gesellschaftssatire, in: Der Kunstwart. Halbmonatsschau über Dichtung, Theater, Musik, bildende und angewandte Künste 14.17, Juni 1901, S. 196–198, hier S. 197; O. St., [Rezension von:] Heinrich Mann, *Im Schlaraffenland*, in: Die Wage. Eine Wiener Wochenschrift 3.44, 29. Oktober 1900, S. 286; [Michael Georg Conrad, Rezension von:] *Im Schlaraffenland.* Roman von Heinrich Mann, in: Die Gegenwart. Wochenschrift für Literatur, Kunst und öffentliches Leben 58.52, 29. Dezember 1900, S. 415.

123 Z. B. Anonymus Fischart, [Rezension von:] *Im Schlaraffenland.* Roman unter feinen Leuten, in: Der Scherer. Illustriertes Tiroler Halbmonatsblatt für Kunst und Laune in Politik und Leben 3.8, April 1901, S. 11.

124 Vgl. z. B. Koopmann, Mythenkonstitution in einer zerfallenden Welt, S. 228–231; Ralf Siebert, Heinrich Mann: *Im Schlaraffenland*, *Professor Unrat*, *Der Untertan*. Studien zur Theorie des Satirischen und zur satirischen Kommunikation im 20. Jahrhundert, Siegen: Carl Böschen, 1999 (Kasseler Studien – Literatur, Kultur, Medien, Bd. 3), S. 201–257.

125 Wolfgang Iser, Die Appellstruktur der Texte, in: Rainer Warning (Hg.), Rezeptionsästhetik. Theorie und Praxis, München: Fink, [4]1994, S. 228–252, hier S. 234–241.

126 Theodor W. Adorno, Satzzeichen, in: Akzente 3, 1956, S. 569–575, hier S. 572.

Die Versuchsanordnung, auf welche die Appellstruktur der Novelle und also selbst noch ihrer Interpunktion hinausläuft, reflektiert nicht, sondern simplifiziert ein hermeneutisches Problem. Denn ein solches stellte sich für den antisemitischen Diskurs im Lauf des neunzehnten Jahrhunderts mit wachsender Dringlichkeit, spätestens seit der rechtlichen Gleichstellung jüdischer Deutscher, wie sie 1869 vom Norddeutschen Bund beschlossen und nach der Reichsgründung auf das gesamte Staatsgebiet übertragen wurde.[127] Der Novellentext ›suggeriert‹ eine prinzipielle Lösbarkeit dieses aporetisch gewordenen Problems. Er gibt oder möchte zumindest Antworten auf die Frage geben, ob und woran man unter allen Umständen ›den‹ Juden erkennen kann. Die Umstände, unter denen die Identifizierbarkeit ›des‹ Juden auf ihre äußersten Grenzen hin getestet zu werden scheint, sind die Bedingungen einer so gut wie vollständigen Assimilation.

Detlev Spinell trägt einen germanischen und gutdeutschen Vornamen. Er ist »gut und modisch gekleidet«.[128] Ob er »im Prinzip [...] deutsche Schrift« oder ob er »in lateinischer Schrift« schreibt, fällt zwar unter die Unbestimmtheitsstellen des Texts. Aber offenbar *publiziert* er wenigstens »in *der* deutschen Schrift«,[129] in Fraktur eben, oder doch in sonst einer deutschtümelnden Drucktype. Er schreibt ein ›glattes‹ oder immerhin »den Eindruck der Glätte [...] erweck[endes]« Deutsch. Er scheint das Deutsche ohne typischen Akzent zu artikulieren. Oder jedenfalls ist seine »Art zu sprechen« nicht als kulturtypische gekennzeichnet; sondern seine »behinderte und schlürfende Art zu sprechen« wird vielmehr in einem spekulativen Vergleich in eine individuell körperliche ›Behinderung‹ hinübergespielt: »als seien seine Zähne der Zunge im Wege«.[130]

Er hat sich also so vollständig, wie es sein differenter ›Naturkörper‹ eben zuzulassen scheint, an die ›deutsche‹ und ebenso vollständig oder allenfalls doch nur bis auf einen minimen Rest an die ›christliche‹ Mehrheitskultur angeglichen; wird er ja doch mit seinem tagediebischen Lebenswandel ausgerechnet und immerhin zum Frevler an »dem Herrgott«, auf dessen Allwissenheit andererseits der Erzähler und (in einer älteren, noch zu zitierenden Fassung des Texts) auch Klöterjahn vertrauen, wenn sie vor Spinells rätselhaften »Gründen« resignieren: »Gott wußte, aus was für eitlen Gründen Herr Spinell [...]«; »weiß Gott, warum Sie [...]«.

Das Experiment, die vorgeblich unhintergehbare Alterität ›des‹ Juden auszuwittern, wird im *Tristan* in je tiefer greifenden Ansätzen durchgespielt: erst

127 Vgl. Peter Pulzer, Rechtliche Gleichstellung und öffentliches Leben, in: Michael A. Meyer (Hg.), Deutsch-jüdische Geschichte der Neuzeit, Bd. 3: Umstrittene Integration 1871–1918, München: Beck, 1997, S. 151–192, 389 f., hier S. 151.

128 Bd. 8, S. 223.

129 Bd. 13, S. 248; im Original keine Hervorhebung. Vgl. Christopher Burke, German Hybrid Typefaces 1900–1914, in: Peter Bain und Paul Shaw (Hgg.), Blackletter: Type and National Identity, New York: Princeton Architectural Press, 1998, S. 32–39.

130 Bd. 8, S. 225.

innerhalb der symbolischen Ordnung der Sprache oder an deren Kontaktstelle mit dem ›Realen‹ oder als real Imaginierten des Leibs, am Eigennamen, genauer am Geschlechtsnamen, einem unzweifelhaft ›klassifizierenden‹[131] Namen, der zunächst denn auch allein unter dem Gesichtspunkt seiner einschlägigen Lesbarkeit in den Blick kommt (»Name[ ] irgendeines [...] Edelsteines«); dann am ›Realen‹ des Körpers selbst, den dieser Name bezeichnet, an der physiognomischen und rassenbiologischen Lektüre des ›Naturkörpers‹, die hinter einer auch noch so guten und zeitgemäßen Erscheinung des ›Kulturkörpers‹ einen unassimilierbaren Rest an Alterität preisgibt;[132] zuletzt aber unter der Extrembedingung eines zu Verstellung und Täuschung wild entschlossenen Assimilationswillens, der als solcher natürlich wieder das Stereotyp von der Charakterlosigkeit und Verlogenheit ›des‹ Juden konsolidiert.[133]

Als ein solcher resoluter Versuch nämlich, seine jüdische Alterität zu tilgen oder davon abzulenken, läßt sich Spinells Brief an Klöterjahn lesen. Spinells Brief besteht aus einem einzigen Täuschungsmanöver. Er ist von Grund auf erlogen. ›Erstunken‹ und erlogen ist er nämlich schon von der metadiskursiven Konstruktion der Bedingungen an, denen er seine Entstehung vorgeblich verdankt.

Nicht zufällig und gewissermaßen ironischerweise legt sich Spinell gerade im symbolischen Register der geschriebenen Sprache, die das Risiko der Selbst- und Fremdtäuschung erhöht[134] und per se dem Mißbrauch und der Lüge immer

---

131 Vgl. Hendrik Birus, Vorschlag zu einer Typologie literarischer Namen, in: Zeitschrift für Literaturwissenschaft und Linguistik 17.67, 1987, S. 38–51, hier S. 45.

132 Zur hier nur aus produktionsästhetischer Perspektive vorgenommenen Differenzierung eines kulturellen und eines vorkulturell-natürlichen Körpers vgl. Judith Butler, Das Unbehagen der Geschlechter, Frankfurt a. M.: Suhrkamp, 1991, S. 9, 24, 49; Renate Hof, Die Entwicklung der Gender Studies, in: Hadumod Bußmann und Renate Hof (Hgg.): Genus. Zur Geschlechterdifferenz in den Kulturwissenschaften, Stuttgart: Kröner, 1995, S. 2–33, hier S. 24; Deborah Cameron, Verbal Hygiene for Women. Performing Gender Identity, in: Ursula Pasero und Friederike Braun (Hgg.), Konstruktion von Geschlecht, Pfaffenweiler: Centaurus, 1995 (Frauen, Männer, Geschlechterverhältnisse, Bd. 1), S. 143–152, hier S. 145; Gabriele Rippl, Feministische Literaturwissenschaft, in: Miltos Pechlivanos, Stefan Rieger, Wolfgang Struck und Michael Weitz (Hgg.), Einführung in die Literaturwissenschaft, Stuttgart und Weimar: Metzler, 1995, S. 230–240, hier S. 231.

133 Vgl. z. B. Eugen Dühring, Die Judenfrage als Racen-, Sitten- und Culturfrage, Karlsruhe und Leipzig: H. Reuther, 1881, S. 3; Theodor Fritsch, Antisemiten-Katechismus. Eine Zusammenstellung des wichtigsten Materials zum Verständniß der Judenfrage, Leipzig: Herm[ann] Beyer, [25]1893, S. 25 f.; ders. [alias F. Roderich-Stoltheim], Die Juden im Handel und das Geheimnis ihres Erfolges, S. 156 f.; Otto Weininger, Geschlecht und Charakter. Eine prinzipielle Untersuchung, Wien und Leipzig: Wilhelm Braumüller, 1903, S. 430.

134 Vgl. Niklas Luhmann, Soziale Systeme. Grundriß einer allgemeinen Theorie, Frankfurt a. M.: Suhrkamp, 1987, S. 513.

schon besonders weit offensteht,[135] eine verbale Inspiriertheit zu, deren ›Grund‹- und Gegenstandslosigkeit der Erzähler ja eigens denunzieren muß. Spinell maßt sich damit etwas an, was er gerade nicht hat, – was er als ›Jude‹ gar nicht haben *kann*.

Daß Juden unfähig sein sollen, sprachlich kreativ zu werden oder gar Musik zu komponieren, war ein antisemitischer Topos und muß zum stehenden Arsenal der modernen Antisemitismen gehört haben. Denn das ›Argument‹ erscheint im vielleicht zuverlässigsten Zeugen für die Abgedroschenheit und Ubiquität solcher Gemeinplätze wieder, in *Mein Kampf*.[136] Aus welcher Quelle es in dieses Elaborat gelangte, läßt sich in dem besonderen Fall trotz seiner offenbar sehr hohen Topizität leicht erraten. Denn eine genialische Fülle und Spontaneität des Gefühls, wie sie Spinell sich ungehörigerweise zulegt, hatte dem »Judentum« ausgerechnet der abgesprochen, an dessen »Partituren« Spinells Handschrift erinnert und dessen »bürgerliche Arbeitsakkuratesse« sie simuliert, dessen »entrückteste[s] Werk[ ]« schon der Titel »Tristan« zitiert und auf dessen Bayreuther Villa ›Wahnfried‹ das makabre erste Nomen des Novellentexts verweist, »Einfried«.[137]

»[D]er Jude«, wie er in Richard Wagners Abhandlung über *Das Judentum in der Musik* schlechtweg heißt, dem wohl berühmtesten oder jedenfalls dem berüchtigtsten Text unter Wagners theoretischen Schriften, auf den sich Thomas Mann allerdings nie explizit bezogen zu haben scheint,[138] der aber in seiner Ausgabe Lesespuren aufweist und den er daher doch wohl gekannt haben muß, – »der Jude« also soll Wagner zufolge überhaupt »keine[r] wahre[n] Leidenschaft« fähig sein. »[A]m allerwenigsten« könne er »eine Leidenschaft« haben, »welche ihn zum Kunstschaffen aus sich drängte« oder ihm eben ›die Worte mit Heftigkeit zuströmen‹ ließe. »[D]er Jude« habe seine eigene Sprache in der Fremde verloren oder nur »als eine tote« bewahrt. Er könne in jeder ›lebendigen‹ daher »nur nachsprechen, nachkünsteln, nicht wirklich redend [...] schaffen«. Er sei »unfähig zur [...] Kundgebung seiner Gefühle [...] durch die Rede«.[139]

Spinells »eitle[ ] Gründe[ ]« für seine im symbolischen Register ausgesprochene oder eben geschriebene Lüge, denen gegenüber der Erzähler zu resignie-

135 Vgl. Wolfgang Rösler, Die Entdeckung der Fiktionalität in der Antike, in: Poetica 12, 1980, S. 283–319; ders., Schriftkultur und Fiktionalität. Zum Funktionswandel der griechischen Literatur von Homer bis Aristoteles, in: Aleida Assmann, Jan Assmann und Christof Hardmeier (Hgg.), Schrift und Gedächtnis. Beiträge zur Archäologie der literarischen Kommunikation, München: Fink, 1983, S. 109–122.

136 Adolf Hitler, Mein Kampf, Bd. 1: Eine Abrechnung, München: Franz Eher, [22]1933, S. 332.

137 Vgl. Hartmut M. Kaiser, S. 195, Anm. 16.

138 Vgl. Vaget, Im Schatten Wagners, S. 329–331.

139 Richard Wagner, Das Judentum in der Musik, in: Richard Wagner, Sämtliche Schriften und Dichtungen. Volks-Ausgabe, Leipzig: Siegel, [6]o. J., Bd. 5, S. 66–85, hier S. 71 f., 78; ohne Hervorhebung des Originals.

ren vorgibt, sind damit erraten. Vor dem Hintergrund der Notwendigkeit oder Obsession, die jüdische Alterität hinter aller ›symbolischen‹ Akkulturation auf dem Niveau des physisch ›Realen‹ festzumachen, erhält nun aber auch das sonderbare Aufheben seine spezifische Bedeutsamkeit, das der Erzähler wie auch der Adressat des Briefs von Spinells »Handschrift« macht. Spinells Schrift hat letztlich dieselbe semiotische Funktion wie Jonathan Leverkühns »ländlich [...] deutsche[ ]« »Physiognomie«, wie die »Gesichtszüge[ ]« auch seiner Tochter oder wie die »[g]ute[n] Augen« seines Schwiegersohns von »gute[r] Rasse«.

Graphologisch gesehen kommt dem Schriftbild sozusagen als dem Realsten des Geschriebenen derselbe unbedingte Wahrheitswert zu wie der Erscheinung des ›Naturkörpers‹ unter den Aspekten der Rassenbiologie oder der Physiognomie. Nicht von ungefähr entwickelte sich die neuzeitliche Graphologie aus der antiken Physiognomik, zu der Baldi bezeichnenderweise ein Jahr vor jenem graphologischen Kapitel seinerseits einen Kommentar verfaßte; und dem wissenschaftsgeschichtlichen und hermeneutischen Zusammenhang, den die Vorgängigkeit dieses Kommentars ontogenetisch reflektiert, müßte man durch die Mentalitäts- und Ideologiegeschichte der folgenden Jahrhunderte nachgehen. So bleibt dieser Zusammenhang etwa noch bei Johann Caspar Lavater gewahrt. Unter den *Physiognomischen Fragmenten* befindet sich auch eines »Von dem Charakter der Handschriften«. Und in Fritz Langs erstem Tonfilm, *M*, sieht man den Mörder (eine mit dem jüdischen Schauspieler Peter Lorre besetzte Rolle) erstmals in einer Szene, in der er sein Gesicht oder seine ›vorgespielten‹ Gesicht*er* einer physiognomischen Lektüre unterzieht, während auf der Tonspur ein Graphologe eine Analyse seiner Handschrift diktiert.[140]

Aus der doppelten Voraussetzung einer absoluten Alterität ›des‹ Juden einerseits und der ebenso absoluten »Wahrheit« des handschriftlichen Duktus andererseits mußte zwangsläufig das Phantasma einer typisch ›jüdischen‹ Handschrift resultieren. Wie daher geradezu zu erwarten, findet es sich denn auch tel quel bei Ludwig Klages.[141] Und wie wohl schon nicht mehr zu erwarten, ist für Klages die rassenbiologische wichtiger noch als die geschlechtliche Interpretier-

140 Vgl. Anton Kaes, M, London: British Film Institute, 2001 (BFI Film Classics), S. 54–57; Todd Herzog, »Den Verbrecher erkennen«. Zur Geschichte der Kriminalistik, in: Claudia Schmölders und Sander L. Gilman (Hgg.), Gesichter der Weimarer Republik. Eine physiognomische Kulturgeschichte, Köln: DuMont, 2000, S. 51–77, hier S. 73–75.

141 Ludwig Klages, Sämtliche Werke, hg. v. Ernst Frauchiger, Gerhard Funke, Karl J. Groffmann, Robert Heiß und Hans Eggert Schröder, Bonn: Bouvier, 1964–1992, Bd. 7: Graphologie I, S. 94.

barkeit der Handschrift, wie sie Thomas Manns schreibende Frauenfiguren zumindest insinuieren. Die für Lavater und sogar noch in einer (übrigens ebenfalls schweizerischen, zumindest in der Schweiz entstandenen und publizierten) *Graphologie der Schreibmaschine* von 1936 so ganz selbstverständliche Möglichkeit,[142] aus der Schrift auf das Geschlecht des Schreibers oder der Schreiberin zurückzuschließen, wird von Klages – wie auch die graphologische Identifizierbarkeit der sexuellen Orientierung – unter Berufung auf angeblich statistische Evidenz zurückgewiesen und kurzum als »Humbug« abgetan.[143]

Aus dem seinerzeit notwendigen Postulat eines ›jüdischen‹ Schriftduktus läßt sich leicht extrapolieren, welche Bewandtnis es mit Spinells »kleine[r] [...] und überaus reinliche[r]«, aber eben nur »sorgfältig« und vorsätzlich »gemalte[r]« Handschrift hat, die nur »[a]uf den *ersten* Blick« »ganz sauber«, »ganz sauber« nur *»scheint«*, in »Wahrheit« jedoch »miserabel ist«. Mit seiner »gemalten« Schrift hat es Spinell offenbar darauf abgesehen, eine falsche, nämlich eine solche ›deutsche‹ Identität »vorzuspiegeln«, wie sie aus Wagners »Tristanpartitur« oder der familientypischen Handschrift der Buddenbrooks zu sprechen scheint. Der »eitle[ ]« und von Klöterjahn vereitelte Zweck dieser Schrift besteht darin, über Spinells ›reale‹ Alterität hinwegzutäuschen.

Deren »Wahrheit« müßte unter jener doppelten Voraussetzung der Duktus einer spontanen Schrift unwillkürlich preisgeben und gibt »bei Licht besehen« selbst noch der Versuch preis, sie zu verleugnen. Denn mit dem »Blick« des »Kontor[s]« durchschaut Klöterjahn ja nicht nur das Täuschungsmanöver als solches; sondern er vermag an der verstellten Schrift direkt den Körper des Schreibenden zu erkennen. Beim Wort seiner Schimpftirade genommen, setzt Klöterjahn Schrift und Körper schlechterdings in eins. Er verwendet dazu dieselbe Trope wie ein halbes Jahrhundert später Thomas Mann in eigener Instanz, als er seine »gemalt[e]« Schrift gegen seine »angestammte Hand« differenzierte. Klöterjahns vernichtendes Urteil über den »Jammermensch[en]« trifft zunächst dessen »Hand« und zielt erst bei metonymischer Auflösung des Wortlauts auf die Hand*schrift*: »eine *Hand*, die miserabel ist«.

Die »Wahrheit« des Körpers, welche Spinell hinter seiner gemalten Handschrift vergebens zu kaschieren versucht und welche seine »Zittrigkeiten« und die »Lücken« seiner Schrift dennoch verraten, besteht ganz offensichtlich in einem pathologischen Befund. Auf diesen ließe übrigens schon Spinells »Kur« zurückschließen. Obwohl er nämlich vorgibt, daß seine Therapie »nicht der

142 Johann Caspar Lavater, Physiognomische Fragmente zur Beförderung der Menschenkenntnis und Menschenliebe, Bd. 3, Leipzig: Weidmann und Reich, und Winterthur: Heinrich Steiner, 1777 (Nachdruck Zürich: Orell Füssli, 1969), S. 110–118, mit Abb. I–V, hier S. 113; Alfred Kring, Die Graphologie der Schreibmaschine. Auf wissenschaftlicher Grundlage. Handbuch für graphologische und kriminologische Untersuchungen, Zürich: Albis, 1936, S. 108.

143 Klages, Bd. 8: Graphologie II, S. 555.

Rede wert« und daß er »[d]es Stiles wegen« ins Sanatorium gekommen sei, wird Spinell dort – und sei es auch nur »ein bißchen« – »elektrisiert«.[144] Spinell, mit einem Wort, ist Neurastheniker. Er leidet damit an einer Krankheit, für die nach der communis opinio der Zeit Juden besonders anfällig gewesen sein sollen.[145] Spinells Krankheit ist folglich ihrerseits wieder für seine Identität und Alterität charakteristisch, wie sie der ›wissenschaftliche‹ Graphologe eben auch und vor allem an der Handschrift diagnostizieren zu können glaubte. Die psycho- und charakterologische Fragestellung der Graphologie (›Wie ist der Schriftduktus?‹) scheint so mit deren heute wohl aktuellster,[146] der forensisch-kriminalistischen Anwendbarkeit (›Wer ist der Schreiber?‹) zusammengekommen zu sein:

> Auf den ersten Blick scheint es ganz sauber, aber bei Licht besehen ist es voller Lücken und Zittrigkeiten. Aber das ist Ihre Sache und geht mich nichts an.

In der Dissimulation also der ›jüdischen‹ Neurasthenie scheint die »Sache« letztlich zu bestehen, von der Klöterjahn behauptet, daß sie niemanden als Spinell selber etwas ›angehe‹. Und indem er sie so auf sich beruhen läßt, wie der Erzähler jene »eitlen Gründe[ ]« einem allwissenden »Gott« anheimstellt, setzt er sie natürlich gerade der allgemeinen Neugier aus. – Allerdings beruht diese Emphatisierung von Spinells Handschrift auf einer verhältnismäßig späten Änderung und Kürzung. Das geht sinnigerweise aus dem Manuskript respektive aus dessen Faksimile hervor, das nicht von ungefähr eine bibliophile Reihe mit dem stabenden Titel »Deutsche Dichterhandschriften« eröffnete.[147]

Es ließe sich im einzelnen stichhaltig zeigen, daß die entsprechende Differenz des Manuskripts zum publizierten Novellentext auf eine Streichung des Autors zurückgehen muß und weshalb sie keinesfalls aus einem zufälligen Versehen des Setzers erklärt werden darf. Entscheidend für diesen Nachweis wäre eine zweite, spätere und mit der hier interessierenden kohärente Differenz zwischen Druck und Handschrift:

> ›Sie sangen.‹ Punkt. Sie sangen gar nicht![148]

> ›Sie sangen‹. Punkt. *Und wundert mich bloß, daß es nicht drei Punkte sind.* Sie sangen garnicht![149]

An der Differenz von Druck und Manuskript, an dessen leichter Kürzung kann man die Berechtigung des Idioms vom ›wie gedruckt Lügen‹ erweisen oder

144 Bd. 8, S. 227.

145 Vgl. Joachim Radkau, Das Zeitalter der Nervosität. Deutschland zwischen Bismarck und Hitler, München und Wien: Hanser, 1998, S. 330–334.

146 So konnte z. B. noch im August 2002 in Bern ein spektakulärer Mordfall über die Handschrift des Täters aufgeklärt werden.

147 Elster [ohne Paginierung].

148 Bd. 8, S. 259.

149 Elster [ohne Paginierung]; im Original keine Hervorhebung.

auch einfach den Topos vom Lügen der ›Dichter‹ bestätigt sehen; insoweit immerhin, als neuzeitliche ›Dichter‹ zu ›Dichtern‹ erst dadurch arrivieren, daß ihre Texte unter die Presse und in die Öffentlichkeit gelangen. Jedenfalls war Thomas Mann in der handschriftlichen Fassung des *Tristan* dem Wahrhaftigkeitsanspruch des Ibsen-Mottos noch vollauf gerecht geworden, das er dem eponymen Zyklus voranstellte und, der Eponymie des Titels entsprechend, in der ältesten Fassung von *Bilse und ich* explizit und ausschließlich auf die eine Novelle *Tristan* und hier wiederum allein auf seine persönliche Beziehung zur »Gestalt« des »Schriftstellers« bezog:

> In einem Buche, welches das Wort von Ibsen: »Dichten, das ist Gerichtstag über sich selbst halten« als Motto trug, habe ich einmal die Gestalt eines modernen Schriftstellers wandeln lassen, eine satirische Figur, vermittelst welcher ich über ein arges Teil meinerselbst, das Ästhetentum, jene erstorbene Künstlichkeit, in der ich die Gefahr der Gefahren sehe, »Gerichtstag« hielt. Ich gab dieser Figur die Maske eines Literaten, den ich kannte, eines Herrn von exquisitem, aber lebensfremdem Talent. Diese Maske war seltsam und charakteristisch. Ich gab meinem Schriftsteller im übrigen Geist und Schwäche, Schönheitsfanatismus und menschliche Verarmtheit, erhob ihn zum Typus, zum wandelnden Symbol und ließ ihn im Zusammentreffen mit der komisch gesunden Brutalität eines hanseatischen Kaufmannes, des Gatten jener Frau, mit welcher der Schriftsteller im Sanatorium einen sublimen Liebeshandel gehabt, elend zu Schanden werden. Ich züchtigte mich selbst in dieser Gestalt, man merke dies wohl.[150]

Den besonderen Bezug, in den Thomas Mann das Motto vom »Dichten« als »Gerichtstag« zu der einen Novelle *Tristan* hier setzte, sollte er in den späteren Drucken des *Bilse*-Essays streichen.[151] Gestrichen hat er darin auch das freie Eingeständnis ihres autobiographischen und selbstkritischen Zugs. Diesen Streichungen im Essay entspricht es genau, wenn er vom Wahrhaftigkeitsanspruch des Mottos gerade in der Novelle *Tristan* abrückte, ihn mit der leichten Kürzung des handschriftlichen Wortlauts im Druck gewissermaßen verriet.

Der Wortlaut der »Dichterhandschrift[ ]« wirft ein Schlaglicht auf Detlev Spinells innere Zwangsverwandtschaft mit dem Autor. Dessen »langsam[e]« Arbeitsweise zum Beispiel stand ja genau wie bei Spinell in einem Gegensatz zum »Eindruck der Glätte und Lebhaftigkeit«, welchen die staunenswerten Texte Thomas Manns noch immer zu erwecken vermögen. Nicht umsonst auch gab Thomas Mann zu jener Zeit in der »Studie« *Die Hungernden* seinem darin unverkennbaren alter ego ausgerechnet den Vornamen »Detlef«. Und dieses Allonym erscheint nota bene in sogar noch syntagmatisch sinnfälligem, buchstäblich direktem oder doch nur durch die wieder einmal desto signifikanteren Auslassungszeichen vermitteltem Zusammenhang mit der »entrücktesten« Wagner-Oper: »Tristanmusik... Detlef«.[152]

150 Essays, Bd. 1: Frühlingssturm. 1893–1918, S. 42 f.
151 Essays, Bd. 1, S. 324 [Kommentar].
152 Bd. 8, S. 264.

Die handschriftliche Version des *Tristan* läßt erahnen, warum Thomas Mann sich so sehr und immer mehr auf die jüdische Alterität des »Romancier[s]« kaprizierte und wovon ihn dies ›entlastete‹. Aus dem Manuskript nämlich sprach der darin ausagierte Selbsthaß noch sehr viel deutlicher als aus der Druckfassung; so deutlich, daß sich Selbstkommentare wie der in *Bilse und ich* endlich ebenfalls gestrichene so ziemlich erübrigt hätten. Er verriet sich ehedem mit noch geradezu autoreferentieller Unmittelbarkeit.

Denn ursprünglich hätte sich Klöterjahns ironisch vergleichgültigender Satz, »das ist Ihre Sache«, noch nicht auf die Handschrift des »Schmock« beziehen sollen; sondern er war vordem auf eine graphologisch denkbar indifferente Erscheinung gemünzt. Das deiktische Pronomen zielte auf die Marotte der Auslassungszeichen ab. Thematisch und verdächtig wurde also ausgerechnet eine Vorliebe, die Detlev Spinell mit dem Autor schon der *Buddenbrooks* oder auch der *Hungernden*, insbesondere aber gerade dieser einen Novelle teilt; konnte *Tristan* doch schon in Jürgen Stenzels stilkritisch-ästhetischer Studie zur Interpunktion in der deutschen Prosa[153] und noch in Albrecht Holschuhs allerjüngster Arbeit zur literarischen Zeichensetzung[154] als *der* exemplarische Untersuchungsgegenstand für die hier so häufigen »Gedankenpunkte« oder »Elisionspunkte« dienen. Deren Häufung hätte Klöterjahn bei seinem Zitat aus Spinells Brief ja sogar nochmals glossieren sollen – »daß es nicht drei Punkte sind« –, um der Marotte so zusätzliche Emphase zu verleihen (und daß eben auch diese Wiederaufnahme im gedruckten Text fehlt, wo sie jetzt sozusagen ins Leere stieße, beweist die Kohärenz, Methode und Intentionalität der Kürzung und schließt die Möglichkeit eines zufälligen Versehens zwangsläufig aus):

> Auf den ersten Blick scheint es ganz sauber, aber bei Licht besehen ist es voller Lücken und Zittrigkeiten. *Übrigens weiß Gott, warum Sie fortwährend drei Punkte statt einem machen.* Aber das ist Ihre Sache und geht mich nichts an.[155]

---

153 Jürgen Stenzel, Zeichensetzung. Stiluntersuchungen an deutscher Prosadichtung, Göttingen: Vandenhoeck & Ruprecht, 1966 (Palaestra, Bd. 241), S. 106–116.

154 Albrecht Holschuh, Poetische Zeichensetzung, in: German Quarterly 75.1, 2002, S. 51–70, hier S. 61.

155 Elster [ohne Paginierung]; im Original keine Hervorhebung.

Die Semiotik des jüdischen Körpers

Die ›Judennasen‹ in Thomas Manns Erzählwerk

Die vielleicht makaberste aller Spuren, welche die deutsche Zeitgeschichte in Thomas Manns literarischem Werk hinterlassen hat, besteht in der darin sehr ungleichen Verteilung der jüdischen Figuren. In keinem einzigen der nach dem Zweiten Weltkrieg begonnenen Erzähltexte tritt auch nur *eine* jüdische Figur auf, während zuvor in ausnahmslos allen Romanen und in etlichen Erzählungen Jüdinnen und Juden vorkommen. Deren Darstellung wiederum weist ihrerseits ein ganz asymmetrisches Muster auf. Dieses reflektiert ebenfalls die Zeitgeschichte, nämlich die Epochenschwelle des *Ersten* Weltkriegs. Aus den nach dessen Ende konzipierten Texten, aus der Josephstetralogie etwa oder aus der Gestalt eines Abel Cornelius in *Unordnung und frühes Leid*, spricht Thomas Manns von ihm selber so genannter ›Philosemitismus‹,[1] eine vergleichsweise sehr hohe Sympathie wenigstens für die assimilierten respektive für die Juden und Jüdinnen der Patriarchenzeit. Die vorher begonnenen Texte jedoch, wie zum Beispiel *Tristan*, einschließlich des *Zauberbergs*, dessen Entstehungsgeschichte freilich diese erste Epochenschwelle des Jahrhunderts übergreift und der zumal in den späten Kapiteln, in der »Mißidee« und »rastlosen Verfolgungsmanie« des »Antisemit[en]«[2] Wiedemann, schon den primitiven und rabiat kompensatorischen Judenhaß aufs Korn der Satire nimmt, auf welchen dann auch jene ganz unter der Weimarer Republik entstandenen Texte die humane Entgegnung sein sollten, – die Romane also und Erzählungen aus der Kaiserzeit stehen keineswegs in einem so eindeutig adversativen Verhältnis zum rassistischen Antisemitismus. Vielmehr speisen sie sich im Gegenteil immer und immer wieder aus dessen Stereotypenarsenal. Exemplarisch läßt sich das an dem innerhalb dieses Arsenals wichtigsten Körperstereotyp aufzeigen. Alle prominenten jüdischen Figuren tragen in den betreffenden Texten das seinerseits mehr und weniger pro-minente Merkmal einer ›jüdischen‹ Nase.

In Thomas Manns kaiserzeitlichem Erzählwerk gibt es knapp zehn signifikant »flach[e]«, »platt[e]« und »niedergedrückte«, »gebogene«, »gedrungen[e]« oder »fleischige[ ]« Nasen: Im *Willen zum Glück* von 1896 läßt Ada von Steins »Gesicht [...] zwar mit [...] der fleischigen Nase« im Erzähler »nicht den geringsten Zweifel aufkommen über ihre wenigstens zum Teil semitische Ab-

1 Bd. 13, S. 459.
2 Bd. 3, S. 950.

stammung«, ist »*aber* von ganz ungewöhnlicher Schönheit«.[3] In den *Buddenbrooks* von 1901 ist Hermann Hagenström als Kind noch »blond« – später »rötlichblond[ ]«[4] und »rötlich[ ]«[5] –, »*aber* seine Nase« liegt »ein wenig platt auf der Oberlippe«.[6] Mit denselben Worten liegt in der Novelle *Gladius Dei* von 1902 M. Blüthenzweigs »Nase [...] ein wenig platt auf der Oberlippe, so daß er [...] mit einem leicht fauchenden Geräusch in seinen Schnurrbart schnüffelt[ ]«.[7] »[G]edrungen und ein wenig zu fleischig« ist bekanntlich Detlev Spinells Nase in der Titelnovelle des sechsteiligen *Tristan*-Zyklus von 1903, die als darin einzige nicht zuvor schon separat publiziert wurde. Als zweite Novelle des Zyklus steht sie deshalb in kaum zufälliger Symmetrie zu *Gladius Dei*, der fünften und vorletzten (die vielleicht überhaupt nur um ihres Bezugs zur Titelnovelle willen in den Zyklus gelangte, jedenfalls dafür so lange gar nicht vorgesehen war, wie Thomas Mann die »Burleske [...] ›Tristan‹« noch »in Arbeit ha[tt]e«;[8] und mit dieser zusammen wurde sie in einer und derselben Autorenlesung 1901 sozusagen uraufgeführt). Und in der einzig erfolglosen[9] Novelle des Zyklus wiederum, *Luischen* (erstmals 1900 erschienen), von der auch ganz unsicher bleibt, ob sie überhaupt hierher gehört, heißt es von Amra Jacobys ›sultaninnenhaft‹-»exotische[m]« Äußeren: »Übrigens war vielleicht ihre Nase im Profile ein wenig zu stark und fleischig; *aber* ihr üppiger und breiter Mund war vollendet schön [...].«[10]

In der Novelle *Wälsungenblut* von 1905 haben die Zwillinge Siegmund und Sieglind Aarenhold »dieselbe ein wenig niedergedrückte Nase«.[11] In *Königliche Hoheit* von 1909 deutet Doktor Sammets »Nase, zu flach auf den Schnurrbart abfallend, [...] auf seine Herkunft hin«.[12] Und im *Zauberberg* endlich figuriert als erstes Illustrationsbeispiel für Leo Naphtas »ätzende[ ] Häßlichkeit [...] die gebogene Nase, die sein Gesicht beherrscht[ ]«:[13] »*ja* eine Judennase«, wie Joachim Ziemßen sagt, indem er mit der Partikel die rassentypologische Selbstevidenz der »Judennase« geradezu expliziert.[14]

Aus diesem ganzen Katalog ergibt sich folgender Befund: Die Nasen seiner jüdischen Figuren läßt Thomas Mann in unterschiedlichem Grad unter einem sei es körperästhetischen oder sei es anatomisch-›kraniologischen‹ Idealtypus

3 Bd. 8, S. 48; im Original keine Hervorhebung.
4 Bd. 1, S. 348.
5 Bd. 1, S. 409.
6 Bd. 1, S. 64; im Original keine Hervorhebung.
7 Bd. 8, S. 206.
8 Brief vom 13. Februar 1901 an Heinrich Mann; Thomas Mann und Heinrich Mann, Briefwechsel 1900–1949, S. 70 f., hier S. 71.
9 Vgl. Vaget, Kommentar zu sämtlichen Erzählungen, S. 97.
10 Bd. 8, S. 168 f.; im Original keine Hervorhebung.
11 Bd. 8, S. 381; vgl. S. 408.
12 Bd. 2, S. 28.
13 Bd. 3, S. 517.
14 Bd. 3, S. 534; im Original keine Hervorhebung.

zurückbleiben. Die meisten weichen von dieser stillschweigend vorausgesetzten Norm lediglich »ein wenig« ab. Ausgenommen von solcher Reduktion des ›prominenten‹ Körpermerkmals sind nur der erste und der letzte Fall, Ada von Stein (»fleischig[ ]«) und Leo Naphta (»gebogen[ ]«), sowie der zweitletzte, Doktor Sammet (»flach«). Bei diesem wird sogar eine Übermäßigkeit des betreffenden Merkmals expliziert und in solcher Explizität wiederholt: »*zu* flach«, »*allzu* flach«.[15]

Die ›Judennase‹ unter erzähltheoretischer Perspektive

Die gleichsam referentielle Abstufung der mehrheitlich »wenig« oder »leicht« und der zum deutlich kleineren Teil eben nicht nur »wenig« oder sogar ausgeprägt signifikanten Nasen deckt sich ganz genau mit einem anderen, sozusagen hermeneutischen Befund. Ein solcher, zunächst nicht weiter spektakulär, ergibt sich aus der Fragestellung, ob und wie die rassentypologische Signifikanz der betreffenden Nasen gegebenenfalls thematisch wird. Nur in den drei Fällen, in denen die Abnormität einer Nase nicht a limine nur »ein wenig« ausgeformt ist, bei Ada von Stein, bei Doktor Sammet und bei Leo Naphta, wird diese Abnormität auch auf eine »semitische Abstammung« und »Herkunft« hin und als »Judennase« gedeutet. Solche Deutungen aber, und das ist schon etwas weniger selbstevident und eigentlich sehr interpretationsbedürftig, weisen unter sich wieder eine, und zwar eine narratologische Regelmäßigkeit auf, nämlich in bezug auf die sie jeweils vornehmende Instanz:

Das Wort »Judennase« steht in der direkten Rede einer handelnden Person. Im *Willen zum Glück* redet von ausdrücklich »semitische[r] Abstammung« ein zwar anonymer ›Ich-Erzähler‹, der aber als Freund des in die »Baronesse Ada!«[16] »heillos und« im Wortsinn »sterblich«[17] verliebten Paolo Hofmann doch einige persönliche Konturen gewinnt oder, um es auf Mieke Bals Termini zu bringen,[18] die Gestalt eines ›perzeptiblen Erzählers‹ annimmt. Der dagegen ›externe‹,[19] konsequent in die ›Form‹[20] der dritten Person zurückgehaltene Erzähler von *Königliche Hoheit*, ganz strenggenommen, spricht bei Sammet nur vage von »Herkunft«, indem er deren genauere Bestimmung als bekannt voraussetzt und es jedenfalls den Lesern überläßt, sie zu supplieren.

Abgesehen oder eben auch nicht einmal abgesehen von dieser einen, also deswegen schwer klassifizierbaren Stelle, weil »[d]as Wort ›Jude, jüdisch‹« zwar wieder einmal »vermieden, umschrieben, verhüllt«, aber doch auch leicht hin-

15 Bd. 2, S. 123; im Original keine Hervorhebung.
16 Bd. 8, S. 48.
17 Bd. 6, S. 398.
18 Vgl. Bal, S. 27.
19 Vgl. Bal, S. 22.
20 Vgl. Petersen, S. 171–179.

zuzudenken und gleichsam einzusetzen ist, unterlassen es die Erzähler, wann immer sie als »external narrator[s]« in der vom frühen und mittleren Thomas Mann stark bevorzugten ›Erzählform‹ der exklusiv dritten Person verharren, von einer Nase auf »semitische Abstammung« und »Herkunft« zu schließen. Die ausdrücklich ethnischen Bewertungen rassentypologisch signifikanter Physiognomien scheinen folglich nicht nur ›objektiv‹ vom Grad abzuhängen, in welchem die Nasen »platt« oder »flach«, »gedrungen« oder »fleischig«, »gebogen[ ]« oder »niedergedrückt[ ]« sind; sondern solche Interpretationen hängen ›subjektiv‹ auch davon ab, wer sie vornimmt: ob eine der handelnden Personen oder deren erzähltheoretischer Spezialfall, ein ›Ich-Erzähler‹ – in Bals hier besonders hoch überlegener Terminologie: »character-bound narrator«[21] –, oder aber eine ›externe‹ Erzählinstanz, die in die ›Form‹ der dritten Person entrückt bleibt.

Summarisch gesagt, nimmt die Explizität rassenbiologischen Interesses an einschlägig signifikanten Nasen mit zunehmender Distanz zu diesen ab. Diese Verteilung des explizit rassenbiologischen Interesses auf handelnde Personen und unterschiedliche ›Erzählformen‹ legt es nahe oder verführt vielleicht auch dazu, sie über die verschiedenen Erzähler hinaus auf den Autor hin zu extrapolieren, wenn dieser anders dem ›externen‹, grammatisch auf die dritte Person beschränkten Erzählertyp am nächsten steht beziehungsweise am leichtesten mit ihm verwechselt werden kann. So extrapoliert, müßte die ›subjektive‹ Verteilung explizit rassenbiologischer Interessen den Eindruck erwecken und hat sie nach Ausweis der einschlägigen Lücken in der Forschungsliteratur offenbar tatsächlich den Eindruck jedenfalls zu konsolidieren vermocht, daß solche Interessen in Thomas Manns Werk allein als literarisch-ästhetischer Gegenstand ins Gewicht fallen. In dessen Niederungen können entweder nur fiktional handelnde Figuren wie Joachim Ziemßen befangen sein oder allenfalls deren Grenzfall, also ein ›Ich‹- und als solcher ›perzeptibler‹ Erzähler wie im *Willen zum Glück*. Der Autor selbst aber scheint darüber erhaben zu bleiben.

Diesen rezeptions- und forschungsgeschichtlich wie gesagt folgenreichen Anschein stellt freilich schon die beobachtete Korrelation der Befunde in Frage, die Verhängung eben eigentlich ganz verschiedener, der narratologischen mit referentiellen und quasi hermeneutischen Regelmäßigkeiten. Denn es mag zwar noch einigermaßen plausibel erscheinen, wenn ›Ich-Erzähler‹ und handelndes Personal nur die rassenstereotypisch mustergültigen »Judennase[n]« als solche zu registrieren vermögen. Aber andererseits kann es natürlich keinen intrinsisch zwingenden Grund mehr dafür geben, daß die ›externen‹, in ›Form‹ der dritten Person entrückten Erzähler, mit der einen Ausnahme von *Königliche Hoheit*, immer nur an solche Nasen geraten, die lediglich »ein wenig platt«, »ein wenig zu fleischig« oder »ein wenig niedergedrückt[ ]« sind. Die merkwürdige Koinzidenz der objektiv scheinbar »wenig« ausgebildeten Eigenart einer Nase und der Zurückhaltung, die sich ein jeweils schon der ›Form‹ nach distanzierter

21 Bal, S. 22.

Erzähler einer solchen Nase gegenüber obendrein noch auferlegt, ist nicht nur deswegen verdächtig, weil all die rassenbiologisch scheinbar so desinteressierten Erzähler die Eigenart der betreffenden Nase immerhin doch erwähnen und fokalisieren müssen, und sei sie auch noch so »wenig« ausgebildet.

Die stabile Verbindung von objektiver Reduziertheit des rassentypologisch Signifikanten und dessen subjektiv verhaltener Repräsentation erzeugt einen um so größeren Erklärungsdruck, als solch ein vorgeblich indifferenter Erzähler einer ihm vorgeblich gleichgültigen Nase zuweilen dadurch zusätzliche Emphase verleihen kann, daß er sie wiederholt in den Blick nimmt; so in *Wälsungenblut* Siegmund Aarenholds »ein wenig niedergedrückte« oder in *Gladius Dei* M. Blüthenzweigs animalisch »schnüffel[nd]e«, »fauchende[ ]« wie übrigens auch tierhaft feine und sensible Nase.[22] Dem aber weitaus schwersten Wiederholungszwang solcher Art unterliegt der Erzähler der *Buddenbrooks*. Nachdem er sie im Zusammenhang mit einem Kindheitstrauma Tony Buddenbrooks eingeführt hat, in der erzählten Zeit 1838 (II,2), muß er immer wieder auf Hermann Hagenströms Nase zurückkommen: bei der Anbahnung von Tony Buddenbrooks zweiter Ehe, 1857 (VI,6); bei der Senatswahl, 1862 (VII,3); beim Jubiläum der »Firma ›Johann Buddenbrook‹«, 1868 (VIII,5); zuletzt und gleich zweimal beim Verkauf des Hauses »Dominus providebit«, 1871 (IX,4).

Hermann Hagenströms Nase

Die Einführung des noch heranwachsenden Hermann Hagenström und die darin eingelagerte Erwähnung der erst an zweiter Stelle, hinter sein Blondhaar plazierten Nase, dort »aber« auf ein konzessives Verhältnis zu der zuerst erwähnten Haarfarbe gebracht, erfolgt aus dem mehr oder minder unmittelbaren Anlaß seines zur entscheidenden Hälfte freilich knapp scheiternden Versuchs, Tony Buddenbrook mit einem »recht widerlichen Frühstücksbrot«[23] zu ködern und sie gewaltsam zu küssen. Hermanns virtueller, hier noch vom ausersehenen Opfer aus eigener Kraft abgewehrter Vergewaltigungsversuch, fortan ein integraler Bestandteil seiner Identität (»Hermann... Hermann mit den Zitronensemmeln und der Ohrfeige«),[24] enthält sozusagen eine Urszene für die Rivalität und den Antagonismus zwischen den Hagenströms und den Buddenbrooks, der ja schon den Familiennamen einbeschrieben ist: der Fließ- oder eben ›Strom‹-Metaphorizität des einen und der Stagnation, die bekanntlich mit dem nachweisbaren Wissen des Autors aus dem andern spricht.

Genauer gesagt markiert die Urszene »mit [...] der Ohrfeige« den Übergang der Familienrivalität in die beiden zweiten Generationen, zwischen denen sie sich

22 Bd. 8, S. 206 f., 381, 408.
23 Bd. 1, S. 604.
24 Bd. 1, S. 239.

entscheidend zuspitzen und im »Verfall« der einen beziehungsweise im gegenläufigen und ebenso unaufhaltsamen Aufstieg der anderen Familie endgültig entscheiden wird. Auf diese Urszene als solche bezieht sich »Konsul Hermann Hagenström«[25] bei der letzten hier einschlägigen Stelle explizit zurück, am Ende des neunten Teils, wo die Buddenbrooks das Haus »Dominus providebit« in einem Geschäft an ihn verlieren, das kalendarisch mit dem säkularen Jubeljahr 1871 zusammenfällt – eine dezente, aber doch für sich sprechende Koinzidenz beziehungsweise eben Divergenz von Familien- und politischer Geschichte, von privatem »Verfall« und nationalem »Aufschwung«.[26]

In der sublimierten Form des Hauskaufs erfüllt »der Konsul« sich seinen einst knapp vereitelten Bemächtigungswunsch doch noch. Und in sehr viel weniger sublimer Weise tritt er dabei der nun ganz wehr- und machtlosen Tony Permaneder-Grünlich-Buddenbrook zu nahe. Er kommt ihr physisch und verbal geradezu unanständig nahe; physisch, wie könnte es anders sein, mit seiner Nase, verbal mit einem in Jacques Lacans Sinn[27] allzu ›vollen‹ Sprechen, zu dessen Interpunktion hier einmal mehr Auslassungszeichen dienen:

> Dann [...] rückte er [»der Konsul«] seinen Sessel näher zu Frau Permaneders Sofasitz heran und beugte sich zu ihr, so daß nun das schwere Pusten seiner Nase dicht unter der ihren ertönte. Zu höflich, sich abzuwenden und sich seinem Atem zu entziehen, saß sie steif und möglichst hoch aufgerichtet und blickte mit gesenkten Lidern auf ihn nieder. Aber er bemerkte durchaus nicht das Gezwungene und Unangenehme ihrer Lage.
>
> »Wie ist es, gnädige Frau«, sagte er... »Mir scheint, wir haben früher schon einmal Geschäfte miteinander gemacht? Damals handelte es sich freilich nur... um was noch gleich? Leckereien, Zuckerwerk, wie?... Und jetzt um ein ganzes Haus...«[28]

Zwischen diese letzte Erwähnung der hier mit stark sympathie- beziehungsweise antipathiesteuernden Ekelreflexen versehenen Nase und deren Einführung als einer nur »ein wenig platt[en]« kommt in der erzählten Zeit ein passionsgeschichtlich bedeutungsschweres Intervall zu liegen: eine Spanne von dreiunddreißig Jahren. Die dreiunddreißig Jahre erstrecken sich der Strukturation der Erzählzeit nach über sechs ›Teile‹. Auf diese sind die übrigen Erwähnungen von Hermann Hagenströms Nase sehr ungleich, aber doch und gerade deswegen auch sehr regelmäßig verteilt. In den ersten drei Teilen III bis V taucht Hermann Hagenströms Nase überhaupt nicht mehr beziehungsweise noch nicht wieder auf. Dann aber erscheint sie in jedem einzelnen der drei folgenden Teile VI bis VIII; und zwar erscheint sie immer auf der Position eines grammatikalischen Subjekts. Schon diese syntaktische Modalität verrät natürlich die Wichtigkeit des vermeintlichen Details:

25 Bd. 1, S. 348, 409, 439, 469, 489, 609.

26 Bd. 1, S. 558.

27 Jacques Lacan, Das Seminar. Buch I (1953–1954): Freuds technische Schriften, hg. v. Norbert Haas, Olten und Freiburg i. Br.: Walter, 1978, S. 66.

28 Bd. 1, S. 604.

Bei der Jubiläumsfeier der »Firma ›Johann Buddenbrook‹« im achten Teil atmet Hermann Hagenströms »platt auf der Oberlippe liegende Nase ein wenig mühsam«.[29] Vier Jahre zuvor, im siebten Teil, im Vorfeld der Senatswahl, liegt sie »ein wenig zu platt auf der Oberlippe«.[30] Weitere fünf Jahre früher jedoch, im sechsten Teil, bei einem Sonntagsausflug zu einem Wirtshaus bei Schwartau, liegt die Nase desselben oder eben auch nicht ganz des ›selben‹ Hermann Hagenström, und damit schließt dessen erstes Portrait als Erwachsener: »auffallend platt auf der Oberlippe«,[31] – also nicht mehr nur »ein wenig« wie noch zwei Jahrzehnte früher und wieder ein halbes Jahrzehnt später. Inwiefern genau und unter welchem besonderen Blickwinkel das physiognomische Detail »auffallend« ist, versteht sich und verstünde sich auch dann von selbst, wenn kein parenthetischer Zusatz auf die genealogische Bewandtnis des Körpermerkmals hindeutete:

> Konsul Hermann Hagenström begann sehr stark zu werden, denn er lebte vortrefflich, und man sagte sich, daß er gleich morgens mit Gänseleberpastete beginne. Er trug einen rötlichblonden, kurzgehaltenen Vollbart, und seine Nase – *die Nase seiner Mutter* – lag auffallend platt auf der Oberlippe.[32]

»[D]ie Nase seiner Mutter«: Die Parenthese verrät etwas von der Scheinheiligkeit des Erzählers. Denn dieser muß ja das scheinbar Verzichtbare und Unwichtige dennoch registrieren; und sei es auf Kosten des syntaktischen Kontinuums. Andererseits erscheint es der rassenbiologisch vorgeblich desinteressierten Haltung desselben ›externen‹ Erzählers wieder durchaus angemessen, wenn von der Mutter der Hagenströms nirgends im Roman ausdrücklich gesagt wird, daß sie »Jüdin« ist.

So steht es nur in einer Arbeitsnotiz (»Anekdoten, Charakterzüge, Redewendungen etc.«), welche die Hinterhältigkeit des Autors und des Erzählers schlagartig und vollends entlarvt: »Schulgänge mit den kleinen ›Semlinger‹, deren *Mutter* Jüdin ist«.[33] Im *Roman*text finden sich dagegen lediglich indirekte, eben hinterhältige Hinweise, die jedoch, in solcher Kumulation, die jüdische Alterität der Mutter stark überdeterminieren: ihre regionale Herkunft (»eine [...] Frankfurterin« – darüber gleich mehr –);[34] ihr wieder mit dem geheuchelten Gestus der Nebensächlichkeit doch mitgeteilter Mädchenname (»die *übrigens* Semlinger hieß«);[35] ein ihr von Tony Buddenbrook maliziös

29 Bd. 1, S. 489.

30 Bd. 1, S. 409.

31 Bd. 1, S. 348.

32 Ebd.; im Original keine Hervorhebung.

33 Vgl. de Mendelssohn, Bd. 1, S. 450, und Heftrich und Stachorski, Große kommentierte Frankfurter Ausgabe, Bd. 1.2, S. 466, die »Semlingers« lesen.

34 Bd. 1, S. 62.

35 Ebd; im Original keine Hervorhebung. Zur stigmatisierenden Funktion des – offenbar nicht belegbaren – Namens vgl. Jüdisches Adreßbuch für Groß-Berlin, S. 380, s. v. ›Semler‹, ›Semmel‹; S. 426, s. v. ›Weissbrod‹, ›Weissbrodt‹, ›Weisbrod‹; Krause, S. 54, s. v. ›Sem(m)ler‹; Guggenheimer und Guggenheimer, S. 689, s. v. ›Semel‹, ›Semmel‹, ›Semler‹, ›Semmelmann‹; S. 288, s. v. ›Selinger‹, mit S. xxiii (»insertion of consonants«); Thiede, S. 90 f.

anerfundener Vorname (»*Sara* Semlinger«);[36] ihr spezifisch auffälliger ›Natur‹- und ›Kulturkörper‹ (»mit *außerordentlich* dickem schwarzen Haar und den *größten* Brillanten der Stadt an den Ohren«).[37]

Die Merkmale ihres Körpers aber hat die Mutter in sehr unterschiedlichem Grad an ihre drei Kinder Moritz, Julchen und Hermann weitergegeben: an die »kleinen ›Semlinger‹«. So heißen sie ja in jener Arbeitsnotiz mit einem Namen, der namensrechtlich zwar falsch ist – was ja auch seine distanzierende Interpunktion anzeigt –, aber für sein rassenbiologisches Stigma desto beredteres Zeugnis ablegt. Auch im Roman noch kann das »Semlinger'sche[ ]«[38] schlechtweg als Synonym und Euphemismus für das peinlich »vermieden[e]« »Wort ›Jude, jüdisch‹« eintreten. Dabei wird ganz selbstverständlich das unbedingt Negative alles »Semlinger'sche[n]« schon in den syntaktisch-logischen Verhältnissen vorausgesetzt:

Moritz Hagenström (»Moritz« muß auch in Heinrich Manns *Untertan* einer der Söhne »eine[r] Jüdin« heißen, »erblich belastet von seiner Mutter her«[39]) »hat[ ] nichts Semlinger'sches in seinem Äußern, [...] *aber* ein gelbes Gesicht und spitzige, lückenhafte Zähne«.[40] Julchen (nach ihrer Verheiratung: »diese geborene Hagenström, diese Semlinger«[41]) hat wortwörtlich wiederholtermaßen »große[ ], blanke[ ], schwarze[ ] Augen«.[42] Deren Beziehung zur Mutter hat der Leser jedoch selber herzustellen (wie übrigens auch beim ›kulturkörperlichen‹ Merkmal der »beinahe ebenso großen Brillanten an den Ohrläppchen«:[43] verglichen oder »beinahe« gleichgesetzt werden hier nur ›Kultur‹- und ›Naturkörper‹ einer und derselben Person).

Während also die Beziehung zum Körper der Mutter bei Moritz ganz negiert und bei Julchen nur supplierbar ist, wird sie allein bei Hermann Hagenström expressis verbis ausgewiesen. Ausgewiesen wird sie an dessen stereotypisch »auffallend[er]« Nase. Denn in eben dieser gleicht sein ›Naturkörper‹ dem »seiner Mutter« bis zur Identität. Diese virtuelle Identität wird eigens expliziert. Expliziert und sozusagen sichergestellt wird sie durch den anaphorischen Verweis auf »die Nase seiner Mutter«. Und dieser Verweis erscheint um so bedeutsamer, als er die Kohärenz der ›Diegese‹ ebenso sehr stört, wie die ihn beinhaltende Parenthese die syntagmatische Kontinuität unterbricht. Denn als anaphorischer, pedantisch genau genommen, bleibt der Verweis auf »die Nase« der »Mutter« ungedeckt. In deren eigentlichem Portrait nämlich fiel die Nase wie nach dem petrarkistischen Beschreibungsschema für weibliche Körper noch ganz unter die Leerstellen des Texts.

---

36 Bd. 1, S. 118; im Original keine Hervorhebung.

37 Bd. 1, S. 62; im Original keine Hervorhebung.

38 Bd. 1, S. 239.

39 Heinrich Mann, Der Untertan, S. 77, 102, 166 f.

40 Bd. 1, S. 239; im Original keine Hervorhebung.

41 Bd. 1, S. 238.

42 Bd. 1, S. 62, 348.

43 Bd. 1, S. 348.

Die ungleiche Verteilung des »Semlinger'sche[n]« auf die drei Hagenströms folgt einer ganz bestimmten Logik. Es ist dieselbe Logik, die den je unterschiedlich »auffallend[en]« Grad des inkriminierbaren Merkmals in der Physiognomie des einen Hermann Hagenström determiniert. Welches Kind der Hagenström-Semlingers beziehungsweise wie explizit und wie stark es jeweils markiert wird, hängt von der Rolle ab, die es in der Rivalität zu den Buddenbrooks spielt, beziehungsweise von der Phase, welche diese Rivalität jeweils durchläuft. Die Skalierung beziehungsweise die Explizität des »Semlinger' sche[n]« im »Äußern« verhält sich proportional zur Gefährlichkeit der je markierten respektive nicht oder nur implizit markierten Figur.

Bei dem je dritten Kind und zweiten Sohn, dem hoffnungslosen Paradeneurastheniker Christian Buddenbrook und »Doktor Moritz«, »Doktor Hagenström«, »Staatsanwalt Doktor Moritz Hagenström«,[44] kann von Rivalität eigentlich schon gar keine Rede mehr sein. Oder jedenfalls ist sie zwischen dem geborenen Versager und dem akademisch »ungewöhnlich erfolgreiche[n]«, »rasch eine beträchtliche Praxis an sich« ziehenden »Rechtsgelehrte[n]«[45] immer schon zugunsten der Hagenströms entschieden. Bei Tony Buddenbrook und Julchen Hagenström entscheidet sich die Rivalität erst im Verlauf der erzählten Zeit. Allerdings entscheidet sie sich ziemlich bald und immer deutlicher wieder zugunsten der gut verheirateten Möllendorpf-Hagenström: angefangen bei Tony Buddenbrooks Mesalliance mit dem Betrüger Bendix Grünlich und endgültig durch den von Moritz Hagenström betriebenen bürgerlichen Ruin ihres kriminellen Schwiegersohns Hugo Weinschenk. Am schärfsten und am längsten, tief in die zweite Romanhälfte hinein, spitzt sich die Familienrivalität zwischen den beiden je älteren Brüdern Thomas Buddenbrook und Hermann Hagenström zu.

Dessen Nase wird je nach dem gegenwärtigen Stadium der lange unentschiedenen Rivalität mehr oder weniger stark markiert. Nur »*ein wenig* platt« liegt sie auf der Oberlippe oder entsprechend »*wenig* mühsam« atmet sie jeweils dann, wenn Thomas Buddenbrook in politicis und in oeconomicis die Oberhand zu behaupten oder wiederzugewinnen scheint: im Zusammenhang mit der Senatswahl, die Thomas Buddenbrook endlich doch gegen seinen Erzrivalen und Mitfavoriten gewinnt; und anläßlich des hundertjährigen Jubiläums seiner Firma, dem »[d]iese hergelaufene Familie«[46] Hagenström gar nichts Ebenbürtiges entgegenzusetzen hat und bei welchem Hermann samt seinen Geschwistern nichts anderes übrigbleibt, als dem auch schon politisch siegreichen Rivalen einfach seine Reverenz zu erweisen. Wenn »*Konsul* Hermann Hagenström[s]« Nase dagegen schon Jahre zuvor nicht nur »ein wenig«, sondern »auffallend platt auf der Oberlippe« liegt, dann läßt sich diese merkwürdig forcierte Markierung aus dem gegebenen Orts bedrohlichen Stadium der Familienrivalität

44 Bd. 1, S. 348, 489.
45 Bd. 1, S. 239.
46 Bd. 1, S. 118, 239.

herleiten. Die Bedrohlichkeit der Situation zeichnet sich vielleicht auch schon im Titel des inzwischen zum »Konsul« Aufgestiegenen ab. Vor allem aber ergibt sie sich aus der hinter- und untergründigen Symbolik des betreffenden Kapitels.

Dieses Kapitel, das sechste des sechsten Teils, das Thomas Mann nach Ausweis eines *»In Schwartau«* überschriebenen Notizzettels früh konzipiert haben muß,[47] bildet in gewissem Sinn eine mathematisch exakte Mitte des Romans. »Der Roman zerfällt doch« – wie Wagners *Ring*-Tetralogie[48] – in »elf Theile im Ganzen«.[49] Und dessen sechster, mittlerer, zerfällt wieder in elf Kapitel. Die Erwartungen jedoch, welche das Kapitel VI,6 somit formal wecken könnte und welche dessen offenbar gewollte und kalkulierte Zentralität bei einem nur etwas weniger gewieften Autor wecken *müßte*, werden hier ganz leicht und dezent, aber desto effektvoller und kunstreicher durchkreuzt. Entgegen solchen Erwartungen ist in den topographischen Arrangements des Kapitels gerade *nicht* eine exakte, keine *exakte* Mitte ins Bild gesetzt. Und schon gar nicht wird hier ein bereits oder noch vollendeter Gleichstand zweier gegenläufiger Bewegungen inszeniert:

> Buddenbrooks waren keineswegs die ersten Gäste. Ein paar wohlgenährte Mägde und sogar ein Kellner in fettigem Frack marschierten eilfertig über den Platz und trugen kalte Küche, Limonaden, Milch und Bier zu den Tischen hinauf, an denen, wenn auch in weiteren Abständen, schon mehrere Familien mit Kindern Platz genommen hatten.
>
> Herr Dieckmann, der Wirt, [...] trat persönlich an den Schlag, um den Herrschaften beim Aussteigen behilflich zu sein, und während Longuet beiseite fuhr, um auszuspannen, sagte die Konsulin: »Wir machen nun also zunächst einen Spaziergang, guter Mann, und möchten dann, nach einer Stunde oder anderthalb, ein Frühstück haben. Bitte, lassen Sie uns drüben servieren... aber nicht zu hoch; auf dem zweiten Absatz, dünkt mich...«[50]

Die Buddenbrooks wollen »ein Frühstück haben [...] aber nicht zu hoch; auf dem zweiten Absatz, dünkt mich...«. Die Auslassungszeichen, wie gesehen charakteristisch besonders für den frühen Thomas Mann und wahrscheinlich schon von ihm selber als Charakteristikum reflektiert – dies jedenfalls legte der handschriftliche Text des *Tristan* sehr nahe –, sind auch hier wieder im rhetorisch genauen Sinn emphatisch gesetzt. Indem sie auf ein hier ›volles‹ Sprechen, auf den semantischen Mehrwert gleichsam des Gesagten nur eben in seiner Faktizität verweisen, ihn selber aber verschweigen und dem patenten Wortlaut vorenthalten, appellieren sie an die Leserschaft, dessen so suggerierte Bedeutsamkeit zu erschließen und desto schwerer zu gewichten. Die Emphase, welche sie auf solche Weise der ihnen voranstehenden Aussage verleihen, daß eben

47 Vgl. Große kommentierte Frankfurter Ausgabe, Bd. 1.2, S. 452.

48 Vgl. Vaget, Thomas Mann und Wagner, S. 349 f. mit Anm. 76.

49 Brief vom 26. Mai 1901 an Paul Ehrenberg, in: Thomas Mann, Selbstkommentare: *Buddenbrooks*, hg. v. Hans Wysling, Frankfurt a. M.: Fischer, 1990 (Informationen und Materialien zur Literatur), S. 18.

50 Bd. 1, S. 347.

das Frühstück »nicht zu hoch« und »auf dem zweiten Absatz« serviert werden soll, läßt sich ganz allerdings erst einlösen, nachdem man in der Erzählzeit eine knappe Seite beziehungsweise in der erzählten Zeit die »eine[ ] Stunde oder anderthalb« vorgerückt ist: Unter respektive über den »mehrere[n] Familien mit Kindern«, »dort oben auf der dritten Etage«, sitzt jetzt in corpore die Familie Hagenström versammelt.[51]

Die Hagenströms befinden sich bereits hier, in der mathematisch genauen Mitte, eine »Etage« höher als die unaufhaltsam ›fallenden‹ Buddenbrooks. Die Handlung ist somit schon etwas weiter fortgeschritten, als die Symmetrie des Romans und die darin besondere Positionierung des Kapitels erwarten lassen könnte. Durch diese leichte Divergenz rückt die ganze Szene ins Zeichen des »Verfall[s]«, unter dessen Signatur ja schon der Unter- und übrigens auch ein früher Arbeitstitel der *Buddenbrooks* (»›Verfalls‹-Historien«[52]) die Geschichte der »eine[n] Familie« stellt und welcher im ganzen Roman gegenläufig zu dem »Glück« fortschreitet, »mit dem dies« andere »Geschlecht emporblüht[ ]«:[53] »Sie«, die Hagenströms, »sind die Heraufkommenden...«[54]

»*Herauf*kommen[ ]...« und »*empor*blüh[en]«: Den Vertikalismus, den solche Verbalmetaphern konnotieren, setzt die sozusagen proleptische Episode *»In Schwartau«* also ganz genau in Szene. Und ebenso bildlich-konkret wird sie andererseits auch dem Modewort vom »Ver*fall*« gerecht, auf dessen Nenner schon der zuallererst erwogene Titel des »Verfallsroman[s]«[55] die Handlung kurz und bündig hätte bringen sollen: *»Abwärts«*.[56]

Die in VI,6 demnach indirekt, eben über den symbolischen Valeur des Kapitels erweisbare Proportionalität zwischen der Intensität der Markierung und der Gefährlichkeit des Markierten läßt sich ganz unmittelbar am neunten Teil des Romans beobachten, wo Hermann Hagenströms Nase zum letzten Mal in den Blick des Erzählers gerät. Bei ausgerechnet dieser Gelegenheit, im Zusammenhang mit dem Immobiliengeschäft, womit »Herr Hermann Hagenström, Großhändler und Königlich Portugiesischer Konsul«, »eine großstädtische Figur, ein imposanter Börsentypus«,[57] den Sieg der seinen über die Familie Buddenbrook ökonomisch, aber auch sexualsymbolisch sinnfällig besiegelt – auf ein im sexuell engen Sinn sadistisches Motiv des »Geschäft[s]« deuten nicht zuletzt wieder die unter jenen Anzüglichkeiten des Käufers stark gehäuften

51 Bd. 1, S. 348.

52 Brief vom 10. November 1901 an Kurt Martens; Selbstkommentare: *Buddenbrooks*, S. 19.

53 Bd. 1, S. 239.

54 Bd. 1, S. 119.

55 Bd. 12, S. 220.

56 Brief vom 20. August 1897 an Otto Grautoff, in: Thomas Mann, Briefe an Otto Grautoff 1894–1901 und Ida Boy-Ed 1903–1928, hg. v. Peter de Mendelssohn, Frankfurt a. M.: Fischer, 1975, S. 101.

57 Bd. 1, S. 597, 601.

Auslassungszeichen –, in diesem Moment also des totalen Triumphs des einen über das andere »Geschlecht« wird Hagenströms Nase am weitaus stärksten markiert. Ihre maximale Markierung ist noch dazu als solche ausgewiesen und gegen alle früheren abgehoben. Die Nase liegt jetzt nicht mehr »ein wenig platt« oder auch nur »auffallend platt«, sondern sie liegt nun »*platter als jemals* auf der Oberlippe«.[58] Sie »atmet[ ]« nun auch nicht mehr nur »ein wenig mühsam«, sondern schlechtweg »mühsam in den Schnurrbart hinein«, ja sogar mit »schwere[m] Pusten«.[59]

Es hat also Methode und Bedeutung, wenn der Autor der *Buddenbrooks* unter allen Hagenströms, die Mutter gewissermaßen eingeschlossen, deren Nase er ja bei ihrem eigenen Portrait übergeht und nur erst bei einem Portrait des bereits »Konsul« gewordenen Hermann Hagenström gleichsam nachträgt, ausgerechnet diesen mit einer »Judennase« geschlagen hat. Und wenn deren Stereotypizität diskontinuierlich verschieden stark ausgeprägt erscheint, anders als die konstant zunehmende Beleibtheit oder der Wechsel vom germanisch »blond[en]« zum vielleicht nicht nur traditionell-ästhetisch, sondern sogar auch rassentypologisch negativ besetzbaren »rötlichen« Haar – in der zeitgenössischen Fachliteratur wurde ein rothaariger Subtyp ›des‹ Juden postuliert[60] –, so läßt sich dies gerade wegen der Diskontinuität der einschlägigen Stellen nicht oder jedenfalls nicht ohne Rest referentiell, das heißt über die mit der erzählten Zeit fortschreitenden Lebensalter erklären; so als ob etwa die Nase allein und einzig des noch jungen Hermann »ein wenig« und die des erwachsenen dann immer »auffallend platt« oder gar zusehends »platter« auf die »Oberlippe« zu liegen käme. Je besser vielmehr sich die »hergelaufene Familie« Hagenström den bestehenden Verhältnissen integriert und je gefährlicher der avancierteste Exponent der »Aufstiegsbürger« den »Verfallsbürger[n]«[61] zu werden droht, desto stärker offenbar muß die Eigenart des rassenbiologisch inkriminierbaren Merkmals am Körper des »Neuankömmling[s], Aufkäufer[s] und Nachfolger[s]«[62] herausgetrieben werden.

Das Interesse an der Alterität des jüdischen ›Naturkörpers‹ scheint also erst und eigentlich nur dort aufzukommen, wo der mit so verräterischer Redundanz Markierte die *kulturellen* Differenzen völlig einzuebnen im Begriff steht. Die

58 Bd. 1, S. 601; im Original keine Hervorhebung.

59 Ebd.

60 Richard Andree, Zur Volkskunde der Juden. Mit einer Karte über die Verbreitung der Juden in Mitteleuropa, Bielefeld und Leipzig: Velhagen und Klasing, 1881, S. 34–37. Von hier aus könnte auch die Rothaarigkeit Simon Semlers in Annette von Droste-Hülshoffs *Judenbuche* einen spezifischen Interpretationswert gewinnen, wenn diese anders als Auseinandersetzung mit der Schwierigkeit lesbar ist, ›den‹ Juden zu identifizieren. Vgl. Martha B. Helfer, »Wer wagt es, eitlen Blutes Drang zu messen?« Reading Blood in Annette von Droste-Hülshoff's *Die Judenbuche*, in: German Quarterly 71.3, 1998, S. 228–253, hier S. 238.

61 Bd. 12, S. 140.

62 Ebd.

rassenbiologisch zu entziffernde Markierung gestaltet sich damit letztlich als Funktion der Rivalität zwischen den Buddenbrooks und den Hagenströms. Oder sie gestaltet sich auch als Funktion der auktorialen Parteinahme in dieser Rivalität zwischen ›Bürgern‹ und ›Bourgeois‹, um es auf die ihrerseits entschieden antisemitisch unterlegte Begriffsopposition Werner Sombarts zu bringen,[63] dessen »Lehre« Thomas Mann in den *Buddenbrooks* wie schon angedeutet antizipiert und avant la lettre bestätigt, ja spekulativerweise sogar unter deren Einfluß entstanden sah.[64]

Die Ersetzung einer nivellierten kulturellen durch das Phantasma einer davon ganz unberührten physischen Alterität, mit anderen Worten, ist Teil und Ausdruck eines ideologiegeschichtlichen Paradigmenwechsels, auf dessen schlimme Folgen das später zum Zwangsnamen gewordene Ironym »Sara« ungewollt vorausdeutet. Sie reagiert auf den seit der Reichsgründung und der rechtlichen Gleichstellung der deutschen Juden rasch fortgeschrittenen Assimilationsprozeß. Sie gehört zu dessen ›backlash‹. Sie reflektiert das Aufkommen eines populärwissenschaftlich-rassenbiologischen Diskurses. Sie prozessiert eine Reaktion auf die drohende Unmöglichkeit, ›den‹ jüdischen Konkurrenten in oeconomicis oder in sexualibus kulturell zu identifizieren, geschweige denn ihn auszustechen. Wie zur Entstehungszeit der *Buddenbrooks* die juristische Erschwerung der Namensflucht eine letzte, und sei es auch eine nur vermeintliche Differenz innerhalb der symbolisch-kulturellen Ordnung garantieren sollte – *Hermann* und *Moritz* beziehungsweise, in der ältesten Textschicht jenes Notizzettels *»In Schwartau«*, »Dr. M.« Hagenström tragen stereotypische Gleichklangnamen[65] –, so hatte die Stipulation rassenbiologisch unabänderlicher Differenzen auf alle Fälle die Identifizierbarkeit ›des‹ Juden wenigstens am ›Realen‹ oder als Reales Imaginierten des Körpers zu gewährleisten.

Vor diesem ideologiegeschichtlichen Hintergrund läßt sich auch die eingangs beobachtete Korrelierung der narratologischen mit der referentiellen und der hermeneutischen Eigenart der hier einschlägigen Textstellen beschreiben und verstehen. Wenn Thomas Mann seine ›externen‹ Erzähler in der Regel nur mit solchen »Judennase[n]« konfrontiert, die es lediglich »ein wenig« sind, und diese Erzähler es obendrein unterlassen, solche »wenig« stereotypischen Nasen expresso verbo als ›jüdische‹ zu interpretieren, dann konstituiert die daran beobachtbare Triangulierung referentieller, erzähltheoretischer und hermeneutischer Regelmäßigkeit eine ganz bestimmte Versuchsanordnung. Es handelt sich um dieselbe Anordnung, die sich hinter dem Aufwand verbarg, den der Erzähler von *Tristan* mit der Handschrift eines »gut und modisch gekleidet[en]« Juden betrieb.

63 Werner Sombart, Der Bourgeois. Zur Geistesgeschichte des modernen Wirtschaftsmenschen, Stuttgart: Duncker & Humblot, ^{2}1920, S. 299–302, 337–348; vgl. z. B. S. 131.

64 Bd. 12, S. 145 f.

65 Vgl. Bering, Der Name als Stigma, S. 73.

Mit der Aussparung des »Wort[s] ›Jude, jüdisch‹« schaffen die untersuchten Texte gewissermaßen vorsätzliche Leerstellen, Leerstellen also in der nach wie vor engsten Bedeutung des Worts. Ihrem Rezipienten machen sie mittels solcher Leerstellen die Offerte eines ganz bestimmten Spiels oder Experiments. Das Experiment, welches sie offerieren oder eigentlich anzubieten nur scheinen, indem sie ja dessen Resultat immer schon nahelegen, – dieses Experiment zielt wieder genau auf die Zuverlässigkeit ethnischer Identitätszuschreibungen. Es zielt ab auf die Frage oder rechnet vielmehr wieder mit dem Wunsch nach einer positiven und eindeutigen Beantwortbarkeit der Frage, ob und woran gegebenenfalls ›der‹ Jude unter allen Umständen erkennbar bleibt: das heißt ein auch noch so restlos und erfolgreich assimilierter Jude und selbst dann, wenn das entscheidende Merkmal an ihm nur »wenig« ausgeprägt sein sollte. *Daß* es solch ein entscheidendes, jederzeit sichtbares Merkmal, daß es eben so etwas wie eine »Judennase« gibt, »*ja* eine Judennase«, wird dabei ganz fraglos und selbstverständlich vorausgesetzt.

Die so strukturierten Texte appellieren damit an eine ganz bestimmte Leserschaft. In ähnlich »freudiger Versessenheit« wie jener »grundsätzlich[e] und sportsmäßig[e]« »Judengegner« Wiedemann[66] mußte diese Leserschaft das Bedürfnis oder sogar ein Interesse daran haben, die »versteckt[en] oder verlarvt[en]«,[67] eben die zusehends akkulturierten und deshalb zu gefährlichen Rivalen gewordenen Juden wenigstens noch auf pseudowissenschaftlich-rassistischem Niveau diskriminieren zu können: Am leidenschaftlichsten haßt Wiedemann einen jüdischen Berufskollegen.

Diese gruppendynamische Fungibilität der Appellstruktur, welche sich aus dem Junctim des formal ›neutrale[n] Erzählverhaltens‹ respektive der so suggerierten ›distanzierten Erzählhaltung‹[68] und des inhaltlich-referentiell jeweils nur »wenig« ausgeprägten Körpermerkmals konstituiert, läßt sich vielleicht am besten ex negativo aufzeigen. Eine entsprechende Gegenprobe aufs Exempel kann man an der einen Ausnahme von der Regel anstellen: an Doktor Sammets Nase. Doktor Sammets Nase macht eine Ausnahme sowohl von der referentiellen Regel als bezeichnenderweise auch von den mit dieser sonst verhängten erzähltheoretischen und hermeneutischen Regularitäten. Hier ist weder das Stereotypische der »Judennase« deminuiert noch auch deren rassentypologische Interpretation an eine involvierte Instanz delegiert. Vielmehr nimmt diese Interpretation ein ›externer‹ Erzähler vor.

Sammets Nase fällt ja nicht nur »ein wenig«, sondern sie fällt ›platterdings‹ »zu« und »allzu flach« auf die »Oberlippe« ab. Der Erzähler selber dechiffriert diese Nase »auf« Sammets »Herkunft« hin. Und diese »Herkunft« wiederum bringt derselbe Erzähler anderwärts ebenfalls in eigener Instanz auch noch auf

---

66 Bd. 3, S. 950.

67 Ebd.

68 Vgl. Petersen, S. 186–195.

»[d]as« sonst gemiedene »Wort [...] ›jüdisch‹«: »Dr. Sammet, der obendrein jüdischer Abstammung war«.[69]

Doktor Sammets Nase

Doktor Sammet unterscheidet sich auch in anderer Hinsicht von den übrigen Juden des Gesamtwerks. Im Unterschied zu den allermeisten von diesen erhält er beispielsweise keinen Vornamen und mithin auch keinen, mit dem er einen besonderen Anpassungseifer zu erkennen geben könnte wie *Kunigunde* Rosenstiel, *Märit* und *Kunz* Aarenhold, *Sieglind* und *Siegmund* Aarenhold, *Detlev* Spinell und noch *Leo* ›Leib‹ Naphta, *Hermann* und *Moritz* ›M.‹ Hagenström, *M.* Blüthenzweig oder auch *Maurice* Hutzler. So nämlich hieß Sammets »Modell«[70] (um bei einer in der Forschung habitualisierten, sich freilich gerade hier schon als problematisch erweisenden Metaphorik zu bleiben, der Thomas Mann selber Vorschub leistete, wenn er sie nicht geradezu begründete, indem er allerdings gerade auf dem »Unterschied zwischen Gestalt und Modell« bestand[71]): Hutzler, dessen Mutter »übrigens« noch den Vornamen ›Sarah‹ trug, war Arzt am Schwabinger Gisela-Kinderspital. In München hatte er allgemeine und wohl auch Thomas Manns Aufmerksamkeit dadurch erregt, daß er den Überraschungsbesuch einer Prinzessin empfing und diese Usurpation einer ihm nicht gebührenden Ehrung mit Berufsverbot und endlich mit seinem Freitod bezahlte.[72]

Der also nicht von ungefähr halb anonyme Sammet steht unumwunden zu seinem schon diesem Nachnamen eingeschriebenen Judentum, als ihn der Großherzog Albrecht mit zurückgeworfenem Kopf und zusammengekniffenen Augen danach »fragt[ ]«: »Sie sind Jude?«[73] Um eine ›Frage‹ allerdings handelt es sich hier nur der Interpunktion und dem Erzählerkommentar, dem Wortlaut der Inquit-Formel nach. Nach der syntaktischen Form ist es aber einfach eine Aussage. Und dieser lapidaren Form entsprechen genau bereits die beiden Gesten des Großherzogs, welche die Aussage mimisch begleiten. Der zurückgeworfene Kopf und die zusammengekniffenen Augen insinuieren, daß Sammets äußere Erscheinung, aus gehöriger Entfernung und mit geschärften Augen gemustert, die Antwort auf das lediglich pro forma Gefragte immer schon zur Schau trägt.

Auch die hierauf gestellte Frage, ob er sich trotz der rechtlichen Parität je diskriminiert gefühlt habe, bejaht Sammet ziemlich unverblümt, ohne sich

69 Bd. 2, S. 14.

70 De Mendelssohn, Bd. 2, S. 1192 f.

71 Brief vom 4. November 1913 an Ida Boy-Ed; Briefe an Otto Grautoff 1894–1901 und Ida Boy-Ed 1903–1928, S. 175.

72 Zur Verteilung dieses Schicksals auf Dr. Sammet und Raoul Überbein alias Hutzelbein vgl. Elsaghe, Die imaginäre Nation, S. 332 f.

73 Bd. 2, S. 31.

jedoch darüber im geringsten zu beklagen. Ganz im Gegenteil heißt er die Diskriminierung als etwas Unabänderliches ausdrücklich gut:

> Der Einzelne wird guttun, nicht nach der Art seiner Sonderstellung zu fragen, sondern in der Auszeichnung das Wesentliche zu sehen und jedenfalls eine außerordentliche Verpflichtung daraus abzuleiten. Man ist gegen die regelrechte und darum bequeme Mehrzahl nicht im Nachteil, sondern im Vorteil, wenn man eine Veranlassung mehr, als sie, zu ungewöhnlichen Leistungen hat.[74]

Sammet also stellt schon gar nicht erst den Anspruch, gleichberechtigt behandelt zu werden. In diesem Sinn ist er kein assimilierter oder auch nur assimilierbarer, genauer gesagt kein assimilationsgläubiger und assimilationswilliger Jude. Damit aber entfallen in *Königliche Hoheit* die Voraussetzungen, unter denen die anderwärts immer wieder beobachtbare Appellstruktur ihre spezifische Funktion erhielt. Und mithin entfällt auch die entsprechende Appellstruktur selbst. Der Erzähler braucht sich bei der eigenmächtigen Bezeichnung des Juden oder bei der Interpretation seiner Physiognomie und der Autor braucht sich bei deren gradueller Ausprägung keinen Zwang mehr anzutun. Denn das Experiment, unter allen, das heißt auch unter den Umständen eines erfolgreich realisierten Assimilationswillens und einer auch äußerlich verschwindend geringen Alterität ›den‹ Juden immer noch auszusondern und zu stigmatisieren, könnte mit Sammet ja gar nicht erst angestellt werden; und eine entsprechende Versuchsanordnung ergäbe in *Königliche Hoheit* überhaupt keinen Sinn.

Von den anderen deutschen Juden des kaiserzeitlichen Erzählwerks hebt sich Sammet aber nicht allein in seinem grundsätzlichen und ohne Wehleidigkeit eingestandenen Zweifel an seiner restlosen Assimilierbarkeit und Gleichberechtigung ab, nicht nur in der dadurch bedingten Ausprägung seiner »allzu flach[en]« und der erzählerischen Behandlung dieser ausgeprägten »Judennase«. Seine sozusagen ideologische Singularität, seine willige und sogar noch dankbare Anerkennung der Diskrimination, fällt mit einer weiteren, und zwar sehr vorteilhaften Sonderbehandlung seitens des Autors zusammen. Diese schlägt sich inhaltlich besonders in Sammets Beruf nieder.

Unter den ja ziemlich zahlreichen und also auch den gerne jüdischen Medizinern des Gesamtwerks ist Doktor Sammet, den Peter Voswinckel dennoch und wohl nicht zufällig als einzigen von diesen erfaßte, als er die literarischen Repräsentationen von deutsch-jüdischen Arztfiguren zusammenstellte,[75] der weit und breit einzige Kinderarzt. Der altruistische Zug, den er allein schon

---

74 Bd. 2, S. 32.

75 Peter Voswinckel, Von Dr. Sammet (Th. Mann) bis Dr. Semig (U. Johnson). Das Scheitern der deutsch-jüdischen Assimilation im Spiegel literarischer Arztfiguren, in: Giovanni Maio und Volker Roelcke (Hgg.), Medizin und Kultur. Ärztliches Denken und Handeln im Dialog zwischen Natur- und Geisteswissenschaften, Stuttgart und New York: Schattauer, 2001, S. 213–232.

von seinem Beruf und ganz besonders eben von diesem einmaligen Spezialgebiet her erhält, wird an einer Stelle des Romans dann noch eigens hervorgetrieben, nämlich beim Krankenhausbesuch, welchen die amerikanische Magnatentochter und zukünftige Landesmutter Imma Spoelmann dem Kinderkrankenhaus abstattet, zu dessen Leiter es Sammet mittlerweile gebracht hat. Diese Szene, die natürlich das traurige Geschick Maurice Hutzlers in bonam partem revoziert, zeigt den Kinderarzt, wie er sich fürsorglich um ein besonders schwer benachteiligtes und geschädigtes Kleinkind kümmert.

Die hier auf allen Registern betriebene Sympathielenkung zeichnet Sammet sehr viel grundsätzlicher als ihr inhaltliches Vehikel, Beruf und Berufsspezialisation eben, vor den übrigen deutschen Juden nicht nur des kaiserzeitlichen Erzähl-, sondern des Gesamtwerks aus. Denn von dessen erstem bis zum letzten hierfür einschlägigen Text, das heißt über die »Zeitenwende« und Epochenschwelle des Ersten Weltkriegs weit hinaus, vom *Willen zum Glück* bis zum *Doktor Faustus* geht bei Thomas Mann von den jüdischen Gestalten sonst immer wieder Gefahr für die ›eigentlich‹ deutschen aus: von Ada von Stein für Paolo Hofmann; von Hermann Hagenström für Tony Buddenbrook; von Moritz Hagenström für Hugo, Erika und Elisabeth Weinschenk; von Detlev Spinell für Gabriele Klöterjahn-Eckhof; von M. Blüthenzweig für »Münchener [...] Mädchen«[76] und die Würde christlicher Glaubensinhalte; vom »fermentösen Fremdkörper[ ]«[77] Chaim Breisacher für die moralische Integrität der deutschen Zwischenkriegsgesellschaft; vom mephistophelisch stilisierten Saul Fitelberg für den christushaften »deutschen Tonsetzer[ ]« und für die Unschuld bayerischer Bauerntöchter[78] (wie im *Untertan* für so gut wie alle »Mädchen« und »Fräulein« von der zudringlichen »Hand« des Juden Jadassohn,[79] einer in Wolfgang Staudtes DEFA-Verfilmung von 1951 selbstverständlich, aber doch bezeichnenderweise vollkommen und bis auf den Namen retuschierten Figur, die hier ›nur‹ noch »Doktor Menicke« heißt); und selbst noch, wenn auch in einer für den Spätwerkscharakter des Altersromans vielleicht bezeichnend ironischen Brechung, von Kunigunde Rosenstiel für ihre Altersgenossin Meta Nackedey, mit der sie »primitiverweise« um Adrian Leverkühns »Freundschaft« wetteifert.[80]

Das bei den beiden »kümmerlichen«[81] Verehrerinnen Leverkühns komisch gebrochene Konkurrenzverhältnis, das Thomas Mann immerhin wichtig genug war, um es samt der jüdischen Identität der einen bereits auf der Konzeptions-

76 Bd. 8, S. 206 f. Vgl. Yahya A. Elsaghe, »Herr und Frau X. Beliebig«? Zur Funktion der Vornamensinitiale bei Thomas Mann, in: German Life and Letters, New Series, 52.1, 1999, S. 58–67, hier S. 66.

77 Bd. 6, S. 370.

78 Bd. 6, S. 527 f.

79 Heinrich Mann, Der Untertan, S. 115, 121, 125, 131.

80 Bd. 6, S. 417 f.

81 Bd. 6, S. 416.

stufe der Notizen festzuhalten, nimmt bei männlich-männlichen Konfigurationen mit geradezu zwanghafter Regelmäßigkeit die sehr, bisweilen sogar todernste und lebensgefährliche Form sexueller, ökonomischer oder intellektueller Rivalität an: bei Hermann Hagenström und Thomas Buddenbrook; bei Detlev Spinell und Anton Klöterjahn; bei Erwin Jimmerthal und Tonio Kröger; bei Siegmund Aarenhold und seinem gutdeutsch-adligen Schwager in spe; bei Leo Naphta und dem bezeichnenderweise wieder gleich alten Lodovico Settembrini (der nicht nur geborener Abendländer, sondern mütterlicherseits auch Deutscher ist[82]).

Die Sympathie- und vor allem die Antipathielenkung, die der Autor bei der Präsentation solcher Rivalitäten mit allen Mitteln der Kunst betreibt, widerlegt oder entlarvt einmal mehr den Anschein seiner Toleranz und Unparteilichkeit, welchen die jeweils autorhaft ›externen‹ Erzähler immer und immer wieder dadurch erwecken können, daß sie es vermeiden, die stereotypen Nasen ausnahmslos aller dieser jüdischen Rivalen in eigener Instanz als rassentypologisch signifikante zu interpretieren. Auch wo die Kontrahenten der jüdischen Aggressoren nicht so eindeutig sympathisch erscheinen wie etwa Lodovico Settembrini oder Thomas Buddenbrook, sind die Juden jedenfalls weit über ihre ästhetisch oder anatomisch inkriminierten Nasen hinaus negativ besetzt: lächerlich wie Detlev Spinell oder arrogant wie Siegmund Aarenhold; »ätzend[ ]« und »scharf[ ]« wie Leo Naphta oder ekelerregend wie der gefräßige Hermann Hagenström, dessen Körperinneres durch sein »schwere[s] Pusten« und übrigens auch sein konstantes, »altbekannte[s]« ›Schmatzen‹ und ›Hinunterschlukken‹ virtuell herausgekehrt wird[83] (so wie bei Detlev Spinell durch »poröse« Haut oder bei anderen Juden des Gesamtwerks durch den stereotyp starken, immer schon wieder nachgewachsenen und durch keine Rasur wirklich »zu säubern[den]« Bart[84]).

Die regelmäßig und ad nauseam negative Besetzung der anpassungswilligen und -fähigen Juden, welche als Konkurrenten unversehens sehr ernstzunehmen und nur noch auf dem Niveau rassenbiologischer Diskriminierungsformen auszuschalten sind, steht natürlich der zum Beispiel auch hygienisch positiven Stilisierung des immer »*sauber* rasiert[en]«[85] Doktor Sammet diametral gegenüber. Innerhalb der Typologie, anhand derer Martin Gubser die Erscheinensweisen des »[l]iterarische[n] Antisemitismus« zu systematisieren versuchte, wäre Sammet wohl am ehesten als ›edler‹, teils vielleicht auch als ›lächerlicher‹, aber jedenfalls nicht mehr als ›gefährlicher Jude‹ zu klassifizieren.[86] Als »schlichte[r], arbeitsame[r] und ernste[r] Mann« kommt Sammet im ganzen Verlauf von *Königliche Hoheit* niemandem als Konkurrent in die Quere; abgesehen allenfalls vom Romananfang, wo »Johann Albrecht die Laune« hatte, »den jungen Orts-

82 Bd. 3, S. 216.

83 Bd. 1, S. 64, 601.

84 Bd. 8, S. 381, 390, 407, 637.

85 Bd. 2, S. 28, 123; im Original keine Hervorhebung.

86 Gubser, S. 119–127.

arzt [...], der *obendrein* jüdischer Abstammung war, aufzufordern, ihn [...] zu begleiten«, und wo dessen mangelnde Vertrautheit mit comme il faut und Etikette »einiges Lächeln hervorrief«. Von allem Anfang an also darf man Sammet belächeln. Seine Diskriminierbarkeit wird von vornherein und wiederholt sichergestellt.[87]

Als »Ortsarzt« und späterer Leiter eines in »ärmliche[r]« Gegend gelegenen, also eines »Kinderspital[s]«, das sich in puncto Prestige mit dem Schwabinger, für Hutzler so verhängnisvollen kaum vergleichen ließe, ist Sammet aus dem gesellschaftlichen Konkurrenzkampf herausgehalten. Darüber hinaus hilft er dessen allerschlimmsten Folgen ab, wenn er, so die stehende Formel des Texts: »in tätiger Sanftmut«[88] das »Kinderelend« unter dem brutalisierten Proletariat lindert.[89] Nicht nur also, daß Sammet niemanden als beruflicher, geschweige denn sexueller Rivale bedroht (während man Hutzler ein ehebrecherisches Verhältnis mit der stadtbekannten Schriftstellerin und Salonardin Elsa Bernstein alias Ernst Rosmer nachsagte[90]); seine »segensreiche«[91] Berufstätigkeit erscheint im Gegenteil sogar unter dem Gesichtspunkt ihres gesellschaftlichen Nutzens und ihrer humanitären Erwünschtheit. Nicht nur bleibt er von aggressiven Reaktionen anderer Romanfiguren verschont; sondern der Autor lenkt sogar alle Sympathie auf ihn. Gerade der eine Jude, der auf Gleichberechtigung erst gar keinen Anspruch erhebt, »nach der Art seiner Sonderstellung« nicht weiter fragt und sie einfach als »Auszeichnung« hinnimmt, kommt so in der Gunst des Autors und seiner Leserschaft besonders gut weg.

Die so ungewöhnlich sympathische Figur Sammets, welche Harald Braun übrigens 1953 in seiner sehr erfolgreichen[92] Verfilmung auf wieder makabre und gespenstische, aber eben doch auch wieder sinnige und sprechende Weise zu einer ganz unscheinbaren Statistenrolle camouflieren zu dürfen glaubte und deren jüdische Markierungen er dabei alle kurzum eskamotieren konnte, stellt demnach indirekt ein im Grunde dennoch abschreckendes Beispiel dar. Mit dem Abstand, auf den er Sammet zu den anderen deutschen Juden seines kaiserzeitlichen Erzählwerks gebracht hat, statuiert Thomas Mann ein warnendes Exempel poetischer Gerechtigkeit oder, je nachdem, auktorialer Ungerechtigkeit und Willkür. Ungeteilte Sympathie läßt er ausgerechnet dem deutschen Juden zukommen, der ebenbürtig ›deutsch‹ zu sein gar nicht erst versucht und dessen Nase daher auch keiner Körperlektüre unterzogen zu werden braucht. Ausgerechnet diesem einen Juden erspart der Autor das Experiment oder die

87 Bd. 2, S. 14.

88 Bd. 2, S. 123, 207.

89 Bd. 2, S. 206–215.

90 Vgl. de Mendelssohn, Bd. 2, S. 1191.

91 Bd. 2, S. 206.

92 Vgl. Rolf Günter Renner, Verfilmungen der Werke von Thomas Mann, in: Helmut Koopmann (Hg.), Thomas Mann-Handbuch, Stuttgart: Kröner, ²1995, S. 799–822, hier S. 800.

Farce solch einer Lektüre. Er verschont ihn von den bösartigen Impulsen, welche sonst im Demaskierungsspiel mit der »Judennase« ausagiert werden und an welchen Sammets in dieser Hinsicht nur noch zynischerweise so benennbares »Modell« zugrundegegangen war.

Mütter und Töchter

Abgesehen allenfalls von jenem mutmaßlich jüdischen oder immerhin mit einem stereotyp jüdischen Vornamen bedachten Direktor eines Pariser Hotels, der in einem späten Kapitel des *Felix Krull* vorkommt, vorkommen *muß*, weil er nämlich schon in einem gut vier Jahrzehnte älteren angekündigt worden war und übrigens auch wegen seines seinerseits stereotypen schweizerischen Nachnamens in die allerältesten Konzeptionsschichten des Romanprojekts zu gehören scheint, nach denen es den Hochstapler bekanntlich in ein Züricher Hotel hätte verschlagen sollen,[1] – abgesehen also oder eben noch nicht einmal abgesehen von Isaak Stürzli tritt die werkchronologisch letzte unter den vielen jüdischen Figuren in Thomas Manns Erzählwerk und jedenfalls dessen letzte Jüd*in* wohl nicht zufällig schon im *Doktor Faustus* auf. Denn die Entstehungsgeschichte gerade des *Doktor Faustus* übergreift ja den Epochenumbruch des Kriegsendes; und diesen reflektiert die Verteilung jüdischer Gestalten in Thomas Manns literarischem Werk auf vielsagende und unheimlich sprechende Weise. Juden und Jüdinnen, um es zu wiederholen, kommen in den nach dieser Epochenschwelle konzipierten Texten nicht mehr vor. Literatur- und natürlich nicht nur *literatur*geschichtlich ist oder hätte der an sich simple Befund so sehr bedeutsam sein können, wie er forschungs- und rezeptionsgeschichtlich gründlich übersehen oder ignoriert blieb (wenn etwa Bernhard Sinkel und Alf Brustellin in den Achtzigerjahren bei ihrer Verfilmung eines späten *Krull*-Kapitels anstelle eines im Text in solcher Hinsicht ganz unverdächtigen Hehlers die Gestalt oder fast schon die Karikatur eines hier denn auch »Blumenberg« benannten Juden – so hat der Klischeejude zum Beispiel auch in Heinrich Manns *Professor Unrat*[2] zu heißen – einzuschwärzen sich erlauben durften[3]).

Während Juden und Jüdinnen also nach dem Zweiten Weltkrieg bei Thomas Mann so gut wie gar keine Rolle mehr spielen, kommen sie sonst in ausnahmslos allen anderen literarischen Buchpublikationen des Autors vor. Die Jüd*innen* erscheinen allerdings in etwas anderer, regelmäßigerer, weniger diverser Form als die Juden. In den einschlägigen Romanen und Erzählungen, soweit ihre erzählte Zeit wenigstens teilweise hinter die Reichsgründung fällt, gehören die

---

1 Vgl. Notizbücher, Bd. 2, S. 184; Wysling, Narzißmus und illusionäre Existenzform, S. 416.

2 Heinrich Mann, Professor Unrat, Berlin: Aufbau, 1951 (Ausgewählte Werke in Einzelausgaben, hg. v. Alfred Kantorowicz, Bd. 1), S. 421 f.

3 Vgl. Elsaghe, Die imaginäre Nation, S. 264 f.

prominenteren Jüdinnen ohne Ausnahme einem sehr wohlhabenden bis schwerreichen Milieu an. Und vor allem treten sie merkwürdigerweise fast immer in Paaren auf, als Mutter und Tochter: die Freifrau von Stein und ihre Tochter Ada im *Willen zum Glück*; Laura und Julchen Hagenström in den *Buddenbrooks*; Frau Aarenhold und ihre Töchter Sieglind und Märit in *Wälsungenblut*.

Zur Dechiffrierbarkeit der Namen

Merkwürdig oder immerhin bemerkenswert an diesen Paaren ist schon die unter ihnen ziemlich eindeutige Verteilung der Vornamen. Die Töchter tragen alle (oder abgesehen von Ada von Stein) einen entweder unscheinbaren oder dann einen dezidiert deutschen beziehungsweise ›ultragermanischen‹[4] Namen (»Sieglind«, »Märit«). Die Mütter hingegen bleiben bis auf Laura Hagenström geb. Semlinger anonym. Deren Vorname wird auch nur an einer einzigen Stelle genannt. Und zwar wird er nicht um seiner selbst willen genannt, sondern um den Namen »*Sara* Semlinger« zu korrigieren, den Tony Buddenbrook böswillig auf Laura Hagenström gemünzt hat.[5]

Der im ›Licht‹ der Geschichte makabre, aber eben auch bedrückend sinnige Spottname, den Tony hier der Mutter Hagenström boshaft ›anhängt‹, entlarvt die Bewandtnis all der anderen Vornamen, der unscheinbaren sowohl wie der aufdringlich ›deutschen‹. Die je genannten Vornamen der Töchter sind Teil und Ausdruck eines Akkulturationsvorgangs, dessen besonders seit der Reichsgründung weit fortgeschrittenes Stadium ja auch die komfortablen Situierungen der Eltern reflektieren. Das aber letztlich doch nur Velleitäre dieses Assimilationsprozesses lassen schon Tony Buddenbrooks maliziös inkorrekte Vornamens- und die nicht weniger bösartige Nachnamensgebung des Autors erkennen; nicht umsonst, wenn vermutlich auch in anderem Sinn titulierte ihn Ingeborg Bachmann in ihrer vierten Frankfurter Poetik-Vorlesung, *Der Umgang mit Namen*, als den »letzte[n] große[n] Namenserfinder« und als »ein[en] Namenszauberer«. Er lege »die Namen ironisch um seine Gestalten, [...] mit einer sehr überlegten Nuance«. In der Tat, »alles« scheint »genau bedacht, dem Namen injiziert, [...] genau beladen mit der Bedeutung, die der Person zukommt«:[6]

---

4 Ritchie Robertson, The ›Jewish Question‹ in German Literature 1749–1939. Emancipation and its Discontents, Oxford: Oxford University Press, 1999, S. 222.

5 Vgl. bei Thiede, S. 91, das doppelte, z. T. weiter kolportierte Mißverständnis (vgl. Wolfgang Schneider; Erwin Riess, Zum Antisemitismus kein Talent?, in: Konkret 12, 1998, S. 64 f. [Rezension von: Thiede, Stereotypen vom Juden.]), daß die hier eindeutig ironische, verharmlosende oder entmündigende (und in Thomas' Umgang mit Tony regelmäßige; vgl. z. B. Bd. 1, S. 429, 451) Anrede »mein Kind« wörtlich genommen wird und statt Tony Buddenbrooks Bruder ihre Mutter als Sprecherin der direkten Rede suppliert wird (zu einem weiteren Monitum vgl. Elsaghe, Die imaginäre Nation, S. 194, Anm. 183).

6 Bachmann, Bd. 4: Essays; Reden; Vermischte Schriften, S. 247.

Die Nennung des Mädchen- und als solcher namensrechtlich seinerseits nicht ganz korrekten Nachnamens »Semlinger«, den Tony dem ganz falschen Vornamen »Sara« nicht von ungefähr hinzufügt, ist an dieser Stelle bereits redundant. Der Erzähler in eigener Instanz hat ihn zuvor schon verraten. Die Redundanz der wiederholten Nennung und deren Kombination mit dem stereotypen Vornamen legt eine besondere Emphase auf den eigentlich längst abgelegten Nachnamen. Oder sie reaktualisiert und maximiert vielmehr die Emphase, welche bei der ersten Nennung des Namens schon auf diesen zu liegen kam: »eine [...] Frankfurterin [...], eine Dame mit außerordentlich dickem schwarzen Haar und den größten Brillanten der Stadt an den Ohren, die übrigens Semlinger hieß«.[7]

Der Kontext und die Modalität dieser ersten Namensnennung lassen oder sollten jedenfalls keinen Zweifel an deren eigentlichem Sinn lassen, an der »Nuance« des Namens und an der »Bedeutung« der benannten »Gestalt[ ]«. Die Namensnennung erfolgt im Anschluß an die Notierung »außerordentlich« stereotyper Merkmale des ›Natur‹- und ›Kulturkörpers‹ und an die Angabe einer ebenso stereotypen Herkunft. Im Unterschied zu ihrem ›Modell‹, Anna Emilie Fehling-Oppenheimer, einer gebürtigen Hamburgerin, stammt Laura Semlinger aus Frankfurt am Main. Schon dieser spezifische Unterschied deutet auf eine sehr einschlägige Konnotierbarkeit Frankfurts.

In den Vorarbeiten zu den *Buddenbrooks* hatte Thomas Mann auch schon jenen anderen verdächtigen Nachnamen, »Conradi« (lesbar als Namensflucht aus ›Cohn‹), fest mit Frankfurt assoziiert. Eigens nahm er sich vor, die Assoziation mit der Stadt als offenbar euphemistische Synekdoche für diesen Namen zu verwenden, um so natürlich dessen Stigma desto fühlbarer werden zu lassen: »Statt Conradis immer ›Die Frankfurter‹«.[8] Und »aus Frankfurt« sollte bekanntlich schon die »Gemahl[in]« jenes »Moritz Ausspuckseles« »geb[ürtig]« sein. Die Nennung dieses Geburtsorts hätte dasselbe Register gezogen und in dieselbe Kerbe geschlagen wie ihre Adresse (»Berlin W Tiergartenstraße«[9]), wie die Herkunft (»aus Galizien«), der Beruf (»Comerzienrat«), der Vor- und der Geschlechtsname ihres »Gemahl[s]« und natürlich wie ihr eigener Mädchenname, der Ekel- oder Spottname »Ausgießeles«. Und nachdem *Heinrich* Mann sich im *Schlaraffenland* wiederholtermaßen solche Namenwitze tatsächlich geleistet hatte – »Generalkonsul Ausspuckseles« und »Frau, geborene Rinnsteiner« –,[10] sollte er im *Untertan*, lange bevor ein politischer Mord in Davos David Frankfurters Namen als den eines engagierten Juden bekannt machte, den rabiat antisemitischen Junker von Barnim ausgerechnet auf einen »Herrn

7 Bd. 1, S. 62.

8 Scherrer und Wysling, S. 325, Anm. 5.

9 Zum »hohe[n] kultursemiotischen Gehalt« des Straßennamens vgl. Norbert Mecklenburg, »Ums Goldne Kalb sie tanzen und morden«. Philo- und antisemitische Gedichte des alten Fontane, in: Wirkendes Wort 50, 2000, S. 358–381, hier S. 364 f.

10 Heinrich Mann, Im Schlaraffenland, S. 95, 396.

Frankfurter« schimpfen lassen,[11] also die Stadt Frankfurt zur appellativischen Basis einer gleichfalls stereotyp jüdischen Namensbildung wählen: eines ›jüdischen‹ Herkunftsnamens vom Typus »Türkheimer«, »Konstantinopler«,[12] »Breisacher« – dafür erwog Thomas Mann ehedem »Mainzer« und »Rüdesheimer«, indem er aber die ja auch bei »Türkheimer« gegebene ›Exzentrizität‹ der appellativisch angezeigten Herkunft vom äußersten Westrand des Deutschen Reichs beibehielt (von ›Konstantinopel‹ als Ostgrenze des ›Abendlandes‹ ganz zu schweigen) –; oder, um noch ein besonders schlagendes und sprechendes Beispiel aus der Erzählung *Wälsungenblut* zu zitieren, die Thomas Mann schon mit seinem Arbeitstitel »Tiergarten-Novelle«[13] ihrerseits nach »Berlin W« situierte: »Erlanger[ ]«[14] (schlagend, weil Erika Mann und Georg Laforet alias Franz Seitz im Drehbuch zu Rolf Thieles Verfilmung in den Sechzigerjahren den stereotypen Namen durch »Donnermark« oder gar »Donnermarck« ersetzten; sprechend, weil »Erlanger[ ]« je nach Betonung als nomen agentis zum ›sprechenden‹ Namen wird, die resolute Habgier jüdischer ›Erlánger‹ auszusprechen beginnt).

Daß »Berlin« freilich erst und nur hier, in *Wälsungenblut*, als *die* ›jüdische‹ Stadt erscheint, nicht aber in Thomas Manns älteren Novellen oder eben auch nicht in den *Buddenbrooks*, reflektiert vielleicht einen historischen Zusammenhang. Berlin war zu einer einschlägig stereotypisierbaren Stadt erst seit der Reichsgründung nach und nach geworden.[15] Frankfurt dagegen war schon seit sehr langem und ist offenbar noch immer ›jüdisch‹ konnotierbar. Bereits hundert Jahre vor den *Buddenbrooks* ein Zehntel der Gesamtbevölkerung stellend,[16] konnte unter allen deutschen Städten allein die jüdische Einwohnerschaft Frankfurts auf eine ununterbrochene Tradition zurückschauen. Und noch ein volles Jahrhundert nach den *Buddenbrooks* bot sich dem *christlich*-demokratischen Ex-Landesschatzmeister Casimir Prinz zu Sayn-Wittgenstein ausgerechnet Frankfurt als Heimatstadt ebenso gründlich dubioser wie frei erfundener Juden an, um mit deren »Vermächtnissen« die wahre Herkunft geheimer Parteispenden zu vertuschen.[17]

---

11 Heinrich Mann, Der Untertan, S. 51 f.

12 Heinrich Mann, Schauspielerin, in: Heinrich Mann, Novellen, Bd. 1, Berlin: Aufbau, 1953 (Ausgewählte Werke in Einzelausgaben, hg. v. Alfred Kantorowicz, Bd. 8), S. 377–449, hier S. 379.

13 Brief vom 17. Oktober 1905 an Heinrich Mann; Dichter über ihre Dichtungen, Bd. 14/I, S. 224.

14 Bd. 8, S. 390, 406.

15 Vgl. Nipperdey, Bd. 1, S. 397.

16 Vgl. Hannah Arendt, Elemente und Ursprünge totaler Herrschaft. Antisemitismus, Imperialismus, Totalitarismus, München und Zürich: Piper, [6]1998, S. 80.

17 St. Bachmann, Fluch des Geldes. Der wundersame Reichtum der CDU in Hessen – Eine Chronik des Finanzskandals, in: Die Zeit 4, 2000, http://www.zeit.de/2000/4/200004_chronik_hessen.html, 17. April 2000.

Dies alles unterläuft und widerlegt bei der Einführung der »Frankfurterin« natürlich den Eindruck der Verzichtbarkeit und Nebensächlichkeit, den die syntaktische Unterordnung und die Schlußstellung der Namensnennung »Semlinger« implizit und das Adverb »übrigens« sogar explizit erzeugen zu sollen nur *scheinen*. Dem Mädchennamen derjenigen, »die übrigens Semlinger hieß«, wird im Gegenteil schon hier eine um so nachhaltigere Emphase verliehen. Diese Emphase konnte, ja mußte der zeitgenössischen Leserschaft (wie schon den »gebildete[n] Leser[n]« von 1842 der Mädchenname Margareth Mergel-Semmlers, der sich in den Entwürfen zur *Judenbuche* nota bene noch »Semler« schrieb[18]) namensetymologische Assoziationen mit dem »Vater [...] aller«[19] *Sem*iten suggerieren. Erstaunlicher-, aber auch bezeichnenderweise vermochten solche Assoziationen in der wissenschaftlichen Rezeption fast ein ganzes Jahrhundert verborgen zu bleiben[20] (und bei Margareth-Margreth Semler-Semmler wurden sie auch nach mehr als anderthalb Jahrhunderten noch nicht wahrgenommen,[21] obwohl der Name, anders offenbar als »Semlinger«, in beiden Formen als jüdischer gut belegt ist, entschieden besser allerdings in der älteren, nicht geminierten[22]).

Auf einen Nachfahren Sems und Moses' Bruder weist ziemlich direkt, möglicherweise auch noch mittelbar über eine Reminiszenz an die einst berühmte jüdische Bankiersfamilie Arnhold, der Nachname der *Aaren*holds zurück, dessen jüdische Markierung wieder besser als alles der Film und der darin offenkundige Zwang beweist, sie zu löschen: ›Anstatt‹ »Aarenhold« heißt die Familie hier »Arnstatt«.

18 Annette von Droste-Hülshoff, Historisch-kritische Ausgabe. Werke; Briefwechsel, hg. v. Winfried Woesler, Bd. 5.2: Prosa. Dokumentation, hg. v. Walter Huge, Tübingen: Niemeyer, 1984, S. 269, 275, 398, 401.

19 Genesis 10, 21; Die heiligen Schriften des Alten und Neuen Bundes, Bd. 1, S. 16.

20 Vgl. Ernest M. Wolf, Hagenströms: The Rival Family in Thomas Mann's *Buddenbrooks*, in: German Studies Review 5, 1982, S. 35–55, hier S. 48: »Though ›Semlinger‹ is not a typically Jewish family name, it has a slightly Jewish tinge«; Hans-Werner Nieschmidt, Die Eigennamen, in: Ken Moulden und Gero von Wilpert (Hgg.), *Buddenbrooks*-Handbuch, Stuttgart: Kröner, 1988, S. 57–61, hier S. 58 (ohne Belege oder weitere Argumentation); Thiede, S. 90 f.

21 Zu den anderweitigen Antisemitismen des Texts vgl. Helfer. Die seltsame, textgeschichtlich aber stabile Doppelform des Vornamens, erst mit, dann ohne Mittelvokal, läßt sich spekulativerweise mit dem reinen Konsonantismus der hebräischen Schrift zusammenbringen, in der die Differenz der beiden Schreibungen entfiele.

22 Vgl. Guggenheimer und Guggenheimer, S. 689 (nur »Semler«); auch die Einträge im Jüdischen Adreßbuch für Groß-Berlin, S. 380, s. v. ›Semler‹; Krause, S. 54, die Auflistung »Sem(m)ler (B.)«. Der Zusatz »(B.)« bedeutet nach dem Auflösungsschlüssel S. 148: »beidseitig (bei Ariern wie bei Juden vorkommend)« und erweist damit auch von der Namengebung her die Berechtigung von Helfers Versuch, die *Judenbuche* als eine Auseinandersetzung mit der Schwierigkeit und drohenden Unmöglichkeit zu lesen, ›jüdisches‹ von anderem ›Blut‹ noch zu unterscheiden.

Der dagegen unauffällige Nachname der Freifrau und der Freiin von Stein endlich bestätigt doch auch wieder die Regel der einschlägig signifikanten Namen, von der er abweicht. Denn der unauffällige oder nur hinsichtlich seines fadenscheinigen Adels, »Geldadel[s]«,[23] eindeutig suspekte Nachname, »von Stein«, ist ja nicht der matrilinear ›wahre‹. In dieser Uneigentlichkeit gleicht er dem Nachnamen Laura ›Sara‹ *Hagenströms*, der bekanntlich, über den *Ring des Nibelungen* motiviert, einen eindeutig ›jüdischen‹ verdrängt hat (denselben oder fast denselben, den Heinrich Mann im *Untertan* einem wilhelminischen Klischeejuden verpassen sollte: »Kohn« respektive »Cohn«[24]). Diesen Verdrängungsvorgang reflektiert möglicherweise noch eine Unterstreichung, mit der Thomas Mann in seiner Notiz über die »kleinen ›Semlinger‹« hervorgehoben hat, daß »deren *Mutter* Jüdin ist«. Die Hervorhebung könnte nämlich die Differenz zu einer früheren, überholten Konzeption markieren, in der nicht nur die *»Mutter«* jüdisch hätte sein sollen und in der daher auch ein stereotyp jüdischer ›Name des Vaters‹, wie eben »Kohn«, ganz am Platz gewesen wäre.

Wie »Hagenström« ist der Nachname der Damen »von Stein« also ›nur‹ der Name des Mannes. Während dieser aber in der endgültigen Konzeption der *Buddenbrooks* lediglich als jüdisch ›versippt‹ erscheinen soll, bleibt seine »Herkunft« im *Willen zum Glück* ambivalent. Beim Frei*herrn*, dessen »graue[r] Spitzbart« demjenigen eines ›Pressejuden‹ im *Schlaraffenland* aufs Haar gleicht[25] und auf jenen mutmaßlich letzten Juden Thomas Manns vorausweist, Isaak Stürzli, vermag der Erzähler das Problem der ethnischen Zuordnung »nicht mit Bestimmtheit« zu lösen. Er formuliert dieses übrigens gar nicht als solches, sondern indirekt in einer Weise, welche das einschlägige Interesse des Autors an literarischer Nachnamengebung wie vielleicht nichts anderes zu erkennen gibt. Die Frage nach der »Abstammung« des Freiherrn scheint der Erzähler geradezu auf die Frage nach dem Nachnamen zu reduzieren, wenn er damit spekuliert, die erwiesenermaßen ›unechte‹ Nobilität des Namens mit einer regelrechten Namensflucht in eins zu setzen:

> Der Baron war ein eleganter, untersetzter Herr mit Glatze und grauem Spitzbart; er hatte eine unnachahmliche Art, sein dickes goldenes Armband in die Manschette zurückzuwerfen. Es ließ sich nicht mit Bestimmtheit erkennen, ob seiner Erhebung zum Freiherrn einst ein paar Silben seines Namens zum Opfer gefallen waren; dagegen war seine Gattin einfach eine häßliche kleine Jüdin in einem geschmacklosen grauen Kleid. An ihren Ohren funkelten große Brillanten.[26]

Die Notwendigkeit, mit einer stattgehabten Namensflucht aus einem der stereotyp jüdischen Edelsteinnamen zu spekulieren, ergibt sich daraus, daß der

---

23 Bd. 8, S. 46.

24 Zur Assoziation Cohns und seines »Wahrenhauses« mit dem ersten Regierungsjahr Wilhelms II. und zugleich mit dem Tod ›des‹ Deutschen vgl. Heinrich Mann, Der Untertan, S. 214.

25 Heinrich Mann, Im Schlaraffenland, S. 27.

26 Bd. 8, S. 49.

Körper des Freiherrn keine ›bestimmte‹ Antwort auf die alles andere dominierende Frage zuläßt: »Ist er Jude?«[27] Die Frage muß daher vom Realen beziehungsweise als Reales Imaginierten des Körpers auf den Namen als jene Kontaktstelle zwischen diesem Realen und der symbolischen Ordnung der Sprache verlagert, kann aber auch so nicht mehr stante pede beantwortet werden. Die Frei*frau* hingegen, und dies läßt wohl neuerlich etwas von der ›Kollusion zwischen Rassismus und Sexismus‹ erkennen, ist »einfach eine häßliche kleine Jüdin«. Woran er sie so »einfach« als solche erkennt, ob an ihrem ›Natur‹- oder ihrem ›Kulturkörper‹, ob an ihrer Kleinheit oder ihrer Häßlichkeit, ob an ihrer »geschmacklosen« Kleidung oder ihrem kostbaren Schmuck, ob an all dem zusammen oder an etwas ganz anderem, läßt der Erzähler entweder offen oder setzt es möglicherweise als ohne weiteres supplierbar voraus. Daß die körperästhetisch negative Besetzung dabei zumindest mitspielt, legt immerhin seine in dieser Hinsicht sehr viel genauer ausgewiesene Interpretation von Adas Körper nahe. Wie bei deren Vater dreht sich die Interpretation um die hier jedoch »wenigstens zum Teil« »mit Bestimmtheit« beantwortbare Frage nach der »semitische[n] Abstammung« (an der natürlich schon der besondere Vorname keinen »Zweifel« läßt – »Ada, Esaus Weib« ist in Thomas Manns Bibel mehrfach unterstrichen[28] –, indem er zugleich das böse Ende antizipiert oder doch Paolo als ›loser‹ markiert):

> Sie [Ada von Stein] war von eleganter Gestalt, aber für ihr Alter reifen Formen und machte mit ihren sehr weichen und fast trägen Bewegungen kaum den Eindruck eines so jungen Mädchens. Ihr Haar, das sie über die Schläfen und in zwei Locken in die Stirn frisiert trug, war glänzend schwarz und bildete einen wirksamen Kontrast zu der matten Weiße ihres Teints. Das Gesicht ließ zwar mit seinen vollen und feuchten Lippen, der fleischigen Nase und den mandelförmigen, schwarzen Augen, über denen sich dunkle und weiche Brauen wölbten, nicht den geringsten Zweifel aufkommen über ihre wenigstens zum Teil semitische Abstammung, war aber von ganz ungewöhnlicher Schönheit.[29]

Die konzessive Konstruktion des Satzes, dem zufolge Adas »Gesicht« mit seinen im einzelnen hergezählten Elementen »*zwar* [...] nicht den geringsten Zweifel [...] über ihre [...] semitische Abstammung« zuläßt, »*aber* von ganz ungewöhnlicher Schönheit« sein soll, suggeriert natürlich und setzt vice versa als selbstverständlich voraus, daß »semitische Abstammung« und »ungewöhnliche[] Schönheit« ansonsten in einem prinzipiellen Ausschließungsverhältnis zueinander stehen. Warum Ada von Stein von der prinzipiellen, durch die Erscheinung ihrer Mutter erhärteten Regel eine Ausnahme bildet und ob die eine Ausnahme allenfalls mit der »Abstammung« väterlicherseits zusammenhängt, bleibt und muß wie diese Abstammung und mit dieser Abstammung offen bleiben.

27 Bd. 8, S. 46.
28 Genesis 36; Die heiligen Schriften des Alten und Neuen Bundes, Bd. 1, S. 63 f.
29 Bd. 8, S. 48.

Die Regel selbst jedenfalls bestätigt auch wieder der entstehungschronologisch nächste einschlägige Text des Gesamtwerks. In *Wälsungenblut* ist Frau Aarenhold wieder ganz ›einfach‹ negativ besetzt, wieder »klein«, wieder »häßlich« – eine auch für Thomas Manns männliche Juden gültige Merkmalskonjunktion[30] – und ›einfach‹ »unmöglich« (während übrigens ihr mutmaßliches ›Vorbild‹ und ›Modell‹, Hedwig Pringsheim-Dohm, zwar wirklich »klein«,[31] aber durchaus nicht »häßlich«, sondern, das zeigen auch die im Thomas Mann-Archiv befindlichen Photographien, eine ausgesprochene Schönheit war):

> Herr Aarenhold blinzelte. Seine Frau war unmöglich. Sie war klein, häßlich, früh gealtert und wie unter einer fremden, heißeren Sonne verdorrt. Eine Kette von Brillanten lag auf ihrer eingefallenen Brust. Sie trug ihr graues Haar in vielen Schnörkeln und Ausladungen zu einer umständlichen und hochgebauten Coiffure angeordnet, in welcher, irgendwo seitwärts, eine große, farbig funkelnde und ihrerseits mit einem weißen Federbüschel gezierte Brillant-Agraffe befestigt war. Herr Aarenhold und die Kinder hatten ihr diese Haartracht mehr als einmal mit gut gesetzten Worten verwiesen. Aber Frau Aarenhold bestand mit Zähigkeit auf ihrem Geschmack.[32]

Unter den »Kinder[n]« der Aarenholds ist bezeichnenderweise nur der eine Sohn ausdrücklich »schön[ ]«, Kunz, der »in betreßter Uniform«[33] das wilhelminische Männlichkeitsideal schlechthin verkörpert (wie der älteste Schwager Thomas Manns zu der Zeit, als ihn dieser kennenlernte). Von den beiden Töchtern tendiert der ›Naturkörper‹ der einen, ganz peripheren, eindeutig ins ästhetisch Negative: »Märit [...] in miederlosem Gewande [...], ein strenges Mädchen von achtundzwanzig mit Hakennase, grauen Raubvogelaugen und einem bittern Munde«.[34] Der Körper der anderen entzieht sich einer eindeutigen Wertung. Kleidung und Schmuck sind offenbar nicht »geschmacklos[ ]«, sondern kostbar und exquisit, aber doch auch »zu schwer« und extravagant (»im Schnitt der florentinischen Mode von Fünfzehnhundert«).[35] Ästhetisch ebenso ambivalent sind die fixierten Merkmale ihres ›Naturkörpers‹, übrigens auch sexuell bis zur Androgynität zweideutig. Einsinnig sind diese Merkmale allein hinsichtlich der hier, anders als bei jener »ungewöhnliche[n] Schönheit« Ada von Steins, nicht nur »zum Teil« »mit Bestimmtheit« »semitische[n] Abstammung«:

> Sie [Sieglind Aarenhold und ihr Zwillingsbruder Siegmund] waren einander sehr ähnlich. Sie hatten dieselbe ein wenig niedergedrückte Nase, dieselben voll und weich aufeinander ruhenden Lippen, hervortretenden Wangenknochen, schwarzen und blanken Augen. Aber am meisten glichen sich ihre langen und schmalen Hände, – dergestalt, daß die seinen keine männlichere Form, nur eine rötlichere Färbung aufwiesen als die ihren.[36]

30 Vgl. den Brief vom 31. August 1910 an Julius Bab; Briefe, Bd. 1, S. 87.

31 De Mendelssohn, Bd. 1, S. 841.

32 Bd. 8, S. 380 f.

33 Bd. 8, S. 381.

34 Ebd.

35 Ebd.

36 Bd. 8, S. 381 f.

Bei aller Ambivalenz fügt sich die Präsentation Sieglind Aarenholds zusammen mit der »ungewöhnliche[n] Schönheit« Ada von Steins in eine Struktur, in der die verhältnismäßig detailliert beschriebenen ›Naturkörper‹ der Töchter ihren »einfach« »häßliche[n]« und »verdorrt[en]«, aber auch »geschmacklos[ ]« kostümierten und überhaupt »unmöglich[en]« Müttern gegenüberstehen. Diese Opponierung der weiblichen Generationen läßt sich zunächst sicherlich als Funktion der patriarchalen Ordnung lesen. Als deren Agent und Vollstrecker fungiert der Autor beziehungsweise der Erzähler, der sich zumindest in der Ich-›Form‹ des *Willens zum Glück* ja unmißverständlich als ein männlicher, weil als Schulfreund des Protagonisten zu erkennen gibt. Die Sympathien und viel mehr noch die *Anti*pathien, welche der Autor auf seine Jüdinnen lenkt, bemessen sich nach einem Kriterium, das schon der allerersten einschlägigen Szene des Gesamtwerks besonders tief eingeschrieben ist:

Die überhaupt erste jüdische Gestalt des Gesamtwerks, »Baronesse Ada!«, wird als ›Frau im Fenster‹ und ›parakyptousa‹ eingeführt. Sie prostituiert sich im eigentlichen und zugleich archaischen Sinn des Verbs: »im Erker, von dem aus« – eine innerhalb der erzählten Handlungssituation übrigens ganz redundante und um so ernster zu nehmende Angabe – »von dem aus man auf die Straße hinausblickt[ ]«.[37]

Ada von Steins ›prospectio‹ erinnert von fern, aber wohl so wenig zufällig an die Einführung des »Hürchen[s]«[38] Philine, wie Philine ihrerseits an Jesabel erinnert. Der besondere sexuelle Valeur der Erker- oder Fensterszene kann von den Büchern der Könige bis zu *Wilhelm Meisters Lehrjahren*[39] aus so vielen Quellen gespeist sein und wurzelt so tief in der Tradition, daß sich die Frage nach der Faktizität des intertextuellen Bezugs hier erübrigt; liefe sie doch auf die unergiebige, da letztlich unentscheidbare Alternative hinaus, ob dieser Bezug als kalkulierte und gewollte Reminiszenz oder nur unterhalb der Bewußtseinsschwelle ins Frühwerk Thomas Manns zu gelangen vermochte. Ganz unabhängig davon vermag Ada von Steins ›archetypische‹ Geste als solche die Urszene gleichsam eines Begehrens zu evozieren, das die ethnischen und religiösen, sozialen und moralischen Grenzen transzendiert oder verletzt.

---

37 Bd. 8, S. 47.

38 Bd. 6, S. 549. Vgl. John-Thomas Siehoff, »Philine ist doch am Ende nur ein Hürchen ...«: *Doktor Faustus*: Ein Bildungsroman? Thomas Manns *Doktor Faustus* und die Spannung zwischen den Bildungsideen der deutschen Klassik und ihrer Rezeption durch das deutsche Bürgertum im 19. und frühen 20. Jahrhundert, in: Monatshefte für deutschsprachige Literatur und Kultur 89.2, 1997, S. 196–207.

39 Vgl. Yahya A. Elsaghe, Philine Blaúte. Zur Genese und Funktion mythologischer Reminiszenzen in *Wilhelm Meisters Lehrjahren*, in: Jahrbuch des Freien Deutschen Hochstifts 1992, S. 1–35, hier S. 4–9.

Körperlektüre und Sympathielenkung

Die Sympathie- und vor allem die Antipathielenkung des Autors auf der Ebene der ›Narration‹ hängt davon ab, inwieweit eine Jüdin auf dem Niveau der ›Fabel‹ als Sexualobjekt in Frage kommen könnte beziehungsweise ob sie auf dem Niveau der ›story‹ tatsächlich als solches in Frage kommt oder aber, »verdorrt« und mit »eingefallene[r] Brust«, in eroticis von vornherein ausscheidet.[40] Dieser patente Sexismus ›kolludiert‹ aber wieder und noch immer mit einer rassistischen Substruktur. Oder vielmehr läßt er etwas von den Bedingungen und Ursachen des eigentlich rassistischen Antisemitismus erkennen.

Denn in der zeitgenössischen Terminologie der rassenbiologischen Binäropposition, ›deutsch‹ versus ›jüdisch‹, sind es bei Thomas Mann ja immer ›deutsche‹ Männer, welche die ›jüdischen‹ Töchter zu Frauen begehren: Anonymus von Beckerath in *Wälsungenblut*, Paolo Hofmann im *Willen zum Glück* und, in den *Buddenbrooks*, August Möllendorpf oder sogar Hinrich Hagenström, in der Retrospektive nämlich auf die Zeit, da Laura Hagenström geb. Semlinger noch eine »*junge* Frankfurterin«[41] und eben erst im Begriff war, durch ihre Exogamie das Stigma ihres Nachnamens loszuwerden. Dieses geht in jener schon einmal zitierten Notiz zum Roman bezeichnender- und eben wieder inkorrekterweise auf ihre Kinder über: »Schulgänge mit den kleinen ›Semlinger‹, deren *Mutter* Jüdin ist«.

Daß Thomas Mann das Wort »Mutter« hier unterstrichen hat, könnte, wie eben angedeutet, die Differenz zweier Konzeptionen reflektieren, für die vermutlich »Kohn« und »Hagenström« stehen, der stereotyp jüdische und der ›deutsche‹ Familienname eines jüdisch nur ›Versippten‹. Darüber hinaus aber oder alternativ dazu vermag die Unterstreichung auch die überdeterminierten Markierungen gewissermaßen wettzumachen, mit denen die Notiz die namensrechtliche Unstimmigkeit des Namens »Semlinger« anzeigt und ein Bewußtsein für diese Unstimmigkeit eingesteht. Nicht nur hat Thomas Mann den unstimmigen Namen zwischen Anführungszeichen gestellt und ein Fragezeichen über ihn gesetzt; sondern er hat ihn endlich (das heißt mit einem erkennbar anderen Schreibmaterial) ganz gestrichen. Die Hervorhebung *»Mutter«* dagegen kann auf einen genauen religiös-matrilinearen Sinn verweisen, in dem die »kleinen ›Semlinger‹« jüdisch sind und so verstanden ein für allemal »Semlinger« bleiben müssen.

In dem religiösen Sinn allerdings eines ›Bekenntnisses‹ und einer konfessionellen Selbst- und bürokratischen Fremddefinition könnte schon und gerade die »Mutter« mit Sicherheit keine »Jüdin« sein. »Jüdin ist« sie offenbar eindeutig und ausschließlich im ethnischen Sinn. Denn eine Heirat Laura Semlingers mit Hinrich Hagenström (geschweige denn Anna Emilie Oppenheimers

40 Vgl. Bal, S. 5.

41 Bd. 1, S. 62; im Original keine Hervorhebung.

mit Johann Christoph Fehling) ohne christliche Konversion der Braut, wenn nicht schon ihrer Vorfahren, wäre zu jener Zeit ganz undenkbar gewesen, lange bevor auch nur die Möglichkeit zur Zivilehe überhaupt bestand. Die Zivilehe nämlich sollte im Deutschen Reich erst in Thomas Manns Geburtsjahr eingeführt werden, zwei Jahre vor Ablauf der in den *Buddenbrooks* erzählten Zeit.[42]

In den *Buddenbrooks* ist damit ein entscheidender Schritt weiblicher Assimilation immer schon bewältigt. Einen und aus weiblicher Sicht sogar *den* entscheidenden Schritt zur vollkommenen Akkulturation bildet ja doch wohl die gut-›deutsche‹ Heirat einer solchen, die vordem »übrigens Semlinger hieß«. In deren »Kinder[n]« kann den alteingesessenen ›Bürgern‹[43] und Bürger*innen* nun scharfe Konkurrenz erwachsen. So definiert sich Tony Permaneder-Grünlich-Buddenbrook besonders und ausgerechnet bei ihren Eheschließungen aus einer lebenslangen Rivalität zu Julchen Möllendorpf-Hagenström.

In den anderen einschlägigen Texten steht dieser Assimilationsschritt unmittelbar bevor, oder aber er wird darin eben vollzogen. Er bildet so ein eigentliches Movens der jeweiligen Handlung. Die Heirat mit der ›juive fatale‹[44] Ada von Stein (deren Gefühle für den ›deutschen‹ Freier und Bräutigam zu den Leerstellen des Texts gehören) gibt den eigentlichen Gegenstand von Paolo Hofmanns »Wille[n] zum Glück« ab, einem freilich sehr zweifelhaften »Glück« (Hofmann stirbt ja »am Morgen nach der Hochzeitsnacht, – beinahe in der Hochzeitsnacht«[45]). Und *Wälsungenblut* spielt unmittelbar vor »Sieglindens und Beckeraths Hochzeit«, zu der Sieglinde ihre Einwilligung gegen ihre ganz vom Zwillingsbruder besetzten Gefühle gegeben hat:

> Sie stand nahe bevor, in acht Tagen sollte sie stattfinden. Man erwähnte der Aussteuer, man entwarf die Route der Hochzeitsreise nach Spanien. Eigentlich erörterte Herr Aarenhold allein diese Gegenstände, von seiten von Beckeraths durch eine artige Fügsamkeit unterstützt. Frau Aarenhold speiste gierig und antwortete, nach ihrer Art, ausschließlich mit Gegenfragen, die wenig förderlich waren. Ihre Rede war mit sonderbaren und an Kehllauten reichen Worten durchsetzt, Ausdrücken aus dem Dialekt ihrer Kindheit. Märit war voll schweigenden Widerstandes gegen die kirchliche Trauung, die in Aussicht genommen war und die sie in ihren vollständig aufgeklärten Überzeugungen beleidigte. Übrigens stand auch Herr Aarenhold dieser Trauung kühl gegenüber, da von Beckerath Protestant war. Eine protestantische Trauung sei ohne Schönheitswert. Ein anderes, wenn von Beckerath dem katholischen Bekenntnis angehört hätte. – Kunz blieb stumm, weil er sich in von Beckeraths Gegenwart an seiner Mutter ärgerte. Und weder Siegmund noch Sieglind legten Teilnahme an den Tag. Sie hielten einander zwischen den Stühlen an ihren schmalen und feuchten Händen.[46]

---

42 Vgl. Richarz, S. 19.

43 Vgl. Sombart, Der Bourgeois, S. 299, 337 f.; vgl. z. B. S. 131.

44 Vgl. Charlene A. Lea, Emancipation, Assimilation and Stereotype: The Image of the Jew in German and Austrian Drama (1800–1850), Bonn: Bouvier, 1978 (Modern German Studies, Bd. 2), S. 65–77.

45 Bd. 8, S. 61.

46 Bd. 8, S. 385 f.

Die Verteilung der Sympathien fällt hier besonders stark asymmetrisch aus. Das eine Extrem liegt bei der »gierig[en]« und »wenig förderlich[en]« Mutter, das andere bei ihrem »schöne[n]« Sohn, der sich in Gegenwart eines ›Deutschen‹ »von Familie«[47] für sie schämt. Diese Asymmetrie resultiert ganz offensichtlich wieder aus einer ›Kollusion‹. Die ›Kollusion von Rassismus und Sexismus‹ gestaltet sich hier allerdings komplizierter. Die Differenzierung der Lesergunst verläuft hier ja auch bei den männlichen Figuren entlang der Generationengrenze, besonders zwischen dem Vater einerseits und wieder dem soldatischen Sohn andererseits, dem »Husaren«,[48] dessen nicht bloß dekorativer, sondern wirklich »gefährliche[r]« Schmiß[49] von seinem Avancement in den für wilhelminische Begriffe höchsten Ehrenkodex, den Kodex der Duellehre zeugt[50] (wie Thomas Manns ältester Pringsheim-Schwager nach der einen, offenbar falschen, aber für die ältere Forschung gut genug erfundenen Version von seinem frühen Tod im Duell fallen sollte[51]). Das Kriterium der Generationszugehörigkeit läßt sich spätestens hier nicht mehr einfach als Funktion jenes Sexismus verstehen, der den Wert weiblicher Personen nach dem Grad ihres ›sex appeal‹ bemißt.

Die volle Bedeutsamkeit dieses Kriteriums erhellt der Anlaß, aus dem die Sympathielenkung hier erfolgt. Sie erfolgt im Kontext einer Erörterung der »Trauung« und zumal der »kirchliche[n] Trauung«. In seiner »[ü]brigens« zwar »kühl[en]« Haltung »dieser Trauung [...] gegenüber« bleibt der Brautvater doch um eine wichtige Nuance hinter dem Schwiegervater Thomas Manns zurück, den dieser in »Herr[n]« Aarenhold vermutlich parodiert hat (ein ja auch von anderen Erzählern jüdischen Figuren gegenüber aufgebotener und ironisch durchgehaltener Respektstitel – »*Herr* Stürzli«, »*Herr* Spinell«, »*Herr* Blüthenzweig«[52] –, dessen ganze Verächtlichkeit in den *Buddenbrooks* eigens expliziert wird[53]).

Alfred Pringsheim scheint auf eine »kirchliche Trauung« seiner Tochter gar keinen Wert gelegt zu haben. Aarenhold dagegen zieht eine »protestantische Trauung [...] ohne Schönheitswert« einem völligen Verzicht auf das christliche Ritual immer noch vor. Die Gründe dafür sind leicht zu interpolieren. Aarenhold, »im Osten an entlegener Stätte geboren«,[54] gibt so wie etwa auch mit

47 Bd. 8, S. 394.

48 Ebd.

49 Bd. 8, S. 381.

50 Vgl. Ute Frevert, Ehrenmänner. Das Duell in der bürgerlichen Gesellschaft, München: Beck, 1991, S. 158 f.

51 Vgl. de Mendelssohn, Bd. 2, S. 1286; dagegen die neueste Biographik: Inge Jens und Walter Jens, Frau Thomas Mann. Das Leben der Katharina Pringsheim, Reinbek b. Hamburg: Rowohlt, 2003, S. 78; Kirsten Jüngling und Brigitte Roßbeck, Katia Mann. Die Frau des Zauberers. Biografie, München: Propyläen, 2003, S. 92.

52 Bd. 8, S. 206–213; vgl. S. 205, 214; im Original keine Hervorhebung.

53 Bd. 1, S. 723.

54 Bd. 8, S. 385.

seiner Bibliomanie seinen Anpassungseifer zu erkennen. Dieser aber entfremdet ihn seinen ungleich weiter assimilierten »Kinder[n]«. Er setzt ihn – »jedes« ist hierin »mit jedem« einer und derselben Meinung – geradezu ihrer ›Verachtung‹ aus.[55] Sein Akkulturationswille, seine Aspiration auf das ›inner circle‹ der wilhelminischen Gesellschaft, kann gegen seine physische und vor allem auch noch kulturelle Alterität nicht wirklich aufkommen, wenn Aarenhold etwa »angeregt [...] Luft auf[ ]bring[t]« oder wenn er zuvor, bereits bei seinem ersten Auftritt (wie Türkheimer »mit kurzen« beziehungsweise »kleinen Schritten«[56]), »sich leise die Hände rieb«:[57] Es handelt sich hierbei natürlich um eine ins Stereotype getriebene, übrigens Wort für Wort auch wieder bei Heinrich Mann[58] und etwa noch in Max Frischs *Jürg Reinhart* so belegbare Gestik.[59] Über diese kennzeichnete Thomas Mann bereits zwei, drei Jahre zuvor in *Gladius Dei* den Ladeninhaber »M. Blüthenzweig«, dessen Judentum ebenso selbstverständlich schon der scheinbar schweigende Vorname verriet. Und zwei weitere Jahre später scheint ihm dieselbe Geste wieder vorgeschwebt zu haben, als er in seinem Beitrag zur »Lösung« der schon damals so genannten »Judenfrage« ›den‹ noch nicht assimilierten und daher »zweifellos entarteten« Juden auf die Formel »Fettbuckel, krumme Beine und rote, mauschelnde Hände« brachte.[60]

Noch weitaus schwächer aber und am allerschwächsten assimiliert ist *Frau* Aarenhold. Sie verrät sich bereits durch ihre Sprache (während Hedwig Pringsheim ausgebildete Schauspielerin und eine »ausgezeichnete[ ] Sprecherin«[61] war). Sie redet so, wie man es aus den von Sigmund Freud zur genau gleichen Zeit referierten Witzen kennt, in denen zu den »jüdische[n] Eigentümlichkeiten« auch die »Art« gehört, »mit Gegenfragen« zu antworten.[62] Sie ›mauschelt‹ noch sensu proprio und nicht in dem auch bei ihrem Mann immerhin schon vollständig auf die *Körper*sprache der »Hände« übertragenen Sinn des Verbs (vollständig oder dann allenfalls bis auf den letzten Rest einer akustischen Bestimmung: »[i]ndem er sich *leise* die Hände rieb«). »Ihre Rede« und der »Dialekt« nur »*[i]hre[r]* Rede« (»mit [...] an Kehllauten reichen Worten [...] aus [...] ihrer Kindheit«) verrät syntaktisch, lexikalisch und phonetisch ihre Alterität, während »Herr Aarenhold und die Kinder« in denselben »gut gesetzten Worten« lupenreines bis sehr hoch gestelztes Standarddeutsch reden,

55 Bd. 8, S. 384.
56 Heinrich Mann, Im Schlaraffenland, S. 262.
57 Bd. 8, S. 380, 383.
58 Vgl. Heinrich Mann, Die Göttinnen, S. 60; ders., Schauspielerin, S. 388. Vgl. auch Thiede, S. 196 f.
59 Max Frisch, Gesammelte Werke in zeitlicher Folge, hg. v. Hans Mayer, Bd. 1: 1931–1944, Frankfurt a. M.: Suhrkamp, 1998, S. 325.
60 Bd. 13, S. 460–462.
61 De Mendelssohn, Bd. 1, S. 841.
62 Vgl. Freud, Bd. 6, S. 50, 123.

das am höchsten geschraubte ausgerechnet ihr »[un]männlichere[r]«, weniger »schöner« Sohn Siegmund mit den »rötlichere[n]«, später sogar rundheraus und wie bei jenem »entarteten Juden« »roten Händen«.[63]

Wenn also die jüdischen Mütter negativer besetzt und zugleich leichter als Jüdinnen zu identifizieren sind denn ihre Töchter – in *Wälsungenblut* ausdrücklich an ihrer sprachlich nicht kaschierbaren »Kindheit« und im *Willen zum Glück* jedenfalls »einfach« –, dann nicht allein zum Zeichen patent sexistischer Strukturen, deren Geltung übrigens auch durch die periphere der beiden Töchter Aarenhold relativiert wird: Die »vollständig aufgeklärte[ ]« und assimilierte Märit, »streng[ ]«, in nach den Standards der Zeit unfeminin »miederlosem Gewande«, mit »Hakennase, grauen Raubvogelaugen und einem bittern Munde«, also keineswegs den zeitgenössischen Weiblichkeitsidealen entsprechend und trotz ihrer »achtundzwanzig« Jahre noch immer unverheiratet, als Sexualobjekt offenbar ganz uninteressant, wird dennoch nicht weiter negativ besetzt. Die Verteilung der Sympathien scheint sich hier auch und vor allem nach dem Assimilationsgrad der Figuren zu bemessen (nach dem Grad allein; nicht etwa, wie das Beispiel Doktor Sammets lehrt, nach dem Assimilations*willen*). Damit reflektieren und reproduzieren die einschlägigen Texte den schweren Assimilationsdruck, dem sich die deutschen Juden spätestens seit der Reichsgründung[64] ausgesetzt sahen und der ihre dann ja in der Tat sehr weitgehende und weitgehend erfolgreiche Assimilation zur Konsequenz hatte.

In eins mit dem Assimilationszwang reproduzieren dieselben Texte aber auch dessen paradoxale Folge.[65] Die Folge der Assimilation bestand bekanntlich nicht in einer Einebnung der jüdisch-›deutschen‹ Differenzen. Einer von Erving Goffman vorgeführten These entsprechend, die sich auch schon an Detlev Spinells kultureller Anpassung und dem aus deren Vollständigkeit resultierenden Interesse für seine Schrift als stichhaltig erwiesen hat, führte die Assimilation gerade nicht zum so bezweckten »Erwerb eines vollkommen normalen Status«; sondern die versuchte »Reparatur« des Stigmas hatte und hat auch bei Thomas Mann das »Ergebnis«, daß »ein bestimmter Makel« sich in das »Kennzeichen« ›transformierte‹ respektive ›transformiert‹, »einen bestimmten Makel korrigiert zu haben«.[66] Ja, die Versuche, das Stigma zu löschen und damit der Stereotypisierung zu entkommen, führten nur zu neuen beziehungsweise zur Konsolidierung anderer antisemitischer Stereotypen. Sie begünstigten das Aufkommen zeitgemäßerer Diskriminierungsmechanismen, welche einer Tilgung des Stigmas zuvorkommen und dieses theoretisch und in praxi fest- und fortschreiben sollten: theoretisch in Pseudowissenschaften wie der Gra-

63 Bd. 8, S. 396. Vgl. z. B. Heinrich Mann, Im Schlaraffenland, S. 209.

64 Vgl. Pulzer, S. 160 f.

65 Vgl. Zygmunt Bauman, Vom Nutzen der Soziologie, Frankfurt a. M.: Suhrkamp, 2000, S. 243.

66 Erving Goffman, Stigma. Über Techniken der Bewältigung beschädigter Identität, Frankfurt a. M.: Suhrkamp, 1975, S. 18.

phologie und der Rassenbiologie; praktisch zum Beispiel in der juridischen Erschwerung der Namensflucht. Eine solche, vor dieser Ungewißheit allein muß ja der Erzähler des *Willens zum Glück* kapitulieren, könnte der Baron von Stein und gegebenenfalls eben mit so gutem Erfolg durchlaufen haben, daß an ihm die rassenbiologischen Wahrnehmungskriterien versagen.

Bei den Jüd*innen* jedoch wird die Insistenz auf dem ›Namen des Vaters‹ gerade wegen der patriarchalen Ordnung gegenstandslos, deren Ausdruck sie ist und deren namensrechtliche Weiterung den heranwachsenden Hochstapler Krull an der Geschlechterdifferenz »hauptsächlich« zu faszinieren scheint: »der Namenswechsel, welchen die Eheschließung« in der patriarchalen Gesellschaft »mit sich bringen würde«, die bei heiratsfähigen Jüdinnen »durch Gesetz und Ordnung« nicht nur nicht erschwerbare, sondern im Gegenteil sehr nahegelegte »Möglichkeit, [...] den Namen zu wechseln«.[67] Diese »große Bevorzugung des weiblichen Geschlechts gegenüber den Männern«,[68] welche Tony Buddenbrook und der Erzähler der *Buddenbrooks* in ihren Rückgriffen auf den Mädchennamen Laura Hagenströms freilich wieder annullieren, stimmt genau zu dem Aufwand, den Thomas Mann mit den Portraits jüdischer Töchter und insbesondere mit den darin eingelagerten rassenbiologisch signifikanten Merkmalen betreibt. Und zwar betreibt er solchen Aufwand just dann, wenn diese Frauen davor stehen oder eben dabei sind, zu heiraten: das heißt durch die Heirat einen echt und unzweideutig ›deutschen‹ Namen anzunehmen oder sogar, in »*von* Becker*ath*«, den adligen Namen eines Manns »von Familie«, der mit seiner deutschtümlichen, wie Frakturschrift »anheimelnden«[69] Orthographie das hohe Alter der Familie und die echte Höhe des Adels zu verbürgen scheint.

Die Portraits der jüngeren, weitgehend assimilierten und unter ›Deutschen‹ desto heiratsfähigeren Jüdinnen sind also sehr bezeichnenderweise vor allem hinsichtlich des ›Naturkörpers‹ differenziert. So hat das immer »klein[e]«[70] Jul*chen* Hagenström respektive, später, die »geborene Hagenström« wie Sieglind Aarenhold[71] wortwörtlich wiederholtermaßen »große[ ], blanke[ ], schwarze[ ] Augen«. Und die Körperbeschreibung ihrer Mutter ist in eine Rückschau auf den Moment integriert, da die aus diesem Anlaß mit ihrem Mädchennamen genannte Semlinger Hinrich Hagenström heiratete. Mit ihrer Mutter scheint Julchen Hagenström allerdings, wie im Zusammenhang mit der Nase ihres Bruders gesehen, keine ausgewiesenen ›natürlichen‹, sondern nur die ›kulturkörperlichen‹ Merkmale der »Brillanten« zu teilen (ebenso wie mit den Müttern von Stein und Aarenhold).[72]

67 Bd. 7, S. 317.
68 Ebd.
69 Bd. 13, S. 247 f.
70 Bd. 1, S. 132, 348.
71 Bd. 8, S. 381, 396.
72 Bd. 1, S. 348; vgl. S. 132; auch Bd. 8, S. 381, 395 f.

Die rassenbiologisch ›fokalisierten‹[73] Portraits jüdischer Frauenkörper reagieren so auf die Assimilation der deutschen Juden. Sie reagieren auf die damit wachsende und verzweifelte Schwierigkeit, Jüd*innen* »einfach« an ihrem Äußeren, geschweige denn an ihrer Sprache oder auch nur am Namen noch als solche zu erkennen.[74] In dieser Tendenz, die jüdische Identität gerade dort körperlich zu markieren, wo sie aus der symbolischen Ordnung der Sprache und der Namen ganz verschwunden ist beziehungsweise zu verschwinden droht, reflektieren Thomas Manns einschlägige Texte gewisse Widerstände gegen die Judenassimilation, zu der sie den Zwang paradoxalerweise eben doch auch auszuüben helfen.

Diese Befangenheit, die Verstrickung in den seinerzeit modernen Antisemitismus steht in einer widersprüchlichen Beziehung zu dessen später klarsichtigen Analysen, wie sie aus Thomas Manns literarischen Gestaltungen rassistischer Ressentiments sprechen. Eine solche Literarisierung liegt ja seit den Zwanzigerjahren in der Wiedemann-Figur des *Zauberberg* vor. Und sogar schon anderthalb Jahrzehnte früher, in einer früheren Konzeptionsschicht von *Königliche Hoheit*, scheint Thomas Mann einmal erwogen zu haben, die antisemitischen Vulgärpsychologismen literarisch zu entlarven. Denn ursprünglich sollten sich dort die rassistischen Aggressionen der zu kurz Gekommenen offenbar nicht gegen das indianische, sondern gegen jüdisches ›Blut‹ der ehedem, in den Notizen, »eigentlich Davids oder Davidsohn«[75] heißenden Spoelmanns richten.

Solche Widersprüchlichkeiten hat Thomas Mann wie gesagt nirgends eingeräumt und vielleicht auch gar nicht sehen wollen oder können. Niedergeschlagen, und sei es auch nur als unbewältigte, haben sie sich aber in der ungleichen Verteilung jüdischer Figuren aufs Gesamtwerk, genauer gesagt in der Verteilung der besonders und bedrohlich leicht assimilierbaren Jüd*innen* auf die vor 1945 konzipierten Texte. Nach der Erzählung *Wälsungenblut*, die er unmittelbar vor dem Beginn der Arbeit an *Königliche Hoheit* abschloß, fast zwei Jahrzehnte lang zurückhielt und auch dann nur in geringer Auflage und kostspieliger, schwer zugänglicher Form veröffentlichte, ließ Thomas Mann keine prominente deutsche Jüdin mehr auftreten, abgesehen von einer einzigen, sehr späten Ausnahme. Diese Ausnahme bildet der Fall der werkchronologisch oder doch konzeptionsgeschichtlich überhaupt letzten jüdischen Figur, die in seinem literarischen Œuvre erscheint, nämlich zuletzt im Schlußkapitel und der »Nachschrift« des *Doktor Faustus*.

73 Vgl. Bal, S. 142–144.

74 Vgl. Barbara Hahn, Die Jüdin Pallas Athene. Auch eine Theorie der Moderne, Berlin: Berlin, 2002, S. 56–62.

75 Vgl. Jüdisches Adreßbuch für Groß-Berlin, S. 72 f., s. v. ›Davids‹, ›Davidson‹; Bering, Der Name als Stigma, S. 214 f., s. v. ›Davidsohn‹.

Die letzte Jüdin

Sie [Kunigunde Rosenstiel] war eine knochige Jüdin vom ungefähren Alter der Nakkedey, mit schwer zu bändigendem Wollhaar und Augen, in deren Bräune uralte Trauer geschrieben stand darob, daß die Tochter Zion geschleift und ihr Volk wie eine verlorene Herde war. Eine rüstige Geschäftsfrau auf derbem Gebiet (denn eine Wurstdarmfabrik hat entschieden etwas Derbes), hatte sie doch die elegische Gewohnheit, beim Sprechen all ihre Sätze mit »Ach!« anzufangen. »Ach, ja«, »Ach, nein«, »Ach, glauben Sie mir«, »Ach, wie denn wohl nicht«, »Ach, ich will morgen nach Nürnberg fahren«, sagte sie mit tiefer, wüstenrauher und klagender Stimme, und sogar, wenn man sie fragte: »Wie geht es Ihnen?«, so antwortete sie: »Ach, immer recht gut.« Ganz anders jedoch, wenn sie *schrieb*, – was sie außerordentlich gerne tat. Denn nicht nur war Kunigunde, wie fast alle Juden, sehr musikalisch, sondern sie unterhielt auch, sogar ohne weitreichende Lektüre, ein viel reineres und sorglicheres Verhältnis zur deutschen Sprache als der nationale Durchschnitt, ja selbst als die meisten Gelehrten, und hatte die Bekanntschaft mit Adrian, die sie auf eigene Hand stets ›Freundschaft‹ nannte (war es denn übrigens nicht auf die Dauer wirklich dergleichen?), mit einem ausgezeichneten Briefe angebahnt, einem langen, wohlgesetzten, inhaltlich nicht eben erstaunlichen, aber stilistisch nach den besten Mustern eines älteren, humanistischen Deutschland geformten Ergebenheitsschreiben, das der Empfänger mit einer gewissen Überraschung gelesen, und das man seiner literarischen Würde wegen unmöglich mit Stillschweigen übergehen konnte. So aber auch in der Folge schrieb sie ihm, ganz unbeschadet ihrer zahlreichen persönlichen Besuche, öfters nach Pfeiffering: ausführlich, nicht sehr gegenständlich, der Sache nach nicht weiter aufregend, aber sprachlich gewissenhaft, sauber und lesbar, – übrigens nicht handschriftlich, sondern auf ihrer Geschäftsmaschine, mit kaufmännischen Und-Zeichen, – eine Verehrung bekundend, die näher zu definieren und zu begründen sie entweder zu bescheiden oder außerstande war, – es war eben Verehrung, eine instinktbestimmte, sich durch viele Jahre in Treuen bewährende Verehrung und Ergebenheit, um derentwillen man die vortreffliche Person, ganz abgesehen von sonstigen Tüchtigkeiten, ernstlich hochzuachten hatte.[76]

Dem Status eines Spätwerks in jenem sehr viel tieferen als nur chronologischen Sinn des Worts, in dem dieses Selbstironie und Revokation des lebenslang Gültigen mit einschließen kann, wird der *Doktor Faustus* schon in der Bewertung Kunigunde Rosenstiels gerecht. Als einzige deutsche Jüdin des Gesamtwerks markiert sie der Erzähler explizit positiv, als ›tüchtige‹, »ernstlich hochzuachten[de]«, sich »in Treuen bewährende« und kurzum »vortreffliche Person«. Und das ›set‹ ihrer Merkmale läßt sich sehr weitgehend als Negation, Inversion oder Parodie alles dessen beschreiben, was den Jüdinnen des Frühwerks gemeinsam war. Dieses parodistische Moment gehört nachweislich in die älteste Konzeptionsschicht der Figur, wie sie einem in den Notizen zum Roman entgegentritt:

Weibliche Wesen, die ihn [Adrian Leverkühn] verehren, betreuen, mit Eßwaren, Backwaren versehen, ihn anbeten und einander nicht leiden können. *Meta Rühel* [darüber:

76 Bd. 6, S. 417 f.

»Nackedey«], hinkend, verhuscht, Psychoanalytikerin. Trauernde, wohlgesetzt sprechende u schreibende *Jüdin.*

Die *»Jüdin«* hat also eh und je Meta Nackedey alias Rühel »nicht leiden können« und den »deutschen Tonsetzer[ ]« immer schon »verehren« müssen. Wie die meisten jüdischen Figuren des Gesamtwerks stand und steht Kunigunde Rosenstiel damit in einem Rivalitätsverhältnis zu einer ›deutschen‹ desselben Geschlechts (wie zum Beispiel Julchen Hagenström zu Tony Buddenbrook). Und wie die meisten Jüdinnen stand und steht sie noch immer in einer ganz anderen, nicht-agonalen, patent oder potentiell sexuellen Beziehung zu einer ›deutschen‹ Figur des anderen Geschlechts (wie Sieglind Aarenhold, Laura und Julchen Hagenström, die Freiin und vielleicht auch die Freifrau von Stein zu ihren Männern oder Männern in spe). Nur sind jene anderen heterosexuellen Beziehungen entweder nicht asymmetrisch; oder dann sind sie so als asymmetrische charakterisiert, daß die Jüdin das *Objekt* eines unerwiderten männlich-›deutschen‹ Begehrens abgibt (bei Sieglind Aarenhold; und bei Ada von Stein erfährt man erst zuletzt, wie sie emotional ihrer Freiung gegenübersteht).

Bei der »Huldigung[ ]«,[77] »Verehrung und Ergebenheit«, welche Kunigunde Rosenstiel für Adrian Leverkühn hegt und deren »instinktbestimmte« Basis in einer »kümmerlich[ ]« frustrierten Sexualität der Erzähler von allem Anfang an er- und verrät, gestaltet sich die Asymmetrie genau umgekehrt. Dem »deutschen Tonsetzer[ ]« ist die ihn verehrende und begehrende *»Jüdin«* ebenso gleichgültig wie das andere »[w]eibliche Wesen«. Damit aber erübrigen sich auch »Eifersucht« und »Wettstreit«[78] zwischen der *»Jüdin«* und Meta Nackedey. Nicht von ungefähr gedachte Thomas Mann dieser zunächst, bevor er ihren Spottnamen in die Figurenskizze hineinkorrigierte, sehr bezeichnenderweise den Geschlechtsnamen »Rühel« zu geben: klang »Rühel« doch, nach Ausweis einer im Notizenkonvolut erhaltenen Namensliste, in seinem Ohr ganz entschieden »deutsch[ ]« (so wie der Vorname »Meta«, von den *Buddenbrooks* und Morten Schwarzkopfs Schwester her, geradezu hypergermanisch konnotiert ist). Die Möglichkeit einer sexuellen Symbiose über die Rassendifferenz hinweg ist bei Leverkühn und Rosenstiel so absurd und abwegig geworden wie die jüdisch-»deutsche[ ]« Sexualrivalität hier, zwischen den beiden je »jüngferliche[n] Frauen«,[79] als gegenstandslos und lachhaft erscheint.

Assimilation und Assimilations*wille*, als deren Reflex sich der sonst ernstzunehmende und für die ›Deutschen‹ gefährliche Rivalismus jüdischer Figuren verstehen ließ, zeigen sich bei *Kunigunde* Rosenstiel wie etwa bei *Sieglind* Aarenhold an ihrem entschieden ›deutschen‹ Vornamen. Sie zeigen sich auch und vor allem an ihrem »reine[n] und sorgliche[n] Verhältnis zur deutschen

77 Bd. 6, S. 418.
78 Bd. 6, S. 417.
79 Bd. 6, S. 416.

Sprache«. Dieses wird bei ihr sogar einmal ausdrücklich und ausführlich thematisch.

Die Assimilation ist bei Kunigunde Rosenstiel zwar so weit fortgeschritten wie bei den Töchtern Aarenhold, Hagenström und von Stein. Aber anders als bei jenen ist sie nicht mehr gegen eine nächstältere oder nächstjüngere Generation differenzierbar. »[V]erjungfert[ ]«[80] und also definitiv kinderlos, erscheint Kunigunde Rosenstiel andererseits auch nirgends als Tochter. Sie steht außerhalb der Mutter-Tochter-Konfigurationen, wie sie sonst den Prozeß der Assimilation abbildeten und in eins damit deren auch noch so fortgeschrittene Stadien gewissermaßen relativierten.

Die sozusagen absolute Assimiliertheit Kunigunde Rosenstiels zeigt sich, wie bei den anderen Jüdinnen des Gesamtwerks eine mehr oder weniger vollständige Akkulturation, an sehr gediegenen Vermögensverhältnissen. Diese erlauben es ihr, selbst in den Hungerjahren der Kriegs- und Nachkriegszeit den »deutschen Tonsetzer[ ] Adrian Leverkühn« mit »Eßwaren« einzudecken und ihm eine »Scharteke« von der Art der »moderige[n]«, ausdrücklich wieder so genannten »Scharteken« zu »besorg[en]«, die »Herr Aarenhold [...] in allen Sprachen« zusammenkauft.[81] Eigens erwähnt wird davon ausgerechnet »eine aus dem dreizehnten Jahrhundert stammende französische Versübertragung der Paulus-Vision, deren griechischer Text dem vierten Jahrhundert angehört«; und diese hat es Leverkühn deswegen angetan, weil er »für Leute, die ›niedergestiegen‹ sind, was übrigha[t] [...]: niedergestiegen zur Hölle«.[82]

Auch in solcher religiöser Bedenklichkeit erinnert die versifizierte Sprach-›Vision‹ zumindest von fern an die »entartenden Sprachträumereien« jenes Kon- oder Revertiten, deren »hübsche Original-Ausgabe« der Katholik Zeitblom »mitgebracht« haben will. Die Ähnlichkeit der beiden Buchgaben ist ein weiteres Indiz wenn nicht wieder einer ›juda-jesuitischen‹ Affinität, so doch dafür, daß Serenus Zeitblom von einer und derselben »Gilde« ist wie Kunigunde Rosenstiel. Er selber tituliert sie denn auch geradezu als »herabgesetzte und verjungferte Wiederholung« seiner eigenen Person.[83]

Nun kommen aber alle Indikatoren der jüdischen Assimiliertheit bei Kunigunde Rosenstiel von vornherein und auf den ersten, freilich noch zu vertiefenden Blick unter die Signatur des Komischen oder eben der Parodie zu stehen. Sie geben so nicht zuletzt eine nach wie vor patriarchal-sexistische Struktur zu erkennen. Sie kommunizieren die Ächtung und Verachtung, der »[w]eibliche Wesen« anheimfallen, sobald sie einmal als Sexualobjekt gänzlich außer Betracht liegen. Mit diesem Substantiv, »Wesen«, das ihnen, genau wie die Metonymie »Frauenzimmer«,[84] schon grammatisch und semantisch das

80 Bd. 6, S. 418.
81 Bd. 6, S. 472 f.; Bd. 8, S. 380.
82 Bd. 6, S. 472 f.
83 Bd. 6, S. 418.
84 Bd. 6, S. 473.

Geschlecht abspricht, wurde Kunigunde Rosenstiel ja zuallererst skizziert. Und mit ihm wird sie auch noch im Roman zuerst belegt:

> Es kam aber hinzu, daß ich [Serenus Zeitblom] ihn [Adrian Leverkühn] schon gleich bei meiner Rückkehr aus dem Felde in der Betreuung zweier weiblicher *Wesen* fand, die sich ihm genähert und sich, ganz unabhängig voneinander, zu seinen fürsorgenden Freundinnen aufgeworfen hatten. Es waren dies die Damen Meta Nackedey und Kunigunde Rosenstiel, – Klavierlehrerin die eine, die andere tätige Mitinhaberin eines Darmgeschäftes, will sagen: eines Betriebes zur Herstellung von Wursthüllen.[85]

Neben die übrigen deutsch-jüdischen Figuren des Gesamtwerks gehalten, sind im Portrait Kunigunde Rosenstiels teils altbekannte, teils neue, teils zwar alte, aber neu und anders ausgeprägte Merkmale versammelt. Vom Gesamtwerk her bekannt ist das renitente Haar der »wollige[n] Rosenstiel« – so wird sie mit einem für dessen Markierungsfunktion natürlich bezeichnenden Epitheton im letzten Romankapitel wiedereingeführt[86] –: Die Renitenz des Haars erinnert an Tamaras im *Zauberberg* »wirre[s] Wollhaar«[87] oder an Siegmund Aarenholds »dichte[], schwarze[], gewaltsam [...] gescheitelte[] Locken«[88] (oder etwa auch an den »Hausjuden«[89] aus Heinrich Manns *Göttinnen*: »dick bedeckt von wolligem schwarzem Haar«[90]). Die mit dem »*Woll*haar« suggerierte Animalität des Körpers erinnert an jene geradezu regelmäßigen Vertierungen jüdischer Menschen, die wie gesehen bis hinab zu Schädlingen und Parasiten reichen kann.[91] Und die mit der Vertierung hier einhergehende Abtötung und Materialisierung, die virtuelle Verwertbarkeit des »Wollhaar[s]« erinnert insbesondere an Doktor Leanders »schwarzen Bart, der hart und kraus ist wie das Roßhaar, mit dem man die Möbel stopft«[92] (und das seinerseits sinnigerweise an den struppig-häßlichen, vor allem aber auch grenzenlos habgierigen Zwerg Alberich erinnert:[93] den überlegenen Rivalen Mimes, einer weiteren ›diaphan‹[94] hinter Spinell sichtbaren Figur.[95] Der Konflikt zwischen erfolgreich und vergeblich assimiliertem Juden ›erscheint‹ so als die Konkurrenz der beiden Nibelungen.)

85 Bd. 6, S. 415 f.; im Original keine Hervorhebung.
86 Bd. 6, S. 655.
87 Bd. 3, S. 121, 202, 293, 455.
88 Bd. 8, S. 381.
89 Heinrich Mann, Die Göttinnen, S. 76.
90 Heinrich Mann, Die Göttinnen, S. 60.
91 Bd. 1, S. 239, 266, 552, 598, 622; Bd. 2, S. 31 f.; Bd. 6, S. 527; Bd. 8, S. 231, 381, 385; Tagebücher 1951–1952, S. 805 [Dokument 32].
92 Bd. 8, S. 216.
93 Vgl. Hartmut M. Kaiser, S. 207, Anm. 37.
94 Vgl. Hannelore Schlaffer, Wilhelm Meister. Das Ende der Kunst und die Wiederkehr des Mythos, Stuttgart: Metzler, 1980, S. 3.
95 Vgl. Hartmut M. Kaiser, S. 207, Anm. 37.

Neu ist schon das allem anderen vorangestellte Epitheton »knochig[ ]«. Sonst nämlich, abgesehen allenfalls von der »hageren [...] Hand«[96] des Herrn und der »eingefallenen Brust« der »verdorrt[en]« Frau Aarenhold, sind Thomas Manns deutsch-jüdische Figuren eher »fleischig«, füllig und gut »gepolstert[ ]«.[97] Sie bringen also Skelett und ›Knochen‹ im Gegenteil zum Verschwinden.

Nicht ganz neu sind die genaueren Kennzeichnungen der »Stimme«, die übrigens alle auf eine Korrektur der Handschrift zurückgehen (das Kolon »mit tiefer, wüstenrauher und klagender Stimme« hat Thomas Mann erst nachträglich eingefügt). Denn die »Stimme« wenigstens einer männlichen jüdischen Figur, Leo Naphtas, »erinnert[ ]« schon im *Zauberberg* »an den Klang eines gesprungenen Tellers«. Allerdings ist Naphtas Stimme auch ausdrücklich »vom Schnupfen sordiniert[ ]«; und sie wird erst anläßlich der Einleitung seiner ersten direkten Rede gekennzeichnet, eine gute Seite nach dem Katalog seiner stereotyp jüdischen Körpermerkmale. Man hat ihre Bestimmung also wohl eher als Merkmal angeschlagener Gesundheit denn der Ethnizität des Körpers zu lesen.[98]

Völlig neu aber ist jedenfalls die Art der Kennzeichnung der Stimme als »klagend[ ]« und »wüstenrauh[ ]«. Das erste Kompositionsglied dieses zweiten Epitheton, die Assoziation der Jüdin mit einem ganz und gar undeutschen, typisch orientalischen Landschaftstyp, erinnert zwar wieder von fern an die am schlechtesten assimilierte, die Mutter Aarenhold, deren ›Naturkörper‹ denn relativ geringes Interesse weckt. Der als solcher freilich ausgewiesene Vergleich, der die Eigenartigkeit dieses »verdorrt[en]« Körpers vergegenwärtigt, bietet in allerdings spekulativ-irrealer Form sogar eine kulturalistisch-lebensgeschichtliche Erklärung für dessen Erscheinung an: »*wie* unter einer fremden, heißeren Sonne verdorrt«.

Doch bildet bei Kunigunde Rosenstiel die ›Wüste‹, mit welcher die Rauheit ihrer unweiblich »tiefe[n]« Stimme nicht mehr eigentlich nur verglichen, sondern eben in entschieden weitergehender, wenn auch schwer zu präzisierender, sei es streng kausaler, sei es metaphorischer oder sei es auch lose assoziativer Weise in eins gesetzt wird,[99] zusammen mit dem letzten Epitheton dieser »klagende[n] Stimme« eine andere, eine konsistent-intertextuelle Isotopie. Diese erstreckt sich zum Beispiel auch auf das gewohnheitsmäßige »Ach!«. Und insbesondere erstreckt sie sich schon auf die Bestimmung der Augen:

Anders als aufgrund des Gesamtwerks zu erwarten, in dem deutsche Juden und Jüdinnen, wie wenigstens an Ada von Stein, Julchen Hagenström und den Zwillingen Aarenhold schon gesehen, regelmäßig »große[ ]« und »blanke[ ]«, »dunk[ ]l[e]« oder »schwarze[ ] Augen« haben,[100] sind die »Augen« Kunigunde

96 Bd. 8, S. 383.

97 Bd. 6, S. 529.

98 Bd. 3, S. 519.

99 Zur suggestiven und diffusen Assoziation von Wüste und Judentum bei *Heinrich* Mann vgl. Thiede, S. 172 f.

100 Vgl. z. B. Bd. 1, S. 62, 348; Bd. 4, S. 61, 68, 204; Bd. 8, S. 206, 223, 381.

Rosenstiels weder erwähnenswert ›groß‹ noch erwähnenswert ›blank‹ noch ›schwarz‹ noch auch nur unbedingt besonders ›dunkel‹. Aber Kunigunde Rosenstiels »Augen« sind auch nicht einfach ›braun‹, noch sind sie einfach ›traurig‹; sondern in der »Bräune« ihrer »Augen« ›steht‹ »Trauer *geschrieben*«. Die »Trauer« scheint sich dem Körper Kunigunde Rosenstiels buchstäblich eingeschrieben zu haben. Diese »uralte Trauer« um »ihr Volk« wird über ein seinerseits ›altes‹, über das jüdische Schriftkorpus schlechthin formuliert.

Die Wahrnehmung und Entzifferung des ›jüdischen‹ Körpers erfolgt hier nicht mehr nur unter rein rassen*biologischen* oder sonstwelchen körperstereotypischen Gesichtspunkten; sondern sie erfolgt a limine unter einem allem Anschein nach nicht mehr loszuwerdenden Bewußtsein der jüdischen Geschichte und der schriftlichen Spuren, die diese hinterlassen hat und welche eben in Form des ›Alten Testaments‹ die Identität des »Volk[s]« jenseits aller Humanbiologie zu begründen vermögen. Die Wahl des Teilkorpus, das Thomas Mann dafür herangezogen, und das zusehends schwerere Gewicht, das er diesem, wie gleich noch zu zeigen, im Lauf der Entstehungs- und Textgeschichte verliehen hat, spricht für sich: die Klagelieder. Die kulturelle Identität des »Volk[s]« wird so ganz einseitig auf das ›klägliche‹ und »elegische« Moment zurückgeführt.

Die buchstäblich in Fleisch und Blut Kunigunde Rosenstiels übergegangene ›Klage‹ und »Trauer« verunmöglicht es, deren Körper gleichsam voraussetzungslos wahrzunehmen. Ausgerechnet die »Trauer« um das »Volk« erlaubt es, anders gesagt, diesen Körper einem nur und rein rassenbiologistischen Interesse zu entziehen. Hierin liegt der wohl entscheidende und jedenfalls der zeitgeschichtlich sprechendste Unterschied zwischen der letzten und allen anderen deutschen Jüdinnen des Gesamtwerks.

Diese anderen Jüdinnen sind hinsichtlich ihres Temperaments entweder nicht markiert; oder aber sie werden, wie Julchen Hagenström in den *Buddenbrooks* oder die epitheto constante ja ihrerseits »wollhaarige[ ]« Tamara im *Zauberberg*, ganz anders, nämlich als sanguinisch bestimmt.[101] Womit der diametrale Wechsel des typischen Temperaments zusammenhängt und wie dieser die seit jenen früheren Literarisierungen jüdischer Frauen verstrichene Zeit und Zeitgeschichte reflektiert, versteht sich von selbst. In die Entstehungszeit des *Doktor Faustus* fielen die sukzessiven Enthüllungen der Dimensionen, welche die ›Endlösung der Judenfrage‹ angenommen hatte, so etwa im Umkreis der ersten Nürnberger Prozesse. Deren Eröffnung fiel mit der Portraitierung Kunigunde Rosenstiels zeitlich fast zusammen; und obwohl die Einführung der Figur auf der Achse der erzählten Zeit gut und gerne drei Jahrzehnte früher anzusetzen wäre, scheint dieser besondere Hintergrund in den Eigenheiten des Portraits sozusagen durchzuschlagen.

Schon vor Kriegsende hatte Thomas Mann die Ausmaße des Genozids, über die er offenbar vergleichsweise zuverlässige und sehr viel genauere Informa-

101 Bd. 1, S. 63; Bd. 3, S. 121, 202, 293, 455; Bd. 13, S. 468.

tionen erhielt als die amerikanische Öffentlichkeit,[102] den »Deutsche[n] Hörer[n]!« vor Augen zu halten versucht. Das letzte und eindringlichste Zeugnis dafür ist die von ihm selber so genannte »Rede über Auschwitz«,[103] eine Radioadresse vom 14. Januar 1945. Deren schauerliche Bildlichkeit – »Menschenknochen«, »Knochenmehl«[104] – spukt womöglich sogar noch ins Körperbild seiner letzten, vor allem anderen »*knochige[n]* Jüdin« hinein. Immerhin ließe sich so erklären, warum Thomas Mann gerade diese eine deutsch-jüdische Figur, und eben vor allem anderen, mit dem einigermaßen ausgefallenen und auffälligen Epitheton belegt hat. Sie wird damit virtuell einem Blick auf das Reale, gewissermaßen Realste ihres Körpers ausgesetzt, wie es jene von Thomas Mann mobilisierten Bilder herauskehren und wie es in den Imaginationen und Repräsentationen der Shoah wohl noch immer weiterwirkt (so zum Beispiel in den Phantasien Binjamin Wilkomirskis und fast mehr noch in der Bereitschaft seiner Leserschaft, den Authentizitätsanspruch solcher Phantasien ernstzunehmen[105]).

Der leise Anachronismus, den Thomas Mann seiner letzten Jüdin also auf den Leib geschrieben hat, wenn nicht dem unheimlich Antizipativen ihres »knochige[n]« Körperbilds, so jedenfalls in Form ihrer Fleisch und Blut gewordenen Traurigkeit, spricht Bände. Er läßt sich als eigentlicher, eben unwillkürlicher Reflex lesen, der in seiner Unwillkürlichkeit die ästhetische Souveränität des Autors ausnahmsweise einmal stört. Er reflektiert so gelesen ein Entsetzen vor den Konsequenzen, welche der deutsche und besonders der rassenbiologische Antisemitismus endlich haben sollte, an dessen Aufkommen freilich der frühe Thomas Mann gerade auch mit seinen literarischen Gestaltungen jüdischer Frauen sicherlich ganz unerheblich, aber eben doch partizipiert hatte.

---

102 Vgl. Heike Weidenhaupt, Gegenpropaganda aus dem Exil. Thomas Manns Radioansprachen für deutsche Hörer 1940 bis 1945, Konstanz: UVK Verlagsgesellschaft, 2001 (Journalismus und Geschichte, Bd. 5), S. 76–78.

103 Tagebucheintrag vom 19. Februar 1945; Tagebücher 1944–1946, S. 164.

104 Bd. 11, S. 1107 f.

105 Binjamin Wilkomirski, Bruchstücke. Aus einer Kindheit 1939–1948, Frankfurt a. M.: Jüdischer Verlag, [4]1996, z. B. S. 63, 66–68, 81, 84, 96 f. Vgl. Stefan Mächler, Der Fall Wilkomirski. Über die Wahrheit einer Biographie, Zürich und München: Pendo, 2000, S. 304–312.

Die späte Personifikation des jüdischen ›Volks‹

Die Zurücknahme rassenbiologischer Stereotype

Kunigunde oder Kunigunde ›Sara‹ Rosenstiel, wie ihr Name bei ihrem letzten Auftritt eigentlich schon hätte lauten müssen, erscheint zuletzt wie gesagt in der »Nachschrift« des Romans, auf der Achse der dort erzählten Zeit heißt das Ende August 1940. Sie erscheint nämlich zu Adrian Leverkühns Begräbnis, und das wiederum heißt aus einem Anlaß, der naturgemäß alles Mitgefühl der Leser oder zumindest des Erzählers auf den Protagonisten lenkt. Über all der Sympathie mit dem »deutschen Tonsetzer[ ]« droht und scheint wenigstens dem Erzähler Zeitblom das Bewußtsein dafür ganz verlorenzugehen, daß Kunigunde Rosenstiel zu diesem Zeitpunkt mehr Grund und noch andere Gründe zur »Trauer« haben müßte als die übrigen Trauergäste. »[D]ie elegische Gewohnheit«, über welche sich Zeitblom anläßlich ihrer Einführung mokierte, in der erzählten Zeit ungefähr im Sommer 1915, dürfte nun, ein ›gutes‹ Vierteljahrhundert später, unversehens alle Komik eingebüßt haben:

> Sie war eine knochige Jüdin vom ungefähren Alter der Nackedey, mit schwer zu bändigendem Wollhaar und Augen, in deren Bräune uralte Trauer geschrieben stand darob, daß die Tochter Zion geschleift und ihr Volk wie eine verlorene Herde war. Eine rüstige Geschäftsfrau [...], hatte sie doch die elegische Gewohnheit, beim Sprechen all ihre Sätze mit »Ach!« anzufangen. »Ach, ja«, »Ach, nein«, »Ach, glauben Sie mir«, »Ach, wie denn wohl nicht«, »Ach, ich will morgen nach Nürnberg fahren«, sagte sie mit tiefer, wüstenrauher und klagender Stimme, und sogar, wenn man sie fragte: »Wie geht es Ihnen?«, so antwortete sie: »Ach, immer recht gut.«

Mit Kunigunde Rosenstiels »elegische[r] Gewohnheit« verwirklichte Thomas Mann, was er nahezu sein ganzes produktives Leben lang mit sich herumgetragen hatte. Solch eine »Gewohnheit« nämlich hatte er sich schon fast ein halbes Jahrhundert früher vorgemerkt. Die »elegische Gewohnheit« taucht bereits in einem auf die Jahrhundertwende datierbaren Notizbuch auf. Sie erscheint hier allerdings noch ohne jede weitere, geschweige denn eine ethnische Festlegung der skizzierten Figur oder dann nur mit einer impliziten, wenigstens grammatischen Festlegung ihres – hier noch männlichen – Geschlechts: »Jemand, der alle seine Sätze mit ›Ach‹ beginnt«[1] (»alle seine *Sätze*« nota bene, nicht nur »jede Rede«[2] wie eine ägyptische Witzfigur der Josephstetralogie[3]).

---

1 Notizbücher, Bd. 2, S. 123; zur Datierung vgl. Bd. 2, S. 9.

2 Bd. 5, S. 1080–1084.

3 Vgl. Hübner, S. 215.

Erst bei der Gestaltung Kunigunde Rosenstiels aber scheint es sich Thomas Mann unabweisbar aufgedrängt zu haben, das längst schon Vorgemerkte endlich doch noch umzusetzen. Und bei dieser einen Figur wiederum muß das dazu nötige Unmaß an Schwermut seinerseits zu den allerersten Konzeptionselementen gehört haben. Denn die zunächst noch namenlose Gestalt war ja bereits in der einschlägigen Figurenskizze unter den Notizen zum *Doktor Faustus* zuallererst auf dieses eine Merkmal festgelegt, zusammen mit ihrem hier erst nachfolgenden, dafür aber eigenhändig unterstrichenen Judentum: »Trauernde [...] *Jüdin.*«

Die also längst fixierte, doch bemerkenswerterweise offensichtlich erst an der Rosenstiel-Figur sinnvoll realisierbare »Gewohnheit« hat Thomas Mann wie gesehen in eine Körperbeschreibung integriert. Die »elegische Gewohnheit« liegt mit der »Trauer«, die Kunigunde Rosenstiel aus den Augen spricht, und mit der »klagende[n] Stimme«, die der Erzähler zwischen den für diese »Gewohnheit« gegebenen Zitatbeispielen notiert, auf einer und derselben Isotopieebene. Unter den vielen Portraits jüdischer Gestalten in Thomas Manns Gesamtwerk ist solch eine Integration von ›Elegik‹ und »Trauer« singulär, die Übergänglichkeit zwischen physischen und charakterologischen, also Merkmalen eigentlich verschiedener Natur, die noch dazu alle, um es zu wiederholen, je schon für sich mehr oder weniger beispiellos sind:

Nur gerade Kunigunde Rosenstiel hat eine »wüstenrauhe[ ]« oder auch bloß erwähnenswert ›rauhe‹ Stimme; und unter den *zeitgenössischen* Juden und Jüdinnen, abgesehen nämlich von der Rebekka des Josephsromans,[4] deren Enkel obendrein einmal »mit etwas sandigem Akzente« spricht,[5] hat nur sie eine erwähnenswert »tiefe[ ]« Stimme. Nur Kunigunde Rosenstiel, und zwar vor allem anderen, wird mit dem Epitheton »knochig[ ]« belegt, während jüdische Figuren bei Thomas Mann ja sonst, abgesehen allenfalls wieder von der freilich »*stark*knochige[n]« »Matrone« Rebekka,[6] in der Regel eher korpulent sind, also das in gewissem, etwa im archäologischen Sinn ›Realste‹ des Körpers besonders gründlich verbergen. Und im Unterschied wenigstens zu allen Jüd*innen* und den Juden wenigstens des *literarischen* Gesamtwerks – etwa Saul Fitelberg im *Doktor Faustus*[7] –, deren Temperamente entweder gar nicht oder eben als sanguinisch »vergnügt« bestimmt werden,[8] dominiert den Merkmalssatz Kunigunde Rosenstiels »de[r] melancholische[ ] Zug[ ], der diesem Volk durch seine Geschichte eingeprägt worden« sein soll: So Thomas Mann allerdings nur in einem zurückgezogenen und postum erst 1966 veröffentlichten Zeitungsartikel von 1921, *Zur jüdischen Frage*; und selbst dort nur im Zusammenhang mit einer entschiedenen Ausnahme von dieser wie auch von der an seinen literarischen Juden und Jü-

4 Bd. 4, S. 204.
5 Bd. 4, S. 885.
6 Bd. 4, S. 204; im Original keine Hervorhebung.
7 Bd. 6, S. 529.
8 Bd. 1, S. 63; Bd. 6, S. 529; Bd. 13, S. 469.

dinnen ablesbaren Regel der Körperfülle: im Zusammenhang nämlich mit einem unter seinen jüdischen Mitschülern ausnahmsweise »vergnügten«, »schlank übrigens, mager«, wenn also auch nicht geradezu ›knochig‹.[9]

Die »knochige Jüdin« des *Doktor Faustus*, mit anderen Worten, weist keine innerhalb des literarischen Gesamtwerks wirklich stereotypen Merkmale und insbesondere nicht die rassenbiologischen Stereotypen auf, die in den früheren und besonders den frühen Romanen und Erzählungen die Wahrnehmung der Juden und vor allem der Jüd*innen*, zum Beispiel Julchen Hagenströms oder Sieglind Aarenholds beherrschen. Obwohl und gerade weil »[d]as Wort ›Jude, jüdisch‹« bei diesen wie auch anderwärts geflissentlich »vermieden« wird, ist ihre »Rasse« allein aus »großen, blanken, schwarzen Augen« zu supplieren oder aus einer »niedergedrückte[n] Nase«, wie sie der Erzähler in *Wälsungenblut* vor allem anderen an Sieglind Aarenholds Körper hervorhebt. Im Merkmalssatz aber der letzten, wohlgemerkt von Anfang an und expresso verbo als solche eingeführten »Jüdin« fehlen die Körperstereotype, die vordem so die ethnische Identifizierbarkeit besonders gut assimilierter Jüdinnen sicherzustellen vermochten. Oder dann sind die betreffenden Körpermerkmale doch tendenziell schon zu wenig ausgeprägt, als daß sie noch rassentypologische Beweiskraft beanspruchen könnten. In Kunigunde Rosenstiels Portrait bleibt etwa die Nase ausgespart. Und anders als vom Gesamtwerk her geradezu zu erwarten, sind die »Augen« Kunigunde Rosenstiels ja weder ›groß‹ noch ›blank‹ noch ›schwarz‹ noch ›dunkel‹ noch einfach nur ›braun‹; sondern in der »Bräune« ihrer »Augen« ›steht‹ eben etwas »geschrieben«.

Spätestens hier wie schon angedeutet, wenn unterschwellig nicht bereits beim *»schwer zu bändigende[n]«* und mit solch expliziter Widerborstigkeit Tamaras epitheton constans gewissermaßen überbietenden »Wollhaar«, geht ein somatisches unmittelbar in ein psychisch-charakterliches Merkmal über. Und in diesem, vermittelt durch die Verbalmetapher des ›Schreibens‹, scheinen die kulturell-›geschichtlichen‹ Faktoren, wie sie Thomas Mann auch bereits in jenem dann doch zurückgehaltenen Zeitungsartikel *Zur jüdischen Frage* für das Verständnis des melancholischen Temperaments in Anschlag gebracht hatte, eine rein rassenbiologische Identität zu übergreifen.

Symptomatisch dafür ist außer der Kulturmetaphorik des ›Schreibens‹ und der Schrift das Wort oder vielmehr die Bedeutungsbreite des Worts »Volk«, das bezeichnenderweise auch in jenem Artikel auftaucht. Anders als dort aber, in der Rede von dem, was »diesem Volk durch seine Geschichte eingeprägt« sei, erscheint das Wort hier distanziert oder gleichsam geschützt. Es erscheint in einem ohne weiteres als solches identifizierbaren Bibelzitat: »ihr Volk wie eine verlorene Herde«.

Der fiktive, geschweige denn der reale Autor übernimmt für die Verwendung des Worts keine Verantwortung mehr. Unter diesem Vorbehalt seiner Zitiertheit tritt das »Volk« hier an die Stelle des weniger diffusen, von kulturalisti-

9 Bd. 13, S. 468 f.

schen Momenten ganz freigehaltenen Begriffs »Rasse«, wie er sonst bei Thomas Mann, und zwar auch noch in den vorangehenden Kapiteln desselben Romans, die jüdische, zum Beispiel die Identität jener jüdischen Verehrerinnen und Gönnerinnen Rüdiger Schildknapps letztlich als eine humanbiologische festlegt:

> Diese [...] blickten mit der tiefgefühlten Bewunderung ihrer *Rasse* für deutsches Herrenblut und lange Beine zu ihm auf und genossen es sehr, ihn zu beschenken [...].[10]

Die Unterdrückung des Worts »Rasse«; der Widerspruch, in dem sie zur süffisanten Verwendbarkeit des Worts für andere Jüdinnen desselben Romans steht; seine Ersetzung nicht eigentlich durch das vagere, an sich schon komplexe und einschlußreiche Wort »Volk«, sondern nur noch durch dessen Zitat aus einem generisch ganz verschiedenen, archaisch-sakralen Kontext; die damit verbundene ironische Brechung; aber auch der singuläre, so wenig stereotypische Merkmalssatz Kunigunde Rosenstiels und das darin seltsam vexatorische Changieren von rassenbiologisch und ›geschichtlich‹ determinierbaren Elementen –: dies alles läßt sich zur oben schon berührten Entstehungszeit des betreffenden Romankapitels in Beziehung setzen. Zu genau der Zeit, als er am Portrait Kunigunde Rosenstiels schrieb, »[l]as« Thomas Mann »in einem vernünftigen, vielleicht etwas allzu vernünftigen Buch über die Judenfrage, antizionistisch von Rabbi Berger«,[11] nämlich *The Jewish Dilemma*. Darin stellte Elmer Berger »all Jewish character traits«[12] in Abrede: »I don't understand all this ›peculiar people‹ stuff«; »I find nothing to support the thesis that there is such an entity as a ›Jewish people‹«; »there is no such thing as a ›Jewish people‹«.[13] In Zweifel zog Berger aber zum Beispiel auch eine besondere jüdische Affinität zur Überlieferung des ›Alten‹ Testaments: »Jews today are no closer to Jeremiah than are their Christian neighbors.«[14]

Bergers Positionen müssen Thomas Mann nachhaltig irritiert haben. »Leugnet die Juden als ›Volk‹«, steht im Tagebuch, »›Rasse‹ ist vollends kompromittiert. Wie soll man sie nennen?«[15] Diese Irritationen sind im wie gesagt genau gleich alten Portrait der Kunigunde Rosenstiel tales quales greifbar. Sie sind greifbar in der Unterdrückung des in entsprechenden Zusammenhängen sonst noch immer gang und gäben, jetzt indessen »vollends kompromittiert[en]« Worts »Rasse«; und greifbar sind sie wohl auch in der ironisch distanzierten, sozusagen autorlosen Verwendung des dazu alternativen, »Volk«, dessen Berechtigung Berger ja ebenfalls »[l]eugnet«.

---

10 Bd. 6, S. 227; im Original keine Hervorhebung.

11 Tagebucheintrag vom 27. Oktober 1945; Tagebücher 1944–1946, S. 269.

12 Brief vom 23. Februar 1946 an Elmer Berger (Thomas Mann-Archiv).

13 Elmer Berger, The Jewish Dilemma, New York: Devin-Adair, ^{2}1946, S. 5–8.

14 Berger, S. 7.

15 Tagebucheintrag vom 27. Oktober 1945; Tagebücher 1944–1946, S. 269.

Bleiben also bei Kunigunde Rosenstiels letztem Auftritt die inzwischen vergangenen Jahrzehnte und die Weiterungen gespenstisch ausgeblendet, welche diese für eine Jüdin in Deutschland eigentlich hätten mit sich bringen müssen, so ist andererseits ihre Einführung in genau umgekehrtem Sinn anachronistisch. Denn die Bewegung, die man an Thomas Manns Haltung zur »Judenfrage« ablesen, und die resultierenden Verunsicherungen, als deren Teil und Ausdruck man Kunigunde Rosenstiels Portrait verstehen kann, reflektieren natürlich die Ereignisse, welche dessen Niederschrift unmittelbar vorausgingen und welche schon Bergers Buch zugrundelagen. Das Portrait Kunigunde Rosenstiels, um diesen makabren, aber wichtigen Entstehungszusammenhang nochmals herauszustellen, entstand kurz vor Eröffnung der Nürnberger Prozesse.

Die »Trauer«, unter deren Signatur der Körper der letzten Jüdin zu stehen kommt und die alles und jedes gleichsam imprägniert, was diese spricht, erhält erst vor solchen unmittelbar zeitgeschichtlichen Hintergründen ihren besonderen Sinn und ihre volle Berechtigung. Wenn der Autor ausgerechnet seine letzte Jüdin auf das Moment der »Trauer« und des ›Klagens‹ geradezu reduziert, von der Repräsentation ihres Körpers bis zur Stilisierung ihres »Sprechen[s]« in einer Weise, für die ihm ein halbes Jahrhundert lang keine Figur schwermütig genug war, dann steht diese Reduktion wie die von nun an konsequente Aussparung jüdischer Charaktere in beklemmend sinniger Beziehung zum historischen Kontext der Entstehungs-, aber nicht der im betreffenden Kapitel erzählten Zeit; eine Divergenz, die den hier mokanten Ton des Erzählers wo nicht entschuldigen, so vielleicht doch erklären kann.

Bei der Schwermut, welche die Einführung der Figur a limine dominiert, handelt es sich nicht oder nicht einfach nur um eine individuelle und als solche ironisierbare Marotte dieser Figur, die ja auch, wenn überhaupt jemandem, keiner Geringeren als der Rebekka der Patriarchenzeit gleicht; sondern in der »[t]rauernde[n] [...] *Jüdin*« artikuliert sich eine kollektive Erfahrung »ihr[es] Volk[s]« und ein Aspekt seiner »Geschichte«, der in den bevorstehenden Jahrzehnten eine neue Aktualität erlangen und zu bedrückender Ausschließlichkeit gelangen sollte. Das legt der Wortlaut des Texts schon bei der genaueren Bestimmung ihrer »Trauer« nahe. Denn nicht nur wird die Kunigunde Rosenstiels Körper buchstäblich eingeschriebene »Trauer« von allem Anfang an auf »ihr Volk« bezogen und aus dessen »Geschichte« begründet; was ihr jedenfalls aus den Augen und was wohl auch aus ihrer »wüstenrauhe[n]« und »klagende[n] Stimme« spricht, ist ja gar kein wirklich persönlich-individuelles Leiden der hier übrigens noch ziemlich jungen Figur allein – »vom ungefähren Alter der Nackedey«, das heißt »von einigen dreißig Jahren«[16] –: sondern es ist, den Text beim Wort genommen, *»uralte«*, also eine überpersönlich-kollektive »Trauer«, an der Kunigunde Rosenstiel nur partizipiert (wenn dieser Text auch die Modalität und Möglichkeitsbedingung solcher Partizipation nicht weiter

16 Bd. 6, S. 416.

ausweist. Bei dem hohen Alter der »Trauer« oder bei der »*wüsten*rauhe[n] [...] Stimme« gibt er keine oder dann eine lediglich implizite, am ehesten wohl lamarckistische Antwort auf die Frage, wie genau man sich die Einschreibung der kollektiven »Geschichte« in den Körper des Individuums oder ob man sich überhaupt die präsupponierte Vermittlung der Phylo- an die Ontogenese konkret vorzustellen habe.)

Kunigunde Rosenstiels ›elegische Gewohnheit‹

Wie eng nicht nur die Person Kunigunde Rosenstiels, sondern »ihr« ganzes »Volk« mit »Trauer« verbunden ist, ja daß es jetzt geradezu mit »Trauer« und ›Klage‹ identifiziert wird, die nun seine frühere, humanbiologische Imagination als »Rasse« überlagern und tendenziell verdrängen, zeigt eindrücklicher vielleicht als alles andere die sehr spezielle Zitathaftigkeit des für diesen Überprägungsvorgang ohnehin schon symptomatischen Worts »Volk« und, wie schon angedeutet, selbst noch die Textgeschichte seines Zitatcharakters: »uralte Trauer [...] darob, daß die Tochter Zion geschleift und ihr Volk wie eine verlorene Herde war«. Entschiedener noch als die ›traurig‹ sprechenden »Augen« oder die »wüstenrauhe[] und klagende[] Stimme«, eben ganz unzweideutig jenseits aller Rassenbiologie verbürgt wie gesehen das Korpus oder verbürgen besser die Korpora, welche das Zitat vom »Volk« aufruft, dessen kulturelle Identität. Diese hatte Thomas Mann bereits im *Gesang vom Kindchen*[17] und 1921 im Artikel *Zur jüdischen Frage* in derselben geographischen Weise, mit derselben ›Wüste‹ assoziiert wie den »sandige[n] Akzent[]« Josephs und die zwischen ›Naturkörper‹ und ›geschichtlichem‹ Gedächtnis flottierende »Stimme« Kunigunde Rosenstiels. In *Zur jüdischen Frage* hatte er von der »*Wüsten*poesie« des ›Alten Testaments‹ gesprochen.[18] Anlaß dazu gab ihm seine – falsche – Erinnerung an den Vornamen eines Mitschülers: »Ephraim« – eigentlich Simson – Carlebach (der korrekt erinnerte Nachname geht bekanntlich in Zeitbloms Kindheitserinnerung auf den Rabbiner von Kaisersaschern über, »Dr. Carlebach mit Namen«). An »Ephraim« Carlebach, der übrigens auf der Deportation von Lübeck nach Riga ein in der Tat sehr trauriges Ende nehmen sollte,[19] sei jener »melancholische[] Zug[] [...] deutlich genug hervorgetreten«.[20]

Thomas Manns Verwechslung des Vornamens, übrigens auch in der jüngsten Literatur nicht konsequent richtiggestellt, sondern verschiedentlich durch eine

17 Bd. 8, S. 1087 f.

18 Bd. 13, S. 467; im Original keine Hervorhebung.

19 Vgl. Kurt Loewenstein, Thomas Mann zur jüdischen Frage, in: Bulletin des Leo Baeck-Instituts 37, 1967, S. 1–59, hier S. 20.

20 Bd. 13, S. 467 f.

andere ersetzt – »*Simeon* Carlebach«,[21] »*Simon* Carlebach«[22] –, scheint an sich schon bedeutsam zu sein. Denn daß Thomas Mann offenbar ganz unwillkürlich den Vornamen ›Simson‹ durch ›Ephraim‹ sozusagen überschrieb, indem er sich ironischerweise auch noch über die »Schwäche« eines »Christengreises« lustig machte, welcher den Nachnamen jenes anderen, atypisch »vergnügten« Mitschülers verwechselte,[23] – die Konfusion also der beiden biblischen Namen braucht nicht unbedingt von einer »Schwäche« des Namensgedächtnisses zu zeugen. Vielmehr zeugt die Namenskonfusion wohl von einem staunenswerten Beharrungsvermögen eines vermutlich tief unter die Bewußtseinsschwelle abgesenkten Textgedächtnisses.

Jedenfalls scheint der Wortlaut der Bibel Thomas Manns Jugenderinnerungen an jüdische Mitschüler auch anderwärts überformt und gemodelt zu haben, so etwa die an einen wieder melancholischen Juden, dessen Portrait zwischen demjenigen Carlebachs und dem jenes ausnahmsweise sanguinischen Mitschülers steht: Im einzigen Beispiel für die »kleine[n] Besorgungen und Geschäfte«, zu denen dieser zweite Melancholiker »sich erbötig« »zeigte«, will ihm Thomas Mann ausgerechnet »*dreißig* [...] Pfennige«, also einen wahren Judaslohn »eingehändigt[ ]« haben.[24] Als solch eine Kontamination des autobiographischen mit einem religiös-textuellen Gedächtnis kann man nun auch den falsch erinnerten Vornamen Simson Carlebachs lesen. Denn der Stammes- respektive der geographische Name »Ephraim« erscheint im Buch der Richter unmittelbar vor und ganz unmittelbar nach den vier Simson-Kapiteln.

Mit der Rekonstruktion aber der Verwechslung aus der Bibelfestigkeit des Autors und sozusagen als biblischer Metonymie wäre Thomas Manns Fehlleistung zunächst erst beschrieben, aber noch nicht wirklich als solche verstanden. Eine eigentliche Fehlleistung scheint in der Ersetzung von ›Simson‹ durch ›Ephraim‹ insofern vorzuliegen, als diese sehr genau einem »Zug[ ]« in

---

21 Kurzke, Thomas Mann. Das Leben als Kunstwerk, S. 41; im Original keine Hervorhebung; ders. und Stephan Stachorski, [Kommentar zu:] Essays, Bd. 2: Für das neue Deutschland. 1919–1925, S. 328; im Original keine Hervorhebung. Vgl. Peter de Mendelssohn, Der Zauberer. Das Leben des deutschen Schriftstellers Thomas Mann. Erster Teil: 1875–1918, Frankfurt a. M.: Fischer, [1]1975, S. 98 f.; Harpprecht, S. 37; dagegen das Register zu de Mendelssohns erster und den Text der zweiten Auflage: Peter de Mendelssohn, Der Zauberer. Das Leben des deutschen Schriftstellers Thomas Mann. Jahre der Schwebe: 1919 und 1933. Nachgelassene Kapitel; Gesamtregister, hg. v. Albert von Schirnding, Frankfurt a. M.: Fischer, 1992, S. 357, s. v. ›Carlebach, Simson‹; Peter de Mendelssohn, Der Zauberer. Das Leben des deutschen Schriftstellers Thomas Mann. Erster Teil: 1875–1918, hg. v. Cristina Klostermann, Frankfurt a. M.: Fischer, [2]1996, Bd. 1, S. 146 f.

22 Hans Bürgin und Hans-Otto Mayer (Hgg.), Die Briefe Thomas Manns. Regesten und Register, Bd. 3: Die Briefe von 1944 bis 1950, Frankfurt a. M.: Fischer, 1982, S. 380 [Kommentar]; im Original keine Hervorhebung.

23 Bd. 13, S. 469.

24 Bd. 13, S. 467 f.; im Original keine Hervorhebung.

der »Geschichte« des »Volk[s]« entspricht, den Thomas Mann in der vergleichsweise wenig jüngeren Josephstetralogie überhellen sollte, für welchen jedoch Simson Carlebachs Leben und Sterben ein denkbar schlechtes Beispiel abgegeben hätte. Der dem jüdischen Mitschüler 1921 anphantasierte Vorname, dessen sich Thomas Mann übrigens zur Zeit des *Doktor Faustus*, in einem Brief aus dem Jahr 1947, nicht mehr gar so sicher war – »ich *glaube*, er hieß Ephraim«[25] –, entspricht und entstammt, so scheint es, einer noch durchaus optimistischen, der Wahrnehmung des »Volk[s]« eben unter dem Gesichtspunkt keineswegs etwa der »Trauer«, ›Klage‹ oder ›Elegik‹, sondern noch seiner unbedingten Erwähltheit zum Guten. Anders als der durch die Philister und eine Frau ›masochistisch‹ gedemütigte Simson, »von dem der Herr gewichen« war,[26] von Simeon oder einem Simon Magus ganz zu schweigen, aber ähnlich wie Jakob erlangte der Ephraim der Genesis, in einer am Ende des letzten Josephsromans lang und breit ausgestalteten Perikope, seine Segnung trotz der für ihn eigentlich ungünstigen Voraussetzungen. Ephraim, als der jüngere Sohn Josephs, bekam den Segen auch und gerade gegen die geltende »moralische und natürliche Ordnung der Dinge«,[27] für welche die kulturelle Sanktionierung des Erstgeborenen, hier des älteren Manasse, stünde (und angesichts seines eigenen ›Familienromans‹ liegt es auf der Hand, warum Thomas Mann, von seiner und der Rezeptionskarriere seines Bruders Heinrich her, gerade für diese Manifestationsform der ›Erwähltheit‹ besonders sensibel sein mußte).

Solch eine optimistische Sicht auf das »Volk«, auf seine männlich-selbstmächtigen Repräsentanten und legendären Identifikationsfiguren befindet sich natürlich in einem für sich sprechenden Abstand zu der »uralte[n] Trauer« um dieses »Volk«, zu deren Paraphrase Thomas Mann dessen »Wüstenpoesie« im Portrait einer weiblichen Nebenfigur des *Doktor Faustus* aufgeboten hat. Daß dem nun so völlig anders gearteten Zitat der »Wüstenpoesie« und gerade auch seiner pessimistischen Gestimmtheit ein gewisses Gewicht zukommt, läßt wie mehrfach angedeutet schon die Überlieferung der betreffenden Romanstelle vermuten. Denn noch in der Reinschrift hat Thomas Mann an dieser Stelle verhältnismäßig intensiv gearbeitet. Ursprünglich lautete der handschriftliche Text an der Stelle:

> Sie war eine knochige Jüdin [...] mit schwer zu bändigendem Wollhaar und Augen, in deren Bräune uralte Trauer geschrieben stand darob, daß ihr Volk wie eine verlorene Herde war und der Herr es zur Wüste gemacht hatte.

---

25 Brief vom 18. Februar 1947 an Cilly Neuhaus; Briefe, Bd. 2, S. 526; im Original keine Hervorhebung. Vgl. dagegen den Brief vom 26. September 1947 an Henry N. Carlebach (Thomas Mann-Archiv): »Der jüngere hieß Ephraim. Den Namen des älteren habe ich vergessen.«

26 Richter 16, 20; Die heiligen Schriften des Alten und Neuen Bundes, Bd. 1, S. 444.

27 Stephen Greenblatt, Verhandlungen mit Shakespeare. Innenansichten der englischen Renaissance, Frankfurt a. M.: Fischer, 1993, S. 199.

»[D]aß ihr Volk wie eine verlorene Herde war und der Herr es zur Wüste gemacht hatte«: Das hier noch erste Kolon des Konjunktionalsatzes, »daß ihr Volk wie eine verlorene Herde war«, enthält eine Reminiszenz oder fast ein buchstäbliches Zitat ausgerechnet derjenigen biblischen Autorgröße, anhand derer Elmer Berger beispielshalber die jüdische Identität problematisiert hatte. Die Stelle stammt nämlich aus Jeremia, 50,6 – ein in Thomas Manns Bibel unterstrichener Vers, abgesehen von nur einer weiteren und, wie gleich noch zu zeigen, ihrerseits sehr vielsagenden, die einzige Lesespur in diesem Propheten –: *»Denn mein Volk ist wie eine verlorne Herde«*.[28]

Und das zweite Kolon, »daß [...] der Herr es zur Wüste gemacht hatte«, ist wieder keine eigentliche Bibelreminiszenz mehr, sondern seinerseits ein regelrechtes Bibelzitat. Es ist nahezu wörtliches Zitat aus dem Buch der »Trauer«, der ›Klage‹ und des ›Elegischen‹ schlechthin, aus den Klageliedern, 1,13 – eine von Thomas Mann wiederum markierte Stelle –: »er [›der Herr‹] hat mich zur Wüste gemacht«.[29]

In der älteren Fassung des Manuskripts folgt die Sequenz der alttestamentlichen Reminiszenzen beziehungsweise Zitate also der kanonischen Anordnung der biblischen Bücher. In der kanonischen Reihenfolge stehen ja unmittelbar hinter dem Propheten Jeremia die Klagelieder. Diese wurden traditionell und auch noch in Thomas Manns Bibel sogar demselben Verfasser zugeschrieben wie die vorangehende Prophetie, eben dem Jeremia (offenbar aufgrund einer Stelle im Zweiten Buch der Chronik: »Und Jeremia klagte [...]. Siehe, es ist geschrieben unter den Klageliedern.«[30])

Der virtuellen, über die vermeintlich gemeinsame Autorschaft gegebenen Uniformität und Identifizierbarkeit der beiden Bücher entspricht ganz genau das hier noch vorausgehende Zitat aus deren erstem, dem *Propheten* Jeremia. Bei der daraus zitierten Stelle nämlich, *»Denn mein Volk ist wie eine verlorne Herde«*, handelt es sich ja um einen seinerseits im Stil der Klagelieder »elegische[n]« Vers. Oder besser gesagt handelt es sich um einen Vers, der sich in der Lutherschen Übersetzung und aus seinem Kontext gebrochen wie ein »klagender« ausnimmt oder den man jedenfalls, noch genauer gesagt, als einen solchen *miß*verstehen kann, solange man das »Volk« à tout prix und monomanisch mit Leid und Trauer zu assoziieren bereit ist oder von den Zeitumständen gewissermaßen gezwungen wird.

Denn näher besehen unterscheidet sich der Kontext der Stelle 50,6 auch bei Luther sehr erheblich von den Klageliedern. Schon der in den modernen Lutherbibeln über die Prophetie Jeremia 50 gesetzte Titel läßt daran nicht

28 Jeremia 50,6; Die heiligen Schriften des Alten und Neuen Bundes, Bd. 3, S. 191; Thomas Manns Hervorhebung.

29 Klagelieder 1,13; Die heiligen Schriften des Alten und Neuen Bundes, Bd. 3, S. 204; von Thomas Mann angestrichen.

30 2. Chronik 35,25; Die heiligen Schriften des Alten und Neuen Bundes, Bd. 1, S. 228.

den geringsten Zweifel: »Weissagung vom Untergang Babels und von der Erlösung Israels«.[31]

Daß Thomas Mann dennoch einen Vers in malam partem mißverstehen konnte und die Geschichte des »Volk[s]« unwillkürlich und gleichsam automatisch auf ›Klage‹ und »Trauer« allein auch dort reduzieren mußte, wo ganz im Gegenteil die Wiedergutmachung vergangenen Leids und erlittener Demütigung verheißen wird, spricht natürlich Bände; mag seine Fehlinterpretation dieser besonderen Stelle auch von seiner hier ungenauen oder falschen Version des Bibeltexts begünstigt worden sein, die darin möglicherweise einmal mehr Luthers nachhaltige, noch und gerade in der Dekodierung der Originaltexte fortwirkende Prägung durch die lateinische Übersetzung der Vulgata verrät. Etwas anders als in der Vulgata, in der das Prädikat ambivalent bleibt, zwischen Haupt- und Nebentempus schillert (»grex perditus *factus est* populus«[32]), und ganz anders als zum Beispiel in der Zürcher Bibel, die mit ihrer präteritalen Wiedergabe des Verbs den Sinn des Originals genau trifft,[33] heißt es in der von Thomas Mann benutzten Lutherbibel Jeremia 50,6 vom »Volk« ja nicht, daß es »eine verlorene Herde« nur *»war«*:[34] »Denn mein Volk *ist* wie eine verlorne Herde [...].« So wiedergegeben, scheint der Vergleich vorauszusetzen, daß der Zustand kollektiven Selbstverlusts in der Gegenwart des Propheten noch nicht überwunden war, sondern darin unvermindert anhielt; und indem er also das delokutiv Beklagte mit dem performativen Akt der Klage zu zeitlicher Deckung zu bringen scheint, kann er wirklich eine Redesituation suggerieren, wie sie in Kunigunde Rosenstiels »elegische[r] Gewohnheit« heraufbeschworen wird.

Doch hat Thomas Mann ohnehin das zunächst exponierte Zitat der Stelle aus dem Propheten Jeremia, deren »elegische« Umdeutung ihm also der Wortlaut seiner Übersetzung näher legte, als sie im Herbst 1945 sowieso schon liegen mußte, bei der Überarbeitung der Bibelreminiszenzen hinter eine Reminiszenz an das schlechthin ›elegischste‹ aller biblischen Bücher gerückt. Er hat die in der Bibel selbst vorgegebene Reihenfolge der Zitate, zuerst aus dem Propheten, dann aus den ›Klageliedern Jeremiae‹, in einer vergleichsweise massiven Korrektur aufgehoben und kurzum umgekehrt: »daß die Tochter Zion geschleift und ihr Volk wie eine verlorene Herde war«.

Das ursprünglich wortwörtliche Zitat aus Klagelied 1,13: »er hat mich zur Wüste gemacht, / daß ich täglich trauern muß«,[35] gab Thomas Mann mit dem

---

31 Die Bibel. Nach der Übersetzung Martin Luthers, Stuttgart: Deutsche Bibelgesellschaft, 1984, S. 773.

32 Jeremia 50,6; Biblia sacra iuxta vulgatam versionem, hg. v. Robert Weber, Stuttgart: Württembergische Bibelanstalt, ^{2}1975, Bd. 2, S. 1240; im Original keine Hervorhebung.

33 Freundliche Auskunft von Peter Schwagmeier, Zürich, vom 16. Mai 2000.

34 Jeremia 50,6; Die heiligen Schriften des Alten und Neuen Testaments, Zürich: Zürcher Bibel, 1971, S. 889; im Original keine Hervorhebung.

35 Klagelieder 1,13; Die heiligen Schriften des Alten und Neuen Bundes, Bd. 3, S. 204; von Thomas Mann angestrichen.

ursprünglichen zweiten Kolon: »und der Herr es zur Wüste gemacht hatte«, ganz preis (oder dann bis auf spurhafte lexikalische Reminiszenzen in »Trauer« und »*wüsten*rauher [...] Stimme«). Dem ebenfalls und nach wie vor wörtlichen Zitat aus dem Propheten Jeremia, »ihr Volk wie eine verlorene Herde«, stellte er aber eine nun ziemlich komplexe Reminiszenz an die Klagelieder voran. In dieser, und das spricht für sich selbst, erscheint kein »Herr« mehr als Subjekt der Heimsuchung und ist diese also nicht mehr als gottgewollte oder sogar verdiente Strafe interpretierbar: »die Tochter Zion geschleift«. »Tochter Zion« erscheint in der Lutherschen Übersetzung des zuerst herangezogenen ersten Klagelieds zwar nur einmal und also nicht ungewöhnlich häufig, im zweiten jedoch gut sechsmal; und aus dem zweiten Klagelied stammt auch die Wendung »die Tochter [...] geschleift«: »er hat die Festen der Tochter Juda [...] geschleift [...]«.[36]

Über Motiv und Bedeutung der Umstellung kann man immerhin und muß man eigentlich auch spekulieren. Die Priorisierung der Klagelieder versteht sich nicht von selbst. Jedenfalls ergibt sie sich nicht aus deren generischer Differenz zum Propheten Jeremia. Denn Thomas Mann scheint ja auch den zunächst an erster Stelle zitierten Vers aus dem Propheten ganz im Sinn der Klagelieder verstanden oder mißverstanden zu haben – oder in einem diesem doch bis auf die Nuance ähnlichen Sinn, die zwischen dem Bild einer verlaufenen Herde und dem einer radikalen ›Verwüstung‹ beziehungsweise ›Schleifung‹, das heißt einer als trost- und vollkommen hoffnungslos wahrgenommenen Katastrophe liegt:

> Darum weine ich so,
> und meine beiden Augen fließen mit Wasser,
> daß der Tröster,
> der meine Seele sollte erquicken,
> ferne von mir ist.[37]
>
> Man höret's wohl, daß ich seufze,
> und habe doch keinen Tröster [...].[38]

Die zusehends stärkere Anlehnung an die Klagelieder ist also kaum oder jedenfalls nicht restlos mit deren objektiv sehr viel ›elegischerer‹ Gestimmtheit zu erklären. Vielmehr dürfte sie mit der besonderen Metaphorik der Klagelieder zusammenhängen. Und vor allem hat sie mit dem darin ganz besonderen ›gendering‹ der Kommunikationssituation zu tun.

In der eigentümlichen Bildlichkeit der Klagelieder spielen Frauen eine sehr wichtige und ungleich prominentere Rolle als im Propheten Jeremia. Thomas Manns dafür einschlägiges Interesse und Sensorium bezeugt schon der Um-

36 Klagelieder 2,2; Die heiligen Schriften des Alten und Neuen Bundes, Bd. 3, S. 206.

37 Klagelieder 1,16; Die heiligen Schriften des Alten und Neuen Bundes, Bd. 3, S. 204; von Thomas Mann angestrichen.

38 Klagelieder 1,21; Die heiligen Schriften des Alten und Neuen Bundes, Bd. 3, S. 205; von Thomas Mann angestrichen.

stand, daß er in diesem, im Propheten, außer jenem bereits zitierten Vers 50,6 von der »verlorne[n] Herde« nur gerade noch in 31,4 den Vokativ *»du Jungfrau Israel«* unterstrichen hat:

> Wohlan, ich will dich wiederum bauen, daß du sollst gebauet heißen, *du Jungfrau Israel*; du sollst noch fröhlich pauken und heraus gehen an den Tanz.[39]

Für solche weiblichen Allegorisierungen und Imaginationen des jüdischen »Volk[s]« aber boten dem Autor die Klagelieder nach Ausweis auch seiner hier auffällig zahlreichen An- und Unterstreichungen viel mehr Material als der Prophet. In den Klageliedern nehmen »Zion«, »Juda« und »Jerusalem« konsistent die allegorische Gestalt von Frauen im allgemeinsten Sinn des Worts beziehungsweise von Frauen an, die, genau wie die »verjungferte« Kunigunde Rosenstiel, im engeren, sozusagen patriarchalen, auf den Mann bezogenen Wortsinn keine, noch keine oder keine mehr sind:

> Sie ist wie eine Witwe,
> die eine Fürstin unter den Heiden
> und die eine Königin in den Ländern war [...].[40]

> Es ist von der Tochter Zion aller Schmuck dahin.[41]

> [D]arum muß sie sein wie ein unrein Weib.
> Alle, die sie ehreten, verschmähen sie jetzt,
> weil sie ihre Scham sehen [...].[42]

> Der Herr hat der Jungfrau Tochter Juda
> eine Kelter treten lassen.[43]

> [...] daß Jerusalem muß zwischen ihnen sein
> wie ein unrein Weib.[44]

Es handelt sich hier nicht eigentlich um eine Sexuierung des »Volk[s]«. Vielmehr geht es um dessen Desexualisierung. Eine Desexualisierung liegt hier im Sinn eben des Adjektivs »verjungfert[ ]« oder auch des Substantivs »Matrone« vor, wie ihn Thomas Mann von Bachofen übernommen[45] und auf Rebekka übertragen hatte, mit der Kunigunde Rosenstiel am ehesten noch halbwegs gemeinsame Merkmale aufweist: das heißt in dem Sinn und mit der Konse-

---

39 Jeremia 31,4; Die heiligen Schriften des Alten und Neuen Bundes, Bd. 3, S. 153; Thomas Manns Hervorhebung.

40 Klagelieder 1,1; Die heiligen Schriften des Alten und Neuen Bundes, Bd. 3, S. 202; von Thomas Mann angestrichen.

41 Klagelieder 1,6; Die heiligen Schriften des Alten und Neuen Bundes, Bd. 3, S. 203; von Thomas Mann angestrichen.

42 Klagelieder 1,8; Die heiligen Schriften des Alten und Neuen Bundes, Bd. 3, S. 203.

43 Klagelieder 1,15; Die heiligen Schriften des Alten und Neuen Bundes, Bd. 3, S. 204.

44 Klagelieder 1,17; Die heiligen Schriften des Alten und Neuen Bundes, Bd. 3, S. 205.

45 Bachofen, Urreligion und antike Symbole, Bd. 1, S. 92 f. Vgl. Elsaghe, Die imaginäre Nation, S. 213.

quenz, daß in der weiblichen Allegorie zugleich die Sexualität der Frau abgespalten wird und alles feminin Erotische unterdrückt bleibt.

Signifikant für das Sexualtabu, unter welches die weiblichen Figurationen des »Volk[s]« fallen, sind das dafür aufgerufene Bild der »Witwe« und besonders die Phobien oder Ekelreflexe, an welche das Bild des menstruierenden – ἀποκαθημένη[ ], »polluta menstruis«[46] –, des jedenfalls in der deutschen Übersetzung wiederholtermaßen »unrein[en] Weib[s]« appelliert (dessen Wiederholung allerdings auf Kosten des Übersetzers geht: Die Vorstellung menstrueller ›Unreinheit‹ scheint für Luther so suggestiv gewesen zu sein, daß er an der ersten Stelle, »darum muß sie sein wie ein unrein Weib«, die entsprechende Vokabel offenbar mit einem hebräischen Wort verwechseln *mußte*, das eigentlich ›Gespött‹ bedeutet hätte; eine Verwechslung, welche die große Ähnlichkeit der beiden Wörter[47] und der ganz unmittelbare Kontext der Stelle freilich sehr erleichtern konnten,[48] vielleicht auch wieder der Wortlaut der Vulgata, sofern er ›Unreinheit‹ im nun indessen sexualmoralischen Sinn zu insinuieren geeignet war: »instabilis facta est«.[49])

Aber auch und vor allem auch dort, wo das »Volk« der Klagelieder nicht als »Witwe« und »unrein Weib«, sondern als »Jungfrau« oder »Tochter« angesprochen wird, erhält es durch seine weibliche Metaphorisierung gerade nicht die Wertigkeit eines Sexualobjekts oder einer potentiellen Gebärerin legitimer Nachkommen, die als solche Fortbestand, Prosperität und Identität des »Volk[s]« garantieren würde. Das »Volk« erscheint dort jeweils gerade nicht als »Tochter« und »Jungfrau« in dem gleichsam prospektiven Verständnis von »pauken und [...] Tanz«, welches jener im Propheten Jeremia unterstrichenen Stelle 31,4 zugrundeliegt; und daß diese ihrerseits, und zwar nun auch in der Lutherschen Übersetzung ganz entschieden zuversichtliche Stelle in Thomas Manns Bibelreminiszenzen nicht weiter einging, ist überaus bezeichnend.

---

46 Klagelieder 1,17; Septuaginta. Id est Vetus Testamentum graece iuxta LXX interpretes, hg. v. Alfred Rahlfs, Stuttgart: Deutsche Bibelgesellschaft, 1979, Bd. 2, S. 758; Biblia sacra iuxta vulgatam versionem, Bd. 2, S. 1249. Vgl. Wilhelm Rudolph, Das Buch Ruth · Das Hohe Lied · Die Klagelieder, Gütersloh: Gerd Mohn, 1962 (Kommentar zum Alten Testament, Bd. XVII.1–3), S. 205, 208; Hans-Peter Müller, Otto Kaiser und James Alfred Loader, Das Hohelied; Klagelieder; Das Buch Esther, Göttingen: Vandenhoeck & Ruprecht, [4]1992 (Das Alte Testament Deutsch; Neues Göttinger Bibelwerk, Bd. 16.2), S. 114; Ina Willi-Plein, Opfer und Kult im alttestamentlichen Israel. Textbefragungen und Zwischenergebnisse, Stuttgart: Katholisches Bibelwerk, 1993 (Stuttgarter Bibelstudien, Bd. 153), S. 41 f.

47 Vgl. Wilfried Paschen, Rein und unrein. Untersuchungen zur biblischen Wortgeschichte, München: Kösel, 1970 (Studien zum Alten und Neuen Testament, Bd. 24), S. 27; G. Johannes Botterweck, Helmer Ringgren und Heinz-Joseph Fabry (Hgg.), Theologisches Wörterbuch zum Alten Testament, Bd. 5, Stuttgart, Berlin, Köln und Mainz: Kohlhammer, 1986, Sp. 252, s. v. ›niddāh‹.

48 Vgl. Klagelieder 1,9; freundliche Hinweise Peter Schwagmeiers vom 9. Juni 2000.

49 Klagelieder 1,8; Biblia sacra iuxta vulgatam versionem, Bd. 2, S. 1249.

»Jungfrauen« figurieren in den Klageliedern ausschließlich in einer wieder gewissermaßen negativen oder eben wieder »elegische[n]« Bedeutung. Sie figurieren als Gegenstand der Klage. Sie versinnlichen den Verlust aller Zukunft und Hoffnung:

> [I]hre [›Zions‹] Jungfrauen sehen jämmerlich,
> und sie ist betrübt.[50]

> [M]eine Jungfrauen [...]
> sind ins Gefängnis gegangen.[51]

> [D]ie Jungfrauen von Jerusalem
> hängen ihre Häupter zur Erde.[52]

Nicht nur aber, daß die Bildlichkeit der Klagelieder, die dafür konstitutive Ineinssetzung der Trauer mit einer ganz bestimmten, asexuellen und sozusagen defizienten Weiblichkeit, das dominante Merkmalssyndrom Kunigunde Rosenstiels vorgegeben haben könnte und diese jedenfalls ihrerseits als Personifikation geradezu »ihr[es] Volk[s]« lesbar werden läßt; darüber hinaus wird in den Klageliedern mitunter die Textsorte selbst, das ›Genus‹ und ›Genre‹ eben der Klage weiblich imaginiert. Das Syndrom von Trauer und beschädigter Weiblichkeit konstituiert schon, wenn man so will: das lyrische Ich der Klagelieder, soweit es zunächst überhaupt ›perzeptible‹[53] Konturen annimmt. Unbeschadet der Tradition jener legendär männlichen, eben der Autorschaft ›Jeremiae‹ und in Widerspruch zum dritten ›Lied‹, wo »ein [...] Mann« zu sprechen vorgibt (»Ich bin ein elender Mann«),[54] ist dieses lyrische Ich anderwärts in dem offensichtlich kompilierten Korpus und bereits ganz an dessen Anfang als weibliche Person zu denken, allerdings wieder nur nach Luthers Übersetzung. Gleich das erste Klagelied, rezeptionstheoretisch und rezeptionsgeschichtlich naturgemäß besonders wichtig und von Thomas Mann denn ja auch zuallererst herangezogen (»daß die *Tochter Zion* geschleift«), gibt an einer von diesem, wie nachgerade zu erwarten, angestrichenen Stelle der hier wieder sehr frei bis nahezu falsch übersetzten Lutherbibel zu verstehen, daß man sich die den Klagetext ›performierende‹ Instanz als weiblich und deren Weiblichkeit als eine ihrerseits wieder ›elegisch‹ defiziente vorzu-

50 Klagelieder 1,4; Die heiligen Schriften des Alten und Neuen Bundes, Bd. 3, S. 202; von Thomas Mann angestrichen.

51 Klagelieder 1,18; Die heiligen Schriften des Alten und Neuen Bundes, Bd. 3, S. 205.

52 Klagelieder 2,10; Die heiligen Schriften des Alten und Neuen Bundes, Bd. 3, S. 207; von Thomas Mann angestrichen.

53 Vgl. Bal, S. 27.

54 Klagelieder 3,1; Die heiligen Schriften des Alten und Neuen Bundes, Bd. 3, S. 210; von Thomas Mann angestrichen.

stellen hat: »im Hause hat mich der Tod / zur Witwe gemacht«[55] (Septuaginta: ὥσπερ θάνατος ἐν οἴκῳ;[56] Vulgata: »domi mors similis est«;[57] Zürcher Bibel: »drinnen ist die Seuche«[58]).

Die in der Lutherbibel suggerierte Witwenschaft des lyrischen Ich, die hier besondere Sexuierung oder eben auch Desexualisierung der Gattung, ist in Kunigunde Rosenstiels »elegische[r] Gewohnheit« übernommen und bis auf den Rest ihrer satirischen Brechungen telle quelle wieder umgesetzt. Ganz besonders drastisch und im Wortsinn ›dramatisch‹ erfolgt diese Umsetzung schon in der Vokabel, welche alles »Sprechen« Kunigunde Rosenstiels eröffnet, indem sie deren »Trauer« allein, sozusagen ganz inhaltslos und rein gestisch, artikuliert: »Ach!«

Bei Kunigunde Rosenstiel (anders als noch in jener frühen Notiz, wo etwa auch an E. T. A. Hoffmanns Olimpia zu denken wäre) läßt sich die stehende Interjektion intertextuell ziemlich eindeutig an dem Korpus festmachen, das hier ohnehin am stärksten und immer stärker herangezogen wurde. »Ach!« lautet die habitualisierte deutsche Übersetzung der hebräischen Interjektion »Echa!«. So auch beginnen die meisten der fünf Klagelieder (das erste, das zweite und das vierte: ausgerechnet das dritte, auch bei Luther eindeutig ›männliche‹, schert aus der Regelmäßigkeit aus). Diese übrigens tragen ihren Titel, ›Klagelieder‹, lamentationes, θρῆνοι, erst seit der Septuaginta. Ursprünglich hießen sie selbst nach ihrem Incipit einfach »Echa« oder eben »Ach«.

Zu ziemlich genau der Zeit, da Kunigunde Rosenstiel mit ihrem stehenden »Ach!« quasi als Klageweib und als demnach nicht von ungefähr weibliche Personifizierung »ihr[es] Volk[s]« in die Romanhandlung eintritt, 1918, erhob Gershom Scholem, den Thomas Mann später wohl im Zusammenhang mit dem Josephsroman rezipierte,[59] für diese titelbildende Interjektion »Echa!« den Anspruch, daß sie »mehr weint und schweigt« als alle anderen Interjektionen »in den menschlichen Sprachen«.[60] Dabei interessierte ihn am Genre der Kla-

55 Klagelieder 1,20; Die heiligen Schriften des Alten und Neuen Bundes, Bd. 3, S. 205; von Thomas Mann angestrichen. Zu Wortbedeutung und -gebrauch vgl. Grimm, Bd. 14, Abt. II, Sp. 844, s. v. ›Witwe‹.

56 Klagelieder 1,20; Septuaginta, Bd. 2, S. 758.

57 Klagelieder 1,20; Biblia sacra iuxta vulgatam versionem, Bd. 2, S. 1249.

58 Klagelieder 1,20; Die heiligen Schriften des Alten und Neuen Testaments, S. 897.

59 G[ershom] Scholem, Die Geheimnisse der Schöpfung. Ein Kapitel aus dem Sohar, Berlin: Schocken, 1935, S. 52, 92; Lesespuren Thomas Manns, der davon übrigens noch eine zweite Ausgabe besaß: G[ershom] Scholem, Die Geheimnisse der Tora. Ein Kapitel aus dem Sohar, Berlin: Schocken, 1936.

60 Gershom Scholem, Über Klage und Klagelied, zitiert bei: Sigrid Weigel, Scholems Gedichte und seine Dichtungstheorie. Klage, Adressierung und das Problem einer Sprache in unserer Zeit, in: Deutsche Vierteljahrsschrift für Literaturwissenschaft und Geistesgeschichte 73, 1999, Sonderheft: Wege deutsch-jüdischen Denkens im 20. Jahrhundert, S. 43–68, hier S. 55.

ge ausgerechnet »das Ausdruckslose« ihrer »vollkommen unsymbolische[n]« Sprache.

Ganz genau solch eine Ausdruckslosigkeit eignet wieder Kunigunde Rosenstiels konstantem »Ach!«, weil dieses ja von der Aussage der je so eröffneten Sätze völlig abstrahiert bleibt. Und gerade in dieser Sinnleere und Absurdität gewinnt das stehende »Ach!« ein Sinn*potential*, um welches die zwar vielleicht zynischerweise ironisierte, aber desto sinnigererweise allerletzte Jüdin des Gesamtwerks eigentlich noch gar nicht wissen kann: »In der Klage spricht sich nichts aus und deutet sich alles an.«[61]

Kunigunde Rosenstiel und die Schrift

Während Thomas Mann in der Regel wie gesagt darauf achtete, »[d]as Wort ›Jude, jüdisch‹« geradezu vorsätzlich auszusparen, wird Kunigunde Rosenstiel, wie ebenfalls schon gesagt, von vornherein so, eben als »eine [...] Jüdin« eingeführt wie sonst nur noch die allerersten beiden jüdischen Figuren des Gesamtwerks, Ada von Stein und ihre Mutter (»einfach eine häßliche kleine Jüdin«). Wie die weitaus meisten deutsch-jüdischen Gestalten aber des Gesamtwerks scheint sie zu den sehr weitgehend assimilierten oder wenigstens sehr assimilationswilligen zu gehören. Assimilation und Assimilationswille, um es kurz zu rekapitulieren, zeigen sich bei ihr wie oder ähnlich wie bei jenen: Sie trägt einen entschieden ›deutschen‹ Vornamen. Ihre vermögenden Verhältnisse gestatten es ihr, in den Hungerjahren der Kriegs- und Zwischenkriegszeit den »deutschen Tonsetzer[ ]« – »de[n] ohnedies«, wie es seit einer handschriftlichen Einfügung eigens heißt, auf dem Land »wohl Aufgehobenen«[62] – mit Nahrungs- und Genußmitteln zu versorgen und für ihn obendrein noch manches »Curiosum«, so eben auch jene bibliophile Katabasis »zur Hölle« »auf[zu]stöber[n]«.[63] Mit solchen Bemühungen immerhin um die vom Komponisten herangezogenen *Texte* stellt sie ihre Kulturbeflissenheit unter Beweis und ihr Vermögen in den Dienst der ›abendländischen‹ Kultur, in den Dienst genauer gesagt eben der Musik als *der* deutschen Kunst schlechthin.[64] Und sie verfügt über ein besonderes, hier ausdrücklich und geradezu hauptsächlich thematisches »Verhältnis zur deutschen Sprache«:

61 Zitiert bei Weigel, S. 54 f.

62 Bd. 6, S. 418.

63 Bd. 6, S. 473. Diese Variante hat sich endlich, wenn auch nicht ohne Rest gegen eine alternative durchzusetzen vermocht, in der die Geberschaft einer geheimnisumwitterten Ausländerin, anspielungsweise selbst dem Teufel zugeschrieben worden war: vgl. Bd. 6, S. 523.

64 Vgl. Bd. 11, S. 1131 f.; Bd. 12, S. 303; Nipperdey, Bd. 1, S. 746 f.; Heinrich Mann, Der Untertan, S. 339.

> Eine rüstige Geschäftsfrau auf derbem Gebiet (denn eine Wurstdarmfabrik hat entschieden etwas Derbes), hatte sie doch die elegische Gewohnheit, beim Sprechen all ihre Sätze mit »Ach!« anzufangen. »Ach, ja«, »Ach, nein«, »Ach, glauben Sie mir«, »Ach, wie denn wohl nicht«, »Ach, ich will morgen nach Nürnberg fahren«, sagte sie mit tiefer, wüstenrauher und klagender Stimme, und sogar, wenn man sie fragte: »Wie geht es Ihnen?«, so antwortete sie: »Ach, immer recht gut.« Ganz anders jedoch, wenn sie *schrieb* [...].

Seltsamer- oder doch bemerkenswerterweise kommen die Indizes der Assimiliertheit hier, wie schon gesagt und wie nun im einzelnen zu diskutieren, alle unter die Signatur des Komischen und der Satire zu stehen: Der Vorname ist ausgefallen. Er ist outriert archaisch. Vielleicht ist er sogar obszön konnotierbar (»*Kuni*gunde«). Und jedenfalls ist er über die mit ihren lächerlich-artifiziellen Reizen unterliegende Rivalin des Käthchens von Heilbronn negativ besetzt.

Die Wohlhabenheit der »rüstige[n] Geschäftsfrau auf derbem Gebiet«, welche deren Gönnertum ermöglicht, ist anrüchig. Das daran Unappetitliche wird hier bereits wiederholt; und seine Wiederholung war Thomas Mann immerhin eine nachträgliche Umgestaltung des handschriftlichen Texts wert (der an dieser Stelle ursprünglich einfach so begann: »Auch hatte sie die Gewohnheit«...). Daß Kunigunde Rosenstiel »tätige Mitinhaberin eines Darmgeschäftes« ist, war nämlich das erste und einzige, was man eine gute Seite zuvor bereits über sie erfahren hat. Das metonymisch Fäkale an der Quelle ihrer Wohlhabenheit versinnlicht Vespasians Bonmot vom Geld, das ›nicht stinkt‹, ebenso trefflich, wie ein paar Jahre später »Straßburger Klosettschüsseln«[65] die großspurig-poetische Existenz der Diane Houpflé ermöglichen (und in solcher potentiell antikapitalistisch-subversiven Symbolizität offenbar zur Zeit und am Ort des deutschen Wirtschaftswunders heikel genug waren, um sie im Massenmedium des Films durch »Gänseleberfabrik« und »Gänseleberpasteten« ersetzen zu müssen: eine Erinnerung gleichsam an die »Straßburger Gänseleberpastete«,[66] welche ausgerechnet mit dem gefährlichsten Konkurrenten der Buddenbrooks konstant assoziiert ist, dessen *»Mutter«*, so unverschämt deutlich allerdings wurde Thomas Mann wie gesehen nur in seinen Arbeitsnotizen, während er im Roman »[d]as Wort« wieder geflissentlich mied: dessen *»Mutter* Jüdin ist«).

In der Schöngeistigkeit sodann, aus der heraus Kunigunde Rosenstiel ihre also etwas dubiosen Mittel in »Huldigung[ ]«, »Verehrung und Ergebenheit« dem »deutschen Tonsetzer[ ]« zukommen läßt, ist letztlich sehr Physisches und recht Profanes sublimiert. Dies denunziert der Erzähler von allem Anfang an. Kunigunde Rosenstiels »esoterisch[ ]«-»höheres Streben«, unbeschadet offenbar ihrer doch auch wieder außer Zweifel stehenden, ihrerseits typologisch interpretierten Empfänglichkeit (»sehr musikalisch« »wie fast alle Juden«), führt er von vornherein auf »tiefere[ ] Gegenden« in der »arme[n] Seele[ ]« und dem »bedürftigen

65 Bd. 7, S. 448.
66 Bd. 1, S. 601.

Gemüt« der »jüngferliche[n]« Person zurück.[67] In Kunigunde Rosenstiels »instinktbestimmte[r]« Devotion dem »deutschen Tonsetzer[ ]« gegenüber finden Geschlechter- und Rassendifferenz so zu einer Symbiose zusammen, in der ein auch anderwärts im Roman spielendes Muster wiederkehrt. Dasselbe Muster bildete darin schon das explizit und offenbar ganz ernsthaft, jedenfalls ohne erkennbar ironische Signale aufgebotene Interpretament für die Konstellation Rüdiger Schildknapps und der »jüdischen Verlegersfrauen und Bankiersdamen«. Schon diesen Jüdinnen ließen ja die Instinkte »ihrer Rasse« ihrerseits keine andere Wahl, als das »deutsche[ ] Herrenblut« – beziehungsweise, in der älteren Lesart des Manuskripts, das »deutsche[ ] Herrentum« – und die »lange[n] Beine« des germanisch-»deutsche[n]« Mannes aus den ›Tiefen‹ ihrer ›Gefühle‹ zu ›bewundern‹, und mochte der auch ein erklärter Antisemit sein.[68]

Vor allem jedoch erscheint Kunigunde Rosenstiels »Verhältnis zur deutschen Sprache« in der vorliegenden Gestalt des Texts komisch gebrochen und immerhin komplexer als noch in den Arbeitsnotizen. In diesen war Kunigunde Rosenstiel bekanntlich so skizziert: »Trauernde, wohlgesetzt sprechende u schreibende *Jüdin.*« (Oder genau gesagt war die *spätere* Kunigunde Rosenstiel so skizziert. Im Unterschied zu ihrer ex nomine ›deutschen‹ Kollateralfigur Meta Rühel alias Nackedey blieb sie hier ja zwar noch ohne Eigennamen. Dafür aber war sie schon ethnisch explizit als nicht-›deutsch‹ festgelegt, nämlich just über »[d]as« noch dazu unterstrichene »Wort« markiert, das denn auch im Romantext bei der Einführung der »knochige[n] Jüdin« als allererstes Substantiv erscheint.)

Der dieser Notiz im Roman entsprechende oder eben gerade auch nicht mehr ganz entsprechende Passus hingegen beruht auf einer sozusagen zeugmatischen Auflösung des Adverbs und der drei Adjektive, welche Temperament und Sprachverhalten der *»Jüdin«* in der Skizze näher, aber pauschal bestimmen. Der Romanpassus ist dadurch schlechthin strukturiert, daß Kunigunde Rosenstiels »Verhältnis zur deutschen Sprache« nun grundsätzlich differenziert wird. Die »sprechende« wird von der »schreibende[n]« und die »[t]rauernde« wird nicht ohne Tiefsinn von der »wohlgesetzt« formulierenden »Jüdin« kategorisch unterschieden. Allein die »sprechende« läßt sich von ihrer »Trauer« bis zur Absurdität überwältigen: *»Ganz anders jedoch«* – »anders« als »beim Sprechen« –, »wenn sie *schrieb*«.

Die »sprechende [...] Jüdin« erscheint in einem wenigstens leise, nämlich konjunktional explizierten Gegensatz zu den »sonstigen Tüchtigkeiten« der »rüstige[n] Geschäftsfrau«: »hatte sie *doch* die elegische Gewohnheit, beim Sprechen all ihre Sätze mit ›Ach!‹ anzufangen«, das heißt bekanntlich mit der habituellen Übersetzung ausgerechnet derjenigen Interjektion, nach deren Incipit die ›Klagelieder Jeremiae‹ ursprünglich benannt waren. Deren ›lyrisches Ich‹, um auch das zu wiederholen, ist in Luthers hierin wie gezeigt ungenauer

67 Bd. 6, S. 416.
68 Bd. 6, S. 227.

und mißverständlicher Übertragung seinerseits weiblich imaginierbar, als »Witwe« eben und Klageweib. Sehr sinnigerweise sind denn die ›Klagelieder‹ zusammen mit dem ›Propheten‹ Jeremia ja bereits ganz zu Anfang des Portraits anzitiert und hätten es auch schon in dessen älterer Textschicht sein sollen.

Das Alberne der als alttestamentliches Zitat besonders gewichtigen und anspruchsvollen Interjektion wie der ganzen »elegische[n] Gewohnheit« ist in der vorliegenden Form des Texts indirekt ausgesprochen. Denn ohne deren zu inferierende Wertung und Abwertung hinge ja der Einsatz der zweiten Portraithälfte sozusagen in der Luft: »Ganz anders jedoch, wenn [...]«, wofür der Text des Manuskripts zunächst umständlicher lautete: »Dies war jedoch keineswegs ihre Ausdrucksweise, wenn sie *schrieb*.«

Die nur mehr halb ausgesprochene Komik des »beim Sprechen« Elegischen besteht in dessen Gegensatz nicht bloß zur kommerziellen ›Tätigkeit‹, ›Tüchtigkeit‹, ›Rüstigkeit‹, sondern auch zum entweder denkbar banalen oder geradezu unelegischen Inhalt der zitierten »Sätze« (»immer recht gut« beziehungsweise, in einer wiederum älteren Lesart des Manuskripts, rundum »gut«). Die Diskrepanz aber von »Ausdrucksweise« und Gehalt wirkt dann in der zweiten Hälfte des Passus fort. Sie bestimmt dort die Charakterisierung der nach wie vor »wohlgesetzt« – und genau dieses Wort ist zur Bezeichnung ihres »[S]chreiben[s]« in den Romantext übernommen worden –, der nur noch »wohlgesetzt [...] *schreibende[n]* Jüdin«. Die »schreibende Jüdin« verkörpert konkret, was Thomas Mann im vorangehenden und ersten Exilroman seinen Goethe mit wieder fast denselben Worten sagen ließ, daß nämlich »selbst *Durchschnitts*juden meist einen *reineren* und genaueren *Styl* als der *National*deutsche schrieben«:[69]

> Ganz anders jedoch, wenn sie *schrieb*, – was sie außerordentlich gerne tat. Denn nicht nur war Kunigunde, wie fast alle Juden, sehr musikalisch, sondern sie unterhielt auch, sogar ohne weitreichende Lektüre, ein viel reineres und sorglicheres Verhältnis zur deutschen Sprache als der nationale Durchschnitt, ja selbst als die meisten Gelehrten, und hatte die Bekanntschaft mit Adrian, die sie auf eigene Hand stets ›Freundschaft‹ nannte [...], mit einem ausgezeichneten Briefe angebahnt, einem langen, wohlgesetzten, inhaltlich nicht eben erstaunlichen, aber stilistisch nach den besten Mustern eines älteren, humanistischen Deutschland geformten Ergebenheitsschreiben, das der Empfänger mit einer gewissen Überraschung gelesen, und das man seiner literarischen Würde wegen unmöglich mit Stillschweigen übergehen konnte. So aber auch in der Folge schrieb sie ihm, ganz unbeschadet ihrer zahlreichen persönlichen Besuche, öfters nach Pfeiffering: ausführlich, nicht sehr gegenständlich, der Sache nach nicht weiter aufregend, aber sprachlich gewissenhaft, sauber und lesbar, – übrigens nicht handschriftlich, sondern auf ihrer Geschäftsmaschine, mit kaufmännischen Und-Zeichen, – eine Verehrung bekundend, die näher zu definieren und zu begründen sie entweder zu bescheiden oder außerstande war [...].

Die »literarische[ ] Würde« dessen, was Kunigunde Rosenstiel schreibt, ist eine rein formale. Sie rührt von den »*stilistisch* [...] besten Mustern« her. Auch

69 Bd. 2, S. 732; im Original keine Hervorhebung.

ungeachtet solcher formalen Akkuratesse abstrahiert die »nicht sehr gegenständlich« »schreibende Jüdin« offenbar von ›Gegenstand‹ und Gehalt. »[I]nhaltlich« und »der Sache nach« sind ihre »ausführlich«-»langen« Briefe an Leverkühn »nicht eben erstaunlich[ ]«, »nicht weiter aufregend« und eigentlich auch ganz überflüssig.

Sie sind viel überflüssiger noch als die Naturaliengaben an den »ohnedies [...] wohl Aufgehobenen«. Sie sind etwa so überflüssig wie jene »außerordentlich viele[n] Briefe«, die einer »befremdend«- und »belustigenderweise« im Frühwerk »allwöchentlich zur Post befördern« läßt, und wohne er auch mit deren Adressaten unter einem und demselben Dach. Überflüssig sind sie angesichts der eigens erwähnten »zahlreichen persönlichen Besuche« und des jenem jüdischen Schriftsteller oder auch nur Briefeschreiber des Frühwerks vorgehaltenen und interpunktorisch emphatisierten »Umstandes«, daß es »blödsinnig« ist, »jemandem, den man [...] sprechen kann, seitenlange Briefe zu schreiben...«

Die eigentliche Form der also von Grund aus nutzlosen Briefe, deren äußeres Erscheinungsbild, wird über die Adverbien »sauber und lesbar« hinaus technisch bestimmt: »– übrigens nicht handschriftlich, sondern auf ihrer Geschäftsmaschine, mit kaufmännischen Und-Zeichen, –«. Diese technische Bestimmung schlägt zunächst ganz offensichtlich in dieselbe Kerbe wie die mehrfach ausgelegten Hinweise auf die inhaltliche Nichtigkeit des Geschriebenen, aufgrund nämlich der topisch unterschiedlichen Authentizitätsgrade von Hand- und maschineller Schrift, wie sie wenig später zum Beispiel auch noch die Gliederung und selbst das Druckbild von Max Frischs *Homo faber* regieren konnten. Aber auch abgesehen von der damit selbstverständlich insinuierten ›Uneigentlichkeit‹ des Geschriebenen muß die nähere Bestimmung seiner Form hier von Interesse sein.

Die medientechnische Bestimmung verdient schon deswegen weitere und besondere Aufmerksamkeit, weil sie die beiden ihr vorangehenden Adverbien bis zur Sinnlosigkeit redundant macht: »sauber und lesbar«. Dabei, dieses textkritische Detailproblem darf man hier nicht unterschlagen, steht das Adverb »lesbar« mit identischer Tintenqualität über der Streichung eines schwer entzifferbaren und noch schwerer verständlichen Worts oder Wortansatzes geschrieben: »treu«. Das Wort und Wortfeld »treu« scheint Thomas Mann nirgends sonst mit Schrift und Schreiben kombiniert zu haben. In solcher Kombination ergäbe es auch keinen wirklichen Sinn. Und vermutlich hat es Thomas Mann hier gerade deswegen auch gestrichen und ersetzt, wahrscheinlich sogar in einer Sofortkorrektur. (Angesichts des vertikalen Verhältnisses der neuen zur gestrichenen Lesart ist das nicht mit letzter Sicherheit zu entscheiden und wäre im Korpus der handschriftlichen Überlieferung allerdings zwar nicht die Regel, doch auch nicht ganz ohne Parallelstellen.)

Warum Thomas Mann zunächst überhaupt ein scheinbar so sinnloses Wort niederschrieb oder zu einem solchen wenigstens ansetzte, läßt sich wohl am leichtesten als Fehlleistung erklären. Als Fehlleistung würde das Wort oder der Ansatz »treu« ziemlich sinnig. Die Fehlleistung zeigte nämlich wieder auf den genuin graphologischen Zusammenhang von Schrift und ›Charakter‹ (der sich hier freilich, bei der Maschinenschrift, zu erübrigen scheint). Denn in der ›Treue‹ besteht ja wirklich eine dominante Charaktereigenschaft der Schreiberin. Entsprechende Vokabeln und Ableitungen dienten denn auch von allem Anfang an zu deren Charakterisierung und werden übrigens auch gleich in den brieflichen Selbstcharakterisierungen einer Frau wiederkehren, die der literarischen Figur ganz offensichtlich Modell stand.

Wie dem auch sei: Daß ihre Briefe »sauber« und erst recht daß sie »lesbar« geschrieben sind, müßte sich pedantisch genau genommen ganz von selbst verstehen, wenn anders Kunigunde Rosenstiel sie getippt haben soll. Auf einer Maschine kann man ja wohl gar nicht anders als sauber und jedenfalls nur leserlich schreiben. Die Inkonzinnität des Wortlauts, die sich so zwischen der sozusagen ästhetischen und der medialen Bestimmung der Briefe auftut, läßt sich textkritisch und letztlich auch biographisch beschreiben:

Von den drei für die »dienenden Frauen«[70] Kunigunde Rosenstiel und Meta Nackedey in Frage kommenden ›Vorbildern‹ und ›Modellen‹ schrieb eine, Caroline Newton, offenbar überhaupt nur von Hand. Jedenfalls sind in Thomas Manns Nachlaß nur handschriftliche Briefe von ihr erhalten. Die Briefe der beiden anderen, Agnes Meyers und Ida Herz', soweit sie immerhin im Thomas Mann-Archiv und in der Beinecke Rare Book and Manuscript Library der Yale University erhalten blieben, sind zwar sehr wohl auch, aber durchaus nicht nur und nicht einmal mehrheitlich mit Maschine geschrieben. Und wenn sie je mit Maschine geschrieben sind, dann nie mit »kaufmännischen Und-« oder sonstwelchen Sonder-»Zeichen«. Spezielle »Und-Zeichen« erscheinen nur in den handschriftlichen Briefen der einen:

Am überhaupt meisten gemeinsame Merkmale mit Kunigunde Rosenstiel weist Ida Herz auf. »Sie war [...] Jüdin« (*»Rasse- und Bekenntnisjüdin«* steht auf der Ausbürgerungsakte der Gestapo[71]). Freilich besaß sie keine »Wurstdarmfabrik«. Doch ihre Eltern betrieben wenigstens einen Laden für Fleischerutensilien;[72] und das in der Stadt, deren Name in Kunigunde Rosenstiels direkten Klagereden erscheint – »Ach, ich will morgen nach *Nürnberg* fahren« –, in dem später »entsetzlichen Nürnberg, einem der schlimmsten Orte Deutschlands«,[73] wo Ida Herz bis zu ihrer Emigration nach London dem antisemitischen Terror ganz besonders empfindlich ausgeliefert war.

Zwar beteuerte Thomas Mann ihr selber gegenüber zunächst, daß es »Grössenwahn!« oder »die ärgste Hypochondrie!!« wäre, nur wegen der »Nuance« der »derbe[n] Geschäfts-Branche« an eine Beziehung zwischen ihrer Person und »der wüstentraurigen Rosenstiel« zu »[g]lauben«: »der Sie fesche Londo-

70 Bd. 6, S. 419.

71 Abgebildet in: Friedhelm Kröll, Die Archivarin des Zauberers. Ida Herz und Thomas Mann, Cadolzburg: Ars vivendi, 2001, S. 126.

72 Kurzke, Thomas Mann. Das Leben als Kunstwerk, S. 497.

73 Tagebucheintrag vom 25. März 1934; Tagebücher 1933–1934, S. 372 f., hier S. 373.

nerin gleichen, wie ich dem Herkules«.[74] Aber trotz solch unverfrorener Dementis konnte er eingeweihten Dritten wie seiner englischen Übersetzerin gegenüber von Ida Herz geradezu unter dem Spitznamen »die Rosenstiel«[75] sprechen und in seinem Tagebuch übrigens auch tief verächtlich, bei Gelegenheit nämlich ihrer »persönlichen«, »namenlos lästig[en] und enervierend[en]«[76] Besuche: »unerwünscht verliebte[r] Zudrang«, »beschämende Aufdringlichkeiten der hysterischen alten Jungfer«.[77]

In Thomas Manns Wahrnehmung teilte Ida Herz demnach mit Kunigunde Rosenstiel insbesondere auch das Merkmal einer sexuell unerfüllten, eben einer ›hysterischen‹ Altjüngferlichkeit. Vor allem aber pflegte sie dem von ihr »Hochverehrte[n]«, so ihre stehende Anrede, offenbar wirklich »außerordentlich gerne« Briefe zu schicken. Die handschriftlichen unter diesen sind in der Tat auffallend »sauber und lesbar« geschrieben, wenngleich nicht über jeden »stilistisch[en]«, ja nicht einmal über alle grammatischen Zweifel so hoch erhaben wie diejenigen Kunigunde Rosenstiels. Deren »viel reinere[m] und sorglichere[m] Verhältnis zur deutschen Sprache« dürfte man zum Beispiel solches kaum zutrauen: »einen Brief nach dort zu senden«; oder: »wenn Sie mir die Adresse geben würden«.[78]

Auch hatte sie ihre »Bekanntschaft« mit dem Adressaten, die sie in der erhaltenen Korrespondenz nicht gerade »stets«, aber doch wiederholt als »Freundschaft«[79] und überschwenglich als »das Wunder« ihres »Lebens« ansprach,[80] nicht per Post, also nicht so »angebahnt« wie Kunigunde Rosenstiel; sondern sie hatte ihn ganz einfach in »einer Trambahn«[81] direkt angeredet. Sie hatte »es«, mit anderen Worten, gerade nicht »anders«, sondern ganz genau so »angefangen« wie im Roman die andere »dienende[ ] Frau[ ]«, Meta Nackedey alias Meta Rühel:

---

74 Brief vom 11. Dezember 1947 an Ida Herz (Thomas Mann-Archiv). Vgl. dagegen den Brief vom 15. Oktober 1954 an Ida Herz, wo Thomas Mann, aus Anlaß ihres 60. Geburtstags, bei seinem »Gedenken und Rückerinnern[ ]« an seine »Bekanntschaft« mit der »souveräne[n] lady«, bei deren realer Biographie einsetzt (»auf der Trambahn«), diese dann aber in die Handlung und den Wortlaut des Romans hinüberspielt; Dichter über ihre Dichtungen, Bd. 14/III: 1944–1955, S. 283 f., hier S. 284.

75 Brief vom 14. September 1948 an Helen T. Lowe-Porter; Selbstkommentare: *Der Erwählte*, S. 21 mit Anm. 52.

76 Tagebucheintrag vom 16. April 1935; Tagebücher 1935–1936, S. 81 f., hier S. 81.

77 Tagebucheintrag vom 19. April 1935; Tagebücher 1935–1936, S. 85 f.; vgl. z. B. den Tagebucheintrag vom 26. März 1934; Tagebücher 1933–1934, S. 373 f., hier S. 374.

78 Ida Herz, Brief vom 9. Juli 1935 an Thomas Mann (Thomas Mann-Archiv).

79 Vgl. z. B. Ida Herz, Briefe vom 22. April 1935, 3. Juni 1935 und 29. November 1943 an Thomas Mann (Thomas Mann-Archiv); dazu den Tagebucheintrag vom 9. Juli 1934; Tagebücher 1933–1934, S. 463–465, hier S. 465.

80 Ida Herz, Brief vom 3. Juni 1935 an Thomas Mann (Thomas Mann-Archiv).

81 Bd. 6, S. 416.

> Die Nackedey, ein verhuschtes, ewig errötendes, jeden Augenblick in Scham vergehendes Geschöpf von einigen dreißig Jahren, das beim Reden und auch beim Zuhören hinter dem Zwicker, den sie trug, krampfhaft-freundlich mit den Augen blinzelte und dazu kopfnickend die Nase kraus zog, – diese also hatte sich eines Tages, als Adrian in der Stadt war, auf der vorderen Plattform einer Trambahn an seiner Seite gefunden und war, als sie es entdeckt hatte, in kopfloser Flucht durch den vollen Wagen auf die rückwärtige geflattert, von wo sie aber nach einigen Augenblicken der Sammlung zurückgekehrt war, um ihn anzusprechen, ihn bei Namen zu nennen, ihm errötend und erblassend den ihren zu gestehen, von ihren Umständen etwas hinzuzufügen und ihm zu sagen, daß sie seine Musik heilighalte, was alles er dankend zur Kenntnis genommen hatte. Von da stammte diese Bekanntschaft, die Meta nicht eingeleitet hatte, um sie dann auf sich beruhen zu lassen: Durch einen Huldigungsbesuch mit Blumen in Pfeiffering hatte sie sie schon nach einigen Tagen wieder aufgenommen und pflegte sie dann immerfort, – in freiem, beiderseits von Eifersucht gesporntem Wettstreit mit der Rosenstiel, die es anders angefangen hatte.[82]

Das eine, von der Schrift dissoziierte Moment, die direkte und persönliche ›Einleitung‹ der »Bekanntschaft« mitsamt dem »Huldigungsbesuch«, wurde also aus dem Merkmalssatz Kunigunde Rosenstiels ausgegliedert und deren »deutsche[r]« Rivalin sozusagen angeklebt. Das an seine Stelle getretene »Ergebenheitsschreiben« erinnert, wenn an irgendwen und irgendetwas, dann wohl an Agnes Meyers englischen »Huldigungsbrief«.[83]

Zu dem bewegt-ergriffenen Ton nun, den Ida Herz in allen ihren Briefen anschlägt, stehen in den handschriftlichen die konsequent und nahezu ausschließlich gesetzten »Und-Zeichen« (nämlich mit Ausnahme nur der Satzanfänge auf »Und« und der damit verbundenen Großschreibung der Konjunktion) in einem ähnlich nüchternen Kontrast wie in Kunigunde Rosenstiels maschinenschriftlichen Briefen. Dieser Kontrast jedoch ist in Ida Herz' Briefen an Thomas Mann zugleich auch wieder wesentlich anders geartet als in jenen der dem »deutschen Tonsetzer[ ]« »schreibende[n] Jüdin«. Irritierend sachlich und unangemessen lakonisch sind hier nicht etwa geschäftsmäßig-»kaufmännische[ ] Und-«, sondern die arithmetischen Plus-»Zeichen«: »hin + wieder«, »wo + wenn immer«; »hoffen + wünschen«, »zu sagen + zu zeigen«; »laut + deutlich«, »intensiv + begeistert«, »geistig + menschlich«; »gründlich + fast immerwährend«, »wirklich + tief innerlich«, »noch tiefer + verbindlicher«; »wunderbar + rätselhaft«, »so wunderbar + beglückend«; »Sinn + Inhalt«, »Kraft + Ziel«, »Zeit + Zeitgenossenschaft«; »Freude + Dankbarkeit«, »Verehrung + Treue«, »Verehrung + Zugehörigkeit«; »Briefe[ ] + Sendungen«, »Freunde + Bewunderer«; »Erlebnisse[ ] + Anforderungen«, »Gedanken + Vorstellungen«, »keine Worte + Formen«; »Bedeutung + Festlichkeit«, »tiefe Beseligung + reine Begeisterung«;

82 Bd. 6, S. 416 f.

83 Hans Rudolf Vaget, Einleitung, in: Thomas Mann und Agnes E. Meyer, Briefwechsel 1937–1955, hg. v. Hans Rudolf Vaget, Frankfurt a. M.: Fischer, 1992, S. 5–71, hier S. 5.

»in treuer + aufrichtiger Verehrung«, »treuen Wünschen + Grüßen«, »Ihrer Arbeit [...] + der Selbstbesinnung«, »zwischen Ihnen + Goethe«.[84]

All dem und in eins damit der These von der nun freilich komplizierten ›Vorbildlichkeit‹ des biographischen ›Modells‹ entspricht genau die Überlieferung der Romanstelle »nicht handschriftlich, sondern auf ihrer Geschäftsmaschine, mit kaufmännischen Und-Zeichen«. Das allen denkbaren ›Modellen‹ gegenüber entweder frei erfundene oder vermutlich, der handschriftlichen Schrulle des offensichtlich dominanten ›Modells‹ gegenüber, ziemlich stark abgewandelte Detail der »kaufmännischen Und-Zeichen« hat Thomas Mann erst nachträglich in die Reinschrift eingefügt. Und außerdem findet sich im Manuskript zwischen »nicht« und »handschriftlich« ein in Sofortkorrektur gestrichener und schwer entzifferbarer Ansatz, so gut wie sicher »nu«. Dieser läßt konjizieren, daß Kunigunde Rosenstiel, genau wie Ida Herz (oder Agnes Meyer), ursprünglich sehr wohl *auch*, aber »nicht *nu[r]* handschriftlich« hätte schreiben sollen. Oder vielmehr zwingt der gestrichene Ansatz eigentlich fast dazu, so zu konjizieren: Würde doch unter der Annahme, daß Kunigunde Rosenstiel ursprünglich zum Teil auch von Hand hätte schreiben sollen, die vorgängige, nun etwas irritierende Bestimmung ihrer Briefe als »sauber und lesbar« geschriebener erst wirklich verständlich (ebenso wie die graphologisch bedeutsame Fehlleistung »sauber und treu«). Das jetzt befremdliche Adverbienpaar »sauber und lesbar« ließe sich dann nämlich als stehengebliebenes Fossil gleichsam einer älteren Konzeption erklären, in der es durchaus noch am Platz gewesen wäre.

Doch abgesehen auch von der Spannung, in welche die parenthetische Charakterisierung der Rosenstielschen Briefe nunmehr zu ihrem Kontext zu stehen kommt, erzeugt diese bei rein werkimmanenter Lektüre einen gewissen Erklärungsdruck. Das auf der Konzeptionsstufe der Notizen noch nicht fixierte Detail der »Geschäftsmaschine« wird in einer Weise eingeführt, welche die Nebensächlichkeit der konzeptionsgeschichtlich offenbar jungen Information gleich doppelt kodiert: »– *übrigens* nicht handschriftlich [...] –«. Die Kodierung der tiefen Informationsrelevanz erfolgt syntaktisch-interpunktorisch und lexikalisch-explizit, als Parenthese und durch das Adverb. Dieses aber verwendet Thomas Mann geradezu regelmäßig ironisch. Anstatt die Unerheblichkeit einer Information zu denotieren, konnte und könnte es im Gegenteil immer wieder als verläßlicher Indikator ihrer Brisanz dienen. Es ist, mit dem gediegenen Ausdruck, den Maar für den sehr ähnlichen Gebrauch des Adverbs ›sozusagen‹ gefunden hat: »eins der Mannschen Alarmworte [...], hinter denen wie hinter den Klammern« – und, sollte man vielleicht hinzufügen, wie hinter den Parenthesen – »zu regelmäßig das Wesentliche lauert, als daß Wachsamkeit nicht immer geraten wäre«.[85]

84 Ida Herz, Briefe vom 3. Juni 1935, 9. Juli 1935, 5. August 1935, 20. Januar 1937 und 13. Mai 1945 an Thomas Mann (Thomas Mann-Archiv).

85 Maar, Geister und Kunst, S. 159.

»*Übrigens* und ganz nebenbei« hatte Serenus Zeitblom seinem »Freunde« eine »Original-Ausgabe von Clemens Brentano's Gedichten [...] aus Naumburg [...] mitgebracht.« »*Übrigens* mußte es wundernehmen, daß« Detlev Spinell »noch nicht mehr Bücher verfaßt hatte« als den einen, »für jeden sichtbar« präsentierten »Roman von mäßigem Umfange«, den man in einer einzigen, doch »unmenschlich langweilig[en]« »Viertelstunde gelesen« hat. »*Übrigens* weiß Gott«, hätte Anton Klöterjahn einem alter ego seines Autors[86] einmal sagen sollen, »warum Sie fortwährend drei Punkte statt einem machen.« »*Übrigens* stand [...] Herr Aarenhold« der christlichen »Trauung kühl gegenüber [...].« »*Übrigens* war« bei der dubiosen Frau des Christian Jacoby, mit dem sie ein so ungleiches »– *übrigens* kinderlose[s] – Paar« abgibt,[87] die »Nase im Profile ein wenig zu stark und fleischig«. Und in den *Buddenbrooks* erfährt man ja ganz am Ende einer Satzkaskade von der *»Mutter«* jenes gefährlichsten Konkurrenten auch noch, daß sie »*übrigens* Semlinger hieß« und ehedem also einen leicht als jüdischer dekodierbaren Nachnamen trug.[88]

So zeigt auch hier wieder, bei der genauen Bestimmung von Kunigunde Rosenstiels Schreibmedium, die Subordination und Ausgliederung und vor allem die so erzeugte Überlastungsstruktur autoreferentiell eine gewisse Ironizität des Texts an. Das scheinbar nur nebenher Mitgeteilte erhält so besonderes Gewicht. Dieses hat wohl auch mit dem Gegensatz zu tun, in dem das Mitgeteilte: »– übrigens nicht handschriftlich [...] –«, zum Medium seiner Mitteilung steht.

Der Erzähler des *Doktor Faustus* schreibt von Hand. Das läßt er immer wieder mit ›einfließen‹. Zum Beispiel registriert er »ein[ ] bedauerliche[s] Ausfahren der Buchstaben« und sieht er darin den physischen Effekt seines »Grauen[s]« vor dem »[N]ieder[ge]schrieb[enen]«.[89] Die Bedingung dieser Möglichkeit, die Authentizität der Schrift durch solch unwillkürliche Körperzeichen zu beglaubigen, stellt er von Anfang an her. Seine »Feder« erwähnt Zeitblom en passant bereits im ersten Kapitel,[90] am ersten Tag der fiktiven Erzählzeit. Deren Einsatz fällt nicht von ungefähr mit dem Beginn der realen Niederschrift des Romans zusammen.[91]

Denn zusätzliches Gewicht erhält das vorgeblich verzichtbare Detail der Maschinenschrift aus seinem innerhalb des Gesamtwerks singulären Status. Maschinenschrift, obwohl fast genau gleich alt wie und sogar etwas älter als der Autor, kommt nirgends sonst in Thomas Manns literarischem Werk vor

86 Vgl. Maar, Geister und Kunst, S. 24 f.

87 Bd. 8, S. 170; im Original keine Hervorhebung.

88 Vgl. Guggenheimer und Guggenheimer, S. 689; Jüdisches Adreßbuch für Groß-Berlin, S. 380; Krause, S. 54; Thiede, S. 90 f.

89 Bd. 6, S. 234.

90 Bd. 6, S. 10.

91 Vgl. Bd. 6, S. 9 mit Bd. 11, S. 164 und dem Tagebucheintrag vom 23. Mai 1943; Tagebücher 1940–1943, S. 579.

(wenn man von dem »Schreibmaschinen*fräulein*« absieht, das im *Zauberberg* einmal Erwähnung findet[92]). Auch anderweitig scheint es bei Thomas Mann nur noch eine einzige Stelle zu geben, die für Maschinenschrift und Schreibmaschinen einschlägig wäre. Und diese eine Stelle gibt den Blick auf die konservativen Unter- und Abgründe frei, aus denen die modernitätsskeptischen Widerstände gegen das neue Medium gespeist gewesen zu sein scheinen. Die Schreibmaschine erscheint hier fast schon als Emblem eines Grauens vor dem modernen Identitäts- und Sinnverlust schlechthin, wie es sich traditionell in Zahnrads- und Uhrmetaphern artikulierte, die übrigens auch hier noch hineinspielen, wenn die Maschine hier ausdrücklich ›tickt‹.

In den *Okkulten Erlebnissen* fungiert eine ›tickende‹ Schreibmaschine als Requisit einer Szene, in welcher der dem Subjekt ausgetriebene Geist als Gespenst wiederkehrt. »[D]ie Schreibmaschine«, die sich mundo inverso »unten am Boden« befindet, beginnt plötzlich »zu ticken« – »es geht wie bei einer geübten Kontoristin« –: »zum Zeichen« für die Existenz des okkultistisch herbeibeschworenen »Niemand«, dessen »Getipp« »auf dem Bogen« indessen »nichts als Unsinn« hinterläßt. Das einbrechende Absurde erzeugt eine Sprachnot, die sich in asyndetisch gereihten, semantisch stark divergenten Adjektiven weniger bannen läßt als zu erkennen gibt. Die Sprache des redenden Subjekts droht damit in den Sog dessen zu geraten, was sie selber, in der Repräsentation, auf Distanz halten soll. Sie gelangt dadurch zu einer adäquaten Artikulation der Irritationen, welche die anonyme und aleatorische, kurz die automatenhafte Produktion vollkommen absurder Zeichen auslöst: »Es ist verrückt. Es ist [...] *verblüffend*, *lächerlich*, *empörend* durch seine Absurdität.«[93]

Daß Thomas Mann sein literarisches Werk mit nur einer Ausnahme von Schreibmaschinen freigehalten hat, gewinnt vor dem Hintergrund solcher modernitätskritischer Weiterungen einen besonderen Sinn. Das literarische Werk reflektiert mit seiner bis auf Kunigunde Rosenstiels Briefe konsequenten Ignorierung maschineller Schrift seine eigenen materiellen Entstehungsbedingungen und ästhetischen Prämissen, die Thomas Mann bei seinem Versuch, »den Film« qua »niedrig [...] demokratische[] Massenunterhaltung« von der »Sphäre der Kunst« fernzuhalten, auf eine hier genau einschlägige Metapher brachte: »Die Kunst ist [...] eine Welt des Stils, *der Handschrift*, der persönlichsten Formgebung, [...] man ist bei Hofe [...].«[94]

Thomas Mann schrieb selber immer nur von Hand. In der Pose des von Hand Schreibenden ließ er sich gerne (oder jedenfalls lieber als sonstwie[95])

92 Bd. 3, S. 185; im Original keine Hervorhebung.

93 Bd. 10, S. 163–165; im Original keine Hervorhebung. Zum Realitätswert des ›Erlebnisses‹ vgl. Maar, Geister und Kunst, S. 276–278, Anm. 10.

94 Bd. 10, S. 898–900; im Original keine Hervorhebung.

95 Vgl. den Brief vom 14. Januar 1950 an Edith Görgényi; Briefe, Bd. 3, S. 130.

photographieren. Die Bedeutsamkeit und Aussagekraft seiner Handschrift ließ er sich in mehreren graphologischen Expertisen bescheinigen. »Herzlich gern«[96] auch ließ er einige seiner Manuskripte faksimilieren, so ausgerechnet das der graphologisch so aufschlußreichen *Tristan*-Novelle oder noch das allerletzte vollendete, das »Novellenmanuskript« der *Betrogenen*, worauf er ja in jenem späten Interview, im Zusammenhang mit seiner »Manuskriptschrift« und seiner »von jeher [...] angestammte[n] Hand«, selber hinwies. Der Erstausgabe der *Bekenntnisse des Hochstaplers Felix Krull* ließ er sogar einzelne Originalblätter des Manuskripts in einigen Exemplaren beibinden, die so von den allerletzten gleichmacherischen Folgen des industriellen Produktionsprozesses verschont bleiben sollten.

Auf dem ersten dieser Blätter, im ersten Satz der fingierten Autobiographie, weist schon deren allererstes Nomen, dasselbe, welches zu diesem Zweck im ersten Kapitel des *Doktor Faustus* erscheint, »die Feder«, selbstreferentiell die Handschriftlichkeit der *Bekenntnisse* aus: »Indem ich die Feder ergreife«...[97] Diese Handschriftlichkeit hätte sich auch zur fiktiven Erzählzeit nicht mehr ganz von selbst verstanden. Denn wenn man es nachrechnet, muß Felix Krull zur ziemlich genau gleichen Zeit »die Feder ergreife[n]«, wie Kunigunde Rosenstiel schon Maschine schreibt.

Der zwar fiktive, aber mit dem realen nahezu bis auf sein Geburtsdatum zwangsverwandte Autor der *Bekenntnisse* hält sich ebenfalls schon im ersten Satz seine auch in dieser Hinsicht edle Artung zugute. Auch und eben vor allem anderen in dieser einen Hinsicht zeichnen sich die »Geständnisse« und die Eigenart dessen aus, der sie ablegt. Den Duktus seiner Handschrift kennzeichnet bekanntlich erst ein hygienisches, dann ein ästhetisches beziehungsweise, in der älteren Textschicht des Manuskripts, ein charakterologisches Prädikat, das direkter noch als jene beiden das Wesen des Schreibers antizipiert und positiv wertet: »in der sauberen und gefälligen« – beziehungsweise »sympathischen« – »Handschrift, die mir eigen ist«.[98]

Die Produktionsbedingung und gleichsam nostalgische, vormoderne Kulturtechnik, deren Vergewisserung der *Doktor Faustus* wie die fiktive Autobiographie des Hochstaplers a limine reflexiv sicherstellt, spielt denn auch in der Rezeptionsgeschichte und Vermarktungskarriere Mannscher Texte bis heute eine sehr erhebliche Rolle; und wenn diese in der Forschung noch nicht thematisch, geschweige denn kritisch befragt wurde, dann sagt das vielleicht weniger über deren ideologische Affirmativität und methodische Unbedarftheit als über die erstaunliche Suggestionskraft der auktorialen Selbststilisierung aus. Die kollektive Imagination des Autors scheint jedenfalls nach wie vor auf das schon zu seiner Zeit zunehmend atavistische Moment der Handschriftlichkeit fokus-

96 Thomas Mann, Die Betrogene. Erzählung [Faksimile der Handschrift], Lausanne: Watli, 1953, Bl. 2 verso (= Bl. 72 recto des Originals).

97 Bd. 7, S. 265.

98 Ebd.

siert zu sein. Zu den heute in Zürich ausgestellten Reliquien Thomas Manns gehören selbstverständlich seine vier Füllfederhalter und sogar ein Tintenfaß. Seine Handschrift hat man verschiedentlich auch ganz ohne sein Zutun und postum graphologischen Analysen unterzogen.[99] Noch die letzte Ausgabe seiner letzten veröffentlichten Texte, eine Edition der Tagebücher von 1997, trägt auf dem Cover aller zehn Bände einzig und annähernd in Lebensgröße die schreibende Hand »des Meisters« – eine für diesen Zusammenhang natürlich ihrerseits sehr bezeichnende, weil letztlich *hand*werkliche Metapher, die in der Thomas Mann-Literatur keineswegs ausgedient hat. Sie kann offenbar allen Ernstes weiter gebraucht werden, zum Beispiel in Klaus Harpprechts vergleichsweise kritischer[100] oder in Hermann Kurzkes allerjüngster Biographie[101] oder in Hans-Jürg Brauns »phänomenologische[r] Studie« über *Felix Krull* als ein Werk »aus der *Feder* des *Meisters* Thomas Mann«.[102] Und mit ›Feder, Tinte und Papier‹ wird Thomas Mann ›symbolisch sowohl wie eigentlich‹ auch in einer der letzten *Publications of the Modern Language Association of America* ›assoziiert‹, in der prominenten Jahresadresse dieser mächtigen Philologenorganisation, wo der seinerzeit amtierende Präsident, kein Geringerer als Edward W. Said, »handwritten writing« mit den Standardisierungstendenzen der Gegenwart konfrontiert.[103]

Von der also staunenswert erfolgreich gesteuerten Rezeptionsgeschichte des Gesamtwerks her kommt auf Kunigunde Rosenstiels Maschinenschrift wie aus etlichem anderen mehr eine schwere Emphase zu liegen: aus dem weiteren Kontext dieses Gesamtwerks; aus dem näheren Kontext des *Faustus*-Romans; aus dem Wortlaut und der Interpunktion der betreffenden Romanstelle; aus deren Konzeptionsgeschichte und handschriftlicher Überlieferung; aus den

99 Hermann Ungar, Was die Manuskripte des Dichters verraten. Ein Blick in die Werkstatt Thomas Manns, in: Die literarische Welt 1.4, 30. Oktober 1925, S. 1–2; G. Scheuffeler, Der Namenszug des Dichters, in: Thüringische Landeszeitung 55, 6. März 1955; Richard R. Pokorny, Graphologisches Charakterbild: Thomas Mann, in: Richard R. Pokorny, Die moderne Handschriftendeutung, Berlin: de Gruyter, 1963, S. 102 f.; Renate Ilgner, Thomas Mann – Versuch einer graphologisch-psychologischen Deutung von Wesen und Werk, in: Graphologische Rundschau 7.3/4, 1973, S. 83–100. Vgl. auch den graphologischen Passus in: Thomas Mann (anonymer Zeitungsausschnitt in Thomas Manns Nachlaß, o. O. u. J.); Hans Albrecht Hartmann, Kreativität und Pathopsychologie am Beispiel Thomas Manns, in: Thomas Sprecher (Hg.), Vom *Zauberberg* zum *Doktor Faustus*. Die Davoser Literaturtage 1998, Frankfurt a. M.: Klostermann, 2000 (Thomas Mann-Studien, Bd. 23), S. 63–104, hier S. 69–73.

100 Harpprecht, z. B. S. 859.

101 Kurzke, Thomas Mann. Das Leben als Kunstwerk, z. B. S. 497.

102 Hans-Jürg Braun, Die List des Hochstaplers, in: Albert A. Stahel (Hg.), List? Hinterlist in unserer Zeit!, Zürich: vdf Hochschulverlag der ETH Zürich, 2000 (Strategie und Konfliktforschung), S. 113–125, hier S. 113; im Original andere Hervorhebung.

103 Edward W. Said, Presidential Address 1999: Humanism and Heroism, in: Publications of the Modern Language Association of America 115.3, 2000, S. 285–291, hier S. 287.

Differenzen zu den biographischen ›Vorbildern‹. Diese vielfache Emphase ist als solche sehr interpretationsbedürftig. Sie läßt sich zunächst natürlich wieder auf eine lächerliche Gegensätzlichkeit hin auslegen, in welche die so schwer emphatisierte Form zum Gehalt der Briefe gerät. Was sich in diesen an Schöngeistigem bekundet, steht in ebenso komischem Gegensatz zum profanen Medium seiner Artikulation und Kommunikation wie Kunigunde Rosenstiels Mäzenatentum zur ökonomischen Basis des »Darmgeschäftes«, das all ihr »höheres Streben« materiell überhaupt zu ermöglichen hat.

Signifikant für diesen Gegensatz und verräterisch für die Absicht, ihn zu erzeugen, ist schon die Bestimmung der »Und-Zeichen« als ausdrücklich »kaufmännische[r]« oder jedenfalls der Schreib- als »Geschäftsmaschine«. An der Realität der erzählten Zeit gemessen (etwa Sommer 1915), liegt im Wort »Geschäftsmaschine« ein vielleicht etwas tautologisches, etwas unnötig deutliches und um so bemerkenswerteres Kompositum vor. Denn die Identifikation von Maschinenschrift und ›Geschäft‹ scheint sich erst im Verlauf der Zwanzigerjahre langsam gelockert zu haben, als nämlich zu diesem Zweck portable Maschinenmodelle auf den Markt kamen.[104] Darüber hinaus aber, gerade auch wegen ihrer »kaufmännischen« Tastatur und ihrer »Und-Zeichen«, die sie also vielleicht redundanterweise als »*Geschäfts*maschine« zu erkennen geben, kann diese noch bedenklichere, man darf eben gerade nicht sagen: graphologische Weiterungen haben.

In der Maschinenschrift, mit Friedrich Kittlers Worten, »hört Schreiben auf, jener handschriftlich-kontinuierliche Übergang von Natur zu Kultur zu sein, dem es schon als buchstäblichem Individualitätsnachweis untersagt war, Wörter durch Zwischenräume zu unterbrechen«.[105] Maschinell Geschriebenes läßt als solches, als Schrift und Form eben, keine graphologisch-›buchstäbliche‹ Begutachtung der ›Individualität‹ mehr zu. Es bringt die Eigenart der Schreibenden gewissermaßen zum Verschwinden. Dagegen spricht jene »eigen[e]«, »saubere[ ] und gefällige[ ] Handschrift« für sich und für einen rundum »sympathischen« ›Bekenner‹. Oder andererseits vermag die zwar »sorgfältig gemalte[ ] und überaus reinliche[ ] Handschrift«, in welcher der jüdische Briefeschreiber des *Tristan* die ihm angeblich »mit [...] Heftigkeit zuströmen[den]« »Worte« festhält – eine vom Erzähler ja unverzüglich und »ganz einfach« richtiggestellte Unwahrheit und diskreditierte Lüge –, nur »[a]uf den ersten Blick [...] ganz sauber« zu »schein[en]«. Dem kaufmännisch geübten Auge »aber« eines Anton Klöterjahn kann sie wie erinnerlich all ihre »Lücken« (»Zwischenräume«) nicht verhehlen.

Im Frühwerk also, um 1900, als Schreibmaschinen selbst im »kaufmännischen« Milieu noch nicht die Regel waren,[106] blieb die Entlarvung einer

104 Vgl. Adrian Forty, Objects of Desire. Design and Society since 1750, London: Thames & Hudson, 1995, S. 134 f.

105 Friedrich A. Kittler, Aufschreibesysteme 1800 · 1900, München: Fink, [3]1995, S. 244.

106 Vgl. Forty, S. 130.

»ganz sauber« scheinenden, tatsächlich jedoch gar nicht wirklich geschriebenen, sondern nur »sorgfältig gemalten« und im so erweckten Anschein trügerischen, lügnerischen Schrift garantierbar. Diese mußte »bei Licht besehen« die »Wahrheit« über den Charakter und selbst den Körper und die »Zittrigkeiten« des sich unwillkürlich verratenden Schreibers trotz allem kundtun. Sie vermochte dessen rassentypologisch signifikante ›Neurasthenie‹ nicht ohne Rest zu verbergen, auf welche ja schon seine Therapie – Spinell wird bekanntlich »elektrisiert« – zurückschließen ließe.

Solch eine »Hermeneutik des Verdachts«[107] (wenn man einmal davon absieht, daß sie auch in jener leicht verschrobenen *Graphologie der Schreibmaschine* wenigstens auf die Neurasthenie als solche – aber keine rassenbiologische – Anwendung findet[108]) würde an Kunigunde Rosenstiels Maschinenschrift gleichsam abprallen. Dieser darf der Erzähler denn ohne jeden Vorbehalt, doch eben auch völlig sinnloserweise zugestehen, daß sie »sauber« sei. Sinnlos freilich und sozusagen überständig, wie gezeigt, scheint diese Prädikation erst geworden zu sein, seitdem offenbar die »Geschäftsmaschine« die Handschrift Kunigunde Rosenstiels verdrängt hat. Auch oder sogar allein ihre *Hand*schrift als »sauber und lesbar« zu taxieren, scheint der Autor zuvor immerhin erwogen, aber dann nota bene doch verworfen zu haben. –

Wie das »Ausfahren« handschriftlicher »Buchstaben« diesen erst besondere Bedeutungsschwere verleihen kann, gerade auch auf die Gefahr der Unentzifferbarkeit hin, so macht umgekehrt die Schreibmaschine das noch so »sauber und lesbar« Geschriebene in gewisser Hinsicht unleserlich. Außerhalb dessen, was im symbolischen Register der Sprache eigentlich geschrieben steht und potentiell sowieso den zum Beispiel assimilativen oder dissimulatorischen Intentionen der Schreibenden unterliegt, verbietet ein maschinell erstellter Text jedes Urteil über deren Identität oder Alterität. Die Schrift, kraft derer sich Kunigunde Rosenstiel sprachlich weit über den »nationale[n] Durchschnitt« zu erheben weiß, annulliert damit oder suspendiert hier zugleich auch deren ›otherness‹. Sie gerät zu einem Medium virtuell totaler Assimiliertheit. Sie verunmöglicht es, einen gegebenenfalls »›jüdischen‹ Charakter« graphologisch zu identifizieren.

»*[D]aß* es so etwas [...] gibt« wie einen »›jüdischen‹ Charakter« auch und zumal der Handschrift, so ein oder ›der‹ Begründer der ›wissenschaftlichen‹ Graphologie, wird »[n]ur [...] noch zu leugnen wagen«, »wer sich [...] völlig

107 Paul Ricoeur, Philosophische und theologische Hermeneutik, in: Paul Ricoeur und Eberhard Jüngel (Hgg.), Metapher. Zur Hermeneutik religiöser Sprache, Evangelische Theologie, Sonderheft, München: Kaiser, 1974, S. 24–45, hier S. 44; Hans-Georg Gadamer, The Hermeneutics of Suspicion, in: Gary Shapiro und Alan Sica (Hgg.), Hermeneutics. Questions and Prospects, Amherst: University of Massachusetts Press, 1984, S. 54–65.

108 Kring, S. 110 f.

die Sinne verderben ließ vom europäischen Humanitätsgerede«.[109] Kunigunde Rosenstiels Maschine kappt ebenden »Zusammenhang von Ausdrucksgepräge und Rasse«, den Ludwig Klages schon in seinem ersten einschlägigen Buch, 1910, zu seinen »unerschütterliche[n] Überzeugung[en]« zählte: In den *Problemen der Graphologie*, unter dem Kapitel »Typische Ausdrucksstörungen und der hysterische Charakter« – und auch schon »im Wachsen der Hysterie [...] zeigt sich«, man errät es, das »unaufhaltsam empordrängende[] Element eines *entarteten Semitismus*« –, in den *Problemen der Graphologie* also »beanspruch[t]« Klages für diesen »Zusammenhang« zwar »vorderhand nur den Rang einer bedenkenswerten Hypothese«, aber lediglich deswegen, weil »an dieser Stelle« aus offenbar rein äußeren Gründen die »umfangreiche[n] kulturhistorische[n] Erörterungen [...] unterbleiben müssen«, welche »der strikte Nachweis [...] mit sich« »brächte«.[110]

Auf der Maschine geschriebenes und obendrein makelloses Deutsch kann also ein ideales Assimilations- und zugleich auch optimales Dissimulationsmedium bilden. Dieses ermöglicht es, einen »hysterische[n] Charakter« oder »entarteten Semitismus« zu verbergen. Es verbirgt das ›Reale‹ oder als Reales Imaginierte und als solches in seiner Alterität Unassimilierbare des Körpers. Es schützt diesen vor rassistischer Diskriminierung, wie ihr, wenn vielleicht auch nicht mehr die im Unterschied zu den meisten jüdischen Gestalten[111] des Gesamtwerks weder erwähnenswert dunklen noch erwähnenswert ›blanken‹ noch auch erwähnenswert großen »Augen«, so etwa Kunigunde Rosenstiels »schwer zu bändigende[]« Haare doch noch preisgegeben sein könnten.

Die virtuelle Vollendung der Assimilation, die mit dem technisch avancierten Schreibmedium wahrgenommene Chance, den Abstand zwischen dem Realen des Körpers und der symbolischen Selbstrepräsentation des Subjekts in der Sprache zu maximieren und so die seinerzeit neuesten, eben die rassenbiologischen Dispositive des antisemitischen Diskurses zu unterlaufen, birgt jedoch die Gefahr oder bietet mutatis mutandis eine Möglichkeit, die Schreibende unversehens wieder Rekursen oder Regressionen auf das allerälteste Stereotypenarsenal des Antisemitismus respektive des Antijudaismus auszusetzen. Denn Kunigunde Rosenstiels innerhalb des literarischen Gesamtwerks ganz singuläre Maschinenschrift – und ihre Singularität, wenn sonst nichts, erlaubt die Interpretation hier so zu forcieren – läßt sich in eine untergründige Beziehung zum ›abendländischen‹ ›Phonozentrismus‹ und seinen antisemitischen beziehungsweise antijudaistischen Implikationen bringen. Mit diesen Implikationen und Ideologemen den Denkbahnen entlang immerhin zu spekulieren, welche Jacques Derrida in seiner *Grammatologie* eröffnet hat, legt insbesondere das eigens fixierte Detail der skurril deplazierten »Und-Zeichen« nahe. Solche Spekulationen liegen um so näher, als Thomas Mann dieses Detail nach Maß-

---

109 Klages, Bd. 7, S. 94; im Original keine Hervorhebung.
110 Klages, Bd. 7, S. 93 f.; Hervorhebung des Originals.
111 Vgl. z. B. Bd. 1, S. 62, 348; Bd. 8, S. 206, 223, 381.

gabe verschiedener Indizien überaus wichtig gewesen zu sein scheint: Zum einen hat er das Detail nachträglich in die Reinschrift eingefügt. Zum anderen schrieb keine der für Kunigunde Rosenstiel als ›Vorbilder‹ und ›Modelle‹ in Betracht kommenden Frauen »kaufmännische[ ] Und-« beziehungsweise ›and‹-»Zeichen«, auch die beiden nicht, von denen maschinenschriftliche Briefe an den ›Meister‹ erhalten sind; und die eine von diesen beiden verwandte ihre mathematischen Plus-»Zeichen« ja nur handschriftlich.

Die »kaufmännischen Und-« unterscheiden sich von solchen vollständig abstrakten Plus-Zeichen im Grunde ebenso wie andererseits und vor allem auch von Abkürzungen wie dem Kürzel »u«, womit sich Thomas Mann stattdessen in seinen Notizen behalf, indem er den ›reinen‹ Vokal noch nicht einmal mit einem ›stummen‹ Punkt versah. Als nicht mehr durchschaubare Ligatur und als Wortzeichen nicht eigentlich für »Und«, sondern für die lateinische und sozusagen ›tote‹ Vokabel ›et‹ hat das ›ampersand‹ auf der Tastatur der »Geschäftsmaschine« einen kategoriell besonderen Status. Dieser Sonderstatus des eigens notierten und nachträglich eingefügten »Zeichen[s]« scheint insgeheim mit der jüdischen Alterität der Schreiberin gleichsam zu kommunizieren. Er kommuniziert jedenfalls dann mit dem Stigma dieser Alterität, wenn der ›abendländische‹ »Ethnozentrismus« und »[d]ie Geringschätzung der Schrift« als eines »*traurige[n]* Surrogat[s] der Rede«[112] ein nur »scheinbare[s] Paradoxon« bilden und »vollkommen kohärent[ ]« sind, sofern die phonetisch-alphabetische »Schrift« der »Rede« immer noch ungleich näher steht als »nicht-alphabetische Zeichen«,[113] aber selbstverständlich auch andere quasi stimmlose, zum Beispiel alphabetische Konsonantenschriften wie die hebräische. Deren Entstehung, besonders die »Aussparung der Grundlaute«, hatte Thomas Mann eben erst, unmittelbar vor der Niederschrift des *Doktor Faustus*, in der Erzählung *Das Gesetz* unter der Bedingung und als Kompensation gleich mehrerer Mängel ausphantasiert (der »gemessenen« Zeit des Erfinders, des »gering[en]« »Wortschatz[es]« der Sprache und des voraussetzungslosen Analphabetismus der intendierten Leser).[114]

Schon durch das Kommunikationsmedium demnach ihrer Briefe erhält die Figur Kunigunde Rosenstiels eine in mehrfacher Beziehung polare Stelle im Spannungsfeld der Opposition von Form und Inhalt, wie sie der Bestimmung aller ihrer ›diversen‹ sprachlichen Äußerungen zugrundeliegt. Die Opposition und die Diskrepanz von Form und Inhalt macht nicht nur die rein stilistische Mustergültigkeit ihrer schriftlichen Äußerungen und die Gegenstandslosigkeit sowohl dieser schriftlichen Äußerungen als auch dessen aus, was der Erzähler bei ihrer Einführung an eigentlich ›Gesprochenem‹ zitiert. Der im ›phonozentrischen‹ Sinn ›eigentlichen‹ Sprache sind Kunigunde Rosenstiels Briefe nicht

112 Johann Wolfgang von Goethe, Werke, hg. i. A. der Großherzogin Sophie von Sachsen, Weimar: Böhlau, 1887–1919 (Nachdruck München: Deutscher Taschenbuch Verlag, 1987), Abt. I, Bd. 27, S. 373; im Original keine Hervorhebung.

113 Jacques Derrida, Grammatologie, Frankfurt a. M.: Suhrkamp, [2]1988, S. 193.

114 Bd. 8, S. 863–865.

nur als solche, als Briefe und Geschriebenes eben entgegengesetzt, sondern insbesondere auch als maschinelle und als tendenziell außerphonetische Schrift.

Anders, aber nur ein wenig anders gesagt – denn in eine Opposition von »Form und Inhalt« hat man in der Auslegungsgeschichte der einschlägigen Bibelstelle auch die Entgegensetzung von Juden- und Christentum überführt[115] –, unterliegen Kunigunde Rosenstiels Briefe einem berühmten Verdikt des Neuen Testaments. Indem und obschon sie zugleich doch Rosenstiels vollendete Akkulturation zu besiegeln scheinen, entsprechen sie dem Paulinischen Wort vom »Buchstabe[n]«, der »tötet«. Die Topik übrigens, die aus diesem Wort und im Schutz seiner Autorität entstand, ging in der Neuzeit ins Repertoire der Polemik gegen Buchdruck und Druckpresse ein.[116] Sie ist damit aus diskursgeschichtlicher Sicht immer schon geeignet, sich mit Vorbehalten auch gegen andere Technisierungen der Schrift wie eben die Schreibmaschine sozusagen zu verbünden.

Der Topos vom ›toten Buchstaben‹ spukt möglicherweise auch schon in der bloß ›vorgespiegelten‹ »*Leb*haftigkeit« der »seitenlange[n]« Briefe herum, die Spinell ganz überflüssiger- und »belustigenderweise« schreibt. Und nach jüngeren und jungen Beispielen für seine Wirkungsmacht braucht man nicht lange zu suchen. So wirkt er vielleicht bis in jene bereits zitierte *Publication of the Modern Language Association*, in der darin abgedruckten Rede, die Günter Grass zur Verleihung des Nobelpreises hielt. Grass (der selber seine Sätze wirklich zuerst laut spricht, sie dann immer von Hand niederschreibt und endlich ›nur‹ auf einer mechanischen Maschine überträgt[117]) stellt darin »schriftgläubig [...] papieren[es]« einem »von feuchtem Atem getragen[en]« Erzählen gegenüber.[118]

Die Briefe Kunigunde Rosenstiels sind in einem nicht unbedenklichen Sinn »schriftgläubig« und »papieren«, ›trocken‹ und ›atemlos‹. Sie stehen in diametralem Abstand zum apostolischen Pneuma, ›Geist‹ *und* ›Atem‹, welches bei Paulus oder wenigstens den Exegeten des zweiten Korintherbriefs zufolge das Christentum über das Judentum erhebt (und in solcher Funktion übrigens auch in Heinrich Manns antisemitische Rhetorik hineinspielt[119]). Entschieden mehr noch als

---

115 Rudolf Bultmann, Der zweite Brief an die Korinther, in: Erich Dinkler (Hg.), Kritisch-exegetischer Kommentar über das Neue Testament, Sonderband, Göttingen: Vandenhoeck & Ruprecht, 1976, S. 80; vgl. z. B. Heinz-Dietrich Wendland, Die Briefe an die Korinther, Göttingen: Vandenhoeck & Ruprecht, [7]1954, S. 155; Hans Windisch, Der zweite Brief an die Korinther, hg. v. Georg Strecker, Göttingen: Vandenhoeck & Ruprecht, 1970, S. 111 f.

116 Vgl. Karl-Heinz Göttert, Wider den toten Buchstaben. Zur Problemgeschichte eines Topos, in: Friedrich Kittler, Thomas Macho und Sigrid Weigel (Hgg.), Zwischen Rauschen und Offenbarung. Zur Kultur- und Mediengeschichte der menschlichen Stimme, Berlin: Akademie Verlag, 2002, S. 93–113.

117 Freundliche Auskunft von Hilke Ohsoling, Lübeck, vom 6. Februar 2003.

118 Günter Grass, »Fortsetzung folgt...«, in: Publications of the Modern Language Association of America 115.3, 2000, S. 300–309, hier S. 302.

119 Vgl. Thiede, S. 168–171.

der gewöhnliche, vergleichsweise schon besonders ›tote‹ und tödliche »Buchstabe« der Darmgeschäftsmaschine, von der faksimilierten Handschrift und der annähernd *lebens*groß abgebildeten »Feder des Meisters« ganz zu schweigen, ›töten‹ die aphonetischen »Und-Zeichen«, mit denen Thomas Mann die Verwendung maschineller Lettern im Roman nachweislich gesuchter- und gewolltermaßen kombiniert und deren Vitalität sozusagen er dadurch minimiert hat.

Im Portrait also der freilich nichts desto weniger tierhaft »*wollige[n]* Rosenstiel«, wie sie bekanntlich aus Anlaß ihrer späteren Auftritte mit dem für seine und die Signifikanz seiner dehumanisierenden Konnotationen natürlich um so bezeichnenderen epitheton constans jener Jüdin aus dem *Zauberberg* wiedereingeführt wird, zeichnet sich zwar eine gewisse Tendenz ab, die früheren, rein rassenbiologischen Wahrnehmungen jüdischer Körper und nicht zuletzt die damit einhergehenden Vertierungen zu überwinden. Aber trotz dieser Tendenz, Distanz zu den Folgen oder von der Mitverantwortung für die Folgen zu gewinnen, welche die rassistische Ausprägung des Antisemitismus endlich haben sollte, ist Thomas Mann hier doch auch wieder auf dessen ältestes Stereotypenregister zurückgefallen. Diese Regressions- und Umschlagsbewegung läßt etwas von dem Beharrungsvermögen wohl nicht so sehr antisemitischer Stereotype als sehr viel mehr eines diesen vorausliegenden Bedürfnisses nach Diskriminierbarkeit und Stigmatisierbarkeit selbst noch so gut assimilierter Juden und Jüdinnen erkennen; und sei solch eine unassimilierbare pièce de résistance auch mit dem guten Gewissen eines statuiert, der, »wenn auch sonst mit ganz zweifellosen Überzeugungen nicht sehr reich gesegnet, ein überzeugter und zweifelloser ›Philosemit‹« ist, wie Thomas Mann 1907 seine Haltung zur *Lösung der Judenfrage* bestimmte und seine damals noch entschiedenen Vorbehalte gegenüber den »Zionisten von der strengen Observanz« begründete.[120]

An der Jahre vor dem Ersten Weltkrieg geäußerten »Überzeugung[ ]« hielt er auch noch nach dem Ende des Zweiten fest, als die Titelworte des Beitrags von 1907 eine seinerzeit ungeahnte Bedeutung erlangt hatten. Eher noch, und das kann sehr zu denken geben, war Thomas Mann bereit, seine Reserve gegenüber dem Zionismus »von der strengen Observanz« zurückzunehmen, als von seinem eingefleischten Glauben an eine grundsätzliche ›jüdische‹ Alterität abzurücken. So steht es zum Beispiel in einem unveröffentlichten Brief an den Verfasser jener radikal »anti-zionistisch[en]« Abhandlung,[121] *The Jewish Dilemma*, mit der sich Thomas Mann nach Ausweis seines Tagebuchs ja zu genau der Zeit auseinandersetzte, als er an Kunigunde Rosenstiels Portrait arbeitete:

> Las abends in einem vernünftigen, vielleicht etwas allzu vernünftigen Buch über die Judenfrage, anti-zionistisch von Rabbi Berger. Leugnet die Juden als »Volk«. »Rasse« ist vollends kompromittiert. Wie soll man sie nennen? Denn irgend etwas anderes ist es mit

120 Bd. 13, S. 459.

121 Brief vom 23. Februar 1946 an Elmer Berger (Thomas Mann-Archiv).

> ihnen [...]. Ist dies Erlebnis Anti-Semitismus? [...] es ist doch *ein* Geblüt. Hätte Hölderlin oder Eichendorf [sic!] Jude sein können?[122]

Die Wortwahl der Tagebuchnotiz ist überaus aufschlußreich. Daß Elmer Berger nämlich, mit allen Untertönen, welche das Verb aus seiner etymologischen Nähe zur ›Lüge‹ mit sich bringt: daß er »die Juden als ›Volk‹« *»[l]eugnet«*, läßt allein bereits deutlich genug erkennen, wie schwer es Thomas Mann fiel oder daß es ihm eigentlich unmöglich war, seine Vorstellungen von der grundsätzlichen Alterität der »Juden als ›Volk‹« und »›Rasse‹« oder »Geblüt« wirklich loszuwerden (geschweige denn die komplementäre Vorstellung des ›Deutschen‹, wofür hier die Formel »Hölderlin oder Eichendorf« und mehr noch der grammatische Sachverhalt steht, daß die beiden Autoren ein einziges Subjekt bilden, das davon abhängige Prädikat, »[h]ätte«, im Singular bleibt).

Schon die wiederholt gesetzten Fragezeichen lassen andererseits aber doch auch augenfällig die Unsicherheit gerade erkennen, die sich Thomas Mann hier auszureden versucht. Im Indefinitpronomen gesteht er so offen wie ihm eben möglich die Verlegenheit ein, genauer zu bestimmen, worin das gewisse »irgend etwas«, das kategorisch »andere[ ]« besteht, das »es mit ihnen« sein soll. Und das paradoxer- oder absurderweise stipulierte Übermaß an ›Vernunft‹, an dem Bergers »denial of all Jewish character traits«[123] »vielleicht« leide, scheint vollends etwas von einem schlechten Gewissen und besseren Wissen zu verraten, womit Thomas Mann seine nun ihrerseits offenbar nicht mehr gar so »ganz zweifellose[ ] Überzeugung[ ]« aufrechterhält.

Literarischen und wohl gerade deswegen besonders eindringlichen Ausdruck hat er solchen wenigstens leisen Zweifeln in dem wie gesagt gleich alten Portrait Kunigunde Rosenstiels verliehen. In diesem kommt das »vollends kompromittiert[e]« Wort ja gar nicht mehr vor; und das dazu alternative, »Volk«, erscheint nur noch unter der Kautel seiner zitathaft-ironischen Brechung. Die Markierung der »Jüdin« changiert seltsam vexativ zwischen religiösen und anthropologischen Wahrnehmungsmodi. Und die Vorstellung einer restlosen Assimilation des Körpers ist offenbar nur noch so exorzierbar, daß deren Indikatoren konsequent der Lächerlichkeit preisgegeben und im Rückgriff auf ein nun wieder kulturalistisches Stereotyp unterlaufen werden.

122 Tagebucheintrag vom 27. Oktober 1945; Tagebücher 1944–1946, S. 269.
123 Brief vom 23. Februar 1946 an Elmer Berger (Thomas Mann-Archiv).

Schriftstellerinnen

Das Portrait Franziska zu Reventlows im *Propheten*

Für die »Osternummer« einer Wiener Zeitung hat Thomas Mann 1904, so steht es wortwörtlich in einem Brief des Autors an Kurt Martens, »in 1 1/2 Tagen« »einen unglaublichen Schmarrn [...] zusammengeschmiert«.[1] Solcher Selbstverurteilung durch den Autor unbeschadet, der sich »fortan nicht mehr als litterarisch unbescholten« »betrachte[n]« konnte,[2] finden sich in *Beim Propheten* »litterarisch« beachtliche, intertextuell elaborierte Reflexe auf den konkreten Ort und Anlaß der Publikation. Oder genauer gesagt sind es Anspielungen auf den Anlaß, von dem Thomas Mann Kurt Martens gegenüber behauptete, daß »der Dreck«[3] dafür bestimmt gewesen sei. In Wahrheit nämlich erschien *Beim Propheten* nicht in der »Osternummer«, sondern in der Pfingstbeilage der *Neuen Freien Presse*. Diese Unstimmigkeit des Selbstzeugnisses, wenn sie nicht einfach mit Thomas Manns dann allerdings ganz umsonst in Erfüllung gegangenem Wunsch zusammenhängt, der »Schmarrn« und »Dreck« möge »zu spät gekommen« sein,[4] vermag der intertextuelle Beziehungsreichtum der Erzählung ohne Rest zu erklären. Der Text ist voll nicht nur von biblischen, sondern von Reminiszenzen speziell an das Ostergeschehen.

Beim Propheten spielt an einem »Karfreitag«.[5] Eine Photographie des ›Propheten‹ zeigt »einen etwa dreißigjährigen«, also einen »Mann« in »etwa« dem Alter, das Jesus am Karfreitag hatte.[6] Seine Texte bestehen aus »Predigten, Gleichnisse[n], [...] Gesetze[n], Visionen, Prophezeihungen«.[7] In ihnen spricht der ›Prophet‹, wie übrigens auch dessen ›Modell‹ und ›Vorbild‹ Ludwig Derleth in seinen *Proklamationen*,[8] im Namen eines »Christus imperator maximus«[9] (um »Jesus« anderwärts doch auch wieder nur unter seine gleichsam typologischen »Vorläufer« zu zählen[10]). Der diese »Predigten, Gleichnisse, [...] Pro-

1 Brief vom 2. April 1904 an Kurt Martens; Briefe, Bd. 1, S. 42.
2 Ebd.
3 Ebd.
4 Ebd.
5 Bd. 8, S. 362.
6 Bd. 8, S. 365.
7 Bd. 8, S. 368.
8 Ludwig Derleth, Das Werk, hg. v. Dominik Jost, Bellnhausen ü. Gladenbach: Hinder und Deelmann, 1971 f., Bd. 1: Das Frühwerk, S. 61; vgl. S. 52, 54.
9 Bd. 8, S. 368.
10 Bd. 8, S. 369.

phezeihungen« verliest, und das nota bene vor einem »Kruzifix«,[11] wird immer nur »der Jünger« genannt.[12] Arrangiert ist die Lesung von einer Maria Josefa, Schwester des ›Propheten‹, deren Vornamen also die Heilige Familie aufrufen. »[I]m ganzen etwa zwölf Personen« sind dabei zugegen.[13] Und der landläufig antisemitischen Assoziiertheit des Verräters und seines Namens gemäß, befindet sich unter den aufgezählten ›Zwölfen‹ auch »ein [...] Semit«. Als solchen scheint ihn prima vista sein offenbar zu wenig assimiliertes, »schwarzbärtige[s]« und das Äußere vielleicht auch seiner stereotyp dicken[14] »Gattin« zu erkennen zu geben: »ein [...] schwarzbärtiger Semit, mit seiner schweren, bleichen und in hängende Gewänder gekleideten Gattin«.[15]

Wie Clemens Brentano, dem Chamberlain wie erwähnt mit verhältnismäßig gutem Erfolg eine »syrosemitische[ ]« Herkunft nachsagte, ist der »Semit« »Lyriker«. Jedenfalls, um es philologisch genau zu nehmen, sind »Lyriker« und »Semit« dem Text der heute noch zitierfähigsten Ausgabe der *Gesammelten Werke* nach identisch: »der Lyriker, ein langer, schwarzbärtiger Semit, mit seiner schweren, bleichen und in hängende Gewänder gekleideten Gattin«.[16] So interpungiert, läßt der Wortlaut der Aufzählung nur die eine Bedeutungsmöglichkeit zu, daß grammatisch »ein [...] Semit« Apposition zu »der Lyriker« ist und daß also referentiell »Semit« und »Lyriker« eine und dieselbe Figur meinen. Diese Interpunktion aber hat ein im ältesten Überlieferungszeugen noch breiteres Bedeutungspotential des Texts vereindeutigt. »Lyriker« und »Semit« sind so eindeutig identisch im Lauf erst der Überlieferungsgeschichte *geworden*. Im Erstdruck nämlich der hier in einem Untertitel noch so genannten »Skizze«, wo der »Semit« etwas eingehender beschrieben wurde, war dessen Identität mit dem »Lyriker« weder zwingend noch auch nur selbstverständlich. Zwischen »Semit« und »mit« stand *kein* Komma, so daß »ein [...] Semit« nicht notwendig eine Apposition zu »der Lyriker« zu sein brauchte. »[E]in [...] Semit« und »der Lyriker« konnten dort auch ein Asyndeton bilden. »[E]in [...] Semit« hätte, so aufgefaßt, die Aufzählung um ein dem »Lyriker« gleichwertig beigeordnetes, referentiell neues Glied fortgesetzt; und für solch eine Verdoppelung sozusagen des Lyrikers und Semiten in einen Lyriker und einen Semiten böte ja auch die nur in »etwa« bezifferte Summe der Anwesenden genügend Spielraum:

> Es waren der polnische Maler und das schmale Mädchen, das mit ihm lebte, *der Lyriker, ein langer, schwarzbärtiger und kurzsichtig aus seiner Höhe herniedergebeugter Semit mit seiner schweren, bleichen und in hängende Gewänder gekleideten Gattin*, eine

11 Bd. 8, S. 365.
12 Bd. 8, S. 364, 366, 368 f.
13 Bd. 8, S. 366.
14 Vgl. z. B. Heinrich Mann, Im Schlaraffenland, S. 51 f., 95, 220.
15 Bd. 8, S. 362.
16 Ebd.

> Persönlichkeit von zugleich martialischem und kränklichem Aussehen, Spiritist und Rittmeister außer Dienst, und ein junger Philosoph mit dem Äußern eines Känguruhs.[17]

Diese ambivalente oder richtiger gesagt das Fehlen einer vereindeutigenden Interpunktion war keineswegs an die Kürzung des im Erstdruck ja noch ausführlicheren Wortlauts gebunden. Denn *kein* Komma steht zum Beispiel auch 1914 in der ersten Buchausgabe (*Das Wunderkind. Novellen*), in der das Kolon »und kurzsichtig aus seiner Höhe herniedergebeugter« bereits fehlt: »[...] der Lyriker, ein langer, schwarzbärtiger Semit mit seiner schweren, bleichen und in hängende Gewänder gekleideten Gattin, [...]«.[18]

Das Komma zwischen »Semit« und »mit« erschien offenbar erstmals in einer nicht datierten, doch auf 1928 datierbaren[19] Ausgabe, setzte sich aber dann noch nicht durch. Die Stockholmer Ausgabe, obwohl auf deren Text die Editoren der *Gesammelten Werke* sich »[g]rundsätzlich« berufen,[20] hat »Semit mit«, ohne Komma.[21] Die Werkausgabe des Aufbau-Verlags hat 1953 ebenfalls noch die Lesart ohne Interpunktion,[22] 1955 aber schon, wie dann eben auch die Ausgabe der *Gesammelten Werke*, das Komma.[23]

Daß sich diese Interpunktion endlich zu halten vermochte, erweist rezeptionstheoretisch die allgemeine Akzeptabilität einer Identität von »Lyriker« und »Semit«. Oder zumindest erweist die Editionsgeschichte damit die Stimmigkeit solch einer Zuordnung innerhalb der gegebenen »Skizze«. Deren einschlägige Suggestionskraft erstreckt sich allem Anschein nach bis auf ihre ›kritischen‹ Herausgeber. Über die untergründig also offenbar sehr wirksamen Motive der Notwendigkeit oder des Bedürfnisses, die Ambiguität des Texts auszufällen und den »Lyriker« ethnisch und zugleich, über die Assoziation mit Judas Ischarioth, auch negativ zu markieren, läßt sich immerhin spekulieren:

Als der »Lyriker«, der er in der vorliegenden Gestalt des Texts und nach dem Gutdünken der Editoren unweigerlich und notwendig sein muß, gerät der »Semit« zunächst in ein Oppositionsverhältnis zu einer anderen Figur unter den ›Zwölfen‹. Als »Lyriker«, der als solcher grundsätzlich weder Erzähllite-

17 Thomas Mann, Beim Propheten. Eine Skizze, in: Neue Freie Presse, 22. Mai 1904 (Pfingstbeilage), S. 40–42, hier S. 40; im Original keine Hervorhebung.

18 Thomas Mann, Das Wunderkind. Novellen, Berlin: Fischer, 1914, S. 45–62, hier S. 48.

19 Thomas Mann, Königliche Hoheit und die Novellen, Berlin: Wegweiser, o. J. [1928] (Auswahlreihe des Volksverbands der Bücherfreunde), S. 612; Datierung des Thomas Mann-Archivs.

20 Bd. 13, S. 914.

21 Thomas Mann, Ausgewählte Erzählungen, Stockholm: Bermann-Fischer, [1–5]1945 (Stockholmer Gesamtausgabe), S. 552; ders., Ausgewählte Erzählungen, Stockholm: Bermann-Fischer, [6–12]1948 (Stockholmer Gesamtausgabe), S. 533; ders., Ausgewählte Erzählungen, o. O.: Fischer, [13–17]1954, S. 394.

22 Thomas Mann, Ausgewählte Erzählungen, Berlin: Aufbau, 1953, S. 476.

23 Thomas Mann, Gesammelte Werke in zwölf Bänden, hg. v. Hans Mayer und Erich Neumann, Berlin: Aufbau, 1955, Bd. 9, S. 297.

ratur noch sonstwelche Prosa schreibt, rückt er in einen generisch-professionellen Gegensatz zum »Novellist[en]« ein. Dieser ist »ein Herr mit steifem Hut und gepflegtem Schnurrbart«.[24] Seiner nur an ihm erwähnenswert »gepflegte[n]« und »präsentable[n]«[25] Erscheinung entsprechend, wird »ein Buch von ihm [...] in bürgerlichen Kreisen« rezipiert.[26] Und das wiederum, wie man später und ganz zum Schluß nochmals erfährt, läßt ihn als Freier einer gewissen Sonja akzeptabel und aussichtsreich erscheinen, einer Tochter aus sehr gutem »Hause«, eines »unglaubhafte[n] Glücksfall[s] von einem Geschöpf«.[27]

Während also »der Novellist« sich mit seiner literarischen Produktion auch erotisch vielversprechende Möglichkeiten zu verschaffen vermag, ist »der Lyriker«, und nur er, mit einer »Gattin« eingeführt und gewissermaßen geschlagen, deren »schwere[r], bleiche[r]« ›Natur‹- samt dem diesen ganz verhüllenden ›Kulturkörper‹ sie als Sexualobjekt von vornherein disqualifiziert. Damit lagert sich eine sexuelle Opposition an die professionelle Unterscheidung des »Novellist[en]« vom »Lyriker« an. Dieser bekam ja im Erstdruck obendrein zwei potentiell einschlägige Merkmale verpaßt, von denen, ihrer sexualsymbolischen Gleichsinnigkeit entsprechend, das eine, die Kurzsichtigkeit, das andere, die Reduktion der zwar eigens konzedierten Körperhöhe, auch noch bedingte (»kurzsichtig [...] herniedergebeugt[ ]«). Die dagegen entschieden männliche Differenzierung des Novellisten geschieht spätestens über die Erwähnung jenes »Glücksfall[s]«. Sie könnte aber auch schon mit dem indexikalischen Valeur des militärisch-schneidigen Schnurrbarts beginnen, der hierin an Johannes *Schneide*weins nota bene »*blonden* Bart« erinnert und in Thomas Manns Semiotik der Gesichtsbehaarung von »graue[n] Spitz«- gleichweit entfernt liegt wie von pubertären »Schnurrbärtchen«. Oder vielleicht setzt die sexuelle Markierung des Novellisten sogar noch etwas früher ein, mit der psychoanalytisch-symbolischen Bedeutsamkeit des »steife[n] Hut[s]«, wie sie dann ja wieder in *Lotte in Weimar* hineinzuspielen scheint,[28] wo sie ebenfalls in Opposition zur Erniedrigung eines »gebückte[n]« und »geneigt[en]« Männerkörpers gerät.

Nicht von ungefähr, nämlich zum Zeichen wieder der geschickten und sehr gelungenen Selbststilisierung des Autors erscheint solch ein Hut noch auf dem sonst transparenten Schutzumschlag von Klaus Harpprechts Thomas Mann-Biographie. Auf deren breitem Buchrücken gewährleistet er die ›Durchsichtigkeit‹ sozusagen eines Schattenrisses, eines allein durch ihn identifizier- und gewissermaßen lesbaren Hinterkopfs. In dem »Herr[n] mit steifem Hut und gepflegtem Schnurrbart« – daher sicherlich auch die Ähnlichkeit der Vornamen »Sonja« und ›Katja‹ – hat Mann, der ja selber den Namen eines, und zwar

24 Bd. 8, S. 363.
25 Bd. 8, S. 367.
26 Bd. 8, S. 363.
27 Bd. 8, S. 363, 367, 370.
28 Vgl. Freud, Bd. 10, S. 394 f.; Bd. 11, S. 157.

des ›ungläubigen‹ Apostels Thomas trug, ganz offenkundig sein Selbstportrait ›skizziert‹:[29]

> Es waren der polnische Maler und das schmale Mädchen, das mit ihm lebte, der Lyriker, ein langer, schwarzbärtiger Semit, mit seiner schweren, bleichen und in hängende Gewänder gekleideten Gattin, eine Persönlichkeit von zugleich martialischem und kränklichem Aussehen, Spiritist und Rittmeister außer Dienst, und ein junger Philosoph mit dem Äußern eines Känguruhs. Nur der Novellist, ein Herr mit steifem Hut und gepflegtem Schnurrbart, kannte niemanden. Er kam aus einer andern Sphäre, war nur zufällig hierher geraten. Er hatte ein gewisses Verhältnis zum Leben, und ein Buch von ihm wurde in bürgerlichen Kreisen gelesen.[30]

Um die intertextuell bedeutsame Zwölfzahl vollzumachen, muß die Aufzählung dieser fünf männlichen[31] und zwei weiblichen Figuren weiter unten »noch« um fünf weitere erhöht werden. In diesem zweiten Katalog der hier indessen also eher füllselhaften Figuren dürfen die weiblichen gegenüber den männlichen, wenn auch noch so geringfügig, überwiegen:

> Es saßen dort jetzt außer den zuerst Gekommenen noch ein phantastischer Zeichner mit greisenhaftem Kindergesicht, eine hinkende Dame, die sich als »Erotikerin« vorstellen zu lassen pflegte, eine unverheiratete junge Mutter von adeliger Herkunft, die von ihrer Familie verstoßen, aber ohne alle geistigen Ansprüche war und einzig und allein auf

29 Zu weiteren autobiographischen Bezügen vgl. Raymond S. Furness, Ludwig Derleth and »Die Proklamationen«, in: Forum for Modern Language Studies 15, 1979, S. 298–304.

30 Bd. 8, S. 362 f.

31 Diese Zählung hat zur Voraussetzung, daß die Worte »eine Persönlichkeit von zugleich martialischem und kränklichem Aussehen, Spiritist und Rittmeister außer Dienst« ein neues und geschlossenes Glied der Aufzählung bilden, also nicht als Apposition zu »Semit« bzw. zu »Lyriker« gelesen werden, was grammatisch zwar möglich, aber sowohl referentiell als v. a. auch stilistisch sehr fragwürdig wäre: Referentiell ergäben die gehäuften Appositionen das seltsame Merkmalskonglomerat eines nicht nur schöngeistigen, sondern obendrein auch noch semitischen Militärs und Kavalleristen, das gleich mehrere Stereotypen durchkreuzte und dessen Ungewöhnlichkeit dennoch mit keiner Silbe ausgewiesen würde, wo doch andererseits z. B. der Erzähler der *Buddenbrooks* der Ausgefallenheit und ›Extravaganz‹ eines weit weniger unerhörten Falls, des musikalischen Unterleutnants von Throta, eine ganze Seite widmet (Bd. 1, S. 644 f.). Stilistisch würde bei einer nur dreiteiligen Auffassung der Aufzählung deren mittleres Glied unregelmäßig stark anwachsen, auf einen gut und gern dreifachen Umfang der anderen beiden. Es bestünde aus 29 Wörtern, gegenüber 11 im ersten und 8 im dritten Glied, während sich bei der hier vorausgesetzten vierteiligen Gliederung der Aufzählung eine einigermaßen ausgeglichene Verteilung von 11, 16, 13 und 8 Wörtern ergibt. Ein Bemühen, die Glieder der Aufzählung ebenmäßig zu proportionieren, könnte übrigens auch die erwähnte Kürzung des ursprünglichen Wortlauts geleitet haben (»der Lyriker, ein langer, schwarzbärtiger *und kurzsichtig aus seiner Höhe herniedergebeugter* Semit mit seiner schweren, bleichen und in hängende Gewänder gekleideten Gattin«), die Reduktion also des zweiten, auch jetzt noch längsten, aber in seiner Länge weniger auffälligen Glieds von 22 auf 16 Wörter.

Grund ihrer Mutterschaft in diesen Kreisen Aufnahme gefunden hatte, eine ältere Schriftstellerin und ein verwachsener Musiker, – im ganzen etwa zwölf Personen.[32]

Die drei weiblichen Figuren des zweiten Katalogs, in der Reihenfolge der Aufzählung von den beiden männlichen gleichsam umschlossen und ihnen so gewissermaßen subordiniert, werden anders charakterisiert als die des ersten, vorwiegend männlichen. Die beiden weiblichen Figuren des ersten Katalogs, als Konkubine eines »polnische[n] Maler[s]« und als »Gattin« eines »Lyriker[s]« und »Semit[en]«, waren in ihrer Identität primär auf die beiden ihnen zu- und natürlich ebenfalls übergeordneten Männer bezogen. Diese, als »Maler« und »Lyriker«, wurden wie alle anderen in erster Linie über einen Beruf identifiziert: »Rittmeister«, »Philosoph« und »Novellist«; »Zeichner« und »Musiker«.

Darüber hinaus erhielten die beiden ersten weiblichen Figuren jeweils noch das gemeinsame Merkmal eines wenigstens leichten physisch-hygienischen Makels (»schmal[ ]«, »schwer[ ], bleich[ ]«). Dieses Merkmal teilen sie allerdings mit zumindest einer, tendenziell vielleicht auch zwei Frauenfiguren des anderen Katalogs (»hinkend[ ]«, »älter[ ]«), auch mit den meisten männlichen Figuren (»kränklich[ ]«, »verwachsen[ ]« und, im Erstdruck, stark »kurzsichtig«; »mit dem Äußern eines Känguruhs«, »greisenhaftem Kindergesicht« oder, im Erstdruck, schwer »herniedergebeugter« Haltung).

Die suggerierte Tendenz ins konstitutionell Prekäre unterscheidet sie dezidiert nur vom so »gepflegte[n]« und »präsentable[n]« »Novellist[en]«, von seinem leitmotivisch »gewisse[n] Verhältnis zum Leben«,[33] seinem geradezu animalisch-raubtierhaft guten Appetit – »Nun will ich zu Abend essen wie ein Wolf«[34] –: wie er ja auch zum »Lyriker« und »Semit[en]« in einem wenigstens generischen und vielleicht sogar eben sexuellen Oppositionsverhältnis steht. Und »in bürgerlichen Kreisen« arriviert, erscheint er überhaupt erratisch »in *diesen* Kreisen«, dieser »Sphäre« oder, wenn man das wiederholte[35] Bild des »Känguruhs« als einer ›antipodischen‹ Synekdoche fortspinnt, Hemisphäre. »*Nur* der Novellist [...] kannte niemanden. Er kam aus einer *andern* Sphäre, war *nur zufällig* hierher geraten.«

Die weiblichen Figuren des *zweiten* Katalogs indessen sind alle drei nicht mehr über Männer definierbar. Die zweite, die »*un*verheiratete [...] Mutter«, wird ganz im Gegenteil gerade über das privative, auch grammatisch durch ein Privativpräfix fixierte Merkmal ihrer Ledigkeit definiert. Die erste, die »›Erotikerin‹«, läßt sich selber unter solch einer freilich höchst dubiosen Berufs- oder Interessenskategorie »vorstellen«, deren Zweifelhaftigkeit der Text selber noch anzeigt, indem er sie zwischen Anführungszeichen nur eben zitiert und hier sozusagen jede Rechenschaft für seinen Wortlaut verweigert. Und nur die

32 Bd. 8, S. 366.
33 Bd. 8, S. 363, 370.
34 Bd. 8, S. 370.
35 Bd. 8, S. 367.

letzte, die »Schriftstellerin«, ist auf einen mit halbwegs konkreten Vorstellungen verbindbaren Beruf festgelegt.

Wenn die »Schriftstellerin« ausdrücklich »älter[]« sein muß, so geht ihre Markierung über diesen Beruf ebenso mit einer tendenziellen Minderung ihres ›sex appeal‹ einher, wie bei der »hinkende[n] Dame« die körperliche Behinderung die diffusen Ansprüche diskreditiert, welche ihre Selbstdefinition als »Erotikerin« erheben zu sollen scheint. Demgegenüber erhält die »*junge* Mutter« in einem, gemessen an ihren beiden Kollateralfiguren, ziemlich umfangreichen Portrait gar keine berufliche, sondern eine wie gesehen nur privative, private, familiale Identität. Ihre Identität gewinnt sie wesentlich aus ihrer »Mutterschaft«; auch aus ihrer »adelige[n] Herkunft«, die untergründig mit ihrer nach »bürgerlichen« Maßstäben skandalösen Lebensgeschichte kommunizieren mag; aus dieser Lebensgeschichte selbst, die sie, »von ihrer Familie verstoßen«, dem »adelige[n]« Milieu ihrer »Herkunft« indessen gerade entfremdet; und, gewissermaßen noch immer privativ oder negativ, über die unter allen Figuren ganz allein bei ihr registrierte Absenz »geistige[r] Ansprüche« (vielleicht, wer weiß, wieder aus einem bürgerlich-antifeudalen Reflex heraus, wie er jedenfalls auch anderwärts aus Thomas Manns Repräsentationen gerade des weiblichen Adels spricht[36]).

Es ist oder dürfte jedenfalls der zeitgenössischen Münchner Leserschaft klar gewesen sein, warum der Erzähler mit dem Portrait gerade dieser einen Frauenfigur so viel mehr Aufwand betreibt als mit den anderen. Wer das durch solchen Aufwand identifizierbare ›Vorbild‹ für die »unverheiratete junge Mutter von adeliger Herkunft« und ihre Verstoßung aus solch noblem Herkunftsmilieu abgegeben hatte, mußte sich seinerzeit wohl ganz von selbst verstehen: Franziska Gräfin zu Reventlow, eine damals stadtbekannte Figur der Schwabinger Bohème.

Thomas Mann jedoch lernte diese Altersgenossin seines Bruders Heinrich, in deren Alpträumen er übrigens herumgeisterte,[37] vermutlich nicht erst in München kennen, wohin sie zur selben Zeit kam wie er selber. Mit aller Wahrscheinlichkeit kannte er sie seit seinen Lübecker Kindheits- und Jugendjahren oder wußte er wenigstens von ihnen her schon um sie. Wahrscheinlich ist dies nicht nur auf Grund seiner näheren Bekanntschaft mit einem ihrer Brüder,[38] angesichts der kleinstädtischen Überblickbarkeit der Lübecker Verhältnisse

36 Vgl. z. B. die adligen Frauenfiguren in *Königliche Hoheit* (Bd. 2, passim), die italienische »Fürstin« in *Mario und der Zauberer* (Bd. 8, S. 661 f.) sowie Bd. 11, S. 473: »Prinzessin von Reuß, eine kapitale Gans«; auch die Assoziation von Adel, exotischer Fremdheit und ›obszöner‹ Sexualität in der »ägyptischen«, darüber hinaus sogar noch explizit mit »einer Sphinx« assoziierten »Prinzessin« im *Zauberberg* (Bd. 3, S. 365 f., 758).

37 Vgl. Franziska zu Reventlow, Brief vom 14. Dezember 1911 an Franz Hessel, in: Franziska Gräfin zu Reventlow, Briefe 1890–1917, hg. v. Else Reventlow, Frankfurt a. M.: Fischer, 1977, S. 494.

38 Vgl. Kurzke, Thomas Mann. Das Leben als Kunstwerk, S. 40.

und wegen des Aufsehens, das Reventlows »epistoläre[]« Affaire mit dem Gymnasiasten Emanuel Fehling darin notgedrungen und genau so erregen mußte wie Tony Buddenbrooks ebenso pubertäres Verhältnis »mit einem Gymnasiasten, einem Freunde ihrer Brüder«.[39] Vor dem Hintergrund der *Buddenbrooks* gelesen, auf die und auf deren dazumal schon allgemeine Bekanntheit ja auch in *Beim Propheten* ziemlich unverhohlen angespielt wird (»ein Buch [...] in bürgerlichen Kreisen gelesen«), genauer gesagt vor dem Hintergrund der den ganzen Roman durchziehenden Rivalität zwischen den ›verfallenden‹ Buddenbrooks und den emporstrebenden Kohn-Hagenströms, hinter denen noch sehr genau kenntlich die Manns beziehungsweise die Fehlings stehen – Thomas Mann selber hinterließ hier in seinen Notizen ausnahmsweise den ›Schlüssel‹: »Familie Kohn (Fehling)« –: vor diesem Hintergrund ist es kaum denkbar, daß man Reventlows Affaire respektive den Eklat, in den sie endlich mündete, im Hause Mann nicht mit großem Interesse, wenn nicht mit noch größerer Schadenfreude registrierte.

Franziska Gräfin zu Reventlow war seinerzeit, zur Zeit des *Propheten*, Anfang dreißig. Sie war also so »jung[]« wie jener »etwa *dreißigjährige[] junge[]* Mann«. Sie war »unverheiratet[]« (besser oder richtig gesagt seit acht Jahren geschieden). Sie war »Mutter« eines damals sechsjährigen Sohns. Sie war »von adeliger Herkunft«. Und sie war »von ihrer Familie verstoßen«. In die *»Kreise[]«* und die *»Sphäre«* der Schwabinger Bohème, etwa in die sogenannte ›Kosmische *Runde*‹ um Karl Wolfskehl, Ludwig Klages und – zuerst wenigstens – Ludwig Derleth,[40] hatte sie zwar, wenngleich kaum »einzig und allein«, so vermutlich doch *auch* »auf Grund ihrer Mutterschaft [...] Aufnahme gefunden«.

Aber dieser »Grund« gestaltete sich etwas komplexer und anspruchsvoller, als er sich in dieser stark verkürzenden, ihn so ins Lachhafte ziehenden Formulierung ausnimmt. Mit Reventlows Mutterschaft hatte es seine sehr besondere Bewandtnis. Die Faszination, welche von dieser einen »Mutter« auf die Schwabinger Bohème ausging, dürfte letztlich mit einem fast schon millenaristischen Krisenbewußtsein zusammengehangen haben, wie es ganz unmittelbar auch Silbe für Silbe aus Derleths *Proklamationen* spricht: »[...] daß die Geschichte im Auslaufen begriffen ist. [...] Sigillamus saeculum.«[41]

Franziska zu Reventlow war keine »unverheiratete [...] Mutter« in dem Verständnis eines biographischen Schematismus, den diese Formel seinerzeit zu evozieren sehr geeignet war. Bei einer zeitgenössischen Leserschaft mußten sich solche schematischen Assoziationen vollends und unweigerlich durch den Zusatz einstellen, daß die »unverheiratete junge Mutter [...] von ihrer Familie verstoßen« wurde. Schon durch das besondere ›emplotment‹ dieser Vorgeschichte, das heißt durch die erzählzeitliche Sequenz, in der die beiden Infor-

39 Bd. 1, S. 84 f.

40 Vgl. Ulla Egbringhoff, Franziska zu Reventlow, Reinbek b. Hamburg: Rowohlt, 2000 (Rowohlts Monographien), S. 69.

41 Derleth, S. 45, 94.

mationen arrangiert sind – erst »unverheiratete [...] Mutter«, dann »von ihrer Familie verstoßen« –, insinuiert der Zusatz von der Verstoßung natürlich einen gewissermaßen konsekutiven Zusammenhang zwischen lediger Mutterschaft und familiärer Ächtung. Bei Reventlow hingegen stand das eine mit dem anderen weder in einem solchen noch in sonst einem ursächlichen Zusammenhang. Ihr Bruch mit der Familie ging der Geburt ihres unehelichen Kinds um etliche Jahre voraus. Ihre selbständige Mutterschaft war nur eine und längst nicht die erste Verweigerungsgeste einer prinzipiell und zunehmend bewußt rebellischen, also nicht erst unter dem Druck unabänderlicher Verhältnisse und quasi faute de mieux nonkonformistisch gewordenen Existenz.

Reventlow war also nicht ›gefallen‹ in dem Sinn, wie er Thomas Manns so betitelter Erstlingsnovelle oder noch einer Episode seines letzten großen Romans zugrundeliegt, der in den *Doktor Faustus* eingelagerten Geschichte von jenem »arme[n] Ding« und »Fräulein der besten Gesellschaftskreise«, welches in aller verschämter Abgeschiedenheit niederkommt und endlich an seiner gesellschaftlichen Deklassierung und unglücklichen Liebe zerbricht.[42] Reventlow kam durchaus nicht durch pubertäre Naivität und mädchenhafte Verliebtheit zu ihrem Kind. Ihre Mutterschaft hatte etwas von einer Provokation der gesellschaftlichen Verhältnisse, an deren Übermacht, als deren Sühneopfer und zu deren Konsolidierung das ›gefallene‹ »Fräulein« im *Doktor Faustus* zur ziemlich genau gleichen Zeit frag- und klanglos zugrundegehen muß.

Reventlow war somit »Mutter« in einer damals unerhörten, gewissermaßen absoluten Bedeutung des Worts. Diese oder deren lebenspraktische Umsetzung hatte durchaus das Potential, die patriarchale Gesellschaftsstruktur wenn wohl auch nicht gerade zu erschüttern, so doch in ihrem Geltungsanspruch sehr gründlich in Frage zu stellen. Den Behörden enthielt sie den wahren ›Namen des Vaters‹ vor; und der Vater selbst, vielleicht ein Kunde des »Salon B.«, in dem sie sich gelegentlich prostituierte, sollte lange nichts von seiner Vaterschaft erfahren.[43] Selbst gegen einen Vaterersatz und Ersatzvater, wie ihn das Gesetz für solche Fälle vorsah, sträubte sie sich jahrelang mit gutem Erfolg (bis endlich Klages pro forma die Vormundschaft übernahm). Auch anderen Versuchen des ›Vater Staat‹, Zugriff auf ihren Sohn zu gewinnen, entzog sie diesen, so der Schul- oder der Wehrpflicht. Sie unterrichtete ihn als ausgebildete Lehrerin selber, in ›home schooling‹. Sie versuchte für ihn die Schweizer Staatsbürgerschaft zu erlangen; und als das fehlschlug und er in den Weltkrieg ziehen mußte, verhalf sie ihm zur Desertion.

Um das Faktum dieser Desertion rankte sich eine abenteuerliche Anekdote, die bis auf den heutigen Tag weiterzirkuliert.[44] Die Mutter soll »ihren Buben«

42 Bd. 6, S. 278–280.

43 Vgl. Brigitta Kubitschek, Franziska Gräfin zu Reventlow 1871–1918. Ein Frauenleben im Umbruch – Studien zu einer Biographie, Prien a. Chiemsee: Selbstverlag, 1994, S. 309–314.

44 Vgl. Angelika Overath, Männer lieben, Kinder bauen. Die Mutter und Hetäre Gräfin Franziska zu Reventlow, in: Neue Zürcher Zeitung, 15./16. März 2003, S. 77.

unter Beschuß und in einem deshalb »durchlöcherten Kahn« eigenhändig »ans Schweizer Ufer« gerudert haben.[45] Wenn diese Anekdote auch etwas übertrieben oder selbst wenn sie nur sehr gut erfunden sein sollte, bezeugt ihre Verbreitung die bereits zeitgenössische Faszination solch einer sozusagen totalen Mutterschaft. Deren politische und soziale Weiterungen jedenfalls scheinen die Zeitgenossen sehr wohl erkannt zu haben. So hat Balder Olden diese Weiterungen in unmittelbarem Zusammenhang mit seiner Überlieferung der Desertionsanekdote schon ganz genau benannt: Franziska zu Reventlow sei »so sehr Mutter« gewesen, »daß sie keiner Nation und keiner Familie mehr angehören wollte«.[46]

Reventlows also gewissermaßen asoziale Mutterschaft mußte nach den Standards der Zeit zu einem Skandalon vollends deswegen werden, weil sie ganz offenkundig von Erotik und Geschlechtlichkeit nicht mehr abstrahierbar war. Sie unterlief die Opposition von ›Heiliger‹ und ›Hure‹, von Mutterideal und weiblicher Sexualität. Reventlow, wie eben schon angedeutet, ermöglichte sich und ihrem ›Muttersohn‹ ihre eigenwillige Existenz unter anderem und ohne moralische Skrupel mit Gelegenheitsprostitution. Daneben lebte sie oder versuchte sie wenigstens die freie Liebe zu leben. In jenen »Tagen«, als Thomas Mann *Beim Propheten* schrieb, lebten sie und ihr Kind zusammen mit »de[m] polnische[n] Maler« Bohdan von Suchocki und mit dem »Lyriker« und »Semit[en]« Franz Hessel in einem ménage à quatre.

Eine solche Kombination von absolutem Muttertum und selbstbestimmt-promisker Sexualität erfüllte seinerzeit paradoxerweise eine *männliche* Sehnsucht. Nicht von ungefähr posierte Reventlow gelegentlich als heidnische ›Venus‹ und erhielt sie »in diesen Kreisen« den ehrenvoll gemeinten Titel einer ›Hetäre‹. Vermutlich schon dieses Wort, in seiner Nähe zum Terminus ›Hetärismus‹, deutet auf den konkreten kultur- und rezeptionsgeschichtlichen Zusammenhang, in dessen Sog Reventlows unkonventionelle Lebensform hineingeriet, ohne ursprünglich nach ihm modelliert oder auf ihn hin kalkuliert gewesen zu sein. Reventlow konnte leicht, ja *mußte* geradezu als Verkörperung gewisser Phantasien und Utopien erscheinen, wie sie in der Vor- und erst recht in der Zwischenkriegszeit zirkulierten. Deren Ubiquität im Schwabinger Milieu dokumentieren vielleicht eindrücklicher als alles Derleths *Proklamationen*, nämlich als ein in seiner offenbar schon für damalige Verhältnisse befremdlich übersteigerten Männerbündelei ganz anders gestimmter Text, der nicht nur Thomas Mann, sondern im berühmt-berüchtigten *Schwabinger Beobachter* mutmaßlich auch Reventlow mehrfach zur Parodie reizte.[47] In seinen *Prokla-*

45 Balder Olden, Ein Leben in Purzelbäumen. Zu den gesammelten Werken Franziska Reventlows, in: Das Tage-Buch 7.1, 1926, S. 422–424, hier S. 424.

46 Ebd.

47 Vgl. den Anhang zu: Richard Faber, Männerrunde mit Gräfin. Die »Kosmiker« Derleth, George, Klages, Schuler, Wolfskehl und Franziska zu Reventlow. Mit einem Nachdruck des »Schwabinger Beobachters«, Frankfurt a. M., Berlin, New York, Paris und Wien: Lang, 1994 (Forschungen zur Literatur- und Kulturgeschichte, Bd. 38), S. 23, 27 f., 31.

mationen raunt Derleth »von den zuströmenden Kräften der tellurischen Mutter«[48] (allerdings erst in der zweiten Fassung von 1919, die damit zu bezeugen scheint, wie sehr die auch in den *Proklamationen* immer wieder beschworene »Niederlage«[49] letztlich als ›Kastration‹ erlebt wurde[50] und in eine sexuelle Desorientierung führte oder jedenfalls die Verunsicherung des traditionell-militaristischen Männlichkeitsideals sehr erheblich verschärfte).

Auch hier wieder, und hier besonders deutlich, weist schon der Wortlaut, das Adjektiv »tellurisch[ ]«, auf einen ganz bestimmten rezeptionsgeschichtlichen Kontext: auf die stabile Verbindung, die das ›Tellurische‹ in Bachofens *Mutterrecht* mit vorpatriarchalen Zuständen eingeht. Bachofen war vermutlich über Karl Wolfskehl unter die Schwabinger Bohemiens und zu Reventlow gelangt.[51] Die ›Bekanntschaft‹ mit ihr scheint sich in Klages' Erinnerung sehr bezeichnenderweise mit dem Erlebnis seiner Bachofen-Lektüre zu einem einzigen epochalen Eindruck zusammengeschlossen zu haben: »der Bekanntschaftsbeginn mit der Gräfin (samt dem mit Bachofens Mutterrecht) bedeutete eine Lebens*wende* [...].«[52]

Die Schwabinger Bachofen-Rezeption freilich war ihrerseits nur wieder Ausdruck und Folge jenes krisenhaften Epochenbewußtseins. Sie war die Artikulation einer vatermüden und muttersüchtigen Verfaßtheit, die ihr vorauslag, die sie überhaupt erst ermöglichte und die sich leicht mit den Widerständen gegen die zeitgenössische Sexualmoral verbinden konnte, wie sie sich literarisch etwa in den erotomanen ›Hetären‹ des frühen Heinrich Mann austobten. Eine solche Befindlichkeit zeigt sich nur schon an der den vorpatriarchalen Kulturstufen gegenüber durchaus affirmativen Rezeptionsweise. An ›Mutterrecht‹ und ›Hetärismus‹ konnten sich seinerzeit tatsächlich Utopien knüpfen. Bachofen aber hatte das ›Mutterrecht‹, die von der Frau gewollte und durchgesetzte Monogamie – von der hemmungslosen Promiskuität des ›Hetärismus‹ ganz zu schweigen –, ja gerade nicht als utopische Verheißung und unbedingt wünschenswerte Heilung der bestehenden Repressionsverhältnisse postuliert, deren geborener Profiteur er als Mann und Patrizier war. ›Mutterrecht‹ und ›Hetä-

48 Derleth, S. 101.

49 Derleth, S. 46, 95, 101.

50 Vgl. Maria Tatar, Entstellung im Vollzug. Das Gesicht des Krieges in der Malerei, in: Claudia Schmölders und Sander L. Gilman (Hgg.), Gesichter der Weimarer Republik. Eine physiognomische Kulturgeschichte, Köln: DuMont, 2000, S. 113–130, hier S. 114 f.; Albrecht Koschorke, Die Männer und die Moderne, in: Wolfgang Asholt und Walter Fähnders (Hgg.), Der Blick vom Wolkenkratzer. Avantgarde – Avantgardekritik – Avantgardefoschung, Amsterdam und Atlanta: Rodopi, 2000 (Critical Studies, Bd. 14), S. 141–162, hier S. 145–149.

51 Vgl. Egbringhoff, S. 78.

52 Zitiert nach: Hans Eggert Schröder, Ludwig Klages. Die Geschichte seines Lebens. Erster Teil. Die Jugend, Bonn: Bouvier, 1966 (Ludwig Klages, Sämtliche Werke, hg. v. Ernst Frauchiger, Gerhard Funke, Karl J. Groffmann, Robert Heuß und Hans Eggert Schröder, Supplement), S. 269; Hervorhebung des Originals.

rismus‹ interessierten ihn als Gott sei Dank längst überwundene Kulturstufen; und um darin etwas anderes zu sehen, mußte man sich die Lektüre schon sehr vom Überdruß an Prüderie und Virilitätswahn der wilhelminischen Gesellschaft soufflieren lassen.

Damit stellt sich Reventlows ledige Mutterschaft und ›heidnisches‹ Hetärentum um einiges komplexer dar, als der Erzähler des *Propheten* glauben machen will und als dessen Autor vielleicht wirklich glaubte. So, wie sie in *Beim Propheten* dasteht, daß nämlich die »unverheiratete junge Mutter [...] *einzig und allein* auf Grund ihrer Mutterschaft in diesen Kreisen Aufnahme gefunden hatte«, entstellt die Anspielung des Erzählers die faktischen Sachverhalte bis zur völligen Verkehrtheit. Es also mit der Identifikation des ›Vorbilds‹ für die »unverheiratete junge Mutter« bewenden zu lassen, allein Reventlows Gemeinsamkeiten mit der literarischen Figur zu registrieren und über die gerade hier sehr erheblichen Differenzen hinwegzusehen, hieße nur eine bedenkliche Tradition der Thomas Mann-Forschung fortschreiben.

Daß Reventlow etwa, in der Friedrich Huch geradezu die »einzige wirkliche Persönlichkeit« Schwabings sehen konnte[53] (ein im *Propheten* ja nur einem Mann und »Rittmeister« zugestandenes Prädikat), »ohne alle geistigen Ansprüche war«, kann man beim besten oder könnte man eigentlich auch beim allerschlechtesten Willen nicht ernstlich behaupten. Nach Ausweis ihrer Tagebücher und Briefe stellte sie teilweise sogar höhere »geistige[ ] Ansprüche« an sich selbst als der ›Novellist‹ Thomas Mann, der zum Beispiel nie Griechisch lernte. Und wie möglicherweise auch schon sein verkürzender, weil sich vielleicht nicht bloß maliziös dumm *stellender*, sondern wirklich ignoranter Hinweis auf die Bedeutung zeigt, welche man ihrer quasi totalisierten Mutterschaft »in diesen Kreisen« verlieh, rezipierte er Bachofen erst ein Vierteljahrhundert nach ihr.

Als er seinen »Schmarrn« und »Dreck« »zusammen[ ]schmiert[e]«, war Reventlow bereits die gemachte »Schriftstellerin«, von der freilich umstritten ist, ob sie sie je wirklich sein wollte.[54] Es lag von ihr bereits *Ellen Olestjerne* vor, ein Bildungsroman eines weiblichen Subjekts, den sie allerdings ihrerseits als »Schmarren« tituliert haben soll,[55] außerdem etliche literarische Übersetzungen und mehrere Artikel. Zu diesen gehörte insbesondere eine sexualemanzipatorische Abhandlung, *Viragines oder Hetären?*

Wenngleich Reventlow ansonsten theoretische Positionen bezog, mit denen sie sich explizit gegen die Frauenbewegung richtete,[56] konnte sich Thomas

---

53 Zitiert nach: De Mendelssohn, ^{2}Bd. 1, S. 539.

54 Vgl. Egbringhoff, S. 48, 116, mit Franziska zu Reventlow, Brief vom 30. Dezember 1893 an Michael Georg Conrad; Reventlow, Briefe, S. 283 f.

55 Erich Mühsam, Namen und Menschen. Unpolitische Erinnerungen, Leipzig: Volk und Buch, 1949, S. 147.

56 Vgl. Christine Kanz, Zwischen sexueller Befreiung und misogyner Mutteridealisierung. Psychoanalyserezeption und Geschlechterkonzeptionen in der literarischen Moderne (Lou Andreas-Salomé, Franziska zu Reventlow, Erich Mühsam, Otto Gross), in:

Mann von ihr sehr wohl so bedroht fühlen wie durch diese, mit der Hypersensibilität nämlich und Allergie eines »verdammte[n] alte[n] Anti-Feministe[n]«, als den ihn seinerzeit eine »anerkannte Führerin dieser Bewegung« beschimpfte.[57] Er konnte Reventlow durchaus als Exponentin dessen wahrnehmen, »was man damals« – um 1905 – »Frauenemanzipation nannte«,[58] was schon jene allererste Novelle, *Gefallen*, unter demselben Schlag- und Stichwort, »Frauenemanzipation«,[59] aufs Korn genommen hatte und was »man« eigentlich nach wie vor sehr wohl so nennen kann: Die retrospektive Formulierung (sie stammt aus den Vierzigerjahren) verrät vielleicht Thomas Manns ›wishful thinking‹ oder insinuiert wohl immerhin, daß es sich bei der feministischen »Bewegung« um ein historisches, nicht einmal mehr in seiner Historizität als bekannt voraussetzbares Phänomen ohne jeden Bezug zur Gegenwart handle.

Die Brechungen und Verwerfungen jedenfalls, welche das Portrait der »unverheiratete[n] junge[n] Mutter« von deren ›Vorbild‹ unterscheiden, erweisen Thomas Mann als ›anti-feministischen‹ Agenten und Vollstrecker der patriarchalen Ordnung. Die drei Identitäten, die Reventlow auf seinerzeit unerhörte Weise als Schriftstellerin, als alleinerziehende Mutter und als Advokatin der freien Liebe in sich vereinigte und die je schon für sich, aber erst recht in solcher Kumulation diese Ordnung gefährdet oder doch provoziert haben müssen, sind im *Propheten* dividiert und auseinandergehalten. Sie werden nun auf die drei zusammen eingeführten weiblichen Figuren des zweiten Personenkatalogs verteilt und, so vereinzelt, auch noch abgewertet.

Die feministisch emanzipierte und bohèmehaft befreite Erotik verbindet sich in der »hinkende[n] Dame« ja mit dem Merkmal einer körperlichen Behinderung, um so denn von vornherein die sexuellen Phantasien zu hintertreiben, welche der Titel der »Erotikerin« freizusetzen sonst sehr geeignet sein könnte. Die nun isoliert und allein noch auf das konkrete ›Vorbild‹ zurückweisende »Mutterschaft« wird zum einzigen und als solcher lächerlichen »Grund« der »Aufnahme« »in diese[ ] Kreise[ ]« erklärt. Und sie wird obendrein eigens gegen schlechterdings »alle geistigen Ansprüche« ausgespielt. Die »geistigen Ansprüche« endlich, die Reventlow auch als Schriftstellerin durchaus erhob, sind nun auf die ausdrücklich »*ältere* Schriftstellerin« übertragen und damit von »Mutterschaft« wie von ›erotischen‹ Phantasien gleichermaßen dissoziiert (wie umgekehrt im *Zauberberg* bei Clawdia Chauchat die sexuell hohe Attraktivität mit Kinderlosigkeit und partiellem Analphabetismus einherzugehen hat[60]).

Anarchismus und Psychoanalyse zu Beginn des 20. Jahrhunderts. Der Kreis um Erich Mühsam und Otto Gross. Zehnte Tagung der Erich Mühsam-Gesellschaft in Malente, 2.–4. Juni 2000, Lübeck: Luciferlag, 2001 (Schriften der Erich Mühsam-Gesellschaft, Heft 19), S. 101–124, hier S. 103–107.

57 Bd. 11, S. 469 f.

58 Bd. 11, S. 469.

59 Bd. 8, S. 11.

60 Bd. 3, S. 491.

Wenn der Erzähler die »Schriftstellerin« so viel knapper und kürzer angebunden abtut, so hat das innerhalb des Gesamtwerks Methode und Bedeutung. Schon nur das bloße Wort und Motionsfemininum, ›Schriftsteller*in*‹, erscheint in Thomas Manns literarischem Werk sonst nur noch ganz vereinzelt, ja so gut wie überhaupt nie; und wenn je, dann in dubiosen Zusammenhängen. Eine so genannte »Schriftstellerin« »gehört[ ]« etwa im *Doktor Faustus* zur »festen Gruppe, Genossenschaft, Körperschaft« von Morphinistinnen um Ines Institoris (und der Nachhaltigkeit, womit diese die patriarchalen Verhältnisse verschiedentlich stört, wie überhaupt der quasi frauenbündischen Verschworenheit ihrer »Gruppe« entspricht der eigens notierte Zivilstand der obendrein halb exotischen »Schriftstellerin«): »eine von ihrem Manne geschiedene rumänisch-siebenbürgische Schriftstellerin, Verfasserin einiger Lustspiele«.[61]

Der wohl weitaus prominenteste Beleg für das Femininum »Schriftstellerin« findet sich jedoch in den *Bekenntnissen des Hochstaplers Felix Krull*, in der berühmten Episode mit Diane Houpflé-Philibert. Aber auch hier erscheint das Wort nur unter einem gewichtigen Vorbehalt. Denn genau genommen erhält nicht einmal Diane Houpflé-Philibert den Titel einer »Schriftstellerin« wirklich. Oder jedenfalls scheint sie ihn nicht wahrhaft verdient zu haben; sondern sie maßt ihn sich im Text eigenmächtig und ruhmredig an, um gleich auch noch »alle geistigen Ansprüche« mit ihrer doppelt perversen Triebhaftigkeit und mit der anrüchigen Herkunft ihres Reichtums aus »Straßburger Klosettschüsseln« zu diskreditieren:

> »Ich bin Schriftstellerin, mußt du wissen, eine Frau von Geist. Diane Philibert, – mein Mann, er heißt Houpflé, c'est du dernier ridicule, – ich schreibe unter meinem Mädchennamen Diane Philibert, sous ce nom de plume. Natürlich hast du den Namen nie gehört, wie solltest du wohl? – der auf so vielen Büchern zu lesen ist, es sind Romane, verstehst du, voll Seelenkunde, pleins d'esprit, et des volumes de vers passionnés... Ja, mein armer Liebling, deine Diane, sie ist d'une intelligence extrême. [...]«[62]

Daß der Autor an der selbsternannten »Schriftstellerin« so ein Exempel statuiert, daß ihm in der frühen »Skizze« *Beim Propheten* zur »Schriftstellerin« so rein gar nichts eingefallen ist als nur eben ihr vorgerücktes Lebensalter und daß in dem halben Jahrhundert, das zwischen der »Skizze« und den *Bekenntnissen* liegt, keine einzige prominente »Schriftstellerin« mehr vorkommt, – dies alles deutet darauf hin, wie sehr den ›Novellisten‹ Thomas Mann allein schon die Vorstellung irritieren mußte, daß es »etwas« so »Unweibliches«[63] wie Schriftstellerinnen überhaupt regulär geben kann. Die Vorstellung ›Weiblichkeit‹ scheint seinem Begriff von ›Schriftstellertum‹ noch schlechter subsumierbar gewesen zu sein als die Vorstellung »Lyriker« beziehungsweise »Poet« und »Dichter«, um es auf die Antonyme zu bringen, unter denen Thomas Mann das

61 Bd. 6, S. 512.
62 Bd. 7, S. 443.
63 Bd. 11, S. 473.

generische Negativ eines »Schriftsteller[s]« und »Prosaerzähler[s]« einmal reflektierte[64] und mit denen er seit den frühen Kontroversen seiner Rezeptionsgeschichte sich auseinanderzusetzen hatte.[65]

Daß die Vorstellung »Lyriker« im *Propheten* weitere ›marker‹ von Alterität anlagert (eine nunmehr eindeutig semitische Markierung und eine subliminal sexuelle Opposition zum »Novellist[en]«), gibt wieder einmal eine »collusion between racism and sexism« zu erkennen. Das allerbeste Beispiel dafür hatte bekanntlich Otto Weininger mit seiner »prinzipielle[n] Untersuchung« *Geschlecht und Charakter* zu der Zeit soeben vorgelegt, als *Beim Propheten* entstand. Ein anderes Paradebeispiel aber für solche ›Kollusionen‹ und in eins damit für deren gattungspoetische Weiterungen hat Thomas Mann selber in gerade dem Text hinterlassen, in dem die eben zitierten Antonymien seiner Gattungsreflexion erscheinen, in seinem einzigen Epyllion, dem *Gesang vom Kindchen*:

64 Bd. 8, S. 1069.

65 Vgl. Eckhard Heftrich und Stephan Stachorski in: Große kommentierte Frankfurter Ausgabe, Bd. 1.2, S. 11 f.; z. B. auch die komödiantische Anspielung bei Erika Mann, Das Wort im Gebirge. Ein Sketch zum achtzigsten Geburtstag Thomas Manns, in: Erika Mann, Mein Vater, der Zauberer, hg. v. Irmela von der Lühe und Uwe Naumann, Reinbek b. Hamburg: Rowohlt, 1996, S. 280–289, hier S. 280.

Zum ›gendering‹ des Schriftstellerberufs im *Gesang vom Kindchen*

Den *Gesang vom Kindchen*, ein »wunderliches Zeug«,[1] »für Frauen geschrieben«,[2] »anerkannt schlecht«[3] oder »mindestens« zur »Hälfte [...] horribel«,[4] ließ Thomas Mann in der Regel »unter der Hand verschwinden«.[5] Nur selten zitierte er daraus. So erscheinen entsprechende Selbstzitate in Thomas Manns öffentlichem Bekenntnis zur Heterosexualität, in seinem Brief *Über die Ehe* (oder *Die Ehe im Übergang*).[6] Und ausführlicher als jeder andere Text findet sich der *Gesang vom Kindchen* in *Lübeck als geistige Lebensform* zitiert;[7] das aber heißt: aus dem besonderen Anlaß der Ehrung mit einer Titularprofessur, die ihm die Stadt Lübeck 1926 verlieh. Zum Dank dafür huldigte Thomas Mann den nach wie vor bestehenden Verhältnissen. Die rebellische Energie seines Frühwerks, wie sie einem besonders aus dem letzten Teil seiner *Buddenbrooks* entgegenschlägt, den darin ausagierten Haß auf die »biderben und kleinbürgerlich beschränkten«[8] Lübecker nahm er zurück, um sich als echtbürtiger Sohn seiner wackeren Väter vorbehaltlos zu seiner Vaterstadt zu bekennen.

Im *Gesang vom Kindchen* findet die eigentliche Besinnung auf die Väter paradoxalerweise unter dem Zwischentitel »Vom Morgenlande« statt; und vielleicht nicht zufällig vor dem »Die Taufe« überschriebenen, also demjenigen Teil des »Gesang[s]«, welcher dann bereits mit diesem Zwischentitel die normgerechte Christlichkeit des »auf einen Christennamen ehrsam getauft[en]«[9] »Kindchen[s]« besiegelt. Dessen »menschliche[r] Mischung« gilt ein eigener, der im

---

1 Brief vom 3. Januar 1919 an Philipp Witkop; Dichter über ihre Dichtungen, Bd. 14/II, S. 13. Vgl. Johann Wolfgang von Goethe, Briefe vom 12. Februar 1796 und 10. September 1804 an Friedrich Schiller und vom 29. Oktober 1815 an Carl Friedrich Zelter; Goethe, Werke, Abt. IV, Bd. 11, S. 26–28, hier S. 27; Bd. 17, S. 194; Bd. 26, S. 122–125, hier S. 124.

2 Brief vom 20. Dezember 1928 an Hedwig Fischer; Dichter über ihre Dichtungen, Bd. 14/II, S. 19.

3 Bd. 13, S. 473.

4 Tagebucheintrag vom 20. März 1919; Tagebücher 1918–1921, S. 174 f., hier S. 174.

5 Brief vom 31. Dezember 1920 an Paul Eltzbacher; Dichter über ihre Dichtungen, Bd. 14/II, S. 15.

6 Bd. 10, S. 201.

7 Bd. 11, S. 392.

8 Bd. 1, S. 610.

9 Bd. 8, S. 1081.

Tagebuch so genannte »physiognomische[ ] Abschnitt«.[10] Darin »prüf[t]« diese »Mischung« ein Erzähler, der sich gerade hier kaum oder wirklich nur noch theoretisch gegen den Autor differenzieren läßt (wie etwa auch in *Herr und Hund*, einem mit dem *Gesang vom Kindchen* entstehungs- und publikationsgeschichtlich, vor allem aber in einem »gemeinsame[n] Motiv« nahe verwandten »Idyll«, nämlich gerade was das Interesse des Autors und Erzählers am »*Mischlings*-Thema« betrifft[11]).

An den »Zügen« des – weiblichen – »Kindchen[s]« ordnet der Erzähler die ›morgenländisch‹-jüdischen Merkmale, die quantitativ stark überwiegen und qualitativ sehr viel stärker ausgeprägt sein sollen, dem seinerseits notorisch deminuierten »Mütterchen« zu (»das zierlich vorgebaute Untergesichtchen«, »das arabische Näschen«, selbst noch die zwar »[b]lau[en]«, aber doch »[i]rgendwie süß und exotisch, in fremder Schwermut« »erdunkel[nden]« Augen).[12] Das einzige, aber ganz eindeutig »Nordische[ ]« am Körper des »Töchterchen[s]«[13] notiert er hingegen mit »Lächeln«, mit besonderer Freude und in sehr sinniger Form, in Form nämlich einer regelrechten germanischen Stabzeile:

> Blau zwar strahlt es [das »Auge«] wie nordisch Eis, doch zuweilen, kaum faßbar
> Meinem prüfenden Sinn, aus seiner Tiefe erdunkelt's
> Irgendwie süß und exotisch, in fremder Schwermut, – indes doch
> Blond die Braue dir steht, ganz wie den hansischen Vätern
> (Lächeln muß ich fürwahr, so wohl erkenn' ich das Merkmal),
> Welche mit nüchternem Sinn und würdig schritten zum Rathaus
> Und im Sitzungssaale die Dose boten dem Nachbarn, –
> Kaufherrn zumal, rundbärtig, und Reeder fernreisender Schiffe...[14]

»*B*lond die *B*raue«: Das »nordisch[e]« »Merkmal« erscheint als Erbe der »hansischen Väter[ ]« (»die Braue hast du von ihnen«[15]). Die »Väterbraue«[16] ist zugleich Vaterbraue. Sie ist Erbe auch des Erzählers beziehungsweise eben des Autors. Dieser unterschlägt hier, um der Sexuierung von Eigenem und Fremdem in der »[d]oppelt[en]«[17] Herkunft des »Kindchen[s]« willen, die ›kreolische‹ Linie seiner eigenen Genealogie. Und dem entsprechend oder komplementär dazu verfremdet er die jüdische Herkunft des »Mütterchen[s]«. In einem »›orientalischen‹ Abschnitt«[18] überhöht er sie zu einer ägyptisch-ara-

10 Tagebucheintrag vom 6. Februar 1919; Tagebücher 1918–1921, S. 145 f., hier S. 146.

11 Tagebucheintrag vom 31. Dezember 1918; Tagebücher 1918–1921, S. 120; Hervorhebung des Originals. Vgl. Marjorie Garber, Dog Love, London: Hamish Hamilton, 1996, S. 172 f.

12 Bd. 8, S. 1086–1088.

13 Bd. 8, S. 1074, 1087.

14 Bd. 8, S. 1087.

15 Bd. 8, S. 1091.

16 Bd. 8, S. 1089.

17 Bd. 8, S. 1087.

18 Tagebucheintrag vom 11. Februar 1919; Tagebücher 1918–1921, S. 148.

bischen Abstammung. Er entrückt sie ins geradezu Fabelhafte: »Märchenosten! Traum vom Morgenland!«[19]

Die rassenbiologische Lektüre gleichsam, welcher er den Körper des Säuglings mit »prüfende[m] Sinn«, aber eben auch in der Bereitschaft unterzieht, es mit der »Mischung« der Eltern jeweils nicht gar so genau zu nehmen, ermöglicht es somit, in der »menschliche[n] Mischung« des »Kindchen[s]« ein eindeutig väterliches Erbteil zu isolieren. Sie ›kolludiert‹ so natürlich beispielhaft mit den patriarchalen Strukturen. Sie eskamotiert deren wunden Punkt und blinden Fleck, den Reventlows Mutterschaft so scharf hervortreten ließ wie nur eine und dessen geradezu leibhaftige Wahrnahme sie war: ›pater semper incertus‹.

In eins mit dem phänotypisch-genetischen Erbe der »hansischen Väter[ ]« vergewissert sich der Vater seiner paternitas certa. Das solide »Vatergefühl« aber des »reif[ ]en Manne[s]« hat diesen nun erstaunlicher- oder jedenfalls ganz ausnahmsweise einmal »zum metrischen«, zum »Dichter« eben eines »Gesang[s]« werden lassen.[20] Diese lebensgeschichtliche Bedingtheit wird im poetologischen »Vorsatz« zum *Gesang vom Kindchen* eigens thematisch, der seinen generischen Titel, und das bereits ist Teil der poetologischen Selbstreflexion, nicht wirklich verdient: »Zwischen Gesang und verständigem Wort hält er wohlig die Mitte«.[21]

Der »Vorsatz« des also nur cum grano salis so titulierten »Gesang[s]« beginnt mit oder besteht eigentlich in einer Besinnung auf die im Deutschen, anders als im Französischen, schwierige Berufsbezeichnung des Schreibenden: »Bin ich ein Dichter? [...] Mein Teil nun war immer die Prosa.«[22] Sein bisheriges Werk und in eins damit selbstverständlich auch die anderthalb Jahrzehnte ältere Erzählung *Beim Propheten*, welche diese Selbstdefinition mit der Opponierung des deutlich auf den Autor selbst verweisenden »Herr[n] mit steifem Hut« gegenüber dem »Lyriker« denn ihrerseits exemplarisch bestätigt, summiert Thomas Mann bei der Gelegenheit als ein im prägnanten Sinn schriftstellerisches, prosaisches und im etymologisch ausgelegten Sinn ›proverses‹ (um ihm so auch noch eine konnotativ-ethische Note des ›Geraden‹, ›Gradaus‹-Redlichen zu verleihen): Als »Schriftsteller [...] und Prosaerzähler« sei er bis anhin immer ein »*Mann[ ]* der gradausgehenden Rede« geblieben.[23]

Daß Thomas *Mann*, bevor er dem appellativischen Anspruch seines *Geschlechts*namens sozusagen ganz genügte, die »gradausgehende[ ] Rede« aus seiner ›beruflichen‹ Identität ursprünglich noch ganz herausgehalten hatte – denn mit vierzehn zeichnete er als »Lyrisch-dramatischer Dichter« –, bleibt nicht ganz verschwiegen. Die lyrischen Versuche von einst werden als »verblüht[e]«, »frühe« eingestanden, die aus »*[e]rste[n]* Liebesschmerzen« »de[r] Knabe[ ]« unter-

19 Bd. 8, S. 1088. Vgl. dagegen den Selbstkommentar Bd. 13, S. 473.

20 Bd. 8, S. 1070.

21 Bd. 8, S. 1069.

22 Bd. 8, S. 1068.

23 Bd. 8, S. 1068 f.; im Original keine Hervorhebung.

nommen habe[24] – nicht etwa das redende Ich ›*als*‹ »Knabe[ ]«: »Knaben« und »Mann[ ]« verbindet nicht einmal eine Identität des grammatischen, geschweige denn die Kontinuität eines individual- und entwicklungspsychologisch konzipierten Subjekts.

Lyrik wird damit psychologisch dem Irrational-Emotionalen zugeordnet, emotional negativ, eben ›schmerzlich‹ besetzt und ontogenetisch in das, mit Thomas Manns stehendem Ausdruck dafür: in das »vormännlich[e]«[25] Lebensalter »de[s] Knaben« entrückt. Sie wird gebannt in die Zeit sexueller Latenz oder einer noch nicht erfüllt gelebten Erotik. Denn darauf verweisen selbstverständlich die »[e]rste[n] Liebesschmerzen«.[26] Diese »[e]rste[n] Liebesschmerzen« beziehungsweise die aus ihnen hervorgegangenen »ersten Gedichte«,[27] aber das bleibt verschwiegen, mußten den realen Autor auch an seiner männlich-konformen Heterosexualität irre werden lassen, zu der er im offenen Brief *Über die Ehe* dann endlich noch coram publico sein Bekenntnis ablegen sollte.

War Lyrik in der »Skizze« *Beim Propheten* also oder ist sie jedenfalls in deren vorliegender Gestalt mit der ethnischen und wohl sogar noch kulturellen Fremdheit eines »Semit[en]« assoziiert und nur unterschwellig auch sexuell als eine weniger ›männliche‹ Gattung herabgesetzt, so wird sie im *Gesang vom Kindchen* ganz offenkundig an das sexuell andere gebunden. Sie erscheint hier als Medium einer »vormännlich«-puerilen und sub rosa homoerotischen Sexualität, und sei diese auch einst am Merkmalssatz eines jetzt indessen unzweifelhaften »Manne[s]«, »Herr[n]« und »Novellist[en]« hervorgetreten. Lyrik, wie sie unter den »verkehr[ten]« Geschlechter- und »Besitzverhältnis[sen]« des *Doktor Faustus* »unterderhand« eine Frau »dichtet[ ]«,[28] die dadurch ihrerseits ihre sexuelle Identität verzweideutigt und sich in das »Ich« eines »Berg*mann[s]*« im »Schacht« hinüberphantasiert, wird vom »Manne der gradausgehenden Rede« ferngehalten. Sie bleibt aus dessen männlicher Identität ausgegrenzt, zu deren Affirmation das »Idyll« zuerst und zuletzt zu dienen hat.

Die sexuelle Konnotierung der Opposition von »Gesang und verständigem Wort«, von »Dichter«, »Poet« oder »Lyriker« auf der einen Seite und »Schriftsteller«, »Prosaerzähler« oder »Novellist« auf der anderen, hat natürlich weiterreichende Implikationen. Sie läuft auf jene spätestens seit Aristoteles[29] satt-

24 Bd. 8, S. 1068; im Original keine Hervorhebung.

25 Bd. 8, S. 478; vgl. z. B. Bd. 2, S. 681.

26 Vgl. Renate Böschenstein, Lorenzos Wunde. Sprachgebung und psychologische Problematik in Thomas Manns Drama *Fiorenza*, in: Kirsten Adamzik und Helen Christen (Hgg.), Sprachkontakt, Sprachvergleich, Sprachvariation. Festschrift für Gottfried Kolde, Tübingen: Niemeyer, 2001, S. 39–59, hier S. 42 f.

27 Tagebucheintrag vom 16. Juli 1950; Tagebücher 1949–1950, S. 220 f., hier S. 221.

28 Bd. 6, S. 263.

29 Vgl. Sabine Föllinger, Differenz und Gleichheit. Das Geschlechterverhältnis in der Sicht griechischer Philosophen des 4. bis 1. Jahrhunderts v. Chr., Stuttgart: Franz Steiner, 1996 (Hermes Einzelschriften, Bd. 74), S. 139–143.

sam belegbare Sexuierung der *Mater*ialität hinaus (und der etymologische Zusammenhang von »Materie« und ›Mutter‹ hat Thomas Mann nach Ausweis der Lesespuren in seinen Bachofen-Ausgaben auch als solcher zu faszinieren vermocht[30]). Sie verweist auf den entsprechend ›männlichen‹ Supremat des ›Verstands‹ gegenüber dem Physischen und dessen Artikulationen in Gefühl oder gar ›Schmerz‹. Oder mit anderen, diesmal psychoanalytischen Worten, welche Thomas Mann paradoxalerweise ausgerechnet zur Feier »eine[r] große[n] Schriftstellerin« fand,[31] deren Geburts- zum nationalen »Frauentag« auszurufen er empfahl:[32] »die Prosa [...] ist der natürliche Ausdruck des Bewußtseins, die Poesie der des Unbewußten«.[33]

Aus den ontologischen Weiterungen der Gattungsdifferenz mußten geradezu zwangsläufig Thomas Manns und nicht nur Thomas Manns Schwierigkeiten resultieren, eine Schriftsteller*in* ernstlich und allein als solche wahrzunehmen, wie sie in seinen literarischen Werken Ausdruck gewinnen und bis in die Rezeptionsgeschichte der Gegenwartsliteratur fortwirken (zum Beispiel in den schlechten Rezensionen der von einer »gefallene[n] Lyrikerin«[34] geschriebenen Erzähltexte). Desto beachtlicher oder erklärungsbedürftiger erscheint es daher zunächst einmal, wenn Thomas Mann die implikationsreiche Sexualisierung der ›prosaisch‹-›novellistischen‹ und der ›lyrischen‹ Gattung im wie gesehen etwas hyperbolisch so genannten *Gesang vom Kindchen* wenn nicht suspendiert oder unterlaufen, dann doch aufgeweicht und gelockert hat. Dies allerdings geschieht nur unter einer gewissen Kautele. Einerseits wird zwar die Vorstellung von der Un- oder Vormännlichkeit des im strikten Sinn Lyrischen eigens konsolidiert. Andererseits aber steht die auch noch so zaghafte Annäherung an die effeminierende Form des »Gesang[s]« unter der Signatur einer auf der Inhaltsebene vollkommen selbstsicheren Behauptung der Geschlechterrollen. Sie steht im Zeichen der eigenen, heterosexuell-männlichen Identität eines solchen, der sich bisher nur als »Jüngling-Vater«[35] erlebte und der seinem Tagebuch freilich kurz zuvor noch quälend radikale Zweifel an seiner Eignung

---

30 Vgl. Carl Albrecht Bernoulli, [Einleitung] in: Bachofen, Urreligion und antike Symbole, Bd. 2, S. 25 f., hier S. 25: »›Materie‹« und »Mutterstoff[ ]« von Thomas Mann je unterstrichen und mit einem die beiden Wörter umfassenden Kreis markiert.

31 Essays, Bd. 2, S. 229.

32 Ebd.

33 Essays, Bd. 2, S. 232; zur Textgestalt vgl. S. 373. Käte Hamburgers Zitat dieser Stelle hat sich Thomas Mann Jahre später wieder eigenhändig angestrichen: Käte Hamburger, Thomas Mann und die Romantik. Eine problemgeschichtliche Studie, Berlin: Junker und Dünnhaupt, 1932 (Neue Forschung. Arbeiten zur Geistesgeschichte der germanischen und romanischen Völker), S. 29, Anm. 33.

34 Marcel Reich-Ranicki, Die Dichterin wechselt das Repertoire, in: Christine Koschel und Inge von Weidenbaum (Hgg.), Kein objektives Urteil – nur ein lebendiges. Texte zum Werk von Ingeborg Bachmann, München und Zürich: Piper, 1989, S. 188–192, hier S. 189.

35 Bd. 8, S. 1070.

zum Familienvater anvertrauen konnte: »Jemand wie ich ›sollte‹ selbstverständlich keine Kinder in die Welt setzen.«[36]

Es liegt nahe oder drängt sich fast auf, in der explizit neuen und eben erst erlangten Selbstgewißheit der Vaterschaft die Voraussetzung für jene Experimentierfreudigkeit im Formalen zu vermuten. Das formale Experiment mit den Grenzen der sozusagen verzwitterten Gattung »Idyll«, von dem Thomas Mann einer Tagebuchnotiz zufolge immer schon wußte und bewußt in Kauf nahm, daß es in seiner Umsetzung »zu prosaisch« ausfallen würde,[37] dieser »*exzentrische[ ]* Versuch«,[38] der »eigentlich Prosa blieb«,[39] wäre dann geradezu Teil und Ausdruck einer gefestigten und als gefestigte von Anfang an eigens ausgewiesenen Identität. Das Formexperiment wäre die Artikulation der sexuellen Identität eben eines »Manne[s]«, »Herr[n]« und pater familias.

Das männliche Monopol auf ›Verstand‹ und »Bewußtsein[ ]«, auf Schriftstellertum und ›prosaisch‹-›novellistische‹ Gattungen behauptet sich bei Thomas Mann also auch dort, wo er ausnahmsweise in aller Öffentlichkeit selber einmal über dieses ›männliche‹ ›Genre‹ wenigstens ein wenig hinausgeht. Diese Grenzüberschreitung vollzieht sich freilich im Versmaß des epischen Hexameters, das seit alters ›heroisch‹ besetzt und ergo männlich konnotiert war und das hier durchaus auch als »Zeichen der Beherrschung« und »Kontrolle«, als »eine Art männlicher Haltung« gelesen werden kann.[40] Und sie vollzieht sich noch dazu in einem »Idyll«, das »[z]wischen Gesang und verständigem Wort [...] wohlig die Mitte« »hält« beziehungsweise, nach jener Tagebuchnotiz, vorsätzlich gerade nicht, noch nicht einmal die Mitte hält, sondern »eigentlich« ›ex-zentrisch‹ zur »prosaisch[en]« oder eben zur Seite des ›Verstands‹ tendiert. Das männliche Monopol behält auch noch und gerade noch dort seine Geltung, wo die eine zaghafte Ausnahme davon als solche reflektiert wird, welche, als Mischform, nicht zuletzt dem thematischen Interesse an »menschliche[r] Mischung« frappant angemessen ist; und das in dieser Form artikulierte Interesse dient seinerseits letztlich wiederum dazu, über das phänotypisch identifizierbare Erbe der »Väter[ ]« das eigene »Vatergefühl« mit zu festigen.

Daß die Gewinnung solch einer Identität und daß Identität schlechthin für Thomas Mann immer schon mit der generischen Spezifikation seines Metiers gleichsam kommunizierte, zeigt vielleicht besonders eindringlich die zur Hälfte schon zitierte Unterschrift unter dem ältesten erhaltenen Text des Autors:

---

36 Tagebucheintrag vom 20. September 1918; Tagebücher 1918–1921, S. 10 f., hier S. 11.

37 Tagebucheintrag vom 2. Januar 1919; Tagebücher 1918–1921, S. 123 f., hier S. 123.

38 Bd. 11, S. 129; im Original keine Hervorhebung.

39 Brief vom 24. Mai 1926 an Josef Ponten; Briefe, Bd. 1, S. 253 f., hier S. 253. Vgl. den Brief vom 25. März 1921 an die Rupprechtspresse; Briefe, Bd. 1, S. 186 f., hier S. 186.

40 Andrew J. Webber, »Reden und Rauschen«. Thomas Mann und die Rücksicht auf Darstellbarkeit, in: Andreas Hiepko und Katja Stopka (Hgg.), Rauschen. Seine Phänomenologie und Semantik zwischen Sinn und Störung, Würzburg: Königshausen & Neumann, 2001, S. 81–89, hier S. 86.

ThMann [oder: »TsMann«]
Lyrisch-dramatischer Dichter

Daran verdient zweierlei Beachtung. Einerseits stand ganz offensichtlich schon für den Vierzehnjährigen ein ziemlich genau bestimmter Entwurf seiner in der vollen Bedeutung des Adjektivs ›beruflichen‹ Existenz fest, den er dann resolut verwirklichen sollte. Andererseits erfolgte die Umsetzung doch auch unter einer Modifizierung der generischen Selbstdefinition als »Lyrisch-dramatischer Dichter«. Denn weder als »dramatischer« noch als »[l]yrisch[er]«, und in Thomas Manns Sprachgebrauch heißt das fast so viel wie: überhaupt nicht als »Dichter« sollte er sich ja einen Namen machen. Sein frühes Drama *Fiorenza* ist so gut wie ganz vergessen. Seine Komödie *Luthers Hochzeit* ist nicht über die Vorarbeiten hinaus gediehen. Und nach »ersten Gedichte[n]«, die er »[a]uf« den »erste[n] Gegenstand« seines Begehrens schrieb, Armin Martens (»Verfall seines Zaubers durch die Pubertät«),[41] scheint er Lyrik entweder gar nicht mehr oder dann nur noch in entschieden parodistischer Absicht verfaßt zu haben. Jedenfalls findet sich in den *Gesammelten Werken* kein einziges Gedicht, das Thomas Mann nach der Jahrhundertwende geschrieben und als solches ernst gemeint hätte.

Einen Namen hat sich Thomas Mann selbstredend nicht als »Dichter« im engeren Sinn des Worts gemacht; sondern seinen Namen machte er sich eben als »Schriftsteller« und »Prosaerzähler«, wie er sich im *Gesang vom Kindchen* apostrophiert, oder als der Romancier und »Novellist«, als den er sich in der »Skizze« *Beim Propheten* porträtiert hat. Die Verschiebung vom »[l]yrisch-dramatische[n]« oder vom »Dichter« überhaupt zum »Schriftsteller« und »Prosaerzähler« scheint sich an einer lebensgeschichtlich wichtigen Stelle und Schwelle vollzogen zu haben. So jedenfalls stellt sie sich in der Distanz dar, aus der heraus Thomas Mann im *Gesang vom Kindchen* auf seinen Werdegang Rückschau hält.

Daß die biographisch-poetologische Selbstreflexion ausgerechnet in dem ohnedies patent autobiographischen »Gesang« erfolgt, versteht sich fast von selbst. Denn während in Thomas Manns kanonischem Œuvre, im *Erwählten* etwa oder im *Felix Krull*, Verse sonst nur als Zitat, in den direkten Reden literarischer Figuren und in unverkennbar ironischer Form auftauchen, geriert sich die auktoriale Instanz im *Gesang vom Kindchen* eben selber und ganz ausnahmsweise ernsthaft oder nur ungewollt komisch als »metrische[r] Dichter«.[42] Die Autorinstanz präsentiert sich als »Dichter« eben eines »Gesang[s]«, der seinen generischen Titel allerdings nicht ganz, ja noch nicht einmal halb verdient.

Obwohl oder gerade weil der generische Status des Orts, an dem die poetologische Reflexion steht, selber also stark schillert, bleibt der einst erhobene

41 Tagebucheintrag vom 16. Juli 1950; Tagebücher 1949–1950, S. 220 f., hier S. 221.
42 Bd. 8, S. 1070. Vgl. Böschenstein, S. 42.

Anspruch auf das »Lyrisch[e]« aus der Selbstdefinition des nun ›reifen Mannes‹ herausgehalten, der diese Reflexion anstellt. Die Verantwortung für alles wahrhaft »Lyrisch[e]« wird allein »dem Knaben« gleichsam angehängt, angelastet, aufgebürdet. Als syntaktisch selbständiges Objekt bleibt der »Knabe[ ]« von »dem reifenden Manne«[43] auch grammatikalisch vollkommen dissoziiert. Und unter dunkler Andeutung damit verbundener und so bewältigter »[e]rste[r] Liebesschmerzen« des »Verletzliche[n]« und »[h]eimlicher Niederlage[n]«[44] des »Knaben« bleiben die eigenen »Verse« auf ein längst »verblüht[es]« Lebensalter begrenzt und festgebannt.[45]

Die habituellen Metaphern der Lebensalter (von der ›Blüte‹ zur ›Reife‹) lassen erkennen, daß die generische Selbstredefinition hier einem anthropologischen Muster folgt. Dieses evoziert der Wortlaut des »Gesang[s]« auch außerhalb seiner vegetabil-organologischen Isotopie. Die als die eigentlich idiosynkratische endlich angeeignete Form der »Prosa« erscheint im *Gesang vom Kindchen* einmal als »[e]in edles Gewaffen«.[46] Das stark archaisierende und als solches sehr auffällige, aber auch semantisch diffuse Wort läßt gerade vermöge seiner semantischen Diffusion eine ihrerseits archaische Form männlicher Identitätsgewinnung erkennen. Das Wort nimmt assoziativ-spontan zunächst unweigerlich die Bedeutung ›Waffe‹ an. Sekundär jedoch und mit immer noch etymologischem Automatismus kann es die besonders alte Bedeutung ›Wappen‹ annehmen;[47] und das um so eher, als der Erzähler beziehungsweise das ›lyrische‹ Ich – ein hier allerdings verfänglicher Terminus – gleich darauf von sich behauptet, solches »Gewaffen [...] mit Anmut« getragen zu haben,[48] das heißt nicht etwa auf dessen martialisch destruktiven, sondern eben auf einen repräsentativen und identifikatorischen Aspekt abhebt.

In der Konsequenz also des ausgefallenen und auffälligen Wortlauts bedeutet die Selbstgewinnung und Selbstvergewisserung des »Schriftsteller[s]« und »Novellist[en]« eine ›Reifung‹ zu einem wehrhaften und waffenfähigen, in eins damit aber auch geradezu heraldisch identifizierbaren »Manne«. Der Übergang vom »[l]yrisch[en]« oder eben vom »Dichter« schlechthin zum »Schriftsteller« und »Novellist[en]«, als eine Bewegung vom passiven »Knaben« zum im doppelten Wortsinn ›gewappneten‹ »*Mann[ ]* der gradausgehenden Rede«, war daher vermutlich auch nicht von ungefähr mit Verletzungen und Schmerzen verbunden. Die Geburt des »Schriftsteller[s]« gestaltet sich kurzum als Initiation in die Gesellschaft und in die Öffentlichkeit der ›Männer‹.

Die damit gegebene männliche Sexuierung des »Schriftsteller«-Berufs läßt sich bei Thomas Mann immer wieder nachweisen, nicht nur an der sexual-

---

43 Bd. 8, S. 1070.

44 Bd. 8, S. 1068 f.

45 Bd. 8, S. 1068.

46 Ebd.

47 Grimm, Bd. 4, Abt. I, Teil 3, Sp. 4742–4746, v. a. Sp. 4743–4745, s. v. ›Gewaffen‹.

48 Bd. 8, S. 1068.

symbolischen und indexikalischen Bedeutsamkeit der Attribute, mit denen er den »Novellist[en]« im *Propheten* ausgestattet hat. Zwar kommt bekanntlich gerade in dieser Erzählung ganz ausnahmsweise eine auch so genannte Schriftsteller*in* vor, fast die einzige »Schriftstellerin« des literarischen Gesamtwerks, der eine auktoriale Instanz diesen Titel zuerkennt. Aber diese »ältere Schriftstellerin« bleibt verräterisch blaß. Nichts als ihr vorgerücktes Lebensalter fällt dem Erzähler zu ihr noch ein. Und sie schuldet ihre Existenz ja vermutlich ohnehin nur einer Kollateralfigur, von der das Schriftstellerinnentum ihres ›Vorbilds‹ abgezogen werden mußte, der »unverheiratete[n] junge[n] Mutter«, von welcher der Erzähler wiederum so verdächtig viel mitzuteilen weiß.

Little Grandma

Wie schlecht im Grunde in Thomas Manns Vorstellungsregister ›Schriftstellertum‹, »gradausgehende[] Rede« und alles damit an »[V]erständigem« Assoziierbare sich mit Weiblichkeit vertrugen, zeigt ein anderer, ein nunmehr wieder ganz und gar unverstellt autobiographischer Text: *Little Grandma*. *Little Grandma* hat Thomas Mann eigentlich als eine Erinnerung an eine Frauenrechtlerin geschrieben, die ihm einst jenen Titel eines »verdammte[n] alte[n] Anti-Feministe[n] und Strindbergianer[s]« verpaßt hatte,[1] als Huldigung an die Schriftstellerin Hedwig Dohm. Deren Enkelin hatte er geheiratet. Er war so in der eigenen Familie unumgänglich mit dem für ihn offenbar irritierenden Merkmalssyndrom von Weiblichkeit und Schriftstellertum konfrontiert (während er solch ein Syndrom zu seinen Lebzeiten aus seiner engeren Familie herauszuhalten, nämlich erfolgreich zu verhindern wußte, daß die Kindheitserinnerungen seiner eigenen Mutter veröffentlicht würden[2]).

Daß Hedwig Dohm »Schriftstellerin« war, erwähnt Thomas Mann erst auf der vierten von insgesamt zehn Seiten. Die vorigen hat er ausführlich auf den »märchenhafte[n] Anblick« und die »märchenhaft[e] [...] Erscheinung« der »alten Fee« und ihres »Sibyllenhaupte[s]« verwandt, auf den »Zauber« dieser »Erscheinung«. Gleich darauf, ein weiteres Beispiel vielleicht für jene Synergie von »racism and sexism«, kommt er noch auf den »Einschlag von biblischem Wüstenblut« zu sprechen. Dieser »Einschlag« sei »wohl« die Ursache für »das Außerordentliche ihrer Physiognomie« gewesen[3] (und seine euphemistische Umschreibung, seine dreifach-divergente Bestimmung über das Schriftkorpus der ›Bibel‹, über die »biblische[ ]« Geographie der ›Wüste‹ und erst zuletzt und unter der Kautele einer Spekulation – »wohl« – über den genetischen Faktor des ›Bluts‹ und das ›face value‹ der Physiognomie erinnert natürlich nicht zufällig an Kunigunde Rosenstiel: an ihre »*wüsten*rauhe[ ] [...] Stimme«; an die Bibelzitate in ihrem Portrait und in ihren direkten Reden; an die Zurücknahme rassenbiologisch signifikanter Züge in diesem nur wenig jüngeren und ähnlich irritierenden Figurenportrait).

Erst zwei weitere Seiten später steht endlich geschrieben, daß die »märchenhafte Person« noch dazu »Novellistin« war: »damals bei uns [...] etwas [...] im bürgerlichen Sinne ›Unweibliches‹«. Aber »ihre Augen [...] machten« allemal

1 Bd. 11, S. 470.

2 Vgl. de Mendelssohn, ²Bd. 1, S. 29.

3 Bd. 11, S. 469–472.

»mehr Eindruck als ihre Worte«.[4] Und auch die Konzession ihres Novellistinnentums, das so ohnehin schon hinter ihrer Körperlichkeit zurückzubleiben und hinter deren »Eindruck« zurückzutreten hat, geschieht nur mit dem etwas weiter unten nachgeschobenen Vorbehalt, daß »*Little* Grandma« physisch solchem Schriftstellertum nicht ganz gewachsen gewesen sei. Sie habe es nicht ihr Leben lang durchzuhalten vermocht. An dessen Ende »reichten« dem »zahnlosen« »Menschheitsmütterchen« am »Krückstöckchen« »fürs Romaneschreiben die Kräfte nicht mehr«:[5] Die Deminutiva sprechen für sich selbst. Und fast für sich selbst spricht auch das sexualsymbolisch wieder leicht motivierbare Detail der Zahnlosigkeit[6] (eine Indiskretion, die der »Herr mit steifem Hut« vermutlich im vollen Bewußtsein beging, daß ihm selber solch eine ›Kastration‹ über kurz oder lang, ja damals schon ziemlich nahe bevorstand[7]).

Zuvor aber, vor ihrer symbolisch endgültigen Vereindeutigung auf ihr weibliches Geschlecht, hatte Hedwig Dohm eben doch ›den Biß‹, sich an Thomas Manns eigenem Genre und Genus zu versuchen. Er kann dies nicht registrieren, ohne es, bei aller noch so gut gemeinten Liebenswürdigkeit des Portraits, im selben Atemzug, im selben Satz und nach einem Bände sprechenden Gedankenstrich mit einem so wegwerfenden und vernichtenden wie nichtssagenden und unausgewiesenen Werturteil zu belegen, das übrigens mit der gegenwärtigen Literaturgeschichtsschreibung nicht durchaus zur Deckung zu bringen wäre:[8] »Sie schrieb Romane – nun, die waren nicht gerade sehr wichtig [...].«[9]

Zu diesen Vorbehalten gegenüber der Schriftstellerin in der eigenen Familie stimmt der Befund der literarischen Texte ganz genau. Darin gibt es außer der ja ihrerseits »ältere[n] Schriftstellerin« im *Propheten* überhaupt so gut wie gar keine Schriftstellerinnen im spezifisch ›prosaischen‹ Sinn des Worts. Und es bestätigt neuerlich die These von der ›Kollusion‹ sexistischer mit der rassistischen Diskriminierung, wenn es sonst bei Thomas Mann keine deutschen, ›rein‹ deutschen Schriftstellerinnen gibt. Abgesehen von dieser sehr unbestimmten »ältere[n] Schriftstellerin« und abgesehen natürlich auch von Adele Schopenhauer, die als historische Figur der auktorialen Gestaltungswillkür sich sehr weitgehend entzog, bleiben Thomas Manns schreibende Frauen, vor allem

4 Bd. 11, S. 473.

5 Bd. 11, S. 474, 476.

6 Vgl. Freud, Bd. 9, S. 184, Anm. 1; Bd. 11, S. 158, 167.

7 Vgl. Thomas Rütten, Zu Thomas Manns medizinischem Bildungsgang im Spiegel seines Spätwerks, in: Thomas Sprecher (Hg.), Vom *Zauberberg* zum *Doktor Faustus*. Krankheit und Literatur. Die Davoser Literaturtage 1998, Frankfurt a. M.: Klostermann, 2000 (Thomas Mann-Studien, Bd. 23), S. 237–268, hier S. 240. »Die Eröffnung, eine Voll-Prothese sei unvermeidlich«, setzt Rütten allerdings zu früh an. An der angeführten Stelle (»Tb. 9.10.1937«) ist nur vom Oberkiefer die Rede.

8 Vgl. Christine Kanz, Die Literarische Moderne (1890–1920), in: Wolfgang Beutin et al., Deutsche Literaturgeschichte. Von den Anfängen bis zur Gegenwart, Stuttgart und Weimar: Metzler, [6]2001, S. 342–386, hier S. 351.

9 Bd. 11, S. 473.

wenn sie nicht einfach nur banale Gebrauchstexte schreiben, sondern solche von »literarische[r] Würde«[10] oder gar »höhere[ ] Literatur«,[11] außerhalb der Nationalliteratur im bedenklichsten Sinn dieses Worts. Sie sind entweder jüdisch wie Hedwig Dohm (so Kunigunde Rosenstiel im *Doktor Faustus* oder, in der älteren Konzeption von *Königliche Hoheit*, Imma Spoelmann alias Davis alias Davidsohn); oder sie sind halb oder ganz französisch (Jeannette Scheurl im *Doktor Faustus*, Diane Houpflé in den *Bekenntnissen des Hochstaplers Felix Krull*). Oder sie sind sonstwie fremd (im *Doktor Faustus* die »rumänisch-siebenbürgische Schriftstellerin«, »Binder-Majoresku mit Namen«,[12] aus der Entourage der ihrerseits schon »exotische[n] Natalia Knöterich«;[13] in *Königliche Hoheit* die Gräfin Löwenjoul nach Ausweis wieder bereits ihres »Namen[s]« und Imma Spoelmann, in der endgültigen Fassung des Romans Amerikanerin und »Quinterone«,[14] um in den Fünfzigerjahren in Harald Brauns nicht umsonst erfolgreicher Verfilmung dann jeglichen, aber auch wirklich jeden ›marker‹ von Fremdheit einzubüßen).

10 Bd. 6, S. 418.
11 Bd. 6, S. 269.
12 Bd. 6, S. 545.
13 Bd. 6, S. 512; vgl. S. 434.
14 Bd. 2, S. 265.

Die schreibenden Frauen des Erzählwerks

Schon nur daß weibliche Figuren als schreibende erscheinen und ganz einfach äußerlich konkret die Haltung ihres Autors einnehmen, kommt in Thomas Manns literarischem Gesamtwerk unverhältnismäßig selten vor. Dem Ausschluß der Frau aus der auktorialen Domäne kann man in mindestens einem, schon eingehender diskutierten Fall quasi in actu zusehen: bei jenem »umgetane[n] Frauenzimmer«,[1] dessen grammatisch neutrale Titulierungen wie gesehen symptomatisch sind für das wieder »verjungfert[ ]« Asexuelle und für die in solcher ›Verjungferung‹ definitive Kinderlosigkeit der Schreiberin, welche bekanntlich als »weibliche[s] *Wesen*« schon eingeführt wird und bereits in den Notizen unter dieser Rubrik skizziert ist.

Kunigunde Rosenstiel, wie erinnerlich, schreibt »außerordentlich gerne«. Wie Ines Rodde schreibt sie »außerordentlich wohlstilisierte Briefe«,[2] und zwar »ganz unbeschadet ihrer zahlreichen persönlichen Besuche« beim Adressaten. Diese schon ziehen die kommunikative Notwendigkeit solcher Briefe in Zweifel. Und *was* sie schreibt, ist vollkommen belanglos. Das gibt der Erzähler, bekanntlich Philologe und also von Berufs wegen ein Fach*mann* des geschriebenen Worts, diplomatisch, aber deutlicher noch als die pragmatische Überflüssigkeit ihrer Briefe zu verstehen: »inhaltlich nicht eben erstaunlich[] [...], nicht sehr gegenständlich, der Sache nach nicht weiter aufregend, [...] sauber und lesbar, – übrigens nicht handschriftlich, sondern auf ihrer Geschäftsmaschine, mit kaufmännischen Und-Zeichen, –«.

Die Befremdlichkeit des als solcher doppelt ausgewiesenen und in dieser doppelten Ausweisung ironischen Zusatzes (»– übrigens [...] auf ihrer Geschäftsmaschine [...] –«), die Irritation, die er angesichts der unmittelbar vorangehenden, scheinbar so positiven Bestimmung der weiblichen Schrift als »sauber[er] und lesbar[er]« hervorrufen kann, läßt sich, um auch das nochmals kurz zu wiederholen, als Resultat eines nicht vollständig geglückten Ersetzungsvorgangs verstehen. Der status quo ante scheint in jener Bestimmung »sauber und lesbar« gleichsam fossilisiert zu sein; und den Verlauf der Ersetzung kann man wie gezeigt aus einem im Manuskript gestrichenen Wortansatz rekonstruieren: mit aller Wahrscheinlichkeit eben »nu«, woraus sehr leicht ein Wortlaut supplierbar wäre, der die nun redundante Bestimmung der Schrift bekanntlich restlos erklären würde. Kunigunde Rosenstiel hätte vermutlich erst

1 Bd. 6, S. 473.
2 Bd. 6, S. 263.

schlechterdings »sauber und lesbar«, und das müßte eigentlich heißen: wie alle anderen einschlägigen Figuren des Gesamtwerks von Hand schreiben sollen; dann schon »nicht« mehr »*nu[r]* handschriftlich«, also bereits *auch* mit Maschine; endlich aber – und erst jetzt verloren die Adverbien »sauber« und »lesbar« ihren Sinn – überhaupt »nicht« mehr »handschriftlich« und ganz einfach, also *ausschließlich* »auf ihrer Geschäftsmaschine«.

So rekonstruiert, dokumentiert die Konzeptionsgeschichte der Figur deren sukzessive Dissoziation von »handschriftlich« authentischer Autorschaft. Als deren leibhaftiger Vertreter wußte sich Thomas Mann nach Ausweis schon nur seiner Präsentation in den Verlagsaufmachungen bis heute so wirksam zu stilisieren wie über seinen steifen Hut und gepflegten Schnurrbart; zeigen ja noch die jüngsten Covers der Tagebücher jeweils nichts anderes als eine starke Vergrößerung der mit Füllfeder schreibenden Hand des Autors: Selbst vom eigentlich Geschriebenen ist auf dem Schreibpapier rein nichts zu sehen. Das Schreiben, die Schreib*szene*, der Schreib*akt*, hat die Schrift hier vollkommen überdeckt und verdrängt.

Über die Abwertung der weiblichen und »ganz« überflüssigen Briefprosa selbst hinaus – als »inhaltlich nicht eben erstaunlich[ ] [...], nicht sehr gegenständlich, der Sache nach nicht weiter aufregend«, kurz als das genaue Gegenteil eines ›novellistisch‹ geglückten Texts – hat Thomas Mann Kunigunde Rosenstiels Schrift also offenbar sukzessive vom ›Realen‹ des Körpers abgekoppelt, gewissermaßen medial veruneigentlicht. In eins damit hat er die Schrift dieser schreibenden Frau von seiner eigenen, der im engeren Sinn literarischen als einer entschieden antiutilitaristischen Domäne gleich doppelt ferngehalten, durch das modern-profane Medium der »*Geschäfts*maschine« und durch die ebenso ephemeren, die ausdrücklich »*kaufmännischen* Und-Zeichen«. All dies zusammen, die »inhaltlich[e]« Disqualifikation des Geschriebenen, die Dissoziation von der Eigentlichkeit der Handschrift und die kommerzielle Banalisierung des gleichsam prothetischen Schreibmediums, stimmt sehr genau zur Reihe der in Thomas Manns Gesamtwerk wie gesagt ziemlich seltenen Schreiberinnen. Entweder sind ihre physisch konkreten Schreibakte behindert oder unausgereift; oder aber das, was sie schreiben, erscheint irgendwie suspekt oder muß immerhin in gehöriger Distanz zum eigenen Genre des Autors bleiben.

Um dafür nur ein nächstälteres, schon einmal anzitiertes Beispiel in Erinnerung zu rufen: Diejenige Schreiberin des Gesamtwerks, die Thomas Mann mit *dem* deutschen Schriftsteller schlechthin konfrontiert, ›zieht‹ ja im ersten Kapitel von *Lotte in Weimar* »ihre Buchstaben«, zuerst wenigstens, »langsam« und mit umständlicher »Sorgfalt«, um obendrein noch »den Griffel« so »energisch« hinzulegen, daß sie »den Metallständer« umreißt, »an dem er« hängt.[3] Und vermag sie auch am Ende des Kapitels doch »mit eilender Hand« zu schreiben, »mit eilender Hand und leicht zitterndem Kopfe«, so läßt sie selbst dabei noch wie am

3 Bd. 2, S. 372 f.

Kapitelanfang – und dort sogar »deutlicher als je«[4] –, eben mit dem »nickende[n] Zittern ihres Nackens« eine mögliche Störung des Schriftbilds durch den vergreisten, von Parkinsonismus befallenen Körper »bemerk[en]«.

Stilistisch zwar sind ihre zuletzt »mit eilender Hand« hingeschriebenen Worte tadellos. So tadellos geraten ihre »Worte« jedoch nur, weil sie ausdrücklich – und für diese Ausdrücklichkeit nimmt der Erzähler bekanntlich eine Redundanz in Kauf – nicht spontan sind. Sie sind »vorbereitet[ ]«. »[D]as Seelchen« muß »lange [...] daran gesponnen« haben. Ihre wie bei Kunigunde Rosenstiel mustergültige »Form verdank[en]« sie ihrer »inneren Vorbereitung« allein. Schon insofern markieren sie einen diametralen Abstand vom ›naiv‹ und genialisch spontanen, quasi pfingstlich ereignishaften Wort als einer Vorstellung, welche die Rezeption »Goethe's [...] als Schriftsteller«[5] maßgeblich bestimmte.

Das ›movierte‹ Femininum dieses Titels, ›Schriftsteller*in*‹, erscheint in Thomas Manns literarischem Werk wie schon erwähnt kaum je. Auch dort, wo es ganz am Platz wäre, scheint der Autor Hemmungen zu haben, es zu verwenden. So meidet er es in *Lotte in Weimar* bei Adele Schopenhauer. Ihre literarischen Produktionen hat »Adele« perfiderweise selber in direkten Reden um die novellistisch-schriftstellerischen Teile zu kürzen. Sie vereindeutigt sie aufs Lyrische (auf welches ja auch festgelegt bleibt, was Ines Rodde »unterderhand« »dichtet[ ]«). Und dieses Lyrische reduziert sie auch noch auf »poetische[ ] *Versuche*«, »*kleine[ ]* poetische[ ] Versuche«.[6]

Adele Schopenhauers Eloquenz hat bei aller Gewitztheit etwas physisch geradezu Ekelhaftes (»Feuchtigkeit« in den »Winkel[n] ihres [...] Mundes«[7]). Und vor allem stellt *der* Erzähl*er* ihre Verfügungsgewalt über die Sprache, ihre ausdrücklich »*nervöse[ ]* Intelligenz« von Anfang an psychologisch als Kompensation einer zu kurz gekommenen Weiblichkeit hin, die natürlich nicht von ungefähr an Kunigunde Rosenstiels Altjüngferlichkeit erinnert und an die »bescheiden-tieferen Gegenden« ihrer »als ›höheres Streben‹ verkleidete[n] Einsamkeits- und Leidenssensibilität«.[8] Adele Schopenhauers Sprachmächtigkeit muß dazu dienen, ihr mißratenes Äußeres zu kompensieren. Dieses führt der Erzähler, genüßlich oder auch nicht, bis in die Details der Schmachtlocken haargenau vor, und zwar mehrfach in konzessiven Verbindungen, das heißt unter dem scheinheiligen Vorwand, ihm auch sein Gutes abzugewinnen und die Figur zu schonen:

> Die junge Dame [...] war recht *unschönen, aber intelligenten* Ansehens, – ja, schon die Art, wie sie vom ersten Augenblick an und dann immerfort das doch unverkennbare Schielen ihrer gelb-grünen Augen teils durch häufigen Lidschlag, teils durch hurtiges

4 Bd. 2, S. 372.
5 Bd. 9, S. 333–362.
6 Bd. 2, S. 481; im Original keine Hervorhebung.
7 Bd. 2, S. 495; vgl. S. 479.
8 Bd. 6, S. 416.

> Umher- und namentlich Emporblicken zu verbergen suchte, erweckte den Eindruck einer nervösen Intelligenz, und ein *zwar breiter und schmaler, aber klug lächelnder und sichtlich in gebildeter Rede geübter* Mund konnte die hängende Länge der Nase, den ebenfalls zu langen Hals, die betrüblich abstehenden Ohren übersehen lassen, neben denen gelockte accroche-cœurs unter dem mit Röschen umkränzten, etwas genialisch geformten Strohhut hervorkamen und in die Wangen fielen. Die Gestalt des Mädchens war dürftig. Ein *weißer, aber flacher* Busen verlor sich in dem kurzärmeligen Batistmieder, das in offener Krause um die mageren Schultern und den Nacken stand.[9]

Im *Doktor Faustus* sodann schreibt Jeannette Scheurl, die wie ihr ›Vorbild‹ Annette Kolb »[z]wischen den Sprachen aufgewachsen« ist, anders als diese[10] »in einem reizend inkorrekten Privatidiom«, also einem in solcher ›Privatheit‹ eigentlich gerade nicht öffentlichkeitsfähigen ›Idiom‹. Und zwar schreibt sie »damenhafte« – also immer schon an ihr Geschlecht zurückbindbare – »Gesellschaftsstudien, die« obendrein »des [...] musikalischen« – also ›lyrischen‹ – »Reizes nicht entbehr[ ]en und unbedingt zur höheren Literatur zähl[ ]en«: Jeannette Scheurl aber heißt dennoch nur eben »Verfasserin, Romandichterin«.[11] Die eine, synekdochal zu weit gefaßte Bezeichnung abstrahiert vom spezifisch Literarischen des ›Verfaßten‹; die andere, »Roman*dichterin*«, nähert dieses der ›Dichtung‹ in dem engeren, ›lyrischen‹ Sinn an, den das Wort in Thomas Manns Sprachgebrauch nachweislich hatte. Darüber hinaus wird ihre Weiblichkeit ähnlich wie bei Kunigunde Rosenstiel, Ines Rodde, Adele Schopenhauer, bei der Schriftstellerin im *Propheten* oder auch bei Dunja Stegemann in *Gerächt*[12] kompromittiert und bei dieser Gelegenheit gleich nochmals das quasi Babylonische nun aber schon nicht mehr ihrer *geschriebenen* Sprache hervorgehoben:

> Von mondäner Häßlichkeit, mit elegantem Schafsgesicht, darin sich das Bäuerliche mit dem Aristokratischen mischte, ganz ähnlich wie in ihrer *Rede* das bayerisch Dialekthafte mit dem Französischen, war sie außerordentlich intelligent und zugleich gehüllt in die naiv nachfragende Ahnungslosigkeit des alternden Mädchens.[13]

Diane Philibert

Dies alles, die kompromittierte Weiblichkeit, die babylonische Hybridität des weiblichen Texts und dessen Affinität zur Lyrik, kehrt an der, abgesehen vom

9 Bd. 2, S. 478 f.; im Original keine Hervorhebung.

10 Bd. 6, S. 269. Vgl. das zeitgenössische (erstmals 1927 erschienene) Portrait bei Franz Blei, Glanz und Elend berühmter Frauen, hg. v. Rolf-Peter Baake, Hamburg: Europäische Verlagsanstalt, 1998, S. 263–268, hier S. 265; zu den tatsächlich sehr seltenen Gallizismen bei Annette Kolb: Annette Kolb, Briefe einer Deutsch-Französin, Berlin: Erich Reiss, [2]1916, S. 13 (im Original keine Hervorhebung): »die Treue *an* sich selbst«.

11 Bd. 6, S. 269.

12 Bd. 8, S. 162 f.

13 Bd. 6, S. 269; im Original keine Hervorhebung.

Propheten, einzig exponierten Stelle wieder, an welcher der Titel »Schriftstellerin« in Thomas Manns literarischem Gesamtwerk erscheint; und das nicht von ungefähr erst in seinem letzten, unvollendeten Erzähltext, eben in den *Bekenntnissen des Hochstaplers Felix Krull*. Aber selbst die eine, späte Figur erhält den Titel »Schriftstellerin« nicht wirklich oder verdient ihn im Text auch nicht unbedingt; sondern sie hat ihn sich, wie schon gezeigt (»Ich bin Schriftstellerin«), ihrem eigenen eitlen Gutdünken nach selber zuzulegen. Diese einzige »Schriftstellerin«, die im Gesamtwerk einigermaßen Konturen gewinnt und die es allein kraft einer arroganten Definitionsmacht und letztlich ›vermöge‹ ihres Reichtums sein darf, heißt genaugenommen nicht eigentlich Diane Houpflé, sondern Diane Philibert (ein unter den Fürsten von Savoyen mehrfach und historisch prominent vertretener Name[14]).

Denn sie publiziert ja bezeichnenderweise unter ihrem »Mädchennamen« (der sie, als typisch savoyischer, mit demselben romanisch-germanischen Sprachgrenzbereich assoziiert wie ihre elsässische Herkunft oder Exogamie). Sie ›regrediert‹ als Schreibende also ihrerseits auf die Stufe »des [...] Mädchens«. In eins damit gibt sie aber doch auch etwas von der Gefahr zu erkennen, welche von einer schreibenden und als solche die Öffentlichkeit adressierenden Frau für eine so patriarchale Institution wie die Ehe ausgeht.

Selbst sie aber ist keine ›reine‹ »Schriftstellerin«, und zwar auch abgesehen von dem Vorbehalt, der sich aus ihrer wichtigtuerischen Selbstanmaßung dieses Titels ergeben muß. Oder jedenfalls ist sie als »Schriftstellerin« keine ›reine‹ Novellistin. Sie ist zugleich auch Lyrikerin. Sie schreibt ja außer »Romane[n], [...] voll Seelenkunde, pleins d'esprit«, auch noch »des volumes de vers passionnés...«.

Auf eine für Thomas Manns Interpunktionsweise hinlänglich bekannte Art legen die Auslassungszeichen hier wieder ein gewisses Gewicht auf die Aussage. Sie verleihen ihr einen semantischen Mehrwert. Die so erzeugte Emphase scheint durch die untergründigen Beziehungen gedeckt zu sein, in denen die »vers passionnés...« zum weiblichen Geschlecht und zur ›perversen‹ Sexualität, aber auch zur Zweisprachigkeit und zur schillernd-zweideutigen Nationalität ihrer Autorin stehen (und in dieser Hinsicht ähnelt die Lyrik und gleichen vor allem die Reden der Elsässerin ganz frappant der »Rede« und der *»musikalischen«* Prosa jener anderen »Roman*dichterin*«, die als »Deutsch-Französin« – so definierte sich Annette Kolb – zwischen den Sprachen flottieren soll). Im »[l]yrisch[en]« Medium solcher gleich bändeweise passionierten Verse findet Diane Philiberts nicht-männliche Autorschaft mit Irrationalem, mit dem Physischen der ›Leidenschaft‹ und der »Liebesschmerzen« und eben auch mit dem sprachlich und national Fremden zu einem sozusagen negativen oder supplementären Konglomerat all dessen zusammen, was aus der Selbstdefinition des deutschen Romanautors ausgeschlossen bleibt:

14 Vgl. Hermann Grote, Stammtafeln. Europäische Herrscher- und Fürstenhäuser, Leipzig: Hahn, 1877 (Nachdruck Leipzig: Reprint-Verlag, o. J.), S. 342–344.

Während der »Szene mit Mme Houpflé«,[15] welche bezeichnenderweise an den entsprechenden Stellen Thomas Manns »Arbeit« jeweils »verzögert[e]«,[16] geht das Deutsche mit dem Französischen eine quasi babylonische Sprachsymbiose ein. Diese wird immer dort besonders eng, wo der Monolog der elsässischen ›Nymphomanin‹ die Form von »Verse[n]« annimmt. Oder vielmehr nimmt er gerade nicht die *Form* von Versen an; sondern die metrische Rede der Frau erscheint in einer typographischen Gestalt, die und deren »lächerlichen Effekt« Adorno zur fast genau gleichen Zeit in seinem Essay *Satzzeichen* analysiert hat.[17] Die Alexandriner der »Mme Houpflé« sind nämlich »einfach als Prosa gedruckt«.[18] Sie »erscheinen« deshalb »als kalauerhafter Zufall«:[19] »Comment, à ce propos, quand l'heure nous appelle, n'êtes-vous pas encore prêt pour la chapelle?«[20]

Am »Schluß des Liebeskapitels [...], der sich«, wieder sehr bezeichnenderweise, »der Prosa weigerte und kategorisch wieder Alexandriner [...] verlangte«,[21] fraternisiert das Deutsche geradezu mit der Sprache des ›Erbfeinds‹. Denn die Alexandriner sind hier »halb französisch, halb deutsch«.[22] »*[H]alb* französisch, *halb* deutsch« sind sie zuerst und zuletzt sogar je in dem genauen Sinn, den gerade dieses Versmaß mit seiner tiefen Mittelzäsur und seiner ausgeprägten Zweiteiligkeit ermöglicht. Und endlich geschieht die deutsch-französische Sprachverschwisterung auch noch auf der Ebene der zunächst ›rein‹ französischen Reime, die allerdings noch immer »einfach als Prosa gedruckt« sind und in solch ›prosaischem‹ Schriftbild nach wie vor »als kalauerhafter Zufall erscheinen«. Solch einen kalauerhaften, jetzt aber eben auch noch französisch-deutschen Reim bildet und besiegelt das letzte Wort der »Szene«, auf welches als Explicit des Kapitels und eines ganzen ›Buchs‹ ohnehin eine schwere Emphase zu liegen kommt:

> Nach Jahr und Jahren, wenn – le temps t'a détruit, ce cœur te gardera dans ton moment bénit. Ja, wenn das Grab uns deckt, mich und dich auch, Armand, tu vivras dans mes vers et dans mes beaux romans, die von den Lippen euch – verrat der Welt es nie! – geküßt sind allesamt. Adieu, adieu, chéri...[23]

Wie angestrengt freilich und wie velleitär die zu alledem gleichsam komplementäre Selbstdefinition des deutschen Prosaisten letztlich gewesen sein muß, verrät ausgerechnet dieses zweite Beispiel für Diane Philiberts »vers passionnés«. Darin ›bekennt‹ diese ihrerseits schon unter dem Siegel der Verschwie-

15 Tagebucheintrag vom 24. März 1951; Tagebücher 1951–1952, S. 38 f., hier S. 38.
16 Tagebucheintrag vom 30. März 1951; Tagebücher 1951–1952, S. 41.
17 Adorno, S. 572.
18 Ebd.
19 Ebd.
20 Bd. 7, S. 442.
21 Tagebucheintrag vom 2. April 1951; Tagebücher 1951–1952, S. 42.
22 Ebd.
23 Bd. 7, S. 450.

genheit (»verrat der Welt es nie«) die Herkunft ihrer »Romane« aus verstohlener Liebe zu Jungen und Jünglingen (jedenfalls in der zitierten Form des Texts: »romans, die von den Lippen *euch* [...] geküßt sind allesamt«). Die ›Verse aus Passion‹ »verrat[en]« so den autobiographischen Beziehungsreichtum der Houpflé-Figur. Sie verraten damit überhaupt etwas vom Beicht-, Geständnis- oder eben Konfessionscharakter der nicht umsonst so betitelten *Bekenntnisse.*

Denn die eigentlich bekenntnishaften unter diesen Versen oder sozusagen deren Revenants kehren außerhalb der *Gesammelten Werke* wieder. Diese Wiedergänger erscheinen verschiedentlich[24] abseits und jenseits des von Thomas Mann selber publizierten und autorisierten Œuvres. Sie stehen in just demjenigen Segment des Gesamtwerks, dem Thomas Mann »any literary value« absprach und das der Öffentlichkeit Jahrzehnte lang vorzuenthalten er verfügte.[25] In seinem Tagebuch hat er das gereimte Bekenntnis wortwörtlich zitiert – oder dann, abgesehen von zwei Fehlern im offenbar aus dem Gedächtnis zitierten Französisch (»vivra« statt »vivra*s*« und, in ungewollter Kongruenz mit der heterosexuellen Norm – männlicher Sprecher, grammatisch weiblicher Adressat –, wie sie ja ›umgekehrt‹ auch bei Diane und Felix gewahrt bleibt, »chéri*e*« statt »chéri«), buchstäblich bis auf eine einzige Letter (je nachdem, ob man mit den Editoren in der Handschrift des *Felix Krull* »euch« liest oder aber »auch« konjiziert, gestützt gerade auf dieses Selbstzitat des Autors und auf die in dessen »persönliche[r] Mischschrift« verschiedene, teils ›lateinische‹, teils ›deutsche‹ Schreibung des kleinen ›a‹; eine im gegebenen, deutsch-romanischen Kontext natürlich besonders schwer entscheidbare Alternative).

Sub sigillo, im Schutz der Heimlichkeit, den ihm das Tagebuch bot, hat Thomas Mann Diane Houpflé-Philiberts Bekenntnis auf sich selbst gemünzt, umgemünzt. Zu äußerlichem Ausdruck kommt diese Umwidmung nur typographisch. Die bei ihm verfänglichen und tendenziell ironisierenden drei Punkte (»chéri...«) ersetzte Thomas Mann am Ende des Bekenntnisses durch ein schlichtes Ausrufezeichen.

Und vor allem hat er dieses Bekenntnis nun auch kolometriert. Er hat ihm dadurch erst wirklich die wahrhafte und buchstäbliche Gestalt von ›Versen‹ verliehen, wenn auch nicht eigentlich die Gestalt von Alexandrinern. Vielmehr hat er die Alexandriner kolometrisch auf ihre Halbverse heruntergebrochen. Dadurch aber nehmen sie sich nun ganz und gar nicht mehr ›heroisch‹ oder sonstwie ›episch‹, sondern im Gegenteil ganz besonders ›passioniert‹ aus. Die ›passionierten Verse‹ wirken jetzt im emphatischen Sinn des Worts sehr viel ›lyrischer‹, das heißt unmittelbarer und sozusagen gefühlsechter, als es ein so langer, so hoch artifizieller und so stark antiquierter Langvers wie der regelrechte Alexandriner je sein könnte. In dieser genuin generischen Gestalt »ma-

---

24 Tagebucheintrag vom 3. April 1951; Tagebücher 1951–1952, S. 43; Tagebucheintrag vom 14. Januar 1954; Tagebücher 1953–1955, S. 170.

25 Peter de Mendelssohn, Vorbemerkungen des Herausgebers, in: Tagebücher 1933–1934, S. V–XXII, hier S. XIII.

chen« die »Verse« jedenfalls keinen »lächerlichen Effekt« mehr. »Metron und Reim erscheinen« nun nicht mehr »als kalauerhafter Zufall«:[26]

> Was ich aber mir wiederhole, ist:
> »Tu vivra dans mes vers
> et dans mes beaux romans,
> die von den Lippen auch
> – verrat der Welt es nie! –
> geküßt sind allesamt.
> Adieu, adieu, chérie!«[27]

Schon die Einleitung dieses Eigenzitats »verr[ä]t« im Grunde alles: »Was ich *aber* mir«, »[w]as ich aber *mir* wiederhole«. Und schon eine allererste Rezipientin des *Krull*-Kapitels, Erika Mann, bemerkte denn und kritisierte »das Erz-Päderastische (›Schwule‹) der Szene«.[28] Thomas Mann hat diese Kritik ausdrücklich gebilligt: »Soit.«[29]

In der »Szene«, deren »erotische[ ] Spannung« ihn »stark und drängend« »beschäftigt[e]«,[30] hielt er sich an Diane Houpflé-Philibert schadlos. Schadlos hielt er sich an ihrer Verfallenheit an das »Göttlich-Dumme«[31] eines »ganz gemeinen Domestikenjungen«[32] ganz offensichtlich für sein eigenes, unterdrücktes Begehren, dem er, in Gestalt des Hotelkellners Franz Westermeier, nicht zuletzt und gerade auch das wiederaufgekommene Arbeitsinteresse an den *Bekenntnissen* verdankte. In der Logik solcher Selbstsalvierung gleicht dieser allerletzte, unvollendete, dem vorletzten respektive dem letzten vollendeten Text des Autors:

In der *Betrogenen* befällt die Krebskrankheit nicht einfach nur eine Frau, deren Geschlecht etwas dieser Krankheit Äußerliches wäre; sondern *Die Betrogene* folgt auch hier, hier ganz besonders und nicht zufällig, dem offenbar überhaupt ersten einschlägig nosologischen Text der deutschen Literaturgeschichte, den Thomas Mann bestens kannte und sehr hochschätzte[33] und dessen Titel bis auf den Numerus mit dem seines letzten Romanfragments übereinstimmt. Auch in Theodor Storms vorletztem Erzählwerk, *Ein Bekenntnis*, befällt der Krebs ein weibliches Geschlechtsorgan (nachdem Paul Heyse Storms zuvor nur vage Charakterisierung der Krankheit scharf kritisiert[34] und

---

26 Adorno, S. 572.

27 Tagebucheintrag vom 14. Januar 1954; Tagebücher 1953–1955, S. 170.

28 Tagebucheintrag vom 31. Dezember 1951; Tagebücher 1951–1952, S. 156 f., hier S. 157.

29 Ebd.

30 Tagebucheinträge vom 22. und 24. März 1951; Tagebücher 1951–1952, S. 38 f.

31 Bd. 7, S. 444.

32 Bd. 7, S. 443.

33 Vgl. Bd. 9, S. 266.

34 Paul Heyse, Brief vom 25. Juni 1887 an Theodor Storm, in: Theodor Storm und Paul Heyse, Briefwechsel. Kritische Ausgabe, hg. v. Clifford Albrecht Bernd, Bd. 3: 1882–1888, Berlin: Schmidt, 1974, S. 153–155, hier S. 154.

Storm endlich im »›Carcimona [sic!] uteri‹ [...] die einzige Krankheit« gefunden hatte, »die ganz für [s]eine Arbeit paßt[e]«[35]).

Nach dem Sinn dieser literaturgeschichtlichen Beziehung braucht man nicht lange zu suchen. Das wiederholte ›gendering‹ der tabuierten Krankheit scheint dazu zu dienen, die allgemeine Angst vor dieser zu bannen, abzuführen, zu bewältigen. An *so* einem Krebs, aber eben gerade nur an so einem, könnte ja weder *der* Autor noch *der* Les*er* erkranken.

Dem genau entsprechend hängt Thomas Mann in »der Szene« das eigene tabuierte Begehren einer ›perversen‹ Schriftsteller*in* an, um sie obendrein einem satirischen ›overkill‹ zu unterwerfen. Die Misogynie »der Szene« ist damit so offensichtlich wie leicht durchschaubar. Und wenn sie deshalb noch nie Gegenstand einer feministischen Analyse geworden zu sein scheint, darf einen das so wenig wundern wie man sich andererseits schon ernsthaft fragen muß, wie noch im einundzwanzigsten Jahrhundert Daniel Binswanger dazu kommt, ausgerechnet hier, wo seine pauschal auf den ganzen Roman gemünzte Modefloskel von »der Zirkulation des Begehrens«[36] einmal einen anregend präzisen Sinn annehmen könnte, nur eben eine »Bejahung eines lustvollen [...] Geschlechtergemengelages [sic!]« zu sehen.[37]

Thomas Mann stellt die selbsternannte »Schriftstellerin« nach allen Regeln und mit allen Mitteln der Kunst bloß. Seine Bloßstellungen hauen sehr bezeichnenderweise in zwei Kerben. Einerseits zielen sie darauf ab, die Figur in ihrer Weiblichkeit so suspekt zu machen wie Adele Schopenhauer, Jeannette Scheurl, Kunigunde Rosenstiel oder jene »ältere Schriftstellerin« im *Propheten*. Und andererseits, im Unterschied zu oder entschiedener als bei diesen vieren, soll ins Lächerliche gezogen werden, *was* Diane Philibert schreibt.

Ihre Weiblichkeit erscheint mehrfach suspekt. Suspekt ist sie schon rein äußerlich oder auch gerade nicht *›rein‹* äußerlich. Denn die Abstriche, die der Erzähler an ihrem ›sex appeal‹ vornimmt, die Abstände, auf die er sie zum geschlechtsspezifischen Schönheitsideal bringt, werden in einen wieder einmal scheinheilig konzessiven Zusammenhang gerückt. »Ein kleines dunkles Flaumbärtchen auf der Oberlippe«, das sie vielleicht auch als sehr späte Schwundfiguration einer vorpatriarchalen dea barbata kenntlich machen soll,[38] »kleidet[ ] sie«, so die litotische Wendung und Windung des Texts, »nicht übel«.[39] Und »[ü]berhaupt« will sie Krull »vor allem an einem Aufreißen der Augen« wiedererkannt haben, das sie »ganz ohne Anlaß, jeden Augenblick wiederholt[ ]« und das ihm »so unerfreulich« ist, daß es sein eingestandenes Gefallen an der »Farbe« ihrer Augen

35 Theodor Storm, Brief vom 15. Juli 1887 an Paul Heyse; Theodor Storm und Paul Heyse, Briefwechsel, Bd. 3, S. 155 f.

36 Binswanger, S. 89.

37 Binswanger, S. 87.

38 Vgl. z. B. Erich Neumann, Die Große Mutter. Eine Phänomenologie der weiblichen Gestaltungen des Unbewußten, Zürich und Düsseldorf: Walter, [11]1997, S. 27, 166.

39 Bd. 7, S. 419.

arg trübt.[40] Diese sogar ausdrücklich als »zwanghaft[]« taxierte Gewohnheit verleiht ihren nur »*an sich* nicht unschönen Züge[n]« – man beachte auch hier wieder die Doppelbödigkeit der Litotes – eine offenbar doch entstellende »Neigung zu nervöser Verzerrung«.[41]

Es versteht sich natürlich von selbst, was alles der Tic und die ›nervöse‹ Mimik verraten und antizipieren. Diane Houpflé-Philibert ist mit einer gleich doppelten, nicht nur »[p]äderastische[n]«, sondern obendrein auch noch masochistischen »Verkehrtheit« geschlagen.[42] Ihr Mann ist impotent oder versagt »wenigstens« im ehelichen Verkehr mit ihrem Körper.[43] Sie hegt einen frustrierten Kinderwunsch, der nach ihrer eigenen »Seelenkunde« zur Erklärung ihrer Päderastie als pervertierter »Mutterliebe« herzuhalten hat.[44]

Ihre Schriftstellerei ist lächerlich wegen ihres penetranten Eigenlobs, das sie offenbar nur allzu nötig hat (»Ich bin Schriftstellerin, [...] eine Frau von Geist«, »d'une intelligence extrême«). In lächerlichem Gegensatz steht ihr angemaßter Beruf zu dem so ganz anders gearteten Geschäft, das ihr ihre schriftstellerischen Extravaganzen zu leben überhaupt erst gestattet. Ihr Reichtum kommt ja aus trüber Quelle, hat eine peinlich anale Herkunft. Den ökonomischen Unterbau, welcher ihre großspurige und anmaßliche Existenz als »Schriftstellerin« ermöglicht, bilden ausgerechnet solche Gebrauchsgegenstände, die ähnlich profan wie, aber noch profaner als Kunigunde Rosenstiels Wurstdärme sind. Genau wie die ›Latrinen‹ in Théophile Gautiers Vorwort zu seinem Roman *Mademoiselle de Maupin*, einem Gründungstext des l'art pour l'art, stehen die »Klosettschüsseln von Houpflé«[45] für den utilitaristischen Gegenpol alles Poetischen und Ästhetischen.[46]

Die Gräfin Löwenjoul

Die allermeisten unter den anderen schreibenden Frauen bei Thomas Mann unterscheiden sich dadurch von Diane Houpflé und sind insbesondere in dem

40 Ebd.

41 Ebd.; im Original keine Hervorhebung.

42 Bd. 7, S. 442, 445.

43 Bd. 7, S. 446.

44 Bd. 7, S. 445.

45 Bd. 7, S. 448.

46 Théophile Gautier, Préface, in: Mademoiselle de Maupin, Paris: Charpentier, 1883 (Nachdruck Genève: Slatkine, 1978; Œuvres complètes, Bd. 5), S. 1–35, hier S. 21. Gautier übrigens war in der öffentlichen Kontroverse um Victor Hugos *Hernani* zu dessen prominentestem Advokaten avanciert, d. h. ausgerechnet desjenigen Dramas, nach dessen Alexandrinern bzw. ›vers coupés‹ Thomas Mann die französischen »Verse« Diane Houpflés modelliert (wie nach den *Mitschuldigen* und der *Laune des Verliebten* die deutschen) und die er darin travestiert hat: Vgl. die Tagebucheinträge vom 22., 23. und 28. März 1951; Tagebücher 1951–1952, S. 38, 40; Brief vom 19. Februar 1955 an Louise Servicen; Dichter über ihre Dichtungen, Bd. 14/I, S. 375 f.

Sinn keine ›Schriftstellerinnen‹, daß ihr Schreiben »unterderhand« ein wesentlich privates bleibt. Sie versuchen gar nicht erst, einen Ort in der Öffentlichkeit zu beanspruchen. Sie schreiben im wesentlichen Gebrauchstexte: Briefe natürlich[47] und Billets wie Tony oder Clara Buddenbrook, Charlotte ›Lotte‹ Kestner-Buff, Ines Rodde oder Kunigunde Rosenstiel; Eintragungen in Familienchronik, »Meldetafel«[48] oder Kollegheft wie Tony Buddenbrook, Charlotte Kestner oder Imma Spoelmann, die in der Verfilmung übrigens nicht mehr »studiert wie ein Mann«, geschweige denn »Algebra und so scharfsinnige Dinge...«,[49] und dem bundesdeutschen Kinopublikum gerade nur noch einmal als eine Schreibende und auch nur als ganz einfach *Unter*schreibende zugemutet wurde.

Neben der »ältere[n] Schriftstellerin« im *Propheten* und der »geschiedene[n]« Morphinistin aus der Schwabinger Bohème, die im *Doktor Faustus* als »Lustspiel-Autorin aus der Bukowina« figuriert,[50] kommt dem Status einer ernstzunehmenden ›Schriftstellerin‹ am nächsten die Gesellschaftsdame Imma Spoelmanns – oder vielleicht noch nicht einmal *neben* diesen beiden. Denn von der einen bleibt ganz unklar, womit eigentlich sie diesen Titel konkret verdient. Und die offenbar auch nicht gerade überwältigend umfangreiche Produktion der anderen, »Verfasserin einiger Lustspiele«, bleibt auf die weniger ernstgenommene und minder prestigiöse Untergattung des Dramas festgelegt.

Wie jene »unverheiratete [...] Mutter« ist Imma Spoelmanns Gesellschaftsdame »von adeliger Herkunft«. Schon in den Notizen zu *Königliche Hoheit* rubrizierte sie Thomas Mann unter dem Titel »Die Baronin Spoelberch«. Und unter einer Rubrik, die sie nun ganz mit ihrem Adel identifizierte, trieb er die Figurenskizze bereits ziemlich weit voran: »Die Baronin«. Sie trug damit zunächst denselben Adelstitel wie ihr ›Vorbild‹, den Thomas Mann übrigens auch wieder dem zweiten ›Portrait‹ dieses ›Vorbilds‹ verleihen sollte, »eine[r] Baronin von Handschuchsheim«[51] aus dem *Doktor Faustus*.

In der endgültigen Fassung von *Königliche Hoheit* aber führt die *Gräfin* Löwenjoul denselben Adelstitel wie Franziska zu Reventlow. Als Gräfin steht sie und auch schon als Baronin stand sie immer schon jenseits der »bürgerlichen« Ordnung, deren Normen sie daher auch nicht wirklich brechen kann oder jedenfalls durch ihre Übertretungen, durch ihr »im *bürgerlichen* Sinne

47 Vgl. Barbara Hahn, »Weiber verstehen alles à la lettre«. Briefkultur im beginnenden 19. Jahrhundert, in: Gisela Brinker-Gabler (Hg.), Deutsche Literatur von Frauen, Bd. 2: 19. und 20. Jahrhundert, München: Beck, 1988, S. 13–27, hier S. 16, 26 f.; dies., Brief und Werk. Zur Konstitution von Autorschaft, in: Ina Schabert und Barbara Schaff (Hgg.), Autorschaft. Genus und Genie in der Zeit um 1800, Berlin: Schmidt, 1994 (Geschlechterdifferenz & Literatur, Bd. 1), S. 145–156, hier S. 147.

48 Bd. 2, S. 372.

49 Bd. 2, S. 153.

50 Bd. 6, S. 545.

51 Bd. 6, S. 277 f.

›Unweibliches‹«, nicht zu gefährden braucht. Dennoch und darüber hinaus muß ihr schriftstellerisches Potential a limine sozusagen exorziert, ihre intellektuelle Kapazität und geistige Zurechnungsfähigkeit von vornherein diskreditiert werden. Sie ist verrückt.

Ob ihr Bedürfnis, ihre »Lebenserinnerungen« aufzuzeichnen, mit ihrer geistigen Zerrüttung in einem, etwa einem selbsttherapeutischen Zusammenhang steht, fällt ganz unter die Unbestimmtheitsstellen des Texts, die nicht oder nur ganz willkürlich zu komplettieren sind. Anders verhält es sich mit der Ursache ihrer Traumatisierung. Diese wird leise und dunkel, aber doch ganz unmißverständlich angedeutet. Das Trauma der Gräfin scheint dasselbe oder ein ähnliches gewesen zu sein wie bei ihrem ›Vorbild‹. Dieses hat eine »hysterische« Baronin abgegeben, deren Portrait Viktor Mann in seinen Memoiren zu noch stärkeren Worten als diesem ja auch nicht gerade unverfänglichen Adjektiv greifen ließ: »Dämon«, »Teufel[ ]«, »Besessenheit«.[52] Wie bei dieser Gräfin muß das Trauma irgendwie mit sexueller Demütigung und sadistischer Gewalt zu tun haben, während in den antiamerikanistischen Klischierungen des Films Wahnsinn und Verzweiflung aus der ›Alten Welt‹ säuberlich ausgegrenzt bleiben dürfen: Die Gräfin, die hier denn auch, wie zu erwarten, gar nichts mehr schreibt oder auch nur unterschreibt, soll den Verstand in den und an die Vereinigten Staaten verloren haben, aus Nostalgie nach Europa und infolge ihrer Unfähigkeit, sich in die Verhältnisse »dort drüben«[53] einzuleben.

Die »Lebenserinnerungen« jedenfalls, die sie im *Roman* schreibt, können immerhin und expresso verbo den Rang eines »Werk[s]« beanspruchen.[54] Trotzdem oder vielmehr gerade deswegen muß ihre Wichtigkeit eigens heruntergespielt werden: »Ach, die Aufzeichnungen. Die sind so dringlich nicht und mehr ein Zeitvertreib«, von dem man sich allenfalls »unterderhand manches Lehrreiche [...] verspreche[n]« darf.[55]

Vor allem aber hat die Bestimmung des nicht gar so dringlichen Zeitvertreibs, aber eben doch potentiellen »Werk[s]« von Anfang an aufs rein Private festgelegt zu bleiben: »nicht für die Welt, aber für den engeren Gebrauch«.[56] Diesem immer schon »engeren Gebrauch« entsprechen die ausdrücklich so genannten »*Brief*bogen, von denen ein« – wieder einmal deminuiertes – »Häuflein [...] neben ihr« liegt.[57] In der Folge solcher Deminuierung des Volumens, welches die »Briefbogen« als »Häuflein« einnehmen, sind diese doch auch wieder erwähnenswert »dicht« beschrieben. Oder, um den Text beim Wort

52 Viktor Mann, Wir waren fünf. Bildnis der Familie Mann, Konstanz: Südverlag, ^{2}1964, S. 197 f.

53 Vgl. Bd. 2, S. 254.

54 Bd. 2, S. 243.

55 Bd. 2, S. 247.

56 Bd. 2, S. 243.

57 Bd. 2, S. 241; im Original keine Hervorhebung.

zu nehmen, sind sie »dicht bekritzelt«.[58] Das Verb hebt sozusagen auf das ›Reale‹ der Schrift, das Schrift*bild* ab, abstrahiert damit vom im symbolischen Register eigentlich Geschriebenen und insinuiert darüber hinaus natürlich eine kindlich-vorzivilisierte Mangelhaftigkeit oder gar die Unleserlichkeit der weiblichen Handschrift.

Über die ex- und implizite Beschränkung auf den Privatgebrauch und über die doppelt und dreifache Abwertung hinaus, welche die Wortwahl mit alledem suggeriert, wird das Schreiben ausgerechnet dieser einen Frau, die mit ihrem »Werk« durchaus das Potential zur Schriftstellerin hätte, ›förmlich‹ heruntergespielt. Heruntergespielt wird es zu einer stereotyp weiblichen und rein häuslichen, zu einer wahren Hausarbeit. Dies geschieht in der näheren Bestimmung des »Federhalter[s]« in der Hand der Gräfin. Sie kritzelt ihr »Werk« so auf die »Briefbogen«:

> Auch die Gräfin war anwesend, ebenfalls mit Schreiben beschäftigt. Sie saß in einiger Entfernung unter der Palmengruppe, wo Klaus Heinrich zuerst mit ihr geplaudert, und schrieb aufrecht, mit zur Seite geneigtem Kopfe, auf Briefbogen, von denen ein Häuflein, dicht bekritzelt, neben ihr lag. Das Klirren von Klaus Heinrichs Sporen ließ sie aufsehen. Sie blickte ihn zwei Sekunden lang, den langen, spindelförmigen Federhalter in der Hand, mit gekniffenen Augen an; dann erhob sie sich zur Verbeugung.[59]

»[D]en langen, spindelförmigen Federhalter in der Hand«: Der Vergleich des Schreibgeräts mit der ›Form‹ einer ›Spindel‹, also einer pars pro toto des Spinnrads, spielt das Schreiben der Gräfin gleichsam an einen durchaus nicht unverfänglichen Ort hinüber oder zurück. In der Konsequenz seiner Bildlichkeit entzieht die Repräsentation des Schreibgeräts und seiner ›Form‹ das so Geschriebene dem Öffentlichkeitsanspruch, welchen die Gräfin als Autorin eines »Werk[s]« erheben könnte. Denn das Spinnrad ist ja traditionell *der* Ort mündlich-›märchenhaften‹ Erzählens. Es ist gewissermaßen sogar ein Medium solchen sozusagen vorliterarischen Erzählens, eines Erzählens »unterderhand«, das als solches ganz besonders in der Literaturgeschichte des Romans von allem Anfang an als ein genuin ›weibliches‹ erscheint. So steht es der ›männlich‹ sexuierten Praxis des Roman*schreibens* schon in den *Metamorphosen* des Apuleius gegenüber, einem von Thomas Mann sehr hochgeschätzten Buch.[60] Während bereits dessen allererste Worte autoreferentiell das männliche Geschlecht ihres fiktiven Autors sicherstellen und den Roman-›Rahmen‹ als einen sozusagen *unmittelbar* geschriebenen ausweisen – »papyrum [...] inscriptam«[61] –, soll die berühmte Märcheneinlage von Amor und Psyche von einer Frau erzählt und also vom Erzähl*er* nur mehr sekundär verschriftlicht worden sein: »nar-

58 Ebd.

59 Ebd.

60 Vgl. z. B. Bd. 10, S. 831.

61 [Lucius] Apuleius, Metamorphoses, hg. v. J. Arthur Hanson, Bd. 1: Books I–VI, Cambridge (Massachusetts) und London: Harvard University Press, 1989 (Loeb Classical Library, Bd. 44), S. 2.

rationibus lepidis anilibusque fabulis«.[62] (Neben die Stelle des zweiten Korintherbriefs gehalten, die Kunigunde Rosenstiels Schreiben abzuwerten zwingt, ergibt diese Sexuierung von Oralität und Literatur natürlich einen bemerkenswert paradoxalen Befund: In der einen Tradition wird die Schrift als ›jüdische‹ dem Tod zugeschlagen; in der andern aber wechselt sie als ›männliche‹ Kulturtechnik von diesem inferioren zum mächtigeren Pol der Binäropposition.)

Die ›spinnende‹ Gräfin mit dem »spindelförmigen Federhalter in der Hand« »bekritzelt« ihre »Briefbogen« »aufrecht«, aber doch auch »mit zur Seite geneigtem Kopfe«. Diese Körperhaltung der Figur ist zum gegebenen Moment bereits eindeutig konnotiert. Und zwar ergibt sich die vorgängige Konnotation bei immanenter Lektüre sowohl dieses einen Romans wie auch des Gesamtwerks.

Im *Roman* wurde die besondere Körperhaltung an dieser einen Figur zuvor wiederholtermaßen und wird sie auch danach wieder als physisches Symptom der psychotischen Phasen registriert, in denen Realitätsverlust und Realitätsverweigerung die Gräfin heimsuchen.[63] Die Kombination der also bereits genau kodierten Haltung mit dem beschriebenen Schreibakt infiziert diesen gleichsam immer schon mit einer bedenklichen Bedeutung. Das Schreiben der Frau ist hier immer schon krankhaft. Die »mit zur Seite geneigtem Kopfe« schreibende Frau ist immer schon eine Irre.

Innerhalb des *Gesamtwerks* ist der ›geneigte‹, verkürzte, »zur Seite« geknickte Körper schreibender Figuren verschieden, aber je negativ besetzt. Ein männlicher Charakter, wenn man so sagen darf – denn ob er als »Künstler überhaupt ein Mann« sein kann, zieht er selber in Zweifel, und zwar in einer unverkennbar rhetorischen Frage,[64] nachdem er schon in der Tanzstunde »unter die Damen geraten« ist[65] –, Tonio Kröger also schreibt bekanntlich oder »malt[ ]« vielmehr auf den »Meldezettel« seines Hotels »mit seitwärts geneigtem Kopfe« eine platte Lüge. Auch hierin das genaue Gegenteil Hans Hansens, dem die Treue zu Vater und Vätern in den konformen Namen geschrieben steht,[66] verleugnet er so den Namen des Vaters, seinen Vater selbst und alles, was die Novelle mit diesem an Normgerecht-›Männlichem‹ assoziiert. Er kommt so denn auch prompt mit dem ›Vater Staat‹, mit den Behörden seiner Vaterstadt in Konflikt.[67]

Und für wieder eindeutig weibliche Figuren ist die seitwärts geneigte Schreibhaltung seit *Buddenbrooks. Verfall einer Familie* einschlägig als Haltung einer wenn nicht »hysterisch[en]«, so doch wieder hochgradig »nervösen«[68] Frau. Jedenfalls aber ist diese Haltung so negativ semantisiert, wie der Roman

62 Apuleius, Metamorphoses, Bd. 1, S. 234–236.
63 Bd. 2, S. 226, 232, 247.
64 Bd. 8, S. 296.
65 Bd. 8, S. 285.
66 Vgl. Webber, S. 83.
67 Bd. 8, S. 309, 315–317.
68 Bd. 1, S. 161.

weibliche Schrift und weibliches Schreibgerät überhaupt geradezu mit dem Todestabu belegt; und es versteht sich von selbst, welches fabula docet er damit den Lesern, den Leser*innen* nahelegt: In ihren »letzten Zeilen«, »sehr unsicher mit Bleistift«, »von ihrem Sterbebette aus... mit Bleistift... mit zitternder Hand«, schädigt Clara Buddenbrook die Firma ihrer Familie zu Gunsten eines »Erbschleicher[s]!« aufs schwerste. Und gleichsam die symbolische Summe solcher und ähnlicher Einbußen, den Schlußstrich unter den »ganze[n] Stammbaum der Buddenbrooks« zieht Hanno Buddenbrook, der zum ›Mann‹ gar nicht mehr werden wird, ausgerechnet »auf dem zierlichen Nußholzschreibtisch seiner Mutter«, »mit Mamas Federhalter« (und in schulwidriger Körperstellung: »[m]it einem Bein auf dem Schreibsessel kniend«).

Den performativen Schreibakt, den sie in ihrem eigenen wie im Interesse der »Firma« und »Familie« nie hätte begehen dürfen, durch den sie nämlich ihre fatale Verlobung mit Bendix Grünlich eingeht, vollbringt Tony Buddenbrook in impulsiver Exaltiertheit. Sie vollführt ihn wie erinnerlich »mit gekrümmtem Zeigefinger und *tief auf die Schulter geneigtem*, hitzigem *Kopf*, in ihrer ungelenken und schräg von links nach rechts emporfliegenden Schrift«. Zur geneigten Körperhaltung kommt hier bezeichnenderweise ein so »nervöse[s] [...] Mienenspiel« wie bei Diane Houpflé-Philibert – bezeichnend wie gesehen deshalb, weil solche Nervosität den eine ganze Familie erfassenden Verfall anzeigt –; und zu dieser also fatalen Körpersprache wiederum kommt eine offenbar erwähnenswert normwidrige Fingerstellung. Tony Buddenbrook vollzieht ihren in seinen Folgen katastrophalen Schreibakt ja »mit gekrümmtem Zeigefinger«. Und diese Krümmung kann man zwar nicht unbedingt mit dem »schräg[en]«, aber jedenfalls doch leicht mit dem »ungelenken« Schriftbild in eine untergründig kausale Beziehung setzen.

Imma Spoelmann

Wie sie den beim Schreiben »geneigte[n] [...] Kopf« mit der Gräfin Löwenjoul gemeinsam hat, so scheint Tony Buddenbrook ihren dabei auch noch »gekrümmte[n] Zeigefinger«, samt der kausalen Beziehung, in der er zur »ungelenken [...] Schrift« steht, mit Imma Spoelmann zu teilen. Unmittelbar nach dem wieder einmal deminuierten und obendrein »*kindlichen* [...] Gesichtchen[ ]« wird die wahrscheinlich selbe oder eine jedenfalls entsprechend normwidrige Fingerhaltung registriert: »indem sie [...] mit durchgedrücktem Zeigefinger den Füllfederhalter führte«.[69]

Auch hier wieder, und hier ganz explizit, schlägt sich die »Federhaltung« unmittelbar im Schriftbild nieder und wirkt sie sich darauf nachteilig aus. Der Erzähler beziehungsweise die Figur des Prinzen, dessen Perspektive sich dieser Erzähler hier sehr bemerkenswerterweise bis zur Ununterscheidbarkeit und

69 Bd. 2, S. 241; im Original keine Hervorhebung.

vollkommenen Selbstidentifikation aneignet, vermag die monierbare Fingerstellung geradezu aus dem Schriftbild zu extrapolieren: »In einer krausen, kindlich dick aufgetragenen Schrift, die Imma Spoelmanns besondere Federhaltung erkennen ließ [...].«

Die Wiederkehr des Attributs »kindlich« als Adverb zur Verharmlosung nun nicht mehr nur des »kindliche[n]« Körpers oder »fremdartige[n]« und, wie fast schon zu erwarten, deminuierten »Köpfchen[s]«, sondern auch – ähnlich wie in *Lotte in Weimar* – der »Schrift«, die der »kindliche« Körper hervorbringt, steht in merkwürdigem Gegensatz zu dem, was in der »kindlich dick aufgetragenen Schrift« eigentlich geschrieben steht. Das nämlich überfordert die Auffassungsgabe sowohl Klaus Heinrichs als auch des Erzählers wie auch des Autors:

> Was er [Klaus Heinrich] sah, war sinnverwirrend. In einer krausen, kindlich dick aufgetragenen Schrift, die Imma Spoelmanns besondere Federhaltung erkennen ließ, bedeckte ein phantastischer Hokuspokus, ein Hexensabbat verschränkter Runen die Seiten. Griechische Schriftzeichen waren mit lateinischen und mit Ziffern in verschiedener Höhe verkoppelt, mit Kreuzen und Strichen durchsetzt, ober- und unterhalb waagrechter Linien bruchartig aufgereiht, durch andere Linien zeltartig überdacht, durch Doppelstrichelchen gleichgewertet, durch runde Klammern zusammengefaßt, durch eckige Klammern zu großen Formelmassen vereinigt. Einzelne Buchstaben, wie Schildwachen vorgeschoben, waren rechts oberhalb der umklammerten Gruppen ausgesetzt. Kabbalistische Male, vollständig unverständlich dem Laiensinn, umfaßten mit ihren Armen Buchstaben und Zahlen, während Zahlenbrüche ihnen voranstanden und Zahlen und Buchstaben ihnen zu Häupten und Füßen schwebten. Sonderbare Silben, Abkürzungen geheimnisvoller Worte waren überall eingestreut, und zwischen den nekromantischen Kolonnen standen geschriebene Sätze und Bemerkungen in täglicher Sprache, deren Sinn gleichwohl so hoch über allen menschlichen Dingen war, daß man sie lesen konnte, ohne mehr davon zu verstehen als von einem Zaubergemurmel.
>
> Klaus Heinrich sah auf zu der kleinen Gestalt, die in schillerndem Kleide, behangen von den schwarzen Gardinen ihres Haares, neben ihm stand und in deren fremdartigem Köpfchen dies alles Sinn und hohes, spielendes Leben hatte. Er sagte: »Und über diesen gottlosen Künsten wollen Sie den schönen Vormittag versäumen?«[70]

Es handelt sich hierbei um Thomas Manns ausführlichste Repräsentation ›weiblicher‹ Schrift. Diese freilich steht seinen eigenen ›Werken‹ bezeichnenderweise so fern wie nur möglich. Dennoch geht von der Schrift der Frau hier offenbar eine Bedrohung aus.

Die Bedrohlichkeit der ›weiblichen‹ Schrift tritt einem aus dem martialischen »Schildwachen«-Vergleich unmittelbar entgegen, aber wohl auch aus dem Vergleich mit »einem Zaubergemurmel«. Wie ein solches scheint sich der ›weibliche‹ Text einer rationalen, ›logozentrischen‹ Bemächtigung durch *den* Les*er* vollkommen zu entziehen. Das ›Gemurmel‹ aus »Silben«, »Abkürzungen« und »geheimnisvolle[n]«, »vollständig unverständlich[en]« »Worte[n]« kommt hier vor die artikulierte, logisch fungible und kommunikativ verläßliche Sprache zu

70 Bd. 2, S. 242 f.

liegen. Es liegt unterhalb des »verständige[n] Wort[s]«, auf dessen Nenner der pro domo und also wohl nicht durchaus passenderweise so genannte ›Zauberer‹ in seinem ›häuslichen‹ Epyllion seine Prosa gebracht hat. (Nur am Rand sei daran erinnert, daß er in *Königliche Hoheit* penetranter als jemals sonst in seinem literarischen Werk dem politischen Establishment huldigte oder, wie sein Bruder Heinrich wenig später formulierte, »sich an die Herrenkaste heranmacht[e]«[71] und daß er damit bei dieser vielleicht nicht zuletzt seinen Anspruch auf die Position des Nationalschriftstellers anmeldete, von der er seine schreibenden Frauen, längst nicht nur durch den »Einschlag von [...] Wüsten«- oder sonstwie fremdem ›Blut‹, so weit als möglich fernzuhalten wußte.)

Das ›Gemurmel‹ Imma Spoelmanns liegt außerhalb einer definiten Nationalsprache. Es liegt überhaupt außerhalb der ›lebendigen‹ Sprache. Tendenziell liegt es jenseits aller gesprochenen und insofern jenseits der ›Sprache‹ schlechthin. Es gleicht darin zum Beispiel Strawinskys französisch-lateinischem Oratorium *Oedipus Rex*, das sich Thomas Mann für die sexuell verkehrte Welt des *Doktor Faustus* vormerken sollte und an dem ihm der sonderbare Umstand kaum entgangen sein kann, daß die lateinischen, *neu*lateinischen Partien von Jean Daniélou *aus* dem Gegenwartsfranzösischen gewissermaßen rückübersetzt sind, in das Jean Cocteau den altgriechischen Text des Sophokles erst überführt hatte.

Vor allem aber weist das ›Gemurmel‹ gerade mit späteren Beschreibungen ›weiblicher‹ Texte etliche Gemeinsamkeiten auf. Es weist insbesondere auf die späten Abwertungen der literarisch ambitionierten unter diesen Texten voraus. Imma Spoelmanns Text ist polyglott wie Diane Philiberts »vers passionnés...« und Jeannette Scheurls »höhere[ ] Literatur«, aber auch und erst recht wie Kunigunde Rosenstiels »Ergebenheitsschreiben« mit ihren »kaufmännischen Und-Zeichen«, die bekanntlich für eine lateinische Vokabel stehen und als nicht mehr als solche durchschaubare Ligaturen seltsam zwischen alphabetischen »Buchstaben« und ›kaufmännisch‹-arithmetischen »Schriftzeichen« schillern.

Imma Spoelmanns Text gibt sich als eine einzige babylonische Verwirrung ›toter‹ und sozusagen »nekromantisch[ ]« wiederbelebter Sprachen: »[g]riechische Schriftzeichen [...] mit lateinischen [...] verkoppelt«, altgermanische »Runen« und »[k]abbalistische«, supplierbar hebräische »Male«. Und er besteht aus einer Vermengung kategoriell verschiedener Zeichentypen: »Buchstaben und Zahlen«; »Ziffern«, »Runen« und »Male«.

Dieses Chaos der Zeichen erscheint darüber hinaus in einem Kontext, dessen Metaphern den anderen Assoziationsstrang aktivieren, welcher mit dem Babylonischen verknüpft ist. Die chaotischen Kopulationen der Schriftzeichen evozieren die Vorstellung von der apokalyptischen »Erzhure«[72] Babylon. Die

---

71 Heinrich Mann, Geist und Tat, in: Heinrich Mann, Essays, Bd. 1, Berlin: Aufbau, 1954 (Ausgewählte Werke in Einzelausgaben, hg. v. Alfred Kantorowicz, Bd. 11), S. 7–14, hier S. 14.

72 Bd. 6, S. 475.

konsistenten ›Verschränkungs‹- und ›Verkopplungs‹-Metaphern stehen daher kaum zufällig für einen Text, von dem der Freier Klaus Heinrich die Studentin Imma Spoelmann zur Anbahnung ihrer legitim-monogamen und kirchlich abgesegneten Ehe abspenstig macht (so wie es auch Hedwig Dohm Thomas Mann nie verziehen haben soll, daß Katia Pringsheim seinetwegen ihr Mathematikstudium abgebrochen hatte[73]). Die Metaphorik setzt hier mehr und weniger suggestiv Phantasien kollektiv wildgewordener Sexualität frei, wie sie auch Bachofen für die vorpatriarchale Kulturstufe des Hetärismus annahm: »zu großen [M]assen vereinigt«, »zusammengefaßt«, »umfaßten mit ihren Armen«, »zu Häupten und Füßen«, »der umklammerten Gruppen«.

In engem Zusammenhang mit der leicht oder zumindest unterschwellig pornographischen Verzeichnung des weiblichen »Hokuspokus« – etymologisch vermutlich wieder eine Körpermetapher, die Einsetzung geradezu einer kulturstiftenden Metaphorik: ›hoc est corpus meum‹[74] – steht insbesondere auch das Wort vom »Hexensabbat«. Dieses führt zugleich die hier dominante, schon mit dem »Hokuspokus« einsetzende Isotopie Schwarzer Magie oder eben der ›Hexerei‹ fort: »Kreuze[ ]«, »[k]abbalistische Male«, »Abkürzungen geheimnisvoller Worte«, »Zaubergemurmel«, »nekromantisch[ ]«, »gottlose[ ] Künste[ ]«. Und Schwarze Magie übrigens, wie sie ihrerseits »möglicherweise in matriarchale Schichten zurückreich[en]« soll,[75] hat Thomas Mann als allererstes mit solch einem mathematischen Text assoziiert, der und dessen offenbar spontane Annotierungen unter den Vorarbeiten zum Roman erhalten sind: »Magie, Nekromantie, Zeichen, Formeln, Hokuspokus, Kabbalistik, Runen«.

Daß Imma Spoelmanns intellektuell avancierter Text, der, als mathematischer, ein rationalerer und logischerer eigentlich gar nicht sein könnte, hier »über alle[ ] menschlichen Dinge[ ]« hinausgeht, und zwar ähnlich wie Lyrik ins Magisch-Irrationale hinüberspielt, entspricht zunächst dem Märchencharakter des Romans (wie Thomas Mann auch dessen autobiographisches Substrat, seine schon im *Propheten* reflektierte Verbindung mit einer Tochter aus bestsituiertem »Hause« zum Märchen stilisierte[76]). In *Königliche Hoheit* heiratet ja ein wirklicher Prinz eine Königstochter, und sei es auch die Tochter nur eines rassistisch geächteten »Eisenbahnkönig[s]«[77] von zweifelhaftem ›Blut‹. Nach dem in Hexensagen offenbar regulären Motiv des Liebeszaubers nimmt diese

73 Bd. 11, S. 469.

74 Wolfgang Pfeifer et al., Etymologisches Wörterbuch des Deutschen, Berlin: Akademie Verlag, ²1993, Bd. 2, S. 701, s. v. ›Hokuspokus‹.

75 Hildegard Gerlach, [Artikel:] Hexe, in: Rolf Wilhelm Brednich (Hg.), Enzyklopädie des Märchens. Handwörterbuch zur historischen und vergleichenden Erzählforschung, Bd. 6, Berlin und New York: de Gruyter, 1990, Sp. 960–992, hier Sp. 960.

76 Vgl. die autobiographische Skizze *›Im Spiegel‹* (Bd. 11, S. 329–333) und v. a. die ältere Lesart ihres Anfangs im Manuskript: »Niemand sage [dafür zunächst: ›Man sage nicht‹], daß sich heute keine Märchen mehr begeben! Ich lache in mich hinein und weiß es besser.«

77 Bd. 2, S. 152.

dubiose Prinzessin durch ihre »gute Partie« die einzige Möglichkeit wahr, eine »soziale Besserstellung« zu erlangen.[78]

Die Stilisierung des weiblichen zu einem magischen Text entspricht aber auch dem seinerseits vor- oder irrational »Zauber«- und »[M]ärchenhaft[en]« jener »Fee« und »Sibylle[]«. Von dieser freilich unterscheidet sich Imma Spoelmann in derselben wichtigen Hinsicht wie von den altjüngferlichen Figuren einer Adele Schopenhauer, Kunigunde Rosenstiel und Jeannette Scheurl oder auch von der altersschwachen Charlotte Kestner oder der »ältere[n] Schriftstellerin« im *Propheten*. Bei allen Verkleinerungen und Verkindlichungen zu einem gewissermaßen noch vorgeschlechtlichen »weibliche[n] Wesen« definieren doch ›Mannbarkeit‹ und sexuelle Attraktivität Imma Spoelmanns Rolle im Roman, der eben auch hierin der ›Morphologie‹ des evozierten Märchentyps gehorcht.

Es ist bei Imma Spoelmann nicht mehr möglich, die weibliche Geschlechtlichkeit so kurzerhand zu ignorieren wie bei jenen »ältere[n]« und »alternden«, »verjungferte[n]« und definitiv kinderlosen Frauenfiguren. Imma Spoelmann gleicht hierin von fern Diane Houpflé-Philibert, einer Frau »von« gerade einmal »vierzig Jahren«,[79] die in der Sekundärliteratur ihrerseits sehr bezeichnenderweise und ziemlich willkürlich den »überreifen«,[80] sexuell indifferenten bis wenig attraktiven Frauen zugeschlagen werden konnte (ungeachtet des im Primärtext dazu kehrwertigen Sexismus ihrer »sehr handlich[en]« Brüste[81]). Und ähnlich wie bei Diane Houpflé-Philibert schlägt diese Unverwüstlichkeit sozusagen des Geschlechts in *Königliche Hoheit* gerade dann durch, wenn die Schrift der Frau thematisch wird. Die Unmöglichkeit, von der weiblichen Geschlechtlichkeit zu abstrahieren, geht auch hier in die Art und Weise mit ein, wie die Intellektualität der Frau herabgesetzt wird.

Die autonome Verfügung der Frau über die Schrift wird hier regelrecht verteufelt. Die leitende Metaphorik, welche die Not des Mannes, die Schrift der Frau zu entziffern, geschweige denn ihren Text zu verstehen, zur Tugend einer gottgefälligen Einfalt umstilisiert, entstammt ja einem wohlbekannten Vorstellungsregister. Und dieses artikuliert wie kein anderes die männliche Angst vor der Geschlechtlichkeit der Frau und die Obsession, sie mit allen Mitteln zu unterdrücken. Nicht umsonst erscheint dasselbe Phantasmenarsenal auch wieder im werkchronologisch nächsten und selbst noch in dem Roman, den Thomas Mann im Glauben schrieb, daß es sein letzter sein würde.[82] Im *Zauberberg*, in einer Vision des berühmten Schneekapitels, »verschl[i]ngen«

78 Gerlach, Sp. 978.

79 Bd. 7, S. 419.

80 Hartmann, S. 67.

81 Bd. 7, S. 441.

82 Bd. 11, S. 157; vgl. die Briefe vom 13. Dezember 1943 an Jonas Lesser und vom 18. Februar 1944 an Harry Slochower; Dichter über ihre Dichtungen, Bd. 14/III, S. 16 f., 19.

»Greuelweiber« »mit hängenden Hexenbrüsten und fingerlangen Zitzen [...] ein kleines Kind«.[83] Und zu den Vorarbeiten zum *Doktor Faustus*, wo die Briefeschreiberin Kunigunde Rosenstiel dem Protagonisten bekanntlich mit einem unheimlichen Buch, einer Katabasis »zur Hölle« dient und dieser ihr ausdrücklich ein Gespür für seine Teufelsbündelei attestiert,[84] gehörte eine allenthalben im Roman, zum Beispiel schon an dessen Personen- und Ortsnamen greifbare Lektüre des *Hexenhammers*.

Obwohl es sich seinem jüngeren Bruder ja schon beim ›Vorbild‹ der Gräfin angeboten zu haben scheint, verwendet Thomas Mann die Stereotypen des Hexentums nicht etwa auf diese Gräfin Löwenjoul und ihre versponnenen Texte; sondern das Stereotypenregister der »Schwarze[n] Messen mit sexuellen Orgien und Pervertierung der christl[ichen] Liturgie«, »des Sabbats als satanischer Gegenkirche«[85] mobilisiert er ausgerechnet dort, wo es um den hochrationalen Text Imma Spoelmanns geht. Die Verhexung gerade dieses weiblichen Texts bestätigt hier eine These, die Silvia Bovenschen unter Berufung auf Jules Michelet formuliert hat: »[D]ie Intellektuelle[ ]« habe etwas von einer Wiedergängerin der alten Hexe.[86]

Auch die anderen Metamorphosen der Hexe, wie sie Michelet etwa in den Feen und Sibyllen[87] oder Claudia Honegger[88] und Thomas Szasz[89] in der im modern psychiatrischen Sinn Wahnsinnigen ausgemacht haben, scheinen bei Thomas Mann hinter den Repräsentationen ganz besonders der ernsthaft und ambitioniert schreibenden Frauen weiterzuwirken. Eine solche Schwundstufe der Hexe spukt in der verrückten Gräfin Löwenjoul oder in den zwei ›märchenhaften‹ Metaphern fort, mit denen Thomas Mann Hedwig Dohms »Zauber« belegt hat, »Fee« und »Sibylle[ ]«. Diese Metaphern führen übrigens beide an sich schon von Schrift und Schriftstellertum weg: »Fee« steht in schon etymologischem Zusammenhang mit dem ›Gesprochenen‹, mit ›fatua‹, ›Sagerin‹.[90] »Sibylle[ ]« ist vom einschlägigen locus classicus Vergils her nicht nur mit

83 Bd. 3, S. 683.

84 Bd. 6, S. 473.

85 Gerlach, Sp. 963, 972.

86 Silvia Bovenschen, Die aktuelle Hexe, die historische Hexe und der Hexenmythos. Die Hexe: Subjekt der Naturaneignung und Objekt der Naturbeherrschung, in: Gabriele Becker et al., Aus der Zeit der Verzweiflung. Zur Genese und Aktualität des Hexenbildes, Frankfurt a. M.: Suhrkamp, 1977, S. 259–312, hier S. 295.

87 Jules Michelet, Die Hexe, hg. v. Traugott König, o. O. [Wien]: Promedia, 1988, S. 19 f.

88 Claudia Honegger, Die Hexen der Neuzeit. Analysen zur Anderen Seite der okzidentalen Rationalisierung, in: Claudia Honegger (Hg.), Die Hexen der Neuzeit. Studien zur Sozialgeschichte eines kulturellen Deutungsmusters, Frankfurt a. M.: Suhrkamp, 1978, S. 21–151, hier S. 136.

89 Thomas S. Szasz, Die Fabrikation des Wahnsinns, Olten und Freiburg i. Br.: Walter, 1974, S. 114–131.

90 Pfeifer et al., Bd. 1, S. 418, s. v. ›Fee‹; Friedrich Kluge, Etymologisches Wörterbuch der deutschen Sprache, Berlin und New York: de Gruyter, ^{21}1975, S. 188, s. v. ›Fee‹.

wieder Außermenschlichem und wieder Irrationalem, wieder Wahnsinnigem assoziiert (»rabie fera«, »nec mortale«), sondern eben auch hier mit »fata«, ›Gesprochenem‹, und ›Stimmen‹, »voces«.[91]

91 Vergil, Aenaeis, VI, V. 42–54; P[ublius] Vergilius Maro, Opera, hg. v. R. A. B. Minors, Oxford, London, Glasgow, New York, Toronto, Melbourne, Wellington, Kuala Lumpur, Singapure, Hong Kong, Tokyo, Delhi, Bombay, Kalkutta, Madras, Karachi, Nairobi, Daressalaam und Cape Town: Oxford University Press, 1980 (Scriptorum Classicorum Bibliotheca Oxoniensis), S. 228.

Exkurs: *Lotte in Weimar* und Thomas Manns nationalschriftstellerische Aspirationen

Am Ende seiner Vorlesung über *Goethe's »Werther«*, die er an der Princeton University in englischer Übersetzung hielt, nachdem er soeben das vollendete Manuskript von *Lotte in Weimar* an seinen Stockholmer Verleger abgeschickt hatte, zitierte und kommentierte Thomas Mann einen auch im Roman wörtlich wiedergegebenen Brief[1] Charlotte Kestners. Es geht darin um ihr enttäuschend unterkühltes Wiedersehen mit dem Autor, der sie einige vierzig Jahre früher im überhaupt ersten internationalen Erfolgsroman deutscher Sprache als »Werthers Lotte«[2] berühmt gemacht hatte:

> Ich meine, daß sich auf diese Anekdote eine nachdenkliche Erzählung, ja ein Roman gründen ließe, der über Gefühl und Dichtung, über Würde und Verfall des Alters manches abhandeln und Anlaß geben könnte zu einem eindringlichen Charakterbilde Goethe's, ja des Genies überhaupt. Vielleicht findet sich der Dichter, der es unternimmt.[3]

> It is my opinion, that a thoughtful tale might be based on this document – or even a novel. It might comprehend much on the subjects of art and the emotions, the dignity and the decline of age, and form the occasion for a penetrating portrait of Goethe and of genius itself. Perhaps a writer might be found to undertake it.[4]

Thomas Manns schalkhafte Spekulation darüber, was irgendein »Dichter« einst »[v]ielleicht« ›unternehmen‹ könnte, enthält in Wahrheit eine Rekapitulation dessen, was der sprechende »writer« während der vergangenen drei Jahre in der Schweiz, den Niederlanden und den Vereinigten Staaten tatsächlich ›unternahm‹. So gelesen verrät das Ende seiner *Werther*-Vorlesung einiges von der Entstehungsgeschichte seines ersten Beitrags zur deutschen Exilliteratur. Verräterisch ist zunächst schon die generische Alternative (»eine [...] Erzählung, ja ein Roman«; »a [...] tale [...] – or even a novel«). Denn zuerst hätte *Lotte in Weimar* wirklich eine »Novelle[ ]« oder eben »Erzählung« werden sollen, genau wie der *Doktor Faustus*. Mit diesem erscheint das *Lotte*-Projekt erstmals

1 Bd. 2, S. 751.
2 Bd. 2, S. 374.
3 Bd. 9, S. 655.
4 Thomas Mann, *On Myself* and other Princeton Lectures, hg. v. James N. Bade, Frankfurt a. M., Berlin, Bern, New York, Paris und Wien: Lang, ²1997 (Historisch-kritische Arbeiten zur deutschen Literatur, Bd. 18), S. 135.

in einem Tagebucheintrag vom 19. November 1933, der allerdings auf noch ältere, nicht mehr rekonstruierbare Pläne zurückweist (Thomas Mann vernichtete ja die meisten seiner älteren Tagebücher): »Der Novellen- oder Theaterstoff des Besuches der alten Lotte Buff-Kestner in Weimar [...] bildet zusammen mit der Faust-Idee die produktive Ausschau.«[5]

Die »Novelle[ ]« schwoll dann vorerst nur zu einem »kleine[n] Roman« an – so der generische Untertitel der Vorabdrucke noch wenige Monate vor der Vollendung – und wurde erst ganz zuletzt zu einem vollwertigen und ausgewachsenen »Roman«. Solche Verschiebungen der generischen Klassifizierung sind bei Thomas Mann freilich gar nicht ungewöhnlich. Sie sind im Gegenteil fast schon die Regel. Außer dem *Doktor Faustus* hätten etwa auch *Königliche Hoheit*, *Der Zauberberg* oder *Der Erwählte* bezeugtermaßen erst einmal lediglich »Novelle[n]« werden sollen.[6]

Hier jedoch, wie bereits einmal angedeutet, gingen der rein quantitativ motivierten Alternative (›Novelle‹ versus ›Roman‹) langwierige Erwägungen und Unsicherheiten auch der generischen *Qualität* voraus. Solche Erwägungen und Unsicherheiten sind ja schon in jener ersten Tagebuchnotiz vom »Novellen- *oder Theater*stoff« bezeugt. Und bezeugt sind sie auch in den Briefen über die Faszination dieses ›Stoffs‹. Sonst aber findet sich dergleichen nirgends bei Thomas Mann oder dann nur noch bei dessen allerletztem Werkprojekt, *Luthers Hochzeit*.[7]

---

5 Tagebucheintrag vom 19. November 1933; Tagebücher 1933–1934, S. 250 f., hier S. 251.

6 *Königliche Hoheit* als »Fürsten-Novelle«: Briefe vom 5. Dezember 1903 an Walter Opitz; Briefe, Bd. 1, S. 39 f., hier S. 40; vom 14. April 1905 an Philipp Witkop, in: Thomas Mann, Selbstkommentare: *Königliche Hoheit* und *Bekenntnisse des Hochstaplers Felix Krull*, hg. v. Hans Wysling, Frankfurt a. M.: Fischer, 1989 (Informationen und Materialien zur Literatur), S. 7; vom 3. September 1905 an Ida Boy-Ed; Briefe an Otto Grautoff 1894–1901 und Ida Boy-Ed 1903–1928, S. 157. *Der Zauberberg* als »Davoser Novelle«: Notizbücher, Bd. 2, S. 186 (Nr. 67); Briefe vom 24. Juli 1913 an Ernst Bertram, vom 9. September 1913 und vom 10. Juni 1914 an Hans von Hülsen, in: Thomas Mann, Selbstkommentare: *Der Zauberberg*, hg. v. Hans Wysling, Frankfurt a. M.: Fischer, 1993 (Informationen und Materialien zur Literatur), S. 7, 9. *Doktor Faustus* als »Künstler-Novelle«: Brief vom 21. Februar 1942 an Agnes E. Meyer; Briefe, Bd. 2, S. 240 f., hier S. 241. *Der Erwählte* als »Legenden-Novelle«: Briefe vom 10. Oktober 1947 an Agnes E. Meyer; Briefe, Bd. 2, S. 554–557, hier S. 557; vom 25. Juni 1948 an Tor Bonnier, in: Thomas Mann, Selbstkommentare: *Doktor Faustus* und *Die Entstehung des Doktor Faustus*, hg. v. Hans Wysling, Frankfurt a. M.: Fischer, 1992 (Informationen und Materialien zur Literatur), S. 353.

7 Brief vom 20. Mai 1951 an Erika Mann; Briefe, Bd. 3, S. 206–208, hier S. 207 (im Original keine Hervorhebung): »eine würdig-meisterhafte historische *Novelle* über Erasmus, Luther und Ulrich von Hutten«; Brief vom 15. Oktober 1951 an Jonas Lesser; Briefe, Bd. 3, S. 225–227, hier S. 227 (im Original keine Hervorhebung): »Die Reformations*erzählung* [...] eine reine Charakter*novelle*«.

Den buchstäblich »sein ganzes Leben«[8] gehegten Ehrgeiz, »ein aufführbares Stück«,[9] »ein wirklich bühnenmögliches Stück zu schreiben«,[10] den Ehrgeiz also, in mehr als der einen, noch dazu seit alters verrufenen Gattung des Romans beziehungsweise der Novelle zu reüssieren, diese Ambition hatte der schließlich doch ›nur‹ Romancier und »Novellist« gebliebene Autor offenbar ernsthaft mit dem *Lotte*-›Stoff‹ zu verwirklichen versucht. Jedenfalls wollte er bei diesem zum ersten Mal in seinem »Leben« den ›Drang‹ (»the urge«) verspürt haben, ein Stück ›darüber zu schreiben‹,[11] – nachdem er freilich schon längst das Drama *Fiorenza* verfaßt und auch *aufgeführt* gesehen hatte, auf welches er gleichwohl jene wiederholt und regelmäßig vor das *Luther*-Projekt gesetzte Kautel vom *»aufführbare[n]«* und »bühnenmögliche[n] Stück« gemünzt zu haben scheint.

Etwas oder eigentlich sehr viel von der generischen Alternative, dem konzeptionsgeschichtlichen Schwanken zwischen der dramatischen und der epischen Gattung ist auch noch dem endlich zum »Roman« gewordenen und unter diesem Untertitel veröffentlichten Text geblieben. Symptomatisch hierfür sind Thomas Manns Selbstkommentare. Thomas Mann selber nannte auch noch das schon fertiggestellte Werk lieber ein »etwas schwerfälliges Lustspiel«,[12] eine »intellektuelle Komödie«[13] und eine »dialogisierte Monographie«[14] denn einen »richtige[n] Roman«.[15]

Vor allem aber und ganz unmittelbar verrät die noch immer entschieden dramatische Artung des Texts die Karriere seiner produktiven Rezeption bis in die Gegenwart. 1996 wurde *Lotte in Weimar* in einer Hörspielbearbeitung Christian Jauslins im Schweizer Rundfunk ausgestrahlt; 1974 unter Egon Günther von der DEFA verfilmt; 1950, von Hans Feist mit Billigung und Hilfe Thomas Manns »in vier Akten« dramatisiert, in Heidelberg, das heißt gegen dessen ursprüngliche »Auflage« uraufgeführt, daß die »Erstaufführung« nur in Wien oder in der Schweiz stattfinden dürfe.[16] Jede dieser Bearbeitungen und

---

8 Katia Mann, Brief vom 16. Dezember 1956 an Pavel Eisner; Dichter über ihre Dichtungen, Bd. 14/III, S. 562.

9 Brief vom 10. März 1955 an Hans Reisiger; Briefe, Bd. 3, S. 383; Brief vom 16. März 1955 an Agnes E. Meyer; Briefe, Bd. 3, S. 384 f., hier S. 385.

10 Katia Mann, Brief vom 16. Dezember 1956 an Pavel Eisner; Dichter über ihre Dichtungen, Bd. 14/III, S. 562.

11 Brief vom 11. Dezember 1940 an Gertrude Howard; Selbstkommentare: *Lotte in Weimar*, S. 65.

12 Brief vom 1. Januar 1954 an Hans Franck; Bürgin und Mayer, Bd. 4: Die Briefe von 1951 bis 1955 und Nachträge, S. 269.

13 Briefe vom 21. Januar 1940 an Hermann Kesten und vom 2. Februar 1940 an Ernst Benedikt; Selbstkommentare: *Lotte in Weimar*, S. 45, 47.

14 Brief vom 3. März 1940 an Heinrich Mann; Selbstkommentare: *Lotte in Weimar*, S. 50.

15 Brief vom 2. Februar 1940 an Ernst Benedikt; Selbstkommentare: *Lotte in Weimar*, S. 47.

16 Brief vom 16. Juli 1949 an Hans Feist; Selbstkommentare: *Lotte in Weimar*, S. 100.

besonders deren Häufung reflektiert den eigenartigen Charakter der Romantextur, die zu solchen Adaptionen geradezu einlädt; besteht *Lotte in Weimar* doch zum weitaus größeren Teil aus direkten Reden handelnder Personen denn aus auktorialer Narration.

Ein weiterer dramatischer, besonders komödienhafter Zug liegt darin, daß der erste, man kann eigentlich nicht sagen: ›Auftritt‹ – Goethe liegt ja zunächst einfach im Bett –, daß also das erste Erscheinen des nur cum grano salis als solcher titulierbaren ›Prot‹-Agonisten bis in *Das siebente Kapitel* und die Hauptsache, das eigentliche »meeting«,[17] bis ins zweitletzte der insgesamt neun Kapitel hinausgezögert wird. Die ersten sechs Kapitel indessen, während derer Charlotte notgedrungen erst die Engländerin oder »[e]igentlich«[18] Irin Rose Cuzzle, dann Goethes Assistenten Friedrich Wilhelm Riemer, dann Adele Schopenhauer, die Intima Ottilie von Pogwischs, und endlich deren Gatten in spe, August von Goethe, zu empfangen hat, spiegeln erneut typisch »[l]ustspielhaft«[19] die Haupthandlung. Sie verdoppeln diese, indem sie sie auf die (in der sozialistisch gesinnten Verfilmung dann breit ausgewalzten und teils sogar mit den Farben der Trikolore ausstaffierten) Ebene der Dienstboten um den schöngeistig »gebildete[n]«[20] Kellner Mager absenken. (Im Film schikaniert und kujoniert dieser die ihm auch noch so wenig Untergebenen, wo er nur kann. Er wird zum Klassenverräter und läßt so etwas von der mitunter penetrant selbstgratulatorischen Tendenz erkennen, die der Film bei aller verhaltenen Kritik an Personenkult und sowjetischer Besatzung doch auch aufweist, wenn etwa der Biertrinker Mager genüßlich die stark anachronistischen Laute »Radeberger« ausstößt und damit Schleichwerbung für ein ausnahmsweise unbestrittenermaßen hochwertiges Produkt der DDR-Industrie treibt.)

Die in den ersten sechs Kapiteln erzählte Zeit, und durch solche »plot-inversion«[21] nun bricht der generisch hybride Text mit überhaupt allen Gattungskonventionen, sowohl mit der dramatischen als auch mit der epischen, beginnt eine gute Stunde *nach* der erzählten Zeit des siebten Kapitels. Und sie überschneidet sich sehr weitgehend mit dessen erzählter beziehungsweise dessen Erzählzeit; fällt die Dauer der einen ja hier mit der der anderen so gut wie vollkommen zusammen. Schon nur in dieser Koinzidenz oder natürlich auch in der diskontinuierlichen Re-Präsentation des Zeitkontinuums ist das siebte Kapitel nicht nur für Thomas Manns Verhältnisse »sehr gewagt[ ]«.[22] Wie vielleicht noch seine vollständige Unterdrückung in der Dramatisierung und in der Hörspielfassung verrät, ist es das avantgardistischste von allen neun Kapiteln

---

17 Brief vom 29. November 1940 an Mrs George T. Paterson; Selbstkommentare: *Lotte in Weimar*, S. 65.

18 Bd. 2, S. 398.

19 Bd. 13, S. 168.

20 Bd. 2, S. 369.

21 White, Introduction, S. v.

22 Brief vom 24. Juli 1939 an Menno ter Braak; Selbstkommentare: *Lotte in Weimar*, S. 32.

(besonders wenn man bedenkt, daß Thomas Mann seinerzeit noch nichts von James Joyces *Ulysses* und dem darin realisierten ›stream of consciousness‹ wußte[23]). Und auf solche Singularität und literarische Ambitioniertheit soll gewiß schon die Emphase zeigen, welche der Autor diesem einen Kapitel dadurch verlieh, daß er nur gerade ihm einen bestimmten Artikel in die Überschrift setzte: »*Das* siebente Kapitel«.[24]

»Das Siebente Kapitel [...] gibt assoziativ die Gedanken, die ihm«, Goethe, »an dem Morgen durch den Kopf gehen, an dem er dann durch Lottes Billet [...] überrascht wird«,[25] unterbrochen und durchsetzt von den Gesprächen mit den Menschen, mit denen »er« es »an dem Morgen« zu tun bekommt: seinem Diener Schreiber, den er herzlich gern mag; seinem Schreiber John, der ihm ebenso herzlich zuwider ist; und endlich seinem Sohn, der ihm »Lottes Billet« überbringt und den er mit einer Antwort erst ganz am Kapitelende zurückschickt, so daß dieser eine Dialog raffinierterweise nicht mehr mit seinem »interior monologue«[26] konfrontiert werden kann. Es muß daher unklar bleiben, wie er wirklich zu seinem ihm so pathologisch vollständig ergebenen Sohn steht[27] und was er eigentlich von der »recht curiose[n] Vorfallenheit«[28] »des Besuchs der alten Lotte« hält.

»[Ü]berrascht« freilich scheint er, »von außen«[29] zumindest, nicht im geringsten zu sein. Er braucht gute zehn Seiten, um förmlich darauf zu reagieren und um Charlotte zusammen mit ihrer Tochter und ihren Weimarer Verwandten zum Mittagessen einzuladen (und zwar authentischerweise, wenn in der historischen Realität auch nicht mit gleich einem Dutzend Honoratioren, die den formellen Charakter der Einladung hier erhöhen und allen wirklich persönlichen Austausch von vornherein unterbinden sollen): Zuvor läßt er es sich nicht nehmen, des langen und breiten von Kristallbildungen und Gartenbau über Steuer- und Bürgerrechtsangelegenheiten auf Hofklatsch und poetische Phantasien abzuschweifen und dann erst noch eine Antwort in Versen zu erwägen, die, aus dem Kontext des *West-östlichen Divan* und des sogenannten »Gänse«-,[30] eines zeitgenössischen Gesellschaftsspiels gebrochen, der Besucherin

---

23 Briefe vom 11. Januar 1950 an Alfred A. Knopf und von 1950 an Henry Hatfield; Selbstkommentare: *Lotte in Weimar*, S. 101, 105. Vgl. Vaget, Thomas Mann und James Joyce, S. 121.

24 Bd. 2, S. 617; im Original alles hervorgehoben.

25 Brief vom 15. Dezember 1938 an Ferdinand Lion; Selbstkommentare: *Lotte in Weimar*, S. 29.

26 Brief von 1950 an Henry Hatfield; Selbstkommentare: *Lotte in Weimar*, S. 105.

27 Vgl. Bd. 2, S. 654.

28 Bd. 2, S. 685.

29 Brief vom 15. Dezember 1938 an Ferdinand Lion; Selbstkommentare: *Lotte in Weimar*, S. 29.

30 Johann Wolfgang von Goethe, Sämtliche Werke, München: Müller, und Berlin: Propyläen, 1909–1923, Bd. 32, S. 34; von Thomas Mann angestrichen und mit der Glosse »L. i. W.« versehen.

einen sehr unhöflichen, wenn nicht geradezu unverschämt obszönen Eindruck machen müßten:

> Man sagt, die Gänse wären dumm! – O, glaubt mir nicht den Leuten: – Denn eine sieht einmal sich rum – Mich rückwärts zu bedeuten.[31]

Wie die Einladung zum Essen selbst und eigentlich auch Goethes völlige Gleichgültigkeit historisch bezeugt ist – »Mittag Ridels und Madame Kestner von Hannover«,[32] verzeichnet das Tagebuch am 25. September 1816, sonst gar nichts –, so hat Thomas Mann die Einzelheiten des für Indifferenz, »Steifigkeit«[33] und Pedanterie »characteristisch[en]«[34] Gebarens aus *Goethes Gesprächen* akribisch kompiliert. Akribie und Quellentreue reichen hier zum Beispiel bis in die »Beschämung«, daß Goethe die »Brösel und Kügelchen«, zu denen seine Gäste, hier Charlotte und historisch Franz Grillparzer, »in Gedanken ihr Brot zerkrümelt« haben, »zu einem ordentlichen Häufchen zusammenlegt[ ]«.[35] Die wenig vorteilhafte Präsentation Goethes könnte also der Vorwurf der Erfindung und Fiktivität nicht wirklich treffen: Goethes Gebaren, im ganzen achten Kapitel höflich zuvorkommend, dabei aber auch gemäß der gewollten (wie gesagt so allerdings nicht historischen) Förmlichkeit der Einladung höfisch distanziert (die in Wahrheit übrigens auch nicht die einzige und letzte Begegnung mit Charlotte Kestner bildete), das »[E]gomanische« seines »bis zum Autistischen reichende[n] In-Sich-Selbst-Verliebtsein[s]«[36] ist so oder doch ähnlich wirklich authentifizierbar; abgesehen einmal von der beflissenen Kumulation der in den *Gesprächen* über ganz verschiedene Begegnungen und Anlässe verstreut dokumentierten Einzelheiten und abgesehen natürlich ebenso von deren Selektion in malam partem.

Authentisch verbürgt ist endlich auch der Wortlaut des »Kärtchen[s]«, mit dem Goethe im neunten Kapitel Charlotte seine Theaterloge und seine Kutsche anbietet.[37] Ihre tiefe Enttäuschung und Erbitterung darüber, wie vorsätzlich und geflissentlich er jedem wahrhaft herzlichen und persönlichen Wort zwischen ihnen zuvorkam, kann hier doch noch etwas aufgewogen werden. Auf dem Rückweg von der Aufführung dieser nachsinnend und inspiriert noch von der rhythmischen Theatersprache, hat Charlotte bekanntlich eine sonderbare Begegnung mit Goethe. Deren Realitätswert bleibt durchaus ambivalent. Freilich hat die Annahme sehr viel mehr für sich, daß es sich hierbei um eine

31 Bd. 2, S. 692.

32 Goethe, Sämtliche Werke, Bd. 28, S. 343; von Thomas Mann rot unterstrichen.

33 Bd. 2, S. 712, 717.

34 Goethe, Gespräche, Bd. 5, S. 314 f.

35 Bd. 2, S. 724.

36 Helmut Koopmann, Schattenspiele, Schattenrisse. Die Auseinandersetzung Thomas Manns mit Gerhart Hauptmann und Veränderungen im Wirklichkeitssinn des Emigranten Goethe in Weimar, in: Philippe Wellnitz (Hg.), Thomas Mann: *Lotte in Weimar*: Künstler im Exil – L'Artiste et son exil, Strasbourg: Presses Universitaires de Strasbourg, 1998, S. 21–46, hier S. 30.

37 Bd. 2, S. 751.

›eidetische‹,[38] rein »imaginär[e]«[39] Erscheinung handelt und daß Charlotte diese selber »halluziniert [...] – aus dem Bedürfnis der mißglückten Wiederbegegnung einen leidlich harmonischen Abschluß zu geben«,[40] »zu irgendeinem versöhnlichen Abschluß [...] zu gelangen«[41] und ihren Wunsch nach »einem die Dinge leidlich ins Lot bringenden Gespräch« zu erfüllen.[42]

Seinem ambivalenten Realitätswert gemäß kreist das »Geistergespräch«[43] zunächst um das Verhältnis zwischen der »ewigen Jugend« des im literarischen Werk Konservierten und der unerbittlichen Zeitverfallenheit der biologisch realen Körper. Es mündet endlich in den offenen Vorwurf des »Menschenopfer[s]«.[44] Auf diesen Begriff wagt Charlotte die Devotion der Menschen um Goethe zu bringen, indem sie dazu auf die wohl berühmteste Stelle des *West-östlichen Divan* zurückgreift, auf ein Gleichnis aus *Selige Sehnsucht*. Ohne dem Vorwurf als solchem zu entgegnen, unterläuft Goethe die Festlegung von »Opfer« und Profiteur des Opfers aufgrund desselben Gleichnisses »von der Mücke und der tödlich lockenden Flamme«:[45] »ihren Leib opfert« »die brennende Kerze doch auch«;[46] »und zuletzt war das Opfer der Gott«.[47]

Wie diese und ungezählte andere Reminiszenzen vor allem an den *West-östlichen Divan*, *Die Wahlverwandtschaften*, *Wilhelm Meisters Wanderjahre*, die Gedichtstrilogie *Paria* und natürlich *Die Leiden des jungen Werther* erkennen lassen, schöpfte Thomas Mann in *Lotte in Weimar* aus einer profunden Kenntnis Goethes. Dieser Fundus umfaßt nicht nur solche kanonisch gewordenen Texte; sondern dazu gehören auch abgelegene Werke und Werkprojekte – zum Beispiel das *Sanct Rochus-Fest zu Bingen*, eine Reformationskantate[48] und eine *Amor und Psyche*-Dichtung –, die naturwissenschaftlichen und die autobiographischen Schriften, die Tagebücher, die Briefe und wie gesehen ganz besonders die Gespräche Goethes. Dazu gehören des weiteren die Dokumente

38 Vgl. Eduard Hitschmann, Johann Peter Eckermann, in: Psychoanalytische Bewegung 5, 1933, S. 392–415, hier S. 407; freundlicher Hinweis von Werner Frizen, Aachen, vom 7. August 2002.

39 Brief vom 7. August 1941 an Else Midas; Selbstkommentare: *Lotte in Weimar*, S. 67.

40 Brief vom 11. Juni 1951 an Robert W. E. Weil; Selbstkommentare: *Lotte in Weimar*, S. 111.

41 Brief vom 13. September 1948 an Hans Eichner; Selbstkommentare: *Lotte in Weimar*, S. 93.

42 Brief vom 20. Februar 1947 an Fritz Grünbaum; Selbstkommentare: *Lotte in Weimar*, S. 86.

43 Briefe vom 13. September 1948 an Hans Eichner, vom 28. Mai 1951 an Henry Hatfield, vom 11. Juni 1951 an Robert W. E. Weil und vom 5. Januar 1953 an Lotte Schultheis; Selbstkommentare: *Lotte in Weimar*, S. 93, 110, 111, 118.

44 Bd. 2, S. 763.

45 Ebd.

46 Ebd.

47 Ebd.

48 Bd. 2, S. 619.

der Menschen um Goethe – zum Beispiel Riemers *Mitteilungen über Goethe*, in denen etwa das *Amor und Psyche*-Projekt allein bezeugt ist[49] –, ebenso wie die biographische und die eigentliche Fachliteratur zum Autor, einschließlich der neuesten und avanciertesten. So beruht zum Beispiel eine rassenbiologische Reflexion Goethes über seine Abstammung auf Joseph A. von Bradishs 1933 erschienener Schrift *Goethe als Erbe seiner Ahnen.* (Dabei hebt Thomas Mann, der ja selbst eine ›kreolische‹ Mutter hatte, den ›Zusammenfluß‹ von »antike[m] und Barbarenblut«[50] in Anna Margaretha Lindheimer, Goethes Großmutter mütterlicherseits, ungleich stärker hervor, als es von Bradish mit der in dieser vermuteten »Mischung von germanische[m] und romanische[m]« tat.[51])

Nach seinen Quellen gefragt und diese wie so oft bereitwillig aufzählend, verschwieg Thomas Mann freilich von Bradishs Studie.[52] Und verschwiegen blieb ebenso ein damals gleichfalls noch ziemlich junges Buch, welches das in *Lotte in Weimar* entworfene Bild Goethes nach Ausweis auch nur schon seiner sehr zahlreichen Lesespuren am nachhaltigsten prägte.[53] Ja, nach Ausweis besonders starker An- und Unterstreichungen und an den Rand gesetzter Ausrufezeichen auf den zwei Seiten, wo die in der Princetoner Vorlesung als Keim des Romans identifizierbare »Anekdote« referiert steht, scheint dieses Buch die entscheidende Inspiration geliefert zu haben: Felix Aaron Theilhabers *Goethe. Sexus und Eros* von 1929.[54]

Es handelt sich dabei um die überhaupt erste psychoanalytische Monographie in der Goethe-Forschung. Unmittelbar nach ihrem Erscheinen erregte sie »unliebsames Aufsehen«; doch konnte man nicht umhin, ihr »neben manch Anfechtbarem und Geschmacklosem viel Richtiges« zu attestieren.[55] Trotzdem geriet Theilhabers *Goethe* in Vergessenheit. In Vergessenheit geriet er zu Unrecht, aber nicht von ungefähr. Diese Vergessenheit ist eine geradezu paradigmatische. Paradigmatisch ist sie als Beispiel für das Scheitern der jüdisch-deutschen Assimilation, wie sie sich im neunzehnten und zwanzigsten Jahrhundert gerade auch und ganz besonders auf dem Gebiet der Goethe-Forschung artikulierte.[56]

---

49 Friedrich Wilhelm Riemer, Mitteilungen über Goethe, hg. v. Arthur Pollmer, Leipzig: Insel, 1921, S. 218; von Thomas Mann in einem seiner beiden Exemplare angestrichen.

50 Bd. 2, S. 657.

51 Joseph A. von Bradish, Goethe als Erbe seiner Ahnen, Berlin und New York: Westermann, 1933 (Vortragsreihen, hg. i. A. des Verbandes deutscher Schriftsteller und Literaturfreunde in New York, Gemeinverständliche Folge, Heft 2), S. 26.

52 Brief vom 13. September 1948 an Hans Eichner; Dichter über ihre Dichtungen, Bd. 14/II, S. 519 f.

53 Zu ähnlichen Verschleierungen des »intimsten Quellenkreis[es]« durch scheinbar »freigebig[e]« Hinweise auf eher Peripheres und Offensichtliches in der *Entstehung des Doktor Faustus* vgl. Maar, Geister und Kunst, S. 28.

54 Felix A. Theilhaber, Goethe. Sexus und Eros, Berlin-Grunewald: Horen, 1929, S. 288 f.

55 Vgl. Hitschmann, Psychoanalytisches zur Persönlichkeit Goethes, S. 51.

56 Vgl. z. B. Heinz Schlaffer, Die kurze Geschichte der deutschen Literatur, München und Wien: Hanser, 2002, S. 138.

Wie gefährdet und fragwürdig diese Assimilation war, scheint Theilhaber bald genug realisiert zu haben. Darauf deuten schon die Titeleien seiner früheren Publikationen – »Jüdische Flieger im Weltkrieg« oder »Juden in der deutschen Forschung und Technik« –, in denen Theilhaber energisch versucht hatte, den vielfältigen Beitrag der deutschen Juden zur nationalen Kultur herauszustellen.[57] Er versuchte damit ironischerweise genau den Verkennungs- und Verleugnungsstrukturen entgegenzuwirken, deren literatur- und forschungsgeschichtliches Opfer er dann selber werden sollte und geblieben ist.

Im Jahr der Nürnberger Gesetzesbeschlüsse emigrierte der »Sexualarzt« (so das »streng vertraulich[e]« »Verzeichnis Jüdischer Autoren« in einer »Vorläufige[n] Zusammenstellung der Reichsstelle zur Förderung des deutschen Schrifttums«) nach Palästina. Und von der Position jener frühen Publikationen muß er sich ganz entschieden distanziert haben. Denn im Jahr der Nürnberger *Prozesse* ging er verbittert mit dem Assimilationswillen der deutschen Juden ins Gericht, mit ihrem und vormals eben auch seinem eigenen »berauschenden Gefühl, dass sie das ›Salz‹ dieser Nation seien...«.[58]

Die bis heute ziemlich weitgehende, aber eben gar nicht zufällige Vergessenheit Theilhabers trägt sehr erheblich zu dem Eindruck des Unerhörten bei, welchen Thomas Manns Goethe-Bild im Vergleich mit den heute noch gut bekannten Tendenzen der älteren Goethe-Forschung zu erwecken vermag. Den bedrückendsten Zug an diesem Bild, der in Lottes Unterredungen mit Riemer, Adele Schopenhauer und Goethes Sohn immer schärfer, abstoßender und unerbittlicher hervortritt, spricht Goethe süffisanterweise selber aus. Er expliziert ihn in dem angeblich chinesischen (und anachronistisch aus Nietzsches Nachlaß zitierten[59]) Sprichwort, das er im achten Kapitel der Tischgesellschaft zum besten gibt und über welches diese so verdächtig ausgelassen lacht: »Der große Mann ist ein öffentliches Unglück.«[60] Und »er ist«, darin kann man Maar ohne weiteres folgen, »vor allem ein privates Unglück«.[61]

57 Felix A. Theilhaber, Jüdische Flieger im Weltkrieg, Berlin: Schild, [2]1924; ders., Schicksal und Leistung. Juden in der deutschen Forschung und Technik, Berlin: Heine-Bund, 1931.

58 Felix A. Theilhaber, Judenschicksal. Acht Biographien, Tel Aviv: Feuchtwanger, o.J. [1946] (Edition Olympia), S. 321 f.

59 Friedrich Nietzsche, Nachgelassene Fragmente Frühjahr 1881 bis Sommer 1882, in: Friedrich Nietzsche, Werke. Kritische Gesamtausgabe, hg. v. Giorgio Colli und Mazzino Montinari, Bd. V.2: Idyllen aus Messina; Die fröhliche Wissenschaft; Nachgelassene Fragmente Frühjahr 1881 bis Sommer 1882, Berlin und New York: de Gruyter, 1973, S. 524, Nr. 14[15] (im Original keine Hervorhebung): »›der große *Mensch* ist ein öffentliches Unglück‹«; vgl. S. 450, Nr. 11[287] (im Original keine Hervorhebung): »deshalb halten die Chinesen große *Männer* für ein nationales Unglück«; freundlicher Hinweis von Yvonne Schmidlin, Zürich, vom 2. Dezember 2002.

60 Bd. 2, S. 734.

61 Maar, Geister und Kunst, S. 201.

Dem Lebensglück der Menschen um ihn herum steht der große Mann in *Lotte in Weimar* und stand Goethe ja wirklich im Weg, wenn vielleicht auch nicht im selben Maß wie im Roman: der Universitätskarriere Riemers (der zur erzählten Zeit gar nicht für Goethe arbeitete); der (historisch verbürgten) Leidenschaft Ottilie von Pogwischs für den patriotischen Freiwilligen Ferdinand Heinke; der (zu diesem Zweck sehr stark aufgebauschten[62]) Freundschaft seines Sohns mit dem Romantiker Achim von Arnim, ja überhaupt August von Goethes normaler Entwicklung zum erwachsenen Mann, seinem selbstverständlichen Bedürfnis, sich von seinem Vater ›ödipal‹ zu lösen und seiner eigenen, ›romantisch‹ und patriotisch gesinnten Generation anzugehören, deren Haß und Verachtung ihn dieser Vater mit dem Verbot preisgab, an den Befreiungskriegen teilzunehmen.

Der bösartige, in den »Médisance[n]«[63] der ersten beiden Romandrittel nach und nach aufgebaute Eindruck von Goethes Indifferenz seinen Mitmenschen gegenüber wird in den folgenden beiden Kapiteln, in denen er in persona auftritt, durchaus bestätigt und noch vertieft. Goethe erscheint hier von einer geradezu unmenschlichen Kälte umgeben. Symptomatisch für sein ›detachment‹ vom Leben sind seine naturwissenschaftlichen Interessen für Lebloses und längst Totes. Auf Lottes »Billet« – »Hm. Hm, hm. Curios«[64] – reagiert Goethe zunächst so, daß er dem Überbringer einen gut zweiseitigen Vortrag über einen »Krystall« hält.[65] Auch danach kommt er nicht etwa ›zur Sache‹, sondern fragt nach dem »Heumachen im großen Garten«,[66] also neuerlich nach einer Form der Mortifizierung, die für Thomas Mann bedeutsam genug gewesen zu sein scheint, um sie unter seinen Notizen eigens zu registrieren (wenn es auch auf einem – allerdings durchaus sinnigen – Zufall der Überlieferungsgeschichte beruhen dürfte, daß der betreffende Eintrag heute den Anfang des ganzen Notizenkonvoluts bildet). Und während der »Tischgespräche«,[67] die er beenden wird, um den Geologen, Petrographen und Mineralogen Abraham Gottlob Werner allein bei sich zu behalten und ihm »versteinerte Süßwasserschnecken«[68] zu zeigen, erzählt Goethe die Geschichte von einem »Feldspat-Zwillingskrystall«,[69] dessentwegen er eine Kutschenfahrt unterbrach und den er – auch diese »Frage« ist bis in ihre ›Wiederholung‹ verbürgt[70] – ganz wie

62 Vgl. Wilhelm Bode, Goethes Sohn, Berlin: E. S. Mittler, 1918, S. 125.

63 Brief vom 4. Februar 1951 an Eva Zimmermann; Selbstkommentare: *Lotte in Weimar*, S. 105.

64 Bd. 2, S. 685.

65 Bd. 2, S. 685–687.

66 Bd. 2, S. 687.

67 Bd. 2, S. 726. Vgl. Riemer, S. 243.

68 Bd. 2, S. 747. Vgl. Goethe, Gespräche, Bd. 5, S. 230 f.

69 Bd. 2, S. 725.

70 Goethe, Gespräche, Bd. 4, S. 102; von Thomas Mann unterstrichen.

einen Menschen ansprach: »Nun, wie kommst du daher? Ja, wie kommst denn du daher?«[71]

In einer anderen, von Thomas Mann an besonders weit abgelegener Stelle der Propyläenausgabe[72] aufgespürten Anekdote, die er Goethe zur »Himbeercrème«[73] erzählen läßt, wieder ausdrücklich an Werner gerichtet, wird die Motivik der Kälte, Entfremdung und Mortifikation auf ihre Beziehung zur Kunst zentriert – wie auch in der durchgängigen Motivreihe der Schattenrisse – und im Spannungsfeld von Kunst und Sexualität situiert: In der Anekdote geht es um den Abdruck »küßliche[r] Lippen«, den ein »junge[r] Mensch[ ]« heimlich auf dem »kalte[n] Glas« über einer ausgestellten »Copie des Kopfes der Charitas von Leonardo da Vinci« hinterließ.[74] Es geht also gewissermaßen um einen Versuch, die Kopie einer Kopie zu küssen.

Die Anekdote erinnert nicht von ungefähr an Franz Grillparzers *Armen Spielmann* und mehr noch an dessen An-›Verwandlung‹ bei Franz Kafka, wo das Glas zwischen den Körpern (beziehungsweise zwischen dem zum Ungeziefer mutierten Mann und dem »ausgeschnitten[en]« »Bild« einer »Dame«) die Unmöglichkeit sexueller Beziehungen versinnlicht.[75] Und nicht von ungefähr fällt die Erzählung der Anekdote auf den Gang der »Himbeercrème«. Der Geruch von Himbeeren[76] setzt schon im siebten Kapitel eine Erinnerungs- und Gedankenflucht in Goethe frei und löst seine lange Reflexion über den Kuß als »das Beste« »in der Lieb«[77] aus, das er dort der »höhere[n] Sphäre« der »Poesie« gleichsetzt und dem handfest folgenreichen »Kindermachen«[78] entgegenstellt. Vor dem Hintergrund dieses »Unterschied[s] von Kunst und Leben«, des Verständnisses von »Poesie« als »geistige[m] Ku[ß] auf die Himbeerlippen der Welt«,[79] enthält die anzügliche Anekdote die Lösung des »quälende[n] Rätsel[s]«,[80] welches Lotte – zum körperlich-untrüglichen Zeichen ihrer

71 Bd. 2, S. 725.

72 Goethe, Sämtliche Werke, Bd. 38, S. 287 f.

73 Bd. 2, S. 739, 760.

74 Bd. 2, S. 739–741.

75 Franz Grillparzer, Der arme Spielmann, in: Franz Grillparzer, Sämtliche Werke. Historisch-kritische Gesamtausgabe, hg. v. August Sauer und Reinhold Backmann, Bd. 13: Prosaschriften I; Erzählungen; Satiren in Prosa; Aufsätze zur Zeitgeschichte und Politik, Wien: Anton Schroll, 1930, S. 69; Franz Kafka, Die Verwandlung, in: Franz Kafka, Drucke zu Lebzeiten, hg. v. Wolf Kittler, Hans-Gerd Koch und Gerhard Neumann (Franz Kafka, Schriften; Tagebücher; Briefe. Kritische Ausgabe, hg. v. Jürgen Born, Gerhard Neumann, Malcolm Pasley und Jost Schillemeit), Frankfurt a. M.: Fischer, 1994, S. 115 f., 165.

76 Bd. 2, S. 647. Vgl. Goethe, Gespräche, Bd. 5, S. 244.

77 Bd. 2, S. 647–649.

78 Bd. 2, S. 647. Vgl. Goethe, Gespräche, Bd. 3, S. 195; von Thomas Mann angestrichen.

79 Bd. 2, S. 647.

80 Bd. 2, S. 456.

Betroffenheit dabei »sehr rot geworden«[81] – letztlich nach Weimar trieb: warum nämlich Goethe sich seinerzeit in sie, warum ausgerechnet in eine Braut, warum er sich geradezu vorsätzlich aussichtslos verliebte, um sie in der literarischen Verwertung dieser Verliebtheit dann erst noch mit anderen Frauenfiguren zu kontaminieren.

Goethes Freude und Interesse an der frivolen Anekdote wirft ein Licht auf Lottes ›Fehler, Leben mit Kunst zu verwechseln‹,[82] auf die Verfehltheit ihrer Absicht, mit der Kostümierung ihres Körpers auf die, worauf dessen leitmotivisch wiederholtes Kopfzittern immer wieder hinweist, längst vergangene *Werther*-Zeit anzuspielen. Ein grelles Licht fällt so auf die ganze Peinlichkeit ihres noch immer weißen Kleids und einer daran fehlenden Schleife, einer Erinnerung gleichsam an den Fetisch, den Lotte Werther zum Geburtstag schenkt und Charlotte Buff Goethe wirklich einmal schickte. Nun, da sich die beiden als Verwitwete begegnen und eigentlich nichts mehr der ewigen Verbundenheit im Wege stünde, die er ihr wie Werther ›seiner‹ Lotte einst geschworen haben soll,[83] weiß Goethe mit Charlotte so rein gar nichts anzufangen und vermeidet er schon nur ein Gespräch unter vier Augen.

Die zwanghafte Regelmäßigkeit, mit der Goethe aussichtslose Verhältnisse geradezu suchte, um hernach produktiv zu werden und »Liebe, Leben und Menschheit an die Kunst zu verraten«,[84] weist auf die zutiefst problematische Symbiose, die Kunst und Sexualität nach psychoanalytischer Genialitätstheorie im ›Genie‹ eingehen müssen. Als dessen Prototyp gilt Goethe natürlich in der deutschen Geisteskultur nach wie vor; und jenem ironischen Selbstzeugnis seiner *Werther*-Vorlesung zufolge hatte es Thomas Mann mit dem »eindringlichen Charakterbilde Goethe's« in *Lotte in Weimar* ja denn auch auf die Genialität »überhaupt« abgesehen.

In die Goethe-Forschung kam die psychogrammatische Demaskierung des ›Genies‹ über Theilhabers wie gezeigt schnell und gründlich vergessene Untersuchung. Diese nimmt in sehr vielem, ja fast allem Wesentlichen Kurt Robert Eisslers berühmte Goethe-Psychographie von 1963 vorweg; und eine tatsächliche Beziehung zwischen den beiden Psychoanalytikern wäre noch zu prüfen, ein Abhängigkeitsverhältnis ihrer beiden Studien allen Ernstes in Erwägung zu ziehen, obwohl oder gerade weil Eissler Theilhaber nirgends zitiert oder aufführt. Wie dem aber auch sei: Schon für Theilhaber war Goethes ›Genie‹ nicht mehr einfach eine übermenschliche Aufgipfelung von Vitalität und Begabung. Es war für Theilhaber ganz im Gegenteil Resultat und Ausdruck sehr tief liegender psychischer Probleme und emotionaler Defekte.

81 Bd. 2, S. 741.

82 White, Introduction, S. vi.

83 Vgl. Albert Bielschowsky, Goethe. Sein Leben und seine Werke, Bd. 1, München: Beck, [8]1905, S. 167; mit Lesespuren Thomas Manns.

84 Bd. 2, S. 647 f.

Nach Theilhaber hatte Goethe ein zutiefst gebrochenes, wenn nicht geradezu gestörtes Verhältnis zum rein physischen Aspekt der Sexualität (»Sexus«), die er kraft seiner künstlerischen Produktivität allzu gründlich in »Eros« zu sublimieren vermochte. So ist in *Lotte in Weimar* die Erektion, mit welcher der Siebenundsechzigjährige am Anfang des siebten Kapitels erwacht, gerade nicht ein Reflex mechanisch-automatischer Triebhaftigkeit und des schieren »Sexus«. Vielmehr ist sie ausdrücklich motiviert durch einen Traum, und zwar durch einen nicht eigentlich sexuellen, sondern durch den Traum von künstlerisch mehrfach *sublimierter* Sexualität.

Goethe träumte von einem gemalten, und noch dazu nach einem literarischen Motiv gemalten Liebespaar: »es war der l'Orbetto, der Turchi wars auf der Dresdener Galerie, Venus und Adonis«.[85] Mit »Venus und Adonis« assoziiert Goethe erst »Amor und Psyche«,[86] sein eigenes, wie schon gesagt bei Riemer, und dort zwar an wieder sehr entlegener Stelle tatsächlich bezeugtes Dichtungsprojekt. Sodann assoziiert er auch noch »die Psyche-Kupfer von Dorigny im Gelben Saal«.[87] Spätestens diese beiden Assoziationen, »Psyche« und »Amor und Psyche«, weisen in einen ganz bestimmten, schon hinlänglich entfalteten Vorstellungs- und Sinnzusammenhang. Sie weisen auf einen Mythos vom »Eros«, der denn unter diesem oder doch unter seinem lateinischen Namen im Titel des hier aufgerufenen Märchens erscheint, einen Mythos wieder von der *Sublimierung* der Sexualität. Einen solchen Sinn jedenfalls, der denotativ exakt mit dem Theilhaberschen »Eros«-Begriff übereinstimmt und nur durch seine optimistische Füllung von dessen pathologischen Weiterungen sich unterscheidet, hatte ja Bachofen dem Märchen von Amor und Psyche in einer ausführlichen und einläßlichen Interpretation gegeben. Und wie gezeigt muß Thomas Mann Bachofens Auslegung des Märchens als eines »Mythus« vom sich durchsetzenden ›Mutterrecht‹ ganz genau gekannt haben; hat er doch, wie ebenfalls schon gezeigt, seit den späteren Zwanzigerjahren verschiedentlich und mit fast schon zwanghafter Repetitivität darauf im besonderen und auf die Bachofensche Kulturstufenlehre im allgemeineren zurückgegriffen: von den entstehungschronologisch mit *Lotte in Weimar* unmittelbar verbundenen Romanen, der Josephstetralogie[88] und dem *Doktor Faustus*, bis zu seinem allerletzten vollendeten Werk, der *Betrogenen*;[89] vor allem aber in der Erzählung, die er gleich nach *Lotte in Weimar* schrieb und die mit diesem Roman auf den zweiten Blick etliche Berührungspunkte aufweist:

In der frivolen Dreiecksgeschichte *Die vertauschten Köpfe* werden die »Köpfe« der beiden Männer von der einen Frau nicht zufällig und recht eigentlich im

85 Bd. 2, S. 617 f.

86 Bd. 2, S. 618. Vgl. Goethe, Sämtliche Werke, Bd. 29, S. 340; Bd. 42, S. 17.

87 Bd. 2, S. 618.

88 Vgl. Dierks, Studien zu Mythos und Psychologie bei Thomas Mann, S. 169–206; Galvan, passim.

89 Vgl. Elsaghe, »Vom Moschusgeruch des Exkrementhaufens«, S. 700–708.

»Mutterschoß« einer Muttergottheit ›vertauscht‹, die im Gefolge Bachofens denn auch anderwärts für entsprechende Interpretationen sich anbieten konnte, diese geradezu herausfordern mußte.[90] Die Vertauschung der Männerköpfe steht von allem Anfang an im Bannkreis ganz ausdrücklich »der Mutter« und »Weltamme«, »Weltenmutter« und »Mutter [korrigiert aus: ›Herrin‹] aller Welten« Kâlî, »der Dunklen«.[91] Die Vertauschung geschieht im ›Dunkeln‹ des »Mutterhaus[es]« oder genau genommen im »Halbdunkel[n]«[92] als einer Leitmetapher Bachofens für die mittlere ›Kulturstufe‹ des ›Mutterrechts‹. Den literargeschichtlichen Rahmen aber solcher Bachofen-Reminiszenzen bildet eine neuerliche Auseinandersetzung mit Goethe. Diese fiel hier so deutlich wie nur noch in *Lotte in Weimar* oder allenfalls wieder im *Doktor Faustus* aus, wenn Thomas Mann auch bestritt, »dabei auch nur ein einziges Mal an Goethe gedacht [zu] habe[n]«:[93]

Einerseits, und diese ohnehin ganz offensichtliche literarische Beziehung war für ihn wichtig genug, um sie in einer handschriftlichen Einfügung in den Text eines Interviews nachträglich eigens noch herauszustellen,[94] nahm es Thomas Mann in den *Vertauschten Köpfen* mit dem Lyriker Goethe auf: mit der *Paria*-Trilogie, wie er sie seinen Goethe in *Lotte in Weimar* entwerfen läßt[95] – was die Glaubwürdigkeit jenes nur wenig jüngeren Dementi nicht gerade erhöht –; genauer gesagt und worauf schon der Untertitel der *Vertauschten Köpfe* deutet (»Eine indische *Legende*«), nahm es Thomas Mann mit dem zweiten Teil der Trilogie auf, mit dem Gedicht *Legende*, wo es freilich um eine ›Vertauschung‹ von *Frauen*köpfen und *Frauen*körpern geht.

Andererseits kann man die »indische Legende« auch als Travestie der *Wahlverwandtschaften* lesen. Deren Interaktionsquadrat in vielsagender Weise auf eine Dreiecksbeziehung zu reduzieren erlaubte oder ermöglichte Thomas Manns unmittelbarer Quellentext, Heinrich Zimmers *Indische Weltmutter*, worin es bereits um zwei männliche und nur *eine* weibliche Figur geht.[96] Denn gegenüber dem »*doppelte[n]* Ehebruch durch Phanthasie [sic!]«[97] in den *Wahlverwandtschaften* und gegen die Vorgaben auch der *Paria*-Trilogie respektive

90 Vgl. Neumann, Die Große Mutter, S. 149–152.

91 Bd. 8, S. 712, 716, 757.

92 Bd. 8, S. 746.

93 Brief vom 19. April 1941 an Käte Hamburger; Dichter über ihre Dichtungen, Bd. 14/II, S. 587.

94 Typoskript des Thomas Mann-Archivs, nicht weiter nachgewiesen.

95 Bd. 2, S. 682–684.

96 Heinrich Zimmer, Die indische Weltmutter, in: Eranos-Jahrbuch 1938, S. 175–220, hier S. 177–179; von Thomas Mann angestrichen. Zu Zimmers eigener Affinität zu Bachofen vgl. ebd., S. 204; Heinrich Zimmer, Maya. Der indische Mythos, Stuttgart und Berlin: Deutsche Verlags-Anstalt, 1936, S. 24 f.

97 Friedrich Heinrich Jacobi, Brief vom 12. Januar 1810 an Friedrich Koeppen, in: Aus F. H. Jacobi's Nachlaß. Ungedruckte Briefe von und an Jacobi u[nd] Andere, nebst ungedr[uckten] Gedichten von Goethe u[nd] Lenz, hg. v. Rudolf Zoeppritz, Leipzig: Engelmann, 1869, Bd. 2, S. 44; im Original keine Hervorhebung.

gegen deren Quelle, Pierre Sonnerats *Reise nach Ostindien und China* (je *eine* männliche versus *zwei* weibliche Figuren),[98] ist das Beziehungsexperiment der *Vertauschten Köpfe* ja so zugespitzt, daß eine Dreiecksbeziehung nun auf eine ›gynaikokratische‹ Polygamie der Frau allein hinausläuft. Die Identität des aus dem phantasmatischen Ehebruch entstehenden und natürlich wieder nicht von ungefähr *halb*blinden[99] Sohns ist allein über den Körper der Mutter definierbar, in akkurater Umsetzung der Bachofenschen Matriarchatsphantasien und gegen die Daten ausnahmslos aller denkbaren Quellen. In keiner von diesen nämlich kommt eine Kindsgeburt vor.[100]

Thomas Manns auch in den *Vertauschten Köpfen* gut bezeugtes Interesse an problematisch komplizierter Sexualität, sein reges Interesse an der Konspiration gleichsam von problematischer und als solche besonders sublimationsbedürftiger Sexualität mit schriftstellerisch-genialer Produktivität, vor allem auch an den androgynen und homoerotischen Zügen, die er an Goethe sehr stark überhellt hat – zum Beispiel im Zusammenhang mit Goethes allerdings doch auch wieder, wenngleich nur ganz vereinzelt dokumentiertem[101] Gefallen an einem »artigen blonden Kellnerburschen«[102] –, das alles verrät etwas von den ganz persönlichen Motiven, die ihn so tief in Goethe sich hineinphantasieren ließen. Nicht nur daß Thomas Mann ähnlich wie Goethe nicht systematisch geschult[103] oder daß er ebenfalls Patrizier einer ›Freien Stadt‹ war und daß seine Familie unter seiner großschriftstellerischen Existenz ebenfalls zu leiden hatte – zwei seiner drei Söhne nahmen sich das Leben, und der dritte bestand darauf, nicht im selben Grab zu liegen wie sein Vater[104] –: Wie man seit der Freigabe

98 P[ierre] Sonnerat, Reise nach Ostindien und China [...] vom Jahr 1774 bis 1781, Zürich: Orell, Gessner und Füessli, 1783, Bd. 1, S. 205–208.

99 Zur – nota bene völligen – Blindheit der Söhne aus unglücklichen Ehen vgl. Zimmer, Maya, S. 43; von Thomas Mann angestrichen.

100 Eine sehr enge, in der Forschungsliteratur aber offenbar noch nicht erwogene Beziehung der *Vertauschten Köpfe* zu Bachofens Kulturstufenlehre legt allein schon die entstehungschronologische und legen insbesondere die thematischen Affinitäten des Texts zum *Doktor Faustus* nahe. Das Motiv der einen Frau, deren Sexualität der sie rechtlich freiende Mann im Grunde für einen anderen ›erweckt‹, entspricht ganz genau dem Dreiecksverhältnis von Ines Institoris-Rodde, Helmut Institoris und Rudi Schwerdtfeger, das ja seinerseits über das Motiv der quasi gynaikokratischen Polyandrie und vor allem auch wieder durch die Symbolreihen von Licht und Dunkel auf Bachofens Kulturstufenlehre bzw. deren Metaphorik verweist.

101 Goethe, Gespräche, Bd. 3, S. 197 f., 205; mit Lesespuren Thomas Manns.

102 Bd. 2, S. 681. Vgl. Jürgen Söring, Goethe und die Verwandlungen des Eros, in: Colloquium Helveticum 31, 2000, S. 65–96, hier S. 94 f., Anm. 89.

103 Bd. 2, S. 423.

104 Vgl. Marcel Reich-Ranicki, Die Familie des Zauberers, in: Thomas Sprecher und Fritz Gutbrodt (Hgg.), Die Familie Mann in Kilchberg, Zürich: Neue Zürcher Zeitung, 2000, S. 200–206, hier S. 206; Wolfgang Korruhn, Der »häßliche« Sohn, in: Stern, 14. April 1994, S. 73–76; Rolf Hochhuth, Unter großen Bäumen, in: Deutsches Allgemeines Sonntagsblatt, 15. April 1994, S. 22.

der Tagebücher noch besser weiß, als es literarische Texte wie *Der Tod in Venedig* ohnehin und immer schon hätten erraten lassen können, definierte Thomas Mann sein eigenes Leben aus jenen beiden Faktoren, die nach Theilhabers Theorie in Goethes ›Genie‹ und für dieses maßgeblich zusammenwirkten. Leiden und Größe Thomas Manns, wenn man so sagen darf, beruhten ja, auch oder zumindest in seiner Selbstwahrnehmung, auf seiner schriftstellerischen Berufung *und* auf einem als problematisch empfundenen Begehren, auf seiner Bisexualität, mit deren einer, zugunsten der gesellschaftlichen Norm unterdrückter, aber ungleich stärker ausgeprägter, eben der homosexuellen Hälfte er bis an sein Lebensende nicht fertig wurde (besonders wegen seines eigenen Faibles für »Kellnerburschen«).

Philosophische Grundlage seiner »unio mystica«[105] mit Goethe, welche seine eigenen existentiellen Nöte gewissermaßen zu nobilitieren erlaubte, war ein von der tiefenpsychologischen Archetypen- und insbesondere von Karl Kerényis ›Urbilder‹-Lehre bestimmtes Konzept des Mythos. Ausgiebig erprobt hatte er dieses in den Josephsromanen, zwischen deren drittem und viertem *Lotte in Weimar* bekanntlich entstand. Seinen eigenen Begriff des Mythos als »Wiederkehr, Zeitlosigkeit, Immer-Gegenwart«[106] hielt Thomas Mann für identisch mit Goethes Mythen-Verständnis.[107] Und in der Tat konnte er ihn beim späten Goethe, dem Goethe gerade der in *Lotte in Weimar* erzählten Zeit besonders leicht vorgeprägt finden: Im *West-östlichen Divan* identifiziert sich Goethe ja wirklich mit Hatem, und in der Konsequenz dieser Selbstidentifikation identifiziert er ebenso Marianne von Willemer-Jung, in der und in deren hierfür sprechendem Mädchennamen Thomas Mann eine »Wiederholung« und Ver*jün*gung des »Lotte-Erlebnisses« sah,[108] mit Suleika.

Die Konzeptualisierung des Mythos als Liquidierung individueller und besonders generationeller Identität tritt im Roman selbst und in seinem Verhältnis zu den historischen Vorgaben an etlichen Stellen hervor: In Goethes Sohn glaubt Charlotte den jungen Goethe selbst zu sehen.[109] Ihr eigenes Kind, das sie begleitet, heißt wie sie selber, »Charlotte«, obwohl die historische Charlotte Kestner von ihrer Tochter *Klara* nach Weimar begleitet wurde.[110] In seiner zukünftigen Schwiegertochter sieht Goethe seine frühere Verlobte Anna Elisa-

---

105 Brief vom 15. Dezember 1938 an Ferdinand Lion; Selbstkommentare: *Lotte in Weimar*, S. 29.

106 Bd. 9, S. 229.

107 Brief vom 21. Dezember 1937 an Kuno Fiedler; Selbstkommentare: *Lotte in Weimar*, S. 22.

108 Brief vom 16. Februar 1939 an Karl Kerényi; Selbstkommentare: *Lotte in Weimar*, S. 31.

109 Bd. 2, S. 564.

110 Vgl. die Briefe vom 4. Januar 1947 an Lavinia Mazzucchetti, vom 18. Juni 1951 an Charlotte Kestner (die Ururenkelin Charlotte Kestner-Buffs) und vom 2. Mai 1953 an Hans-Heinrich Reuter; Selbstkommentare: *Lotte in Weimar*, S. 85, 113, 119.

beth Schönemann.[111] Seinen Diener Ferdinand nennt er beim Vornamen des Vorgängers »Carl«. Und ein glücklicher Zufall wollte es, daß der Schreiber, den Thomas Mann anachronistischerweise auftreten läßt, Ernst Carl John, denselben Geschlechtsnamen trug wie sein Nachfolger, Johann August Friedrich John.

Als darstellerisches Mittel bot das Konzept des Mythischen eine Möglichkeit zur Bewältigung des zentralen Problems, nämlich dem »elbisch«[112] Unfaßbaren an Goethes Individualität gerade als solchem beizukommen. Zum einen wird dafür das mythologische Kardinalparadigma schlechthin unfaßbarer Identität aufgerufen, Proteus.[113] Vor allem aber werden auf der einen ›proteischen‹ Person Goethes mehrere, wechselnde mythische und religiöse Paradigmen überblendet, die nur zum kleineren und weniger spektakulären Teil aus der Topik verschiedener messianistischer beziehungsweise jupiterisch-apollinischer Goethe-Verkultungen zusammengetragen sind:

Goethe erscheint als der gesegnete Sohn Joseph[114] und als dessen typologische Entsprechung, das heißt als »Jesus«[115] und »Heiland[ ]«[116] nicht etwa einfach bloß im spezifisch messianischen Sinn, sondern als geopferter »Gottessohn«[117] und »Menschwerdung des Göttlichen«.[118] Zu Christus verrät Goethe im siebten Kapitel, bei seiner Paraphrase der Reformationskantate, eine besondere Affinität.[119] Mit »Jesus« glossierte Thomas Mann eine Stelle in Theilhabers Goethe-Monographie (»Das Leben über das starre Gesetz, die Liebe über die Konvention«).[120] Und mit Jesus Christus hatte er das »mythusbildende[ ] Persönlichkeitswunder« Goethe schon in einem wohl vorsichtshalber nur an ein japanisches Publikum gerichteten Essay gleichgesetzt.[121]

Jener Umkehrbarkeit des Opfergedankens gemäß erscheint Goethe aber auch als »Gott, de[r] Herr[ ]«.[122] Er erscheint als Jahwe, der eifersüchtig auf seinem »ersten Gebot[ ]« besteht und »keine anderen Götter [...] neben« sich duldet.[123] Er erscheint zugleich noch als Jahwes olympische[124] und heidnische Äquiva-

111 Bd. 2, S. 654. Zur Ähnlichkeit Ottilies auch mit Charlotte vgl. Bd. 2, S. 610 f.

112 Bd. 2, S. 443; im Original hervorgehoben.

113 Bd. 2, S. 445.

114 Bd. 2, S. 440.

115 Bd. 2, S. 474.

116 Bd. 2, S. 453.

117 Ebd.

118 Bd. 2, S. 467.

119 Bd. 2, S. 618 f.

120 Theilhaber, Goethe, S. 351; von Thomas Mann unter- und angestrichen. Vgl. Friedhelm Marx, »Ich aber sage Ihnen«. Christusfigurationen im Werk Thomas Manns, Frankfurt a. M.: Klostermann, 2002 (Thomas Mann-Studien, Bd. 25), S. 223 mit Anm. 67.

121 Bd. 9, S. 286.

122 Bd. 2, S. 439. Vgl. z. B. Bd. 2, S. 445.

123 Bd. 2, S. 490.

124 Bd. 2, S. 727.

lente, als Jupiter[125] und als Wodan der »Mantelträger[ ]«.[126] Und endlich erscheint Goethe als Gottvaters Gegenspieler und als »die Kehrseite [...] des Göttlichen«: Goethe als der »Teufel« in Person.[127]

Die in solchem Sinn ›mythische‹ Selbstverwechslung Thomas Manns mit Goethe, die ja ein ziemlich offenes Geheimnis bildet und von der allenfalls nicht ganz klar ist, wann genau sie einsetzt,[128] erhielt in *Lotte in Weimar* ihren zweifellos unmittelbarsten Ausdruck. Sie schlägt hier mit einer Schreibweise zu Buche, die, auch außerhalb der direkten und indirekten Reden, in »Vocabeln«,[129] Orthographie und Idiomatik Goethes Stil imitiert. Und ganz besonders zeigt sie sich natürlich im »Gemurmel« des siebten Kapitels – so Thomas Manns Privattitel für dieses[130] –, im Anspruch eben, sich buchstäblich in Goethes Haut versetzen zu können.

Thomas Manns »Goethe-Nachfolge«[131] reichte aber über solch werkinternes Spiel entschieden hinaus: Kurz vor der Niederschrift des *Lotte*-Romans, in dem Goethe authentischerweise an »Rheumatism im linken Arm«[132] leidet, befielen Thomas Mann, so steht es in seinem Tagebuch, »[r]heumatische Gliederschmerzen [...] im Arm«.[133] Nach dem Muster des Anfangs von *Dichtung und Wahrheit*, indem er diesen Titel allzu wörtlich nahm, um den Preis also auch erweisbarer Fiktionalität und ›Dichtung‹, gestaltete er in einer autobiographischen Skizze von 1936 seine Geburt (angeblich »mittags zwölf Uhr«, in ›Wahrheit‹ zwei Stunden früher).[134] Mit dem Abzeichen der Ehrenlegion, der auch Goethe angehörte, soll der bald achtzigjährige Thomas Mann in einer für Goethe typischen Pose auf und ab gegangen sein.[135] Und im selben Lebensjahr,

125 Bd. 2, S. 439, 490, 731, 756. Vgl. z. B. die Anspielung auf Jupiter und Alkmene, Bd. 2, S. 466.

126 Bd. 2, S. 763. Vgl. den Brief vom 20. Februar 1947 an Fritz Grünbaum; Selbstkommentare: *Lotte in Weimar*, S. 86.

127 Bd. 2, S. 439, 442.

128 Vgl. z. B. Heinrich Detering, Lübeck und die letzten Dinge. Eine Skandalgeschichte von und mit Thomas Mann, in: Neue Rundschau 112.3, 2001, S. 35–47, hier S. 39 f., vs. Elsaghe, Die imaginäre Nation, S. 356.

129 Bd. 2, S. 730.

130 Brief vom 29. Januar 1940 an Jonas Lesser; Selbstkommentare: *Lotte in Weimar*, S. 47.

131 Tagebucheintrag vom 29. September 1936; Tagebücher 1935–1936, S. 372–374, hier S. 372.

132 Bd. 2, S. 616, 713.

133 Tagebucheintrag vom 15. September 1936; vgl. die Einträge vom 16. und 18. September 1936; Tagebücher 1935–1936, S. 366–368.

134 Bd. 11, S. 450.

135 Vgl. Hans Wysling, Thomas Manns Goethe-Nachfolge, in: Jahrbuch des Freien Deutschen Hochstifts 1978, S. 498–551, hier S. 533. Nach Ausweis einer Anstreichung in Goethes Gesprächen, Bd. 4, S. 70 (ohne die Anm., in der die betreffende Stelle moniert und korrigiert wird: »Irrig: des Falkenordens«), wußte Thomas Mann um Goethes Zugehörigkeit.

in dem Goethe sein erstes Gespann gekauft hatte, erstand Thomas Mann seinen ersten Wagen.[136]

Wenn sich auch Hans Eichners These als überzogen erweisen sollte, daß Thomas Mann die chronologische Abfolge seiner Werke insgesamt nach Goethes Gesamtwerk ausrichtete[137] – beispielsweise ging es ihm bei jenem allerletzten Werkprojekt, *Luthers Hochzeit*, offensichtlich um eine ganz andere, nämlich die Imitatio Richard Wagners[138] –, so kann es doch kaum Zufall sein, daß er sich nach *Lotte in Weimar* (und der durch *Lotte in Weimar* unterbrochenen Josephstetralogie) für sein nächstes Romanprojekt ausgerechnet die Faust-Sage wählte. Er wählte sich damit natürlich und vor allem anderen denselben ›Stoff‹, der Goethes überhaupt kanonischstem Werk zugrundeliegt. Nicht von ungefähr taucht dieser ›Stoff‹, den Thomas Mann fast ein halbes Jahrhundert mit sich herumtrug, in jenem ersten einschlägigen Tagebucheintrag von 1933 »zusammen mit« dem *Lotte in Weimar*-Projekt auf. Aber ebenso bedeutsam erscheint es andererseits auch wieder, wenn Thomas Mann dieses ja seinerseits erheblich ältere *Lotte*-Projekt und die offene Konkurrenz mit Goethes *Faust* so lange vor sich herschieben mußte, bis endlich vollendbare Werke daraus entstanden. Vorher war die literarische Bewältigung Goethes offenbar nicht möglich. Und in mindestens einem bezeugten Fall ist sie regelrecht mißlungen. Denn *Der Tod in Venedig* war ursprünglich als Novelle über Goethes letzte Verliebtheit geplant gewesen. Ursprünglich hätte er dem peinlichen Heiratsantrag gelten sollen, den der Vierundsiebzigjährige der fünfundfünfzig Jahre jüngeren Ulrike von Levetzow gemacht hatte.[139]

Die erst im Spätwerk geglückte Identifikationsleistung ist Resultat einer langwierigen Entwicklung. Als deren Fixpunkte können zwei hochoffizielle Jubiläen der deutschen Kulturgeschichte dienen, die Thomas Mann je begehen half: Schillers und Goethes hundertjährige Todestage. In der Erzählung *Schwere Stunde*, die er zum Schiller-Jubiläum von 1905 veröffentlichte, näherte sich Thomas Mann Goethe zum ersten Mal literarisch an. Er tat es aber eben sehr bezeichnenderweise aus der Perspektive Schillers, in den sich der Erzähler hier in schon sehr ähnlicher Weise hineinzufühlen weiß[140] wie erst Jahrzehnte später in die Haut Goethes. In der Logik des Texts, welche auch aus der räumlichen Entfernung von Weimar sich konstituiert, erscheint die Perspektive Schillers auf Goethe wiederholt als die einer »sehnsüchtigen Feindschaft«.[141] Diese Distanz zwischen Goethe und Schiller bleibt in *Lotte in Weimar* gewahrt.

136 Vgl. Thomas Sprecher, Thomas Mann in Zürich, S. 61.

137 Hans Eichner, Thomas Mann. Eine Einführung in sein Werk, Bern und München: Francke, 1953, S. 72 f.

138 Vgl. Vaget, Im Schatten Wagners, S. 320.

139 Vgl. Notizbücher, Bd. 2, S. 186 f. (Nr. 67) mit Anm. 3.

140 Vgl. Robert Tobin, Warm Brothers. Queer Theory and the Age of Goethe, Philadelphia: University of Pennsylvania Press, 2000, S. 147–173.

141 Bd. 8, S. 372, 377.

Sie wird nun aber gleichsam von der anderen Seite her ausgemessen. Sie erscheint jetzt eben aus der Perspektive Goethes, die der Erzähler hier nun ganz zu seiner eigenen werden läßt, in Goethes »Ambivalenz«[142] gegenüber dem ihm auch als Toter unsympathischen Schiller: »Mocht ich ihn jemals? Nie.«[143]

Der Einfühlung in die Person Goethes, wie sie sich in der Erzählperspektive des siebten Kapitels so deutlich artikuliert, entspricht der Tenor schon der von Thomas Mann zum Goethe-Jahr 1932 geschriebenen Essays und Reden (*An die japanische Jugend*, *Goethe als Repräsentant des bürgerlichen Zeitalters*, *Goethe's Laufbahn als Schriftsteller*, *Contrastes de Goethe*, eine Ansprache bei der Eröffnung des erweiterten Goethe-Museums in Frankfurt am Main, eine Neufassung von *Goethe und Tolstoi*). Die Affinität, die Thomas Mann mittlerweile zu Goethe als einem Arrivierten erreicht hatte, welcher sich mit den herrschenden Mächten zu arrangieren wußte und beim Paktieren mit ihnen in politicis auch vor Repression und Zensur nicht zurückschreckte, diese gegenüber *Schwere Stunde* genau umgekehrte Perspektive reflektiert Thomas Manns eigene »Laufbahn als Schriftsteller«. Sie reflektiert seine von ihm selbst bekanntlich zum Märchen stilisierte Karriere vom Schulversager, verkrachten Gymnasiasten und ›wilden‹ Studenten zum Ehrendoktor, Titularprofessor und Nobelpreisträger, vom Spätgeborenen einer ›verfallenden‹ Kaufmannsfamilie zum sechsfachen Familienvater und Angehörigen der schwerreichen Oberschicht.

Trotz der in den Dreißigerjahren hohen Selbstidentifikation mit Goethe sind in *Lotte in Weimar* indessen die aggressiven Impulse gegen diesen erhalten geblieben, die schon *Schwere Stunde*, vor allem aber das literarische Interesse an jener biographischen Episode verriet, die es Thomas Mann erlaubt hätte, Goethe in derselben Weise zu erniedrigen wie im stattdessen verwirklichten *Tod in Venedig* den seinerseits kanonisierten, geadelten, zu offiziellen Ehren gelangten Gustav von Aschenbach. Mit *Lotte in Weimar* hat sich Thomas Mann endlich doch noch den »alten Traum« »verwirklich[t]«,[144] Goethe literarisch ›hinzurichten‹,[145] ihn im ganz wörtlichen Sinn jenes ersten ›Auftritts‹, der ein solcher gerade nicht ist, ›umzulegen‹.

Signifikant für diese literarische Wunscherfüllung ist schon die Sprache, die er Goethe in *Lotte in Weimar* in den Mund legt. Aus der Position »des Norddeutschen«, dessen »musterhaft[e]«[146] Sprache dem Standarddeutsch sehr viel näher steht als die »Sprechweise [...] eines in Norddeutschland gebildeten

142 Briefe vom 23. September 1952 an Beate Buchwald und vom 5. Januar 1953 an Lotte Schultheis; Selbstkommentare: *Lotte in Weimar*, S. 117 f.

143 Bd. 2, S. 621.

144 Brief vom 28. Dezember 1937 an Alfred Neumann (vgl. den Brief vom 25. August 1937 an Lavinia Mazzucchetti); Selbstkommentare: *Lotte in Weimar*, S. 22 (vgl. S. 16).

145 Vgl. von Matt, S. 84, 88, 91, 93.

146 Goethe, Gespräche, Bd. 5, S. 76.

Süddeutschen«,[147] wie es im Roman mit einem wieder fast wortwörtlichen Zitat einer zeitgenössischen Aussage über Goethe heißt,[148] – aus dieser privilegierten Position also macht sich Thomas Mann über Goethes dialektale Abweichungen von den Normen der Schriftsprache lustig, obwohl diese damals, im älteren Neuhochdeutschen, noch längst nicht im selben Maß festgelegt waren wie für seine, Thomas Manns, Generation. Sobald die Rede nur einmal auf Goethes »herrliche Gedichte« kommt, hat Riemer unverzüglich deren »frankfurterische Reime« zu monieren (»denn er reimt unbedenklich ›zeigen‹ und ›weichen‹, weil er mündlich allerdings ›zeichen‹, wenn nicht gar ›zeische‹ zu sagen pflegt«).[149] Immer wieder setzt Thomas Mann hessisch verformte Wörter in Goethes direkte Reden (»das Mäppche mit den Silhouette«[150]). Und obendrein läßt er noch die auktoriale Instanz des Romanerzählers, wenn auch mit scheinbar apologetisch abmilderndem Gestus, so eben doch eigens darauf hinweisen, daß in Goethes »Sprechweise [...] *manchmal* nach Stammesart die Endconsonanten wegfielen«.[151]

Am verräterischsten unter all den notierten Verstößen gegen die modernen Sprachnormen ist ein wiederholt so genannter, aber auch wieder scheinheilig gegen die »Wohlredenheit« Goethes profilierter »Lapsus« (»höchst überraschend«),[152] mit dem dieser im achten Kapitel jene sinnträchtige Anekdote vom Lippenabdruck auf dem Kunstwerk einleitet: »›Ach, ich muß *Sie* was erzählen!‹ sagte er wörtlich [...].«[153] Solch ein Fallfehler ist in *Goethes Gesprächen* tatsächlich bezeugt, allerdings in ganzen zehn Bänden nur gerade ein einziges Mal: *»›Ich will Sie doch noch was zeigen!‹ (wirklich, so hat er's gesagt!)«*[154]

Thomas Mann hat den Konstruktionsfehler aus dem Kontext des ›Zeigens‹ herausgelöst. Das ist schon deswegen merkwürdig, weil für diesen Kontext gerade auch dasselbe achte Kapitel durchaus sehr genaue Entsprechungen geboten hätte, zum Beispiel das »Mäppche mit den Silhouette«: Während der letzten »Stunde« oder »eigentlich [...] nur etwas mehr als drei Viertel[n] einer solchen«, aber doch über etwa fünf Druckseiten hin ist Goethe seinen Gästen allerhand »Bedeutendes *vorzulegen*« bedacht und kommen allerhand »Curiositäten« *»zur Betrachtung«*.[155]

---

147 Bd. 2, S. 719.

148 Goethe, Gespräche, Bd. 10, S. 54; der betreffende Nachtragsband (Bd. 10: Nachträge 1755–1832) ist in Thomas Manns Nachlaßbibliothek nicht erhalten.

149 Bd. 2, S. 433.

150 Bd. 2, S. 746.

151 Bd. 2, S. 723; im Original keine Hervorhebung.

152 Bd. 2, S. 739, 741.

153 Bd. 2, S. 739; im Original keine Hervorhebung.

154 Goethe, Gespräche, Bd. 5, S. 251; Thomas Manns Hervorhebung.

155 Bd. 2, S. 742–745; im Original keine Hervorhebung. Vgl. z. B. zur »›Schlacht Constantins‹, in großen Blättern« (Bd. 2, S. 743) Goethe, Gespräche, Bd. 5, S. 231; von Thomas Mann unterstrichen.

Trotzdem begeht Thomas Manns Goethe den Konstruktionsfehler nicht bei der Gelegenheit, wo er doch in der Tat dies oder das zu ›zeigen‹ hätte; sondern Thomas Mann hat den Fehler auf das Verb »erzählen« übertragen. Das *hier* falsch konstruierte Verb ist nun aber eng mit einem literarischen Genre assoziiert. Assoziiert ist es ausgerechnet mit derjenigen Gattung, in der allein Thomas Mann als Rivale Goethes überhaupt je in Betracht kommen konnte. Und in dieser Gattung allein vermochte er ja endlich auch den »Theaterstoff des Besuches der alten Lotte« zu bewältigen, trotz seines ursprünglichen und angeblich einmaligen ›Drangs, ein Stück darüber zu schreiben‹.

In der literarischen Rivalität, welche auszuagieren dieser ›Stoff‹ sich anbot wie nur einer, gleicht Thomas Manns Verhältnis zu Goethe der normalen, notwendig mit Aggressionen und Schuldgefühlen behafteten, eben der ›ödipalen‹ Beziehung eines Sohns zum Vater. Es unterscheidet sich sehr wesentlich von den pathologischen, ungebrochen »patriarchalischen« Verhältnissen, die Thomas Mann am »Hausvater[ ]«[156] Goethe und dem erwachsenen Sohn August so aufdringlich stark herausarbeitete. Das beste Beispiel dafür wäre wohl jenes autoritäre Verbot, an den Befreiungskriegen teilzunehmen und am patriotischen Gemeinschaftsgefühl teilzuhaben. Für die »väterliche Ehre«, die ihm diese politische Isolation von den Gleichaltrigen »erwiesen« haben soll,[157] hat August auch noch dankbar zu sein. Thomas Mann, das ließe sich quellenkritisch genau verfolgen, hat dieses im bedenklichen Sinn ›Patriarchale‹ gezielt in die Karikatur getrieben. Er hat es sehr viel stärker profiliert, als er es bei Wilhelm Bode, in der hier einschlägigen Hauptquelle angedeutet finden konnte: *Goethes Sohn* – ein für die »patriarchalische[ ]« Unterwerfung, die sogar noch postum bedingungslose Unterworfenheit des »Sohn[s]« unter den Namen des Vaters natürlich an sich schon überaus verräterischer und ungewollt vielsagender Buchtitel.

Als Gegenbild solch »patriarchalische[r]« Verhältnisse, als virtueller Vatermord gelesen, scheint *Lotte in Weimar* geradezu mustergültig Harold Blooms Theoretisierung des literarischen Einflusses als eines ›ödipalen‹ Syndroms von Identifikation und gleichzeitiger Aggression zu erhärten.[158] Der jüngere Autor, der es im nächsten Projekt, freilich wieder ›nur‹ einem Roman, mit der »Faust-Idee« aufnehmen und der damit in direkte Konkurrenz zu Goethes ›tragisch‹-dramatischem Hauptwerk treten wird, »[u]nser[em]« überhaupt »größte[n] Gedicht«,[159] versucht die Stelle des zugleich bewunderten und beneideten Vorbilds zu besetzen. Der geradezu schulbeispielhafte Verifikationswert, den *Lotte in Weimar* für Blooms Literaturtheorie augenscheinlich besitzt, ist allerdings unter rezeptionsgeschichtlicher Perspektive zu relativieren und zu korrigieren.

156 Bd. 2, S. 726.

157 Bd. 2, S. 604.

158 Harold Bloom, The Anxiety of Influence. A Theory of Poetry, London und New York: Oxford University Press, 1973.

159 Bd. 11, S. 1131.

Zwar konnte Thomas Mann selbstverständlich nicht diese Jahrzehnte jüngere Theorie selbst kennen. Sehr wohl aber waren ihm deren psychologische Voraussetzungen vertraut. Und sein Verhältnis zum literarischen ›precursor‹ vermochte er daher in theoretisch schon sehr ähnlicher Weise zu reflektieren, wie Bloom es getan hätte. Thomas Mann konzeptualisierte *Lotte in Weimar* als »unio mystica mit dem *Vater*«;[160] und Goethe verstand er dabei ganz bewußt mittels tiefenpsychologischer Terminologie als seine »Vater-Imago«.[161]

Daß aber die Phantasie, die Stelle des ›Vaters‹ einzunehmen, erst in *Lotte in Weimar* zu einem vollendeten Werk gedieh, weist über dessen bloß individualpsychologische Dimension hinaus. Es weist auf die engen Beziehungen gerade dieses Romans zu den historischen Vorgängen seiner Entstehungszeit. Erst unter zeitgeschichtlichen Bedingungen, wie sie seit dem Jahr 1933 gegeben waren, aus dem die erste Bezeugung einer »produktive[n] Ausschau« auf den »Besuch[ ] der alten Lotte« datiert, wandelte sich Thomas Mann zu einem politisch ernsthaft engagierten Autor, nachdem er zuvor mit den in Deutschland jeweils herrschenden Verhältnissen durchaus konform zu bleiben sich bemüht hatte: zunächst als angeblich »Unpolitische[r]« unter dem wilhelminischen Kaiserreich; dann in einem ziemlich unverzüglich, ja geradezu peinlich prompt abgelegten Bekenntnis zur Weimarer Republik, bis diese eben in der nationalsozialistischen Diktatur unterging.

Vor der Kulisse dieses Untergangs erhält der Ortsname im Romantitel seine besondere Emphase: ›Weimar‹ als Eponym der gescheiterten Republik,[162] der politischen Misere Deutschlands; und ›Weimar‹ als Inbegriff seiner kulturellen Größe. Mit gleichsam exorzistischem Gestus konfrontiert *Lotte in Weimar* das nationalsozialistische Deutschland mit den Standards deutscher, aber nicht im nationalistisch verengten Sinn deutscher Geisteskultur – nicht umsonst wurde Weimar zu Goethes zweihundertfünfzigstem Geburtsjahr zur *europäischen* Kulturstadt ernannt –, als deren Hauptrepräsentant Goethe gilt und Thomas Mann zu gelten versuchte beziehungsweise im Exil auch wirklich zu gelten vermochte: »Where I am, there is Germany«, hat der seinerzeit tschechoslowakische Staatsbürger so oder ähnlich wohl wirklich gesagt.[163]

Die Konfrontation der historischen Realität mit dem Ideal einer ›Kulturnation‹, welches die deutsche Identität von 1806 bis 1990 immer wieder zu konsolidieren half, von der Auflösung des Heiligen Römischen Reichs Deutscher Nation durch den von Goethe verehrten Napoleon bis zur ›Wiederver-

---

160 Bd. 13, S. 169; Hervorhebung des Originals.

161 Briefe vom 27./28. April 1942 und vom 12. Januar 1943 an Agnes E. Meyer; Selbstkommentare: *Lotte in Weimar*, S. 70, 72.

162 Vgl. z. B. Bd. 11, S. 825.

163 Vgl. Helmut Koopmann, Lotte in Amerika, Thomas Mann in Weimar. Erläuterungen zum Satz: »Wo ich bin, ist die deutsche Kultur«, in: Heinz Gockel, Michael Neumann und Ruprecht Wimmer (Hgg.), Wagner – Nietzsche – Thomas Mann. Festschrift für Eckhard Heftrich, Frankfurt a. M.: Klostermann, 1993, S. 324–342, hier S. 326.

einigung‹, bestimmt auch den Sinn der dem Romantitel unmittelbar folgenden Worte, eines Mottos aus dem *West-östlichen Divan*:

Durch allen Schall und Klang
Der Transoxanen
Erkühnt sich unser Sang
Auf deine Bahnen!
Uns ist für gar nichts bang,
In dir lebendig,
Dein Leben daure lang,
Dein Reich beständig![164]

Wie Thomas Mann mit der Zeit selber vergessen zu haben scheint,[165] handelt es sich hierbei eigentlich um ein Huldigungsgedicht Goethes an den freilich nicht namentlich angesprochenen Herzog Karl August. Einem Roman über Goethe vorangestellt und aus seinem historischen Kontext gebrochen, den zu ignorieren die sehr dunklen Anspielungen auf den Wiener Kongreß freilich auch nur wenig hindern, nimmt das Gedicht und nehmen insbesondere dessen letzte Worte einen ganz anderen Sinn an: »Dein Reich beständig!« Der Wunsch oder Segen kann nun unmöglich der politischen und militärischen Machtfülle gelten, die er ursprünglich sehr wohl mit meinte. Angesprochen kann im Motto nur noch Goethe selbst, das »Reich« kann kein territorial konkretes mehr sein.

Daß das Motto auch am Anfang der Verfilmung, gleich nach dem Übergang der Einstellung vom zeitgenössischen zum historisch attrappierten Weimar, aus dem ›off‹ gesprochen und in voller Länge ertönt (und Günther also seinem Kinopublikum selbst die darin erwähnten »Transoxanen« zumutete), bezeugt die Wirksamkeit der Emphase, die Thomas Mann hier seinem kulturnationalen Identitätskonzept gab. Denselben rezeptionsgeschichtlichen Zeugniswert hat Günthers Film ja wohl schon als solcher und als ganzer, nicht zuletzt deswegen, weil es der einzige blieb, der in der DDR nach einem Roman Thomas Manns gedreht wurde (nachdem dessen hübsche Idee, die *Buddenbrooks*, als »eine[] Art von deutschem Hausbuch«,[166] in einer Kooperation beider deutscher Staaten zu verfilmen, sich wegen politischer Widerstände aus der Bundesrepublik zerschlagen hatte[167]). Selbstverständlich gab es dafür auch äußere Ursachen und banale Veranlassungen. Der Schauplatz und Drehort lag sozusagen vor den Toren der DEFA. Und schon mit der Filmmusik (Mahlers Sechster Symphonie) versuchte die ›sozialistische‹ Kulturindustrie hier ganz offensichtlich an den nur wenig älteren Kassenerfolg und Prestigegewinn von Luchino Viscontis – seiner-

164 Bd. 2, S. 367.
165 Vgl. den Brief vom 14. März 1951 an Eberhard Hilscher; Selbstkommentare: *Lotte in Weimar*, S. 107.
166 Manuskript des Thomas Mann-Archivs. Vgl. auch Bd. 11, S. 377 f.
167 Vgl. Renner, Verfilmungen, S. 799 f.; Bernd Ulrich, In spaßiger Hoffnungslosigkeit. Thomas Mann und das bundesrepublikanische Bürgertum, in: Neue Rundschau 112.3, 2001, S. 110–122, hier S. 116.

zeit eben ins DDR-Kino gelangtem – *Tod in Venedig* (und der darin prominenten Fünften Symphonie) anzuknüpfen (beziehungsweise im Inventar des Mahlerschen Œuvres einfach fortzuzählen). Dennoch erscheint es sehr stimmig und sinnig, daß sich die Kulturpolitik der DDR zur Verfilmung nur gerade diesen einen und damit den einzigen Roman Thomas Manns vornahm, der »Deutschland und die Deutschen« zum Thema hat und dessen Handlung zugleich in einem sozusagen noch mehrstaatlichen, politisch ohnmächtigen, aber kulturell anerkannten Deutschland situiert ist. Es scheint daher seine guten und gescheiten Gründe gehabt zu haben, wenn man *Lotte in Weimar* gerade im kleineren und gefährdeteren der beiden deutschen Staaten zu aktualisieren und zu popularisieren versuchte, dessen Existenz und dessen Recht auf Zukunft die größere und ökonomisch auch seinerzeit bereits haushoch überlegene Nachbarrepublik grundsätzlich in Frage stellte und bedrohte.

Einer solchen Dissoziation von deutscher Kulturhoheit und nationalen Territorialansprüchen gedachte Thomas Mann ja sogar schon selber die Rezeptionsgeschichte von *Lotte in Weimar* zu unterstellen, mit jenem Verbot eben, die Dramatisierung des Romans in ›Deutschland‹ uraufzuführen. Daß er an dieser Auflage dann doch nicht festhielt, reflektiert möglicherweise den schnell zunehmenden Abstand des Nachkriegsexils zu den Bedingungen, unter denen der Roman entstand und zu denen natürlich die Erfahrung einer *notgedrungenen* Exiliertheit gehörte: Nur drei Wochen nach Beginn der Arbeit an *Lotte in Weimar* hatte Thomas Mann die deutsche Staatsbürgerschaft verloren.

Auf der Basis eines von Territorialgewalt und institutioneller Macht freigehaltenen Begriffs von nationaler Identität, wie er Thomas Manns Selbstverständnis als Exulant damals zwangsläufig entscheidend prägte, erscheint das Exil im Roman als die den Deutschen eigentlich angemessenste Existenzform.[168] Goethe, in Weimar selbst in ein »isolierte[s] Leben«[169] gleichsam exiliert und zur erzählten Zeit eben dabei, »das Bürgerrecht« seiner Heimatstadt Frankfurt aufzugeben,[170] prophezeit den Deutschen das Exil als Strafe für ihre »abgeschmackte[] [...] Selbstverherrlichung«.[171] Nach dem Vorbild seiner eigenen, »androgyne[n]«, das heißt für ihn: wesentlich »empfangend[en]«,[172] aus anderer Perspektive allerdings auch parasitären, einer wahren »Schmarutzer[]«-Natur,[173] die er dem Originalitätsdünkel der Deutschen entgegenhält, werden die-

168 Vgl. Goethe, Gespräche, Bd. 2, S. 203.

169 Bd. 2, S. 657.

170 Bd. 2, S. 598. Vgl. Bode, S. 164.

171 Bd. 2, S. 664.

172 Ebd. Vgl. von Bradish, S. 32; von Thomas Mann angestrichen: »Unser Dichter selbst ist ein ausgesprochen weibliches ›Genie‹. [...] Seine Dichtungen gleichen Kindern, die eine Frau von verschiedenen Männern empfangen hat.«

173 Bd. 2, S. 465 f.

se »im Exil erst [...] die Masse des Guten, die in ihnen liegt, zum Heile der Nationen entwickeln und das Salz der Erde sein...«.[174]

Die Deutschen sollen zum Exil also nicht eben nur verflucht, sondern fürs Exil auch geradezu heilsgeschichtlich auserwählt sein. Diese Ambivalenz bildet das tertium comparationis eines Vergleichs, den Goethe zwischen ihnen, den Deutschen, und den Juden im siebten Kapitel zieht und im achten wiederholt. Wiederaufgegriffen wird bei dieser weiteren Gelegenheit eigens auch das Zitat aus dem Matthäusevangelium. Die Juden seien das eine, die Deutschen »das andere Salz der Erde«.[175] Gerade die Bibelstelle aber, genauer gesagt die nicht mehr affirmative, sondern nur noch ironische Verwendung, die sie später im Umkreis der auch von Thomas Mann so genannten ›Judenfrage‹ finden sollte, läßt den einst fast schon topischen[176] Vergleich von Deutschen und Juden als problematisch erscheinen. Ein paar wenige, doch für die jüdisch-deutsche Entfremdung eben alles entscheidende Jahre später sollte Theilhaber ja bei seiner kritischen Periphrase des mittlerweile so gründlich enttäuschten und widerlegten Assimilationswillens und -glaubens just dasselbe Bibelwort vom ›Salz der Erde‹ als reinen Sarkasmus anzitieren, – ob es sich dabei nun um eine einfach nur sehr sinnige Koinzidenz oder aber sogar um eine kalkulierte Replik auf den Thomas Mannschen Goethe und in eins damit in gewissem Sinn auf Goethe selber handelt. Denn abgesehen einmal von dem Evangelienzitat selbst ist der mit diesem zusätzlich profilierte Vergleich in *Goethes Gesprächen* mit den fast gleichen Worten bezeugt[177] (wie etwa auch der ins achte Kapitel aufgenommene Bericht vom Pogrom in Eger[178]). Nur mußte ein Vergleich der Juden ausgerechnet mit den Deutschen seinerzeit, Ende der Dreißiger-, und erst recht Mitte der Vierzigerjahre, nach beschlossener ›Endlösung‹, als ihn Saul Fitelberg im *Doktor Faustus* nochmals wagte,[179] sehr viel provokanter wirken, als ihn Goethe je gemeint haben konnte: Möglicherweise hatte ihn Thomas Mann dem siebten Kapitel sogar unter dem unmittelbaren Eindruck der ›Reichskristallnacht‹ integriert[180] (die jedenfalls den historischen Hintergrund für die etwas jüngere Übernahme des so gewissermaßen aktualisierten Berichts von jenem Pogrom bildet).

---

174 Bd. 2, S. 665.

175 Bd. 2, S. 733.

176 Vgl. Dietz Bering, Juden und die deutsche Sprache. Fundierung eines Forschungsprojekts, in: Dieter Cherubim, Karlheinz Jakob und Angelika Linke (Hgg.), Neue deutsche Sprachgeschichte. Mentalitäts-, kultur- und sozialgeschichtliche Zusammenhänge, Berlin und New York: de Gruyter, 2002 (Studia Linguistica Germanica, Bd. 64), S. 269–291.

177 Goethe, Gespräche, Bd. 2, S. 232; vgl. S. 199.

178 Bd. 2, S. 727 f. Vgl. Goethe, Gespräche, Bd. 4, S. 106 f.

179 Bd. 6, S. 541.

180 Vgl. die Tagebucheinträge vom 11., 12., 13. und 14. November 1938; Tagebücher 1937–1939, S. 319–321.

Daß der exilierte Autor, der sich in seiner ersten Radioadresse an die »Deutsche[n] Hörer!« auf Goethe und seinen Goethe-Roman berief,[181] in diesem durch Goethes Mund und somit aus höchster Instanz den Deutschen seiner eigenen Zeit die Leviten zu lesen beabsichtigte, zeigt sich ganz unmittelbar an einer einst berühmt gewordenen Stelle des ›inneren Monologs‹. Darin hat Goethe seine eigene »Distanz vom Deutschen« und seine »Antipathie« gegen dessen »Gemeinheit«[182] mit jenen Einschlüssen fremden ›Bluts‹ zu erklären, also letztlich rassenbiologisch (und in sehr ähnlicher, ähnlich sexuierender, das ›Fremde‹ einer weiblichen Linie der Genealogie zuordnender Weise, wie Thomas Mann damals seine und seines Bruders literarische Innovationsleistung differenzierte[183] oder wie er wenig später in der Erzählung *Das Gesetz* den Abstand zwischen Moses und Israel bestimmte[184]):

> [...] daß sie sich jedem verzückten Schurken gläubig hingeben, der ihr Niedrigstes aufruft, sie in ihren Lastern bestärkt und sie lehrt, Nationalität als Isolierung und Roheit zu begreifen, – daß sie sich immer erst groß und herrlich vorkommen, wenn all ihre Würde gründlich verspielt, und mit so hämischer Galle auf die blicken, in denen die Fremden Deutschland sehn und ehren, ist miserabel. [...] Sie mögen mich nicht – recht so, ich mag sie auch nicht [...]. Ich hab mein Deutschtum für mich – mag sie mitsamt der boshaften Philisterei, die sie so nennen, der Teufel holen. Sie meinen, sie sind Deutschland, aber ich bins, und gings zugrunde mit Stumpf und Stiel, es dauerte in mir. [...] Unseliges Volk, es wird nicht gut ausgehen mit ihm, denn es will sich selber nicht verstehen, und jedes Mißverstehen seiner selbst erregt [...] den Haß der Welt und bringt es in äußerste Gefahr. [...] das Schicksal wird sie schlagen, weil sie sich selbst verrieten und nicht sein wollten, was sie sind [...].[185]

Wie er selber eingestand,[186] hat Thomas Mann hier seine Selbstidentifikation mit Goethe, den hier überdeutlichen Bezug zu seiner eigenen Gegenwart und Situation damit erkauft, daß er (genau wie in *Das Gesetz* und sogar mit demselben Schimpfvokabular[187]) seine sonst peinlich gewahrte Treue zu den Quellen preisgab. Er opferte sie »dem unverschämten Anachronismus« einer »Anspielung auf den hochseligen Adolf«.[188] Er ließ seinen Goethe ganz ausnahmsweise sagen, was weder in dieser noch auch nur in ähnlicher Form verbürgt ist.

Derselben Absicht, auf die zur Entstehungszeit des Romans in Deutschland gegebenen Bedingungen Bezug zu nehmen, scheint auch jene Verwechslung der beiden Schreiber John gedient zu haben. Ernst Carl John, dessen Auftritt im

181 Bd. 11, S. 986.

182 Bd. 2, S. 657.

183 Brief vom 3. Februar 1936 an Eduard Korrodi; Briefe, Bd. 1, S. 409–413, hier S. 412 f.

184 Bd. 8, S. 821, 854 f.

185 Bd. 2, S. 657–665.

186 Briefe vom 1. November 1946 an Anna Jacobson und vom 3. September 1950 an J. L. Neuscheller; Selbstkommentare: *Lotte in Weimar,* S. 84, 103.

187 Bd. 8, S. 875 f.

188 Brief vom 4. Oktober 1946 an Viktor Mann; Selbstkommentare: *Lotte in Weimar,* S. 80.

siebten Kapitel sehr bezeichnenderweise das »Gemurmel« über den Selbstverrat der Deutschen unterbricht, obwohl er seinerzeit eigentlich schon aus Goethes Dienst ausgeschieden war und Thomas Mann dies auch nach Maßgabe seiner Notizen gewußt haben muß, verkörpert all das, was Goethe an den Deutschen soeben verflucht hat. Zu diesem Zweck werden auf John etliche, historisch nur zum Teil belegbare und zum Teil sogar eindeutig *wider*legbare Merkmale versammelt, die Goethes Unwillen hervorrufen: Tabak- und Schnapskonsum; Krankheit und Langschläferei; Stubenhockerei und die schlechte Haltung eines ohnehin disproportionierten Körpers; eine Brille im blatternarbigen Gesicht und »revolutionäre[ ] Grillen«.[189] (Die Partie von *Dichtung und Wahrheit* hingegen, die Goethe John gleich diktieren wird, fängt im Gegenteil mit dem selbstgratulatorischen Hinweis darauf an, daß seine, Goethes, »Stellung gegen die obern Stände – sehr günstig«[190] war.)

Johns »verunnaturende[r] Drang[ ] nach Weltverbesserung«,[191] der erraten läßt, warum Günther die Figur für die DEFA holus bolus eskamotierte, geht auf ein Mißverständnis zurück, welches schon in Thomas Manns Quellen vorgegeben war. Denn eine liberale Schrift, deren Verfasserschaft John zu Recht nachgesagt wurde, hatte dieser in Wahrheit als agent provocateur geschrieben, um illoyale Staatsbeamte zu ködern.[192] Der also nur angebliche »Widersprechungsgeist[ ]«[193] wird jedenfalls in diametralen Gegensatz zu Johns historisch bezeugtem und von Goethe tatsächlich erfülltem Wunsch gerückt, bei einer »Censur-Behörde«[194] empfohlen zu werden. John erscheint damit nun aber nicht mehr einfach nur als der ›willige Vollstrecker‹ staatlicher Repression, der er wohl wirklich war; sondern seine besondere zeitgeschichtliche Brisanz erhält er über ebenjenes Mißverständnis, durch den vermeintlichen Verrat an den revolutionären Idealen seiner Jugend. John erscheint hier als der Typ des Opportunisten, wie er zur Entstehungszeit des Romans die politische Situation in Deutschland mit ermöglicht und mit zu verantworten hatte.

Trotz der unheimlich hohen Aktualität, die Opportunismus und Mitläufertum als Faktoren deutscher Geschichte gerade letzthin wieder gewinnen konnten, wird *Lotte in Weimar* »heute manchmal« als der »langweiligste Roman Thomas Manns empfunden«[195] und jenseits des deutschen Sprachraums so gut wie gar nicht mehr rezipiert. Von der 1990 neu aufgelegten englischen Über-

---

189 Bd. 2, S. 668.

190 Bd. 2, S. 675.

191 Bd. 2, S. 668 f.

192 Vgl. Walter Gruppe, Goethes Sekretär Ernst Carl John. Sein Bild in der Forschung und bei Thomas Mann, in: Goethe-Jahrbuch, Neue Folge, 24, 1962, S. 202–223, hier S. 213.

193 Bd. 2, S. 668.

194 Bd. 2, S. 673.

195 Hermann Kurzke, Thomas Mann. Epoche – Werk – Wirkung, München: Beck, ^{3}1997 (Arbeitsbücher zur Literaturgeschichte), S. 261.

setzung wurden in Großbritannien offenbar nur sehr wenige Exemplare verkauft. Das außerhalb der Fachwissenschaft völlig mangelnde Interesse an Thomas Manns Auseinandersetzung mit seiner »Vater-Imago« reflektiert wohl auch radikale Korrekturen des Goethe-Bilds seit Eissler, vor deren Hintergrund Thomas Manns respektlose Darstellung ihr seinerzeit durchaus Gewagt-Spektakuläres weitgehend eingebüßt hat. Vor allem aber scheint sich die Anziehungskraft des Romans einfach mit zunehmender Distanz zu der Zeit zu verlieren, mit der abzurechnen Zweck und die zugleich Bedingung der darin so weitgehenden Selbstidentifikation mit Goethe war. Dafür spricht ex negativo die Beachtung und Verbreitung, die *Lotte in Weimar* fand, solange solche Distanz noch nicht bestand. Als »the outstanding literary event of 1940«[196] konnte die englische Erstausgabe angekündigt werden, und nach Kriegsende wurde *Lotte in Weimar* als erstes Buch Thomas Manns in Deutschland neu aufgelegt.[197]

Schon während der nationalsozialistischen Diktatur hatten unter der Hand Auszüge daraus in Deutschland unter dem vorsätzlich irreführenden Titel »Aus Goethe's Gesprächen mit Riemer«[198] zirkuliert, darunter auch jene ausnahmsweise ganz frei erfundenen Anspielungen auf den »verzückten Schurken«. Nach dem Krieg kam dieser Passus Lord Hartley W. Shawcross zu Gesicht, dem britischen Ankläger bei den Nürnberger Prozessen; und in seinem Plädoyer zitierte er sie bona fide als Worte Goethes selbst, so daß Thomas Mann hier für einmal wirklich die Stelle seiner »Vater-Imago« eingenommen hat.

---

196 Thomas Mann, The Beloved Returns. Lotte in Weimar, New York: Alfred A. Knopf, 1940 [Titelblatt].

197 Thomas Mann, Lotte in Weimar, Berlin: Suhrkamp, 1946.

198 Brief vom 20. Oktober 1946 an die Redaktion des German American; Selbstkommentare: *Lotte in Weimar*, S. 82.

Anhang

Bibliographie

Thomas Mann-Ausgaben

Hans Bürgin und Hans-Otto Mayer (Hgg.), Die Briefe Thomas Manns. Regesten und Register, Frankfurt a. M.: Fischer, 1977–1987

Hanns Martin Elster (Hg.), Thomas Mann, Dresden: Lehmann, 1920 (Deutsche Dichterhandschriften, Bd. 1)

Volkmar Hansen und Gert Heine (Hgg.), Frage und Antwort. Interviews mit Thomas Mann. 1909–1955, Hamburg: Knaus, 1983

Gert Heine und Paul Schommer (Hgg.), Herzlich zugeeignet. Widmungen von Thomas Mann 1887–1955. Eine Ausstellung des Heinrich und Thomas Mann-Zentrums Lübeck vom 15. März bis 3. Mai 1998, Lübeck: Dräger, 1998

Thomas Mann, Tristan. Sechs Novellen, Berlin: Fischer, 1903

Ders., Beim Propheten. Eine Skizze, in: Neue Freie Presse, 22. Mai 1904 (Pfingstbeilage), S. 40–42

Ders., Das Wunderkind. Novellen, Berlin: Fischer, 1914

Ders., Die Schweiz im Spiegel, in: Wissen und Leben 17.2, 20. Oktober 1923, S. 77–82

Ders., Bemühungen. Neue Folge der Gesammelten Abhandlungen und kleinen Aufsätze, Berlin: Fischer, 1925

Ders., Königliche Hoheit und die Novellen, Berlin: Wegweiser, o. J. [1928] (Auswahlreihe des Volksverbands der Bücherfreunde)

Ders., The Beloved Returns. Lotte in Weimar, New York: Alfred A. Knopf, 1940

Ders., Ausgewählte Erzählungen, Stockholm: Bermann-Fischer, $^{1-5}$1945 (Stockholmer Gesamtausgabe)

Ders., Eine Botschaft an das deutsche Volk, in: Aachener Nachrichten, 31. Januar 1945, S. 1

Ders., Germany and the Germans, Washington: Library of Congress, 1945

Ders., Lotte in Weimar, Berlin: Suhrkamp, 1946

Ders., Ausgewählte Erzählungen, Stockholm: Bermann-Fischer, $^{6-12}$1948 (Stockholmer Gesamtausgabe)

Ders., Ausgewählte Erzählungen, Berlin: Aufbau, 1953

Ders., Die Betrogene. Erzählung [Faksimile der Handschrift], Lausanne: Watli, 1953

Ders., Ausgewählte Erzählungen, o. O.: Fischer, $^{13-17}$1954

Ders., Gesammelte Werke in zwölf Bänden, hg. v. Hans Mayer und Erich Neumann, Berlin: Aufbau, 1955

Ders., Briefe, hg. v. Erika Mann, Frankfurt a. M.: Fischer, 1961–1965

Ders., Gesammelte Werke, Frankfurt a. M.: Fischer, ^{2}1974

Ders., Briefe an Otto Grautoff 1894–1901 und Ida Boy-Ed 1903–1928, hg. v. Peter de Mendelssohn, Frankfurt a. M.: Fischer, 1975

Ders., Aufsätze; Reden; Essays, Bd. 1: 1893–1913, hg. v. Harry Matter, Berlin und Weimar: Aufbau, 1983

Ders., Selbstkommentare: *Der Erwählte*, hg. v. Hans Wysling, Frankfurt a. M.: Fischer, 1989 (Informationen und Materialien zur Literatur)

Ders., Selbstkommentare: *Königliche Hoheit* und *Bekenntnisse des Hochstaplers Felix Krull*, hg. v. Hans Wysling, Frankfurt a. M.: Fischer, 1989 (Informationen und Materialien zur Literatur)
Ders., Selbstkommentare: *Buddenbrooks*, hg. v. Hans Wysling, Frankfurt a. M.: Fischer, 1990 (Informationen und Materialien zur Literatur)
Ders., Notizbücher, hg. v. Hans Wysling und Yvonne Schmidlin, Frankfurt a. M.: Fischer, 1991 f.
Ders., Selbstkommentare: *Doktor Faustus* und *Die Entstehung des Doktor Faustus*, hg. v. Hans Wysling, Frankfurt a. M.: Fischer, 1992 (Informationen und Materialien zur Literatur)
Ders., Selbstkommentare: *Der Zauberberg*, hg. v. Hans Wysling, Frankfurt a. M.: Fischer, 1993 (Informationen und Materialien zur Literatur)
Ders., Tagebücher, hg. v. Peter de Mendelssohn und Inge Jens, Frankfurt a. M.: Fischer, 1977–1995
Ders., Selbstkommentare: *Lotte in Weimar*, hg. v. Hans Wysling, Frankfurt a. M.: Fischer, 1996 (Informationen und Materialien zur Literatur)
Ders., Theodor Storm. Essay, hg. und kommentiert v. Karl Ernst Laage, Heide: Boyens, 1996
Ders., Essays, hg. v. Hermann Kurzke und Stephan Stachorski, Frankfurt a. M.: Fischer, 1993–1997
Ders., Lotte in Weimar, Frankfurt a. M.: Fischer, 1997
Ders., *On Myself* and other Princeton Lectures, hg. v. James N. Bade, Frankfurt a. M., Berlin, Bern, New York, Paris und Wien: Lang, [2]1997 (Historisch-kritische Arbeiten zur deutschen Literatur, Bd. 18)
Ders., Über mich selbst. Autobiographische Schriften, Frankfurt: Fischer, 1997
Ders., Im Schatten Wagners. Thomas Mann über Richard Wagner. Texte, Zeugnisse 1895–1955, hg. v. Hans Rudolf Vaget, Frankfurt a. M.: Fischer, 1999 (Forum Wissenschaft, Literatur und Kunst)
Ders., Briefe I. 1889–1913, hg. v. Thomas Sprecher, Hans R. Vaget und Cornelia Bernini, Frankfurt a. M.: Fischer, 2002 (Große kommentierte Frankfurter Ausgabe, Bd. 21)
Ders., Buddenbrooks. Verfall einer Familie, hg. v. Eckhard Heftrich, Frankfurt a. M.: Fischer, 2002 (Große kommentierte Frankfurter Ausgabe, Bd. 1.1)
Ders., Buddenbrooks. Verfall einer Familie. Kommentar v. Eckhard Heftrich und Stephan Stachorski, Frankfurt a. M.: Fischer, 2002 (Große kommentierte Frankfurter Ausgabe, Bd. 1.2)
Ders., Essays I. 1893–1914, hg. v. Heinrich Detering, Frankfurt a. M.: Fischer, 2002 (Große kommentierte Frankfurter Ausgabe, Bd. 14.1)
Ders., Essays I. 1893–1914, Kommentar v. Heinrich Detering, Frankfurt a. M.: Fischer, 2002 (Große kommentierte Frankfurter Ausgabe, Bd. 14.2)
Ders. und Heinrich Mann, Briefwechsel 1900–1949, hg. v. Hans Wysling, Frankfurt a. M.: Fischer, [3]1995
Ders. und Agnes E. Meyer, Briefwechsel 1937–1955, hg. v. Hans Rudolf Vaget, Frankfurt a. M.: Fischer, 1992
Hans Wysling, [Edition von:] Die Fragmente zu Thomas Manns Fürsten-Novelle, in: Paul Scherrer und Hans Wysling, Quellenkritische Studien zum Werk Thomas Manns, Bern und München: Francke, 1967 (Thomas Mann-Studien, Bd. 1), S. 64–105
Ders. (Hg.), Thomas Mann, München: Heimeran, 1975–1981 (Dichter über ihre Dichtungen, Bd. 14/I–III)

Quellenliteratur

Th[eodor] W. Adorno, Aus einem Brief über die *Betrogene* an Thomas Mann, in: Akzente 2, 1955, S. 284–287

Ders., Satzzeichen, in: Akzente 3, 1956, S. 569–575

Hans Christian Andersen, Die Eisjungfer, in: H[ans] C[hristian] Andersen, Märchen. Gesamt-Ausgabe, Halle a. d. S.: Hendel, o. J. [1888], S. 472–518

Lou Andreas-Salomé, Lebensrückblick. Grundriß einiger Lebenserinnerungen, hg. v. Ernst Pfeiffer, Frankfurt a. M. und Leipzig: Insel, [5]o. J.

Richard Andree, Zur Volkskunde der Juden. Mit einer Karte über die Verbreitung der Juden in Mitteleuropa, Bielefeld und Leipzig: Velhagen und Klasing, 1881

Anonymus, Thomas Mann (Zeitungsausschnitt in Thomas Manns Nachlaß, o. O. u. J.)

Austin J. App, Thomas Mann, Christian Novelist, in: Magnificat 64.3, 1939, S. 110–118

[Lucius] Apuleius, Der Goldene Esel. Satirisch-mystischer Roman, übersetzt v. August Rode, Berlin: Barsdorf, [5]1906

Ders., Metamorphoses, hg. v. J. Arthur Hanson, Cambridge (Massachusetts) und London: Harvard University Press, 1989 (Loeb Classical Library, Bd. 44, 453)

Hannah Arendt, Elemente und Ursprünge totaler Herrschaft. Antisemitismus, Imperialismus, Totalitarismus, München und Zürich: Piper, [6]1998

Aristoteles, Physica, hg. v. W. D. Ross, London und New York: Typographeum Clarendonianum, 1950 (Scriptorum Classicorum Bibliotheca Oxoniensis)

Ingeborg Bachmann, Werke, hg. v. Christine Koschel, Inge von Weidenbaum und Clemens Münster, München und Zürich: Piper, [2]1982

Johann Jakob Bachofen, Das Mutterrecht. Eine Untersuchung über die Gynaikokratie der alten Welt nach ihrer religiösen und rechtlichen Natur, Basel: Schwabe, [2]1897

Ders., Mutterrecht und Urreligion. Eine Auswahl, hg. v. Rudolf Marx, Leipzig: Kröner, o. J. [1926]

Ders., Der Mythus von Orient und Occident. Eine Metaphysik der alten Welt. Aus den Werken von J. J. Bachofen. Mit einer Einleitung von Alfred Baeumler, hg. v. Manfred Schröter, München: Beck, 1926

Ders., Urreligion und antike Symbole. Systematisch angeordnete Auswahl aus seinen Werken [...], hg. v. Carl Albrecht Bernoulli, Leipzig: Reclam, 1926

Ders., Gesammelte Werke, hg. v. Karl Meuli, Basel: Schwabe, 1943–1967

Camillo Baldi, Come da una lettera missiva si conoscano la natura e qualità dello scrittore, Pordenone: Edizioni Studio Tesi, 1992 [1622]

Ders., Delle mentite et offese di parole come possino accomodarsi, Bologna: Mascheroni & Ferroni, 1623

Ders., De humanarum propensionum ex temperamento praenotionibus; De naturalibus ex unguium inspectione praesagiis et De ratione cognoscendi mores, & qualitates scribentis ex ipsius Epistola missiua. Nunc primum in latinum sermonem prodiens, Bologna: Ducci (Buccius), 1664

Emil Barth, Schloßzauber, in: Merian 4.5, 1951, S. 56–59

Elmer Berger, The Jewish Dilemma, New York: Devin-Adair, [2]1946

Biblia [...], Wittenberg: Hans Lufft, 1545 (Nachdruck Stuttgart: Deutsche Bibelgesellschaft, [2]1980)

Die heiligen Schriften des Alten und Neuen Bundes deutsch von Martin Luther, München und Leipzig: Georg Müller, o. J.

Das erste Buch Mose. Genesis, übersetzt und erklärt v. Gerhard von Rad, Göttingen: Vandenhoeck & Ruprecht, [5]1958

Die heiligen Schriften des Alten und Neuen Testaments, Zürich: Zürcher Bibel, 1971

Biblia sacra iuxta vulgatam versionem, hg. v. Robert Weber, Stuttgart: Württembergische Bibelanstalt, [2]1975

Novum Testamentum Graece, hg. v. Kurt Aland, Mathew Black, Carlo M. Martini, Bruce M. Metzger und Allen Wikgren, Stuttgart: Deutsche Bibelgesellschaft, [26]1979

Septuaginta. Id est Vetus Testamentum graece iuxta LXX interpretes, hg. v. Alfred Rahlfs, Stuttgart: Deutsche Bibelgesellschaft, 1979

Die Bibel. Nach der Übersetzung Martin Luthers, Stuttgart: Deutsche Bibelgesellschaft, 1984

Stuttgarter Erklärungsbibel. Die Heilige Schrift nach der Übersetzung Martin Luthers. Mit Einführungen und Erklärungen, hg. v. d. Evangelischen Kirche in Deutschland, Stuttgart: Deutsche Bibelgesellschaft, [2]1992

Albert Bielschowsky, Goethe. Sein Leben und seine Werke, Bd. 1, München: Beck, [8]1905

Franz Blei, Glanz und Elend berühmter Frauen, hg. v. Rolf-Peter Baake, Hamburg: Europäische Verlagsanstalt, 1998

Wilhelm Bode, Goethes Sohn, Berlin: E. S. Mittler, 1918

Ludwig Börne, Sämtliche Schiften, hg. v. Inge Rippmann und Peter Rippmann, Düsseldorf: Melzer, 1964–1968

Joseph A. von Bradish, Goethe als Erbe seiner Ahnen, Berlin und New York: Westermann, 1933 (Vortragsreihen, hg. i. A. des Verbandes deutscher Schriftsteller und Literaturfreunde in New York, Gemeinverständliche Folge, Heft 2)

Hellmut Walther Brann, Nietzsche und die Frauen, Leipzig: Meiner, 1931

Clemens Brentano, Gedichte, hg. v. Hermann Todsen, München: Beck, 1907 (Statuen deutscher Kultur, Bd. 10)

Houston Stewart Chamberlain, Goethe, München: Bruckmann, 1912

Michael Georg Conrad, [Rezension von:] *Im Schlaraffenland*. Roman von Heinrich Mann, in: Die Gegenwart. Wochenschrift für Literatur, Kunst und öffentliches Leben 58.52, 29. Dezember 1900, S. 415

Ludwig Derleth, Das Werk, hg. v. Dominik Jost, Bellnhausen ü. Gladenbach: Hinder und Deelmann, 1971 f.

Alfred Döblin, Autobiographische Schriften und letzte Aufzeichnungen, hg. v. Edgar Päßler, Olten und Freiburg i. Br.: Walter, 1977 (Jubiläums-Sonderausgabe)

Annette von Droste-Hülshoff, Historisch-kritische Ausgabe. Werke; Briefwechsel, hg. v. Winfried Woesler, Tübingen: Niemeyer, 1978 ff.

Eugen Dühring, Die Judenfrage als Racen-, Sitten- und Culturfrage, Karlsruhe und Leipzig: H. Reuther, 1881

Josef Ettlinger, Ein satirischer Roman, in: Das litterarische Echo. Halbmonatsschrift für Litteraturfreunde 3.5, Dezember 1900, Sp. 334–336

Hans Feist, Lottens Wiederkehr. Komödie in vier Akten (acht Bildern) nach Motiven aus Thomas Manns Roman, Wien und Hamburg: Georg Marton, o. J.

Antonio Averlino Filarete, Tractat über die Baukunst nebst seinen Büchern von der Zeichenkunst und den Bauten der Medici, hg. v. Wolfgang von Oettingen, Wien: Carl Graeser, 1890 (Quellenschriften für Kunstgeschichte und Kunsttechnik des Mittelalters und der Neuzeit, Neue Folge, Bd. 3; Nachdruck Hildesheim und New York: Georg Olms, 1974)

Anonymus Fischart, [Rezension von:] *Im Schlaraffenland.* Roman unter feinen Leuten, in: Der Scherer. Illustriertes Tiroler Halbmonatsblatt für Kunst und Laune in Politik und Leben 3.8, April 1901, S. 11

Maurice Fishberg, Die Rassenmerkmale der Juden. Eine Einführung in ihre Anthropologie, München: Ernst Reinhardt, 1913

F. K. Fleischhack, Bewerbungs-Frontkampf. Eine graphologische Massensichtung und erfolgspädagogische Studie, Leipzig: Wissenschaftliche Eignungsprüfung, 1935

Theodor Fontane, Große Brandenburger Ausgabe, hg. v. Gotthard Erler, Berlin: Aufbau, 1994 ff.

Karl Emil Franzos, Namensstudien, in: Karl Emil Franzos, Halb-Asien. Land und Leute des östlichen Europa, Bd. 5: Aus der großen Ebene I, Stuttgart: Adolf Bonz, 1888, S. 125–149

Sigmund Freud, Gesammelte Werke. Chronologisch geordnet, hg. v. Anna Freud, Edward Bibring und Ernst Kris, London: Imago, und Frankfurt a. M.: Fischer, 1940–1968 (Nachdruck Frankfurt a. M.: Fischer, 1999)

Ders. und C. G. Jung, Briefwechsel, hg. v. William McGuire und Wolfgang Sauerländer, Frankfurt a. M.: Fischer, 1974

Max Frisch, Gesammelte Werke in zeitlicher Folge, hg. v. Hans Mayer, Frankfurt a. M.: Suhrkamp, 1998

Theodor Fritsch, Antisemiten-Katechismus. Eine Zusammenstellung des wichtigsten Materials zum Verständniß der Judenfrage, Leipzig: Herm[ann] Beyer, [25]1893

Ders., Zwei Grundübel: Boden-Wucher und Börse. Eine gemein-verständliche Darstellung der brennendsten Zeitfragen, Leipzig: Herm[ann] Beyer, 1894

Ders. [alias F. Roderich-Stoltheim], Die Juden im Handel und das Geheimnis ihres Erfolges. Zugleich eine Antwort und Ergänzung zu Sombarts Buch: *Die Juden und das Wirtschaftsleben*, Steglitz: Peter Hobbing, 1913.

Théophile Gautier, Préface, in: Mademoiselle de Maupin, Paris: Charpentier, 1883 (Nachdruck Genève: Slatkine, 1978; Œuvres complètes, Bd. 5), S. 1–35

Ludwig Geiger, Goethe und die Seinen. Quellenmäßige Darstellungen über Goethes Haus, Leipzig: Voigtländer, 1908

Georg Gerster, Thomas Mann an der Arbeit, in: Die Weltwoche, 3. Dezember 1954, S. 21

Gesta Romanorum, übersetzt von Johann Georg Theodor Gräße, Leipzig: Löffler, 1905

Johann Wolfgang von Goethe, Werke, hg. i. A. der Großherzogin Sophie von Sachsen, Weimar: Böhlau, 1887–1919 (Nachdruck München: Deutscher Taschenbuch Verlag, 1987)

Ders., Gespräche, hg. v. Woldemar von Biedermann, Leipzig: von Biedermann, 1889–1896

Ders., Sämtliche Werke, München: Müller, und Berlin: Propyläen, 1909–1923

Jeremias Gotthelf, Werke, hg. v. Walter Muschg, Basel: Birkhäuser, 1948–1953 (Birkhäuser-Klassiker)

Günter Grass, »Fortsetzung folgt...«, in: Publications of the Modern Language Association of America 115.3, 2000, S. 300–309

Ders., Im Krebsgang. Eine Novelle, Göttingen: Steidl, 2002

Franz Grillparzer, Sämtliche Werke. Historisch-kritische Gesamtausgabe, hg. v. August Sauer und Reinhold Backmann, Wien: Anton Schroll, 1909–1948

R. H., Die verschleierte Fremde, in: Neue Deutsche Hefte 55, Februar 1959, S. 1055 f.

Maurice Halbwachs, Das kollektive Gedächtnis, Stuttgart: Enke, 1967

Ders., Das Gedächtnis und seine sozialen Bedingungen, Frankfurt a. M.: Suhrkamp, 1985

Karl von Hase, Handbuch der Protestantischen Polemik gegen die Römisch-Katholische Kirche, Leipzig: Breitkopf und Härtel, ^{5}1891

Historia von D. Johann Fausten [...], hg. v. Richard Benz, Stuttgart: Reclam, 1964

Adolf Hitler, Mein Kampf, Bd. 1: Eine Abrechnung, München: Franz Eher, ^{22}1933

Eduard Hitschmann, Psychoanalytisches zur Persönlichkeit Goethes, in: Imago 18.1, 1932, S. 42–66

Ders., Johann Peter Eckermann, in: Psychoanalytische Bewegung 5, 1933, S. 392–415

Paul Egon Hübinger, Thomas Mann und die Juden. Eine unveröffentlichte Äußerung des Dichters aus dem Jahre 1921, in: Frankfurter Allgemeine Zeitung, 15. Januar 1966

F[riedrich] H[einrich] Jacobi, Aus F. H. Jacobi's Nachlaß. Ungedruckte Briefe von und an Jacobi u[nd] Andere, nebst ungedr[uckten] Gedichten von Goethe u[nd] Lenz, hg. v. Rudolf Zoeppritz, Leipzig: Engelmann, 1869

Jüdisches Adreßbuch für Groß-Berlin, Berlin: Goedega, 1931 (Nachdruck Berlin: Arani, 1994)

Franz Kafka, Schriften; Tagebücher; Briefe. Kritische Ausgabe, hg. v. Jürgen Born, Gerhard Neumann, Malcolm Pasley und Jost Schillemeit, Frankfurt a. M.: Fischer, 1982 ff.

Eugen Kalkschmidt, Eine Berliner Gesellschaftssatire, in: Der Kunstwart. Halbmonatsschau über Dichtung, Theater, Musik, bildende und angewandte Künste 14.17, Juni 1901, S. 196–198

Ders., Ein Roman unter feinen Leuten, in: Der Lotse. Hamburgische Wochenschrift für Deutsche Kultur 1.17, 25. Januar 1902, S. 526–530

Karl Kerényi, Labyrinth-Studien. Labyrinthos als Linienreflex einer mythologischen Idee, Amsterdam und Leipzig: Akademische Verlagsanstalt Pantheon, 1941 (Alba Vigiliae, Heft 15)

Ders., Bachofen und die Zukunft des Humanismus. Mit einem Intermezzo über Nietzsche und Ariadne, Zürich: Rascher, 1945

Ludwig Klages, Sämtliche Werke, hg. v. Ernst Frauchiger, Gerhard Funke, Karl J. Groffmann, Robert Heiß und Hans Eggert Schröder, Bonn: Bouvier, 1964–1992

Annette Kolb, Briefe einer Deutsch-Französin, Berlin: Erich Reiss, ^{2}1916

Konrad Krause, Die jüdische Namenswelt, Essen: Essener Verlagsanstalt, 1943

Alfred Kring, Die Graphologie der Schreibmaschine. Auf wissenschaftlicher Grundlage. Handbuch für graphologische und kriminologische Untersuchungen, Zürich: Albis, 1936

H. Kron, Nervenkrankheiten in ihren Beziehungen zu Zahn- und Mundleiden, Leipzig: Dyksche Buchhandlung, ^{2}o. J.

Johann Caspar Lavater, Physiognomische Fragmente zur Beförderung der Menschenkenntnis und Menschenliebe, Leipzig: Weidmann und Reich, und Winterthur: Heinrich Steiner, 1775–1778 (Nachdruck Zürich: Orell Füssli, 1969)

Ferdinand Lemaire, [Libretto zu:] Samson et Dalila. Opéra en 3 actes. Poème de Ferdinand Lemaire, musique de Camille Saint-Saëns, Paris: Durand, o. J. [1948]

Martin Luther, Briefe, hg. v. Reinhard Buchwald, Leipzig: Insel, 1909

Erika Mann, Mein Vater, der Zauberer, hg. v. Irmela von der Lühe und Uwe Naumann, Reinbek b. Hamburg: Rowohlt, 1996

Heinrich Mann, Ausgewählte Werke in Einzelausgaben, hg. v. Alfred Kantorowicz, Berlin: Aufbau, 1951–1962

Ders., Die ersten zwanzig Jahre. Fünfunddreißig Zeichnungen, Berlin und Weimar: Aufbau, ^{2}1984

Julia Mann [jr.], Tante Elisabeth [1.–8. September 1897 an Thomas Mann], in: Sinn und Form 15, 1963, S. 482–496

Viktor Mann, Wir waren fünf. Bildnis der Familie Mann, Konstanz: Südverlag, ²1964
Georges Manolescu, Ein Fürst der Diebe. Memoiren, Berlin: Langenscheidt, o. J. [1905]
Sándor Márai, Die Glut, München und Zürich: Piper, ¹¹2000
Karl Marx und Friedrich Engels, Werke, Berlin: Dietz, 1959–1971
Jules Michelet, Die Hexe, hg. v. Traugott König, o. O. [Wien]: Promedia, 1988
Erich Mühsam, Namen und Menschen. Unpolitische Erinnerungen, Leipzig: Volk und Buch, 1949
Erich Neumann, Eros und Psyche. Ein Beitrag zur seelischen Entwicklung des Weiblichen, in: Apuleius, Amor und Psyche. Aus dem Roman *Der Goldene Esel* [...] in der Übersetzung von Albrecht Schaeffer, Zürich: Rascher, 1952 (Das Erbe der Antike), S. 75–201
Ders., Die Große Mutter. Eine Phänomenologie der weiblichen Gestaltungen des Unbewußten, Zürich und Düsseldorf: Walter, ¹¹1997
Friedrich Nietzsche, Werke, Leipzig: Naumann und Kröner, 1895–1926
Ders., Werke. Kritische Gesamtausgabe, hg. v. Giorgio Colli und Mazzino Montinari, Berlin und New York: de Gruyter, 1967 ff.
Balder Olden, Ein Leben in Purzelbäumen. Zu den gesammelten Werken Franziska Reventlows, in: Das Tage-Buch 7.1, 1926, S. 422–424
Rudolf Payer-Thurn, Goethe. Ein Bilderbuch. Sein Leben und Schaffen in 444 Bildern erläutert, Leipzig: Schulz, o. J.
Erich F. Podach, Nietzsches Zusammenbruch. Beiträge zu einer Biographie auf Grund unveröffentlichter Dokumente, Heidelberg: Kampmann, 1930
Ders., Gestalten um Nietzsche. Mit unveröffentlichten Dokumenten zur Geschichte seines Lebens und seines Werks, Weimar: Erich Lichtenstein, 1932
Christian Reuter, Schelmuffskys wahrhaftige / curiöse und sehr gefährliche Reisebeschreibung zu Wasser und Lande, hg. v. Peter von Polenz, Tübingen: Niemeyer, 1956 (Neudrucke deutscher Literaturwerke)
Franziska Gräfin zu Reventlow, Briefe 1890–1917, hg. v. Else Reventlow, Frankfurt a. M.: Fischer, 1977
Friedrich Wilhelm Riemer, Mitteilungen über Goethe, hg. v. Arthur Pollmer, Leipzig: Insel, 1921
Rainer Maria Rilke und Lou Andreas-Salomé, Briefwechsel, hg. v. Ernst Pfeiffer, Frankfurt a. M.: Insel, 1975
Friedrich Rosenthal, Erinnerungen an Thomas Mann, in: Caroliner Zeitung. Blätter für Kultur und Heimat 25/26, 1958, Sonderheft, S. 51–61
Leopold von Sacher-Masoch, Venus im Pelz. Mit einer Studie über den Masochismus von Gilles Deleuze, Frankfurt a. M. und Leipzig: Insel, 1997
G. Scheuffeler, Der Namenszug des Dichters, in: Thüringische Landeszeitung 55, 6. März 1955
Friedrich Schiller, Werke. Nationalausgabe, hg. v. Julius Petersen et al., Weimar: Böhlau, 1943 ff.
G[ershom] Scholem, Die Geheimnisse der Schöpfung. Ein Kapitel aus dem Sohar, Berlin: Schocken, 1935
Ders., Die Geheimnisse der Tora. Ein Kapitel aus dem Sohar, Berlin: Schocken, 1936
W. G. Sebald, Austerlitz, München und Wien: Hanser, 2001
Ders., Die Ausgewanderten. Vier lange Erzählungen, Frankfurt a. M.: Fischer, 2002
Walther Siegfried, Paris vor dem Krieg, in: Süddeutsche Monatshefte, April 1916, S. 47–76
Georg Simmel, Soziologie. Untersuchungen über die Formen der Vergesellschaftung, Berlin: Duncker & Humblot, ⁵1968 (Gesammelte Werke, Bd. 2)

Werner Sombart, Die Juden und das Wirtschaftsleben, München und Leipzig: Duncker & Humblot, o. A.1920

Ders., Der Bourgeois. Zur Geistesgeschichte des modernen Wirtschaftsmenschen, Stuttgart: Duncker & Humblot, [2]1920

P[ierre] Sonnerat, Reise nach Ostindien und China [...] vom Jahr 1774 bis 1781, Zürich: Orell, Gessner und Füessli, 1783

Jakob Sprenger und Heinrich Institoris, Der Hexenhammer (Malleus maleficarum), hg. v. J. W. R. Schmidt, Berlin: Barsdorf, 1906 (Nachdruck München: Deutscher Taschenbuch Verlag, [2]1983)

O. St., [Rezension von:] Heinrich Mann, *Im Schlaraffenland*, in: Die Wage. Eine Wiener Wochenschrift 3.44, 29. Oktober 1900, S. 286

Statistisches Jahrbuch der Schweiz, hg. v. Bundesamt für Statistik, Bern und Basel: Birkhäuser, und Zürich: Neue Zürcher Zeitung, Bd. 1 ff., 1891 ff.

Adolf Stoecker, Das moderne Judenthum in Deutschland, besonders in Berlin. Zwei Reden in der christlich-socialen Arbeiterpartei, Berlin: Wiegandt und Grieben, 1880

Theodor Storm und Paul Heyse, Briefwechsel. Kritische Ausgabe, hg. v. Clifford Albrecht Bernd, Berlin: Schmidt, 1969–1974

Igor Strawinsky, Erinnerungen, Zürich und Berlin: Atlantis, 1937

C. Suetonius Tranquillus, Opera, Bd. 1: De vita Caesarum libri VIII, hg. v. Maximilian Ihm, Stuttgart: Teubner, 1978

Wilhelm Suter, Spaziergänge und Ausflüge im Bereich der Rheinbahn [...], Düsseldorf: Rheinische Bahngesellschaft, [4]1934

Ania Teillard, Handschriftendeutung auf tiefenpsychologischer Grundlage, Bern: Francke, 1952

Felix A. Theilhaber, Jüdische Flieger im Weltkrieg, Berlin: Schild, [2]1924

Ders., Goethe. Sexus und Eros, Berlin-Grunewald: Horen, 1929

Ders., Schicksal und Leistung. Juden in der deutschen Forschung und Technik, Berlin: Heine-Bund, 1931

Ders., Judenschicksal. Acht Biographien, Tel Aviv: Feuchtwanger, o. J. [1946] (Edition Olympia)

Hermann Ungar, Was die Manuskripte des Dichters verraten. Ein Blick in die Werkstatt Thomas Manns, in: Die literarische Welt 1.4, 30. Oktober 1925, S. 1–2

Emile de Vars, Histoire de la graphologie, Paris: Journal de la graphologie, [3]1879 (Bibliothèque graphologique)

P[ublius] Vergilius Maro, Opera, hg. v. R. A. B. Minors, Oxford, London, Glasgow, New York, Toronto, Melbourne, Wellington, Kuala Lumpur, Singapure, Hong Kong, Tokyo, Delhi, Bombay, Kalkutta, Madras, Karachi, Nairobi, Daressalaam und Cape Town: Oxford University Press, 1980 (Scriptorum Classicorum Bibliotheca Oxoniensis)

Otmar Verschuer, Leitfaden der Rassenhygiene, Leipzig: Georg Thieme, 1941

Verzeichnis jüdischer Autoren. Vorläufige Zusammenstellung der Reichsstelle zur Förderung des deutschen Schrifttums, 6. Lieferung, [Berlin: Masch.] 1939

Wilhelm Waetzoldt, Dürer und seine Zeit. Große illustrierte Phaidon-Ausgabe, London: Phaidon, 1935

Richard Wagner, Sämtliche Schriften und Dichtungen. Volks-Ausgabe, Leipzig: Siegel, [6]o. J.

Robert Walser, Das Gesamtwerk, hg. v. Jochen Greven, Genf und Hamburg: Helmut Kossodo, 1966–1975

Max Weber, Die protestantische Ethik, Bd. 1: Eine Aufsatzsammlung, hg. v. Johannes Winckelmann, Gütersloh: Gerd Mohn, [9]1991

Otto Weininger, Geschlecht und Charakter. Eine prinzipielle Untersuchung, Wien und Leipzig: Wilhelm Braumüller, 1903

Wilhelm II., The Sex of Nations. Of Special Importance to the United States, in: Century Magazine 116.2, Juni 1928, S. 129–139

Binjamin Wilkomirski, Bruchstücke. Aus einer Kindheit 1939–1948, Frankfurt a. M.: Jüdischer Verlag, [4]1996

Fridericus Augustus Wolfius, Prolegomena ad Homerum sive de operum Homericorum prisca et genuina forma variisque mutationibus et probabili ratione emendandi, Halle a. d. S.: Libraria orphanotrophei, 1795

Heinrich Zimmer, Maya. Der indische Mythos, Stuttgart und Berlin: Deutsche Verlags-Anstalt, 1936

Ders., Die indische Weltmutter, in: Eranos-Jahrbuch 1938, S. 175–220

Forschungsliteratur

Gilbert Adair, Adzio und Tadzio. Wladyslaw Moes, Thomas Mann, Luchino Visconti: *Der Tod in Venedig*, Zürich: Edition Epoca, 2002

Dieter Wolfgang Adolphs, Thomas Manns Einflußnahme auf die Rezeption seiner Werke in Amerika, in: Deutsche Vierteljahrsschrift für Literaturwissenschaft und Geistesgeschichte 64, 1990, S. 560–582

Ders., Thomas Manns Erzählung *Die Betrogene*. Ein literarisches »Farewell to America«?, in: Colloquia Germanica 32.3, 1999, S. 257–286

Ingrid Aichinger, Künstlerische Selbstdarstellung. Goethes *Dichtung und Wahrheit* und die Autobiographien der Folgezeit, Bern, Frankfurt a. M. und Las Vegas: Lang, 1977 (Goethezeit, Bd. 7)

Christian Albrecht, Protestantismusdeutung und protestantisches Erbe in Thomas Manns Roman *Doktor Faustus*, in: Zeitschrift für Theologie und Kirche 95.3, 1998, S. 410–428

Marguerite De Huzar Allen, Denial and Acceptance. Narrative Patterns in Thomas Mann's *Die Betrogene* und Kleist's *Die Marquise von O...*, in: Germanic Review 64, 1989, S. 121–128

Jean Améry, Venezianische Zaubereien. Luchino Visconti und sein *Tod in Venedig*, in: Merkur 280, 1971, S. 808–812

Benedict Anderson, Imagined Communities. Reflections on the Origin and Spread of Nationalism, London und New York: Verso, [2]1991

Mark M. Anderson, Mann's Early Novellas, in: Ritchie Robertson (Hg.), The Cambridge Companion to Thomas Mann, Cambridge: Cambridge University Press, 2002, S. 84–94

Herbert Anton, Der Dichter Thomas Mann und die Stellvertretung der Wahrheit im dichterischen Wort, in: Volkmar Hansen und Margot Ulrich (Hgg.), Thomas Mann 1875–1975. Zur Einführung in die Thomas Mann-Ausstellung Düsseldorf anläßlich des hundertsten Geburtstags, o. O. u. J., S. 29–39

Thomas Anz und Christine Kanz, Psychoanalyse in der literarischen Moderne. Eine Dokumentation, Bamberg: Universität Bamberg, 1998

Aleida Assmann, Frauenbilder im Männergedächtnis bei Pater, Proust und Joyce, in: Gerhard Neumann und Sigrid Weigel (Hgg.), Lesbarkeit der Kultur. Literaturwissenschaften zwischen Kulturtechnik und Ethnographie, München: Fink, 2000, S. 291–303

St. Bachmann, Fluch des Geldes. Der wundersame Reichtum der CDU in Hessen – Eine Chronik des Finanzskandals, in: Die Zeit 4, 2000, http://www.zeit.de/2000/4/200004_chronik_hessen.html

Ehrhard Bahr, Thomas Mann. *Der Tod in Venedig*, Stuttgart: Reclam, 1991 (Erläuterungen und Dokumente)

Mieke Bal, Narratology. Introduction to the Theory of Narrative, Toronto, Buffalo und London: University of Toronto Press, [2]1997

Peter Baldwin, Contagion and the State in Europe, 1830–1930, Cambridge, New York und Melbourne: Cambridge University Press, 1999

Alan Bance, The Political Becomes Personal. *Disorder and Early Sorrow* and *Mario and the Magician*, in: Ritchie Robertson (Hg.), The Cambridge Companion to Thomas Mann, Cambridge: Cambridge University Press, 2002, S. 107–118

André Banuls, La Décadence existe-t-elle? Thomas Mann et le triomphe du moi, in: Études germaniques 34, 1979, S. 404–417

Roland Barthes, S/Z, Frankfurt a. M.: Suhrkamp, 1987

Gamin Bartle, Displacing Goethe. Tribute and Exorcism in Thomas Mann's *The Beloved Returns*, in: Paul Franssen und Ton Hoenselaars (Hgg.), The Author as Character. Representing Historical Writers in Western Literature, Madison: Fairleigh Dickinson University Press, und London: Associated University Press, 1999, S. 195–212

Eva Bauer Lucca, »Diesmal mit dem Namen herausgeplatzt«. Bemerkungen zum vollständigen Titel von Thomas Manns *Doktor Faustus*, in: Colloquia Germanica 29, 1996, S. 223–234

Zygmunt Bauman, Vom Nutzen der Soziologie, Frankfurt a. M.: Suhrkamp, 2000

Reinhard Baumgart, Betrogene Betrüger. Zu Thomas Manns letzter Erzählung und ihrer Vorgeschichte, in: Heinz Ludwig Arnold (Hg.), Thomas Mann, München: Edition Text und Kritik, [2]1982 (Text und Kritik, Sonderband), S. 123–131

Ders., Thomas Mann, Brecht, Kafka, in: Jahrbuch des Wissenschaftskollegs zu Berlin 1987/1988, S. 16–19

Kenneth B. Beaton, Die Zeitgeschichte und ihre Integrierung im Roman, in: Ken Moulden und Gero von Wilpert (Hgg.), *Buddenbrooks*-Handbuch, Stuttgart: Kröner, 1988, S. 201–211

Katrin Bedenig Stein, Nur ein »Ohrenmensch«? Thomas Manns Verhältnis zu den bildenden Künsten, Bern, Berlin, Bruxelles, Frankfurt a. M., New York, Oxford und Wien: Lang, 2001 (Europäische Hochschulschriften, I, Bd. 1803)

Michael Bedow, *The Magic Mountain*, in: Ritchie Robertson (Hg.), The Cambridge Companion to Thomas Mann, Cambridge: Cambridge University Press, 2002, S. 137–150

Iris Bellinghausen, Umsetzung eines intellektuellen Diskurses in Bilder am Beispiel des Naphta-Komplexes in Hans W. Geißendörfers Film *Der Zauberberg* nach dem gleichnamigen Roman von Thomas Mann, München 1985 [Manuskript]

Hans Wolfgang Bellwinkel, Naturwissenschaftliche Themen im Werk von Thomas Mann, in: Naturwissenschaftliche Rundschau 45, 1992, S. 174–183

Susanne Belovari, Wie wir zur »idealen weißen Rasse« kamen. Eine kurze Geschichte des biologischen Rassenbegriffs, in: Sander L. Gilman, Robert Jütte und Gabriele Kohlbauer-Fritz (Hgg.), »Der schejne Jid«. Das Bild des »jüdischen Körpers« in Mythos und Ritual, Wien: Picus, 1998, S. 23–44

Willy R. Berger, Thomas Mann und die antike Literatur, in: Peter Pütz (Hg.), Thomas Mann und die Tradition, Frankfurt a. M.: Fischer, 1971 (Athenäum Paperbacks Germanistik, Bd. 2), S. 52–100

Margot Berghaus, Versuchung und Verführung im Werk Thomas Manns, Diss. Hamburg 1971

Peter Berghoff, »Der Jude« als Todesmetapher des »politischen Körpers« und der Kampf gegen die Zersetzung des nationalen »Über-Lebens«, in: Peter Alter et al. (Hgg.), Die Konstruktion der Nation gegen die Juden, München: Fink, 1999, S. 159–172

Gunilla Bergsten, Thomas Manns *Doktor Faustus*. Untersuchungen zu den Quellen und zur Struktur des Romans, Tübingen: Niemeyer, [2]1974

Dietz Bering, Der Name als Stigma. Antisemitismus im deutschen Alltag 1812–1933, Stuttgart: Klett-Cotta, [2]1988

Ders., Juden und die deutsche Sprache. Fundierung eines Forschungsprojekts, in: Dieter Cherubim, Karlheinz Jakob und Angelika Linke (Hgg.), Neue deutsche Sprachgeschichte. Mentalitäts-, kultur- und sozialgeschichtliche Zusammenhänge, Berlin und New York: de Gruyter, 2002 (Studia Linguistica Germanica, Bd. 64), S. 269–291

Jeffrey B. Berlin, »Ihr Gedanke, dieser Äußerung in Amerika noch eine etwas weitere Publizität zu verschaffen, ist mir sehr sympathisch –«. Thomas Mann's Unpublished Correspondence from 5 January 1936 to 3 May 1936 with Alfred A. Knopf and H. T. Lowe-Porter, in: Euphorion 95, 2001, S. 197–210

Russell A. Berman, The Rise of the Modern German Novel. Crisis and Charisma, Cambridge (Massachusetts) und London: Harvard University Press, 1986

Ders., History and Community in *Death in Venice*, in: Thomas Mann, *Death in Venice*. Complete Authoritative Text with Biographical and Historical Contexts, Critical History, and Essays from Five Contemporary Critical Perspectives, hg. v. Naomi Ritter, Boston und New York: Bedford, 1998 (Case Studies in Contemporary Criticism), S. 263–280

Barbara Beßlich, Faszination des Verfalls. Thomas Mann und Oswald Spengler, Berlin: Akademie Verlag, 2002

Homi K. Bhabha, The Location of Culture, London und New York: Routledge, 1994

Jan Bialostocki, Dürer and His Critics, 1500–1971. Chapters in the History of Ideas. Including a Collection of Texts, Baden-Baden: Valentin Koerner, 1986 (Saecula Spiritalia, Bd. 7)

Nathalie Bielfeldt, Thomas Mann, *Buddenbrooks* und das Theater, in: Manfred Eickhölter und Hans Wißkirchen (Hgg.), *Buddenbrooks*. Neue Blicke in ein altes Buch. Begleitband zur neuen ständigen Ausstellung »Die *Buddenbrooks* – ein Jahrhundertroman«, Lübeck: Dräger, 2000, S. 110–119

Daniel Binswanger, Der Schriftsteller als Bürger und Hochstapler. Thomas Manns letzte Grenzüberschreitungen, in: Gazzetta 1, 2001, S. 86–89

Hendrik Birus, Vorschlag zu einer Typologie literarischer Namen, in: Zeitschrift für Literaturwissenschaft und Linguistik 17.67, 1987, S. 38–51

Doerte Bischoff, Repräsentanten für Europa? Thomas und Heinrich Mann als Grenz-Gänger eines Europa-Diskurses in ihren Essays 1914–1933, in: Jürgen Wertheimer (Hg.), Suchbild Europa – künstlerische Konzepte der Moderne, Amsterdam und Atlanta: Rodopi, 1995 (Internationale Forschungen zur allgemeinen und vergleichenden Literaturwissenschaft, Bd. 12), S. 18–37

Paul Bishop, »Literarische Beziehungen haben nie bestanden«? Thomas Mann und C. G. Jung, in: Oxford German Studies 23, 1994, S. 124–172

Ders., The Intellectual World of Thomas Mann, in: Ritchie Robertson (Hg.), The Cambridge Companion to Thomas Mann, Cambridge: Cambridge University Press, 2002, S. 22–42

Ajoy Ranjan Biswas, Thomas Mann and Indian Literature. A Comparative Study in Themes and Motifs, in: Roger Bauer und Douve Fokkema (Hgg.), Space and Boundaries – Espace et Frontières, München: Iudicium, 1990 (Proceedings of the XIIth Congress of the International Comparative Literature Association – Actes du XIIe Congrès de l'Association Internationale de Littérature Comparée), Bd. 4, S. 351–356

David Blackbourn, Volksfrömmigkeit und Fortschrittsglaube im Kulturkampf, Stuttgart: Franz Steiner, 1988 (Vorträge des Instituts für Europäische Geschichte Mainz, Heft 81)

Thomas Bleicher, Zur Adaptation der Literatur durch den Film: Viscontis Metamorphose der Thomas Mann-Novelle *Tod in Venedig*, in: Neophilologus 64, 1980, S. 479–492

Harold Bloom, The Anxiety of Influence. A Theory of Poetry, London und New York: Oxford University Press, 1973

Hans Blumenberg, Paradigmen einer Metaphorologie, Frankfurt a. M.: Suhrkamp, 1998

Karl Werner Böhm, Die homosexuellen Elemente in Thomas Manns *Der Zauberberg*, in: Literatur für Leser 1984, S. 171–190

Ders., Der Narziß Thomas Mann und die Pathologisierung seiner Homosexualität. Zu einem »neuen Konzept« der Thomas Mann-Forschung, in: Psyche 44, 1990, S. 308–332

Ders., Zwischen Selbstzucht und Verlangen. Thomas Mann und das Stigma der Homosexualität. Untersuchungen zu Frühwerk und Jugend, Würzburg: Königshausen & Neumann, 1991 (Studien zur Literatur- und Kulturgeschichte, Bd. 2)

Bernhard Böschenstein, Exzentrische Polarität. Zum *Tod in Venedig*, in: Volkmar Hansen (Hg.), Thomas Mann. Romane und Erzählungen, Stuttgart: Reclam, 1993 (Interpretationen), S. 89–120

Renate Böschenstein-Schäfer, Eichendorff im Werk Thomas Manns, in: Aurora 47, 1987, S. 31–52

Dies., *Der Erwählte* – Thomas Manns postmoderner Ödipus?, in: Colloquium Helveticum 26: Intertextualität – Intertextualité, 1997, S. 71–101

Dies., *Doktor Faustus* und die Krankheit als Inspiration, in: Thomas Sprecher (Hg.), Vom *Zauberberg* zum *Doktor Faustus*. Krankheit und Literatur. Die Davoser Literaturtage 1998, Frankfurt a. M.: Klostermann, 2000 (Thomas Mann-Studien, Bd. 23), S. 129–156

Dies., Lorenzos Wunde. Sprachgebung und psychologische Problematik in Thomas Manns Drama *Fiorenza*, in: Kirsten Adamzik und Helen Christen (Hgg.), Sprachkontakt, Sprachvergleich, Sprachvariation. Festschrift für Gottfried Kolde, Tübingen: Niemeyer, 2001, S. 39–59

Dies., Analyse als Kunst. Thomas Mann und Sigmund Freud im Kontext der Jahrhundertwende, in: Thomas Sprecher (Hg.), Literatur und Krankheit im Fin de Siècle (1890–1914). Die Davoser Literaturtage 2000, Frankfurt a. M.: Klostermann, 2002 (Thomas Mann-Studien, Bd. 26), S. 73–94

Klaus Bohnen, Ein literarisches »Muster« für Thomas Mann. J. P. Jacobsens *Niels Lyhne* und *Der kleine Herr Friedemann*, in: Roger Goffin, Michel Vanhelleputte und Monique Weyembergh-Boussart (Hgg.), Littérature et culture allemandes. Hommage à Henri Plard, Bruxelles: Université de Bruxelles, 1985 (Faculté de Philosophie et Littérature, Bd. 32), S. 197–215

Silvia Bovenschen, Die aktuelle Hexe, die historische Hexe und der Hexenmythos. Die Hexe: Subjekt der Naturaneignung und Objekt der Naturbeherrschung, in: Gabriele Becker et al., Aus der Zeit der Verzweiflung. Zur Genese und Aktualität des Hexenbildes, Frankfurt a. M.: Suhrkamp, 1977, S. 259–312

Allan M. Brandt, Sexually Transmitted Diseases, in: W. F. Bynum und Roy Porter (Hgg.), Companion Encyclopedia of the History of Medicine, New York und London: Routledge, 1993, Bd. 1, S. 562–584

Christina von Braun, Die »Blutschande«. Wandlungen eines Begriffs: Vom Inzesttabu zu den Rassegesetzen, in: Christina von Braun, Die schamlose Schönheit des Vergangenen. Zum Verhältnis von Geschlecht und Geschichte, Frankfurt a. M.: Neue Kritik, 1989, S. 80–111

Hans-Jürg Braun, Die List des Hochstaplers, in: Albert A. Stahel (Hg.), List? Hinterlist in unserer Zeit!, Zürich: vdf Hochschulverlag der ETH Zürich, 2000 (Strategie und Konfliktforschung), S. 113–125

Hildegard Brenner, Die Kunstpolitik des Nationalsozialismus, Reinbek b. Hamburg: Rowohlt, 1963

Michael Brenner, Beyond Naphta. Thomas Mann's Jews and German-Jewish Writing, in: Stephen D. Dowden (Hg.), A Companion to Thomas Mann's *Magic Mountain*, Columbia: Camden House, 1999 (Studies in German Literature, Linguistics and Culture), S. 141–157

Stefan Breuer, Ein Mann der Rechten? Thomas Mann zwischen ›konservativer Revolution‹, ästhetischem Fundamentalismus und neuem Nationalismus, in: Politisches Denken. Jahrbuch 1997, S. 119–140

Ders., Das Unbewusste in Kilchberg. Thomas Mann und Ludwig Klages. Mit einem Anhang über Klages und C. G. Jung, in: Thomas Sprecher (Hg.), Das Unbewusste in Zürich. Literatur und Tiefenpsychologie um 1900. Sigmund Freud, Thomas Mann und C. G. Jung, Zürich: Neue Zürcher Zeitung, 2000, S. 53–72

George Bridges, Sublimation in Thomas Mann's *Doktor Faustus*: Love's Labor Lost, in: Monatshefte für deutschsprachige Literatur und Kultur 91.1, 1999, S. 28–44

Hans Richard Brittnacher, Gespenstertreiben im Rotlicht. Zum Spiritismus in Thomas Manns *Der Zauberberg*, in: Wiebke Amthor, Hans R. Brittnacher und Anja Hallacker (Hgg.), Profane Mystik? Andacht und Ekstase in Literatur und Philosophie des 20. Jahrhunderts, Berlin: Weidler, 2002, S. 385–412

David Bronson, The Artist Against Himself. Henrick Ibsen's *Master Builder* and Thomas Mann's *Death in Venice*, in: Neohelicon 11, 1984, S. 323–344

Wolfgang Brückle, Kein Portrait mehr? Physiognomik in der deutschen Bildnisphotographie um 1930, in: Claudia Schmölders und Sander L. Gilman (Hgg.), Gesichter der Weimarer Republik. Eine physiognomische Kulturgeschichte, Köln: DuMont, 2000, S. 131–155

Richard Brütting, Mario und der Zauberberg. Ein Phantasiestück über die Kunst der Namengebung bei Thomas Mann, in: Literatur um 11 16/17, 1999/2000, S. 33–57

Gert Bruhn, Das Selbstzitat bei Thomas Mann. Untersuchungen zum Verhältnis von Fiktion und Autobiographie in seinem Werk, New York, San Francisco, Bern, Baltimore, Frankfurt a. M., Berlin, Wien und Paris: Lang, 1992 (American Universities Studies, I, German Language and Literature, Bd. 98)

Alken Bruns, Herkunftsarbeit. Über das Chronistische in *Buddenbrooks*, in: Manfred Eickhölter und Hans Wißkirchen (Hgg.), *Buddenbrooks.* Neue Blicke in ein altes Buch. Begleitband zur neuen ständigen Ausstellung »Die *Buddenbrooks* – ein Jahrhundertroman«, Lübeck: Dräger, 2000, S. 48–61

Linda Bryder, Below the Magic Mountain. A Social History of Tuberculosis in Twentieth Century Britain, Oxford: Clarendon Press, 1988

Rudolf Bultmann, Der zweite Brief an die Korinther, in: Erich Dinkler (Hg.), Kritisch-exegetischer Kommentar über das Neue Testament, Sonderband, Göttingen: Vandenhoeck & Ruprecht, 1976

Christopher Burke, German Hybrid Typefaces 1900–1914, in: Peter Bain und Paul Shaw (Hgg.), Blackletter: Type and National Identity, New York: Princeton Architectural Press, 1998, S. 32–39

Judith Butler, Das Unbehagen der Geschlechter, Frankfurt a. M.: Suhrkamp, 1991

Deborah Cameron, Verbal Hygiene for Women. Performing Gender Identity, in: Ursula Pasero und Friederike Braun (Hgg.), Konstruktion von Geschlecht, Pfaffenweiler: Centaurus, 1995 (Frauen, Männer, Geschlechterverhältnisse, Bd. 1), S. 143–152

James Campbell, Thomas Mann's *Doctor Faustus*. Weighing the Testimony of Serenus Zeitblom, in: Peter Werres, James Campbell und Peter Beicken, *Doctor Faustus*. Archetypal Subtext at the Millenium, hg. v. Armand E. Singer und Jürgen Schlunk, Morgantown: West Virginia University Press, 1999, S. 25–42

Anni Carlsson, Der Meeresgrund in der neueren Dichtung. Abwandlungen eines symbolischen Motivs von H. C. Andersen bis Th. Mann, in: Deutsche Vierteljahrsschrift für Literaturwissenschaft und Geistesgeschichte 28, 1954, S. 221–233

Cesare Cases, Thomas Mann. *Die Betrogene*, in: Cesare Cases, Stichworte zur deutschen Literatur. Kritische Notizen, Wien, Frankfurt a. M. und Zürich: Europa, 1969, S. 161–177

Steven Cerf, Love in Thomas Mann's *Doktor Faustus* as an Imitatio Shakespeari, in: Comparative Literature Studies 18, 1981, S. 475–486

Ders., The Shakespearean Element in Thomas Mann's *Doktor Faustus*-Montage, in: Revue de littérature comparée 4, 1985, S. 427–441

Mary A. Cicora, Beethoven, Shakespeare, and Wagner. Visual Music in *Doktor Faustus*, in: Deutsche Vierteljahrsschrift für Literaturwissenschaft und Geistesgeschichte 63.2, 1989, S. 267–281

René-Pierre Colin, Les privilèges du chaos. *La Mort à Venise* et l'esprit décadent, Tusson (Charente): Du Lérot, 1991 (Transferts)

John Conley, Thomas Mann on Sources of Two Passages in *Death in Venice*, in: German Quarterly 40, 1967, S. 152–155

John Cornwell, Hitler's Pope. The Secret History of Pius XII, London, New York, Ringwood, Toronto und Auckland: Viking, 1999

Sara Danius, Novel Visions and the Crisis of Culture. Visual Technology, Modernism, and Death in *The Magic Mountain*, in: Boundary 2 27.2, 2000, S. 177–211

Jacques Darmaun, Aspects de l'Italie chez Thomas Mann. L'image de Venise de la *Mort à Venise*, in: Études allemandes et autrichiennes 1989, S. 103–113

Ders., Thomas Mann et les Juifs, Bern, Berlin, Frankfurt a. M., New York, Paris und Wien: Lang, 1995 (Collection Contacts, III: Études et documents, Bd. 27)

Ders., L'Allemagne, Thomas Mann, les Juifs. Le sens d'une interrogation, in: Cahiers d'études germaniques 32, 1997, S. 85–96

Ders., Thomas Mann, Deutschland und die Juden, Tübingen: Niemeyer, 2003 (Conditio Judaica, Bd. 40)

Robert von Dassanowsky-Harris, Thomas Mann's *Der Tod in Venedig*. Unfulfilled »Aufbruch« from the Wilhelminian World, in: Germanic Notes 18, 1987, S. 16 f.

Claude David, Naphta, des Teufels Anwalt, in: Rudolf Wolff (Hg.), Thomas Mann. Aufsätze zum *Zauberberg*, Bonn: Bouvier, 1988 (Sammlung Profile, Bd. 33), S. 23–38

Burghart Dedner, Kultur und Wahrheit. Zur thematischen Dialektik von Thomas Manns Frühwerk, in: Jahrbuch der Deutschen Schiller-Gesellschaft 27, 1983, S. 345–380

Ders., Entwürdigung. Die Angst vor dem Gedächtnis in Thomas Manns Werk, in: Gerhard Härle (Hg.), »Heimsuchung und süßes Gift«. Erotik und Poetik bei Thomas Mann, Frankfurt a. M.: Fischer, 1992, S. 87–102

Béatrice Delassalle, Luchino Viscontis *Tod in Venedig*. Übersetzung oder Neuschöpfung, Aachen: Shaker, 1994 (Berichte aus der Literaturwissenschaft)

Jacques Derrida, Grammatologie, Frankfurt a. M.: Suhrkamp, [2]1988

Heinrich Detering, Lübeck und die letzten Dinge. Eine Skandalgeschichte von und mit Thomas Mann, in: Neue Rundschau 112.3, 2001, S. 35–47

Peter Dettmering, Dichtung und Psychoanalyse. Thomas Mann – Rainer Maria Rilke – Richard Wagner, Frankfurt a. M.: Fachbuchhandlung für Psychologie, [2]1976 (Reprints Psychologie)

Werner Deuse, »Besonders ein antikisierendes Kapitel scheint mir gelungen«. Griechisches in *Der Tod in Venedig*, in: Gerhard Härle (Hg.), »Heimsuchung und süßes Gift«. Erotik und Poetik bei Thomas Mann, Frankfurt a. M.: Fischer, 1992, S. 41–62

Manfred Dierks, Studien zu Mythos und Psychologie bei Thomas Mann. An seinem Nachlaß orientierte Untersuchungen zum *Tod in Venedig*, zum *Zauberberg* und zur *Joseph*-Tetralogie, Bern und München: Francke, 1972 (Thomas Mann-Studien, Bd. 2)

Ders., Die Aktualität der positivistischen Methode am Beispiel Thomas Manns, in: Orbis litterarum 33, 1978, S. 158–182

Ders., Der Wahn und die Träume in *Der Tod in Venedig*. Thomas Manns folgenreiche Freud-Lektüre im Jahr 1911, in: Psyche 44, 1990, S. 240–267

Ders., Traumzeit und Verdichtung. Der Einfluß der Psychoanalyse auf Thomas Manns Erzählweise, in: Eckhard Heftrich und Helmut Koopmann (Hgg.), Thomas Mann und seine Quellen. Festschrift für Hans Wysling, Frankfurt a. M.: Klostermann, 1991, S. 111–137

Ders., Heinrich Mann und die Psychologie. Zum Frühwerk, in: Heinrich Mann-Jahrbuch 12, 1994, S. 131–155

Ders., Lauter Rettungsboote. Noah in Zürich, in: Eckhard Heftrich und Thomas Sprecher (Hgg.), Hans Wysling. Zum Gedenken, Frankfurt a. M.: Klostermann, 1998, S. 13–16

Ders., Zu kurze Nerven. *Buddenbrooks* als Neurasthenie-Roman, in: Neue Rundschau 112.3, 2001, S. 62–71

Bernard Dieterle, Die versunkene Stadt. Sechs Kapitel zum Venedig-Mythos, Frankfurt a. M., Berlin, Bern, New York, Paris und Wien: Lang, 1995 (Artefakt, Bd. 5)

Ulrich Dietzel, Tony Buddenbrook – Elisabeth Mann. Ein Beitrag zur Werkgeschichte der *Buddenbrooks*, in: Sinn und Form 15, 1963, S. 497–502

Britta Dittmann und Elke Steinwand, »Sei glöcklich, du gutes Kend«. Frauenfiguren in *Buddenbrooks*, in: Manfred Eickhölter und Hans Wißkirchen (Hgg.), *Buddenbrooks*. Neue Blicke in ein altes Buch. Begleitband zur neuen ständigen Ausstellung »Die *Buddenbrooks* – ein Jahrhundertroman«, Lübeck: Dräger, 2000, S. 176–193

Ulrich Dittmann, Thomas Mann. *Tristan*, Stuttgart: Reclam, 1971 (Erläuterungen und Dokumente)

Bernhard J. Dotzler, Der Hochstapler. Thomas Mann und die Simulakren der Literatur, München: Fink, 1991 (Materialität der Zeichen, A, Bd. 5)

Mary Douglas, Reinheit und Gefährdung. Eine Studie zu Vorstellungen von Verunreinigung und Tabu, Frankfurt a. M.: Suhrkamp, 1988

Hartwig Dräger (Hg.), *Buddenbrooks*. Dichtung und Wirklichkeit. Bilddokumente, Lübeck: Graphische Werkstätten, 1993

Uwe Ebel, Die Kunst als Welt der Freiheit. Studien zu Werkstruktur und Werkabsicht bei Thomas Mann, Metelen und Steinfurt: Dagmar Ebel, 1991 (Wissenschaftliche Reihe, Bd. 4)

Britta Eckert und Werner Berthold, »...er teilte mit uns allen das Exil«. Goethebilder der deutschsprachigen Emigration 1933–1945: Eine Ausstellung des Deutschen Exilarchivs 1933–1945 der Deutschen Bibliothek, Wiesbaden: Harrassowitz, 1999 (Gesellschaft für das Buch, Bd. 6)

Jürgen Eder, Die Geburt des *Zauberbergs* aus dem Geiste der Verwirrung. Thomas Mann und der Erste Weltkrieg, in: Uwe Schneider und Andreas Schumann (Hgg.), Krieg der Geister. Erster Weltkrieg und literarische Moderne, Würzburg: Königshausen & Neumann, 2000, S. 171–187

Bernd Effe, Sokrates in Venedig. Thomas Mann und die »platonische Liebe«, in: Antike und Abendland 31, 1985, S. 153–166

John M. Efron, Der reine und der schmutzige Jude, in: Sander L. Gilman, Robert Jütte und Gabriele Kohlbauer-Fritz (Hgg.), »Der schejne Jid«. Das Bild des »jüdischen Körpers« in Mythos und Ritual, Wien: Picus, 1998, S. 75–85

Ulla Egbringhoff, Franziska zu Reventlow, Reinbek b. Hamburg: Rowohlt, 2000 (Rowohlts Monographien)

Hans Eichner, Thomas Mann. Eine Einführung in sein Werk, Bern und München: Francke, 1953

Manfred Eickhölter, Friedrich Mann. Ein Opfer der Schreibkunst Thomas Manns?, in: Manfred Eickhölter (Hg.), Heinrich und Thomas Mann-Zentrum. Fünf Jahre Heinrich und Thomas Mann-Zentrum im Buddenbrookhaus 1993–1998. Stationen – Ereignisse – Dokumente. Katalog zur Sonderausstellung vom 6. Mai bis 28. Juni 1998 »Bücher – Bilder – Briefe – Kuriosa. Das Buddenbrookhaus öffnet seine Sammlungen«, Lübeck: Kulturstiftung Hansestadt Lübeck, 1998, S. 85–95

Ders., Senator Mann und Thomas Buddenbrook als Lübecker Kaufleute. Historische Quellen und literarische Gestaltung, in: Ders. und Hans Wißkirchen (Hgg.), *Buddenbrooks.* Neue Blicke in ein altes Buch. Begleitband zur neuen ständigen Ausstellung »Die *Buddenbrooks* – ein Jahrhundertroman«, Lübeck: Dräger, 2000, S. 74–99

Heide Eilert, »Gethane Arbeit«? Heinrich Manns Erzählung *Schauspielerin* und ihr Verhältnis zu Thomas Manns *Wälsungenblut*, in: Heinrich Mann-Jahrbuch 2, 1984, S. 99–110

Paul Eisenstein, Leverkühn as Witness. The Holocaust in Thomas Mann's *Doktor Faustus*, in: German Quarterly 70, 1997, S. 325–346

Timm Eitel, Thomas Manns *Doktor Faustus* im Film: Zum Problem der »Wortmusik«, in: Carleton Germanic Papers 15, 1987, S. 41–54

Yahya A. Elsaghe, Philine Blaúte. Zur Genese und Funktion mythologischer Reminiszenzen in *Wilhelm Meisters Lehrjahren*, in: Jahrbuch des Freien Deutschen Hochstifts 1992, S. 1–35

Ders., Xenophobe Stereotype in Thomas Manns *Der Tod in Venedig*, in: Michael Batts (Hg.), Alte Welten – Neue Welten. Akten des IX. Kongresses der Internationalen Vereinigung für germanische Sprach- und Literaturwissenschaft, Bd. 2: Abstracts, Tübingen: Niemeyer, 1996, S. 204

Ders., Zur Sexualisierung des Fremden im *Tod in Venedig*, in: Archiv für das Studium der neueren Sprachen und Literaturen 234, 1997, S. 19–32

Ders., »Herr und Frau X. Beliebig«? Zur Funktion der Vornamensinitiale bei Thomas Mann, in: German Life and Letters, New Series, 52.1, 1999, S. 58–67

Ders., »›Merde!‹ [...] und ›Hol's der Geier!‹« Zur Imagination der deutschen Westgrenze in Thomas Manns Alterswerk, in: Rüdiger Görner und Suzanne Kirkbright (Hgg.), Nachdenken über Grenzen, München: Iudicium, 1999, S. 143–159

Ders., »Vom Moschusgeruch des Exkrementhaufens«. Mythos und Ideologie in Thomas Manns *Die Betrogene*, in: Deutsche Vierteljahrsschrift für Literaturwissenschaft und Geistesgeschichte 73.4, 1999, S. 692–709

Ders., Die imaginäre Nation. Thomas Mann und das ›Deutsche‹, München: Fink, 2000

Ders., Die »kaufmännischen Und-Zeichen« der »Geschäftsmaschine«. Zur Rolle der Schrift in Thomas Manns später Überwindung des rassenbiologischen Antisemitismus, in: Colloquia Germanica 33.4, 2000, S. 349–365

Ders., »Diese Flegel«. Die Zürcher in Thomas Manns Romanen, in: Thomas Mann-Jahrbuch 13, 2000, S. 165–183

Ders., Zur Imagination der deutschen Reichsgrenze. Thomas Mann als Angehöriger der ersten Generation nach 1871, in: Gerhard Neumann und Sigrid Weigel (Hgg.), Lesbarkeit der Kultur. Literaturwissenschaften zwischen Kulturtechnik und Ethnographie, München: Fink, 2000, S. 305–321

Ders., Die Jüdinnen in Thomas Manns Erzählwerk, in: Monatshefte für deutschsprachige Literatur und Kultur 93.2, 2001, S. 159–176

Ders., »Gute Augen, [...] gute Rasse«. Zur Aufwertung des Schweizer-Stereotyps in Thomas Manns Spätwerk, in: German Quarterly 74.3, 2001, S. 278–293

Ders., Kunigunde Rosenstiel. Thomas Manns späte Allegorie des jüdischen ›Volks‹, in: Germanisch-Romanische Monatsschrift, Neue Folge, 51.2, 2001, S. 159–172

Ders., Thomas Manns Katholiken, in: Zeitschrift für Religions- und Geistesgeschichte 53.2, 2001, S. 145–169

Ders., ›Genre‹, ›Gender‹ und sexuelle Orientierung in Thomas Manns Erzählwerk, in: Forum Homosexualität und Literatur 41, 2002, S. 5–16

Ders., Kalamographie und gemalte Schrift. Zur Graphologie und ihren ideologischen Implikationen in Thomas Manns literarischem Frühwerk, in: Zeitschrift für Germanistik, Neue Folge, 12, 2002, S. 51–69

Ders., *Lotte in Weimar*, in: Ritchie Robertson (Hg.), The Cambridge Companion to Thomas Mann, Cambridge: Cambridge University Press, 2002, S. 185–198

Ders., Serenus Zeitbloms Katholizismus. Zum Spätwerkscharakter des *Doktor Faustus,* in: Weimarer Beiträge 48.2, 2002, S. 226–241

Ders., Die »Judennase« in Thomas Manns Erzählwerk, in: Journal of English and Germanic Philology 102.1, 2003, S. 88–104

Ders., Rassenbiologische und kulturalistische Faktoren jüdischer Alterität bei Thomas Mann, in: Peter Wiesinger (Hg.), »Zeitenwende – Die Germanistik auf dem Weg vom 20. ins 21. Jahrhundert«. Akten des X. Kongresses der Internationalen Vereinigung für germanische Sprach- und Literaturwissenschaft, Bd. 9: Literaturwissenschaft als Kulturwissenschaft: Interkulturalität und Alterität. Interdisziplinarität und Medialität. Konzeptualisierung und Mythographie, hg. v. Ortrud Gutjahr, Manfred Engel und Wolfgang Braungart, Bern, Berlin, Bruxelles, Frankfurt a. M., New York, Oxford und Wien: Lang, 2003, S. 93–98

Ders., Thomas Manns schreibende Frauen, in: Seminar 39.1, 2003, S. 33–49

Ders., *Beim Propheten*. Portrait und Ideologie in Thomas Manns Frühwerk, in: Neophilologus [im Druck]

Ders., Judentum und Schrift bei Thomas Mann, in: Manfred Dierks und Ruprecht Wimmer (Hgg.), Thomas Mann und das Judentum, Frankfurt a. M.: Klostermann (Thomas Mann-Studien) [im Druck]

Ders., Nostalgie und Modernitätskritik. *Die Betrogene* als Thomas Manns ideologisches Vermächtnis, in: Thomas Sprecher (Hg.), Lebenszauber und Todesmusik. Die 5. Davoser Literaturtage 2002, Frankfurt a. M.: Klostermann (Thomas Mann-Studien) [im Druck]

Ders., Zur ›mythischen‹ Selbstidentifikation Thomas Manns mit Goethe in *Lotte in Weimar*, in: Jahrbuch des Wiener Goethe-Vereins [im Druck]

Christine Emig, Arbeit am Inzest. Richard Wagner und Thomas Mann, Frankfurt a. M., Berlin, Bern, New York, Paris und Wien: Lang, 1998 (Heidelberger Beiträge zur deutschen Literatur, Bd. 1)

Elke Emrich, Zum metaphysischen Bedürfnis in Thomas Manns *Buddenbrooks* und Heinrich Manns *Im Schlaraffenland*, in: Heinrich Mann-Jahrbuch 2, 1984, S. 18–32

Dietrich von Engelhardt, Tuberkulose und Kultur um 1900. Arzt, Patient und Sanatorium in Thomas Manns *Zauberberg* aus medizinhistorischer Sicht, in: Thomas Sprecher (Hg.), Auf dem Weg zum *Zauberberg*. Die Davoser Literaturtage 1996, Frankfurt a. M.: Klostermann, 1997 (Thomas Mann-Studien, Bd. 16), S. 323–345

Walter Erhart, Familienmänner. Über den literarischen Ursprung moderner Männlichkeit, München: Fink, 2001

Wilhelm Martin Esser, Grundlinien des Altersstils von Thomas Mann, in: Lothar Bluhm und Heinz Rölleke (Hgg.), »weil ich finde, daß man sich nicht ›entziehen‹ soll«. Gesammelte Aufsätze zu Thomas Mann und seinem Werk, Trier: WVT Wissenschaftlicher Verlag, 2001 (Wirkendes Wort, Sonderband), S. 64–77

John Evans, *Death in Venice*. The Appollonian/Dionysian Conflict, in: Opera Quarterly 4, 1986, S. 102–115

Richard Faber, Männerrunde mit Gräfin. Die »Kosmiker« Derleth, George, Klages, Schuler, Wolfskehl und Franziska zu Reventlow. Mit einem Nachdruck des »Schwabinger Beobachters«, Frankfurt a. M., Berlin, New York, Paris und Wien: Lang, 1994 (Forschungen zur Literatur- und Kulturgeschichte, Bd. 38)

D. J. Farrelly, Apollo and Dionysus Interpreted in Thomas Mann's *Tod in Venedig*, in: New German Studies 3, 1975, S. 1–15

Werner Faulstich und Ingeborg Faulstich, *Der Tod in Venedig*. Ein Vergleich von Film und literarischer Vorlage, in: Wolfgang Gast (Hg.), Literaturverfilmung, Bamberg: C. C. Buchner, 1993 (Themen, Texte, Interpretationen, Bd. 11), S. 113–125

Ferenc Fehér und Agnes Heller, Biopolitik, Frankfurt a. M. und New York: Campus, 1995 (Wohlfahrtspolitik und Sozialforschung, Bd. 6)

Paul Felder, Thomas Mann et Berlin, in: Revue d'Allemagne 14, 1982, S. 321–336

Ders., *Die Betrogene*, »Unverkennbar von mir«, in: Thomas Mann-Jahrbuch 3, 1990, S. 118–138

Gerald D. Feldman, Bayern und Sachsen in der Hyperinflation 1922/23, München: Stiftung Historisches Kolleg, 1984 (Schriften des Historischen Kollegs, Vorträge, Heft 6)

Ders., The Great Disorder. Politics, Economics, and Society in the German Inflation, 1914–1924, New York und Oxford: Oxford University Press, 1993

Ludwig Fertig, Vor-Leben. Bekenntnis und Erziehung bei Thomas Mann, Darmstadt: Wissenschaftliche Buchgesellschaft, 1993

John Francis Fetzer, Visconti's Cinematic Version of *Death in Venice*, in: Jeffrey F. Berlin und Richard H. Lawson (Hgg.), Approaches to Teaching Mann's *Death in Venice* and

Other Short Fiction, New York: Modern Language Association of America, 1992, S. 146–152

Ders., Changing Perceptions of Thomas Mann's *Doctor Faustus.* Criticism 1947–1992, Columbia: Camden House, 1996 (Literary Criticism in Perspective)

Kurt Fickert, Truth and Fiction in *Der Tod in Venedig*, in: Germanic Notes 21, 1990, S. 25–31

Rolf Fieguth, Zur literarischen Bedeutung des Bedeutungslosen. Das Polnische in Thomas Manns Novelle *Der Tod in Venedig*, in: Hendrik Feindt (Hg.), Studien zur Kulturgeschichte des deutschen Polenbildes 1848–1939, Wiesbaden: Harrassowitz, 1995 (Veröffentlichungen des Deutschen Polen-Instituts Darmstadt, Bd. 9), S. 130–147

Jean Finck, Thomas Mann und die Psychoanalyse, Paris: Belles Lettres, 1973 (Bibliothèque de la Faculté de Philosophie et Lettres de l'Université de Liège, Bd. 294)

Gail Finney, Self-Reflexive Siblings. Incest as Narcissism in Tieck, Wagner and Thomas Mann, in: German Quarterly 56, 1983, S. 243–256

Bernd-Jürgen Fischer, Handbuch zu Thomas Manns *Josephsromanen*, Tübingen und Basel: Francke, 2002

Manfred F. Fischer, Unter fremder Flagge. Das Stadtbildmotiv des Einbandes der Volksausgabe von W. Schulz (1903), in: Manfred Eickhölter und Hans Wißkirchen (Hgg.), *Buddenbrooks.* Neue Blicke in ein altes Buch. Begleitband zur neuen ständigen Ausstellung »Die *Buddenbrooks* – ein Jahrhundertroman«, Lübeck: Dräger, 2000, S. 204–211

Ruth Florack, »Weiber sind wie Franzosen geborne Weltleute«. Zum Verhältnis von Geschlechter-Klischees und nationalen Wahrnehmungsmustern, in: Ruth Florack (Hg.), Nation als Stereotyp. Fremdwahrnehmung und Identität in deutscher und französischer Literatur, Tübingen: Niemeyer, 2000 (Studien und Texte zur Sozialgeschichte der Literatur, Bd. 76), S. 319–338

Sabine Föllinger, Differenz und Gleichheit. Das Geschlechterverhältnis in der Sicht griechischer Philosophen des 4. bis 1. Jahrhunderts v. Chr., Stuttgart: Franz Steiner, 1996 (Hermes Einzelschriften, Bd. 74)

Adrian Forty, Objects of Desire. Design and Society since 1750, London: Thames & Hudson, 1995

John Burt Foster, Why Is Tadzio Polish? ›Kultur‹ and Cultural Multiplicity in *Death in Venice*, in: Thomas Mann, *Death in Venice*. Complete, Authoritative Text with Biographical and Historical Contexts, Critical History, and Essays from Five Contemporary Critical Perspectives, hg. v. Naomi Ritter, Boston und New York: Bedford Books, 1998 (Case Studies in Contemporary Criticism), S. 192–210

Michel Foucault, Histoire de la sexualité, Bd. 1: La Volonté de savoir, Paris: Gallimard, 1976

Ders., Des Espaces autres, in: Architecture, Mouvement, Continuité 5, Oktober 1984, S. 46–49

Peter Robert Franke, Unbekannte Dokumente zu Thomas Mann. Fräulein Isenschnibbe und der Dichter Thos. *Buddenbrooks*, *Tonio Kröger* bis zu *Erkenne dich selbst*, in: Saarbrücker Zeitung, 24. Dezember 1975, S. IV

Norbert Frei, Vergangenheitspolitik. Die Anfänge der Bundesrepublik und die NS-Vergangenheit, München: Beck, [2]1997

Rudolf Freudenberg, Erzähltechnische Irritationen in Thomas Manns *Doktor Faustus*, in: Claudia Mauelshagen und Jan Seifert (Hgg.), Sprache und Text in Theorie und Empirie. Beiträge zur germanistischen Sprachwissenschaft. Festschrift für Wolfgang Brandt,

Stuttgart: Franz Steiner, 2001 (Zeitschrift für Dialektologie und Linguistik. Beihefte, Heft 114), S. 117–126

Ute Frevert, Ehrenmänner. Das Duell in der bürgerlichen Gesellschaft, München: Beck, 1991

Erich A. Frey, Thomas Mann, in: John M. Spalek und Joseph Strelka (Hgg.), Deutsche Exilliteratur seit 1933, Bd. 1: Kalifornien, Teil 1, Bern und München: Francke, 1976, S. 473–526

Hans-Jost Frey, Kalligraphie, in: Hans-Jost Frey, Lesen und Schreiben, Basel, Weil a. Rhein und Wien: Urs Engeler, 1998, S. 77–80

Saul Friedländer, Das Dritte Reich und die Juden, Bd. 1: Die Jahre der Verfolgung 1933–1939, München: Beck, 1998

Werner Frizen, Zaubertrank der Metaphysik. Quellenkritische Überlegungen im Umkreis der Schopenhauer-Rezeption Thomas Manns, Frankfurt a. M., Bern und Cirencester: Lang, 1980 (Europäische Hochschulschriften, I, Bd. 342)

Ders., »Der Knabe lebt!« Über Christus-Imitationen bei Wagner, Nietzsche und Thomas Mann, in: Deutsche Vierteljahrsschrift für Literaturwissenschaft und Geistesgeschichte 55, 1981, S. 476–494

Ders., Von Weibes Wonne und Wert. Über eine Frauengestalt Thomas Manns und den Misogyn Schopenhauer, in: Études germaniques 36, 1981, S. 306–317

Ders., Thomas Mann. *Der Tod in Venedig*. Interpretation, München: Oldenbourg, 1993 (Oldenbourg Interpretationen, Bd. 61)

Ders., »Wiedersehen – ein klein Kapitel«. Zu *Lotte in Weimar*, in: Thomas Mann-Jahrbuch 11, 1998, S. 171–202

Ders., Nimm und lies. Verwegenes im Schicklichen, in: Neue Rundschau 112.3, 2001, S. 72–84

Wolfgang Frühwald, Repräsentant des Zeitalters. Thomas Manns Erzählung *Der Tod in Venedig*, in: Analele Universităţii Bucureşti, Limbi Germanice, 22, 1973, S. 51–59

Ders., »Der christliche Jüngling im Kunstladen«. Milieu- und Stilparodie in Thomas Manns Erzählung *Gladius Dei*, in: Günter Schnitzler (Hg.), Bild und Gedanke. Festschrift für Gerhart Baumann, München: Fink, 1980, S. 324–342

Ders., »Katholisch, aber wie Sailer…«. Kultur und Literatur in Bayern am Übergang zur Moderne, in: Aus dem Antiquariat 7, 1984, S. A237–A246

Ders., Kulturstadt München. Von der Entstehung und Dauerfähigkeit eines romantisch-literarischen Mythos, in: Michael S. Batts, Anthony W. Riley und Heinz Wetzel (Hgg.), Echoes and Influences of German Romanticism. Essays in Honour of Hans Eichner, New York, Bern, Frankfurt a. M. und Paris: Lang, 1987, S. 271–286

Ders., Eine Kindheit in München. Die Familie Mann und das Genre der Inflationsliteratur, in: Andreas Kablitz und Ulrich Schulz-Buschhaus (Hgg.), Literarhistorische Begegnungen. Festschrift für Bernhard König, Tübingen: Narr, 1993, S. 43–56

Stephan Füssel, Thomas Manns *Gladius Dei* (1902) und die Zensurdebatte der Kaiserzeit, in: Gerhard Hahn und Ernst Weber (Hgg.), Zwischen den Wissenschaften. Beiträge zur deutschen Literaturgeschichte. Bernhard Gajek zum 65. Geburtstag, Regensburg: Pustet, 1994, S. 427–436

Raymond S. Furness, Ludwig Derleth and »Die Proklamationen«, in: Forum for Modern Language Studies 15, 1979, S. 298–304

Lilian R. Furst, Re-Reading *Buddenbrooks*, in: German Life and Letters, New Series, 44, 1991, S. 317–329

Dies., Realistic Pathologies and Romantic Psychosomatics in Thomas Mann's *Buddenbrooks*, in: Clifford A. Bernd, Ingeborg Henderson und Winder McConnell (Hgg.), Romanticism and Beyond. A Festschrift for John F. Fetzer, New York, Washington D. C., Baltimore, Bern, Frankfurt a. M., Berlin, Wien und Paris: Lang, 1996 (California Studies in German and European Romanticism and the Age of Goethe, Bd. 2), S. 231–245

Hans-Georg Gadamer, The Hermeneutics of Suspicion, in: Gary Shapiro und Alan Sica (Hgg.), Hermeneutics. Questions and Prospects, Amherst: University of Massachusetts Press, 1984, S. 54–65

Elisabeth Galvan, Mütter-Reich. Zur deutschen Erzählprosa der Dreißiger Jahre, Stuttgart: Heinz, 1994 (Stuttgarter Arbeiten zur Germanistik, Bd. 229)

Dies., Zur Bachofen-Rezeption in Thomas Manns *Joseph*-Roman, Frankfurt a. M.: Klostermann, 1996 (Thomas Mann-Studien, Bd. 12), S. 62–76

Claude Gandelman, Thomas Mann and the Theory of »Cristalline Beauty«, in: Orbis litterarum 37, 1982, S. 122–133

Marjorie Garber, Dog Love, London: Hamish Hamilton, 1996

Hans-Martin Gauger, *Der Zauberberg* – ein linguistischer Roman, in: Hans-Martin Gauger, Der Autor und sein Stil. Zwölf Essays, Stuttgart: Deutsche Verlags-Anstalt, 1988, S. 170–214

Peter Gay, Die Republik der Außenseiter. Geist und Kultur in der Weimarer Zeit 1918–1933, Frankfurt a. M.: Fischer, 1989

Ders., Begegnung mit der Moderne – Deutsche Juden in der Kultur, in: Werner Mosse (Hg.), Juden im Wilhelminischen Deutschland 1890–1914, Tübingen: Mohr Siebeck, [2]1998 (Schriftenreihe wissenschaftlicher Abhandlungen des Leo Baeck Instituts, Bd. 33), S. 241–311

Christoph Geiser, Naturalismus und Symbolismus im Frühwerk Thomas Manns, Bern und München: Francke, 1971

Mark H. Gelber, Thomas Mann and Zionism, in: German Life and Letters, New Series, 37, 1983/1984, S. 118–124

Ders., Das Judendeutsch in der deutschen Literatur. Einige Beispiele von den frühesten Lexika bis zu Gustav Freytag und Thomas Mann, in: Stéphane Mosès und Albrecht Schöne (Hgg.), Juden in der deutschen Literatur. Ein deutsch-israelisches Symposium, Frankfurt a. M.: Suhrkamp, 1986, S. 162–178

Eva Geulen, A Case Study of Thomas Mann's *Mario and the Magician*, in: New German Critique 68, 1996, S. 3–29

Martin H. Geyer, Verkehrte Welt. Revolution, Inflation und Moderne, München 1914–1924, Göttingen: Vandenhoeck & Ruprecht, 1998 (Kritische Studien zur Geschichtswissenschaft, Bd. 128)

Helga Geyer-Ryan, *Tod in Venedig* und die Utopie der offenen Gesellschaft, in: Robert Schreiber (Hgg.), Geschlechterverhältnis als Kunststück zwischen Klassik und Moderne, Bielefeld: Kleine, 1999 (Zeitschrift für Frauenforschung, Sonderheft 3), S. 59–65

Heinz Gildhoff, Thomas Mann und die englische Sprache, in: Thomas Mann-Jahrbuch 14, 2001, S. 143–167

Sander L. Gilman, Jewish Self-Hatred. Anti-Semitism and the Hidden Language of the Jews, Baltimore und London: Johns Hopkins University Press, 1986

Ders., Disease and Representation. Images of Illness from Madness to AIDS, Ithaca und London: Cornell University Press, 1988

Ders., The Indelibility of Circumcision, in: Koroth 9, 1991, S. 806–817

Ders., The Jew's Body, New York und London: Routledge, 1991

Ders., Rasse, Sexualität und Seuche. Stereotypen aus der Innenwelt der westlichen Kultur, Reinbek b. Hamburg: Rowohlt, 1992

Ders., Franz Kafka, the Jewish Patient, New York und London: Routledge, 1995

Ders., Creating Beauty to Cure the Soul. Race and Psychology in the Shaping of Aesthetic Surgery, Durham und London: Duke University Press, 1998

Ders., »Die Rasse ist nicht schön« – »Nein, wir Juden sind keine hübsche Rasse!« Der schöne und der häßliche Jude, in: Ders., Robert Jütte und Gabriele Kohlbauer-Fritz (Hgg.), »Der schejne Jid«. Das Bild des »jüdischen Körpers« in Mythos und Ritual, Wien: Picus, 1998, S. 57–74

Ders., Making the Body Beautiful. A Cultural History of Aesthetic Surgery, Princeton: Princeton University Press, 1999

Carlo Ginzburg, Spurensicherung. Der Jäger entziffert die Fährte, Sherlock Holmes nimmt die Lupe, Freud liest Morelli – Die Wissenschaft auf der Suche nach sich selbst, in: Carlo Ginzburg, Spurensicherung. Die Wissenschaft auf der Suche nach sich selbst, Berlin: Wagenbach, 1995 (Kleine Kulturwissenschaftliche Bibliothek, Bd. 50), S. 7–44

Christian Gloystein, »Mit mir aber ist es was anderes.« Die Ausnahmestellung Hans Castorps in Thomas Manns Roman *Der Zauberberg*, Würzburg: Königshausen & Neumann, 2001 (Epistemata, Literaturwissenschaft, Bd. 355)

Karl-Heinz Göttert, Wider den toten Buchstaben. Zur Problemgeschichte eines Topos, in: Friedrich Kittler, Thomas Macho und Sigrid Weigel (Hgg.), Zwischen Rauschen und Offenbarung. Zur Kultur- und Mediengeschichte der menschlichen Stimme, Berlin: Akademie Verlag, 2002, S. 93–113

Erving Goffman, Stigma. Über Techniken der Bewältigung beschädigter Identität, Frankfurt a. M.: Suhrkamp, 1975

Harvey Goldman, Max Weber and Thomas Mann. Calling and the Shaping of the Self, Berkeley, Los Angeles und London: University of California Press, 1988

Thomas Goll, Die Deutschen und Thomas Mann. Die Rezeption des Dichters in Abhängigkeit von der politischen Kultur Deutschlands 1898–1955, Baden-Baden: Nomos, 2000 (Würzburger Universitätsschriften zu Geschichte und Politik, Bd. 1)

Hans Grandi, Die Musik im Roman Thomas Manns, Diss. Berlin 1952

Stephen Greenblatt, Verhandlungen mit Shakespeare. Innenansichten der englischen Renaissance, Frankfurt a. M.: Fischer, 1993

Liah Greenfeld, Nationalism. Five Roads to Modernity, Cambridge (Massachusetts) und London: Harvard University Press, 1992

Bernhard Greiner, Das Bild und die Schriften der ›Blendung‹: Über den biblischen Grund von Canettis Schreiben, in: Franz Link (Hg.), Paradeigmata. Literarische Typologie des Alten Testaments, Berlin: Duncker & Humblot, 1989 (Schriften zur Literaturwissenschaft, Bd. 5), S. 543–562

Anthony Grenville, »Linke Leute von rechts«: Thomas Mann's Naphta and the Ideological Confluence of Radical Right and Radical Left in the Early Years of the Weimar Republic, in: Deutsche Vierteljahrsschrift für Literaturwissenschaft und Geistesgeschichte 59, 1985, S. 651–675

Christl Grießhaber-Weninger, Rasse und Geschlecht. Hybride Frauenfiguren in der Literatur um 1900, Köln, Weimar und Wien: Böhlau, 2000 (Literatur – Kultur – Geschlecht, Grosse Reihe, Bd. 16)

Christian Grimm, Zum Mythos Individualstil. Mikrostilistische Untersuchungen zu Thomas Mann, Würzburg: Königshausen & Neumann, 1991 (Würzburger Beiträge zur deutschen Philologie, Bd. 6)

Stephen A. Grollman, Heinrich Mann. Narratives of Wilhelmine Germany 1895–1925, New York, Washington D. C., Baltimore, Bern, Frankfurt a. M., Berlin, Brüssel, Wien und Oxford: Lang, 2002 (Studies on Themes and Motifs in Literature, Bd. 64)

Gabrielle Gross, Der Neid der Mutter auf die Tochter. Ein weibliches Konfliktfeld bei Fontane, Schnitzler, Keyserling und Thomas Mann, Bern, Berlin, Bruxelles, Frankfurt a. M., New York, Oxford und Wien: Lang, 2002 (Europäische Hochschulschriften, I, Bd. 1822)

Hermann Grotefend, Taschenbuch der Zeitrechnung des deutschen Mittelalters und der Neuzeit, Hannover: Hahn, [12]1982

Walter Gruppe, Goethes Sekretär Ernst Carl John. Sein Bild in der Forschung und bei Thomas Mann, in: Goethe-Jahrbuch, Neue Folge, 24, 1962, S. 202–223

Martin Gubser, Literarischer Antisemitismus. Untersuchungen zu Gustav Freytag und anderen bürgerlichen Schriftstellern des 19. Jahrhunderts, Göttingen: Wallstein, 1998

Joachim Günther, *Der Tod in Venedig*. Randbemerkungen zu Film und Buch, in: Neue Deutsche Hefte 18.4, 1971, S. 89–99

Hans Ulrich Gumbrecht, 1926. Ein Jahr am Rand der Zeit, Frankfurt a. M.: Suhrkamp, 2001

Karl S. Guthke, Last Words. Variations on a Theme in Cultural History, Princeton: Princeton University Press, 1992

Gerhard Härle, Hinter-Sinn. Zur Bedeutung des Analen für die Ästhetik homosexueller Literatur, in: Forum Homosexualität und Literatur 1, 1987, S. 38–72

Ders., Männerweiblichkeit. Zur Homosexualität bei Klaus und Thomas Mann, Frankfurt a. M.: Athenäum, 1988

Ders., Simulation der Wahrheit. Körpersprache und sexuelle Identität im *Zauberberg* und *Felix Krull*, in: Ders. (Hg.), »Heimsuchung und süßes Gift«. Erotik und Poetik bei Thomas Mann, Frankfurt a. M.: Fischer, 1992, S. 63–80

Barbara Hahn, »Weiber verstehen alles à la lettre«. Briefkultur im beginnenden 19. Jahrhundert, in: Gisela Brinker-Gabler (Hg.), Deutsche Literatur von Frauen, Bd. 2: 19. und 20. Jahrhundert, München: Beck, 1988, S. 13–27

Dies., Brief und Werk. Zur Konstitution von Autorschaft, in: Ina Schabert und Barbara Schaff (Hgg.), Autorschaft. Genus und Genie in der Zeit um 1800, Berlin: Schmidt, 1994 (Geschlechterdifferenz & Literatur, Bd. 1), S. 145–156

Dies., Die Jüdin Pallas Athene. Auch eine Theorie der Moderne, Berlin: Berlin, 2002

Hans Henning Hahn, Stereotypen in der Geschichte und Geschichte im Stereotyp, in: Hans Henning Hahn (Hg.), Historische Stereotypenforschung. Methodische Überlegungen und empirische Befunde, Oldenburg: Bibliotheks- und Informationssystem der Universität Oldenburg, 1995 (Oldenburger Schriften zur Geschichtswissenschaft, Bd. 2), S. 190–204

Manfred Hahn, Heinrich Manns Beiträge in der Zeitschrift »Das Zwanzigste Jahrhundert«, in: Weimarer Beiträge 13.6, 1967, S. 996–1019

Ders., »Von der Behauptung des Individualismus zur Verehrung der Demokratie«. Erfahrungen des jungen Heinrich Mann, in: Heinrich Mann-Jahrbuch 7, 1989, S. 21–36

Manfred Haiduk, Bemerkungen zu Thomas Manns Novelle *Wälsungenblut*, in: Georg Wenzel (Hg.), Vollendung und Größe Thomas Manns. Beiträge zu Werk und Persönlichkeit des Dichters, Halle a. d. S.: Sprache und Literatur, 1962, S. 213–216

Bernd Hamacher, Die literarische Konstruktion nationaler Identität. Thomas Mann für die Gebildeten unter seinen Verächtern, in: IASLonline, http://www.iasl.uni-muenchen.de/rezensio/liste/hamache2.html

Ders., *Buddenbrooks*. Roman der Kultur und Apotheose der Lektüre, in: Neue Rundschau 112.3, 2001, S. 85–95

Käte Hamburger, Thomas Mann und die Romantik. Eine problemgeschichtliche Studie, Berlin: Junker und Dünnhaupt, 1932 (Neue Forschung. Arbeiten zur Geistesgeschichte der germanischen und romanischen Völker)

Caroline Hannaway, Environment and Miasmata, in: W. F. Bynum und Roy Porter (Hgg.), Companion Encyclopedia of the History of Medicine, New York und London: Routledge, 1993, Bd. 1, S. 292–308

Volkmar Hansen, Thomas Mann, Stuttgart: Metzler, 1984 (Sammlung Metzler, Bd. 211)

Ders., Die Kritik der Modernität bei Thomas Mann, in: Thomas Mann-Jahrbuch 4, 1991, S. 145–160

Wilfried Hansmann, »...dies Erzeugnis des späten Rokoko...«. Thomas Mann und Schloß Benrath, in: Düsseldorfer Jahrbuch 65, 1994, S. 141–183

Klaus Harpprecht, Thomas Mann. Eine Biographie, o. O. [Reinbek b. Hamburg]: Rowohlt, 1995

Ders., Bruder Heinrich, in: Ders., Schreibspiele, Bonn: Bouvier, 1997, S. 303–313

Ralf Harslem, Thomas Mann und Theodor Fontane. Untersuchungen über den Einfluß Theodor Fontanes auf das erzählerische Frühwerk von Thomas Mann, Frankfurt a. M., Berlin, Brüssel, New York, Oxford und Wien: Lang, 2000 (Heidelberger Beiträge zur deutschen Literatur, Bd. 7)

Hans Albrecht Hartmann, Kreativität und Pathopsychologie am Beispiel Thomas Manns, in: Thomas Sprecher (Hg.), Vom *Zauberberg* zum *Doktor Faustus*. Die Davoser Literaturtage 1998, Frankfurt a. M.: Klostermann, 2000 (Thomas Mann-Studien, Bd. 23), S. 63–104

Michael Hau und Mitchell G. Ash, Der normale Körper, seelisch erblickt, in: Claudia Schmölders und Sander L. Gilman (Hgg.), Gesichter der Weimarer Republik. Eine physiognomische Kulturgeschichte, Köln: DuMont, 2000, S. 12–31

Jürgen Haupt, »Französischer Geist« und der Mythos des »Volkes«. Über Emotionalität und Politikverständnis des frühen Heinrich Mann, in: Heinrich Mann-Jahrbuch 7, 1989, S. 3–19

Sabine Haupt, »Rotdunkel«. Vom Ektoplasma zur Aura. Fotografie und Okkultismus bei Thomas Mann und Walter Benjamin, in: Zeitschrift für deutsche Philologie 120.4, 2001, S. 540–570

Brigitta Hauser-Schäublin, Mutterrecht und Frauenbewegung, in: Johann Jakob Bachofen (1815–1887). Eine Begleitpublikation zur Ausstellung im Historischen Museum Basel 1987, o. O. u. J., S. 137–150

Tom Hayes und Lee Quinby, The Aporia of Bourgeois Art: Desire in Thomas Mann's *Death in Venice*, in: Criticism 31.2, 1989, S. 159–177

Ronald Hayman, Thomas Mann. A Biography, New York, London, Toronto, Sydney, Tokyo und Singapore: Scribner, 1995

Eckhard Heftrich, Vom Verfall zur Apokalypse. Über Thomas Mann, Bd. 2, Frankfurt a. M.: Klostermann, 1982 (Das Abendland, Neue Folge, Bd. 14)

Ders., Thomas Manns Verhältnis zum Deutschtum und Judentum, in: Thomas Mann-Jahrbuch 1, 1988, S. 149–166

Ders., Matriarchat und Patriarchat. Bachofen im Joseph-Roman, in: Thomas Mann-Jahrbuch 6, 1993, S. 205–221

Ute Heidemann Vischer, Récit de rêve. Deux formes de représentation littéraire chez Marguerite Yourcenar, Thomas Mann et Christa Wolf, in: Colloquia Helvetica 21, 1995, S. 27–44

Anthony Heilbut, Thomas Mann. Eros and Literature, New York: Knopf, 1996

Gert Heine, Thomas Mann-Quellenforschung, in: Wissenschaftliche Zeitschrift der Friedrich-Schiller-Universität Jena/Thüringen, Gesellschafts- und sprachwissenschaftliche Reihe, 25, 1976, S. 395–401

Stefan Heiner, Politische Aspekte im Werk Thomas Manns 1895 bis 1918, Diss. Berlin 1976

Martha B. Helfer, »Wer wagt es, eitlen Blutes Drang zu messen?« Reading Blood in Annette von Droste-Hülshoff's *Die Judenbuche*, in: German Quarterly 71.3, 1998, S. 228–253

Erich Heller, Thomas Mann in Venedig. Zum Thema Autobiographie und Literatur, in: Erich Heller, Die Wiederkehr der Unschuld und andere Essays, Frankfurt a. M.: Suhrkamp, 1977, S. 167–188

Peter Heller, *Der Tod in Venedig* und Thomas Manns »Grundmotiv«, in: Hans H. Schulte und Gerald Chapple (Hgg.), Thomas Mann. Ein Kolloquium, Bonn: Bouvier, 1978, S. 84–94

Hildburg Herbst, Goethe, überlebensklein. Die Zerstörung eines Mythos durch das Massenmedium Film. Der Fall *Lotte in Weimar*, in: Wolfgang Wittkowski (Hg.), Verlorene Klassik? Ein Symposium, Tübingen: Niemeyer, 1986, S. 388–408

Jost Hermand, Peter Spinell, in: Modern Language Notes 79, 1964, S. 439–447

Ders., Das Vorbild Zola. Heinrich Mann und die Dreyfus-Affäre, in: Ders., Judentum und deutsche Kultur. Beispiele einer schmerzhaften Symbiose, Köln, Weimar und Wien: Böhlau, 1996, S. 85–98

Ulrike Hermanns, Thomas Manns Roman *Doktor Faustus* im Lichte von Quellen und Kontexten, Bern, Frankfurt a. M. und New York: Lang, 1994 (Europäische Hochschulschriften, I, Bd. 1486)

Todd Herzog, »Den Verbrecher erkennen«. Zur Geschichte der Kriminalistik, in: Claudia Schmölders und Sander L. Gilman (Hgg.), Gesichter der Weimarer Republik. Eine physiognomische Kulturgeschichte, Köln: DuMont, 2000, S. 51–77

Susannah Heschel, Sind Juden Männer? Können Frauen jüdisch sein? Die gesellschaftliche Definition des männlichen/weiblichen Körpers, in: Sander L. Gilman, Robert Jütte und Gabriele Kohlbauer-Fritz (Hgg.), »Der schejne Jid«. Das Bild des »jüdischen Körpers« in Mythos und Ritual, Wien: Picus, 1998, S. 86–96

Ernest W. B. Hess-Lüttich und Susan A. Liddell, Medien-Variationen. Aschenbach und Tadzio in Thomas Manns *Der Tod in Venedig*, Luchino Viscontis *Morte a Venezia*, Benjamin Brittens *Death in Venice*, in: Kodikas/Code 14, 1991, S. 145–161

Titus Heydenreich, Eros in der Unterwelt. Der Holterhof-Ausflug in Thomas Manns Erzählung *Die Betrogene*, in: Eberhard Leube und Ludwig Schrader (Hgg.), Interpretation und Vergleich. Festschrift für Walter Papst, Berlin: Schmidt, 1972, S. 79–95

Roger Hillman, Deaths in Venice, in: Journal of European Studies 22, 1992, S. 291–311

Ders., Literatur – Film – Musik. *Der Tod in Venedig*, in: Armin Paul Frank (Hg.), Übersetzen, verstehen, Brücken bauen. Geisteswissenschaftliches und literarisches Übersetzen im internationalen Kulturaustausch, Berlin: Schmidt, 1993 (Göttinger Beiträge zur internationalen Übersetzungsforschung, Bd. 8.2), S. 469–479

Eberhard Hilscher, Nachwort, in: Thomas Mann, Der Tod in Venedig. Mit einem Zyklus farbiger Lithographien von Wolfgang Born und einem Brief Thomas Manns an den Künstler, Berlin: Der Morgen, 1990, S. 143–152

Ulrich Hintze, Einleitung, in: Werner Deubel, Im Kampf um die Seele. Wider den Geist der Zeit, hg. v. Felicitas Deubel, Bonn: Bouvier, 1997, S. 9–44

Eric Hobsbawm, Mass-Producing Traditions: Europe, 1870–1914, in: Eric Hobsbawm und Terence Ranger (Hgg.), The Invention of Tradition, Cambridge: Cambridge University Press, 1983, S. 263–307

Rolf Hochhuth, Thomas Mann oder der Undank der Enkel, in: Der Spiegel 29.24, 1975, S. 125–131

Ders., Unter großen Bäumen, in: Deutsches Allgemeines Sonntagsblatt, 15. April 1994, S. 22

Jochen Hörisch, Das mediale Blut der Volkswirtschaft. Klaus Heinrich oder Dracula, in: Jochen Hörisch, Kopf oder Zahl. Die Poesie des Geldes, Frankfurt a. M.: Suhrkamp, 1996, S. 337–349

Renate Hof, Die Entwicklung der Gender Studies, in: Hadumod Bußmann und Renate Hof (Hgg.): Genus. Zur Geschlechterdifferenz in den Kulturwissenschaften, Stuttgart: Kröner, 1995, S. 2–33

Ernst Fedor Hoffmann, Thomas Mann's *Gladius Dei*, in: Publication of the Modern Language Association of America 83, 1968, S. 1353–1361

Fernand Hoffmann, Thomas Mann als Philosoph der Krankheit. Versuch einer systematischen Darstellung seiner Wertphilosophie des Bionegativen, Luxembourg: Abteilung für Kunst und Literatur des Großherzoglichen Institutes, 1975

Gisela Hoffmann, Das Motiv des Auserwählten bei Thomas Mann, Bonn: Bouvier, 1974 (Studien zur Germanistik, Anglistik und Komparatistik, Bd. 28)

R. J. Hollingdale, Thomas Mann. A Critical Study, London: Hart-Davis, 1971

Thomas Hollweck, Thomas Mann, München: List, 1975

Albrecht Holschuh, Poetische Zeichensetzung, in: German Quarterly 75.1, 2002, S. 51–70

Claudia Honegger, Die Hexen der Neuzeit. Analysen zur Anderen Seite der okzidentalen Rationalisierung, in: Claudia Honegger (Hg.), Die Hexen der Neuzeit. Studien zur Sozialgeschichte eines kulturellen Deutungsmusters, Frankfurt a. M.: Suhrkamp, 1978, S. 21–151

Alexander Honold, Der Großschriftsteller, Rückansicht. Zum Bilde Thomas Manns in der neueren Forschung, in: Zeitschrift für Germanistik, Neue Folge, 4, 1994, S. 350–365

Norbert Honsza, Thomas Mann. Einige Überlegungen zu Quellenstudium und Rezeption, in: Dietrich Papenfuß und Jürgen Söring (Hgg.), Rezeption der deutschen Gegenwartsliteratur im Ausland, Stuttgart: Kohlhammer, 1976 (Internationale Fachgespräche), S. 197–203

Eva Horn, Die Zeichen des Menschen: Graphologie, in: http://www.kuwi.euv-frankfurt-o.de/westeuropaeischeliteraturen/mitarbeiter/horn/graphologie.pdf

Paul Egon Hübinger, Thomas Mann, die Universität Bonn und die Zeitgeschichte. Drei Kapitel deutscher Vergangenheit aus dem Leben des Dichters 1905–1955, München und Wien: Oldenbourg, 1974

Ulrich Hübner, Das *»Ach«* der Rosenstiel und andere Reflexe des Josephromans, in: Euphorion 80, 1986, S. 211–218

Linda Hutcheon und Michael Hutcheon, »Here's Lookin' at You, Kid«: The Empowering Gaze in *Salome*, in: Profession 1998, S. 11–22

Bruno Huwiler, Textbuch zum Römischen Privatrecht einschliesslich einer Auswahl von Texten und Materialien zum ZGB und OR, Lachen: Dike, 1998

Renate Ilgner, Thomas Mann – Versuch einer graphologisch-psychologischen Deutung von Wesen und Werk, in: Graphologische Rundschau 7.3/4, 1973, S. 83–100

Frank Illing, Falsche Fragen, in: http://www.mitglied.lycos.de/rdlkultur/Sach55.htm

Luce Irigaray, Das Geschlecht, das nicht eins ist, Berlin: Merve, 1979

Wolfgang Iser, Die Appellstruktur der Texte, in: Rainer Warning (Hg.), Rezeptionsästhetik. Theorie und Praxis, München: Fink, [4]1994, S. 228–252

Manfred Jäger, Thomas Manns Werk in der DDR, in: Heinz Ludwig Arnold (Hg.), Thomas Mann, München: Edition Text und Kritik, [2]1982 (Text und Kritik, Sonderband), S. 180–194

Sung-Hyun Jang, Dichtung und Wahrheit bei Thomas Mann: Manns »letzte Liebe« und ihre Verarbeitung im *Felix Krull* in doppelter Form, in: German Life and Letters, New Series, 51, 1998, S. 372–382

J. Gerald Janzen, Abraham and All the Families of the Earth. A Commentary on the Book of Genesis 12–50, Edinburgh: Wm. B. Eerdmans, 1993 (International Theological Commentary)

Willi Jasper, Der Bruder Heinrich Mann. Eine Biographie, München und Wien: Hanser, 1992

Ders., Heinrich Mann und die Pathologie des deutsch-jüdischen Verhältnisses. Eine widersprüchliche Entwicklungs- und Beziehungsgeschichte, in: Menora 4, 1993, S. 90–110

Michael Jeismann, Der letzte Feind. Die Nation, die Juden und der negative Universalismus, in: Peter Alter et al. (Hgg.), Die Konstruktion der Nation gegen die Juden, München: Fink, 1999, S. 173–190

Inge Jens und Walter Jens, Frau Thomas Mann. Das Leben der Katharina Pringsheim, Reinbek b. Hamburg: Rowohlt, 2003

Werner Jochmann, Struktur und Funktion des deutschen Antisemitismus 1878–1914, in: Herbert A. Strauss und Norbert Kampe (Hgg.), Antisemitismus. Von der Judenfeindschaft zum Holocaust, Frankfurt a. M. und New York: Campus, 1985, S. 99–142

Kirsten Jüngling und Brigitte Roßbeck, Katia Mann. Die Frau des Zauberers. Biografie, München: Propyläen, 2003

Dirk Jürgens, Thomas Manns Novelle *Die Betrogene* oder Die Zurücknahme des *Doktor Faustus*, in: Dirk Jürgens (Hg.), Mutual Exchanges. Sheffield Münster-Colloquium II, Frankfurt a. M., Berlin, Bern, Bruxelles, New York und Wien: Lang, 1999, S. 325–341

Robert Jütte, Der kranke und der gesunde Körper. Gleichheit von Juden und Christen vor Krankheit und Tod, in: Sander L. Gilman, Robert Jütte und Gabriele Kohlbauer-Fritz (Hgg.), »Der schejne Jid«. Das Bild des »jüdischen Körpers« in Mythos und Ritual, Wien: Picus, 1998, S. 133–144

Jürgen Jung, Altes und Neues zu Thomas Manns Roman *Doktor Faustus*. Quellen und Modelle. Mythos, Psychologie, Musik, Theo-Dämonologie, Faschismus, Frankfurt a. M., Bern und New York: Lang, 1985 (Europäische Hochschulschriften, I, Bd. 821)

Ada Kadelbach, Paul Gerhardt im *Blauen Engel*. Ein rätselhaftes Kirchenliedzitat in Heinrich Manns *Professor Unrat*, in: Heinrich Mann-Jahrbuch 14, 1996, S. 87–112

Dies., »Was ist das?« Ein neuer Blick auf einen berühmten Romananfang und die Lübecker Katechismen, in: Manfred Eickhölter und Hans Wißkirchen (Hgg.), *Buddenbrooks*. Neue Blicke in ein altes Buch. Begleitband zur neuen ständigen Ausstellung »Die *Buddenbrooks* – ein Jahrhundertroman«, Lübeck: Dräger, 2000, S. 36–47

Anton Kaes, Die ökonomische Dimension der Literatur: Zum Strukturwandel der Institution Literatur in der Inflationszeit (1918–1923), in: Gerald D. Feldman, Carl-Ludwig Holtfrerich, Gerhard A. Ritter und Peter-Christian Witt (Hgg.), Konsequenzen der Inflation – Consequences of Inflation, Berlin: Colloquium, 1989 (Einzelveröffentlichungen der Historischen Kommission zu Berlin, Bd. 67), S. 307–329

Ders., M, London: British Film Institute, 2001 (BFI Film Classics)

Rudolf Käser, Arzt, Tod und Text. Grenzen der Medizin im Spiegel deutschsprachiger Literatur, München: Fink, 1998

Gerhard Kaiser, Thomas Manns *Wälsungenblut* und Richard Wagners *Ring*. Erzählen als kritische Interpretation, in: Thomas Mann-Jahrbuch 12, 1999, S. 239–258

Ders., »...und sogar eine alberne Ordnung ist immer noch besser als gar keine.« Erzählstrategien in Thomas Manns *Doktor Faustus*, Stuttgart und Weimar: Metzler, 2001

Hartmut M. Kaiser, Intertextuelles Spiel mit Wagner-Analogien: Thomas Manns Burleske *Tristan* und *Der Ring des Nibelungen*, in: Thomas Mann-Jahrbuch 14, 2001, S. 189–211

Joachim Kaiser et al., Der deutsche Literatur-Kanon, in: Die Zeit, 23. Mai 1997, S. 42

Lothar Kalbe, Mecklenburgische Bewandtnisse mit Thomas Mann, in: Stier und Greif. Blätter zur Kultur- und Landesgeschichte in Mecklenburg-Vorpommern 10, 2000, S. 80–98

Friedrich Wilhelm Kantzenbach, Thomas Mann nach dem Abschied von München und die Kirche in der Zeit des Nationalsozialismus, in: Zeitschrift für bayrische Landesgeschichte 42, 1979, S. 369–402

Christine Kanz, Zwischen sexueller Befreiung und misogyner Mutteridealisierung. Psychoanalyserezeption und Geschlechterkonzeptionen in der literarischen Moderne (Lou Andreas-Salomé, Franziska zu Reventlow, Erich Mühsam, Otto Gross), in: Anarchismus und Psychoanalyse zu Beginn des 20. Jahrhunderts. Der Kreis um Erich Mühsam und Otto Gross. Zehnte Tagung der Erich Mühsam-Gesellschaft in Malente, 2.–4. Juni 2000, Lübeck: Luciferlag, 2001 (Schriften der Erich Mühsam-Gesellschaft, Heft 19), S. 101–124

Dies., Die Literarische Moderne (1890–1920), in: Wolfgang Beutin et al., Deutsche Literaturgeschichte. Von den Anfängen bis zur Gegenwart, Stuttgart und Weimar: Metzler, [6]2001, S. 342–386

Klaus Kanzog, »Mißbrauchter Heinrich Mann«? Bemerkungen zu Heinrich Manns *Professor Unrat* und Josef von Sternbergs *Der Blaue Engel*, in: Heinrich Mann-Jahrbuch 14, 1996, S. 113–138

Yaak Karsunke, »...von der albernen Sucht, besonders zu sein«. Thomas Manns *Der Tod in Venedig* – wiedergelesen, in: Heinz Ludwig Arnold (Hg.), Thomas Mann, München: Edition Text und Kritik, 1976 (Text und Kritik, Sonderband), S. 61–69

Max Kaser, Römisches Privatrecht. Ein Studienbuch, München: Beck, [16]1992

Urzula Kawalec, Fiktion und Realität – die polnische Episode in der Aschenbach-Novelle. Zur Arbeitsweise Thomas Manns, in: Norbert Honsza (Hg.), Annäherungsversuche. Germanistische Beiträge, Wroclaw: Wydawnictwo Uniwersytetu Wroclawskiego, 1996 (Acta Universitatis Wratislaviensis, Bd. 1844; Germanica Wratislaviensia, Bd. 116), S. 143–147

Ernst Keller, Der unpolitische Deutsche. Eine Studie zu den *Betrachtungen eines Unpolitischen* von Thomas Mann, Bern und München: Francke, 1965

Ders., Hagenströms, in: Ken Moulden und Gero von Wilpert (Hgg.), *Buddenbrooks*-Handbuch, Stuttgart: Kröner, 1988, S. 195 f.

Alice van Buren Kelley, Von Aschenbach's Phaedrus. Platonic Allusion in *Tod in Venedig*, in: Journal of English and Germanic Philology 75, 1976, S. 228–240

Karl Kerényi, Thomas Mann und der Teufel in Palestrina, in: Karl Kerényi, Tessiner Schreibtisch. Mythologisches Unmythologisches, Stuttgart: Steingrüben, 1963, S. 86–109, 158 f.

Hanjo Kesting, Thomas Mann oder der Selbsterwählte. Zehn polemische Thesen über einen Klassiker, in: Der Spiegel 29.22, 1975, S. 144–148

Ders., Krankheit zum Tode. Musik und Ideologie, in: Heinz Ludwig Arnold (Hg.), Thomas Mann, München: Edition Text und Kritik, [2]1982 (Text und Kritik, Sonderband), S. 27–44

Welf Kienast, Über Goethe-Deutsche und Brecht-Deutsche. Brecht und Thomas Mann nehmen Stellung zu Deutschland, in: Heinrich Detering und Herbert Krämer (Hgg.), Kulturelle Identitäten in der deutschen Literatur des 20. Jahrhunderts, Frankfurt a. M., Berlin, Bern, New York, Paris und Wien: Lang, 1998 (Osloer Beiträge zur Germanistik, Bd. 19), S. 45–58

Alexander Kissler, »Mein träumend Gefühl«. Thomas Manns *Gesang vom Kindchen* als allegorische Dichtung und seine Beziehung zu Goethes *Hermann und Dorothea*, in: Euphorion 95, 2001, S. 211–236

Mary Cox Kitaj, Thomas Manns zwiespältiges Verhältnis zu den Vereinigten Staaten von Amerika, Diss. Brüssel 1972/1973

Friedrich A. Kittler, Aufschreibesysteme 1800 · 1900, München: Fink, [3]1995

Paul Klein, Die Infektionskrankheiten im erzählerischen Werk Thomas Manns, in: Hefte der Deutschen Thomas Mann-Gesellschaft 3, 1983, S. 41–56

Wolfgang Klein, Vernunft und Kontingenz. Überlegungen zum Krieg der Brüder Mann, in: Weimarer Beiträge 40.3, 1994, S. 325–334

Ruth Klüger, Thomas Manns jüdische Gestalten, in: Ruth Klüger, Katastrophen. Über deutsche Literatur, Göttingen: Wallstein, 1994, S. 39–58

Felix König, Zur Filmkonjunktur um Thomas Mann, in: Filmblätter 52/53, 1964, S. 1175 f.

Thomas Körber, Thomas Mann und die deutsche Nachkriegsliteratur 1947–1955, in: Germanisch-Romanische Monatsschrift, Neue Folge, 48, 1998, S. 231–239

Gabriele Kohlbauer-Fritz, »La belle juive« und die »schöne Schickse«, in: Sander L. Gilman, Robert Jütte und Gabriele Kohlbauer-Fritz (Hgg.), »Der schejne Jid«. Das Bild des »jüdischen Körpers« in Mythos und Ritual, Wien: Picus, 1998, S. 109–121

Hans-Ulrich Kolb, Neue Quellen zu Thomas Manns Roman *Doktor Faustus*, in: Archiv für das Studium der neueren Sprachen und Literaturen 207, 1971, S. 20–29

Björn R. Kommer, Lübeck in der Frühzeit von Heinrich und Thomas Mann, in: Heinrich Mann-Jahrbuch 9, 1991, S. 149–158

Helmut Koopmann, Hanno Buddenbrook, Tonio Kröger und Tadzio. Anfang und Begründung des Mythos im Werk Thomas Manns, in: Rolf Wiecker (Hg.), Gedenkschrift für Thomas Mann. 1875–1975, Kopenhagen: Text und Kontext, 1975, S. 53–65

Ders., Thomas Mann. Konstanten seines literarischen Werks, Göttingen: Vandenhoeck & Ruprecht, 1975 (Kleine Vandenhoeck-Reihe, Bd. 1404)

Ders., Vaterrecht und Mutterrecht. Thomas Manns Auseinandersetzungen mit Bachofen und Baeumler als Wegbereitern des Faschismus, in: Text und Kontext 8.2, 1980, S. 266–283

Ders., Lotte in Amerika, Thomas Mann in Weimar. Erläuterungen zum Satz: »Wo ich bin, ist die deutsche Kultur«, in: Heinz Gockel, Michael Neumann und Ruprecht Wimmer (Hgg.), Wagner – Nietzsche – Thomas Mann. Festschrift für Eckhard Heftrich, Frankfurt a. M.: Klostermann, 1993, S. 324–342

Ders., Heinrich Mann, in: Hartmut Steinecke (Hg.), Deutsche Dichter des 20. Jahrhunderts, Berlin: Schmidt, 1994, S. 85–97

Ders., Wer ist Settembrini? Über Namen und Identität einer Figur aus Thomas Manns *Zauberberg*, in: Davoser Revue 69.3, 1994, Sondernummer zum Symposion über Thomas Manns *Zauberberg*, S. 24–27

Ders., Mythenkonstitution in einer zerfallenden Welt. Zu Thomas Manns *Buddenbrooks* und Heinrich Manns *Im Schlaraffenland* und *Professor Unrat*, in: Rolf Grimminger und Iris Hermann (Hgg.), Mythos im Text. Zur Literatur des 20. Jahrhunderts, Bielefeld:

Aisthesis, 1998 (Bielefelder Schriften zu Linguistik und Literaturwissenschaft, Bd. 10), S. 217–234

Ders., Schattenspiele, Schattenrisse. Die Auseinandersetzung Thomas Manns mit Gerhart Hauptmann und Veränderungen im Wirklichkeitssinn des Emigranten Goethe in Weimar, in: Philippe Wellnitz (Hg.), Thomas Mann: *Lotte in Weimar*: Künstler im Exil – L'Artiste et son exil, Strasbourg: Presses Universitaires de Strasbourg, 1998, S. 21–46

Ders., Thomas Manns *Zauberberg* und Heinrich Manns *Der Atem*: eine späte Antwort?, in: Thomas Sprecher (Hg.), Vom *Zauberberg* zum *Doktor Faustus*. Krankheit und Literatur. Die Davoser Literaturtage 1998, Frankfurt a. M.: Klostermann, 2000 (Thomas Mann-Studien, Bd. 23), S. 105–127

Erwin Koppen, Nationalität und Internationalität im *Zauberberg*, in: Rudolf Wolff (Hg.), Thomas Mann. Aufsätze zum *Zauberberg*, Bonn: Bouvier, 1988 (Sammlung Profile, Bd. 33), S. 39–59

Wolfgang Korruhn, Der »häßliche« Sohn, in: Stern, 14. April 1994, S. 73–76

Albrecht Koschorke, Leopold von Sacher-Masoch. Die Inszenierung einer Perversion, München und Zürich: Piper, 1988

Ders., Die zwei Körper der Frau, in: Barbara Vinken (Hg.), Die nackte Wahrheit. Zur Pornographie und zur Rolle des Obszönen in der Gegenwart, München: Deutscher Taschenbuch Verlag, 1997, S. 66–91

Ders., Körperströme und Schriftverkehr. Mediologie des 18. Jahrhunderts, München: Fink, 1999

Ders., Die Heilige Familie und ihre Folgen. Ein Versuch, Frankfurt a. M.: Fischer, ²2000 (Forum Wissenschaft, Kultur & Medien)

Ders., Die Männer und die Moderne, in: Wolfgang Asholt und Walter Fähnders (Hgg.), Der Blick vom Wolkenkratzer. Avantgarde – Avantgardekritik – Avantgardeforschung, Amsterdam und Atlanta: Rodopi, 2000 (Critical Studies, Bd. 14), S. 141–162

Rudi Kost, Dr. Fäustchen oder die (De-)Montage der Attraktion. Gedanken zur *Doktor Faustus*-Verfilmung von Franz Seitz und zu Literaturverfilmungen überhaupt, in: Rudolf Wolff (Hg.), Thomas Manns *Doktor Faustus* und die Wirkung, 2. Teil, Bonn: Bouvier, 1983 (Sammlung Profile, Bd. 5), S. 8–26

Ders., Hannos Vollendung. Anmerkungen zu einer Fernsehserie, in: Rudolf Wolff (Hg.), Thomas Manns *Buddenbrooks* und die Wirkung, 2. Teil, Bonn: Bouvier, 1986 (Sammlung Profile, Bd. 23), S. 43–55

Bernd M. Kraske, Thomas Manns *Wälsungenblut* – eine antisemitische Novelle?, in: Rudolf Wolff (Hg.), Thomas Mann. Erzählungen und Novellen, Bonn: Bouvier, 1984 (Sammlung Profile, Bd. 8), S. 42–66

Ders., Heinrich Mann als Herausgeber der Zeitschrift »Das Zwanzigste Jahrhundert«, in: Rudolf Wolff (Hg.), Heinrich Mann. Das essayistische Werk, Bonn: Bouvier, 1986 (Sammlung Profile, Bd. 24), S. 7–24

Friedhelm Kröll, Die Archivarin des Zauberers. Ida Herz und Thomas Mann, Cadolzburg: Ars vivendi, 2001

Fredric Kroll und Klaus Täubert, 1906–1927. Unordnung und früher Ruhm, Wiesbaden: Blahak, 1977 (Klaus Mann-Schriftenreihe, Bd. 2)

Daniela Krüger, Das Erbe der Mütter. Weiblichkeit als destruktive Kraft in den Familienromanen *Dombey und Sohn* und *Buddenbrooks*, in: Feministische Studien 13.1, 1995, S. 45–55

Marianne Krüll, Im Netz der Zauberer. Eine andere Geschichte der Familie Mann, o. O.: Arche, 1991

Hanno-Walter Kruft, Alfred Pringsheim, Hans Thoma, Thomas Mann. Eine Münchner Konstellation, München: Bayerische Akademie der Wissenschaften, 1993 (Bayerische Akademie der Wissenschaften, Philosophisch-historische Klasse, Abhandlungen, Neue Folge, Heft 107)

Rolf Kruse, Gesundheit und Krankheit – Anfälle im Werk Thomas Manns, in: Epilepsie-Blätter 7.2, 1994, S. 22–30

Brigitta Kubitschek, Franziska Gräfin zu Reventlow 1871–1918. Ein Frauenleben im Umbruch – Studien zu einer Biographie, Prien a. Chiemsee: Selbstverlag, 1994

Maria Kublitz, Thomas Manns *Die Betrogene*, in: Renate Berger, Monika Hengsbach, Maria Kublitz, Inge Stephan und Sigrid Weigel (Hgg.), Frauen – Weiblichkeit – Schrift. Dokumentation der Tagung in Bielefeld vom Juni 1984, Berlin: Argument, 1985 (Literatur im historischen Prozeß, Neue Folge, Bd. 14), S. 159–171

Jürgen Kuczynski, Die Wahrheit, das Typische und die *Buddenbrooks*, in: Jürgen Kuczynski, Gestalten und Werke. Soziologische Studien zur deutschen Literatur, Berlin und Weimar: Aufbau, 1969, S. 246–279

Winfried Kudszus, Understanding media. Zur Kritik dualistischer Humanität im *Zauberberg*, in: Heinz Sauereßig (Hg.), Besichtigung des Zauberbergs, Biberach a. d. Riss: Wege und Gestalten, 1974, S. 55–78

Peter Küpper, Bettine Brentano – 1936, in: Euphorion 61, 1967, S. 175–186

Hermann Kurzke, Auf der Suche nach der verlorenen Irrationalität. Thomas Mann und der Konservatismus, Würzburg: Königshausen & Neumann, 1980 (Epistemata, Literaturwissenschaft, Bd. 1)

Ders., Thomas Mann. Epoche – Werk – Wirkung, München: Beck, [3]1997 (Arbeitsbücher zur Literaturgeschichte)

Ders., Thomas Mann-Forschung 1969–1976. Ein kritischer Bericht, Frankfurt a. M.: Fischer, [3]1998

Ders., Thomas Mann. Das Leben als Kunstwerk. Eine Biographie, München: Beck, 1999

Karl Ernst Laage, Thomas Manns Storm-Essay und sein neues Storm-Bild, in: Thomas Mann-Jahrbuch 12, 1999, S. 191–203

Ders., Theodor Storm – ein literarischer Vorfahre von Thomas Manns *Buddenbrooks*?, in: Thomas Mann-Jahrbuch 15, 2002, S. 15–33

Jacques Lacan, Das Seminar. Buch I (1953–1954): Freuds technische Schriften, hg. v. Norbert Haas, Olten und Freiburg i. Br.: Walter, 1978

Dominick LaCapra, History and the Devil in Mann's *Doctor Faustus*, in: Dominick LaCapra, History, Politics and the Novel, Ithaca und London: Cornell University Press, 1987, S. 150–174

Ders., Mann's *Death in Venice*. An Allegory of Reading, ebd., S. 111–128

Eberhard Lämmert, Thomas Mann. *Buddenbrooks*, in: Benno von Wiese (Hg.), Der deutsche Roman vom Barock bis zur Gegenwart. Struktur und Geschichte, Bd. 2: Vom Realismus bis zur Gegenwart, Düsseldorf: Bagel, 1963, S. 190–233

Serge Lancel, »Curiositas« und spirituelle Interessen bei Apuleius, in: Gerhard Binder und Reinhold Merkelbach (Hgg.), Amor und Psyche, Darmstadt: Wissenschaftliche Buchgesellschaft, 1968 (Wege der Forschung, Bd. 126), S. 408–432

Paul Lang et al., Ein Blick auf Amor und Psyche um 1800. Kunsthaus Zürich 20. Mai – 17. Juli 1994, Zürich: Schweizerisches Institut für Kunstwissenschaft, 1994

Gerhard Lange, Struktur- und Quellenuntersuchungen zur *Lotte in Weimar*, Bayreuth: Tasso, 1970

Astrid Lange-Kirchheim, Das zergliederte Portrait – Gender-Konfigurationen in Thomas Manns *Zauberberg*, in: Ina Brueckel, Dörte Fuchs, Rita Morrien und Margarete Sander (Hgg.), Phantasien des Aufbrechens. Festschrift für Irmgard Roebling, Würzburg: Königshausen & Neumann, 2000, S. 173–195

Dies., Zergliederte Jünglinge und Missgeburten. Zum ›gender trouble‹ in Thomas Manns Roman *Der Zauberberg*, in: Klaus-Michael Bogdal, Ortrud Gutjahr und Joachim Pfeiffer (Hgg.), Jugend: Psychologie – Literatur – Geschichte. Festschrift für Carl Pietzcker, Würzburg: Königshausen & Neumann, 2001, S. 231–257

Niklaus Largier, Die Kunst des Weinens und die Kontrolle der Imagination, in: Quer*elles* 7, 2002: Kulturen der Gefühle in Mittelalter und Früher Neuzeit, S. 171–186

Alan D. Latta, The Reception of Thomas Mann's *Die Betrogene.* Tabus, Prejudices, and Tricks of the Trade, in: Internationales Archiv für Sozialgeschichte der deutschen Literatur 12, 1987, S. 237–272

Ders., The Reception of Thomas Mann's *Die Betrogene*: Part II: The Scholarly Reception, in: Internationales Archiv für Sozialgeschichte der deutschen Literatur 18.1, 1993, S. 123–156

Charlene A. Lea, Emancipation, Assimilation and Stereotype: The Image of the Jew in German and Austrian Drama (1800–1850), Bonn: Bouvier, 1978 (Modern German Studies, Bd. 2)

Herbert Lehnert, Thomas Manns Vorstudien zur Josephstetralogie, in: Jahrbuch der Deutschen Schillergesellschaft 7, 1963, S. 458–520

Ders., Die Künstler-Bürger-Brüder. Doppelorientierung in den frühen Werken Heinrich und Thomas Manns, in: Peter Pütz (Hg.), Thomas Mann und die Tradition, Frankfurt a. M.: Fischer, 1971 (Athenäum Paperbacks Germanistik), S. 14–51

Ders., Thomas Manns *Unordnung und frühes Leid.* Entstellte Bürgerwelt und ästhetisches Reservat, in: Rolf Wiecker (Hg.), Text und Kontext 6.1/2: Festschrift für Steffen Steffensen, München: Fink, 1978, S. 239–256

Ders., Leo Naphta und sein Autor, in: Orbis litterarum 37, 1982, S. 47–69

Ders., Weibliches, Männliches und Väterliches als Ausdruck des Bruderzwistes, in: Thomas Mann-Jahrbuch 5, 1992, S. 25–41

Ders., Historischer Horizont und Fiktionalität in *Der Tod in Venedig*, in: Heinz Gockel, Michael Neumann und Ruprecht Wimmer (Hgg.), Wagner – Nietzsche – Thomas Mann. Festschrift für Eckhard Heftrich, Frankfurt a. M.: Klostermann, 1993, S. 254–278

Ders., Heinrich und Thomas Mann. Brüderlicher Austausch in der frühesten Prosa, in: Andrea Bartl, Jürgen Eder, Harry Fröhlich, Klaus Dieter Post und Ursula Regener (Hgg.), »In Spuren gehen...«. Festschrift für Helmut Koopmann, Tübingen: Niemeyer, 1998, S. 255–272

Ders., »Goethe, das deutsche Wunder«. Thomas Manns Verhältnis zu Deutschland im Spiegel seiner Goethe-Aufsätze, in: Thomas Mann-Jahrbuch 12, 1999, S. 133–148

Ders., *Buddenbrooks* und der Senator Mann, in: Manfred Eickhölter und Hans Wißkirchen (Hgg.), *Buddenbrooks.* Neue Blicke in ein altes Buch. Begleitband zur neuen ständigen Ausstellung »Die *Buddenbrooks* – ein Jahrhundertroman«, Lübeck: Dräger, 2000, S. 62–73

Ders., Männliche Sozialisation in Heinrich und Thomas Manns frühen Dichtungen, in: Karin Tebben (Hg.), Abschied vom Mythos Mann. Kulturelle Konzepte der Moderne, Göttingen: Vandenhoeck & Ruprecht, 2002, S. 65–78

Ders., [Rezension von:] Yahya Elsaghe, Die imaginäre Nation. Thomas Mann und das ›Deutsche‹; Jochen Strobel, Entzauberung der Nation. Die Repräsentation Deutschlands im Werk Thomas Manns, in: German Quarterly 75.3, 2002, S. 316–318

Ders. und Wulf Segebrecht, Thomas Mann im Münchener Zensurbeirat (1912/13), in: Jahrbuch der Deutschen Schillergesellschaft 7, 1963, S. 190–200

Stanislaw Lem, Über das Modellieren der Wirklichkeit im Werk von Thomas Mann, in: Sinn und Form 1965, Sonderheft: Thomas Mann, S. 157–177

Rudolf Lennert, Rechtfertigung einer Geschichte. Ein Brief, in: Rolf Bohnsack, Hellmut Heeger und Wolf Hermann (Hgg.), Gestalt, Gedanke, Geheimnis. Festschrift für Johannes Pfeiffer, Berlin: Dorbandt, 1967, S. 216–224

Wolfgang Leppmann, Der Amerikaner im Werke Thomas Manns, in: Wolfgang Leppmann, In zwei Welten zu Hause. Aus der Lebensarbeit eines amerikanischen Germanisten, München und Wien: Drei Ulmen, 1989, S. 95–107

Ders., Kein Tod in Venedig. Thomas Mann und die Wirklichkeit, ebd., S. 122–126

Ders., Time and Place in *Death in Venice*, ebd., S. 127–141

Jacques Le Rider, Der Fall Otto Weininger. Wurzeln des Antifeminismus und Antisemitismus. Mit der Erstveröffentlichung der *Rede auf Otto Weininger* von Heimito von Doderer, Wien und München: Löcker, 1985

Esther H. Lesér, Thomas Mann's Short Fiction. An Intellectual Biography, Rutherford, Madison und Teaneck: Fairleigh Dickinson University Press, und London und Toronto: Associated University Presses, 1989

August-Hermann Leugers, Latente Kulturkampfstimmung im Wilhelminischen Kaiserreich. Konfessionelle Polemik als konfessions- und innenpolitisches Machtmittel, in: Johannes Horstmann (Hg.), Die Verschränkung von Innen-, Konfessions- und Kolonialpolitik im Deutschen Reich vor 1914, Schwerte: Katholische Akademie, 1987 (Akademie-Vorträge, Bd. 29), S. 13–38

Paul Levesque, The Double-Edged Sword. Anti-Semitism and Anti-Wagnerianism in Thomas Mann's *Wälsungenblut*, in: German Studies Review 20, 1997, S. 9–21

Gustav Lindtke, Die Stadt der Buddenbrooks. Lübecker Bürgerkultur im 19. Jahrhundert, Lübeck: Schmidt-Römhild, [2]1981

Jürgen Link, »Arbeit« oder »Leben«? Das Drama der »Nationalcharaktere« und der Bruderzwist im Hause Mann, in: Manfred Gangl und Gérard Raulet (Hgg.), Intellektuellendiskurse in der Weimarer Republik. Zur politischen Kultur einer Gemengelage, Frankfurt a. M.: Campus, 1994, S. 129–144

Manfred Link, Namen im Werk Thomas Manns. Deutung, Bedeutung, Funktion, Tokio: University of Tokyo Press, 1966 (The Proceedings of the Department of Foreign Languages and Literatures, College of General Education, University of Tokyo, Bd. 14.1)

Daniel Linke, »Aber nehmen Sie die Bücher, die dort oben geschrieben werden [...].« *Buddenbrooks* – ein skandinavischer Roman?!, in: Manfred Eickhölter und Hans Wißkirchen (Hgg.), *Buddenbrooks.* Neue Blicke in ein altes Buch. Begleitband zur neuen ständigen Ausstellung »Die *Buddenbrooks* – ein Jahrhundertroman«, Lübeck: Dräger, 2000, S. 194–203

Andreas Lötscher, Lappi, Lööli, blööde Siech, Aarau, Frankfurt a. M. und Salzburg: Sauerländer, 1993 (Lebendige Mundart, Bd. 6)

Kurt Loewenstein, Juden in Thomas Manns *Doktor Faustus.* Zum Thema: Der deutsche Geist und die Juden, in: Wochenzeitung des Irgun Olej Merkav Europa, Tel Aviv, 16. Juli 1948, S. 3

Ders., Thomas Mann zur jüdischen Frage, in: Bulletin des Leo Baeck-Instituts 37, 1967, S. 1–59

Gerhard Loose, Der junge Heinrich Mann, Frankfurt a. M.: Klostermann, 1979 (Das Abendland, Neue Folge, Bd. 10)

Helmut Lorenz, Die Musik in Thomas Manns Erzählungen, *Buddenbrooks*, Essays, *Betrachtungen eines Unpolitischen*, *Zauberberg*, *Doktor Faustus*, Tagebücher [sic!], Berlin: Selbstverlag, o. J. [1988]

Frederick Alfred Lubich, Die Entfaltung der Dialektik von Logos und Eros in Thomas Manns *Tod in Venedig*, in: Colloquia Germanica 18, 1985, S. 140–159

Ders., Die Dialektik von Logos und Eros im Werk von Thomas Mann, Heidelberg: Winter, 1986 (Reihe Siegen, Bd. 63)

Ders., Bachofens *Mutterrecht*, Hesses *Demian* und der Verfall der Vatermacht, in: Germanic Review 65.4, 1990, S. 150–158

Ders., Thomas Manns *Der Zauberberg*. Spukschloß der Großen Mutter oder Die Männerdämmerung des Abendlandes, in: Deutsche Vierteljahrsschrift für Literaturwissenschaft und Geistesgeschichte 67, 1993, S. 729–763

Ders., »Fascinating Fascism«. Thomas Manns *Das Gesetz* und seine Selbst-de-Montage als Moses-Hitler, in: Ders., Wendewelten. Paradigmenwechsel in der deutschen Literatur- und Kulturgeschichte nach 1945, Würzburg: Königshausen & Neumann, 2002, S. 17–36

Ders., Naphta: Zauberberg-Gelehrter und Künder des heiligen Terrors, in: ebd., S. 201–203

Ders., *The Confessions of Felix Krull, Confidence Man*, in: Ritchie Robertson (Hg.), The Cambridge Companion to Thomas Mann, Cambridge: Cambridge University Press, 2002, S. 199–212

Hermann Lübbe, ›Ich entschuldige mich‹. Das neue politische Bußritual, Berlin: Siedler, 2001

Irmela von der Lühe, »Es wird mein ›Parsifal‹«: Thomas Manns *Doktor Faustus* zwischen mythischem Erzählen und intellektueller Biographie, in: Werner Röcke (Hg.), Thomas Mann, *Doktor Faustus*, 1947–1997, Bern, Berlin, Bruxelles, Frankfurt a. M., New York, Oxford und Wien: Lang, 2001 (Publikationen zur Zeitschrift für Germanistik, Bd. 3), S. 275–292

Dies., »Opfer einer Faszination« – Die Frauengestalten in *Lotte in Weimar*, in: Thomas Sprecher (Hg.), Lebenszauber und Todesmusik. Die 5. Davoser Literaturtage 2002, Frankfurt a. M.: Klostermann (Thomas Mann-Studien) [im Druck]

Paul Michael Lützeler, Neuer Humanismus. Das Europa-Thema in Exilromanen von Thomas und Heinrich Mann, Lion Feuchtwanger und Stefan Zweig, in: Paul Michael Lützeler, Europäische Identität und Multikultur. Fallstudien zur deutschsprachigen Literatur seit der Romantik, Tübingen: Stauffenburg, 1997 (Stauffenburg Discussion, Bd. 8), S. 107–125

Klaus Peter Luft, Erscheinungsformen des Androgynen bei Thomas Mann, New York, Washington, Baltimore, Boston, Bern, Frankfurt a. M., Berlin, Wien und Paris: Lang, 1998 (Studies on Themes and Motifs in Literature, Bd. 30)

Niklas Luhmann, Soziale Systeme. Grundriß einer allgemeinen Theorie, Frankfurt a. M.: Suhrkamp, 1987

Lars-Eric Lundgren, Frauengestalten im Frühwerk Heinrich Manns. Interpretationen im Werkzusammenhang, Stockholm: Almqvist und Wiksell, 1986 (Acta Universitatis Stockholmiensis, Stockholmer germanistische Forschungen, Bd. 34)

Bernhard Lypp, Der Körper der Schrift, in: Akzente 46.3, 1999, S. 229–240

Michael Maar, Der Teufel in Palestrina. Neues zum *Doktor Faustus* und zur Position Gustav Mahlers im Werk Thomas Manns, in: Literaturwissenschaftliches Jahrbuch, Neue Folge, 30, 1989, S. 211–247

Ders., Der kalte Schatten großer Männer. Über den Teufel in Thomas Manns *Doktor Faustus*, in: Frankfurter Allgemeine Zeitung, 13. Juni 1992

Ders., Die Stewardeß berühmte Jodlerin. Die späten Tagebücher Thomas Manns, in: Ders., Die Feuer- und die Wasserprobe. Essays zur Literatur, Frankfurt a. M.: Suhrkamp, 1997, S. 63–74

Ders., Truthähne in der Götterdämmerung. Marginalien zu Mann, ebd., S. 190–197

Ders., Geister und Kunst. Neuigkeiten aus dem Zauberberg, Frankfurt a. M.: Fischer, 1997 (Kultur & Medien)

Ders., Das Blaubartzimmer. Thomas Mann und die Schuld, Frankfurt a. M.: Suhrkamp, 2000

Ders., Im Schatten des Calamus. Autobiographisches in Thomas Manns indischer Novelle *Die vertauschten Köpfe*, in: Merkur 55.8, 2001, S. 678–685

Antal Mádl, Namen bei Thomas Mann, in: Antal Mádl (Hg.), Festschrift für Karl Mollay, Budapest: Loránd Eötvös-Universität, 1978 (Budapester Beiträge zur Germanistik, Bd. 4), S. 193–205

Stefan Mächler, Der Fall Wilkomirski. Über die Wahrheit einer Biographie, Zürich und München: Pendo, 2000

Dennis F. Mahoney, Goethe Seen Anew. Egon Günther's Film *Lotte in Weimar*, in: Goethe Yearbook 2, 1984, S. 105–116

Ders., A Recast Goethe. Günther's *Lotte in Weimar* (1975), in: Eric Rentschler (Hg.), German Film and Literature. Adaptations and Transformations, New York und London: Methuen, 1986, S. 246–259

Ders., Torre di Venere in neuem Licht. Klaus Maria Brandauers filmische Auseinandersetzung mit Thomas Manns *Mario und der Zauberer*, in: Colloquia Germanica 31.3, 1998, S. 357–373

Michael Mann, Der verfilmte Tod in Venedig. Offener Brief an Lucchino [sic!] Visconti, in: Süddeutsche Zeitung, 21. November 1971

Ders., Thomas Mann und Österreich, in: Winfried Kudszus und Hinrich C. Seeba (Hgg.), Austriaca. Beiträge zur österreichischen Literatur. Festschrift für Heinz Politzer, Tübingen: Niemeyer, 1975, S. 376–379

Ders., Thomas Mann. Wahrheit und Dichtung, in: Deutsche Vierteljahrsschrift für Literaturwissenschaft und Geistesgeschichte 50, 1976, S. 203–212

John Margetts, Die »scheinbar herrenlose« Kamera. Thomas Manns *Tod in Venedig* und die Kunstphotographie Wilhelm von Gloedens, in: Germanisch-Romanische Monatsschrift, Neue Folge, 39, 1989, S. 326–337

Franka Marquardt, Beyond Imagery. New Approaches to the Analysis of Literary Antisemitism and a Casestudy of Thomas Mann's *Buddenbrooks*, in: Nordisk Judaistik. Scandinavian Jewish Studies 21.1/2, 2000, S. 57–64

Ariane Martin, Die weibliche Stimme der Revolution. Revolutionsthema und Frauenbild bei Heinrich Mann, in: Heinrich Mann-Jahrbuch 7, 1989, S. 273–301

Dies., Erotische Politik. Heinrich Manns erzählerisches Frühwerk, Würzburg: Königshausen & Neumann, 1993 (Epistemata, Literaturwissenschaft, Bd. 106)

Dies., Heinrich Mann und die politische Publizistik der wilhelminischen Zeit, in: Heinrich Mann-Jahrbuch 12, 1994, S. 25–48

Dies., Der europäische Publizist. Thomas Manns unbekannter Kriegs-Essay über Maximilian Harden: neue Quellen zu den *Betrachtungen eines Unpolitischen*, in: Heinrich Mann-Jahrbuch 14, 1996, S. 185–209

Dies., Von Bienaimée Matzke zu Guste Daimchen. Frauenbilder als Zeitkritik in Heinrich Manns frühen Romanen, in: Heinrich Mann-Jahrbuch 14, 1996, S. 67–85

Dies., Zerbrechliche Gebilde. Die Femme fragile in Heinrich Manns frühen Novellen, in: Heinrich Mann-Jahrbuch 15, 1997, S. 31–48

Friedhelm Marx, Künstler, Propheten, Heilige. Thomas Mann und die Kunstreligion der Jahrhundertwende, in: Thomas Mann-Jahrbuch 11, 1998, S. 51–60

Ders., »Ich aber sage Ihnen«. Christusfigurationen im Werk Thomas Manns, Frankfurt a. M.: Klostermann, 2002 (Thomas Mann-Studien, Bd. 25)

Peter von Matt, Zur Psychologie des deutschen Nationalschriftstellers. Die paradigmatische Bedeutung der Hinrichtung und Verklärung Goethes durch Thomas Mann, in: Sebastian Goeppert (Hg.), Perspektiven psychoanalytischer Literaturkritik, Freiburg i. Br.: Rombach, 1978 (Rombach Hochschul Paperback, Bd. 92), S. 82–100

Sonja Matthes, Friedrich Mann oder Christian Buddenbrook. Eine Annäherung, Würzburg: Königshausen & Neumann, 1997

Hans Mayer, Thomas Mann. Die politische Entwicklung eines Unpolitischen, in: Ulrich Gaier und Werner Volke (Hgg.), Festschrift für Friedrich Beißner, Bebenhausen: Rotsch, 1974, S. 237–255

Ders., Thomas Mann, Frankfurt a. M.: Suhrkamp, 1980

Ders., *Der Tod in Venedig*. Ein Thema mit Variationen, in: Jürgen Brummack, Gerhart von Graevenitz, Fritz Hackert, Hans-Georg Kemper, Günther Mahal, Paul Mog, Klaus-Peter Philippi, Hinrich C. Seeba und Waltraut Wiethölter (Hgg.), Literaturwissenschaft und Geistesgeschichte. Festschrift für Richard Brinkmann, Tübingen: Niemeyer, 1981, S. 711–724

Ders., »München leuchtete«. Über Thomas Mann und München, in: Ders., Stadtansichten. Berlin, Köln, Leipzig, München, Zürich, Frankfurt a. M.: Suhrkamp, 1989, S. 101–131

Reinhard Mayer, Fremdlinge im eigenen Haus. Clemens Brentano als Vorbild für Adrian Leverkühn und Clemens der Ire [sic!] in den Romanen *Doktor Faustus* und *Der Erwählte* von Thomas Mann, New York, Washington, Baltimore, Bern, Frankfurt a. M., Berlin, Wien und Paris: Lang, 1996 (Literature and the Sciences of Man, Bd. 8)

Winder McConnell, Detlev Spinell und die »Kunst« der Projektion. Bilder der Verzweiflung in Thomas Manns *Tristan*, in: Andrea Bartl, Jürgen Eder, Harry Fröhlich, Klaus Dieter Post und Ursula Regener (Hgg.), »In Spuren gehen…«. Festschrift für Helmut Koopmann, Tübingen: Niemeyer, 1998, S. 279–300

Norbert Mecklenburg, »Ums Goldne Kalb sie tanzen und morden«. Philo- und antisemitische Gedichte des alten Fontane, in: Wirkendes Wort 50, 2000, S. 358–381

Reinhard Mehring, Thomas Mann. Künstler und Philosoph, München: Fink, 2001

Ders., Thomas Manns »Traumgedicht vom Menschen«, in: Neue Rundschau 112.3, 2001, S. 22–34

Peter de Mendelssohn, Der Zauberer. Das Leben des deutschen Schriftstellers Thomas Mann, Frankfurt a. M.: Fischer, ²1996

Stephen C. Meredith, Mortal Illness on *The Magic Mountain*, in: Stephen D. Dowden (Hg.), A Companion to Thomas Mann's *Magic Mountain*, Columbia: Camden House, 1999 (Studies in German Literature, Linguistics and Culture), S. 109–140

Jan-Christian Metzler, »Mir ward seltsam kalt«. Weiblichkeit und Tod in Heinrich Manns Frühwerk, Hamburg: Argument, 2000

Erich Meuthen, Eins und doppelt oder Vom Anderssein des Selbst. Struktur und Tradition des deutschen Künstlerromans, Tübingen: Niemeyer, 2001 (Studien zur deutschen Literatur, Bd. 159)

Jeffrey Meyers, Shakespeare and Mann's *Doctor Faustus*, in: Modern Fiction Studies 19, 1973/1974, S. 541–545

Ders., Homosexuality and Literature. 1890–1930, London: Athlone, 1977

Wolfgang F. Michael, Thomas Mann auf dem Wege zu Freud, in: Modern Language Notes 65, 1950, S. 165–171

Michael Minden, Mann's Literary Techniques, in: Ritchie Robertson (Hg.), The Cambridge Companion to Thomas Mann, Cambridge: Cambridge University Press, 2002, S. 43–63

Wolfgang J. Mommsen, Kultur und Politik im deutschen Kaiserreich, in: Wolfgang J. Mommsen, Der autoritäre Nationalstaat. Verfassung, Gesellschaft und Kultur des deutschen Kaiserreichs, Frankfurt a. M.: Fischer, 1990, S. 257–286

Ders., Österreich-Ungarn aus der Sicht des deutschen Kaiserreichs, ebd., S. 214–233

J. Mitchell Morse, Gobineau and Thomas Mann, in: Sheema Z. Buehne, James L. Hodge und Lucille B. Pinto (Hgg.), Helen Adolf Festschrift, New York: Ungar, 1968, S. 252–267

Dietz-Rüdiger Moser, Elf als Zahl der Narren. Zur Funktion der Zahlenallegorese im Fastnachtsbrauch, in: Jahrbuch für Volksliedforschung 27/28: Festschrift für Lutz Röhrich, 1982/1983, S. 346–363

Stéphane Mosès, Thomas Mann et Oskar Goldberg: un example de »montage« dans le *Doktor Faustus*, in: Études germaniques 31.1, 1976, S. 8–24

George L. Mosse, Nationalism and Sexuality. Respectability and Abnormal Sexuality in Modern Europe, New York: Fertig, 1985

Ders., Die Geschichte des Rassismus in Europa, Frankfurt a. M.: Fischer, 1990

Ders., Das Bild des Mannes. Zur Konstruktion der modernen Männlichkeit, Frankfurt a. M.: Fischer, 1997

Werner E. Mosse, Die Juden in Wirtschaft und Gesellschaft, in: Werner E. Mosse (Hg.), Juden im Wilhelminischen Deutschland 1890–1914, Tübingen: Mohr Siebeck, [2]1998 (Schriftenreihe wissenschaftlicher Abhandlungen des Leo Baeck Instituts, Bd. 33), S. 57–113

Burkhard Müller, Der Fluch des Allerliebsten. Eine Neulektüre der *Buddenbrooks* nach fünfundzwanzig Jahren, in: Neue Rundschau 112.3, 2001, S. 11–21

Christoph Müller, Hans Castorps Ingenieurexamen. Eine Anmerkung zu Thomas Manns *Zauberberg*, in: Fridericiana. Zeitschrift der Universität Karlsruhe 54, 1998, S. 17–23

Hans-Peter Müller, Otto Kaiser und James Alfred Loader, Das Hohelied; Klagelieder; Das Buch Esther, Göttingen: Vandenhoeck & Ruprecht, [4]1992 (Das Alte Testament Deutsch; Neues Göttinger Bibelwerk, Bd. 16.2)

Heidy M. Müller, Die Judendarstellung in der deutschsprachigen Erzählprosa (1945–1981), Königstein i. Ts.: Anton Hain, [2]1986 (Hochschulschriften Literaturwissenschaft, Bd. 58)

Joachim Müller, Thomas Manns Sinfonia Domestica, in: Zeitschrift für deutsche Philologie 83, 1964, S. 142–170

Lothar Müller, Die schwarzen Augen des René Maria von Trotha. Eine Nachprüfung mit Dr. Wegge, in: Neue Rundschau 112.3, 2001, S. 48–61

Klaus Müller-Richter, Eine Syntax des Rausche(n)s. Versuch einer kultur/literaturwissenschaftlichen Lektüre von Thomas Manns Erzählung *Der Kleiderschrank. Eine Geschichte voller Rätsel* (1899), in: Andreas Hiepko und Katja Stopka (Hgg.), Rauschen. Seine Phänomenologie und Semantik zwischen Sinn und Störung, Würzburg: Königshausen & Neumann, 2001, S. 91–107

Boyd Mullan, Death in Venice: The Tragedy of a Man and a City in Paul Heyse's *Andrea Delfin*, in: Colloquia Germanica 29, 1996, S. 97–114

Julian Nelson, Technologies of Death in Thomas Mann's *The Magic Mountain*, in: Focus on Literature 5.1, 1998, S. 27–43

Nancy P. Nenno, Projections on Blank Space. Landscape, Nationality, and Identity in Thomas Mann's *Der Zauberberg*, in: German Quarterly 69, 1996, S. 305–321

Bernd Neumann, Der musizierende Sokrates. Zur Rolle der Musik in Thomas Manns *Buddenbrooks*, in: Irmela von der Lühe und Anita Runge (Hgg.), Wechsel der Orte. Studien zum Wandel des literarischen Geschichtsbewußtseins. Festschrift für Anke Bennholdt-Thomsen, Göttingen: Wallstein, 1997, S. 129–137

Michael Neumann, Thomas Mann. Romane, Berlin: Schmidt, 2001 (Klassiker-Lektüren, Bd. 7)

John Kevin Newman, Classical Background to Thomas Mann's *Doktor Faustus*, in: Neohelicon 8, 1980/1981, S. 35–42

Ders., The Classical Epic Tradition, Madison (Wisconsin): University of Wisconsin Press, 1986 (Wisconsin Studies in Classics)

Hans-Werner Nieschmidt, Die Eigennamen, in: Ken Moulden und Gero von Wilpert (Hgg.), *Buddenbrooks*-Handbuch, Stuttgart: Kröner, 1988, S. 57–61

Thomas Nipperdey, Deutsche Geschichte 1866–1918, München: Beck, 1990–1992

Jens Nordalm, Thomas Manns *Unordnung und frühes Leid*, Erich Marcks und Philipp II. von Spanien. Eine Beobachtung, in: Thomas Mann-Jahrbuch 14, 2001, S. 225–232

James Northcote-Bade, Die Wagner-Mythen im Frühwerk Thomas Manns, Bonn: Bouvier, 1975

Ders., *Der Tod in Venedig* and *Felix Krull*. The Effect of the Interruption in the Composition of Thomas Mann's *Felix Krull* Caused by *Der Tod in Venedig*, in: Deutsche Vierteljahrsschrift für Literaturwissenschaft und Geistesgeschichte 52, 1978, S. 271–278

Ders., »Noch einmal dies«. Zur Bedeutung von Thomas Manns »letzter Liebe« im Spätwerk, in: Thomas Mann-Jahrbuch 3, 1990, S. 139–148

Ders., *Die Betrogene* aus neuer Sicht. Der autobiographische Hintergrund zu Thomas Manns letzter Erzählung, Frankfurt a. M.: Fischer, [2]1995

Ders., In Search of Morten: Literary Precursors of a Character in Thomas Mann's *Buddenbrooks*, in: Journal of the Australasian Universities Language and Literature Association 97, 2002, S. 39–50

Hubert Ohl, Ethos und Spiel. Thomas Manns Frühwerk und die Wiener Moderne. Eine Revision, Freiburg i. Br.: Rombach, 1995 (Reihe Litterae, Bd. 39)

Ders., Der Erfolg heiligt die Mittel oder Den Sinn liefert die Zeit. Thomas Manns Selbstdarstellungen am Beispiel von *Fiorenza*, in: Deutsche Vierteljahrsschrift für Literaturwissenschaft und Geistesgeschichte 70, 1996, S. 671–691

Henry Olsen, Der Patient Spinell, in: Orbis Litterarum 20, 1965, S. 217–221

Gunar Ortlepp, Selbstmord am Klavier. *Tristan. Fernsehfilm nach Thomas Mann von Herbert Ballmann und Wolfgang Patzschke*, in: Der Spiegel 29.24, 1975, S. 132

Ernst Osterkamp, »Apokalypsis cum figuris«. Komposition als Erzählung, in: Werner Röcke (Hg.), Thomas Mann, *Doktor Faustus*, 1947–1997, Bern, Berlin, Bruxelles, Frankfurt a. M., New York, Oxford und Wien: Lang, 2001 (Publikationen zur Zeitschrift für Germanistik, Bd. 3), S. 321–343

Laura Otis, Membranes. Metaphors of Invasion in Nineteenth-Century Literature, Science and Politics, Baltimore und London: Johns Hopkins University Press, 1999

Susanne Otto, Literarische Produktion als egozentrische Variation des Problems von Identitätsfindung und -stabilisierung. Ursprung, Grundlagen und Konsequenzen bei Thomas Mann, Frankfurt a. M. und Bern: Lang, 1982 (Europäische Hochschulschriften, I, Bd. 477)

John H. Otwell, And Sarah Laughed: The Status of Woman in the Old Testament, Philadelphia: Westminster Press, 1977

Angelika Overath, Männer lieben, Kinder bauen. Die Mutter und Hetäre Gräfin Franziska zu Reventlow, in: Neue Zürcher Zeitung, 15./16. März 2003, S. 77

Wilfried Paschen, Rein und unrein. Untersuchungen zur biblischen Wortgeschichte, München: Kösel, 1970 (Studien zum Alten und Neuen Testament, Bd. 24)

Arnold Paucker, Die Abwehr des Antisemitimus in den Jahren 1893–1933, in: Herbert A. Strauss und Norbert Kampe (Hgg.), Antisemitismus. Von der Judenfeindschaft zum Holocaust, Frankfurt a. M. und New York: Campus, 1985, S. 143–171

Johannes Pedersen, Israel, its Life and Culture, Oxford: Oxford University Press, Kopenhagen: Branner og Korch, 1973

Nicole Pelletier, »Gesittete Verwegenheit«. Superpositions thématiques dans *Lotte à Weimar,* in: Cahiers d'études germaniques 36, 1999, S. 21–32

Margaret Pelling, Contagion; Germ Theory; Specificity, in: W. F. Bynum und Roy Porter (Hgg.), Companion Encyclopedia of the History of Medicine, New York und London: Routledge, 1993, Bd. 1, S. 309–334

Jürgen H. Petersen, Kategorien des Erzählens. Zur systematischen Deskription epischer Texte, in: Poetica 9, 1977, S. 167–195

Ders., Erzählsysteme. Eine Poetik epischer Texte, Stuttgart und Weimar: Metzler, 1993

Johannes Pfeiffer, Über Thomas Manns Erzählung *Die Betrogene*, in: Wirkendes Wort 8, 1957, S. 30–33

Ders., Dichterische Wirklichkeit und »weltanschauliche« Wahrheit erläutert an Novellen von Hans Grimm, Thomas Mann und Franz Kafka, in: Ders., Die dichterische Wirklichkeit. Versuche über Wesen und Wahrheit der Dichtung, Hamburg: Meiner, 1962, S. 94–113

Lothar Pikulik, Thomas Mann und die Renaissance, in: Peter Pütz (Hg.), Thomas Mann und die Tradition, Frankfurt a. M.: Fischer, 1971 (Athenäum Paperbacks Germanistik, Bd. 2), S. 101–129

Ders., Leistungsethik contra Gefühlskult. Über das Verhältnis von Bürgerlichkeit und Empfindsamkeit in Deutschland, Göttingen: Vandenhoeck & Ruprecht, 1984

Holger Pils, Relektüre *Buddenbrooks*: Adaptionen für Film und Fernsehen, in: Manfred Eickhölter und Hans Wißkirchen (Hgg.), *Buddenbrooks.* Neue Blicke in ein altes Buch. Begleitband zur neuen ständigen Ausstellung »Die *Buddenbrooks* – ein Jahrhundertroman«, Lübeck: Dräger, 2000, S. 154–175

Tobias Plebuch, Vom Musikalisch-Bösen. Eine musikgeschichtliche Annäherung an das Diabolische in Thomas Manns *Doktor Faustus*, in: Werner Röcke (Hg.), Thomas Mann, *Doktor Faustus*, 1947–1997, Bern, Berlin, Bruxelles, Frankfurt a. M., New York, Oxford und Wien: Lang, 2001 (Publikationen zur Zeitschrift für Germanistik, Bd. 3), S. 207–262

Richard R. Pokorny, Graphologisches Charakterbild: Thomas Mann, in: Richard R. Pokorny, Die moderne Handschriftendeutung, Berlin: de Gruyter, 1963, S. 102 f.

Léon Poliakov, Geschichte des Antisemitismus, Bd. 8: Am Vorabend des Holocaust, Frankfurt a. M.: Athenäum, 1988

Heinz Politzer, Der Durchbruch. Thomas Mann und die Krankheit, in: Ciba-Symposium 9, 1961, S. 36–43

John F. Pollard, The Unknown Pope. Benedict XV (1914–1922) and the Pursuit of Peace, London und New York: Geoffrey Chapman, 1999

Wolfgang Popp, Männerliebe. Homosexualität und Literatur, Stuttgart: Metzler, 1992

Roy Porter, What is Disease?, in: Roy Porter (Hg.), The Cambridge Illustrated History of Medicine, Cambridge, New York und Melbourne: Cambridge University Press, 1996, S. 82–117

Ders., The Greatest Benefit to Mankind. A Medical History of Humanity from Antiquity to the Present, London: Harper Collins, 1997

Georg Potempa, Über das Vermögen der Buddenbrooks, in: Georg Potempa, Geld – »Blüte des Bösen«? Drei Aufsätze über literarisch-finanzielle Themen bei Dante, Goethe und Thomas Mann, Oldenburg: Holzberg, 1978, S. 41–77, 80–83

Ders., Über das Vermögen der Buddenbrooks. Vortrag, gehalten am 17. Januar 1995 in Oldenburg (Manuskript, Thomas Mann-Archiv)

Donald Prater, Thomas Mann. A Life, Oxford: Oxford University Press, 1995

Ulrike Prechtl-Fröhlich, Die Dinge sehen, wie sie sind. Melancholie im Werk Thomas Manns, Frankfurt a. M., Berlin, Bern, Bruxelles, New York, Oxford und Wien: Lang, 2001 (Europäische Hochschulschriften, I, Bd. 1784)

Christiane Pritzlaff, Zahlensymbolik bei Thomas Mann, Hamburg: Buske, 1972 (Hamburger philologische Studien, Bd. 25)

Vladimir Propp, Morphologie des Märchens, hg. v. Karl Eimermacher, München und Wien: Hanser, 1972 (Literatur als Kunst)

Peter Pütz, Thomas Mann und Nietzsche, in: Peter Pütz (Hg.), Thomas Mann und die Tradition, Frankfurt a. M.: Fischer, 1971 (Athenäum Paperbacks Germanistik, Bd. 2), S. 225–249

Ders., Der Ausbruch aus der Negativität. Das Ethos im *Tod in Venedig*, in: Thomas Mann-Jahrbuch 1, 1988, S. 1–11

Ders., »Der Geist der Erzählung«. Zur Poetik Fontanes und Thomas Manns, in: Eckhard Heftrich, Helmuth Nürnberger, Thomas Sprecher und Ruprecht Wimmer (Hgg.), Theodor Fontane und Thomas Mann. Die Vorträge des internationalen Kolloquiums in Lübeck 1997, Frankfurt a. M.: Klostermann, 1998 (Thomas Mann-Studien, Bd. 18), S. 99–111

Ders., Lessing als Medium für Thomas Manns Egodizee, in: Thomas Mann-Jahrbuch 12, 1999, S. 205–220

Ders., Das Sanatorium als Purgatorium, in: Thomas Sprecher (Hg.), Literatur und Krankheit im Fin de Siècle (1890–1914). Die Davoser Literaturtage 2000, Frankfurt a. M.: Klostermann, 2002 (Thomas Mann-Studien, Bd. 26), S. 199–212

Peter Pulzer, Rechtliche Gleichstellung und öffentliches Leben, in: Michael A. Meyer (Hg.), Deutsch-jüdische Geschichte der Neuzeit, Bd. 3: Umstrittene Integration 1871–1918, München: Beck, 1997, S. 151–192, 389 f.

Uwe Puschner, Die völkische Bewegung im wilhelminischen Kaiserreich. Sprache – Rasse – Religion, Darmstadt: Wissenschaftliche Buchgesellschaft, 2001

Doron Rabinovici, Politik als Volksbrauch, in: German Quarterly 75.1, 2002, S. 1–8

Joachim Radkau, Neugier der Nerven. Thomas Mann als Interpret des »nervösen Zeitalters«, in: Thomas Mann-Jahrbuch 9, 1996, S. 29–53

Ders., Das Zeitalter der Nervosität. Deutschland zwischen Bismarck und Hitler, München und Wien: Hanser, 1998

Wolfdietrich Rasch, Thomas Manns Erzählung *Tristan*, in: William Foerste und Karl Heinz Borck (Hgg.), Festschrift für Jost Trier, Köln und Graz: Böhlau, 1964, S. 430–465

Peter Rau, Westliches Zwielicht, zwielichtiger Westen. Ein Blick mit Thomas Mann in die neuere deutsche Literaturgeschichte, in: Burkhardt Krause, Ulrich Scheck und Patrick O'Neill (Hgg.), Präludien: kanadisch-deutsche Dialoge. Vorträge des 1. Kingstoner

Symposions. Thema: Interkulturelle Germanistik: The Canadian Context, München: Iudicium, 1992, S. 222–247

Ders., Glühender Verzehr, verzehrende Glut. Zur fiktionalen Anthropologie Thomas Manns, in: Literatur in Wissenschaft und Unterricht 26, 1993, S. 3–28

Ders., Ausländisches Elend. Ethnopolitischer Figuralismus bei Thomas Mann am Beispiel des Angelsächsischen, in: Literatur in Wissenschaft und Unterricht 27, 1994, S. 235–255

Ders., Geschichte und Gegenwart des ›Ausländischen‹ im Deutschen. Zur Ethnographie der Fremde bei Thomas Mann, in: Hans W. Panthel und ders. (Hgg.), Bausteine zu einem transatlantischen Literaturverständnis. Jubiläumsschrift zum zwanzigjährigen Bestehen der Partnerschaft zwischen den Universitäten Waterloo/Canada und Mannheim/Deutschland – Views on Literature in a Transatlantic Context, Frankfurt a. M., Berlin, Bern, New York, Paris und Wien: Lang, 1994, S. 25–62

Ders., ›Sujet mixte‹. Zu Durchführung, Funktion und Bedeutung des ›Ausländischen‹ bei Thomas Mann, in: Deutschunterricht 3, 1994, S. 89–97

Antje Rausch, »Okkultes« in Thomas Manns Roman *Der Zauberberg*, Frankfurt a. M., Berlin, Bern, Bruxelles, New York, Oxford und Wien: Lang, 2000 (Europäische Hochschulschriften, I, Bd. 1760)

Terence Jim Reed, Thomas Mann. The Writer as Historian of his Time, in: Modern Language Review 71, 1976, S. 82–96

Ders. (Hg.), Thomas Mann, *Der Tod in Venedig*. Text, Materialien, Kommentar [...], München und Wien: Hanser, ^{4}1987 (Hanser Literatur-Kommentare, Bd. 19)

Ders., Meeting the Model. Christian Buddenbrook and Onkel Friedel, in: German Life and Letters, New Series, 45, 1992, S. 207–211

Marcel Reich-Ranicki, Thomas Mann und die Seinen, Stuttgart: Deutsche Verlags-Anstalt, 1987

Ders., Die Dichterin wechselt das Repertoire, in: Christine Koschel und Inge von Weidenbaum (Hgg.), Kein objektives Urteil – nur ein lebendiges. Texte zum Werk von Ingeborg Bachmann, München und Zürich: Piper, 1989, S. 188–192

Ders., Die Familie des Zauberers, in: Thomas Sprecher und Fritz Gutbrodt (Hgg.), Die Familie Mann in Kilchberg, Zürich: Neue Zürcher Zeitung, 2000, S. 200–206

Ders., Arche Noah der Bücher, in: Der Spiegel 25, 18. Juni 2001, S. 206–223

Günter Reiß, Herrenrecht. Bemerkungen zum Syndrom des Autoritären in Thomas Manns frühen Erzählungen, in: Rolf Wiecker (Hg.), Gedenkschrift für Thomas Mann. 1875–1975, Kopenhagen: Text & Kontext, 1975, S. 67–94

Rolf Günter Renner, Lebens-Werk. Zum inneren Zusammenhang der Texte von Thomas Mann, München: Fink, 1985

Ders., Das Ich als ästhetische Konstruktion. *Der Tod in Venedig* und seine Beziehung zum Gesamtwerk Thomas Manns, Freiburg i. Br.: Rombach, 1987 (Reihe Litterae)

Ders., Verfilmungen der Werke von Thomas Mann, in: Helmut Koopmann (Hg.), Thomas Mann-Handbuch, Stuttgart: Kröner, ^{2}1995, S. 799–822

Jürgen Reulecke, Geschichte der Urbanisierung in Deutschland, Frankfurt a. M.: Suhrkamp, 1985 (Neue Historische Bibliothek)

W. H. Rey, Rechtfertigung der Liebe in Th. Manns Erzählung *Die Betrogene*, in: Deutsche Vierteljahrsschrift für Literaturwissenschaft und Geistesgeschichte 34, 1960, S. 428–448

Monika Richarz, Die Entwicklung der jüdischen Bevölkerung, in: Michael A. Meyer (Hg.), Deutsch-jüdische Geschichte in der Neuzeit, Bd. 3: Umstrittene Integration 1871–1918, München: Beck, 1997, S. 13–38, 388

Joachim Rickes, Politiker – Parlamente – Public Relations. Thomas Manns Roman *Königliche Hoheit* als Spiegel des aktuellen politischen Geschehens. Ein literarisch-politischer Essay, Frankfurt a. M., Berlin, Bern, New York, Paris und Wien: Lang, 1994

Ders., Der sonderbare Rosenstock. Eine werkzentrierte Untersuchung zu Thomas Manns Roman *Königliche Hoheit*, Frankfurt a. M., Berlin, Bern, New York, Paris und Wien: Lang, 1998

Paul Ricoeur, Philosophische und theologische Hermeneutik, in: Paul Ricoeur und Eberhard Jüngel (Hgg.), Metapher. Zur Hermeneutik religiöser Sprache, Evangelische Theologie, Sonderheft, München: Kaiser, 1974, S. 24–45

Hugh Ridley, The Problematic Bourgeois. Twentieth-Century Criticism on Thomas Mann's *Buddenbrooks* and *The Magic Mountain*, Columbia: Camden House, 1994 (Studies in German Literature, Linguistics and Culture; Literary Criticism in Perspective)

Ders., Does it Ring a Bell somewhere? A Gap in the Century of Social-Historical Criticism on *Buddenbrooks*, in: Rüdiger Görner und Helen Kelly-Holmes (Hgg.), Vermittlungen. German Studies at the Turn of the Century. Festschrift für Nigel B. R. Reeves, München: Iudicium, 1999, S. 51–61

Wolfgang Riedel, Literatur und Wissen. Thomas Mann: *Der Zauberberg*, in: Archiv für das Studium der neueren Sprachen und Literaturen 238.1, 2001, S. 1–18

Erwin Riess, Zum Antisemitismus kein Talent?, in: Konkret 12, 1998, S. 64 f.

Gabriele Rippl, Feministische Literaturwissenschaft, in: Miltos Pechlivanos, Stefan Rieger, Wolfgang Struck und Michael Weitz (Hgg.), Einführung in die Literaturwissenschaft, Stuttgart und Weimar: Metzler, 1995, S. 230–240

David Roberts, Artistic Consciousness and Political Conscience. The Novels of Heinrich Mann 1900–1938, Bern und Frankfurt a. M.: Lang, 1971

Ritchie Robertson, The ›Jewish Question‹ in German Literature 1749–1939. Emancipation and its Discontents, Oxford: Oxford University Press, 1999

Ders., Classicism and its Pitfalls. *Death in Venice*, in: Ders. (Hg.), The Cambridge Companion to Thomas Mann, Cambridge: Cambridge University Press, 2002, S. 95–106

Heidi M. Rockwood und J. R. Rockwood, The Psychological Reality of Myth in *Der Tod in Venedig*, in: Germanic Review 59, 1984, S. 137–141

Werner Röcke, Teufelsgelächter. Inszenierungen des Bösen und des Lachens in der *Historia von D. Johann Fausten* (1587) und in Thomas Manns *Doktor Faustus*, in: Hans Richard Brittnacher und Fabian Stoermer (Hgg.), Der schöne Schein der Kunst und seine Schatten, Bielefeld: Aisthesis, 2000, S. 345–365

John C. G. Röhl, Kaiser, Hof und Staat. Wilhelm II. und die deutsche Politik, München: Beck, [4]1995

Wolfgang Rösler, Die Entdeckung der Fiktionalität in der Antike, in: Poetica 12, 1980, S. 283–319

Ders., Schriftkultur und Fiktionalität. Zum Funktionswandel der griechischen Literatur von Homer bis Aristoteles, in: Aleida Assmann, Jan Assmann und Christof Hardmeier (Hgg.), Schrift und Gedächtnis. Beiträge zur Archäologie der literarischen Kommunikation, München: Fink, 1983, S. 109–122

Kati Röttger und Heike Paul, Einleitung, in: Kati Röttger und Heike Paul (Hgg.), Differenzen in der Geschlechterdifferenz – Differences within Gender Studies. Aktuelle Perspektiven der Geschlechterforschung, Berlin: Schmidt, 1999 (Geschlechterdifferenz & Literatur, Bd. 10), S. 11–26

Susan von Rohr, *Doctor Faustus*, in: Ritchie Robertson (Hg.), The Cambridge Companion to Thomas Mann, Cambridge: Cambridge University Press, 2002, S. 168–184

Paul Lawrence Rose, Revolutionary Antisemitism in Germany. From Kant to Wagner, Princeton: Princeton University Press, 1990

Rhoda Rosen, Die Inszenierung des jüdischen Körpers: Zwischen Identifikation und Projektion, in: Sander L. Gilman, Robert Jütte und Gabriele Kohlbauer-Fritz (Hgg.), »Der schejne Jid«. Das Bild des »jüdischen Körpers« in Mythos und Ritual, Wien: Picus, 1998, S. 11–22

Charles E. Rosenberg, Cholera in Nineteenth-Century Europe. A Tool for Social and Economic Analysis, in: Charles E. Rosenberg, Explaining Epidemics and Other Studies in the History of Medicine, Cambridge, New York und Melbourne: Cambridge University Press, 1992, S. 109–121

Klaus-Jürgen Rothenberg, Das Problem des Realismus bei Thomas Mann. Zur Behandlung von Wirklichkeit in den *Buddenbrooks*, Köln und Wien: Böhlau, 1969 (Literatur und Leben, Bd. 11)

Anna Ruchat, Thomas Manns Roman-Projekt über Friedrich den Großen im Spiegel der Notizen. Edition und Interpretation, Bonn: Bouvier, 1989 (Studien zur Germanistik, Anglistik und Komparatistik, Bd. 121)

Holger Rudloff, Pelzdamen. Weiblichkeitsbilder bei Thomas Mann und Leopold von Sacher-Masoch, Frankfurt a. M.: Fischer, 1994

Ders., Hetaera esmeralda. Hure, Hexe, Helferin. Anklänge ans »Märchenhafte« und »Sagenmäßige« in Thomas Manns Roman *Doktor Faustus*, in: Wirkendes Wort 47, 1997, S. 61–74

Wilhelm Rudolph, Das Buch Ruth · Das Hohe Lied · Die Klagelieder, Gütersloh: Gerd Mohn, 1962 (Kommentar zum Alten Testament, Bd. XVII.1–3)

Reinhard Rürup, Emanzipation und Antisemitismus: Historische Verbindungslinien, in: Herbert A. Strauss und Norbert Kampe (Hgg.), Antisemitismus. Von der Judenfeindschaft zum Holocaust, Frankfurt a. M. und New York: Campus, 1985, S. 88–98

Ders., Emanzipation und Krise – Zur Geschichte der »Judenfrage« in Deutschland vor 1890, in: Werner E. Mosse (Hg.), Juden im Wilhelminischen Deutschland 1890–1914, Tübingen: Mohr Siebeck, [2]1998 (Schriftenreihe wissenschaftlicher Abhandlungen des Leo Baeck Instituts, Bd. 33), S. 1–56

Thomas Rütten, Zu Thomas Manns medizinischem Bildungsgang im Spiegel seines Spätwerks, in: Thomas Sprecher (Hg.), Vom *Zauberberg* zum *Doktor Faustus*. Krankheit und Literatur. Die Davoser Literaturtage 1998, Frankfurt a. M.: Klostermann, 2000 (Thomas Mann-Studien, Bd. 23), S. 237–268

Ders., Krankheit und Genie. Annäherungen an Frühformen einer Mannschen Denkfigur, in: Thomas Sprecher (Hg.), Literatur und Krankheit im Fin de Siècle (1890–1914). Die Davoser Literaturtage 2000, Frankfurt a. M.: Klostermann, 2002 (Thomas Mann-Studien, Bd. 26), S. 131–170

Jacques Ruffié und Jean-Charles Sournia, Die Seuchen in der Geschichte der Menschheit, Stuttgart: Klett-Cotta, 1987

Doris Runge, *Die Betrogene*, in: Thomas Mann-Jahrbuch 4, 1991, S. 109–118

Judith Ryan, *Buddenbrooks*. Between Realism and Aestheticism, in: Ritchie Robertson (Hg.), The Cambridge Companion to Thomas Mann, Cambridge: Cambridge University Press, 2002, S. 119–136

Michael Saffle, Text as Music – Music as Text. Thomas Mann's *Doktor Faustus* and Beethoven's Sonata, op. 111, in: Hermann Danuser und Tobias Plebuch (Hgg.), Musik als Text. Bericht über den Internationalen Kongress der Gesellschaft für Musikforschung, Freiburg i. Br. 1993, London, New York und Prag: Bärenreiter, 1998, Bd. 2, S. 215–221

Eda Sagarra, Intertextualität als Zeitkommentar. Theodor Fontane, Gustav Freytag und Thomas Mann oder: Juden und Jesuiten, in: Eckhard Heftrich, Helmuth Nürnberger, Thomas Sprecher und Ruprecht Wimmer (Hgg.), Theodor Fontane und Thomas Mann. Die Vorträge des Internationalen Kolloquiums in Lübeck 1997, Frankfurt a. M.: Klostermann, 1998 (Thomas Mann-Studien, Bd. 18), S. 25–47

Pierre-Paul Sagave, Art et bourgeoisie dans l'œuvre de Thomas Mann en particulier dans les *Considérations d'un a-politique*, in: Revue germanique 28, 1937, S. 125–133

Ders., Réalité sociale et idéologie religieuse dans les romans de Thomas Mann. *Les Buddenbrook*, *La Montagne magique*, *Le Docteur Faustus*, Paris: Belles Lettres, 1954 (Publications de la Faculté des Lettres de l'Université de Strasbourg, Bd. 124)

Ders., Zur Geschichtlichkeit von Thomas Manns Jugendroman. Bürgerliches Klassenbewußtsein und kapitalistische Praxis in *Buddenbrooks*, in: Helmut Arntzen, Bernd Balzer, Karl Pestalozzi und Rainer Wagner (Hgg.), Literaturwissenschaft und Geschichtsphilosophie. Festschrift für Wilhelm Emmrich, Berlin und New York: de Gruyter, 1975, S. 436–452

Ders., Der Begriff des Terrors in Thomas Manns *Zauberberg*, in: Rudolf Wolff (Hg.), Thomas Mann. Aufsätze zum *Zauberberg*, Bonn: Bouvier, 1988 (Sammlung Profile, Bd. 33), S. 9–22

Ders., Comment Thomas Mann devint Munichois, in: Jahrbuch für internationale Germanistik, A, 47, 1998, S. 93–98

Edward W. Said, Orientalism, New York: Vintage, 1979

Ders., Culture and Imperialism, New York: Knopf, 1993

Ders., Presidential Address 1999: Humanism and Heroism, in: Publications of the Modern Language Association of America 115.3, 2000, S. 285–291

Hans-Joachim Sandberg, »Der fremde Gott« und die Cholera. Nachlese zum *Tod in Venedig*, in: Eckhard Heftrich und Helmut Koopmann (Hgg.), Thomas Mann und seine Quellen. Festschrift für Hans Wysling, Frankfurt a. M.: Klostermann, 1991, S. 66–110

Philipp Sarasin, Basel – Zur Sozialgeschichte der Stadt Bachofens, in: Johann Jakob Bachofen (1815–1887). Eine Begleitpublikation zur Ausstellung im Historischen Museum Basel 1987, o. O. u. J., S. 28–39

Ders., Reizbare Maschinen. Eine Geschichte des Körpers 1765–1914, Frankfurt a. M.: Suhrkamp, 2001

Paul Ludwig Sauer, Ironie und Versöhnung. Zu Thomas Manns letzter Novelle *Die Betrogene*, in: Wirkendes Wort 24, 1974, S. 99–112

Ders., Der allerletzte Homeride? Thomas Manns *Gesang vom Kindchen*. Idylle und Weltgeist, Frankfurt a. M.: R. G. Fischer, 1987

Wolfgang Sauer, Das Problem des deutschen Nationalstaates, in: Hans-Ulrich Wehler (Hg.), Moderne deutsche Sozialgeschichte, Köln und Berlin: Kiepenheuer & Witsch, 1966 (Neue Wissenschaftliche Bibliothek, Bd. 10), S. 407–436

Heinz Sauereßig, Die Entstehung des Romans *Der Zauberberg*, in: Heinz Sauereßig (Hg.), Besichtigung des Zauberbergs, Biberach a. d. Riss: Wege und Gestalten, 1974, S. 5–53

Eberhard Sauermann, Thomas Mann und die Deutschnationalen. Otto Grautoff als Faktor der Rezeptionssteuerung von Thomas Manns Frühwerk, in: Internationales Archiv für Sozialgeschichte der deutschen Literatur 16, 1991, S. 57–78

Carl Theodor Saul, Die Bedeutung des Niederdeutschen in den Werken Thomas Manns, in: Quickborn 72, 1982, S. 179–181

Eberhard Scheiffele, Spiel und »Bekenntnis«. Zur strukturalen Zwieschlächtigkeit von Thomas Manns *Doktor Faustus*, in: Eberhard Scheiffele, Über die Rolltreppe. Studien zur deutschsprachigen Literatur. Mit einem Entwurf materialer literarischer Hermeneutik, München: Iudicium, 1999, S. 81–98

Steven Paul Scher, Peeperkorns Dürer-Bild? Neues zu Thomas Manns *Der Zauberberg*, in: Sabine Doering, Waltraud Maierhofer und Peter Philipp Riedl (Hgg.), Resonanzen. Festschrift für Hans Joachim Kreutzer, Würzburg: Königshausen & Neumann, 2000, S. 439–448

Volker Scherliess, Zur Musik im *Doktor Faustus*, in: Hans Wißkirchen und Thomas Sprecher (Hgg.), »und was werden die Deutschen sagen??« Thomas Manns Roman *Doktor Faustus*, Lübeck: Dräger, 1997, S. 113–151

Paul Scherrer und Hans Wysling, Quellenkritische Studien zum Werk Thomas Manns, Bern und München: Francke, 1967 (Thomas Mann-Studien, Bd. 1)

Albert von Schirnding, Die Betrogene. Zum Briefwechsel Thomas Manns mit Agnes E. Meyer, in: Süddeutsche Zeitung, 7./8. November 1992, S. IV

Ders., Thomas Mann, *Gesang vom Kindchen*. Einführung zur Lesung von Rolf Boysen, in: Jahrbuch der Bayerischen Akademie der Schönen Künste 12.1, 1998, S. 443–448

Ders., »Darmaffektion, Nerventiefstand«. Der leidende Thomas Mann im Spiegel seiner Tagebücher, in: Thomas Sprecher (Hg.), Vom *Zauberberg* zum *Doktor Faustus*. Krankheit und Literatur. Die Davoser Literaturtage 1998, Frankfurt a. M.: Klostermann, 2000 (Thomas Mann-Studien, Bd. 23), S. 269–293

Ders., Der verräterische Buchstabe B., in: Süddeutsche Zeitung, 20. Februar 2001, S. 17

Ders., Thomas Mann, seine Schwiegereltern Pringsheim und Richard Wagner, in: Dirk Heißerer (Hg.), Themengewebe. Thomas Mann und die Musik. Zwei Vorträge von Albert von Schirnding und Joachim Kaiser, München: Thomas Mann-Förderkreis, 2001 (Publikationen des Thomas Mann-Förderkreis [sic!] München, Bd. 1), S. 7–22

Arno Schirokauer, Bedeutungswandel des Romans, in: Maß und Wert 3.5/6, 1940, S. 575–590

Hannelore Schlaffer, Wilhelm Meister. Das Ende der Kunst und die Wiederkehr des Mythos, Stuttgart: Metzler, 1980

Heinz Schlaffer, Die kurze Geschichte der deutschen Literatur, München und Wien: Hanser, 2002

Winfried Schleiner, The Nexus of Witchcraft and Male Impotence in Renaissance Thought and its Reflection in Thomas Mann's *Doktor Faustus*, in: Journal of English and Germanic Philology 84, 1985, S. 166–187

Meike Schlutt, Der repräsentative Außenseiter. Thomas Mann und sein Werk im Spiegel der deutschen Presse 1898 bis 1933, Frankfurt a. M., Berlin, Bern, Brüssel, New York, Oxford und Wien: Lang, 2002

Christian Schmidt, Bedeutung und Funktion der Gestalten der europäisch-östlichen Welt im dichterischen Werk Thomas Manns, München: Otto Sagner, 1971 (Slawistische Beiträge, Bd. 56)

Christoph Schmidt, »Gejagte Vorgänge voll Pracht und Nacktheit«. Eine unbekannte kinematographische Quelle zu Thomas Manns Roman *Der Zauberberg*, in: Wirkendes Wort 38.1, 1988, S. 1–5

Elke Schmitter, Die blauen Schatten der Depression, in: Der Spiegel 51, 17. Dezember 2001, S. 184 f.

Walter Schmitz, *Der Tod in Venedig*. Eine Erzählung aus Thomas Manns Münchner Jahren, in: Blätter für den Deutschlehrer 29, 1985, S. 2–20

Claudia Schmölders, Das Vorurteil im Leibe. Eine Einführung in die Physiognomik, Berlin: Akademie Verlag, [2]1997

Peter-Paul Schneider, »Millionengestank«. Die Auseinandersetzung des jungen Heinrich Mann mit Lübeck als Lebensform, in: Heinrich Mann-Jahrbuch 9, 1991, S. 159–182

Ders., Nietzsche in Netzig. Ein unbekanntes Notizbuch Heinrich Manns zum *Untertan*, in: Heinrich Mann-Jahrbuch 14, 1996, S. 139–164

Wolfgang Schneider, Lebensfreundlichkeit und Pessimismus. Thomas Manns Figurendarstellung, Frankfurt a. M.: Klostermann, 1999 (Thomas Mann-Studien, Bd. 19)

Ders., Man spürt nichts als Kultur. Blüthenzweig und Co.: Die Juden im Werk Thomas Manns – Eine Bestandesaufnahme vor der Tagung der Thomas Mann-Gesellschaft, in: Frankfurter Allgemeine Zeitung, 27. August 2002, S. 36

Ders., Betrachtungen eines Politikums. Die Thomas Mann-Gesellschaft macht die Antisemitismus-Probe, in: Frankfurter Allgemeine Zeitung, 11. September 2002, S. 40

Sybille Schneider-Philipp, Überall heimisch und nirgends. Thomas Mann – Spätwerk und Exil, Bonn: Bouvier, 2001

Julia Schöll, Dekonstruktionen. Zu Yahya Elsaghes Studie über Thomas Mann und das ›Deutsche‹, in: literaturkritik.de, http://www.literaturkritik.de/public/rezension.php?_id =1668

Albrecht Schöne, Säkularisation als sprachbildende Kraft. Studien zur Dichtung deutscher Pfarrersöhne, Göttingen: Vandenhoeck & Ruprecht, [2]1968 (Palaestra, Bd. 226)

Rainer Schönhaar, Beschriebene und imaginäre Musik im Frühwerk Thomas Manns, in: Albert Gier und Gerold W. Gruber (Hgg.), Musik und Literatur. Komparatistische Studien zur Strukturverwandtschaft, Frankfurt a. M., Berlin, Bern, New York, Paris und Wien: Lang, 1995 (Europäische Hochschulschriften, XXXVI, Bd. 127), S. 237–268

Franziska Schößler, »Die Frau von funfzig Jahren«. Zu Thomas Manns Erzählung *Die Betrogene*, in: Sprachkunst 31, 2000, S. 289–307

Dies., »Aneignungsgeschäfte«. Zu Thomas Manns Umgang mit Quellen in dem Roman *Königliche Hoheit*, in: Thomas Mann-Jahrbuch 14, 2001, S. 249–267

Walter Schomers, Serenus Zeitblom und die Ideen von 1914. Zur Rezeption der *Betrachtungen eines Unpolitischen* im *Doktor Faustus*, in: Walter Schomers, Serenus Zeitblom und die Ideen von 1914. Versuche zu Thomas Mann, Würzburg: Königshausen & Neumann, 2002, S. 47–78

George C. Schoolfield, Thomas Mann's *Die Betrogene*, in: Germanic Review 38, 1963, S. 91–120

Hans Eggert Schröder, Ludwig Klages. Die Geschichte seines Lebens. Erster Teil. Die Jugend, Bonn: Bouvier, 1966 (Ludwig Klages, Sämtliche Werke, hg. v. Ernst Frauchiger, Gerhard Funke, Karl J. Groffmann, Robert Heuß und Hans Eggert Schröder, Supplement)

Klaus Schröter, Thomas Mann, Reinbek b. Hamburg: Rowohlt, [27]1995 (Rowohlts Monographien)

Peter Schünemann, Thomas Mann: Bildertausch, in: Peter Schünemann, Spur des Vaters. Fünf Essays, Bielefeld: Aisthesis, 2001 (Aisthesis Essay, Bd. 13), S. 51–57

Hartwig Schultz, Schwarzer Schmetterling. Zwanzig Kapitel aus dem Leben des romantischen Dichters Clemens Brentano, Berlin: Berlin, 2000

Karla Schultz, Technology as Desire. X-Ray Vision in *The Magic Mountain*, in: Stephen D. Dowden (Hg.), A Companion to Thomas Mann's *Magic Mountain*, Columbia: Camden House, 1999 (Studies in German Literature, Linguistics and Culture), S. 158–176

Egon Schwarz, Die jüdischen Gestalten in *Doktor Faustus*, in: Thomas Mann-Jahrbuch 2, 1989, S. 79–101

Hans-Peter Schwarz, Adenauer, Bd. 1: Der Aufstieg. 1876–1952, Stuttgart: Deutsche Verlags-Anstalt, ²1986

Reinhild Schwede, Wilhelminische Neuromantik – Flucht oder Zuflucht? Ästhetizistischer, exotistischer und provinzialistischer Eskapismus im Werk Hauptmanns, Hesses und der Brüder Mann um 1900, Frankfurt a. M.: Athenäum, 1987 (Hochschulschriften Literaturwissenschaft, Bd. 81)

Yvonne Schwemer-Scheddin, Broken Images: Blackletter between Faith and Mysticism, in: Peter Bain und Paul Shaw (Hgg.), Blackletter: Type and National Identity, New York: Princeton Architectural Press, 1998, S. 50–67

Christoph Schwöbel, Der »Tiefsinn des Herzens« und das »Pathos der Distanz«. Thomas Mann, Luther und die deutsche Identität, in: Thomas Mann-Jahrbuch 12, 1999, S. 59–75

Alcyone Scott, Thomas Mann and World War I. Germanness under Siege, in: Penny Schine Gold und Benjamin C. Sax (Hgg.), Cultural Visions. Essays in the History of Culture, Amsterdam: Rodopi, 2000, S. 223–236

Denis A. Sdwischkow, Der einsame Bildungsbürger auf der Suche nach der »Mitte«. Rußland im Deutschlandkonzept Thomas Manns, in: Weimarer Beiträge 45.2, 1999, S. 180–198

Eve Kosofsky Sedgwick, Between Men. English Literature and Male Homosocial Desire, New York: Columbia University Press, 1985 (Gender and Culture)

Angelika Seibt, Schriftpsychologie. Theorien, Forschungsergebnisse, wissenschaftliche Grundlagen, München und Wien: Profil, 1994

Oskar Seidlin, The Lofty Game of Numbers: The Mynheer Peeperkorn Episode in Thomas Mann's *Der Zauberberg*, in: Publications of the Modern Language Association of America 86, 1971, S. 924–939

Ders., Stiluntersuchung an einem Thomas Mann-Satz, in: Horst Enders (Hg.), Die Werkinterpretation, Darmstadt: Wissenschaftliche Buchgesellschaft, ²1978 (Wege der Forschung, Bd. 36), S. 336–348

Ders., Thomas Manns *Versuch über Schiller*, in: Jürgen Brummack, Gerhart von Graevenitz, Fritz Hackert, Hans-Georg Kemper, Günther Mahal, Paul Mog, Klaus-Peter Philippi, Hinrich C. Seeba und Waltraut Wiethölter (Hgg.), Literaturwissenschaft und Geistesgeschichte. Festschrift für Richard Brinkmann, Tübingen: Niemeyer, 1981, S. 692–710

Ders., *Doctor Faustus*: The Hungarian Connection, in: German Quarterly 56, 1983, S. 594–607

Gabriele Seitz, Film als Rezeptionsform von Literatur. Zum Problem der Verfilmung von Thomas Manns Erzählungen *Tonio Kröger*, *Wälsungenblut* und *Der Tod in Venedig*, München: Tuduv, 1979 (Tuduv-Studien, Sprach- und Literaturwissenschaften, Bd. 12)

Volker Sellin, Nationalbewußtsein und Partikularismus in Deutschland im 19. Jahrhundert, in: Jan Assmann und Tonio Hölscher (Hgg.), Kultur und Gedächtnis, Frankfurt a. M.: Suhrkamp, 1988, S. 241–264

Itta Shedletzky, Majestätsbeleidigung und Menschenwürde. Die Fatalität des Antisemitismus in Heinrich Manns Roman *Der Untertan*, in: Bulletin des Leo Baeck Instituts 86, 1990, S. 67–81

Richard Sheppard, *Tonio Kröger* and *Der Tod in Venedig*. From Bourgeois Realism to Visionary Modernism, in: Oxford German Studies 18/19, 1989/1990, S. 92–108

Ralf Siebert, Heinrich Mann: *Im Schlaraffenland*, *Professor Unrat*, *Der Untertan*. Studien zur Theorie des Satirischen und zur satirischen Kommunikation im 20. Jahrhundert, Siegen: Carl Böschen, 1999 (Kasseler Studien – Literatur, Kultur, Medien, Bd. 3)

Hinrich Siefken, Thomas Mann. Goethe – »Ideal der Deutschheit«. Wiederholte Spiegelungen 1893–1949, München: Fink, 1981

Ders., Mann as Essayist, in: Ritchie Robertson (Hg.), The Cambridge Companion to Thomas Mann, Cambridge: Cambridge University Press, 2002, S. 213–225

John-Thomas Siehoff, »Philine ist doch am Ende nur ein Hürchen...«: *Doktor Faustus*: Ein Bildungsroman? Thomas Manns *Doktor Faustus* und die Spannung zwischen den Bildungsideen der deutschen Klassik und ihrer Rezeption durch das deutsche Bürgertum im 19. und frühen 20. Jahrhundert, in: Monatshefte für deutschsprachige Literatur und Kultur 89.2, 1997, S. 196–207

Armin Singer, *Death in Venice*. Visconti and Mann, in: Modern Language Notes 91, 1976, S. 1348–1359

Anthony D. Smith, The Ethnic Origin of Nations, Oxford und New York: Blackwell, 1986

Helmut Walser Smith, German Nationalism and Religious Conflict. Culture, Ideology, Politics, 1870–1914, Princeton: Princeton University Press, 1995

Jürgen Söring, Goethe und die Verwandlungen des Eros, in: Colloquium Helveticum 31, 2000, S. 65–96

Walter H. Sokel, Demaskierung und Untergang wilhelminischer Repräsentanz. Zum Parallelismus der Inhaltsstruktur von *Professor Unrat* und *Tod in Venedig*, in: Gerald Gillespie und Edgar Lohner (Hgg.), Herkommen und Erneuerung. Essays für Oskar Seidlin, Tübingen: Niemeyer, 1976, S. 387–412

Andreas Urs Sommer, Thomas Mann und Franz Overbeck, in: Wirkendes Wort 46, 1996, S. 32–55

Ders., Der mythoskritische »Erasmusblick«. *Doktor Faustus*, Nietzsche und die Theologen, in: Thomas Mann-Jahrbuch 11, 1998, S. 61–71

Ders., Thomas Mann und Franz Overbeck, in: Lothar Bluhm und Heinz Rölleke (Hgg.), »weil ich finde, daß man sich nicht ›entziehen‹ soll«. Gesammelte Aufsätze zu Thomas Mann und seinem Werk, Trier: WVT Wissenschaftlicher Verlag, 2001 (Wirkendes Wort, Sonderband), S. 323–346

Claus Sommerhage, Eros und Poesis. Über das Erotische im Werk Thomas Manns, Bonn: Bouvier, 1983 (Bonner Arbeiten zur deutschen Literatur, Bd. 40)

Stefan Sonderegger, Grundzüge deutscher Sprachgeschichte. Diachronie des Sprachsystems, Bd. 1: Einführung; Genealogie; Konstanten, Berlin und New York: de Gruyter, 1979

Franz Maria Sonner, Ethik und Körperbeherrschung. Die Verflechtung von Thomas Manns Novelle *Der Tod in Venedig* mit dem zeitgenössischen intellektuellen Kräftefeld, Opladen: Westdeutscher Verlag, 1984

Ronald Speirs, Mann: *Mario und der Zauberer*, London: Grant & Cutler, 1990 (Critical Guides to German Texts, Bd. 11)

Ders., Macht und Mythos bei Thomas Mann. Festvortrag zum Schillertag 1995, Jena: Universitäts-Verlag, 1995 (Gesellschaft der Freunde und Förderer der Friedrich Schiller-Universität Jena, Heft 3)

Helmut Spelsberg, Thomas Manns Durchbruch zum Politischen in seinem kleinepischen Werk. Untersuchungen zur Entwicklung von Gehalt und Form in *Gladius Dei*, *Beim Propheten*, *Mario und der Zauberer* und *Das Gesetz*, Marburg: Elwert, 1972 (Marburger Beiträge zur Germanistik, Bd. 41)

Monica Spiridon, Le Sacré et le profane dans l'univers imaginaire de Mircea Eliade, Thomas Mann, Hermann Hesse, Ernst Jünger, in: Roger Bauer und Douwe Fokkema (Hgg.), Space and Boundaries – Espace et Frontières, München: Iudicium, 1990 (Proceedings of the XIIth Congress of the International Comparative Literature Association – Actes du XIIe Congrès de l'Association Internationale de Littérature Comparée), Bd. 2, S. 436–441

Michael Spöttel, Männerphantasien. Bachofens Wirkung auf die völkerkundliche Konstruktion von Kultur, in: Zeitschrift für Religions- und Geistesgeschichte 50, 1998, S. 317–338

Thomas Sprecher, Felix Krull und Goethe. Thomas Manns *Bekenntnisse* als Parodie auf *Dichtung und Wahrheit*, Bern, Frankfurt a. M. und New York: Lang, 1985 (Europäische Hochschulschriften, I, Bd. 841)

Ders., Thomas Mann in Zürich, Zürich: Neue Zürcher Zeitung, 1992

Ders., Deutscher, Tschechoslowake, Amerikaner. Zu Thomas Manns staatsbürgerlichen Verhältnissen, in: Thomas Mann-Jahrbuch 9, 1996, S. 303–338

Ders., Kur-, Kultur- und Kapitalismuskritik im *Zauberberg*, in: Ders. (Hg.), Auf dem Weg zum *Zauberberg*. Die Davoser Literaturtage 1996, Frankfurt a. M.: Klostermann, 1997 (Thomas Mann-Studien, Bd. 16), S. 187–249

Ders., Im Zwielicht. Antisemitische Tendenzen in Thomas Manns Werk?, in: Neue Zürcher Zeitung, 7. September 2001, S. 66

Peter Sprengel, Von Luther zu Bismarck. Kulturkampf und nationale Identität bei Theodor Fontane, Conrad Ferdinand Meyer und Gerhart Hauptmann, Bielefeld: Aisthesis, 1999

Emil Staiger, Einige Gedanken zur Fragwürdigkeit des Wertproblems, in: Norbert Mecklenburg (Hg.), Literarische Wertung. Texte zur Entwicklung der Wertungsdiskussion in der Literaturwissenschaft, München: Deutscher Taschenbuch Verlag, und Tübingen: Niemeyer, 1977 (Deutsche Texte, Bd. 43), S. 103–118

Theo Stammen, Politik und politische Kultur im wilhelminischen Reich, in: Heinrich Mann-Jahrbuch 11, 1993, S. 9–29

Franz Stanzel, Die typischen Erzählsituationen im Roman. Dargestellt an *Tom Jones*, *Moby-Dick*, *The Ambassadors*, *Ulysses* u. a., Wien und Stuttgart: Wilhelm Braumüller, 1955 (Wiener Beiträge zur englischen Philologie, Bd. 63)

Inken Steen, Parodie und parodistische Schreibweise in Thomas Manns *Doktor Faustus*, Tübingen: Niemeyer, 2001 (Untersuchungen zur deutschen Literaturgeschichte, Bd. 105)

Steffen Steffensen, Thomas Mann und Dänemark, in: Rolf Wiecker (Hg.), Gedenkschrift für Thomas Mann 1875–1975, Kopenhagen: Text & Kontext, 1975 (Text & Kontext, Sonderreihe, Bd. 2), S. 223–275

Jürgen Stenzel, Zeichensetzung. Stiluntersuchungen an deutscher Prosadichtung, Göttingen: Vandenhoeck & Ruprecht, 1966 (Palaestra, Bd. 241)

Guy Stern, Thomas Mann und die jüdische Welt, in: Helmut Koopmann (Hg.), Thomas Mann-Handbuch, Stuttgart: Kröner, [2]1995, S. 54–67

Dolf Sternberger, Deutschland im *Doktor Faustus* und *Doktor Faustus* in Deutschland, in: Beatrix Bludau, Eckhard Heftrich und Helmut Koopmann (Hgg.), Thomas Mann 1875–1975. Vorträge in München – Zürich – Lübeck, Frankfurt a. M.: Fischer, 1977, S. 155–172

Walter K. Stewart, *Der Tod in Venedig*. The Path to Insight, in: Germanic Review 53, 1978, S. 50–55

Herbert A. Strauss, Juden und Judenfeindschaft in der frühen Neuzeit, in: Herbert A. Strauss und Norbert Kampe (Hgg.), Antisemitismus. Von der Judenfeindschaft zum Holocaust, Frankfurt a. M. und New York: Campus, 1985, S. 66–87

Jochen Strobel, Entzauberung der Nation. Die Repräsentation Deutschlands im Werk Thomas Manns, Dresden: Thelem, 2000 (Arbeiten zur Neueren deutschen Literaturwissenschaft, Bd. 1)

Ders., [Rezension von:] Yahya Elsaghe, Die imaginäre Nation. Thomas Mann und das ›Deutsche‹, in: Arbitrium 19.1, 2001, S. 105–110

Martin Swales, *Buddenbrooks*. Family Life as the Mirror of Social Change, Boston: Twayne, 1991 (Twayne's Masterwork Studies, Bd. 79)

Ders., Mann. *Der Zauberberg*, London: Grant & Cutler, 2000 (Critical Guides to German Texts)

Ders., The Over-Representations of History? Reflections on Thomas Mann's *Doktor Faustus*, in: Mary Fulbrook und ders. (Hgg.), Representing the German Nation. History and Identity in Twentieth-Century Germany, Manchester und New York: Manchester University Press, 2000, S. 77–90

Thomas S. Szasz, Die Fabrikation des Wahnsinns, Olten und Freiburg i. Br.: Walter, 1974

Zoltán Szendi, Die doppelte Optik von Versteck- und Entlarvungsspiel. Zur Funktion der mythischen Parallelen in Thomas Manns *Der Tod in Venedig*, in: Jahrbuch der ungarischen Germanistik 1995, S. 31–44

Mario Szenessy, Über Thomas Manns *Die Betrogene*, in: Deutsche Vierteljahrsschrift für Literaturwissenschaft und Geistesgeschichte 40, 1966, S. 217–247

Peter Szondi, Versuch über Thomas Mann, in: Neue Rundschau 67, S. 557–563

Maria Tatar, Entstellung im Vollzug. Das Gesicht des Krieges in der Malerei, in: Claudia Schmölders und Sander L. Gilman (Hgg.), Gesichter der Weimarer Republik. Eine physiognomische Kulturgeschichte, Köln: DuMont, 2000, S. 113–130

Karin Tebben, »Man hat das Prinzip zur Geltung zu bringen, das man darstellt«. Standortbestimmung Thomas Manns im Jahre 1904: *Gabriele Reuter*, in: Thomas Mann-Jahrbuch 12, 1999, S. 77–97

Owsei Temkin, An Historical Analysis of the Concept of Infection, in: Owsei Temkin, The Double Face of Janus and Other Essays in the History of Medicine, Baltimore und London: Johns Hopkins University Press, 1977, S. 456–471

Rolf Thiede, Stereotypen vom Juden. Die frühen Schriften von Heinrich und Thomas Mann. Zum antisemitischen Diskurs der Moderne und dem Versuch seiner Überwindung, Berlin: Metropol, 1998 (Dokumente – Texte – Materialien, Bd. 23)

Horst Thomé, Autonomes Ich und ›Inneres Ausland‹. Studien über Realismus, Tiefenpsychologie und Psychiatrie in deutschen Erzähltexten (1848–1914), Tübingen: Niemeyer, 1993 (Hermaea, Neue Folge, Bd. 70)

Joachim von der Thüsen, Historische Erfahrung in Thomas Manns *Buddenbrooks*, in: Michael Ewert und Martin Vialon (Hgg.), Konvergenzen. Studien zur deutschen und europäischen Literatur. Festschrift für E. Theodor Voss, Würzburg: Königshausen & Neumann, 2000, S. 82–96

Claus Tillmann, Das Frauenbild bei Thomas Mann. Der Wille zum strengen Glück. Frauenfiguren im Werk Thomas Manns, Wuppertal: Deimling, 1991 (Wissenschaftliche Monographien, Literaturwissenschaften)

Robert Tobin, The Life and Work of Thomas Mann. A Gay Perspective, in: Thomas Mann, *Death in Venice*. Complete, Authoritative Text with Biographical and Historical Contexts, Critical History, and Essays from Five Contemporary Critical Perspectives, hg. v. Naomi Ritter, Boston und New York: Bedford Books, 1998 (Case Studies in Contemporary Criticism), S. 225–244

Ders., Warm Brothers. Queer Theory and the Age of Goethe, Philadelphia: University of Pennsylvania Press, 2000

Metin Toprak, Die deutsche Mitte. Politische Betrachtungen des *Zauberbergs*, Frankfurt a. M., Berlin, Bern, Bruxelles, New York und Wien: Lang, 1999 (Europäische Hochschulschriften, I, Bd. 1736)

Frithjof Trapp, Heinrich Mann. Politik und Psychologie, in: Heinrich Mann-Jahrbuch 12, 1994, S. 9–23

Beatrice Trummer, Thomas Manns Selbstkommentare zum *Zauberberg*, Konstanz: Hartung-Gorre, 1992

David Turner, Balancing the Account: Thomas Mann's *Unordnung und frühes Leid*, in: German Life and Letters, New Series, 52, 1999, S. 43–57

Siegmar Tyroff, Namen bei Thomas Mann in den Erzählungen und den Romanen *Buddenbrooks*, *Königliche Hoheit*, *Der Zauberberg*, Bern und Frankfurt a. M.: Lang, 1975 (Europäische Hochschulschriften, I, Bd. 102)

Ludwig Uhlig, Der Todesgenius in der deutschen Literatur von Winckelmann bis Thomas Mann, Tübingen: Niemeyer, 1975 (Untersuchungen zur deutschen Literaturgeschichte, Bd. 12)

Bernd Ulrich, In spaßiger Hoffnungslosigkeit. Thomas Mann und das bundesrepublikanische Bürgertum, in: Neue Rundschau 112.3, 2001, S. 110–122

Margot Ulrich, Thomas Mann und Düsseldorf. Biographische und literarische Beziehungen, in: Volkmar Hansen und Margot Ulrich (Hgg.), Thomas Mann 1875–1975. Zur Einführung in die Thomas Mann-Ausstellung Düsseldorf anläßlich des hundertsten Geburtstags, o. O. u. J., S. 55–67

Dies., »...diese kleine Mythe von Mutter Natur«. Zu Thomas Manns letzter Erzählung *Die Betrogene*, in: Rudolf Wolff (Hg.), Thomas Mann. Erzählungen und Novellen, Bonn: Bouvier, 1984 (Sammlung Profile, Bd. 8), S. 121–134

Hans Rudolf Vaget, Thomas Mann's *Gladius Dei* Once Again, in: Publications of the Modern Language Association of America 86, 1971, S. 482–484

Ders., Thomas Mann und Theodor Fontane. Eine rezeptionsästhetische Studie zu *Der kleine Herr Friedemann*, in: Modern Language Notes 90, 1975, S. 448–471

Ders., Film and Literature. The Case of *Death in Venice*: Luchino Visconti and Thomas Mann, in: German Quarterly 53, 1980, S. 159–175

Ders., Intertextualität im Frühwerk Thomas Manns. *Der Wille zum Glück* und Heinrich Manns *Das Wunderbare*, in: Zeitschrift für deutsche Philologie 101, 1982, S. 193–216

Ders., Thomas Mann. Kommentar zu sämtlichen Erzählungen, München: Winkler, 1984

Ders., Thomas Mann und Wagner. Zur Funktion des Leitmotivs in *Der Ring des Nibelungen* und *Buddenbrooks*, in: Steven Paul Scher (Hg.), Literatur und Musik. Ein Handbuch zur Theorie und Praxis eines komparatistischen Grenzgebietes, Berlin: Schmidt, 1984, S. 326–347

Ders., Thomas Mann und die Neoklassik. *Der Tod in Venedig* und Samuel Lublinskis Literaturauffassung, in: Hermann Kurzke (Hg.), Stationen der Thomas Mann-Forschung. Aufsätze seit 1970, Würzburg: Königshausen & Neumann, 1985, S. 41–60

Ders., Thomas Mann und James Joyce. Zur Frage der Modernisierung im *Doktor Faustus*, in: Thomas Mann-Jahrbuch 2, 1989, S. 121–150

Ders., Vorzeitiger Antifaschismus und andere unamerikanische Umtriebe. Aus den geheimen Akten des FBI über Thomas Mann, in: Hannelore Mundt, Egon Schwarz und William J. Lillyman (Hgg.), Horizonte. Festschrift für Herbert Lehnert, Tübingen: Niemeyer, 1990, S. 173–204

Ders., *Germany: Jekyll and Hyde*. Sebastian Haffners Deutschlandbild und die Genese von *Doktor Faustus*, in: Eckhard Heftrich und Helmut Koopmann (Hgg.), Thomas Mann und seine Quellen. Festschrift für Hans Wysling, Frankfurt a. M.: Klostermann, 1991, S. 249–271

Ders., Deutsche Einheit und nationale Identität. Zur Genealogie der gegenwärtigen Deutschland-Debatte am Beispiel von Thomas Mann, in: Literaturwissenschaftliches Jahrbuch, Neue Folge, 35, 1992, S. 277–298

Ders., The Spell of Salome: Thomas Mann and Richard Strauss, in: Claus Reschke und Howard Pollack (Hgg.), German Literature and Music. An Aesthetic Fusion: 1890–1989, München: Fink, 1992 (Houston German Studies, Bd. 8), S. 39–60

Ders., Filmentwürfe, in: Helmut Koopmann (Hg.), Thomas Mann-Handbuch, Stuttgart: Kröner, ^{2}1995, S. 619–622

Ders., »Ein Traum von Liebe«. Musik, Homosexualität und Wagner in Thomas Manns *Der Zauberberg*, in: Thomas Sprecher (Hg.), Auf dem Weg zum *Zauberberg*. Die Davoser Literaturtage 1996, Frankfurt a. M.: Klostermann, 1997 (Thomas Mann-Studien, Bd. 16), S. 111–141

Ders., Im Schatten Wagners, in: Im Schatten Wagners. Thomas Mann über Richard Wagner. Texte und Zeugnisse 1895–1955, hg. v. Hans Rudolf Vaget, Frankfurt a. M.: Fischer, 1999 (Forum Wissenschaft, Literatur und Kunst), S. 301–335

Ders., Wagner-Kult und nationalsozialistische Herrschaft. Hitler, Wagner, Thomas Mann und die »nationale Erhebung«, in: Saul Friedländer und Jörn Rüsen (Hgg.), Richard Wagner im Dritten Reich. Ein Schloß Elmau-Symposion, München: Beck, 2000, S. 264–282

Ders., Wieviel »Hitler« ist in Wagner? Anmerkungen zu Hitler, Wagner und Thomas Mann, in: Dieter Borchmeyer et al. (Hgg.), Richard Wagner und die Juden, Stuttgart: Metzler, 2000, S. 178–206

Ders., Leiden an Deutschland – Hoffnung Europa. Thomas Mann und die europäische Bewußtseinsbildung, in: Jeffrey L. High (Hg.), Die Goethezeit. Werke – Wirkung – Wechselbeziehungen. Festschrift für Wilfried Malsch, Göttingen: von Schwerin, 2001

Ders., »Von hoffnungsloser Art«. Thomas Manns *Wälsungenblut* im Lichte unserer Erfahrungen, in: Manfred Dierks und Ruprecht Wimmer (Hgg.), Thomas Mann und das Judentum, Frankfurt a. M.: Klostermann (Thomas Mann-Studien) [im Druck]

Roland de Vaux, Ancient Israel: Its Life and Institutions, Toronto: McGraw-Hill, 1966

Fritz Verdenhalven, Die deutsche Schrift. The German Script. Ein Übungsbuch, Neustadt a. d. Aisch: Degener, 1989

Silvio Vietta, *Die Buddenbrooks* im Fernsehen. Eine Mannheimer Studie zur Rezeption der Verfilmung des Romans von Thomas Mann, in: Helmut Kreuzer und Reinhold Viehoff (Hgg.), Literaturwissenschaft und empirische Methoden. Eine Einführung in aktuelle Projekte, Göttingen: Vandenhoeck & Ruprecht, 1981, S. 244–263

Christian Virchow, Thomas Mann und »the most elegant operation«. Die Gefährdung des Dichters im Jahre 1946, in: Thomas Sprecher (Hg.), Vom *Zauberberg* zum *Doktor Faustus*. Die Davoser Literaturtage 1998, Frankfurt a. M.: Klostermann, 2000 (Thomas Mann-Studien, Bd. 23), S. 47–62

Ders., A. P. Naef, H. E. Schaefer und J. Chr. Virchow jr., Thomas Mann (1875–1955) und die Pneumologie. Zur Indikation des thoraxchirurgischen Eingriffs im April 1946, in: Deutsche Medizinische Wochenschrift 122, 1997, S. 1432–1437

Jochen Vogt, Einiges über »Haus« und »Familie« in den *Buddenbrooks*, in: Heinz Ludwig Arnold (Hg.), Thomas Mann, München: Text und Kritik, ^{2}1982 (Text und Kritik, Sonderband), S. 67–84

Ders., Thomas Mann. *Buddenbrooks*, München: Fink, 1983 (Text und Geschichte. Modellanalysen zur deutschen Literatur, Bd. 10)

Shulamit Volkov, Jüdische Assimilation und jüdische Eigenart im Deutschen Kaiserreich, in: Geschichte und Gesellschaft 9, 1983, S. 331–348

Dies., Antisemitismus als kultureller Code, in: Dies., Jüdisches Leben und Antisemitismus im 19. und 20. Jahrhundert, München: Beck, 1990, S. 13–36, 197–202

Dies., Die Juden in Deutschland 1780–1918, München: Oldenbourg, 1994 (Enzyklopädie deutscher Geschichte, Bd. 16)

Liselotte Voß, Die Entstehung von Thomas Manns Roman *Doktor Faustus*. Dargestellt anhand von unveröffentlichten Vorarbeiten, Tübingen: Niemeyer, 1975 (Studien zur deutschen Literatur, Bd. 39)

Peter Voswinckel, Von Dr. Sammet (Th. Mann) bis Dr. Semig (U. Johnson). Das Scheitern der deutsch-jüdischen Assimilation im Spiegel literarischer Arztfiguren, in: Giovanni Maio und Volker Roelcke (Hgg.), Medizin und Kultur. Ärztliches Denken und Handeln im Dialog zwischen Natur- und Geisteswissenschaften, Stuttgart und New York: Schattauer, 2001, S. 213–232

Helmut Wagner, Die innerdeutschen Grenzen, in: Alexander Demandt (Hg.), Deutschlands Grenzen in der Geschichte, München: Beck, 1990, S. 235–276

R. B. J. Walker, Gender and Critique in the Theory of International Relations, in: V. Spike Peterson (Hg.), Feminist (Re)Visions of International Relations Theory. Gendered States, Boulder und London: Rienner, 1992 (Gender and Political Theory. New Contexts), S. 179–202

Hans Wanner, Individualität, Identität und Rolle. Das frühe Werk Heinrich Manns und Thomas Manns Erzählungen *Gladius Dei* und *Der Tod in Venedig*, München: Tuduv, 1976 (Tuduv-Studien, Sprach- und Literaturwissenschaft, Bd. 5)

Miles Weatherall, Drug Treatment and the Rise of Pharmacology, in: Roy Porter (Hg.), The Cambridge Illustrated History of Medicine, Cambridge, New York und Melbourne: Cambridge University Press, 1996, S. 246–277

Andrew J. Webber, »Reden und Rauschen«. Thomas Mann und die Rücksicht auf Darstellbarkeit, in: Andreas Hiepko und Katja Stopka (Hgg.), Rauschen. Seine Phänomenologie und Semantik zwischen Sinn und Störung, Würzburg: Königshausen & Neumann, 2001, S. 81–89

Ders., Mann's Man's World. Gender and Sexuality, in: Ritchie Robertson (Hg.), The Cambridge Companion to Thomas Mann, Cambridge: Cambridge University Press, 2002, S. 64–83

Barbara Wedekind-Schwertner, »Daß ich eins und doppelt bin«. Studien zur Idee der Androgynie unter besonderer Berücksichtigung Thomas Manns, Frankfurt, Bern und New York: Lang, 1984 (Europäische Hochschulschriften, I, Bd. 785)

Hans-Ulrich Wehler, Das Deutsche Kaiserreich 1871–1918, Göttingen: Vandenhoeck & Ruprecht, ^{4}1980 (Deutsche Geschichte, hg. v. Joachim Leuschner, Bd. 9)

Ders., Deutsche Gesellschaftsgeschichte, Bd. 3: Von der »Deutschen Doppelrevolution« bis zum Beginn des Ersten Weltkrieges 1849–1914, München: Beck, 1995

Heike Weidenhaupt, Gegenpropaganda aus dem Exil. Thomas Manns Radioansprachen für deutsche Hörer 1940 bis 1945, Konstanz: UVK Verlagsgesellschaft, 2001 (Journalismus und Geschichte, Bd. 5)

Sigrid Weigel, Topographien der Geschlechter. Kulturgeschichtliche Studien zur Literatur, Reinbek b. Hamburg: Rowohlt, 1990 (Rowohlts Enzyklopädie)

Dies., Scholems Gedichte und seine Dichtungstheorie. Klage, Adressierung und das Problem einer Sprache in unserer Zeit, in: Deutsche Vierteljahrsschrift für Literaturwissenschaft und Geistesgeschichte 73, 1999, Sonderheft: Wege deutsch-jüdischen Denkens im 20. Jahrhundert, S. 43–68

Marc A. Weiner, Silence, Sound and Song in *Der Tod in Venedig*. A Study in Psycho-Social Repression, in: Seminar 23, 1987, S. 137–155

Kenneth Weisinger, Distant Oil Rigs and Other Erections, in: Stephen D. Dowden (Hg.), A Companion to Thomas Mann's *Magic Mountain*, Columbia: Camden House, 1999 (Studies in German Literature, Linguistics and Culture), S. 177–220

Marianne Welter, Späte Liebe – Vergleichende Betrachtungen über *Der Tod in Venedig* und *Die Betrogene*, in: Spektrum 11.5, 1965: Zum 90. Geburtstag Thomas Manns, S. 210–214

Heinz-Dietrich Wendland, Die Briefe an die Korinther, Göttingen: Vandenhoeck & Ruprecht, 71954

Peter Werres, The Changing Faces of Dr. Faustus, in: Peter Werres, James Campbell und Peter Beicken, *Doctor Faustus*. Archetypal Subtext at the Millenium, hg. v. Armand E. Singer und Jürgen Schlunk, Morgantown: West Virginia University Press, 1999, S. 1–23

Uwe Wesel, Der Mythos vom Matriarchat. Über Bachofens Mutterrecht und die Stellung von Frauen in frühen Gesellschaften vor der Entstehung staatlicher Herrschaft, Frankfurt a. M.: Suhrkamp, 71994

Stephan Wessendorf, Thomas Mann verfilmt. *Der kleine Herr Friedemann*, *Tristan* und *Mario und der Zauberer* im medialen Wechsel, Frankfurt a. M., Berlin, Bern, New York, Paris und Wien: Lang, 1998 (Schriften zur Europa- und Deutschlandforschung, Bd. 5)

Claus Westermann, Genesis, 2. Teilband, Neukirchen-Vluyn: Neukirchener Verlag, 1981 (Biblischer Kommentar Altes Testament, Bd. 1.2)

Hayden White, Introduction, in: Thomas Mann, Lotte in Weimar. The Beloved Returns, Berkeley: University of California Press, 1990, S. v–xi

Ders., Schreiben im Medium, in: Hans Ulrich Gumbrecht und K. Ludwig Pfeiffer (Hgg.), Schrift, München: Fink, 1993 (Materialität der Zeichen, A, Bd. 12), S. 311–318

Joachim Wich, Thomas Manns *Gladius Dei* als Parodie, in: Germanisch-Romanische Monatsschrift, Neue Folge, 22, 1972, S. 389–400

Susanne Widmaier-Haag, Es war das Lächeln des Narziß. Die Theorien der Psychoanalyse im Spiegel der literaturpsychologischen Interpretationen des *Tod in Venedig*. Mit einem Vorwort von Wolfgang Mertens, Würzburg: Königshausen & Neumann, 1999

Werner Wienand, Größe und Gnade. Grundlagen und Entfaltung des Gnadenbegriffs bei Thomas Mann, Würzburg: Königshausen & Neumann, 2001 (Studien zur Literatur- und Kulturgeschichte, Bd. 15)

Oliver Wilhelm, Ästhetische Bildungserlebnisse und ironische Vermittlung. Thomas Manns »verbundene Geister« und die Konzeption einer »Welt-Ironie der Kunst«, in: Deutsche Vierteljahrsschrift für Literaturwissenschaft und Geistesgeschichte 72.4, 1998, S. 712–729

Hans Peter Willberg, Fraktur and Nationalism, in: Peter Bain und Paul Shaw (Hgg.), Blackletter: Type and National Identity, New York: Princeton Architectural Press, 1998, S. 40–49

Thomas Willey, Thomas Mann's Munich, in: Gerald Chapple und Hans H. Schulte (Hgg.), The Turn of the Century. German Literature and Art 1890–1915. McMaster Colloquium on German Literature 2, Bonn: Bouvier, 1981 (Modern German Studies, Bd. 5), S. 477–491

Ina Willi-Plein, Opfer und Kult im alttestamentlichen Israel. Textbefragungen und Zwischenergebnisse, Stuttgart: Katholisches Bibelwerk, 1993 (Stuttgarter Bibelstudien, Bd. 153)

Ruprecht Wimmer, Die altdeutschen Quellen im Spätwerk Thomas Manns, in: Eckhard Heftrich und Helmut Koopmann (Hgg.), Thomas Mann und seine Quellen. Festschrift für Hans Wysling, Frankfurt a. M.: Klostermann, 1991, S. 272–299

Hans Windisch, Der zweite Brief an die Korinther, hg. v. Georg Strecker, Göttingen: Vandenhoeck & Ruprecht, 1970

Stefan Winkle, Geißeln der Menschheit. Kulturgeschichte der Seuchen, Düsseldorf und Zürich: Artemis & Winkler, 1997

Heinrich August Winkler, Der lange Schatten des Reiches. Eine Bilanz deutscher Geschichte, in: Merkur 56, 2002, S. 221–233

Michael Winkler, Tadzio-Anastasios. A Note on *Der Tod in Venedig*, in: Modern Language Notes 72, 1977, S. 607–609

Richard Winston, Thomas Mann. Das Werden eines Künstlers 1875 bis 1911, München und Hamburg: Knaus, 1985

Helga Winter, Naturwissenschaft und Ästhetik. Untersuchungen zum Frühwerk Heinrich Manns, Würzburg: Königshausen & Neumann, 1994 (Epistemata, Literaturwissenschaft, Bd. 113)

Hans Wißkirchen, Republikanischer Eros. Zu Walt Whitmans und Hans Blühers Rolle in der politischen Publizistik Thomas Manns, in: Gerhard Härle (Hg.), »Heimsuchung und süßes Gift«. Erotik und Poetik bei Thomas Mann, Frankfurt a. M.: Fischer, 1992, S. 17–40

Ders., »Ich glaube an den Fortschritt, gewiß.« Quellenkritische Untersuchungen zu Thomas Manns Settembrini-Figur, in: Thomas Sprecher (Hg.), Das *Zauberberg*-Symposium 1994 in Davos, Frankfurt a. M.: Klostermann, 1995 (Thomas Mann-Studien, Bd. 11), S. 81–116

Ders., Die frühe Rezeption von Thomas Manns *Buddenbrooks*, in: Andrea Bartl, Jürgen Eder, Harry Fröhlich, Klaus Dieter Post und Ursula Regener (Hgg.), »In Spuren gehen...«. Festschrift für Helmut Koopmann, Tübingen: Niemeyer, 1998, S. 301–321

Ernest M. Wolf, Savonarola in München. Eine Analyse von Thomas Manns *Gladius Dei*, in: Euphorion 64, 1970, S. 85–96

Ders., A Case of Slightly Mistaken Identity. Gustav Mahler and Gustav Aschenbach, in: Twentieth Century Literature 19.1, 1973, S. 40–52

Ders., Hagenströms: The Rival Family in Thomas Mann's *Buddenbrooks*, in: German Studies Review 5, 1982, S. 35–55

Ders., Magnum Opus. Studies in the Narrative Fiction of Thomas Mann, New York, Bern, Frankfurt a. M. und Paris: Lang, 1989 (Studies in Modern German Literature, Bd. 25)

A. Wayne Wonderley, Das Problem des Außenseiters der Gesellschaft in Thomas Manns *Gladius Dei*, in: Philobiblon 17, 1973, S. 275–278

Wulf Wülfing, Karin Bruns und Rolf Parr, Historische Mythologie der Deutschen, 1798–1918, München: Fink, 1991

Stefan Bodo Würffel, Vom *Lindenbaum* zu *Doktor Fausti Weheklag*: Thomas Mann und die deutsche Krankheit zum Tode, in: Thomas Sprecher (Hg.), Vom *Zauberberg* zum *Doktor Faustus*. Krankheit und Literatur. Die Davoser Literaturtage 1998, Frankfurt a. M.: Klostermann, 2000 (Thomas Mann-Studien, Bd. 23), S. 157–184

Hans Wysling, Archivalisches Gewühle. Zur Entstehungsgeschichte der *Bekenntnisse des Hochstaplers Felix Krull*, in: Paul Scherrer und Hans Wysling, Quellenkritische Studien zum Werk Thomas Manns, Bern und München: Francke, 1967 (Thomas Mann-Studien, Bd. 1), S. 234–257

Ders., Dokumente zur Entstehung des *Tonio Kröger*. Archivalisches aus der Nach-Buddenbrooks-Zeit, ebd., S. 48–63

Ders., Thomas Manns Deskriptionstechnik, in: Ders., Thomas Mann heute. Sieben Vorträge, Bern und München: Francke, 1976, S. 64–84, 122–125

Ders., Thomas Manns Plan zu einem Roman über Friedrich den Großen, ebd., S. 25–36, 114

Ders., Thomas Manns Goethe-Nachfolge, in: Jahrbuch des Freien Deutschen Hochstifts 1978, S. 498–551

Ders., Thomas Manns Rezeption der Psychoanalyse, in: Benjamin Bennett, Anton Kaes und William J. Lillyman (Hgg.), Probleme der Moderne. Studien zur deutschen Literatur von Nietzsche bis Brecht. Festschrift für Walter Sokel, Tübingen: Niemeyer, 1983, S. 201–222

Ders., Narzißmus und illusionäre Existenzform. Zu den *Bekenntnissen des Hochstaplers Felix Krull*, Frankfurt a. M.: Klostermann, [2]1995 (Thomas Mann-Studien, Bd. 5)

Ders. und Yvonne Schmidlin, Bild und Text bei Thomas Mann. Eine Dokumentation, Bern und München: Francke, 1975

Ders. und dies., Thomas Mann. Ein Leben in Bildern, Frankfurt a. M.: Fischer, 1997

Kim Youn-Ock, Das »weibliche« Ich und das Frauenbild als lebens- und werkkonstituierende Elemente bei Thomas Mann, Frankfurt a. M., Berlin, Bern, New York, Paris und Wien: Lang, 1997 (Europäische Hochschulschriften, I, Bd. 1645)

Michael Zeller, Bürger oder Bourgeois? Eine literatursoziologische Studie zu Thomas Manns *Buddenbrooks* und Heinrich Manns *Im Schlaraffenland*, Stuttgart: Klett, 1976 (Literaturwissenschaft – Gesellschaftswissenschaft, Bd. 18)

Jürg Zimmermann, Repräsentation und Intimität. Zu einem Wertgegensatz bei Thomas Mann. Mit besonderer Berücksichtigung der Werke aus den Jahren vor und während des Ersten Weltkriegs, Zürich und München: Artemis, 1975 (Zürcher Beiträge zur deutschen Literatur- und Geistesgeschichte, Bd. 44)

Dieter Zissler, »Ich weiß in aller Ruhe, daß ich nicht naturfern bin«. Thomas Mann und die Biologie, in: Dietrich von Engelhardt und Hans Wißkirchen (Hgg.), Thomas Mann und die Wissenschaften, Lübeck: Dräger, 1999 (Literatur und Wissenschaft im Dialog, Bd. 1), S. 89–117

Hans-Günter Zmarzlik, Antisemitismus im Deutschen Kaiserreich 1871–1918, in: Bernd Martin und Ernst Schulin (Hgg.), Die Juden als Minderheit in der Geschichte, München: Deutscher Taschenbuch Verlag, [2]1982, S. 249–270

Lexika

Hanns Bächtold-Stäubli (Hg.), Handwörterbuch des deutschen Aberglaubens, Berlin: de Gruyter, 1927–1942 (Nachdruck Berlin und New York: de Gruyter, 1987)

G. Johannes Botterweck, Helmer Ringgren und Heinz-Joseph Fabry (Hgg.), Theologisches Wörterbuch zum Alten Testament, Bd. 5, Stuttgart, Berlin, Köln und Mainz: Kohlhammer, 1986

Rolf Wilhelm Brednich (Hg.), Enzyklopädie des Märchens. Handwörterbuch zur historischen und vergleichenden Erzählforschung, Berlin und New York: de Gruyter, 1977 ff.

Brockhaus' Konversations-Lexikon, Leipzig, Berlin und Wien: Brockhaus, [14]1896 f.

Der Große Brockhaus in zwölf Bänden, Wiesbaden: Brockhaus, [18]1977–1981

Jacob Grimm und Wilhelm Grimm et al. Deutsches Wörterbuch, Leipzig: Hirzel, 1854–1971 (Nachdruck München: Deutscher Taschenbuch Verlag, 1984)

Hermann Grote, Stammtafeln. Europäische Herrscher- und Fürstenhäuser, Leipzig: Hahn, 1877 (Nachdruck Leipzig: Reprint-Verlag, o. J.)

Heinrich W. Guggenheimer und Eva H. Guggenheimer, Jewish Family Names and Their Origins. An Etymological Dictionary, o. O.: Ktav, 1992

Friedrich Kluge, Etymologisches Wörterbuch der deutschen Sprache, Berlin und New York: de Gruyter, [21]1975

Henry George Liddell und Robert Scott, Greek-English Lexicon. Revised and Augmented Throughout by Henry Stuart Jones, London, Glasgow, New York, Toronto, Delhi, Bombay, Calcutta, Madras, Karachi, Kuala Lumpur, Singapore, Hong Kong, Tokyo, Nairobi, Dar es Salaam, Cape Town, Melbourne und Auckland: Oxford University Press, [9]1982

Meyers Konversations-Lexikon, Leipzig und Wien: Bibliographisches Institut, [5]1895–1900

Marie-Thérèse Morlet, Dictionnaire étymologique des noms de famille, Paris: Perrin, 1991

Wolfgang Pfeifer et al., Etymologisches Wörterbuch des Deutschen, Berlin: Akademie Verlag, [2]1993

Jane Davidson Reid, Classical Mythology in the Arts, 1300–1990s, Oxford und New York: Oxford University Press, 1993

Schweizerisches Idiotikon. Wörterbuch der schweizerdeutschen Sprache, Frauenfeld: Huber, 1895 ff.

Wilfried Seibicke, Historisches deutsches Vornamenbuch, Berlin und New York: de Gruyter, 1998

Theologische Realenzyklopädie, hg. v. Gerhard Krause und Gerhard Müller, Berlin und New York: de Gruyter, 1976–2002

Thesaurus linguae Latinae, Leipzig: Teubner, 1934–1964

Filme

Bekenntnisse des Hochstaplers Felix Krull (Kurt Hoffmann, BRD 1957)
Bekenntnisse des Hochstaplers Felix Krull (Bernhard Sinkel, BRD/A 1982)
Die Buddenbrooks (Gerhard Lamprecht, D 1923)
Buddenbrooks (Alfred Weidenmann, BRD 1959)
Buddenbrooks (Franz Peter Wirth, BRD 1978)
Doktor Faustus (Franz Seitz, BRD 1982)
Der kleine Herr Friedemann (Peter Vogel, DDR 1990)
Königliche Hoheit (Harald Braun, BRD 1953)
Lotte in Weimar (Egon Günther, DDR 1974)
Mario und der Zauberer (Klaus Maria Brandauer, A/F/D 1994)
Le Mirage (Jean-Claude Guiguet, F 1992)
Morte a Venezia (Luchino Visconti, I/F 1971)
Tonio Kröger (Rolf Thiele, BRD/F 1964)
Tristan (Herbert Ballmann, BRD 1975)
Unordnung und frühes Leid (Franz Seitz, BRD 1976)
Der Untertan (Wolfgang Staudte, DDR 1951)
Wälsungenblut (Rolf Thiele, BRD 1964)
Der Zauberberg (Hans W. Geißendörfer, BRD/F/I 1982)

Register

Werke Thomas Manns

Personen

Danksagung

Die vorliegende Arbeit war ursprünglich im Rahmen einer Förderungsprofessur des Schweizerischen Nationalfonds zur Förderung der wissenschaftlichen Forschung an der Universität Zürich projektiert, wurde dann aber an der Universität Bern fertiggestellt, wo sie der Schweizerische Nationalfonds dankenswerterweise als reguläres Forschungsprojekt weiterhin förderte und endlich auch ihre Publikation ermöglichte.

Einzelne Kapitelteile und Vorarbeiten zu einzelnen Kapiteln wurden bereits veröffentlicht in: *The Cambridge Companion to Thomas Mann*, *Colloquia Germanica*, *Deutsche Vierteljahrsschrift für Literaturwissenschaft und Geistesgeschichte*, *Forum Homosexualität und Literatur*, *Germanisch-Romanische Monatsschrift*, *The German Quarterly*, *Journal of English and Germanic Philology*, *Jahrbuch des Wiener Goethe-Vereins*, *Monatshefte für deutschsprachige Literatur und Kultur*, *Neophilologus*, *Seminar*, *Thomas Mann-Jahrbuch*, *Thomas Mann-Studien*, *Weimarer Beiträge*, *Zeitschrift für Germanistik*, *Zeitschrift für Religions- und Geistesgeschichte*.

Dank gebührt ebenso dem Thomas Mann-Archiv der Eidgenössischen Technischen Hochschule Zürich, dem Zentrum für Antisemitismusforschung der Technischen Universität Berlin sowie allen, die bei der Erstellung des Manuskripts mithalfen: Ueli Boss, Cornelia Heinz, Christine Kanz, Denise Looser, Franka Marquardt, Nora Regli, Roland Reichen, Claudia Roth, Sibylle Saxer, Charlotte Weinkauff, Prisca Zingg.